BASTEI
LÜBBE

WILL DURANT

Die großen Denker

Deutsche Übersetzung und Bearbeitung von
Dr. Andreas Hecht

BASTEI
LÜBBE

BASTEI-LÜBBE-TASCHENBUCH
Band 63 055

Der Originaltext des Buches wurde beibehalten; er hat nichts von seiner Frische und Faszination verloren. Lediglich das letzte Kapitel ›Zeitgenössische Europäische Philosophen‹ wurde nicht in diese Ausgabe übernommen.

1. Auflage 1980
2. Auflage 1982
3. Auflage 1987

Das amerikanische Original erschien 1926 unter dem Titel: THE STORY OF PHILOSOPHY, THE LIVES AND OPINIONS OF THE GREATER PHILOSOPHERS bei Simon & Schuster, New York

Lizenzausgabe: Gustav Lübbe Verlag GmbH, Bergisch Gladbach
Printed in Western Germany 1987
Einbandgestaltung: Ratschinski & Ratschinski
Titelabbildungen: Archiv für Kunst und Geschichte, Berlin
Gesamtherstellung: Ebner Ulm
ISBN 3-404-63055-6

»Sei also vernünftig«, sagte der alte Sokrates zu Kriton, »und kümmere dich nicht darum, ob die Lehrer der Philosophie gut oder böse sind, sondern denke an die Philosophie selbst. Versuche sie gründlich und gewissenhaft zu prüfen, und sollte sie böse sein, suche die Menschen von ihr abzulenken; sollte sie aber so sein, wie ich sie sehe, dann folge und diene ihr und sei frohen Mutes.«

INHALT

VORWORT

Dieses Werk erschien in der Zeit, als ich Karl-Schurz-Professor an der University of Madison war, und so lernte ich denn den Eindruck, welchen es in seinem Ursprungslande machte, gleichsam an der Quelle kennen. Es bildete den Tagesgesprächsstoff, sowohl im Universitätsklub wie auch bei gesellschaftlichen Veranstaltungen und bei Unterhaltungen mit Studenten. Auch Leute, die sich noch nie mit der in Amerika im allgemeinen nicht sehr volkstümlichen Philosophie befaßt hatten, lasen es; keiner tadelte es; auch, was ziemlich viel sagt, die Philosophen von Beruf lobten es.

Woher aber kommt der ungeheuere äußere Erfolg dieses Buches – über hunderttausend Exemplare in den ersten Monaten? Gibt es doch viele gute Bücher, in der Philosophie und anderswo, die nicht annähernd diesen Erfolg haben; ja, eigentlich nur Werke der »Literatur« im engeren Sinne des Wortes haben ihn gelegentlich, und auch sie nur selten.

Manche Amerikaner schoben den Erfolg des Durantschen Werkes auf den Titel: Hätte der Verfasser *History* (Geschichte) statt *Story* (Erzählung) gesagt, so, meinten sie, wäre der ganz große Erfolg ausgeblieben. So wäre also dieser Erfolg auf zwei Buchstaben gestellt gewesen.

Es mag etwas Richtiges an solcher Auffassung sein, aber doch nur *etwas* Richtiges. Die eigentlichen Wurzeln des großen und wohl für den Autor selbst überraschenden Erfolges liegen unseres Erachtens tiefer.

Sie liegen zunächst einmal *in dem Werke selbst.* Dieses ist, trotz des französischen Namens des Verfassers, typisch amerikanisch oder meinetwegen angelsächsisch, und zwar im besten Sinne des Wortes: es ist *klar, frei und ehrlich.* Der Verfasser macht sich selbst und seinen Lesern nie »etwas vor«. Da ist kein Schwelgen in Unklarheiten, keine Gefühlsduselei.

Die Vernunft spricht und sie allein; es sei denn, daß die Menschenliebe neben ihr zu Worte kommt.

Dann aber auch kommt dieses Werk gerade in seinem Heimatlande einem Bedürfnis, einem vielleicht noch nicht ganz klar erkannten Bedürfnis, entgegen. Die Wissenschaften, zumal die Naturwissenschaften und die experimentelle Psychologie, blühen, in äußerster Exaktheit und Zuverlässigkeit betrieben, in den Vereinigten Staaten in ganz außerordentlichem Maße. Mit der eigentlichen Philosophie war es bisher nicht so, wenn wir von ein paar großen Ausnahmen, von denen einige dem Leser im Buche vorgeführt werden, hier absehen. Das Publikum, auch das hochgebildete, hatte bisher in Amerika meist ein gewisses Mißtrauen gegen alles, was Philosophie heißt: man witterte Mystik, Verschwommenheit, intellektuelle Unehrlichkeit, verkappte kirchliche Gebundenheit, kurz alles das, was sich dem Amerikaner hinter dem ominösen Wort »Metaphysik« verbirgt. Auf der anderen Seite aber ahnt man, zumal in den Kreisen der jungen Generation, daß doch vielleicht etwas sehr Bedeutsames und Wertvolles sich hinter diesem Worte, oder doch wenigstens hinter dem Wort »Philosophie« verbergen möchte. Man merkt, daß da zum mindesten berechtigte *Probleme* vorliegen, Probleme, die man bisher, mit der äußeren Welt allzusehr beschäftigt, noch nicht so recht gesehen hat. *Und eben in diese Probleme führt nun Durants Werk den Leser in ganz außerordentlich geschickter Weise ein:* der Leser glaubt Novellen zu lesen und merkt dann, daß er, in Novellen*form,* etwas ganz anderes gelesen hat; etwas, das ihn außerordentlich bereichert, das ihm ein ganz neues Land erschlossen hat.

In Europa liegen nun freilich die Dinge anders. Da ist eine große Anteilnahme an allem Philosophischen in allen Kreisen, weit über die Kreise der im engeren Sinne »Gebildeten« hinaus, allgemein. Aber auch in Europa wird Durants Werk seine Wirkung und seinen Erfolg haben, ganz allgemein schon wegen seiner Form. Und es wird, so erwarten und hoffen wir, gerade in Europa eine sehr gute, nämlich eine *reinigende* Wirkung haben. Allzusehr berauscht sich nämlich der europäische, und ganz besonders der deutsche Philosophiefreund am Dunklen, am »Irrationalen«, am Mystischen; viel mehr, als für ihn selbst gut ist, viel mehr auch, als es dem eigentlichen Sinne und Wesen der wahren Philosophie entspricht. Kant, der freilich stets das beste Mittel gegen solche Abwege ist, kann nun nicht jeder lesen. Aber Durants Werk *kann jeder* lesen, und es wird ihn zur kritischen Selbstbesinnung führen.

Ich möchte Durants Werk mit dem Buche eines anderen Angelsachsen vergleichen: mit Wells' *Outlines of History*. In beiden Werken die gleiche Frische und Unbefangenheit, in beiden der gleiche Blick für die großen Linien, in beiden die gleiche wohltuende Unabhängigkeit von einer so oft ungerechtfertigten »Tradition«. Wie klein erscheint doch bei Wells die innereuropäische und politische Geschichte, wie weltunwesentlich erscheint sie – und sie ist es ja doch auch! Ganz ebenso ist es hier auf philosophischem Gebiet.

Durants Buch ist nicht fachwissenschaftlich historisch und erst recht nicht »philologisch«. Auf einige wenige große Männer, *die dem Leben Richtung und Ziel gegeben haben,* kommt es dem Verfasser an. Jeder der behandelten Philosophen tritt als *volle Person* auf. Das, was heute manchen allein als »Philosophie« gilt, das Logische und das Erkenntnistheoretische zumal, tritt bewußtermaßen zurück, tritt jedenfalls nicht in den Vordergrund. Descartes und Hume zum Beispiel sind keine besonderen Abschnitte gewidmet – (Leibniz hätte freilich unseres Erachtens einen solchen verdient). Aber mitgeteilt wird dem Leser das Wesentliche von den Lehren jener Klassiker der Kritik darum doch, und sogar in sehr geschickter Weise; ebenso wie Platons eigentliche theoretische Philosophie, die Ideenlehre, sehr geschickt in seine Lebenslehre hinein verwoben ist.

Ein *Lebensführer* soll der Philosoph sein; das ist Durants Leitgedanke. Und eben deshalb wird zum Beispiel bei Platon, Bacon, Spinoza alles um die Lebens- und Sozialphilosophie gruppiert; eben deshalb ist auch das Kapitel »Voltaire« so besonders breit, und gut, ausgefallen.

Auch Kant tritt vor allem als Vertreter einer Philosophie der Lebensgestaltung, also einer Philosophie im sokratischen Sinne auf; aber gerade in diesem Abschnitt sieht man, daß der Verfasser nicht etwa wegen eigenen Unvermögens in diesen Dingen den kritischen Teil der Philosophie beiseite setzt: im Kant-Kapitel wird ihm voll Rechnung getragen in einer Form, die ebenso zutreffend wie leicht verständlich ist.

Sehr eingehend ist Nietzsche behandelt worden, mit Liebe und unter Ablehnung zugleich, klarer als das sonst oft der Fall ist, erscheint er als Kind der darwinistischen Epoche – ihm selbst zum Trotz, aber mit Recht, wie uns dünkt.

Von den drei »deutschen Idealisten« kommen Fichte und Schelling gar nicht, Hegel ganz kurz zu Wort; sehr im Gegensatz zu dem mit großer Liebe behandelten Schopenhauer. Hier wird der Verfasser sicher auf Widerstand stoßen; unsererseits können wir ihm nur sagen, daß wir es nicht viel anders gemacht haben würden als er. –

Wir fassen alles noch einmal kurz zusammen:

Eine wissenschaftlich-philologisch bearbeitete Geschichte der Philosophie ist dieses Werk nicht, und deshalb heißt es in seiner ursprünglichen Form mit Recht *story* und nicht *history*. Es ist eine nach zeitlicher Abfolge geordnete Reihe von *geistigen Porträts* derjenigen Philosophen, welche nach Ansicht des Verfassers einen besonders starken Einfluß auf die Menschheit gehabt haben; auf die westliche Menschheit, wohlverstanden, denn von arabischen, indischen und chinesischen Denkern und Bildungsgestaltern handelt dieses Werk nicht.

Das Buch gibt in erzählender und zugleich typisierender Form ein Stück Kulturgeschichte. Es faßt die Philosophie als einen bestimmten, und zwar als den eigentlich grundlegenden Teil der Kultur, das Wort »grundlegend« im echtesten Wortsinne verstanden. Es ist bekanntlich ein Lieblingsgedanke *Windelbands* gewesen, daß Philosophiegeschichte als eigentlich grundlegender Teil zur Kulturgeschichte gehöre, und insofern ist manchem Leser im deutschen Sprachgebiet die Grundabsicht dieses Buches sicherlich vertraut. Auch *Leopold Zieglers* Absichten sind denen des Verfassers dieses Buches verwandt, aber vollständig ausgeführt und durchgeführt hat bis jetzt nur *Durant* diese Absichten; und er hat sie durchgeführt in einer für jeden Gebildeten verständlichen, in einer sehr angenehmen Form. Der Leser wird, wie wir schon sagten, glauben, eine Reihe von meisterhaft geschriebenen Novellen zu lesen. Aber es sind keine Novellen; es ist nicht *fiction*, um den amerikanischen Ausdruck zu gebrauchen, was ihm geboten wird. Es ist historische Wirklichkeit in Typenform. Und so *lernt* denn der Leser, welcher sich diesem Werk ernstlich hingibt, ohne zu merken, daß er lernt. Ja er lernt sogar, wenn er wirklich aufmerksam liest, vieles von der wissenschaftlichen Philosophie im engeren Sinne, das heißt von der Kritik der Erkenntnis. Denn, wenn auch die lebensgestaltende Kraft der großen Denker dem Verfasser immer die Hauptsache ist und bleibt, so übersieht er doch nie die eigentlich kritische Fundamentierung. Das gilt, wie wir gesagt haben, in erster Linie von dem Kapitel über Kant; aber auch über die kritische Philosophie Platons, Descartes', Humes – um nur einige zu nennen – kann sich der aufmerksame Leser aus diesem Buche unterrichten; er lernt jedenfalls die Grundlagen kritischer Philosophie hier kennen und mag dann ja die Fachliteratur zur Hand nehmen, sollte ihn der strenge Gegenstand gefesselt haben.

So ist denn dieses Buch ein großer *Anreger* in jeder Beziehung. Möge es auch in Europa einen weiten aufnahmefähigen Leserkreis finden, und möge es in seiner neuen Form zumal den Deutschen und ihren Sprachgenossen die Überzeugung beibringen, daß Philosophie im weiten Sinne des Wortes keine Stubengelehrsamkeit ganz abstrakter Art zu sein braucht, daß Philosophie ins Leben hinaustreten und doch ernst und gediegen bleiben kann.

Leipzig, am 23. November 1927.

Hans Driesch

EINLEITUNG

Über den Nutzen der Philosophie

Es liegt im Philosophieren ein Genuß, und selbst die Scheinwelt der Metaphysik hat etwas Verführerisches; das empfindet jeder, bis ihn der derbe Zwang seines leiblichen Daseins aus der Höhenwelt der Gedanken auf den wirtschaftlichen Jahrmarkt mit seinem Ehrgeiz und seiner Gewinnsucht herabzieht. Die meisten von uns haben goldene Jugendtage gekannt, wo Philosophie für sie in der Tat das war, was Platon »diese kostbare Freude« nannte; Tage, wo die Liebe zur keusch sich entziehenden Wahrheit unvergleichlich köstlicher erschien als die Fleischeslust oder der Tand der Welt. Und immer bleibt in uns ein nachdenklich stimmender Rest jener frühen Liebe zur Weisheit. »Leben trägt Sinn«, fühlen wir mit Browning, »und seinen Sinn zu finden, das ist mir Speise und Trank«. Zuviel in unserem Leben ist sinnlos, ist selbstzerstörendes Schwanken und Vergänglichkeit. Wir kämpfen mit dem Chaos um uns und in uns, möchten aber dennoch glauben, daß wohl Sinnvolles und Wesentliches in uns läge, wenn wir nur unsere eigenen Seelen enträtseln könnten. Verstehen wollen wir; »Leben – das heißt für uns, alles, was wir sind, beständig in Licht und Flamme verwandeln*, auch alles was uns betrifft!« Wir sind, wie Mitja in den *Brüdern Karamasow*, »Wesen, die nicht Millionen begehren, sondern Antwort auf ihre Fragen«. Den Wert und die Zusammenhänge der vergänglichen Dinge wollen wir erfassen, um uns aus dem Strudel der alltäglichen Begebenheiten zu retten. Wir wollen wissen, ehe es noch zu spät ist, daß Kleines klein und Großes groß ist; wir wollen die Dinge so sehen, wie sie immer erscheinen werden: »im Lichte der Ewigkeit«. Wir wollen dem Unausweichlichen ins Gesicht lachen lernen und selbst den herannahenden Tod mit einem Lächeln empfangen. Wir wol-

* Nietzsche, *Die fröhliche Wissenschaft*, Vorrede

len ganz sein und durch Kritik und Zusammenstimmen unserer Wünsche unsere Kräfte vereinigen; denn zusammengefaßte Kraft heißt das letzte Wort in Ethik und Staatsphilosophie, vielleicht auch in Logik und Metaphysik. »Philosoph sein«, sagt Thoreau, »heißt nicht bloß subtile Gedanken haben, auch nicht etwa eine Schule gründen, sondern die Weisheiten so lieben, daß man ihren Vorschriften gemäß ein Leben in Schlichtheit, Unabhängigkeit, Großmut und Zuversicht führt.« Sicher ist, daß uns, sobald wir Weisheit erlangt haben, auch alles übrige gegeben wird. »Suchet zuerst die guten Gaben des Geistes«, mahnt uns Bacon, »und alles andere wird sich entweder einfinden, oder sein Ausbleiben wird nicht empfunden werden*.« Die Wahrheit wird uns nicht reich, aber dafür frei machen.

Ein unfreundlicher Leser wird uns hier mit der Aufklärung unterbrechen, daß die Philosophie ebenso nutzlos ist wie das Schachspiel, ebenso dunkel wie die Unwissenheit und ebensosehr Stillstand bedeutet wie die Selbstzufriedenheit. »Es gibt nichts so Unsinniges«, hat Cicero gesagt, »daß man es nicht in den Büchern der Philosophen fände.« Zweifellos haben einige Philosophen über jede Art von Weisheit verfügt, den gesunden Menschenverstand ausgenommen; so mancher philosophische Flug ist bloß der hebenden Kraft dünner Luft zu verdanken. Wir wollen auf dieser unserer Fahrt nur in den Häfen des Lichtes anlegen und wollen uns von den verschlammten Strömen der Metaphysik und vom »uferlosen Meer« theologischer Dispute fernhalten. Aber ist die Philosophie wirklich zum Stillstand verurteilt? Die Wissenschaft schreitet scheinbar immer fort, während die Philosophie an Boden zu verlieren scheint. Dieser Anschein entsteht aber bloß dadurch, daß die Philosophie die schwere und gewagte Aufgabe auf sich genommen hat, Probleme zu untersuchen, die den Arbeitsweisen der Wissenschaft noch nicht zugänglich sind – Probleme wie Gut und Böse, Schön und Häßlich, Ordnung und Freiheit, Leben und Tod. Sobald aber ein Gebiet der

* *De augmentis scientarium*, VIII, 2.

Untersuchung genau formulierbare Ergebnisse liefert, wird es Wissenschaft genannt. Jede Wissenschaft beginnt als Philosophie und endet als Kunst; sie entsteht aus der Annahme und geht in praktische Leistungen über. Philosophie ist (in der Metaphysik) hypothetische Deutung des Unbekannten oder (in Ethik und Staatsphilosophie) des ungenau Bekannten; sie ist die erste Feuerlinie bei der Belagerung der Wahrheit. Die Wissenschaft ist das eroberte Gebiet, und hinter diesem befinden sich jene gesicherten Regionen, in denen Erkenntnis und Kunst unsere unvollkommene und doch wundervolle Welt aufbauen. Die Philosophie scheint verwirrt stehen zu bleiben, aber nur weil sie die Früchte ihres Sieges ihren Töchtern, den Wissenschaften, überläßt, und selbst, in göttlicher Unzufriedenheit, dem Ungewissen und Unerforschten entgegenschreitet.

Sollen wir fachmännischer reden? Wissenschaft ist analytische Beschreibung, Philosophie synthetische Erklärung. Die Wissenschaft will das Ganze in seine Teile, den Organismus in Organe, das Dunkle in das Bekannte auflösen. Sie untersucht weder den Wert und die ideellen Möglichkeiten der Dinge, noch ihre gesamte und endgültige Bedeutung; sie begnügt sich, ihr gegenwärtiges So-Sein und Verhalten zu zeigen, und engt ihren Blick entschlossen auf die Natur und das tatsächliche Werden der Dinge ein. Der Wissenschaftler ist so unparteiisch wie die Natur bei Turgenjew; er interessiert sich für einen Flohschenkel genauso wie für die schöpferischen Geburtswehen eines Genies. Der Philosoph beläßt es nicht bei der Beschreibung der Tatsachen. Er will ihre Beziehungen zur Erfahrung im allgemeinen feststellen und auf diese Weise ihren Sinn und Wert ermitteln. In erklärender Synthese verbindet er die Dinge und versucht das große Uhrwerk des Universums, das der Wissenschaftler analytisch in Stücke zerlegt hat, besser als seine Vorgänger zusammenzusetzen. Die Wissenschaft lehrt uns heilen und töten; sie setzt im einzelnen die Sterblichkeitsziffer herab, um im Kriege in Massen zu töten. Aber nur Weisheit – im Lichte der Erfahrung ausgeglichene Wünsche – kann uns lehren, wann wir heilen und wann wir töten sollen. Die Beobachtung des Geschehens und das Konstruieren von Mitteln ist Wissenschaft; Ziele der Kritik unterwerfen und gegeneinander abwägen ist Philosophie. Weil aber heutzutage die Vielfältigkeit unserer Mittel und Instrumente über die Deutung und Synthese der Ideale und Ziele hinausgewachsen ist, ist unser Leben angefüllt von sinnlosem Lärm und Raserei. Denn eine Tatsache ist nichts, wenn sie nicht zu Bedürfnissen in Beziehung gesetzt wird; außerhalb der Beziehung zum Zweck und zum Ganzen ist sie nicht vollendet. Wissenschaft ohne Philosophie, beziehungslose und nicht abgewertete Tatsachen können uns nicht vor wüster Unordnung und Verzweiflung retten. Die Wissenschaft bietet uns Wissen, aber nur die Philosophie kann uns Weisheit geben.

Im einzelnen bedeutet und umfaßt die Philosophie fünf Forschungs- und Diskussionsgebiete: Logik, Ästhetik, Ethik, Staatsphilosophie und Metaphysik. *Logik* ist die Untersuchung der idealen Denk- und Forschungsmethode; innere und äußere Beobachtung, Deduktion und Induktion, Hypothesenbildung und Experiment, Analyse und Synthese, das sind die Formen der menschlichen Tätigkeit, die die Logik zu verstehen und zu leiten sucht. Für die meisten unter uns ist sie eine öde Beschäftigung, und doch sind die großen Ereignisse in der Geschichte des Denkens jene Verbesserungen gewesen, die man in den Methoden des Denkens und Forschens gemacht hat. *Ästhetik* ist die Erforschung der idealen Form oder des Schönen; sie ist die Philosophie der Kunst. *Ethik* ist die Erforschung des idealen Verhaltens. Die höchste Erkenntnis, so lehrte Sokrates, ist die Erkenntnis des Guten und Bösen, das Wissen um Lebensweisheit. *Staatsphilosophie* ist die Erforschung der idealen gesellschaftlichen Organisation (sie ist nicht, wie man glauben könnte, die Kunst und Wissenschaft, Ämter zu erbeuten und zu erhalten). Monarchie, Aristokratie, Demokratie, Sozialismus, Anarchismus, Feminismus, das sind die *dramatis personae* der politischen Philosophie. Und schließlich die *Metaphysik* (die in soviel Schwierigkeiten gerät, weil sie nicht, wie die anderen Formen der Philosophie, Wirkliches im Lichte des Ideellen anzuordnen sucht) ist die

Erforschung der »letzten Wirklichkeit« der Dinge, der wirklichen und grundlegenden Beschaffenheit der »Materie« (Ontologie), des »Geistes« (philosophische Psychologie) und der Beziehungen zwischen »Materie« und »Geist« in den Prozessen des Wahrnehmens und Erkennens (Epistemologie).

Das sind die Teile der Philosophie; aber so zerlegt, verliert sie Schönheit und Reiz. Wir werden sie nicht in ihrer zusammengeschrumpften Abstraktheit und im Formalismus suchen, sondern eingekleidet in die lebendige Form des genialen Menschen. Nicht bloß Philosophien wollen wir untersuchen, sondern Philosophen; wir wollen mit den Heiligen und Märtyrern des Gedankens unsere Zeit verbringen und uns von den Strahlen ihres Geistes umspielen lassen, bis auch wir vielleicht, wenn auch in geringem Maße, an dem teilhaben, was Lionardo »den edelsten Genuß, die Freude am Verstehen« nannte. Jeder dieser Philosophen kann uns etwas lehren, wenn wir ihn nur richtig anfassen. »Was ist das Geheimnis des echten Gelehrten?« fragt Emerson. »In jedem Menschen steckt etwas, das für mich lehrreich sein kann, und darin bin ich sein Schüler.« Sicherlich dürfen auch wir uns so auf die führenden Geister der Geschichte einstellen, ohne unseren Stolz zu verletzen! Und wir können uns in jenem anderen Gedanken Emersons gefallen, daß in uns, wenn ein Genius zu uns spricht, die geisterhafte Erinnerung auftaucht, daß auch wir in ferner Jugend genau dieselben Gedanken in verschwommener Form gehabt haben und uns bloß der Mut oder die Gewandtheit fehlte, sie in Worte zu kleiden. Und in der Tat sprechen die Großen nur dann zu uns, wenn wir Ohren und Seelen haben, um sie zu vernehmen; nur wenn wir zumindest die Wurzeln dessen in uns tragen, was in ihnen zur Blüte geworden ist. Wir haben mit ihnen dieselben Erfahrungen gemacht, aber wir haben aus diesen nicht die letzten Tropfen des Geheimnisses und des zart gewebten Sinnes herausgepreßt; für die Obertöne der um uns summenden Wirklichkeit fehlten uns die Sinne. Das Genie hört die Obertöne und die Musik der Sphären; es weiß, warum Pythagoras die Philosophie »höchste Musik« genannt hat.

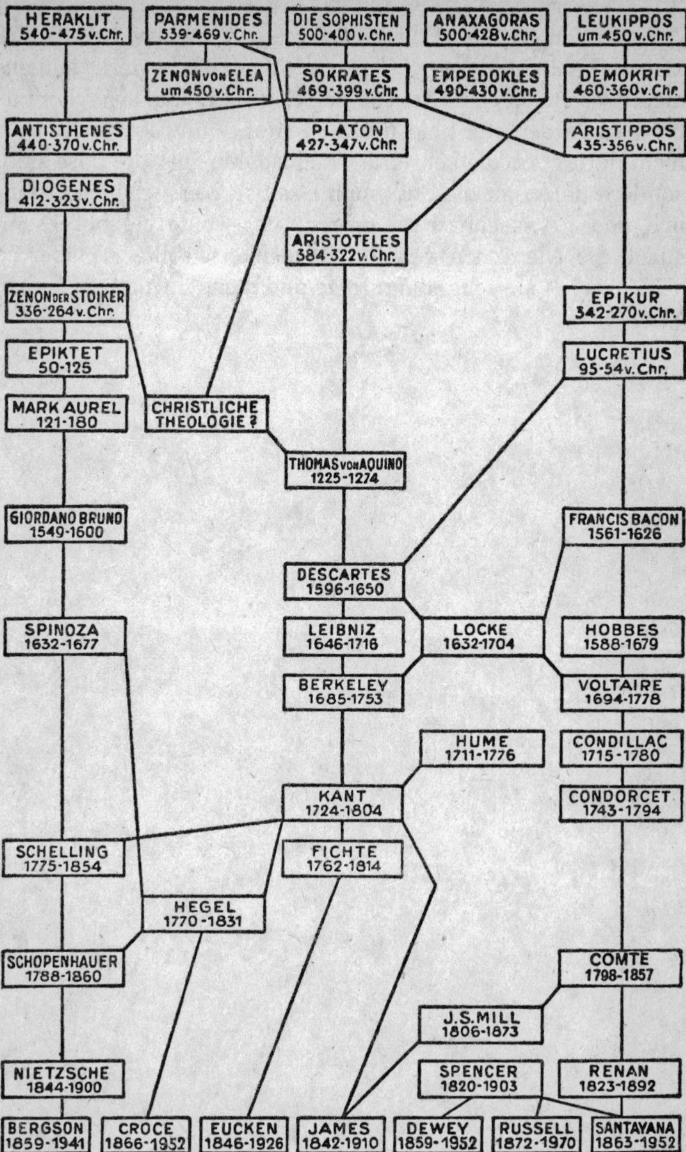

Ungefähre Darstellung der Hauptentwicklungslinien philosophischen Denkens im Abendlande

So wollen wir denn diesen Männern lauschen, bereit, ihre kleinen Fehltritte zu verzeihen, und dennoch begierig aufnehmen, was sie uns zu lehren so begierig sind. »Sei also vernünftig«, sagte der alte Sokrates zu Kriton, »und kümmere dich nicht darum, ob die Lehrer der Philosophie gut oder böse sind, sondern denke an die Philosophie selbst. Versuche sie gründlich und gewissenhaft zu prüfen, und sollte sie böse sein, suche die Menschen von ihr abzulenken; sollte sie aber so sein, wie ich sie sehe, dann folge und diene ihr und sei frohen Mutes.«

I. PLATON

I. DIE HEIMAT PLATONS

Die Landkarte Europas zeigt, daß Griechenland einer skelettähnlichen Hand gleicht, die ihre gekrümmten Finger in das Mittelmeer versenkt. Südwärts liegt die große Insel Kreta, auf der jene gierigen Finger zweitausend Jahre vor Christus die Anfänge der Zivilisation und Kultur erbeuteten. Östlich, jenseits des Ägäischen Meeres, liegt Kleinasien, das heute still und abgestumpft geworden ist, aber in vorplatonischen Zeiten von pulsierend geschäftigem Handel und Unternehmungsgeist erfüllt war. Im Westen, jenseits des Ionischen Meeres, steht Italien wie ein schiefer Turm im Meer, südlich und westlich Sizilien und Spanien, die alle aufblühende griechische Kolonien bargen, und noch weiter im Westen die »Säulen des Herkules« (heute Gibraltar genannt), jene düstere Pforte, die kein antiker Schiffer zu passieren wagte. Und schließlich im Norden die damals Thessalien, Epirus und Makedonien genannten, noch ungebändigten und halb barbarischen Regionen, aus denen oder durch die hindurch jene kräftigen Völkerschaften eingewandert sind, deren Nachkommen die Genies des Homerischen und Perikleischen Griechenland waren.

Ein weiterer Blick auf die Landkarte zeigt zahllose Einbuchtungen der Küste und Erhöhungen des Festlandes. Überall Einschnitte und Buchten, durch die sich das Meer drängt, und die Erde überall in Hügel und Berge hochgewälzt und aufgeworfen. Griechenland war durch diese natürlichen Wasser- und Gebirgsgrenzen in isolierte Bruchstücke zerteilt. Da Reise und Verkehr in jenen Zeiten viel mühseliger und gefahrvoller waren als heute, entwickelte jedes Tal seine eigene, selbstgenügsame Wirtschaft, eine eigene, unabhängige Regierung, eigene Einrichtungen, Sprache und Kultur. Überall ein, zwei Städte, um die sich bis an die Schluchten der Berge ein landwirtschaftliches Hinterland erstreckt: so sahen die »Stadt-Staaten« Euböa und Lokris aus, so Ätolia, Phokis, Böotia,

Achäa, Argolis, Elis, Arkadia, Messenia, Lakonia mit der Hauptstadt Sparta, Attika mit Athen.

Die Landkarte zeigt dann noch zum Schluß, daß Athen von allen größeren griechischen Städten am östlichsten gelegen war. Durch seine günstige Lage eignete es sich zum Ausgangspunkt für die Griechen, die Kleinasiens geschäftige Städte aufsuchen wollten, und wurde zum Tor, durch das jene älteren Städte ihren Luxus und ihre Kultur in das junge Land der Griechen einführten. Es hatte im Piräus einen vorzüglichen Hafen, wo zahllose Schiffe ungestört von schwerem Seegang ankern konnten. Und es hatte eine große Überseeflotte.

In den Jahren 490 bis 470 vor Christus vergaßen Sparta und Athen ihren Neid, vereinten ihre Kräfte und wehrten den Angriff der Perser unter Darius und Xerxes ab, wodurch sie verhinderten, daß Griechenland zur Kolonie eines asiatischen Reiches wurde. In diesem Kampfe des jungen Europa gegen den alternden Osten stellte Sparta das Heer und Athen die Flotte. Nach dem Kriege demobilisierte Sparta sein Heer und mußte unter den wirtschaftlichen Störungen, die mit diesem Vorgang stets verbunden sind, leiden; Athen verwandelte seine Kriegsflotte zur Handelsmarine und wurde eine der größten Handelsstädte der Alten Welt. Sparta fiel in den Zustand landwirtschaftlicher Abgeschiedenheit und in einen allgemeinen Stillstand zurück, während Athen zu einem geschäftigen Handels- und Hafenplatz wurde, wo sich viele Rassen mit ihren verschiedenen Kulten und Gebräuchen nebeneinander tummelten und durch ihre Berührung und Rivalität zum Vergleichen, genauen Untersuchen und Nachdenken aufforderten.

In solchen Zentren des mannigfaltigen Verkehrs reiben sich Traditionen und Dogmen gegenseitig fast völlig auf. Wo es tausend Glaubensbekenntnisse gibt, neigen wir dazu, an allen zu zweifeln. Wahrscheinlich sind die Händler die ersten Skeptiker gewesen; sie haben zuviel gesehen, um an zuviel zu glauben, und die allgemeine Neigung der Kaufleute, die Gesamtheit der Menschen in Narren und Schurken einzuteilen, brachte sie zum Bezweifeln aller Glaubensbekenntnisse. Daneben entwickelten sie auch allmählich eine Wissenschaft; mit der wachsenden Verwicklung der Geldgeschäfte entfaltete sich die Mathematik, mit dem steigenden Mut der Schiffahrt die Astronomie. Der ständig wachsende Wohlstand brachte Muße und Sicherheit mit sich, die Vorbedingungen jeder Forschung und jeder wissenschaftlichen Spekulation sind. Man verlangte von den Sternen nun nicht mehr bloß Orientierung auf hoher See, sondern auch Antwort auf die Rätsel des Universums; die ersten griechischen Philosophen waren Astronomen. »Stolz auf das Erreichte«, sagt Aristoteles[1], »stießen nach den persischen Kriegen die Menschen immer weiter vor; sie siedelten sich in allen Wissenschaften an und suchten noch weitere Forschungsgebiete.« Die Kühnheit der Menschen wuchs so sehr, daß sie es wagten, für Vorgänge und Ereignisse, die man früher auf übernatürliche Kräfte zurückgeführt hatte, natürliche Erklärungsgründe zu suchen. Magie und Riten wichen langsam der Wissenschaft und der Beobachtung, und die Philosophie nahm ihren Anfang.

Zu Beginn war die Philosophie physikalisch eingestellt. Sie sah auf die materielle Welt und fragte, was die letzten und unauflöslichen Bestandteile der Dinge seien. Der natürliche Abschluß dieses Gedankenganges war der Materialismus Demokrits (460 bis 360 v. Chr.): »In Wirklichkeit gibt es weiter nichts als Atome und den Raum.« So war eine der Hauptströmungen des griechischen Denkens beschaffen; zu Platons Zeiten lebte sie eine Weile unterirdisch fort, tauchte aber bei Epikur (342–270 v. Chr.) wieder an die Oberfläche und wurde bei Lucretius (98–55 v. Chr.) zu einem Strom der Beredsamkeit. Die eigenartigsten und fruchtbarsten Errungenschaften der griechischen Philosophie gestalteten sich aber bei den Sophisten, den Wander-Lehrern der Weisheit, die mehr auf ihre eigenen Gedanken und ihre eigene Natur achteten als auf die Welt der Dinge. Sie alle waren kluge Köpfe (so z. B. Gorgias und Hippias) und viele von ihnen (Protagoras, Prodicus) tiefsinnig. Es gibt kaum ein Problem oder eine Lösung in unserer gegenwärtigen Philosophie des Geistes und des menschlichen Verhaltens, die sie nicht begriffen und durchgesprochen hätten. Sie zogen jedes beliebige Ding in Zweifel, bewegten sich unerschrocken inmitten religiöser und politischer Tabus und forderten jeden Glauben und jede Einrichtung vor den Richterstuhl der Vernunft. In der Politik verteilten sie sich auf zwei Schulen. Eine Richtung lehrte, ähnlich wie Rousseau, daß die Natur gut, die Zivilisation böse ist; daß die Menschen von Natur alle gleich und nur durch Maßnahmen einzelner Klassen verschieden geworden, und daß Gesetze die Erfindung der Stärkeren sind, um die Schwächeren zu fesseln und zu beherrschen. Die andere Richtung vertrat, ähnlich wie Nietzsche, die Auffassung, daß die Natur jenseits von Gut und Böse steht; daß die Menschen von Natur alle verschieden sind; daß die Moral eine Erfindung der Schwächeren ist, um die Stärkeren zu fesseln und zu hindern, und daß Macht die höchste Tugend und das höchste Verlangen des Menschen sei. Von allen Regierungsformen ist daher nach ihnen die Aristokratie die weiseste und natürlichste.

Dieser Angriff auf die Demokratie spiegelt zweifellos den Aufstieg einer reichen Minorität in Athen, die sich die Oligarchische Partei nannte und die Demokratie als einen leeren Wahn enthüllte. In einem gewissen Sinne gab es nicht viel Demokratie zu enthüllen, denn von den 400 000 Einwohnern Athens waren 250 000 Sklaven, die überhaupt keine politischen Rechte besaßen, und von den 150 000 Freien oder Bürgern erschienen nur wenige in der Ecclesia oder Hauptversammlung, in der die Angelegenheiten des Staates besprochen und geregelt wurden. Was die Athener aber an Demokratie besaßen, ist niemals seither gründlicher verwirklicht worden. Die Hauptversammlung war die oberste Machthaberin, und die oberste amtliche Körperschaft, die Dikasteria oder oberstes Gericht, zählte über tausend Mitglieder (um Bestechungen zu einem kostspieligen Vergnügen zu machen), die man nach alphabetischem Schema aus der Gesamtheit aller Bürger wählte. Keine Einrichtung hätte demokratischer und, wie ihre Gegner behaupteten, widersinniger sein können.

Während des großen, über ein Menschenalter ausgedehnten

peloponnesischen Krieges (430–400 v. Chr.), in der die militärische Macht Spartas gegen die Seemacht Athens kämpfte und schließlich auch siegte, verlangte die oligarchische Partei Athens unter der Leitung Kritias' die Aufhebung der Demokratie wegen ihrer Unzulänglichkeit zur Kriegsführung und lobte insgeheim die aristokratische Regierung Spartas. Viele der oligarchischen Führer wurden verbannt; als sich aber Athen schließlich ergab, war eine der Friedensbedingungen Spartas die Zurückrufung der verbannten Aristokraten. Kaum waren diese zurück, so riefen sie unter Führung von Kritias eine Revolution der Reichen gegen die »demokratische« Partei, die während des unheilvollen Krieges regiert hatte, ins Leben. Die Revolution wurde unterdrückt, und Kritias starb auf dem Schlachtfeld.

Dieser Kritias aber war ein Schüler des Sokrates und ein Onkel Platons.

II. SOKRATES

Sofern wir auf Grund einer unter den Trümmern antiker Bildhauerkunst erhaltenen Büste urteilen dürfen, war Sokrates so wenig schön, wie nur ein Philosoph es sein kann. Ein kahler Kopf, großes, rundes Gesicht, tief sitzende Glotzaugen, eine breite, blumige Nase, die lebhaftes Zeugnis von so manchem Symposion ablegt – das alles scheint eher auf den Kopf eines Portiers als auf den des berühmtesten Philosophen hinzuweisen. Bei näherem Zusehen enthüllt aber der derb zugehauene Stein jenes menschlich Gütige und anmaßungsfrei Einfache, das diesen schlichten Denker zum geliebten Lehrer der vornehmsten Athener Jugend machte. Wir wissen nur sehr wenig von ihm, und doch ist er uns viel vertrauter als der aristokratische Platon oder der professoral zurückhaltende Aristoteles. Über zweitausendunddreihundert Jahre hinweg sehen wir noch seine linkische Gestalt in der ewig gleichen, zerknitterten Tunika gemächlich über die Agora schreiten, unbekümmert um das Toben der Tagespolitik, die Jugend und die Gelehrten um sich scharend, seine Opfer festnagelnd, um sie in die schattigen Winkel eines Tempelumgangs zu locken und dort zum Definieren ihrer Begriffe zu zwingen.

Bunt war die Jünglingsschar, die ihn umgab und mit ihm zusammen die europäische Philosophie schuf. Unter ihnen befanden sich reiche junge Leute wie Platon und Alkibiades, die an seiner spöttischen Kritik der athenischen Demokratie Geschmack fanden; auch Sozialisten wie Antisthenes, dem die sorgenfreie Armut des Meisters gefiel und der sie zur Religion erhob, waren unter ihnen, und sogar einige Anarchisten wie Aristippos, die nach einer Welt verlangten, in der es weder Herren noch Sklaven geben sollte, sondern nur noch freie und unbesorgte Menschen, ähnlich dem Sokrates. All die Probleme, die heute noch die menschliche Gesellschaft bewegen und den Stoff zu den endlosen Wortkämpfen der Jugend hergeben, haben auch diese kleine Gruppe von Rednern und Denkern bewegt, die übereinstimmend mit ihrem Lehrer fühlte, daß ein Leben ohne Austausch der Gedanken nicht menschenwürdig wäre. Jede Schule des sozialpolitischen Denkens hatte hier ihren Vertreter und vielleicht auch ihren Ursprung.

Wie der Meister lebte, wußte fast niemand. Er arbeitete niemals und hatte keinen Gedanken für den kommenden Tag übrig. Er aß nur, wenn ihn seine Schüler darum baten, ihren Tisch zu beehren; sie scheinen aber seine Gesellschaft geschätzt zu haben, trug er doch alle Anzeichen körperlichen Wohlergehens. Zu Hause war er weniger willkommen, denn er vernachlässigte seine Frau und Kinder. Von Xanthippes Standpunkt aus gesehen war er ein fauler Taugenichts, der seiner Familie mehr zweifelhaften Ruhm als Brot heimbrachte. Xanthippe redete fast ebenso gern wie Sokrates, und die beiden scheinen einige Dialoge miteinander gehabt zu haben, die Platon versäumt hat, aufzuzeichnen. Aber auch sie liebte ihn und konnte sich über seinen Tod nicht beruhigen, obwohl er siebzig Jahre hinter sich hatte.

Warum brachten ihm seine Schüler so große Achtung entgegen? Vielleicht weil er nicht nur Philosoph, sondern auch Mensch war. Unter großer Gefahr rettete er in einer Schlacht das Leben des Alkibiades, und er konnte trinken wie ein Gentleman – ohne Scheu und ohne Übermaß. Aber zweifellos gefiel ihnen am besten die Bescheidenheit seiner Lehre; er behauptete nicht, im Besitz der Weisheit zu sein, sondern nur liebevoll sie zu suchen – er war ein *Amateur* der Weisheit, kein Professioneller. Es wird berichtet, daß ihn das Delphische Orakel, mit ungewöhnlichem Scharfblick, den Weisesten aller Griechen nannte. Er deutete diesen Spruch als Anerkennung des Agnostizismus, der den Ausgangspunkt seiner Philosophie bildete: »Ich weiß nur eines, und dieses ist, daß ich nichts weiß.« Die Philosophie beginnt, sobald man das Zweifeln gelernt hat, und insbesondere dann, wenn man an den eigenen geliebtesten Glaubenssätzen, an den eigenen Dogmen und Axiomen zu zweifeln anfängt. Wer weiß, wie diese sorgsam gehegten Überzeugungen zu Gewißheiten für uns geworden sind; vielleicht hat sie nur ein heimlicher Wunsch verstohlen erzeugt und so das Verlangen in die Form des Gedankens gekleidet. Es gibt keine echte Philosophie, solange sich der Geist nicht zurückgewandt und nicht sich selbst untersucht hat. *Gnothi seauton,* sagte Sokrates. Erkenne dich selbst.

Gewiß, es hat schon vor ihm Philosophen gegeben, so zum Beispiel den männlich starken Thales und Heraklit, subtile Denker wie Parmenides und Zenon von Elea, Seher wie Pythagoras und Empedokles, aber zum größten Teil waren diese Philosophen der Physik. Sie haben nach der *physis* oder Natur der äußeren Dinge gesucht, nach den Gesetzen und Grundbestandteilen der materiellen und meßbaren Welt. Das ist alles sehr schön, dachte Sokrates, es gibt aber für den Philosophen einen unendlich würdigeren Gegenstand als all die Bäume und Steine und selbst die Sterne; es gibt den menschlichen Geist. Was ist der Mensch und was kann aus ihm werden?

So machte er sich auf, um die menschliche Seele zu erforschen, Voraussetzungen aufzudecken und Überzeugungen anzuzweifeln. Wenn sich Leute ohne Bedenken über Gerechtigkeit unterhielten, fragte er sie *tò tí?* was ist das? Was versteht ihr unter diesen abstrakten Worten, durch die ihr die

Probleme von Leben und Tod mit solcher Leichtigkeit abtut? Was versteht ihr unter Ehre, Tugend, Sittlichkeit, Patriotismus? Was versteht ihr unter euerem *Selbst*? Mit solchen sittlichen und psychologischen Fragen beschäftigte sich Sokrates am liebsten. Einige, die unter dieser »sokratischen Methode«, der Forderung nach genauen Definitionen, klarem Denken und eingehender Analyse zu leiden hatten, wandten ein, daß Sokrates mehr frage, als er selbst beantworten könne, und die Geister verworrener verlasse, als er sie angetroffen habe. Dennoch hat er der Philosophie zwei genaue Antworten auf zwei der schwierigsten Fragen hinterlassen: »Was ist der Sinn der Tugend?« und »Welcher ist der beste Staat?«

Kein Thema hätte für die jungen Athener jenes Zeitalters lebenswichtiger sein können. Die Sophisten hatten den einstigen Glauben an Götter und Göttinnen des Olymp und an die Vorschriften der Moral, die früher durch die Angst der Menschen vor den allgegenwärtigen und zahllosen Gottheiten bekräftigt wurden, zerstört. Es bestand offenbar kein Grund mehr, nicht das zu tun, was einem gerade gefiel, solange man nur innerhalb des gesetzlich Erlaubten blieb. Der zersetzende Individualismus hatte den Charakter der Athener geschwächt und ließ die Stadt zur Beute der streng erzogenen Spartaner werden. Und was den Staat betrifft, was hätte lächerlicher sein können, als diese vom Pöbel geleitete und von Leidenschaften umhergeworfene Demokratie, dieses Regieren eines Debattierklubs, diese überstürzte Wahl, Entlassung und Hinrichtung von Generalen, diese alphabetisch geregelte, unwählerische Wahl von einfachen Bauern und Händlern zu Mitgliedern des obersten Gerichtshofes? Wie könnte man in Athen eine neue und natürliche Sittlichkeit entwickeln und wie den Staat retten?

Seiner Antwort auf diese Fragen hat Sokrates Tod und Unsterblichkeit zu verdanken. Die älteren Bürger hätten ihm eine Ehrung bereitet, falls er versucht hätte, den alten polytheistischen Glauben wiederherzustellen und die Scharen empanzipierter Seelen wieder den Tempeln und heiligen Hainen zuzuführen, damit sie den Göttern ihrer Väter Opfer darbringen.

Er wußte aber, daß das ein hoffnungsloses und selbstmörderisches Vorhaben gewesen wäre, ein Fortschritt nach rückwärts, nicht über die Gräber hinaus, sondern in sie hinein. Er besaß seinen eigenen religiösen Glauben: er glaubte an einen Gott und hoffte auf eigene, bescheidene Weise, daß ihn der Tod nicht völlig vernichten würde[2]; er wußte aber, daß man auf einer so schwankenden Theologie keine dauerhaften Sittengesetze aufbauen konnte. Wenn man imstande wäre, ein System der Sittlichkeit, das für Atheisten und Pietisten gleiche Gültigkeit hätte, ganz unabhängig von jeder religiösen Lehre aufzustellen, könnten Theologien entstehen und verschwinden, ohne die moralische Bindung zu erschüttern, die aus eigensinnigen Individuen friedliche Bürger einer Gemeinschaft macht.

Falls zum Beispiel *»gut«* = *»vernünftig«* und *»Tugend«* = *»Weisheit«* wäre, falls man die Menschen lehren könnte, ihr wahres Interesse und die in ferner Zukunft liegenden Folgen ihrer Taten zu sehen, ihre Wünsche aus einem selbstvernichtenden Chaos durch Kritik und Ausgleich in zweckvolle und schöpferische Harmonie umzuwandeln – dann vielleicht hätte der gebildete und kluge Mann die Moral gefunden, die dem Ungebildeten durch Wiederholung und äußeren Zwang eingehämmert werden muß. Könnte nicht jede Sünde im Irrtum, in unvollständiger Schau oder Dummheit ihren Grund haben? Der intelligente Mensch mag dieselben heftigen und unsozialen Triebe verspüren wie der ungelernte, er wird sie aber sicherlich besser beherrschen und seltener in die Art wilder Tiere verfallen. In einer intelligent geleiteten Gesellschaft – in der dem Individuum größere Macht zurückerstattet wird als ihm in Form eingeschränkter Freiheit genommen wurde – würden die Vorteile eines jeden im sozialen und ordnungsgemäßen Benehmen liegen, und es wäre nur ein aufgeklärter Blick nötig, um Frieden, Ordnung und guten Willen zu sichern.

Wenn aber die Regierung selbst unklar und absurd ist, wenn sie herrscht, ohne zu helfen, und befiehlt, ohne zu leiten – wie könnte man in einem solchen Staat den einzelnen zum Gehorsam gegen die Gesetze und zum Einschränken seiner Selbstsucht auf das Maß des allgemein Zuträglichen überreden? Kein Wunder, daß sich ein Alkibiades auflehnt gegen den Staat, der dem Können mißtraut und die Menge höher einschätzt als das Wissen. Kein Wunder, daß Chaos herrscht, wo Denken fehlt und die unwissende Masse voreilig entscheidet, um nachher verzweifelt zu bereuen. Ist es nicht falscher Aberglaube, daß die Mehrzahl das Weiseste trifft? Kann man nicht vielmehr allgemein feststellen, daß die Menschen in der Masse törichter, gewalttätiger und grausamer sind als einzeln und für sich genommen? Ist es nicht schändlich, daß Redner das Volk regieren, die »sich in Wortergüssen ergehen wie Messingtöpfe, die, einmal angeschlagen, solange klingen, bis man eine Hand auf sie legt[3]«? Sicherlich ist die Leitung eines Staates eine Angelegenheit, für die man nicht intelligent genug sein kann, eine Angelegenheit, die das ganze Denken eines stärksten Geistes fordert. Könnte eine Gesellschaft anders gerettet werden und erstarken, als daß man ihren weisesten Mitgliedern die Leitung anvertraut?

Man stelle sich die Antwort der volkstümlichen Partei Athens auf dieses aristokratische Evangelium vor, das zu einer Zeit vorgetragen wurde, in der der Krieg das Aufhören jeder Kritik zu gebieten schien, und in der eine reiche und gebildete Minorität durch Verschwörung eine Revolution vorbereitete. Man denke an die Gefühle, die Anytos, der demokratische Führer, gehabt haben mag, als sein Sohn Schüler des Sokrates wurde und sich darauf gegen die Götter seines Vaters wandte und diesen offen auslachte. Hatte nicht Aristophanes genau vorausgesagt, daß der scheinbare Ersatz der alten Tugenden durch die gesellschaftsfeindliche Klugheit dieses Ergebnis haben würde?[4]

Dann kam die Revolution, in der man erbittert bis zum letzten Atemzug für und wider diese Intelligenz kämpfte. Als die Demokratie siegte, war das Schicksal des Sokrates entschieden, da er der geistige Führer der aufständischen Partei gewesen ist, so friedlicher Natur er selbst auch sein mochte; er war der Schöpfer der verhaßten aristokratischen Philosophie, und er war der Verderber der dabattierwütigen Jugend. Es wäre am besten, sagten Anytos und Meletos, wenn Sokrates sterben würde.

Das Ende des Liedes kennt die ganze Welt, denn Platon hat es in einer Prosa beschrieben, die schöner als ein Gedicht ist. Wir sind in der glücklichen Lage, jene einfache und mutige (vielleicht auch nur legendäre) »Apologie« oder Verteidigung lesen zu können, in der der erste Märtyrer der Philosophie die Rechte und die Notwendigkeit der Gedankenfreiheit vertrat, seine eigene Bedeutung für den Staat betonte und es ablehnte, bei der Masse, die er stets verachtet hatte, um Gnade zu flehen. Sie hätten ihn begnadigen können, er aber verschmähte es, sie darum zu bitten. Es war eine eigenartige Bestätigung seiner Lehre, daß die Richter ihn freisprechen wollten, während die gereizte Menge für seinen Tod stimmte. Hatte er nicht an den Göttern gezweifelt? Wehe dem, der die Menschen schneller lehren möchte, als sie lernen können.

Sie beschlossen also, daß er den Schierlingstrank nehmen müsse. Seine Freunde suchten ihn im Gefängnis auf und boten ihm die Flucht an – sie hatten alle Beamten bestochen, die zwischen ihm und der Freiheit standen. Er lehnte ab. Er war siebzig Jahre alt geworden (399 v. Chr.) und dachte, es wäre wohl an der Zeit, zu sterben; vielleicht sah er auch, daß er durch seinen Tod einzigartig nützen konnte. »Tröstet euch«, sagte er zu seinen trauernden Freunden, »und denkt daran, daß ihr nur meinen Leib begraben werdet.« – »Nach diesen Worten«, schreibt Platon an einer der bedeutendsten Stellen der Weltliteratur[5],

> erhob sich Sokrates und ging in einen Nebenraum, um zu baden. Kriton folgte ihm, uns aber hieß er dableiben. So blieben wir denn und dachten ... an das große Unglück, das uns getroffen hat, denn wir kamen uns vor, als wären wir unseres Vaters beraubt und müßten unser ferneres Leben als Waisen hinbringen ... Es war schon nahe am Untergang der Sonne, denn er war lange drinnen geblieben. Als er zurückkam, ließ er sich nieder und sprach nur wenig ... Bald erschien der Wärter, trat an ihn heran und sagte: »Von dir, mein Sokrates, brauche ich nicht zu befürchten, was ich bei anderen befürchte: daß sie mir zürnen und fluchen, wenn ich sie auf Befehl der Oberen das Gift trinken heiße. Dich aber habe ich schon in der früheren Zeit als den

edelsten, gelassensten und besten Mann von allen erkannt, die jemals diesen Ort betreten haben. Darum zweifle ich auch jetzt nicht daran, daß du nicht mir zürnst, sondern den Schuldigen, die du ja kennst. So lebe denn wohl und versuche, das Unvermeidliche leicht zu nehmen; du kennst meinen Auftrag.« Alsdann brach er in Tränen aus, wandte sich ab und ging hinaus.

Sokrates ging ihm nach und sprach: »Auch du lebe wohl, ich werde dein Wort befolgen.« Dann wandte er sich zu uns und sagte: »Was für ein rührender Mann! Die ganze Zeit über besuchte er mich, unterhielt sich mit mir und war stets freundlich; und wie aufrichtig beweint er mich nun! Aber wohlan, Kriton, wir wollen ihm gehorchen. Es bringe mir jemand den Trank, falls er schon zubereitet ist; wo nicht, so mag ihn der Wärter bereiten.«

Da sagte Kriton: »Aber ich glaube, o Sokrates, die Sonne steht noch über den Bergen und ist noch nicht untergegangen. Und ich weiß, daß auch andere erst ganz spät, nachdem es ihnen angesagt worden ist, getrunken haben und vorher noch gut aßen und tranken, ja einige haben gar noch Schöne zu sich kommen lassen, nach denen sie Verlangen hatten. Übereile dich nicht, denn es hat noch Zeit.«

Da sagte Sokrates: »Die, von denen du, mein Kriton, redest, hatten guten Grund, so zu handeln, wie du es sagst, denn sie glaubten, etwas zu gewinnen, wenn sie so handeln; ich aber habe guten Grund, nicht so zu tun. Denn ich glaube nichts zu gewinnen, wenn ich das Gift etwas später trinke, und käme nur mir selbst lächerlich vor, wenn ich so sehr am Leben klebte und sparen wollte, wo nichts mehr ist. So folge mir denn und tue genau, wie ich dir sage.«

Darauf winkte Kriton dem Diener, der neben ihm stand, und der Diener ging hinaus, und kam, nachdem er eine Weile draußen zugebracht hatte, mit dem Manne wieder, der das Gift reichen sollte und es schon zubereitet in einem Becher vor sich trug. Als aber Sokrates den Mann sah, sagte er: »Gut, mein Bester, du verstehst dich ja auf diese Dinge, was habe ich zu tun?« – »Nichts weiter«, sagte der Mann, »als umherzugehen, nachdem du getrunken hast, bis dir die Schenkel schwer werden, und dich dann hinzulegen, dann wird es schon von selber wirken.« Damit reichte er Sokrates den Becher, den dieser ganz getrost nahm . . . ohne zu zittern oder Farbe und Miene zu verändern, während er, wie es seine Art war, den Mann fest ansah und sprach: »Wie denkst du von diesem Trank, darf man davon den Göttern eine Spende weihen oder nicht?« – »Wir bereiten davon nur soviel«, antwortete dieser, »wie wir für gerade zureichend halten.« – »Ich verstehe«, sagte Sokrates. »Beten aber darf man doch zu den Göttern, und muß es auch, damit die Wanderung von hier zu ihnen glücklich sein möge, worum denn auch ich hiermit bete, und so möge es geschehen.« Und wie er dies gesagt, setzte er an, und ganz frisch und wohlgemut trank er aus.

Und von uns waren die meisten bis dahin mit Mühe und Not imstande gewesen, sich zu beherrschen, daß sie nicht weinten. Als wir aber sahen, daß er trank und ausgetrunken hatte, konnten wir nicht mehr, sondern auch mir brachen, so sehr ich mich dagegen wehrte, die Tränen in Strömen hervor, so daß ich mein Gesicht verhüllen und weiter weinen mußte, nicht über ihn, sondern über mein eigenes Schicksal, das mich eines solchen Freundes berauben wollte. Kriton war aber noch vor mir aufgestanden, da er nicht vermochte, die Tränen zurückzuhalten, und Apollodoros, der schon die ganze Zeit über geweint hatte, brach nun in lautes Jammern aus, weinte völlig fassungslos und erschütterte alle Anwesenden durch sein Klagen, Sokrates ausgenommen. Dieser aber fragte: »Was soll dieses seltsame Gebaren? Ich habe doch die Weiber eben deshalb weggeschickt, damit sie nicht eine solche Szene aufführen, denn ich habe immer gehört, der Mensch müsse in Ruhe sterben. Seid also still und haltet an euch.« Als wir das hörten, schämten wir uns und hielten inne mit Weinen. Er aber ging umher, und als er merkte, daß ihm die Schenkel schwer wurden, legte er sich auf den Rücken, wie ihm der Mann geraten hatte. Darauf befühlte ihn dieser, der ihm das Gift gereicht hatte, und betastete von Zeit zu Zeit seine Füße und Beine. Er drückte ihm stark den Fuß und fragte, ob er es spüre; Sokrates sagte: Nein! Und darauf die Knie, und so ging er immer höher hinauf und zeigte uns, wie der Körper erkaltete und erstarrte. Und er befühlte ihn wiederholt und sagte, wenn es bis zum Herzen vorgedrungen wäre, dann wäre es aus mit ihm. Schon war Sokrates bis an die Gegend des Unterleibes erkaltet, da schlug er die Kopfhülle – denn er hatte sich verhüllt – zurück und sprach seine letzten Worte: »Mein Kriton, wir sind dem Asklepios einen Hahn schuldig, entrichtet ihm den und versäumt es nicht.« – »Das soll geschehen«, sagte Kriton, »sieh aber zu, ob du sonst noch einen Wunsch hast.« Auf diese Frage gab Sokrates keine Antwort mehr, sondern zuckte bald darauf, und als ihn der Mann aufdeckte, waren seine Augen gebrochen. Als Kriton das sah, schloß er ihm Mund und Augen.

Dies . . . war das Ende unseres Freundes, der von allen Mitmenschen, die wir kannten, an Güte, Weisheit und Gerechtigkeit unerreicht blieb.

III. PLATONS WERDEGANG

Das Zusammentreffen mit Sokrates war ein Wendepunkt in Platons Leben. In behaglicher und darüber hinaus vielleicht auch vermöglicher Umgebung wuchs Platon auf. Er war ein schöner und kräftiger Jüngling, Platon genannt, wie es heißt, wegen seiner breiten Schultern; er zeichnete sich als Krieger aus und gewann bei den Isthmischen Spielen zweimal Preise. Aus einer solchen Jugend pflegen sich keine Philosophen zu entwickeln. Aber Platons empfindliche Seele entdeckte am »dialektischen« Spiel des Sokrates einen neuen Genuß. Es war eine Freude, den Meister zu beobachten, wie er die Dogmen zur Ader ließ und Behauptungen auf die gedrechselte Spitze seiner Fragen spießte. Platon ließ sich auf diesen neuen Sport ein, ähnlich wie er früher an derberen Formen des Wettkampfes teilgenommen hatte, und gelangte unter Anleitung des alten »Bremsbockes« (wie sich Sokrates selbst nannte) vom bloßen Debattieren zu sorgfältiger Analyse und fruchtbaren Auseinandersetzungen. Immer leidenschaftlicher liebte er die Weisheit und seinen Lehrer. »Ich danke Gott«, pflegte er zu sagen, »daß ich als Grieche und nicht als Barbar geboren bin, als Freier und nicht als Sklave, als Mann und nicht als Frau, vor allem aber dafür, daß ich im Zeitalter des Sokrates geboren worden bin.«

Er war achtundzwanzig Jahre alt, als der Meister starb, und dieser tragische Abschluß eines stillen Lebens drückte seine Spuren dem ganzen Denken des Schülers auf. Diese Erfahrung erfüllte ihn mit solcher Verachtung der Demokratie, mit solchem Haß gegen den Pöbel, wie sie die bloße aristokratische Abstammung und Erziehung nicht erzeugt hätten, und führte in ihm den Catonischen Beschluß herbei, die Demokratie müsse vernichtet und durch die Herrschaft der Weisesten und Besten ersetzt werden. Es wurde zur alles beherrschenden Aufgabe seines Lebens, eine Methode zu finden, mit der man die Weisesten und Besten entdecken und zum Regieren ermächtigen und bewegen könnte.

Seine Bemühungen um die Rettung des Sokrates ließen ihn in den Augen der demokratischen Führer verdächtig erscheinen, und seine Freunde wiesen dringend darauf hin, wie unsicher der Aufenthalt in Athen für ihn sei, und wie außerordentlich günstig der Augenblick für eine größere Reise. So machte er sich denn im Jahre 399 v. Chr. auf den Weg. Wohin er sich wandte, läßt sich nicht mit Sicherheit sagen; um jeden seiner Schritte herrscht lebhafter Streit unter den Fachleuten. Er scheint zunächst nach Ägypten gegangen zu sein, wo er von der Priesterkaste, die das Land beherrschte, mit Verwunderung hören mußte, daß Griechenland ein noch jugendlicher Staat sei, ohne festigende Tradition und tiefere Kultur, und es deshalb noch nicht verdiene, von diesen sphinxhaften Weisen des Nils ernstgenommen zu werden. Nichts aber wirkt erzieherischer als plötzliche Verwunderung; die Erinnerung an diese gelehrte Kaste, die theokratisch über ein gesetztes, landwirtschaftliches Volk regierte, blieb lebendig in Platons Denken und spielte bei dem Entwurf seiner Utopie eine wesentliche Rolle. – Dann segelte er weiter nach Sizilien und Italien, wo er sich eine Zeitlang an die Schule oder Sekte anschloß, die der große Pythagoras gegründet hatte, und wieder wurde seinem empfänglichen Geist die Erinnerung an eine kleine Gruppe von Menschen eingeprägt, die von den anderen zum Forschen und Regieren auserwählt war und trotz ihres Machtbesitzes ein schlichtes Leben führte. Zwölf Jahre verbrachte er auf der Wanderschaft, sog Weisheit aus jeder Quelle, stand vor jedem Heiligtum, kostete jeden Glauben aus. Manche behaupten, er sei nach Judäa gegangen, wo er für einige Zeit von der Tradition der heute fast sozialistisch anmutenden Propheten beeinflußt wurde, andere sagen sogar, er sei bis an die Ufer des Ganges vorgedrungen und habe die mystischen Meditationen der Hindus kennengelernt. Was daran wahr ist, wissen wir nicht.

Im Jahre 387 v. Chr. kehrte er als Vierzigjähriger nach Athen zurück, durch viele Völker und an der Weisheit vieler Länder zum Überquellen gereift. Von der glühenden Begeisterung der Jugend hatte er einiges verloren, aber dafür eine Denkperspektive gewonnen, in der jede Übertreibung als Halbwahrheit sichtbar wurde und in der die vielen Seiten eines jeden Problems derart zusammentrafen, daß jeder Facette der Wahrheit eine gerechte Beurteilung zuteil wurde. Er hatte Kenntnisse und war Künstler; Philosophie und Dichtung lebten hier in einer Seele und schufen sich ein Ausdrucksmittel, in dem sowohl Schönheit als auch Wahrheit ihren Platz und Spielraum hatten: den Dialog. Man darf wohl sagen, daß die Philosophie nie zuvor ein so glänzendes Gewand angelegt hatte, und sicherlich tat sie das niemals seither. Selbst in Übersetzungen glänzt und sprüht und tanzt diese Sprache und quillt über. »Platon zeigt«, sagt einer seiner Verehrer, Shelley, »die seltene Vereinigung von strenger und feiner Logik mit pythischer Begeisterung für Poesie, verschmolzen durch Glanz und Harmonie seiner Sprache in einen unwiderstehlichen Strom musikalischer Eindrücke, der in atemlosem Lauf überzeugend mit sich reißt[6].« Es war kein Zufall, daß der junge Philosoph als Dramatiker begonnen hatte.

Die Schwierigkeit, Platon zu verstehen, liegt gerade in dieser berauschenden Verschmelzung von Philosophie und Dichtung, von Wissenschaft und Kunst. Man kann nicht immer wissen, aus welcher Figur des Dialogs Platon selbst spricht und in welcher Form, ob das Gesagte wörtlich oder als Metapher zu nehmen ist, ob er scherzt oder im Ernst spricht. Seine Vorliebe für Scherz, Ironie und mythischen Ausdruck zwingen zuweilen zu hilflosem Stehenbleiben; man könnte fast von ihm sagen, er habe nur in Parabeln gelehrt. »Soll ich als der Ältere zu euch Jüngeren in Gleichnissen oder in Mythen reden?« fragt er in seinem »Protagoras«[7]. Seine Dialoge wurden von ihm, wie es heißt, für einen größeren Leserkreis geschrieben; sie waren durch die Form der Unterredung, durch ihr lebhaft streitendes Für und Wider und durch die allmähliche Entfaltung und häufige Wiederholung der wichtigen Argumente (so dunkel sie uns auch heute erscheinen mögen) ausdrücklich dem Verstand der Leute angepaßt, die Philosophie nur als gelegentlichen Luxus kosten dürfen und durch die Kürze des Lebens gezwungen sind, so zu lesen, wie ein Laufender lesen mag. Man muß sich daher darauf gefaßt machen, in diesen Dialogen viel Spielerisches und Metaphorisches zu finden, vieles, was nur Forschern verständlich ist, die alle gesellschaftlichen und literarischen Kleinigkeiten des platonischen Zeitalters kennen, und vieles, was heute unwesentlich oder grillenhaft anmutet, aber vielleicht gerade als Würze diente, um die schwere gedankliche Nahrung für Geister verdaulich zu gestalten, die nicht an philosophische Darbietungen gewohnt waren.

Man muß auch gestehen, daß Platon selbst in reichlichem Maße Eigenschaften besaß, die er verurteilte. Er zog über Dichter und Mythen her und erhöhte dabei die Zahl der Dichter um einen und die der Mythen um hunderte. Er beklagt sich über die Priester (die herumlaufen, um über die Hölle zu predigen und gegen Entgelt Erlösung anbieten – s. Staat, 364), ist aber selbst Priester, Theologe, Prediger und Übermoralist, ein Savonarola, der die Kunst anklagt und Eitelkeiten dem Scheiterhaufen überantworten möchte. Wie Shakespeare erkennt er an, daß »Vergleiche glitschig sind« (Sophist, 231), gleitet aber aus dem ersten in den zweiten und dritten hinüber. Er verurteilt die Sophisten als wortklaubende Disputanten, disputiert aber selber klug wie ein junges Semester. Faguet parodiert ihn folgendermaßen: »Das Ganze ist größer als der Teil? – Sicherlich. – Und der Teil ist kleiner als das Ganze? – Ja. – ... Folgt daraus nicht mit Klarheit, daß Philosophen den Staat lenken sollten? – Was ist das für eine Wahrheit? – Sie ist evident. Wir wollen sie uns nochmals klarmachen[8].«

Dies ist aber auch das Schlimmste, was man ihm nachsagen kann, und trotz dieses Einwandes bleiben die Dialoge ein unersetzbarer Schatz für die Welt[9]. Der beste unter ihnen, der »Staat«, ist eine vollständig in sich geschlossene Abhandlung, der ganze Platon auf ein Buch reduziert; in ihm werden wir Platons Metaphysik, Theologie, Ethik, Psychologie, Pädagogik, Staats- und Kunstlehre enthalten finden und Probleme, die Modernität atmen und uns ganz zeitgenössisch ansprechen: Kommunismus und Sozialismus, Feminismus, Geburtenkontrolle und Eugenik, Nietzschesche Probleme der Moralität und Aristokratie, Rousseausche Fragen, wie die Rückkehr zur Natur und die zwanglose Erziehung, Bergsons *élan vital* und Freuds Psychoanalyse – sie alle tauchen hier auf. Es ist ein Fest für die Elite, von einem freigebigen Gastgeber veranstaltet. »Platon ist die Philosophie und die Philosophie ist Platon«, sagt Emerson und spricht über den »Staat« die Worte, die Omar über den Koran sprach: »Verbrennt die Bibliotheken, denn, was an ihnen wertvoll ist, enthält dieses Buch.«

Wir wollen uns mit dem »Staat« näher beschäftigen.

IV. DAS ETHISCHE PROBLEM

Im Hause des Kephalos, eines reichen Aristokraten, findet eine Unterredung statt. Zu der Gruppe gehören Glaukon und Adeimantos, Brüder Platons, und Thrasymachos, ein grober und leicht erregbarer Sophist. Sokrates, der im Dialog das Sprachrohr Platons ist, fragt Kephalos: »Was hältst du für den größten Segen, den du von deinem Reichtum ernten konntest?«

Kephalos antwortet, Reichtum sei für ihn deshalb ein Segen, weil er ihn dazu befähige, freigebig, ehrlich und gerecht zu sein. Sokrates fragt ihn in seiner listigen Art nach dem, was er eigentlich unter Gerechtigkeit verstehe, und gräbt dadurch das philosophische Kriegsbeil aus. Denn nichts ist schwerer als Definieren und nichts eine ernstere Anstrengung und Probe auf geistige Klarheit und Geschicklichkeit. Es ist ein leichtes für Sokrates, die gebotenen Definitionen der Reihe nach zu zerpflücken, bis zuletzt Thrasymachos, der weniger geduldig ist als die anderen, ihn »anbrüllt«:

In was für leerem Geschwätz seid ihr doch schon lange befangen, o Sokrates? Und was für Albernheiten treibt ihr miteinander . . .? Wenn ihr wissen wollt, was Gerechtigkeit sei, so mußt du meines Erachtens antworten, nicht fragen, und nicht auf die Widerlegung anderer stolz sein . . . Denn du weißt wohl, daß Fragen leichter als Antworten ist (336).

Sokrates ist nicht eingeschüchtert, auch weiterhin stellt er mehr Fragen, als er Antworten gibt, und verleitet nach kurzem Hin und Her den unachtsamen Thrasymachos zu einer Definition:

»So höre denn!« sagt der gereizte Sophist. »Ich behaupte, daß Macht Recht ist und Gerechtigkeit nichts anderes als der Vorteil der Stärkeren . . . und die verschiedenen Arten der Regierung schaffen Gesetze zu ihrem eigenen Vorteil, die demokratischen demokratische, die aristokratischen aristokratische, und die autokratischen autokratische. Diese Gesetze nun, die sie geschaffen haben, um dem eigenen Vorteil zu dienen, geben sie ihren Untertanen als ›Gerechtigkeit‹ und bestrafen jeden als ›ungerecht‹, der sie überschreitet . . . Am allerleichtesten wirst du das erkennen, wenn du dich an die vollendetste Ungerechtigkeit hältst . . . Diese ist aber die sogenannte Tyrannei, welche nicht im Kleinen sich fremdes Gut durch List und Gewalt aneignet . . . sondern gleich alles insgesamt . . . Wenn aber einer außer dem Vermögen seiner Mitbürger auch noch sie selbst in seine Gewalt bringt und zu Knechten macht, so wird er . . . glückselig und preiswürdig genannt, nicht nur von seinen Mitbürgern, sondern von allen . . . Denn nicht aus Furcht Ungerechtes zu tun, sondern zu leiden, schimpft auf die Ungerechtigkeit, wer auf sie schimpft.«

Das freilich ist eine Lehre, bei der wir uns heute mit mehr oder weniger Recht an den Namen Nietzsche erinnern. »Ich mußte wahrlich oft über die Schwächlinge lachen, die sich für gut halten, weil ihre Tatzen gelähmt sind[10].« Stirner drückt dasselbe kürzer aus: »Eine Handvoll Macht ist besser als ein Sack voll Recht.« Diese Lehre ist wohl nirgends in der Geschichte der Philosophie besser formuliert als bei Platon selbst in einem anderen Dialog, im »Gorgias« (483 f.), wo der Sophist Kallikles die Sittlichkeit als eine Erfindung der Schwächeren zur Entkräftung der Macht der Stärkeren entlarvt.

Sie spenden Lob und Tadel mit Rücksicht auf ihren eigenen Vorteil. Sie sagen, Unredlichkeit sei schändlich und ungerecht, wobei sie unter Unredlichkeit den Wunsch verstehen, mehr zu besitzen als die Nachbarn; denn da sie ihre eigene Minderwertigkeit kennen, würden sie sich schon mit Gleichheit nur allzu gern zufrieden geben . . . Gäbe es aber einen Menschen von genügender Macht (der »Übermensch« tritt auf!), so würde dieser all das abschütteln, durchbrechen und sich davon befreien. Er würde all unsere Vorschriften, Zauber- und Beschwörungsformeln und Gesetze, die sich gegen die Natur versündigen, mit den Füßen treten . . . Wer wahrhaft leben wollte, müßte seine Begierden ins Unermeßliche wachsen lassen, aber müßte auch, nachdem sie so gewachsen sind, den Mut und die Klugheit besitzen, ihnen zu dienen und all seine Wünsche zu befriedigen. Das aber, versichere ich, ist natürliche Gerechtigkeit und Adel. Die Masse bringt das aber nicht fertig und verurteilt daher solche Leute, weil sie sich ihrer eigenen Unfähigkeit schämt und diese zu verschleiern sucht; daher nennt sie auch Unmäßigkeit gemein . . . Sie macht edlere Naturen zu Sklaven und lobt die Gerechtigkeit nur, weil sie feige ist.

Das ist keine Herren-, sondern eine Lakaienmoral (*oude gar andros all'andrapodou tinos)*; es ist eine Sklaven-, keine Herrenmoral. Die echten Tugenden des Mannes sind Mut (*andreia*) und Klugheit (*phronesis*)[11].

Vielleicht spiegelt dieser schwere »Immoralismus« die imperialistische Außenpolitik und das rücksichtslose Vorgehen Athens gegen schwächere Staaten[12]. »Euer Reich«, sagt Perikles in einer von Thukydides fingierten Rede, »ist eher auf eure eigene Macht als auf den guten Willen euerer Bürger gegründet.« Und derselbe Historiker berichtet, wie die athenischen Gesandten Melos in ein Bündnis gegen Sparta hineingezwungen haben: »Ihr wißt genau so gut wie wir, daß

Gerechtigkeit, so wie die Welt nun einmal ist, nur zwischen gleich starken Mächten besteht; die Stärkeren tun, was sie tun können, und die Schwächeren erleiden, was sie müssen[13].« Wir haben hier das Grundproblem der Ethik vor uns, die Crux der Lehre vom sittlichen Handeln. Was ist Gerechtigkeit? – Sollen wir nach Rechtlichkeit oder nach Macht streben? – Ist es besser, gut oder mächtig zu sein?

Wie antwortet Sokrates, d. h. Platon, auf diese herausfordernde Lehre? Er antwortet zunächst überhaupt nicht. Er weist darauf hin, daß Gerechtigkeit eine Beziehung zwischen Individuen ist, die von der Organisation der Gesellschaft abhängt, und daß man sie folglich besser als Teil der gesellschaftlichen Struktur, statt als Eigenschaft des persönlichen Verhaltens untersuchen kann. Falls wir imstande sind, einen gerechten Staat zu schildern, so werden wir, nimmt er an, auch ein gerechtes Individuum besser beschreiben können. Platon entschuldigt diesen Umweg mit der Begründung, daß man die Sehschärfe des Menschen auch durch schrittweise Darbietung zunächst großer und dann erst kleiner Schriftzeichen untersucht; ähnlich, so behauptet er, steht es um die Gerechtigkeit, die man in großen Zusammenhängen besser untersuchen kann als auf dem engen Gebiet des persönlichen Verhaltens. Wir brauchen uns aber hierdurch nicht täuschen zu lassen: in Wirklichkeit verwebt der Meister hier zwei Untersuchungen und will das durch seinen Vergleich verdecken. Er will nicht nur die Probleme der persönlichen Sittlichkeit durchsprechen, sondern auch die des sozialen und politischen Aufbaus. Im Ärmel versteckt trägt er eine Utopie und ist fest entschlossen, sie an den Mann zu bringen. Es fällt leicht, ihm zu verzeihen, denn diese Abschweifung bildet das Kernstück und das Wertvollste seines Buches.

V. DAS POLITISCHE PROBLEM

Gerechtigkeit wäre eine einfache Angelegenheit, sagt Platon, wenn die Menschen einfach wären; ein anarchistischer Kommunismus würde dann genügen. Auf einen Augenblick läßt er seiner Einbildungskraft freien Lauf:

Wir wollen uns daher zunächst ansehen, wie die so Ausgerüsteten leben würden ... Würden sie denn nicht auch Korn und Wein ziehen, Kleidung und Schuhwerk machen und Häuser für sich bauen? Werden sie im Sommer nicht für gewöhnlich entblößt und barfuß, im Winter aber hinreichend bekleidet und in Schuhen arbeiten? Sie werden sich nähren, indem sie von Gerste Graupen und vom Weizen Mehl bereiten, das Mehl kneten und in die schönsten Kuchen und Brotlaiber teilen; diese werden sie auf einem Schilfgeflecht oder auf sauberen Blättern servieren, und sich selbst mit ihren Kindern zum Speisen auf ein Bett von Eiben- oder Myrtenstreu lagern. Und sie und ihre Kinder würden Feste feiern, von selbstgekeltertem Weine trinken, und bekränzt das Lob der Götter auf den Lippen führen, in ungetrübter Gemeinschaft leben und dafür sorgen, daß sie nicht über ihr Vermögen hinaus Kinder zeugen, aus Angst vor Armut oder Krieg ... Sicherlich werden sie auch Würze haben, Salz und Oliven, Käse und Zwiebeln und Kraut oder andere Gemüsearten, die sich zum Kochen eignen; und wir gönnen ihnen noch zum Nachtisch Feigen, Erbsen und Bohnen und Myrtenbeeren und Kastanien, die sie über dem Feuer rösten und wozu sie mit Maß trinken können. Und bei solcher Lebensführung kann man wohl annehmen, daß sie ihr Leben friedlich und gesund hinbringen und ein recht hohes Alter erreichen und ihren Nachkommen ein ähnliches Leben sichern werden (372).

Man beachte den flüchtigen Hinweis an dieser Stelle auf die Bevölkerungskontrolle (die vermutlich durch Kindertötung ausgeübt werden sollte), auf den Vegetarismus und auf die »Rückkehr zur Natur«, zur schlichten Einfachheit, die im Garten Eden der jüdischen Legenden geschildert ist. Das alles klingt an Diogenes den »Zyniker« an, der, wie schon sein Name besagt, der Meinung gewesen ist, wir sollten »uns zurückwenden und mit den Tieren zusammen leben, da sie so sanft und maßvoll sind«, und auf einen Augenblick sind wir fast geneigt, Platon in dieselbe Klasse mit Saint-Simon, Fourier, William Morris und Tolstoi einzuordnen. Er ist aber um einiges skeptischer als diese Männer des gütigen Glaubens; er stellt ruhig die Frage: Wie kommt es, daß ein so schlichtes Paradies wie das beschriebene niemals verwirklicht wurde? – Wie kommt es, daß man ein solches Land Utopien niemals auf der Landkarte verzeichnet findet?

Er antwortet: Weil es Habgier und Verschwendung gibt. Die Menschen sind nicht mit einem einfachen Leben zufrieden: sie sind erwerbsüchtig, ehrgeizig, wetteifernd und neidisch; sie sind bald des eigenen Besitzes überdrüssig und schmachten nach dem, was sie nicht besitzen, und selten begehren sie etwas, das nicht anderen gehörte. Das Ergebnis ist der Übergriff einer Gruppe auf das Gebiet der anderen, Wettstreit der Gruppen um die Bodenschätze und schließlich Krieg. Handel und Geldwesen entwickeln sich und führen zu neuen Klassenspaltungen. »Jede gewöhnliche Stadt besteht in Wirklichkeit aus zwei Städten: aus der Stadt der Reichen und aus der der Armen, die sich gegenseitig bekriegen; in jeder Unterabteilung sind wieder kleinere enthalten – man würde sich daher sehr irren, wenn man sie als einzelne Stadt-Staaten behandeln wollte« (423). Es entsteht ein kaufmännisches Bürgertum, dessen Mitglieder durch Reichtum und auffallenden Geldverbrauch eine gesellschaftliche Stellung zu erringen suchen – »sie geben große Summen Geldes für ihre Frauen aus« (548). Diese Änderungen in der Vermögensteilung bringen politische Änderungen mit sich; da das Vermögen des Kaufmanns das Vermögen des Gutsbesitzers übersteigt, weicht die Aristokratie vor der plutokratischen Oligarchie zurück – reiche Kaufleute und Bankiers herrschen im Staate. Dann wird die staatsmännische Leitung, die in dem Ausgleichen der sozialen Kräfte und in der Anpassung aller Maßnahmen an die allgemeine Entwicklung besteht, durch Politik ersetzt, die Kriegskunst der Parteien und Lüsternheit nach Ämtern ist.

Jede Regierungsform führt zur Selbstaufhebung durch Überspannung des eigenen Grundprinzips. Die Aristokratie richtet sich dadurch zugrunde, daß sie den Kreis der Machthaber zu eng zieht, die Oligarchie durch ihre sorglose Balgerei um sofortigen Reichtum. Beide führen zur Revolution. Stellt sich die Revolution ein, so kann es scheinen, als wäre sie aus winzigen Ursachen und geringfügigen Launen entstanden, aber, obwohl sie durch unbedeutende Anlässe hervorgerufen sein kann, ist sie das plötzliche Ergebnis schwerer und allmählich angehäufter Übelstände; ist ein Körper durch vernachlässigte Übel geschwächt, so kann schon einfache Entblößung zu schwerer Krankheit führen (556). »Dann kommt die Demokratie. Die Armen überwältigen ihre Gegner, richten einige hin, verbannen andere und geben dem Volke gleichen Anteil an Bürgerrecht und Verwaltung . . .« (557).

Aber selbst die Demokratie hebt sich auf durch Übertreibung – der Demokratie. Ihr Grundprinzip ist das gleiche Recht aller, Ämter zu bekleiden und die Staatsbeschlüsse zu bestimmen. Auf den ersten Blick ist das ein herrlicher Zustand, er wird aber dadurch katastrophal, daß das Volk nicht genügend mit Bildung ausgestattet ist, um die besten Führer und die weiseste Richtung zu wählen (588). »Was das Volk betrifft, so hat es keinen Verstand, und wiederholt nur, was seine Führer ihm zu sagen belieben« (»Protagoras«, 317). Um einen Gedanken zum Sieg oder zur Ablehnung zu bringen, genügt es, ihn in einem volkstümlichen Theaterstück zu loben oder lächerlich zu machen (ein Schlag, der sich zweifellos gegen Aristophanes richtet, dessen Lustspiele fast jede neue Idee angriffen). Pöbelherrschaft ist stürmische See für das Staatsschiff, jeder Redestrom wühlt die Gewässer auf und lenkt den Kurs ab. Das Ende einer solchen Demokratie ist Tyrannei oder Autokratie; die Menge liebt die Schmeichelei so sehr, »sie dürstet so nach Honig«, daß schließlich der schlaueste und gewissenloseste Schmeichler, der sich »Beschützer des Volkes« nennt, zur obersten Herrschaft gelangt (565). (Man denke an die Geschichte Roms.)

Je mehr Platon darüber nachdenkt, um so mehr wundert er sich über die Torheit, die der Laune und Leichtgläubigkeit des Pöbels die Wahl der Staatsbeamten überlassen will — um davon überhaupt nicht zu reden, daß man sie jenen finsteren und dem Gelde dienenden Feldherren überläßt, die oligarchische Drähte hinter der demokratischen Bühne ziehen. Platon beklagt sich darüber, daß wir zwar in einfacheren Dingen, z. B. bei Stiefelbestellung, stets überzeugt sind, nur der Fachmann könne uns befriedigen, in der Politik aber ohne weiteres annehmen, daß jeder, der den Stimmenfang versteht, auch die Leitung der Stadt oder eines Staates verstehe. Wenn wir krank sind, lassen wir einen geschulten Arzt kommen, dessen Titel für besondere Vorbildung und Sachverständigkeit bürgt – wir verlangen nicht nach dem hübschesten oder beredtesten

Arzt. Warum sollten wir dann nicht, wenn der ganze Staat krank ist, den Dienst und die Führung der Weisesten und Besten suchen? Eine Methode zu finden, die der Abwehr der Untauglichen und der Schurken von den öffentlichen Ämtern und der Auswahl und Vorbereitung der Besten dient – das ist die Aufgabe der politischen oder Staatsphilosophie.

VI. DAS PSYCHOLOGISCHE PROBLEM

Aber hinter diesen politischen Problemen steckt die Natur des Menschen; um die Politik zu verstehen, müssen wir leider Psychologie verstehen. »Wie die Menschen, so sind die Staaten« (575); »es gibt ebensoviel Arten der Verfassung wie Arten der Menschen, . . . die Verfassungen entstehen aus den Sitten der Menschen, die im Staate sind . . .« (544); der Staat ist, was er ist, weil seine Bürger so sind, wie sie sind. Wir können daher auf keine besseren Staaten hoffen, solange es keine besseren Menschen gibt; bis dahin werden alle Veränderungen gerade die wesentlichen Dinge unverändert lassen. »Wie reizend doch die Leute sind! – ständig wollen sie kurieren, und erhöhen und komplizieren dadurch die Störungen. Sie glauben durch irgendein Geheimmittel, das ihnen irgendwer empfiehlt, geheilt zu werden, es geht ihnen aber niemals besser, sondern immer nur schlechter . . . Handeln sie nicht wie Lustspielfiguren, wenn sie sich an der Gesetzgebung vergreifen und sich einbilden, durch Reformen der Unehrlichkeit und der Schurkereien der Menschheit ein Ende zu setzen – wobei sie nicht merken, daß sie in Wirklichkeit die Köpfe einer Hydra abschneiden!« (425).

Wir wollen uns das menschliche Material, mit dem es die Staatsphilosophie zu tun hat, flüchtig ansehen.

Das menschliche Handeln fließt, sagt Platon, aus drei Quellen: aus Begierde, Gefühl und Erkenntnis. Begierde, Verlangen, Impuls und Instinkt gehören zusammen; Gefühl, Mut, Ehrgeiz und Tapferkeit bilden eine Einheit, und Erkenntnis, Denken, Intellekt und Vernunft sind ebenfalls eine Einheit.

Die Begierde hat in den Lenden ihren Sitz, sie ist ein von vorwiegend sexueller Energie überquellender Trieb. Das Gefühl hat seinen Sitz im Herzen und in der Kraft des Blutstromes und ist das organische Echo der Erfahrung und der Begierde. Der Sitz der Erkenntnis ist im Kopfe; sie ist das Auge der Begierde und kann zum Steuermann der Seele werden.

Alle diese Fähigkeiten und Eigenschaften sind in allen Menschen enthalten, aber in verschiedenen Abstufungen. Einige sind bloße Verkörperungen der Begierden, unruhige und erwerbsüchtige Seelen, die in materieller Jagd und in Tageskämpfen sich erschöpfen, höchste Freude im Luxus und im Sich-Zeigen finden, und die ihren Erwerb angesichts ihres unersättlichen Verlangens stets mit Null bewerten; diese Leute schaffen und beherrschen die Industrie. Es gibt aber andere, die Heiligtümer des Gefühls und des Mutes sind, die sich weniger um die verfochtene Sache als um den Sieg »an und für sich« kümmern; diese sind eher kampflustig als erwerbsüchtig, ihr Stolz liegt eher in der Macht als im Besitz, ihr Glück finden sie eher auf dem Schlachtfelde als auf den Märkten; diese Leute schaffen die Armeen und die Marine der Welt. Und schließlich gibt es noch die Wenigen, deren Seligkeit in der Meditation und im Verstehen liegt, die nicht nach Gütern oder nach Sieg, sondern nach Erkenntnis schmachten, die Märkte und Schlachtfelder beiseite lassen, um sich in der stillen Klarheit des abgeschlossenen Denkens zu verlieren; ihr Wille ist eher ein Licht als ein Feuer, ihr Himmel nicht Macht, sondern Wahrheit; das sind die Männer der Weisheit, die abseits stehen, unbeachtet von der Welt.

Genau wie es beim wirksamen persönlichen Handeln erforderlich ist, daß die Begierde, obwohl von Gefühl durchwärmt, von der Vernunft geleitet sei, so würden im vollkommenen Staate die industriellen Mächte produzieren, dürften aber nicht herrschen; die militärischen würden schützen, dürften aber ebenfalls nicht herrschen; die Kräfte der Erkenntnis, der Wissenschaften und der Philosophie aber würden ernährt und beschützt werden und hätten zu regieren. Ohne leitende Erkenntnis ist das Volk eine ungeordnete Masse, wie verwirrte

Begierden; das Volk benötigt die Leitung der Philosophen, wie die Begierden der erleuchtenden Erkenntnis bedürfen. Der Zusammenbruch tritt ein, wenn Händler, deren Herzen Geld und Gut bewegen, zu Herrschern werden (434), oder wenn die Generäle mit Hilfe ihrer Armeen Militärdiktaturen errichten. Der Hersteller leistet sein Bestes auf wirtschaftlichem Gebiet, der Krieger in der Schlacht; am wenigsten gehören beide in öffentliche Ämter, denn in ihren rohen Händen sinkt die Politik unter das Niveau der staatsmännischen Kunst. Regieren ist eine Wissenschaft und Kunst, die den ganzen Menschen und lange Vorbereitung erfordert. Nur ein Philosophenkönig ist zur Leitung einer Nation berufen. »Bis nicht die Philosophen zu Königen werden, oder die Könige und Gewalthaber wahrhaft und gründlich philosophieren lernen, und Weisheit und politische Führerschaft in *einem* Menschen vereint sind, ... werden sich weder die Staaten vom Übel befreien können, noch auch die Menschheit« (473).

Das ist der Schlußstein im Platonischen Gedankenbau.

VII. DIE PSYCHOLOGISCHE LÖSUNG

Was aber müßte man denn tun?

Man müßte damit beginnen, »daß man alle, die über zehn Jahre alt sind, auf das Land hinausschickt und so die jüngeren Kinder an sich nimmt, um sie auf diese Weise vor den üblen Angewohnheiten ihrer Eltern zu schützen« . . . (540). Man kann keine Utopie aufbauen, solange die jungen Leute auf Schritt und Tritt durch das Beispiel ihrer Eltern verdorben werden. Man muß zunächst soweit wie möglich reinen Tisch machen. Es wäre durchaus möglich, daß ein aufgeklärter Herrscher jemanden bevollmächtigt, in einem Teil oder einer Kolonie seines Reiches einen solchen Anfang zu machen. (Ein Herrscher tat das auch, wie wir noch sehen werden.) Jedenfalls müßte man jedem Kinde, und gleich von Anfang an, dieselben Bildungsmöglichkeiten bieten; man kann nicht voraussehen, wo das Licht der Begabung oder des Genies hervorbrechen wird, man muß es daher unparteiisch überall, in jeder Gesellschaftsschicht und in jeder Rasse, suchen. Der erste Schritt auf der neuen Bahn ist allgemeine Bildung.

In den ersten zehn Lebensjahren soll die Erziehung vorwiegend körperlich sein. Jede Schule soll ihren Turn- und Spielplatz haben, Spiel und Sport sollen den gesamten Lehrplan ausfüllen, dann wird in diesem ersten Jahrzehnt genügend Gesundheit aufgespeichert werden, um jede Medizin überflüssig zu machen. »Die Hilfe der medizinischen Wissenschaft in Anspruch nehmen, weil sich die Menschen in einem Leben voll Faulheit und Luxus wie ein Sumpf mit Feuchtigkeiten und bösen Dünsten angefüllt haben . . . Blähungen und Katarrhe, . . . ist das nicht schändlich? . . . Vordem bedienten sich die Ärzte nicht der jetzigen, die Krankheiten pflegenden und zum Kranksein erziehenden Heilart«, die eher zur Verlängerung als zur Heilung der Krankheit beiträgt. Das aber ist ein unsinniges Verhalten der faulen Reichen. »Ist ein Zimmermann krank, so läßt er es sich wohl gefallen, ein Mittel des Arztes herunterzuschlucken, um die Krankheit wegzuspeien oder sich von unten reinigen zu lassen oder auch . . . brennen und schneiden, um sie loszuwerden. Sollte ihm aber jemand eine verwickelte Kur vorschreiben, und daß er sich den Kopf mit Umschlägen einwickeln soll und dergleichen mehr, so würde er sofort entgegnen, er habe keine Zeit, krank zu sein, und halte es für unvernünftig, sein Leben mit der Pflege seiner Krankheit und mit der Vernachlässigung seines gewohnten Berufes zu verbringen; er würde sich mit obiger Erklärung von Ärzten dieser Art verabschieden, seine gewohnte Lebensordnung wieder aufnehmen und entweder wieder gesund werden, leben und seine Arbeit verrichten, oder, falls sein Körper das nicht verträgt, sterben, und damit Schluß« (405–406). Wir können uns keine Nation von Simulanten und Invaliden leisten; die Verwirklichung der Utopie muß im Leibe der Menschen ihren Anfang nehmen.

Aber bloße athletische und turnerische Übungen würden die Menschen zu einseitig machen. »Wie können wir aber eine sanfte Natur finden, die zugleich großen Mut besitzt? – denn diese sanftmütige Natur ist ja jener entgegengesetzt, in der Mut vorherrscht« (375). Wir wollen keine Nation von Preisringern und Schwergewichtsmeistern. Vielleicht wird die Musik unser Problem lösen; durch Musik lernt die Seele Harmonie und Rhythmus und selbst die Grundzüge der Gerechtigkeit, denn »kann ein harmonisch gebildetes Wesen ungerecht sein? ... Ist denn, o Glaukon, die musikalische Schulung nicht gerade deshalb so mächtig, weil Zeitmaß und Wohlklang in das Innere der Seele vordringen und sich ihr kräftig einprägen, mit Anmut in ihren Bewegungen und durch diese die Seele selbst anmutig werden lassen können ...?« (401; »Protagoras«, 326). Musik formt den Charakter und ist folglich an der Gestaltung sozialer und politischer Taten beteiligt. »Damon sagt, und ich glaube es selbst, daß wenn sich die Gattungen der Musik verändern, auch die Grundgesetze der Staaten mit ihnen verändert werden[14].«

Musik ist wertvoll, nicht nur weil sie Gefühl und Charakter veredelt, sondern auch weil sie die Gesundheit erhält und wiederherstellt. Es gibt Krankheiten, die nur durch Vermittlung des Geistes geheilt werden können (»Charmides«, 175); so heilten die korybantischen Priester durch wilde Flötenklänge hysterische Frauen, indem sie diese zum Tanzen und immer weiter Tanzen reizten, bis sie erschöpft zu Boden fielen und einschliefen – beim Erwachen waren sie gesund. Durch solche Methoden werden die unbewußten Quellen des menschlichen Denkens erreicht und beruhigt, und in diesen Urgründen des Handelns und Fühlens ist das Genie verwurzelt. »Niemand erlangt im bewußten Zustande wahre und begnadete Schau, sondern eher, wenn die Macht des Verstandes im Schlaf, in der Krankheit oder im Wahnsinn gefesselt ist«; der Prophet *(mantike)* oder das Genie ist mit dem Besessenen *(manike)* verwandt (»Phaedrus«, 244).

Platon schreitet zu einer bemerkenswerten Vorwegnahme der »Psychoanalyse« fort. Unsere politische Psychologie ist deshalb so verwirrt, weil wir die verschiedenen Begierden und Instinkte der Menschen nicht hinreichend studiert haben. Die Träume können uns zu einigen der zarteren und weniger faßbaren Neigungen einen Schlüssel liefern.

Man hält gewisse unnötige Gelüste und Begierden für unerlaubt; jeder scheint sie zu besitzen; werden sie aber der Kontrolle der Ordnung und der Übermacht der besseren vernünftigen Triebe unterworfen [werden sie »sublimiert«], so schwinden sie bei einigen entweder völlig, oder es bleiben nur wenige und sehr schwache Spuren zurück; bei anderen dagegen sind diese Triebe stärker und zahlreicher . . . Ich meine besonders jene Triebe, die erwachen, wenn die vernünftige und milde Kraft der Seele [der »Zensor«] schläft, die tierische und wilde aber mit Speise und Trank vollgestopft sich bäumt und den Schlaf abschüttelnd losbricht, um ihren Trieb zu befriedigen . . . Sie ist dann von jeder Scham und Vernunft gelöst und entblößt zu allem fähig . . . bereit, sich mit der Mutter oder mit irgendeinem anderen, sei es Mensch, Gott oder Tier zu vermischen . . . Wenn aber der Mensch gesund und gemäßigt mit sich umgeht und sich vernünftig schlafen legt, . . . nachdem er seine Begierden weder zu sehr, noch auch zu wenig, sondern gerade hinreichend gestillt hat, um sie einzuschläfern, . . . wird er am wenigsten Gefahr laufen, zum Spielzeug launischer Visionen zu werden . . . In uns allen, selbst in den scheinbar gemäßigten Menschen, ist solch eine wilde und heftige, tierische Natur versteckt . . . und kommt im Schlafe zum Vorschein (571–72).

Musik und Ebenmaß verleihen der Seele und dem Leibe Anmut und Gesundheit, aber zuviel Musik ist ebenso gefährlich wie zuviel Athletik. Bloßer Athlet sein heißt fast ein Wilder sein, und wer bloßer Musiker ist, der zerschmilzt und »wird weichlicher als es gut für ihn wäre« (410). Beides muß verbunden werden, aber nach dem sechzehnten Jahr wird die individuelle Ausübung der Musik verboten, obwohl Chorgesang und gemeinsame Spiele das ganze Leben hindurch gepflegt werden. Die Musik soll auch keine bloße Musik sein, sondern soll zu Hilfe genommen werden, um den manchmal abstoßenden Stoff der Mathematik, Geschichte und Naturwissenschaft in anziehende Form zu kleiden; es besteht keine Veranlassung, diese schweren Studien der Jugend nicht durch Verse und Gesang zu ebnen und zu verschönen. Selbst in dieser Form dürfen die Studien widerwilligen Gemütern nicht aufgezwungen werden – innerhalb gewisser Grenzen hat ein liberaler Geist zu herrschen.

Was nun zum Rechnen, zur Meßkunde und allen Vorübungen der Dialektik gehört . . ., sollte schon den Knaben vorgesetzt werden . . ., aber ohne jeden Zwang zum Lernen . . ., denn ein freier Mann sollte Kenntnisse nicht auf knechtische Art lernen . . . Wissen, das unter Zwang erworben ist, hat keinen Halt im Geiste. Gebrauchet daher keinen Zwang, sondern laßt die frühe Unterweisung eher eine Art Spiel sein, so werdet ihr am ehesten dazu befähigt, die natürliche Neigung der Kinder herauszufinden (536).

Mit so zwanglos aufgewachsenen Geistern und durch Sport und alle Arten der Freiluftübungen gestärkten Körpern hätte unser Idealstaat eine sichere psychologische und physiologische Grundlage, breit genug für jede Möglichkeit und jede Entwicklung. Aber auch eine moralische Grundlage muß geschaffen werden, die Glieder der Gemeinde müssen eine Einheit bilden; sie müssen lernen, daß sie sich gegenseitig ergänzen und einander gewisse Freundlichkeiten und Verbindlichkeiten schuldig sind. Wie aber sollen wir die Menschen, die von Natur erwerbsüchtig, neidisch, streitsüchtig und sinnlich sind, dazu überreden, sich anständig zu benehmen? Durch den allgegenwärtigen Knüppel des Polizisten? Das ist eine rohe, kostspielige und aufreizende Methode. Es gibt einen besseren Weg, der darin besteht, daß man den sittlichen Voraussetzungen der Gemeinschaft die Weihe der Abstammung von einer übernatürlichen Macht verleiht. Wir müssen eine Religion haben.

Platon ist überzeugt, ein Volk könne nicht groß sein, sofern es nicht an Gott glaube. Bloße kosmische Kräfte oder erste Ursachen oder ein *élan vital*, die keine Personen wären, könnten kaum zu Hoffnung, Ergebenheit und Opfer anregen; sie könnten den Herzen der Bedrängten keinen Trost spenden und den Seelen keinen Mut in der Anfechtung. Aber ein lebendiger Gott kann all das und kann den selbstsüchtigen Individualisten zu etwas Mäßigung seiner Habsucht und etwas Beherrschung seiner Leidenschaft bewegen oder ihn einschüchtern. Und das noch viel mehr, wenn zum Glauben an Gott der Glaube an persönliche Unsterblichkeit hinzutritt, denn die Hoffnung auf ein anderes Leben gibt Mut zu sterben und den Tod unserer Lieben zu ertragen; wer gläubig kämpft, ist doppelt gewappnet. Gesetzt, daß unser Glaube nicht begründet werden kann, daß Gott schließlich nur das verkörperte Ideal unserer Liebe und Hoffnung ist, und daß die Seele ähnlich einem Harfenklang mit dem Instrument stirbt, von dem sie ihre Gestalt erhielt, so würde es uns dennoch sicherlich nicht schaden (so steht es, an Pascal erinnernd, im Gedankengang des »Phaidon«), wenn wir glaubten, und es könnte uns und unseren Kindern unermeßliche Vorteile bringen.

Denn wir werden vermutlich in Schwierigkeiten geraten, falls wir dem schlichten Verstande unserer Kinder alle Dinge erklären und rechtfertigen wollen. Wir werden besonders schwere Zeiten erleben, wenn sie ihr zwanzigstes Lebensjahr erreicht haben und sich der ersten Untersuchung und Prüfung dessen unterwerfen, was sie in all den Jahren der gemeinsamen Erziehung gelernt haben. Dann wird eine rücksichtslose Durchsiebung vorgenommen, die man auch die »große Ausscheidung« nennen könnte. Diese Untersuchung wird keine bloß akademische Prüfung werden, sie wird sowohl praktisch als auch theoretisch sein: »es werden für sie auch Anstrengungen und Schmerzen und Kämpfe vorgeschrieben sein« (413). Jeder Art der Begabung wird Gelegenheit geboten, sich hervorzutun, und jede Art der Unfähigkeit wird ans Licht gezogen. Die durchgefallen sind, werden für die wirtschaftlichen Aufgaben des Volkes bestimmt; sie werden zu Geschäftsleuten, Gehilfen, Fabrik- und Landarbeitern. Die Prüfung wird unparteiisch und ohne Rücksicht auf die Person vorgenommen; ob aus jemandem ein Landwirt oder ein Philosoph werden soll, wird nicht durch Monopolisierung der Gelegenheiten oder durch verwandtschaftliche Begünstigung entschieden; die Auswahl wird demokratischer vorgehen als die Demokratie.

Jene, die diese erste Prüfung bestehen, werden weitere zehn Jahre hindurch körperlich, geistig und dem Charakter nach weiter erzogen. Und dann werden sie vor eine zweite Prüfung gestellt, die viel strenger ist als die erste. Jene, die diese zweite Prüfung nicht bestehen, werden zu Hilfsarbeitern, ausführenden Kräften und Offizieren des Staates. Nun wird man gerade bei diesen großen Ausscheidungen die höchste Überredungskunst gebrauchen müssen, um die Ausgeschiedenen zur gefaßten und friedlichen Hinnahme ihres Schicksals zu bewegen. Denn was sollte jene große Mehrheit der erstmalig Ausgeschiedenen und diese kleinere, aber rüstigere und begabtere Gruppe der auf zweiter Stufe Ausgeschiedenen daran hindern, sich zusammenzuschließen und unsere Utopie so zu zerschlagen, daß nur eine langsam verfallende Erinnerung an sie übrig bleibt? Was sollte sie daran hindern, an Ort und Stelle eine neue Ordnung zu errichten, in der wieder die bloße Anzahl und die Gewalt herrschen, und die widerliche Komödie einer vorgeblichen Demokratie sich erneut in Szene setzen würde, *da capo ad nauseam?* Unsere einzige Rettung werden dann Religion und Glaube sein; wir werden diesen jungen Leuten sagen müssen, daß die Klassen, in die sie zu stehen kommen, gottgewollt und unaufhebbar sind – kein Wort der Entscheidung könne durch all ihre Tränen ausgewischt werden. Wir werden ihnen die Fabel von den Metallen erzählen:

> Bürger, ... ihr seid nun freilich alle, die ihr in der Stadt seid, Brüder; der bildende Gott aber hat denen von euch, die fähig sind zu herrschen, bei ihrer Geburt Gold beigemischt, weshalb sie denn die Köstlichsten sind, den Hilfskräften aber Silber, Eisen hingegen und Erz den Ackerbauern und übrigen Arbeitern. Weil ihr aber alle verwandt seid ..., könnte bisweilen doch auch aus Gold ein silberner und aus Silber ein goldener Sprößling erzeugt werden, und so auch alle anderen von anderen. Gott aber gebietet ..., wenn einer von den Nachkommen ehern oder eisenhaltig wäre, auf keine Weise Mitleid mit ihm zu haben, sondern nur die seiner Natur gebührende Stelle ihm anweisend, ihn zu den Arbeitern und Ackerbauern hinauszutreiben; und so auch, wenn unter diesen einer aufwüchse, in dem sich Gold oder Silber zeigte. Einen solchen sollte man in Ehren halten und ihn nun unter die Herrscher erheben oder unter die Hilfskräfte. Denn es gibt keinen Orakelspruch, daß die Stadt dann untergehen werde, wenn Eisen oder Erz die Aufsicht über sie führen (415).

Mit Hilfe dieser »königlichen Fabel« werden wir vielleicht ein annähernd allgemeines Einverständnis in der Förderung unseres Planes erzielen können.

Was aber soll mit den Glücklichen geschehen, die in der Auswahl obenan geblieben sind?

Ihnen wird Philosophie gelehrt. Sie haben nunmehr das Alter von dreißig Jahren erreicht; es wäre nicht klug gewesen, sie von der Philosophie »zu früh kosten zu lassen ..., denn wenn junge Leute erstmalig den Geschmack der Philosophie erfahren, diskutieren sie, als handelte es sich um einen bloßen

Scherz, und widersprechen und widerlegen ... wie junge Köter, die mit Vergnügen an allen Dingen zerren, die in ihre Nähe kommen« (539). Dieser kostbare Genuß, die Philosophie, besteht in der Hauptsache aus zwei Dingen: aus klarem Denken oder Metaphysik, und aus weisem Regieren oder Politik. Zunächst muß daher unsere junge Elite klares Denken lernen. Zu diesem Zweck wird sie die Lehre von den Ideen studieren.

Aber diese berühmte Ideenlehre, ausgeschmückt und verdunkelt durch Platons Phantasie und dichterische Neigung, ist für den modernen Forscher ein beängstigender Irrgarten und mußte auch die, die nach der wiederholten Durchsiebung übriggeblieben sind, vor eine neue, schwere Prüfung gestellt haben. Die Idee eines Dinges könnte die »Allgemeinvorstellung« der Klasse sein, der dieses Ding angehört (die Idee von Hans, Hinz oder Kunz wäre dann »Mensch«); oder sie könnte im Gesetz oder in den Gesetzen bestehen, gemäß denen sich ein Ding verhält (die Idee von Hans wäre dann die Zurückführung seines gesamten Verhaltens auf »Naturgesetze«); oder sie könnte der vollkommene Zweck und das Ideal sein, auf das sich ein Ding und seine Gattung hin entwickeln (die Idee von Hans wäre in diesem Falle der Hans der Utopie). Höchstwahrscheinlich bedeutet »Idee« all das: Begriff, Gesetz und Ideal. Hinter den Erscheinungen der Oberfläche und den Einzeldingen, die unseren Sinnen begegnen, gibt es Allgemeinheiten, Gesetzmäßigkeiten und Richtungen der Entwicklung, die zwar durch die Sinne nicht wahrgenommen werden, aber durch Vernunft und Denken erfaßt werden können. Diese Begriffe, Gesetze und Ideale sind beständiger und deshalb »wirklicher« als die sinnlich wahrgenommenen Einzeldinge, in denen wir sie erfassen und aus denen wir sie ableiten. Der Mensch ist beständiger als Hans oder Hinz oder Kunz; dieser Kreis hier entsteht aus einer Bewegung meines Bleistiftes und verschwindet unter der Reibung meines Radiergummis, aber der Begriff »Kreis« bleibt ewig bestehen. Dieser Baum steht und jener fällt, aber die Gesetze, die bestimmen, welche Körper fallen werden, wann und wie, sind ohne Anfang, bestehen in der Gegenwart, und werden in Ewigkeit bestehen. Es gibt, wie der edle Spinoza sagen würde, eine Welt der Dinge, die durch die Sinne wahrgenommen wird, und eine Welt der durch Denken erschlossenen Gesetze; wir sehen das Gesetz der umgekehrt proportionalen Quadrate nicht, es ist aber dennoch da und überall, bestand schon, bevor es Dinge gab und wird noch bestehen, wenn die Welt der Dinge bereits ein Ende gefunden hat. Da steht eine Brücke: die Sinne nehmen Beton und Eisen zu vielen hunderttausend Tonnen wahr, aber der Mathematiker sieht mit dem geistigen Auge die kühne und genaue Anordnung dieser riesigen Materienmassen gemäß den Gesetzen der Mechanik, Mathematik und Konstruktionslehre, jenen Gesetzen, denen jede gut gebaute Brücke entsprechen muß. Sofern dieser Mathematiker auch ein Dichter ist, wird er die Gesetze die Brücke tragen sehen; wollte man die Gesetze vergewaltigen, so würde die Brücke zusammenbrechen und in den Strom hinabstürzen – die Gesetze sind der Gott, der die Brücke auf seiner hohlen Hand trägt. Aristoteles deutet so etwas an, wenn er sagt, daß unter Ideen Platon dasselbe verstehe, wie Pythagoras unter »Zahl«, wenn dieser davon spricht, daß wir in einer Welt der Zahlen leben (womit er vermutlich sagen wollte, daß die Welt von mathematischen Gleichförmigkeiten und Regelmäßigkeiten beherrscht wird). Plutarch erzählt, daß nach Platon »Gott stets Geometrie treibe« oder, wie Spinoza denselben Gedanken ausdrückt: Gott und die allgemeinen Gesetze der Struktur und des Geschehens sind ein und dieselbe Wirklichkeit. Für Platon ist daher, ähnlich wie für Bertrand Russell, Mathematik das unerläßliche Vorspiel zur Philosophie und deren höchste Form; über das Tor zu seiner Akademie schrieb Platon folgende Worte, die an Dante gemahnen: »Kein Unkundiger der Geometrie wage hier einzutreten[15].«

Ohne die Ideen – ohne Verallgemeinerungen, Regelmäßigkeiten und Ideale – erschiene uns die Welt, wie sie den eben geöffneten Augen des Säuglings erscheinen mag: eine Masse ungeordneter und bedeutungsloser sinnlicher Einzelheiten – denn Bedeutung erhalten die Dinge erst durch Klassifikation und Verallgemeinerung, durch Auffindung ihrer Seinsgesetze und der Zwecke und Ziele ihrer Aktivität. Man könnte auch sagen, die Welt wäre ohne Ideen einem Haufen von Büchertiteln ähnlich, die zufällig aus einem Katalog herausfielen, im Gegensatz zu denselben Titeln, die gemäß ihren Arten, ihrem Zusammenhang und ihrer Bestimmung geordnet sind. Sie wäre wie die Schatten an der Wand einer Höhle, im Gegensatz zu der Wirklichkeit, die draußen von der Sonne beschienen wird und jene phantastischen und trügerischen Schatten wirft (514). Das Wesen einer höheren Erziehung besteht daher im Suchen nach Ideen, nach Allgemeinheiten, Abfolgegesetzen und Idealen der Entwicklung. Hinter den Dingen müssen die Beziehungen der Dinge und ihre Bedeutung, die Wirkungsarten, die Gesetze und die Ideale, denen sie dienen, und deren Abglanz sie sind, aufgedeckt werden; unsere sinnliche Erfahrung müssen wir unter dem Gesichtspunkt von Gesetzen und Zwecken einteilen und ordnen, denn nur der Mangel einer solchen Ordnung unterscheidet den Geist eines Schwachsinnigen vom Geiste Caesars.

Man könnte nun wohl annehmen, daß nach fünfjähriger Übung in dieser geheimnisvollen Ideenlehre, in dieser Kunst der Erfassung bedeutungsvoller Formen und idealer Angelegenheiten im zufälligen Durcheinander der Empfindungen, nach fünfjähriger Übung in der Anwendung dieser Prinzipien auf das Verhalten der Menschen und die Leitung der Staaten; nach so langer Vorbereitung von früher Kindheit an, über die Jünglingsjahre hinaus bis zur Reife des Fünfunddreißigjährigen, die so vorbereiteten vollkommenen Produkte der Erziehung vollendet genug sein werden, um königlichen Purpur anzulegen und mit der Ausübung öffentlicher Funktionen zu beginnen. Sicherlich sind sie nun zu Philosophen-Königen geworden, die die Menschheit befreien und lenken können!

Aber ach! – noch lange nicht! Ihre Erziehung ist noch nicht vollendet. Denn im Grunde war sie doch nur eine theoretische Erziehung, und es fehlt noch an etwas anderem. Diese Doktoren der Philosophie müssen nun von den Höhen der Philosophie in die weltlichen »Höhlen« der Menschen und der Dinge hinabsteigen, denn die Verallgemeinerungen und Abstraktionen sind wertlos, solange man sie nicht an der konkreten Welt erprobt. Unsere Forscher müssen ohne Protektion in die Welt eintreten, sie sollen sich mit Geschäftsleuten, mit stiernackigen und habgierigen Individualisten, mit kräftigen und schlauen Männern messen, sollen durch den Wettstreit im Buche des lebendigen Lebens lesen lernen, sich die Finger verbrennen, ihre philosophischen Knochen an den derben Realitäten der Welt wundschlagen und im Schweiße ihres Angesichts ihr eigenes Brot verdienen. Und diese letzte und schwerste Probe soll unbarmherzig fünfzehn Jahre lang fortgesetzt werden. Einige dieser vollkommenen Geschöpfe werden unter der Last zusammenbrechen und in diesem letzten großen Ausscheidungskampf untergehen. Jene, die ihn überleben, gezeichnete Fünfziger, ernüchtert und selbstvertrauend, durch die Reibung des Lebens von der Gelehrteneitelkeit befreit und nun gewappnet mit all der Weisheit, die nur Tradition und Erfahrung, Kultur und Lebenskampf vereint zu geben vermögen, werden schließlich automatisch zu Leitern des Staates.

VIII. DIE POLITISCHE LÖSUNG

Automatisch – ohne jede geheuchelte Wahl. Demokratie bedeutet vollkommen gleiche Möglichkeiten, besonders in der Bildung, aber nicht, daß jeder Hinz oder Kunz die Eselsleiter zu den Staatsämtern emporsteigen kann. Jedermann wird die gleiche Ausbildungsmöglichkeit zu den verwickelten Aufgaben der Verwaltungstätigkeit offen stehen, aber nur die ihre Veranlagung (oder, nach unserer Fabel, ihr edles Metall) erwiesen haben und aus allen Prüfungen mit den Siegeszeichen der Geschicklichkeit hervorgegangen sind, sollen zu Führern wählbar sein. Staatsbeamte sollen nicht durch Abstimmung gewählt werden und auch nicht von geheimen Gruppen, die scheindemokratische Drähte ziehen, sondern nur nach ihrer Begabung, die sie innerhalb der Demokratie eines ursprünglich gleichberechtigten Volkes zu erweisen haben. Es soll auch niemand ohne besondere Vorbildung ein Amt bekleiden oder ein hohes Amt bekleiden dürfen, bevor er ein niedrigeres Amt erfolgreich bekleidet hat (»Gorgias«, 514–515).

Ist das aristokratisch? Wir brauchen uns vor dem Worte nicht zu fürchten, solange die Wirklichkeit, die es bezeichnet, gut ist. Worte sind dem klugen Mann Spielmarken ohne eigenen Wert, nur Narren und Politiker nehmen sie für bare Münze. Wir wollen von den Besten regiert werden, was auch das Wort »Aristokratie« bedeutet; haben wir uns nicht, ähnlich wie Carlyle, danach gesehnt und dafür gebetet, von den Besten regiert zu werden? Wir haben uns aber daran gewöhnt, unter Aristokratie etwas Erbliches zu verstehen. Man muß daher ausdrücklich darauf hinweisen, daß die platonische Aristokratie anders geartet ist; man könnte sie am ehesten eine demokratische Aristokratie nennen. Denn das Volk wird nicht gezwungen sein, blindlings den weniger üblen unter zwei Kandidaten zu wählen, die von Cliquen ausgesucht und ihm vorgesetzt werden, sondern wird selbst in jedem seiner Glieder kandidieren und die gleiche Möglichkeit einer *Erziehungs-Wahl* zu Staatsämtern erhalten. Hier gibt es keine Klassenunterschiede, keine erblichen Stellungen oder Privilegien, keine Hinderung mittellos geborener Talente; der Sohn des Herrschers beginnt auf derselben Ebene, erfährt dieselbe Behandlung und hat dieselben Möglichkeiten vor sich wie der Sohn des Stiefelputzers. Ist der Sohn des Herrschers ein Dummkopf, so bleibt er bei der ersten Durchsiebung zurück; ist der Sohn des Stiefelputzers ein begabter Mensch, so steht ihm der Weg offen, Wächter des Staates zu werden (423). Aufstieg wird dem Talent möglich sein, wo immer es geboren sein mag. Dies ist eine Demokratie der Schulen — hundertmal ehrlicher und wirksamer als eine Demokratie der Abstimmung.

Auf diese Weise »jede andere Angelegenheit beiseite lassend, werden sich die Wächter des Staates völlig der Aufrechterhaltung der Freiheit widmen, diese zu ihrer Aufgabe machen und sich in keine andere Arbeit vertiefen, die nicht auf dieses Ziel gerichtet ist« (395). Sie werden gesetzgebende und vollziehende Gewalt und Richter in einer Person sein; sie werden selbst durch die Gesetze angesichts veränderter Umstände nicht zu dogmatischen Entscheidungen gezwungen sein: oberstes Gesetz für die »Wächter« wird eine biegsame, durch frühere Entscheidungen nicht gebundene Intelligenz sein.

Aber wie können Fünfzigjährige eine biegsame Intelligenz besitzen? Werden sie nicht durch Routine geistig verknöchert sein? Adeimantos (der zweifellos den Nachklang mancher Debatte, die in Platons Heim zwischen seinen Freunden stattgefunden haben mag, wiedergibt) wendet ein, daß Philosophen Tölpel oder Spitzbuben sind, die entweder närrisch oder eigennützig regieren würden oder beides. »Die Jünger der Philosophie, die dieses Studium nicht nur in der Jugend betreiben, sondern länger bei ihm verweilt haben, werden meist zu höchst absonderlichen Wesen, um nicht zu sagen: zu ausgesprochenen Schurken; das Ergebnis ist bei denen, die man für die besten unter ihnen ansehen kann, daß sie gerade durch jenes Studium, das du lobst, für den Staat unbrauchbar werden« (487). Diese Beschreibung paßt recht gut auf manchen bebrillten modernen Philosophen, aber Platon antwortet, er habe dieser Schwierigkeit dadurch vorgebeugt, daß er von seinen Philosophen neben schulmäßiger Gelehrsamkeit auch Lebenserfahrung verlangt. Sie werden folglich eher Männer der Tat als Männer des bloßen Denkens sein – Männer, die durch reiche Erfahrung und Erprobung zu hohen Zielen und zu edler Gesinnung gereift sind. Unter Philosophie versteht Platon eine aktive Kultur, Weisheit, die in die konkrete Geschäftigkeit des Lebens eingreift; er meint keinen eingekapselten und unpraktischen Metaphysiker. Platon »ist ein Mensch, der Kant am wenigsten ähnelt, was (mit aller Achtung gesagt) ein beträchtlicher Vorzug ist«[16].

Soviel über Unberufenheit; der schurkenhaften Veranlagung können wir wehren, indem wir unter den Wächtern eine kommunistische Ordnung einführen:

Vor allen Dingen soll keiner von ihnen Eigentum besitzen, soweit es irgend zu vermeiden ist, sie dürfen auch kein eigenes Haus haben mit Schloß und

Riegel, das jemandem, der die Absicht hätte einzutreten, den Eintritt verwehren würde. Sie sollen nur soviel empfangen, wie von abgehärteten Kriegern benötigt wird, die gemäßigte und tapfere Männer sind. Sie werden von den Bürgern eine bestimmte Summe erhalten, soviel wie zur Deckung der Jahresausgaben genügt; damit nicht etwas für das nächste Jahr übrigbleibe, und sie werden gemeinsame Mahlzeiten einnehmen und beisammen wohnen, wie Soldaten im Lager. Wir werden ihnen sagen, sie hätten genug Silber und Gold von Gott erhalten, das göttlichere Metall läge in ihnen, sie benötigen daher nicht auch noch irdisches Gold. Es soll ihnen nicht erlaubt sein, jenen Besitz durch Beimischung von irdischem Gold zu entweihen, denn an diesem gewöhnlicheren Metall hafte gar Vieles und Unheiliges, während ihr eigenes unbefleckt ist. Sie allein dürfen unter allen Brüdern kein Gold und Silber berühren oder mit diesen Erzen etwas zu schaffen haben, noch auch unter demselben Dache mit ihnen wohnen oder sie an ihren Kleidern tragen oder aus ihnen trinken. Und das wird ihr Heil sein und das Heil des Staates . . . Würden sie aber jemals ein eigenes Heim oder Land oder Gold erwerben, so würden sie zu Hausherren und Gutsbesitzern statt Wächtern werden, rauhe Gebieter statt Verbündete der anderen Bürger sein; sie würden die anderen hassen und sie belauern und wären selber Gegenstände des Hasses und der Belauerung und würden ihr Leben in größerer Angst vor in- als vor ausländischen Feinden verbringen; und die Stunde des Zusammenbruchs für sie selbst und auch für den Staat wird nahe sein (416–417).

Durch diese Ordnung der Dinge wird es für die Wächter zwecklos und gefährlich, als Sippschaft zu regieren und eher die Vorteile der eigenen Klasse als die der ganzen Gemeinschaft zu verfolgen. Denn vor Not werden sie geschützt sein; das Notwendigste und der bescheidene Luxus eines vornehmen Lebens werden ihnen durch regelmäßige Zuführungen gesichert, ohne daß sie ausdörrenden und Kummerfalten erzeugenden wirtschaftlichen Sorgen ausgesetzt würden. Durch diese Fürsorge werden sie aber auch von Habgier und unsauberem Streben ferngehalten, denn sie werden ein bestimmtes Maß an weltlichen Gütern erhalten und nichts darüber hinaus. Hierdurch werden sie Ärzten ähnlich, die für ein ganzes Volk eine Diät verschreiben, die auch sie selbst befolgen. Sie werden gemeinsam speisen, wie geweihte Männer, und werden gemeinsam in Kasernen schlafen wie Krieger, die auf Schlichtheit vereidigt sind. »Freunde sollten alle Dinge gemeinsam haben«, pflegte Pythagoras zu sagen (»Gesetze«, 807). Auf diese Weise wird der Einfluß der Wächter materiell wirkungslos, und ihre Macht entgiftet; ihr einziger Lohn wird Ehre und das Bewußtsein des Dienstes an der Allgemeinheit sein. Sie werden auch Männer sein, die von Anfang an mit einer materiell so beschränkten Laufbahn bereitwilligst einverstanden sind und die am Ende ihrer strengen Ausbildung gelernt haben, die hohe Würde des Staatsmannes höher zu bewerten als die dicken Einkünfte der Politiker, die hinter Ämtern herjagen, oder die des »ökonomischen Menschen«. Mit ihrem Kommen werden die parteipolitischen Kämpfe aufhören.

Was aber werden ihre Frauen zu alldem sagen? Werden sie sich mit dem Verzicht auf ein luxuriöses Leben und auf allgemein sichtbaren Wohlstand zufrieden geben? Die Wächter werden keine Ehefrauen haben. Ihr Kommunismus wird sich wie auf die Güter so auch auf die Frauen erstrecken. Sie sollen nicht nur vom Egoismus der eigenen Person, sondern auch vom Egoismus der Familie befreit, und nicht durch die ängstliche Erwerbsucht, die den Ehemann peinigt, eingeengt werden; sie sollen sich der Gemeinschaft und nicht einer Frau widmen. Selbst ihre Kinder sollen nicht als besondere und unterscheidbare ihnen gehören; die Kinder der Wächter werden ihren Müttern gleich nach der Geburt genommen und gemeinsam aufgezogen – die Besonderheit ihrer Abstammung wird sich im allgemeinen Getümmel verlieren (460). Alle Wächtersfrauen werden gemeinsam für alle Wächterskinder sorgen. Die Brüderlichkeit der Menschen wird innerhalb dieser Grenzen von einer Phrase zur Wirklichkeit; jeder Knabe wird zum Bruder jedes Knaben, jedes Mädchen wird Schwester, jeder Mann Vater und jede Frau Mutter.

Aber woher werden diese Frauen kommen? Um einige werden die Wächter sicherlich in gewerbetreibenden und Soldatenkreisen werben, andere werden auf Grund ihres ursprünglichen Rechtes zu Mitgliedern des Wächterstandes. Denn in dieser Gemeinde wird es keine geschlechtlichen Schranken geben, am wenigsten in bezug auf Erziehung; – der Frau werden dieselben geistigen Möglichkeiten geboten wie dem Manne, dieselben Aussichten, zu höchsten Stellungen im

Staatsdienste zu gelangen. Als Glaukon einwendet (453 f.), daß die Zulassung der Frauen zu Ämtern, vorausgesetzt, daß sie die Prüfungen bestehen, den Grundsatz der Arbeitsteilung verletzt, wird ihm streng erwidert, daß die Arbeitsteilung auf Grund von Eignung und Begabung und nicht auf Grund der Geschlechtsunterschiede zu erfolgen hat; erweist sich eine Frau zur Verwaltung von Staatsämtern fähig, so soll sie regieren; erweist sich ein Mann nur zum Aufwaschen von Schüsseln fähig, so soll er jene Tätigkeit ausüben, zu der ihn die Vorsehung bestimmt hat.

Gemeinsamer Besitz der Frauen bedeutet nicht wahllose Paarung, es soll vielmehr eine streng eugenische Überwachung der zeugenden Beziehungen erfolgen. Der Vergleich mit der Tierzucht tritt hier seine lange Laufbahn an. Da wir in der Viehzucht durch Auswahl der gewünschten Arten und durch Kreuzung nur der besten Exemplare aus jeder Generation so gute Erfolge erzielen konnten, könnten wir nicht auch auf die Paarung der Menschen ähnliche Grundsätze anwenden? (459). Denn es genügt nicht, die Kinder richtig zu erziehen, sie müssen auch von ausgewählten und gesunden Eltern richtig gezeugt sein; »die Erziehung sollte vor der Geburt einsetzen« (»Gesetze«, 789). Daher sollen weder Mann noch Frau anders zeugen als in völliger Gesundheit; von jeder Braut und von jedem Bräutigam wird ein Gesundheitsattest verlangt (»Gesetze«, 772). Männer dürfen nur im Alter von dreißig bis fünfundvierzig zeugen, Frauen nur, wenn sie über zwanzig, aber noch unter vierzig sind. Männer, die mit fünfunddreißig Jahren noch unverheiratet sind, sollen durch Steuern in den Ehestand hineingezwungen werden (»Geetze«, 771). Abkömmlinge nicht genehmigter Ehen und Krüppel sollen ausgesetzt und dem Tode überlassen werden. Vor und nach dem zugelassenen Zeugungsalter wird der Geschlechtsverkehr unter der Bedingung gestattet sein, daß man die Frucht abtreibt: ». . . mögen sie dafür sorgen, sofern sich die Empfängnis nicht vermeiden läßt, am liebsten kein Kind ans Licht der Welt zu bringen. Sollte sich das aber nicht verhindern lassen, dann muß das Kind ausgesetzt werden, denn einem solchen wird keine Auferziehung zugebilligt« (461). Heirat unter Verwandten ist verboten, da sie zu Degeneration führt (310). »Die Edleren sollten den Edleren am meisten beiwohnen, und die Niedrigeren den Niedrigeren, und die Kinder jener sollen aufgezogen werden, dieser aber nicht, denn nur auf diese Weise läßt sich die Herde edel erhalten . . . Der kriegstüchtigen oder anderswo hervorragenden Jugend soll neben sonstigen Auszeichnungen und anderem Lohn reichlichere Erlaubnis zur Beiwohnung der Frauen erteilt werden, damit zugleich auch unter gerechtem Vorwand die meisten Kinder von solchen erzeugt werden« (459–460).

Unsere eugenische Gesellschaft soll aber nicht nur vor Krankheit und innerer Entartung, sondern auch vor auswärtigen Feinden geschützt werden. Sie muß bereit sein, im Falle der Not einen erfolgreichen Krieg zu führen. Unsere Mustergemeinschaft wäre selbstverständlich friedlich gesinnt, denn sie würde die Zahl ihrer Bevölkerung den Unterhaltungsmöglichkeiten anpassen; aber anders verwaltete Nachbarstaaten könnten den geordneten Wohlstand unserer Utopien als Einladung zu Raub- und Beutezügen auffassen. Wir werden daher, obwohl wir die Notwendigkeit bedauern, in unserer mittleren Klasse eine hinreichende Anzahl gut ausgebildeter Soldaten haben, die ein abgehärtetes und einfaches Leben führen werden wie die Wächter und zu ihrem Unterhalt von ihren »Erhaltern und Ahnen«, dem Volke, eine knapp bemessene Menge von Gütern bekommen sollen. Es muß indessen jede Vorsichtsmaßregel ergriffen werden, um Kriegsursachen zu vermeiden. Die erste solche Ursache ist Überbevölkerung (373), die zweite der Außenhandel mit den unvermeidlichen Meinungsverschiedenheiten, die ihn unterbrechen. In der Tat ist Handelskonkurrenz eine Art des Krieges, »Friede ist ein bloßes Wort« (»Gesetze«, 622). Es wird sich daher empfehlen, unseren Idealstaat möglichst weit von der Küste anzusiedeln, damit er von jedem höher entwickelten Außenhandel abgeschlossen bleibe. »Das Meer füllt ein Land mit Waren und Gelderwerb und Feilschen; es erzeugt im Geiste der Leute die Gewohnheiten der Geldgier und der Ungläubigkeit, sowohl in inneren als auch in äußeren Beziehungen« (»Gesetze«, 704–707). Der Außenhandel verlangt zu seinem Schutz eine große Flotte, und übermächtige Seerüstung ist vom selben Übel wie Militarismus. »In jedem Falle ist die Kriegsschuld auf wenige Personen beschränkt, und die Vielen sind Freunde« (471). Gerade die immer von neuem ausbrechenden Kriege sind die schmählichsten – Bürgerkriege, Kriege der Griechen gegen Griechen; die Griechen sollten einen panhellenischen Völkerbund gründen, sich vereinen, sonst »könnte das gesamte griechische Volk eines Tages unter das Joch barbarischer Völker geraten« (469).

Auf diese Weise wird der politische Aufbau, nach oben hin durch die kleine Klasse der Wächter abgeschlossen, durch eine große Klasse der Krieger und »Hilfskräfte« geschützt, auf der breiten Grundlage einer kaufmännischen, Handwerk treibenden und landwirtschaftlichen Bevölkerung ruhen. Diese letzte oder ökonomische Klasse wird Privateigentum, private Ehegatten und private Familien beibehalten. Aber Handel und Gewerbe werden durch die Wächter beaufsichtigt, um übermäßige persönliche Vermögensbildung und Armut zu verhindern; jedermann, der mehr als das Vierfache des Durchschnittsvermögens der Bürger erworben hat, muß den Überschuß an den Staat abführen (»Gesetze«, 714 f.). Vielleicht wird das Zinsnehmen verboten und der Gewinn beschränkt sein (»Gesetze«, 920). Der Kommunismus der Wächter ist unzweckmäßig für die ökonomische Klasse, die unterscheidenden Merkmale dieser Klasse sind kräftige Erwerbs- und Wettbewerbsinstinkte; edlere Seelen in ihrer Mitte werden zwar von diesem Fieber der streitenden Besitzsucht befreit sein, aber die Mehrzahl wird von ihm verzehrt. Sie hungert und dürstet nicht nach Rechtschaffenheit oder Ehre, sondern nach unendlich vervielfachtem Besitz. Männer aber, die ganz von der Jagd nach Geld in Anspruch genommen sind, eignen sich nicht zum Regieren eines Staates, und unser gesamter Plan ist auf die Hoffnung aufgebaut, daß, falls die Wächter gut regieren und schlicht leben, die ökonomischen Menschen geneigt sein werden, ihnen das Monopol der Verwaltung zu überlassen, wenn sie dafür den Luxus monopolisieren dürfen. Kurz, die vollkommene Gesellschaft wäre die, in der jede Klasse und jedes Glied die Arbeit verrichten würde, zu der es sich nach Natur und Begabung am besten eignet, und in der keine Klasse und kein Individuum die anderen stören würde, sondern in der alle verschieden und doch zusammen arbeiteten, um ein tüchtiges und harmonisches Ganzes hervorzubringen (433–434). Das wäre ein gerechter Staat.

IX. DIE ETHISCHE LÖSUNG

Und nun ist unser politischer Exkurs zu einem Abschluß gebracht, wir sind endlich vorbereitet, die eingangs von uns gestellte Frage zu beantworten: Was ist Gerechtigkeit? Es gibt nur drei wertvolle Dinge auf dieser Welt: Gerechtigkeit, Schönheit und Wahrheit, und vielleicht kann man keines von ihnen definieren. Vierhundert Jahre nach Platon fragte ein römischer Prokurator von Judäa hilflos: »Was ist Wahrheit?« und noch haben die Philosophen nicht geantwortet oder uns gesagt, was Schönheit sei. Aber für »Gerechtigkeit« übernimmt es Platon, eine Definition zu geben. »Gerechtigkeit«, sagt er, »ist der Besitz und das Tun dessen, was einem zukommt« (433).

Das klingt enttäuschend, nach soviel Umständen haben wir eine unfehlbare Offenbarung erwartet. Was bedeutet diese Definition? Einfach, daß jeder den Gegenwert seiner Arbeit erhalten und jede Tätigkeit ausüben soll, für die er sich am meisten eignet. Gerecht ist ein Mensch, der gerade am rechten Orte steht, sein bestes leistet und den vollen Gegenwert des Erhaltenen zurückgibt. Eine Gesellschaft gerechter Menschen wäre daher eine höchst harmonische und leistungsfähige Gruppe, denn jedes Glied stünde an seiner Stelle und würde die ihm gemäße Funktion ausüben, ähnlich den Instrumenten eines vollkommenen Orchesters. Gerechtigkeit in einer Gesellschaft wäre jener Harmonie der Beziehungen ähnlich, durch die die Planeten in ihrem geregelten (oder, wie Pythagoras sagen würde, musikalischen) Lauf zusamemngehalten werden. So organisiert, wäre eine Gesellschaft zum Weiterleben tauglich, und die Gerechtigkeit erfährt eine Art Darwinscher Bestätigung. Wo die Menschen nicht an ihrem natürlichen Platze stehen, wo der Kaufmann den Staatsmann unterdrückt oder der Krieger sich der Stellung des Königs bemächtigt – da ist die Nebenordnung der Teile zerstört, die Verbindungen verkümmern, die Gesellschaft löst sich auf und zerfällt. Gerechtigkeit ist wirksame Nebenordnung.

Auch im Individuum bedeutet Gerechtigkeit wirksame Nebenordnung: das harmonische Wirken der Glieder im Menschen, von denen jedes an der geeigneten Stelle steht und mit anderen zusammenwirkend seinen Teil zum menschlichen Tun beisteuert. Jeder Mensch ist ein Kosmos oder Chaos von Begierden, Gefühlen und Vorstellungen; stehen diese in harmonischem Verhältnis, so lebt der Mensch weiter und hat Erfolg, verlieren sie aber ihren angemessenen Platz und verfehlen ihren Dienst, versucht das Gefühl nicht nur Wärme, sondern auch Licht des Handelns zu sein (wie im Fanatiker), oder der Verstand nicht nur Licht, sondern auch Wärme des Tuns zu werden (wie beim Intellektuellen), so beginnt die Auflösung der Persönlichkeit, und Mißerfolg naht ähnlich der unabwendbaren Nacht. Gerechtigkeit ist eine *taxis kai kosmis* – eine Ordnung und Schönheit – der Seelenteile; sie ist der Seele, was Gesundheit dem Körper. Alles Übel ist Disharmonie; zwischen dem Menschen und der Natur, dem Menschen und anderen Menschen, dem Menschen und seinem Selbst.

So antwortet Platon Thrasymachos und Kallikles und allen Nietzscheanern, die noch kommen mögen: Gerechtigkeit ist nicht bloße Kraft, sondern harmonische Kraft – Begierden und Menschen in jener Abgestimmtheit, die Vernunft und Organisation begründet; Gerechtigkeit ist nicht das Recht des Stärkeren, sondern die wirkungskräftige Harmonie des Ganzen. Es ist zwar wahr, daß ein Individuum, das den Platz verläßt, für den die Natur und seine Fähigkeiten es bestimmt hatten, eine Zeitlang Gewinn und Vorteile finden kann, aber eine unentrinnbare Nemesis verfolgt es, ähnlich den Furien, von denen Anaxagoras sagt, daß sie die Planeten verfolgen würden, wenn diese ihre Bahnen verließen; das fürchterliche *»baton«* der »Natur der Dinge« treibt das widerspenstige Instrument zurück an seinen Platz und weist ihm seine Stufe und seinen natürlichen Ton an. Der korsikanische Leutnant konnte es versuchen, Europa mit einer zeremoniellen Gewaltsamkeit zu beherrschen, die eher zu einer alten Monarchie als zu einer Dynastie, die über Nacht geworden war, gepaßt hätte, aber er endete als Gefangener auf einer Felseninsel, kläglich erkennend, daß er ein Sklave der »Natur der Dinge« ist. Ungerechtigkeit will ans Licht.

Es ist nichts bizarr Neues an dieser Auffassung, und in der Tat empfiehlt es sich in der Philosophie, Lehren, die sich mit den Federn der Neuheit schmücken, mißtrauisch zu betrachten. Die Wahrheit wechselt häufig ihre Kleider (wie jede hübsche Dame), aber unter der neuen Tracht bleibt sie immer die gleiche. Auch in der Sittenlehre haben wir keine überraschenden Neuerungen zu erwarten; trotz der interessantesten Streifzüge der Sophisten und Nietzscheschüler drehen sich alle moralischen Begriffe um das Wohl der Gesamtheit. Die Sittlichkeit beginnt mit Zusammenschluß, gegenseitiger Abhängigkeit und Organisation; das Leben in der Gesellschaft verlangt, daß das Individuum irgendeinen Teil seiner Selbständigkeit der gemeinsamen Ordnung opfere, und schließlich wird das Wohl der Gesamtheit zur Norm des Verhaltens. Die Natur will es so, und ihr Urteil ist stets abschließend. Eine Gruppe siegt im Wettbewerb oder im Kampf mit einer anderen Gruppe entsprechend ihrer Einheit und Macht und der Fähigkeit ihrer Glieder, in der Verfolgung gemeinsamer Ziele geschlossen vorzugehen. Und könnte es eine bessere Grundlage der Zusammenarbeit geben, als daß jeder das tut, was er am besten tun kann? Das ist das Ziel der Organisation, das jede Gesellschaft suchen muß, sofern sie am Leben bleiben möchte. Sittlichkeit, hat Jesus gelehrt, ist Güte gegen die Schwächeren; Sittlichkeit, sagt Nietzsche, ist die Kühnheit der Stärkeren; Sittlichkeit, sagt Platon, ist die wirksame

Harmonie des Ganzen. Man wird wohl die drei Lehren verbinden müssen, um eine vollkommene Sittenlehre zu erhalten – kann man aber daran zweifeln, welches dieser Elemente am grundlegendsten ist?

X. KRITIK

Und was sollen wir nun von dieser ganzen Utopie halten? Kann man sie verwirklichen? Und wenn nicht, besitzt sie wertvolle Züge, die man zum Nutzen der Gegenwart verwenden könnte? Hat man sie jemals bis zu einem gewissen Grade verwirklicht?

Mindestens die letzte Frage muß zugunsten Platons beantwortet werden. Tausend Jahre hindurch wurde Europa von einer Wächterklasse beherrscht, die der Vision unseres Philosophen recht ähnlich sah. Während des Mittelalters pflegte man die christliche Bevölkerung in *laboratores* (Arbeiter), *bellatores* (Soldaten) und *oratores* (Geistliche) einzuteilen. Die letzte Gruppe, obwohl klein an Zahl, monopolisierte die Mittel und Möglichkeiten der Bildung und herrschte mit fast unbeschränkter Gewalt über die Hälfte des mächtigsten Erdteils. Die Geistlichkeit wurde, ähnlich wie Platons Wächter, nicht durch Wahl des Volkes mit der Macht betraut, sondern durch eigene Begabung, die sie während geistlicher Studien und Verwaltungstätigkeit zeigte, durch ihre Neigung zu Meditation und einem Leben in Einfachheit und (wie man vielleicht noch hinzufügen sollte) durch den Einfluß ihrer Verwandtschaft bei Kirche und Staat. In der zweiten Hälfte des Zeitalters, in der sie herrschte, war die Geistlichkeit so frei von Familiensorgen, wie sich das Platon nur wünschen konnte, und in manchen Fällen genoß sie nicht wenig, so scheint es, von der Zeugungsfreiheit, die den Wächtern gewährt sein sollte. Das Zölibat bildete einen Teil der psychologischen Struktur der geistlichen Macht, denn einerseits war diese nicht durch den einengenden Egoismus der Familie belastet, andererseits steigerte ihre offenkundige Überlegenheit gegenüber den Bedürfnissen des Fleisches die Ehrfurcht, die die weltlichen Sünder ihnen entgegenbrachten, und die Bereitwilligkeit dieser Sünder, ihr Leben im Beichtstuhl aufzudecken.

Vieles an den Lehren des Katholizismus stammt von Platons »königlichen Lügen« ab oder ist von diesen beeinflußt; die Vorstellungen vom Himmel, Fegefeuer und von der Hölle in ihren mittelalterlichen Formen sind bis zu den letzten Büchern des »Staates« zurück verfolgbar; die Kosmologie der Scholastik stammt zum großen Teil aus dem »Timaeus«; die Lehre vom Realismus (von der objektiven Realität der Allgemeinbegriffe) war eine Deutung der Platonischen Ideenlehre, und selbst das »quadrivium« der Erziehung (Arithmetik, Geometrie, Astronomie und Musik) war nach dem von Platon entworfenen Erziehungsgang geformt. Mit Hilfe dieses Bestandes an Lehren wurde das Volk Europas regiert, fast ohne Gewalt, und es nahm diese Herrschaft so bereitwillig hin, daß es ein Jahrtausend hindurch seinen Herrschern ausgiebige materielle Unterstützung gewährte, ohne eine Stimme in der Regierung zu verlangen. Auch war diese Ergebenheit nicht nur auf das gemeine Volk beschränkt; Kaufleute und Soldaten, feudale Herren und bürgerliche Mächte beugten alle ihr Knie vor Rom. Das war eine Aristokratie von nicht gewöhnlichem politischem Scharfblick; sie baute die bewundernswerteste und mächtigste Organisation auf, die die Welt jemals gesehen hat.

Die Jesuiten, die eine Zeitlang Paraguay regiert haben, waren halb-platonische Wächter, eine klerikale Oligarchie, durch Wissensbesitz und Geschicklichkeit mächtig inmitten einer barbarischen Bevölkerung. Und die kommunistische Partei, die Rußland nach der Revolution im November 1917 beherrschte, nahm Formen an, die eine Zeitlang seltsam an den »Staat« Platons erinnerten. Sie war eine kleine Minorität, durch fast religiöse Überzeugung zusammengehalten, die, die Waffen der Orthodoxie und Exkommunikation schwingend und so ernst ihrer Sache ergeben, wie nur ein Heiliger, und obwohl sie den halben Boden Europas beherrschte, doch ein genügsames Leben führte.

Solche Beispiele zeigen, daß Platons Plan innerhalb gewisser Grenzen und mit Einschränkungen durchführbar ist; er selbst hat ihn ja zum großen Teil aus Sitten gewonnen, die er auf seinen Reisen gesehen hatte. Die ägyptische Theokratie hatte ihm tiefen Eindruck gemacht; hier gab es eine große und uralte Kultur, die durch eine kleine Priesterkaste geleitet wurde. Platon merkte, daß die ägyptische Regierung im Vergleich zur zankenden, von Willkür geleiteten und unfähigen Athener *Ecclesia* eine viel höhere Staatsform darstellt (»Gesetze«, 819). In Italien lebte er eine Zeitlang in der vegetarischen und kommunistischen Gemeinde der Pythagoräer, die seit Generationen die griechische Kolonie, der sie angehörten, geleitet hatten. In Sparta beobachtete er, wie eine kleine Herrscherklasse inmitten der unterworfenen Bevölkerung gemeinschaftlich ein hartes und einfaches Leben führte. Diese Spartaner aßen gemeinsam, beschränkten den Geschlechtsverkehr im Dienste eugenischer Zwecke und schenkten den Tapferen das Privileg, sich viele Frauen zu halten. Zweifellos hatte er vernommen, daß Euripides Gemeinsamkeit der Frauen, Befreiung der Sklaven und Befriedung der Griechen durch Bildung eines hellenischen Bundes empfahl (»Medea«, 230; »Fragm.«, 655); zweifellos kannte er auch einige der Zyniker, die innerhalb einer Gruppe, die man heute die Sokratische Linke nennen würde, eine starke kommunistische Bewegung entwickelten. Kurz, Platon muß die Überzeugung gehabt haben, daß er durch die einzelnen Vorschläge seines Reformplanes die von ihm mit eigenen Augen gesehenen Dinge nicht auf unmögliche Weise verbessern wollte.

Aber die Kritiker haben, von Aristoteles bis auf den heutigen Tag, im »Staat« nicht wenig Veranlassung zu Einwänden und Zweifeln gefunden. »Diese und viele andere Dinge«, sagt der Stagyrit mit zynischer Kürze, »wurden im Laufe der Jahre wiederholt neu ersonnen«. Es ist sehr hübsch, eine Gesellschaft zu entwerfen, in der alle Menschen Brüder sein werden, wollte man aber diesen Plan im Kreise unserer männlichen Zeitgenossen verwirklichen, so würde er jede innere Wärme und seinen Sinn einbüßen. Ähnlich steht es um das gemeinsame Eigentum; es käme einer Auflösung des Verantwortungsgefühls gleich, denn wo alles jedem gehört, wird sich niemand um etwas kümmern. Und schließlich würde der Kommunismus, behauptet der große Konservative, die Menschen in eine unerträgliche Berührungsnähe bringen; er würde für private Abgeschiedenheit und Individualität keinen Platz übriglassen und eine tugendhafte Geduld und Zusammenarbeit voraussetzen, wie sie nur bei einer Minorität von Heiligen zu finden sein mögen. »Wir sollten weder mit einem Stand der Tugend rechnen, die das gewöhnliche Maß überschreitet, noch mit einer Erziehung, die durch Natur und sonstige Umstände außergewöhnlich begünstigt ist; wir müssen vielmehr ein Leben in Betracht ziehen, an dem die Mehrzahl teilhaben kann, und Regierungsformen berücksichtigen, die den Staaten im allgemeinen erreichbar sind.«

Soweit Platons größter (und eifersüchtigster) Schüler; die meisten seiner späteren Kritiker schlagen ähnliche Töne an. Platon unterschätzt, so sagt man, die Macht der Gewohnheit, die in der Einrichtung der Monogamie und in den Moralvorschriften, die mit dieser verbunden sind, ihre Verkörperung gefunden hat. Er bewertet den Besitzneid des Mannes nicht hoch genug, wenn er glaubt, daß sich ein Mann mit einem beliebigen Anteil an einer Frau zufrieden geben würde; er drückt den mütterlichen Instinkt auf ein Minimum herab, wenn er der Meinung ist, daß sich die Mütter ihre Kinder nehmen und in einer herzlosen Anonymität aufziehen lassen würden. Vor allen Dingen aber hat er vergessen, daß durch Aufhebung der Familie die große Wiege der Moral und die Hauptquelle kommunistischer und kooperativer Gewohnheiten, die die psychologische Grundlage seines Staates bilden müßten, vernichtet werden; mit beispielloser Beredsamkeit schneidet er den Ast ab, auf dem er selbst sitzt.

Auf all diese Einwände läßt sich einfach erwidern, daß sie sich gegen einen Popanz richten, Platon schließt die Masse ausdrücklich aus seinem kommunistischen Plane aus, er erkennt deutlich genug, daß nur wenige zu der materiellen Selbstverleugnung imstande sind, die er von seiner herrschenden Klasse verlangt; nur die Wächter werden sich untereinander Bruder und Schwester nennen, nur sie werden ohne Gold und Güter leben. Die große Mehrzahl wird alle achtbaren Einrichtungen wie Eigentum, Geld, Luxus, Wettbewerb und soviel Privatleben, wie sie sich nur wünschen mag, beibehalten. Ihre Ehen werden so monogam sein, wie sie sie nur aushalten können, und die Moral, die aus diesen und aus der Familie fließt, bleibt ihnen belassen; die Väter sollen ihre Frauen und die Mütter ihre Kinder *ad libitum* und *nauseam* behalten. Was die Wächter betrifft, so werden sie eher Sinn und Liebe für Ehre als eine kommunistische Veranlagung brauchen; Stolz, nicht Güte soll sie aufrecht halten. In bezug auf den mütterlichen Instinkt aber muß bemerkt werden, daß er vor der Geburt und selbst noch während des Aufwachens der Kinder nicht stark ist; die Durchschnittsmutter betrachtet ihr Neugeborenes eher mit Resignation als mit Freude, die Liebe zu ihm ist kein plötzliches Wunder, sondern eine Entwicklung, die mit dem Wachsen des Kindes und mit der Gestalt, die es allmählich unter den sorgenden Händen der Mutter annimmt, vor sich geht; das Kind gewinnt erst dann unwiderruflich das Herz der Mutter, wenn es bereits zu einer Verkörperung des mütterlichen Könnens geworden ist.

Andere Einwände sind eher wirtschaftlich als psychologisch. Platons »Staat« verurteilt die Spaltung jeder Stadt in zwei Städte und empfiehlt uns dann eine Stadt, die dreigeteilt ist. Die Antwort lautet: im ersteren Falle entsteht die Teilung durch wirtschaftlichen Kampf; in Platons Staate sind die Klassen der Wächter und der Hilfskräfte ausdrücklich ausgeschlossen von der Teilnahme am Wettbewerb um Güter und Gold. Dann würden aber die Wächter Macht ohne Verantwortung besitzen, und würde das nicht zu Willkür führen? Nicht im geringsten, denn sie hätten politische Macht und Führung, aber keine wirtschaftliche Macht und keinen Reichtum; die ökonomische Klasse könnte, falls sie mit der Regierungsweise der Wächter unzufrieden wäre, die Nahrungslieferung sperren, ähnlich wie Parlamente ihre ausführenden Organe durch Beschränkung des Budgets lenken. Wie sollen aber die Wächter ihre Herrschaft aufrecht erhalten, wenn sie nur politische und keine wirtschaftliche Macht besitzen? Haben nicht Harrington und Marx und viele andere gezeigt, daß politische Macht ein Widerschein der wirtschaftlichen Macht ist, und zu einer zweifelhaften Sache wird, sobald die wirtschaftliche Macht in die Hände einer politisch tiefer stehenden Gruppe gerät, wie z. B. in die Hände des Mittelstandes im achtzehnten Jahrhundert?

Das ist ein sehr schwer wiegender Einwand und vielleicht sogar ein vernichtender. Man könnte ihn damit beantworten, daß die Macht der römisch-katholischen Kirche, die in Canossa selbst einen König auf die Knie zwang, in den ersten Jahrhunderten ihrer Herrschaft eher auf die Einschärfung von Dogmen als auf die Strategie des Geldes gegründet war. Es ist aber möglich, daß die Kirche ihre lange Herrschaft den landwirtschaftlichen Verhältnissen Europas zu verdanken hatte; eine landwirtschaftliche Bevölkerung, die hilflos der Laune der Elemente ausgeliefert und unfähig ist, die Natur zu beherrschen (was stets zu Angst und daher zu Kulten führt), neigt zum Glauben an übernatürliche Mächte. Als sich Industrie und Handel entwickelten, tauchten neue, realistischere und irdischere, geistige Typen und Menschen auf, und die Macht der Kirche begann zu zerfallen, sobald sie mit den neuen wirtschaftlichen Tatsachen in Konflikt geriet. Die politische Macht muß sich immer wieder der wechselnden Bilanz der ökonomischen Mächte anpassen. Die wirtschaftliche Abhängigkeit der platonischen Wächter von der ökonomischen Klasse würde sie sehr bald zu bloßen ausführenden und überwachten politischen Organen dieser Klasse herabsetzen; selbst die Handhabung der militärischen Macht könnte diese Folge nicht lange hinauszögern – ebensowenig wie die militärische Macht des revolutionären Rußland die Entwicklung eines besitzhungrigen Individualismus unter den Bauern, die die Nahrungsmittelproduktion und damit das Schicksal der Nation beherrschten, verhindern konnte. Für Platon würde nur sprechen, daß es besser wäre, wenn die Ausführung der Staatsbeschlüsse in Händen besonders zu diesem Dienst vorgebildeter Beamten liegen würde, obwohl die politische Richtung von den wirtschaftlichen Machthabern bestimmt wird, statt in Händen von Leuten, die aus Handel oder Industrie in ein Staatsamt stolpern, ohne die geringste Übung in staatsmännischer Kunst zu besitzen.

Was Platon vielleicht am meisten fehlt, ist der Heraklitische Sinn für den Fluß und Wechsel der Dinge; er ist nur allzusehr bemüht, aus dem filmhaften Bild dieser Welt ein starres und stillstehendes Gemälde zu machen. Er liebt ausschließlich die Ordnung, wie jeder ängstliche Philosoph, und wurde durch die demokratische Unruhe Athens in eine völlige Ablehnung der individuellen Werte hineingeschreckt; er teilt die Menschen in Klassen ein, wie der Insektenforscher Fliegen klassifiziert, und ist nicht abgeneigt, seinem Ziel selbst mit Hilfe priesterlichen Humbugs näherzukommen. Sein Staat ist statisch und könnte leicht zu einem konservativen Philisterstaat werden, regiert durch unbewegliche Greise, die jede Erfindung neidisch und jede Neuerung feindselig verfolgen würden. Dieser Staat erinnert an bloße kunstlose Wissenschaft, denn er übertreibt die Ordnung, die dem Wissenschaftler so kostbar ist, und vernachlässigt völlig die Freiheit, die Seele der Kunst; er verehrt den Namen der Schönheit, verbannt aber die Künstler, die allein imstande sind, Schönheit zu schaffen oder aufzuzeigen. Es wäre ein Sparta oder Preußen, aber kein Idealstaat.

Da nun diese unangenehmen, aber unvermeidlichen Dinge niedergeschrieben sind, bleibt uns noch übrig, der Macht und Tiefe des platonischen Gedankens unsere bereitwillige Huldigung darzubringen. Hat er nicht im Grunde recht? Fehlt nicht der Welt, daß sie von den Weisesten regiert wird? Es bleibt unsere Aufgabe, seine Gedanken unseren Zeiten und Beschränkungen anzupassen. Die Demokratie ist heutzutage allgemein durchgedrungen, und es wäre nicht möglich, das Wahlrecht so einzuschränken, wie Platon vorgeschlagen hat; wir können aber die Zulassung zu Ämtern einschränken und auf diese Weise jene Mischung von Demokratie und Aristokratie sichern, an die Platon gedacht haben dürfte. Ohne

Widerrede können wir seiner Behauptung beistimmen, daß Staatsmänner genau so spezialistisch und gründlich ausgebildet werden müßten wie Ärzte; wir könnten an unseren Universitäten Fakultäten der Staatswissenschaft und der Verwaltungskunde errichten, und sobald diese Fakultäten befriedigend arbeiten, könnten wir jeden, der nicht an solchen politischen Schulen vorgebildet ist, von der Kandidatur für öffentliche Ämter als unwählbar ausschließen. Wir könnten sogar jeden, der die erforderliche Vorbildung hat, für wählbar erklären und dadurch die verwickelte Methode völlig ausschalten, nach der Kandidaten aufgestellt werden, und in der die Korruption unserer Demokratie sich versteckt; die Wählerschaft könnte dann für jeden stimmen, der entsprechend vorgebildet und geprüft ist, und der für ein Amt kandidiert. Auf diese Weise wäre die demokratische Auswahl unvergleichlich umfassender als heute, wo uns bei den Wahlen jeweils nur *ein* Max und *ein* Moritz ihre Schwindel- und Theaterstückchen vorsetzen. Nur eine Ergänzung wäre noch nötig, um den Plan der Beschränkung der Amtsfähigkeit auf verwaltungstechnisch Vorgebildete ganz demokratisch zu gestalten. Diese Ergänzung wäre: den Männern und den Frauen aller Stände müßte, ungeachtet der Vermögensverhältnisse ihrer Eltern, die gleiche Bildungsmöglichkeit, derselbe Weg zur akademischen Bildung und zum politischen Vorwärtskommen offen stehen. Es wäre sehr einfach, zu verordnen, daß Städte und Landbezirke und der Staat allen, die in der Volks- und in der höheren Schule ein gewisses Maß von Befähigung bewiesen haben, und deren Eltern finanziell außerstande sind, ihre Weiterbildung zu ermöglichen, Stipendien aussetzen. Das wäre eine Demokratie, die diesen Namen verdiente.

Man muß schließlich der Gerechtigkeit halber hinzufügen, daß Platon selbst nicht jeden Zug seiner Utopie für durchführbar gehalten hat. Er gibt zu, daß er ein schwer erreichbares Ideal beschrieben hat, besteht aber darauf, daß das Entwerfen solcher Wunschbilder doch einen Wert in sich trägt, denn es gehört zum Sinn des menschlichen Daseins, sich eine bessere

Welt vorzustellen und mindestens einen Teil von ihr zu verwirklichen; der Mensch ist ein Tier, das Utopien entwirft. »Wir schauen vorwärts und zurück und sehnen uns nach dem, was nicht ist.« Das alles ist auch nicht ergebnislos: so manchem Traum sind schon wirkliche Gliedmaßen gewachsen, und er konnte stehen; so manchem wuchsen Flügel, und er konnte fliegen, wie der Traum des Icarus. Wenn wir auch nur ein Bild entworfen haben, so kann uns doch dieses als Ziel und Vorbild unserer Bewegung und unseres Verhaltens dienen; sobald viele von uns ein Bild sehen und seinen Strahlen folgen, wird die Utopie ihren Platz auf der Landkarte einnehmen. Inzwischen »steht im Himmel das Muster einer solchen Stadt, und wer will, kann es sehen und sehend sich nach ihm richten. Und gleichgültig, ob es in Wirklichkeit eine solche Stadt gibt oder jemals geben wird, . . . wird er die Sache dieser und keiner anderen Stadt vertreten wollen« (597). Der Gute wird auch im unvollkommenen Staate die vollkommenen Gesetze anwenden.

Dennoch war der Meister, trotz der gemachten Konzessionen, kühn genug, alles zu wagen, als sich zur Verwirklichung seines Planes eine Gelegenheit bot. Im Jahre 387 v. Chr. erhielt Platon von Dionysius, dem Herrscher des damals blühenden und mächtigen Syrakus, der Hauptstadt Siziliens, den Auftrag, zu ihm zu kommen und sein Königreich in das Land Utopien umzuwandeln, und der Philosoph dachte, ähnlich wie Turgot, daß es leichter sei, einen Menschen zu erziehen, selbst wenn dieser ein König ist, als ein ganzes Volk, und folgte dem Rufe. Als aber Dionysius merkte, daß er Platons Reformplan gemäß entweder ein Philosoph werden oder kein König mehr sein würde, durchkreuzte er diesen Plan, und das Ergebnis war ein heftiger Streit. Die Geschichte berichtet, daß Platon als Sklave verkauft und von seinem Freund und Schüler Annikeris gerettet wurde; als Platons athenische Schüler dem Annikeris das Lösegeld ersetzen wollten, lehnte er es mit der Begründung ab, sie sollten nicht die einzig bevorzugten Helfer der Philosophie sein. Diese und (wenn wir Diogenes Laertius glauben dürfen) eine weitere ähnliche Erfahrung haben den ernüchterten Konservativismus von Platons letztem Werk, den »Gesetzen«, verschuldet.

Und dennoch müssen die letzten Jahre seines langen Lebens leidlich glücklich gewesen sein. Seine Schüler verstreuten sich nach allen Himmelsrichtungen, und ihr Erfolg brachte ihm von allen Seiten Ehre ein. Er lebte friedlich in seiner Akademie, von Gruppe zu Gruppe seiner Schüler wandelnd und ihnen Fragen und Aufgaben stellend, über die sie nachforschen und beim nächsten Zusammentreffen Bericht und Antwort erstatten mußten. Larochefoucauld sagt: »Nur wenige verstehen zu altern.« Platon verstand es; er konnte wie Solon lernen und lehren wie Sokrates, er verstand die wißbegierige Jugend zu leiten und die geistige Liebe seiner Genossen zu finden. Denn seine Schüler liebten ihn wie er sie; er war ebenso ihr Freund wie ihr Philosoph und Wegbereiter.

Als einer seiner Schüler vor dem »Ehe« genannten Abgrund stand, lud er den Meister zur Hochzeitsfeier ein. Platon kam im Glanze seiner achtzig Jahre und stimmte fröhlich in den Reigen der Spaßmacher ein. Als aber die Stunden lachend verflogen, zog sich der alte Philosoph in einen stillen Winkel des Hauses zurück und setzte sich auf einen Stuhl, um etwas Schlaf zu suchen. Am Morgen nach dem Feste suchten ihn die müden Heimkehrenden auf und wollten ihn wecken. Sie sahen, daß er während der Nacht still und leicht aus einem kurzen Schlaf in einen ewigen versunken war. Ganz Athen gab ihm das Geleit bis an das Grab.

II. ARISTOTELES

und die griechische Wissenschaft

I. DER GESCHICHTLICHE HINTERGRUND

Aristoteles wurde im Jahre 384 v. Chr. in Stagira, einer mazedonischen Stadt ungefähr zweihundert Meilen nördlich von Athen, geboren. Sein Vater war Freund und Leibarzt von Amyntas, dem König von Mazedonien und Großvater Alexanders. Aristoteles selbst scheint auch Mitglied des großen medizinischen Ordens des Äskulap gewesen zu sein. Er wurde im Dunstkreis der Medizin groß, wie viele späteren Philosophen im Dunstkreis der Heiligkeit, und genoß nicht nur die Möglichkeit, sondern wurde sogar dazu aufgemuntert, die wissenschaftliche Einstellung seines Geistes zu entfalten; von Anfang an war er vorbereitet, Begründer der Wissenschaften zu werden.

Wir besitzen über seine Jugendgeschichte eine ganze Anzahl recht verschiedener Berichte. Nach einer Erzählung soll er sein väterliches Erbe in ausschweifendem Leben verschwendet haben, darauf in das Heer eingetreten sein, um dem Verhungern zu entgehen, später in Stagira als Arzt gewirkt und schließlich mit dreißig Jahren in Athen bei Platon philosophische Studien aufgenommen haben. Eine würdevollere Lesart versetzt ihn schon mit achtzehn Jahren nach Athen und gibt ihn gleich zu dem großen Meister in die Lehre; aber selbst in diesem wahrscheinlicheren Bericht findet sich manche Anspielung auf seine Leichtlebigkeit und regellose und leichtsinnige Jugend[1]. Wer hieran Anstoß nimmt, mag sich bei der Feststellung beruhigen, daß nach beiden Berichten unser Philosoph schließlich in den stillen Hainen der Akademie Wurzel faßt.

Bei Platon hat er acht (oder auch zwanzig) Jahre studiert, und in der Tat spricht der auffallende Platonismus der aristotelischen Gedankengänge – selbst dort, wo sie am meisten antiplatonisch sind – für die längere Studienzeit. Man möchte sich diese Jahre gern als besonders glücklich vorstellen: ein glänzender Schüler wandelt unter der Leitung eines unvergleichlichen Lehrers mit diesem nach Art griechischer Liebenden durch die Gärten der Philosophie. Sie waren aber beide Genies, und es ist bekannt, daß Genies untereinander genau so harmonieren wie Dynamit und Feuer. Fast ein halbes Jahrhundert stand zwischen ihnen; dem Streben nach Verständigung mußte es schwerfallen, den Abstand der Jahre zu überbrücken und die Unverträglichkeit der Seelen aufzuheben. Platon erkannte die Größe dieses seltsamen Schülers aus dem angeblich barbarischen Norden und nannte ihn einmal den *»Nous«* der Akademie, als wollte er sagen, Aristoteles sei die verkörperte Intelligenz. Für seine Bücher (die in jenen Tagen vor der Buchdruckerkunst Handschriften waren) hat Aristoteles ungezähltes Geld ausgegeben; er war nach Euripides der erste, der sich eine Bibliothek zusammengestellt hat, und die Schaffung der Prinzipien der Bibliotheksordnung ist einer der vielen Beiträge, die er den Wissenschaften geliefert hat. Aus diesem Grunde nannte Platon das Haus des Aristoteles ein »Haus des Lesers« und schien damit ein aufrichtiges Kompliment beabsichtigt zu haben; nach antikem Klatsch soll der Meister allerdings mit dieser Äußerung einen versteckten, aber kräftigen Rippenstoß gegen eine gewisse schmökernde Art des Aristoteles beabsichtigt haben. Mit größerer Zuverlässigkeit wird von einer anderen Entzweiung berichtet, die gegen Ende von Platons Leben stattgefunden haben soll. Unser strebsamer Jüngling scheint im Kampf um die Gunst und Liebe der Philosophie einen »Ödipus-Komplex« gegen seinen geistigen Vater entwickelt zu haben, denn er deutete versteckt an, die Weisheit würde nicht mit Platon sterben, während der weise Greis seinen Schüler ein Füllen nannte, das seine Mutter mit den Hufen stößt, nachdem es jede Kraft aus ihr gesogen hat[2]. Der gelehrte Zeller[3], in dessen Schriften Aristoteles fast das Nirwana der Ehrwürdigkeit erreicht, möchte all diese Erzählungen ablehnen; man darf aber wohl annehmen, daß dort, wo immer noch so viel Rauch schwebt, einst auch eine Flamme gewesen sein wird.

Die anderen Ereignisse dieses Athener Aufenthaltes sind noch umstrittener. Einige Biographen berichten, daß Aristoteles in Konkurrenz mit Isokrates eine Schule der Beredsamkeit gründete, und daß sich unter seinen Schülern der reiche Hermias befand, der bald darauf Herrscher des Stadt-Staates Atarneus wurde. Nachdem er diesen hohen Posten erreicht hatte, berief er Aristoteles an seinen Hof und belohnte im Jahre 344 v. Chr. die frühere Gunst seines Lehrers dadurch, daß er ihm seine Schwester (oder Nichte) zur Frau gab. Man könnte das für eine zweifelhafte Belohnung halten, aber die Geschichtsschreiber versichern eifrig, daß Aristoteles, trotz seiner Genialität, recht glücklich mit seiner Frau lebte und in seinem Testament ihrer in liebevollen Worten gedachte. Genau ein Jahr später berief Philipp, König von Mazedonien, Aristoteles an seinen Hof zu Pella, damit er die Erziehung Alexanders übernehme. Es spricht für den steigenden Ruf unseres Philosophen, daß der größte Herrscher seiner Zeit auf der Suche nach dem größten Lehrer gerade ihn zum Erzieher des zukünftigen Herrn der Welt wählte.

Philipp wollte seinem Sohne alle Vorteile der Erziehung zuteil werden lassen, da er schrankenlose Pläne für ihn entworfen hatte. Seine Eroberung Thraziens im Jahre 356 v. Chr. gab ihm Macht über Goldgruben, die ihm vom ersten Augenblick an zehnmal mehr edles Metall lieferten, als Athen aus den versiegenden Silbergruben von Laurium gewinnen konnte. Sein Volk bestand aus kräftigen Bauern und Kriegern, die noch nicht von dem Luxus und den Lastern der Stadt verdorben waren. Er verfügte daher über Mittel, die die Unterjochung von hundert kleinen Stadt-Staaten und die politische Vereinheitlichung Griechenlands ermöglichen konnten. Philipp hatte keine Sympathien für den Individualismus übrig, der Verstand und Kunst der Griechen nährte, aber gleichzeitig zur Zersetzung ihrer gesellschaftlichen Ordnung führte. In all den kleinen Hauptstädten sah er nicht die frische Kultur und die unübertreffliche Kunst, sondern nur die wirtschaftliche Korruption und die politische Verwirrung. Er sah, wie unersättliche Kaufleute und Bankiers die Lebensquellen der Nation ausschöpften, unfähige Politiker und schlaue Redner ein fleißiges Volk in unheilvolle Verwicklungen und Kriege hineinführten, wie Parteiung einzelne Klassen zerriß, und wie andere Klassen zu Kasten erstarrten; das ist keine Nation, sagte Philipp, sondern ein bloßes Durcheinander von Individuen – von Genies und Sklaven. Er beschloß, mit ordnender Hand in diese Unruhe einzugreifen und Griechenland als einiges und starkes Land und als Fundament und politischen Mittelpunkt der Welt auferstehen zu lassen. In seiner Jugend hatte er in Theben bei dem edlen Epaminondas die Kunst der militärischen Strategie und der staatlichen Organisation erlernt und übertraf nun die empfangene Lehre dank seinem Mut, der ebenso grenzenlos wie sein Streben war. Im Jahre 338 v. Chr. besiegte er bei Chaironeia die Athener und sah endlich ein einiges, wenn auch nur durch Ketten geeinigtes Griechenland vor sich. Als er dann, gestützt auf diesen Sieg, Pläne schmiedete, wie er und sein Sohn die ganze Welt einigen und beherrschen könnten, fiel er durch die Waffe eines Meuchelmörders.

Alexander war um die Zeit, als Aristoteles zu ihm kam, ein dreizehnjähriger Knabe, leidenschaftlich, epileptisch und fast chronischer Alkoholiker; seine Zeit vertrieb er mit der Bändigung von Rossen, die kein anderer zügeln konnte. Die Bemühungen des Philosophen, die Glut dieses keimenden Vulkans zu kühlen, konnten nur wenig ausrichten; Alexander hatte mehr Erfolg bei Bucephalus als Aristoteles bei Alexander. »Eine Zeitlang«, sagt Plutarch, »liebte und pflegte Alexander den Aristoteles nicht weniger, als wäre dieser sein eigener Vater, und sagte, obwohl er sein Leben von dem einen erhalten habe, habe der andere ihn die Kunst des Lebens gelehrt.« (»Das Leben«, sagt ein kluges griechisches Sprichwort, »ist eine Gabe der Natur, aber das schöne Leben ist die Gabe der Weisheit.«) »Was mich betrifft«, schreibt Alexander in einem Brief an Aristoteles, »so möchte ich mich lieber in der Erkenntnis des Guten hervortun als in der Erweiterung meiner Macht und meiner Länder.« Dies bedeutet aber vermutlich nicht mehr als ein königlich-jugendliches Kompliment; versteckt hinter dem begeisterten Schüler der Philosophie stand der feurige Sohn einer Barbaren-Prinzessin und eines unbändigen Königs. Die Bindungen der Vernunft waren zu zart, um die ererbten Leidenschaften zu fesseln, und Alexander verließ nach zwei Jahren die Philosophie, um den Thron zu besteigen und die Welt zu lenken. Die Geschichte erlaubt uns den Glauben (obwohl wir an diesem angenehmen Gedanken zweifeln), daß Alexanders Leidenschaft für Vereinheitlichung einiges an Kraft und Größe seinem Lehrer verdankt, dem stärksten synthetischen Denker, den die Geistesgeschichte kennt; und daß der Sieg der Ordnung auf politischem Gebiet durch den Schüler, auf philosophischem durch den Meister, nur verschiedene Seiten ein und desselben edlen und dramatischen Planes waren, die chaotische Welt zu vereinheitlichen – und das durch zwei hervorragende Mazedonier.

Als Alexander zur Eroberung Asiens aufbrach, hinterließ er in den griechischen Städten Regierungen, die ihm zugetan, aber Volksmassen, die ihm ausgesprochen feindselig gesinnt waren. Die lange Tradition des freien und einst mächtigen Athen ließ Unterwerfung – selbst unter das Joch eines welterobernden Herrschers – unerträglich erscheinen, und die erbitterte Beredsamkeit des Demosthenes reizte die Versammlung bis an die Grenzen des Aufruhrs gegen die »Mazedonische Partei«, die die Zügel der städtischen Macht in Händen hielt. Als Aristoteles im Jahre 334 v. Chr. nach einer weiteren Reiseperiode nach Athen zurückkehrte, suchte er naturgemäß Verbindung mit der mazedonischen Gruppe und gab sich keine Mühe, seine Zustimmung zu der vereinheitlichenden Regierung Alexanders zu verbergen. Beachtet man die bedeutende Abfolge von Forschungsarbeiten und spekulativen Leistungen, die Aristoteles während der letzten zwölf Jahre seines Lebens entfaltet hat, und beachtet man ihn selbst inmitten seines vielseitigen Arbeitsfeldes, wozu nicht nur die Organisation einer Schule, sondern auch die Anordnung eines so reichen Wissens gehört, wie es wohl noch niemals zuvor im Geiste eines einzelnen Menschen vereint war, so muß man sich darüber im klaren sein, daß er nicht in Ruhe und Sicherheit der Wahrheit nachgehen konnte, sondern daß der politische Himmel jeden Augenblick seine Farbe zu wechseln und einen Sturm in sein friedliches philosophisches Leben zu schleudern drohte. Nur wenn man diese Lage bedenkt, wird man die Staatsphilosophie des Aristoteles und sein tragisches Ende verstehen.

II. DAS LEBENSWERK DES ARISTOTELES

Einem Lehrer, der den König der Könige unterrichtet hat, wird es selbst in einer feindlichen Stadt nicht schwerfallen, Schüler zu finden. Als Aristoteles mit dreiundfünfzig Jahren seine Schule, das Lyceum, eröffnete, kamen so viele Schüler zu ihm, daß zur Aufrechterhaltung der Ordnung komplizierte Vorschriften nötig wurden. Die Schüler selbst bestimmten diese Vorschriften und wählten jeden zehnten Tag einen aus ihrer Mitte zum Aufseher der Schule. Man braucht aber bei dieser Schule nicht an einen Ort strenger Disziplin zu denken, denn das überlieferte Bild zeigt vielmehr die Schüler bei gemeinsamer Mahlzeit mit ihrem Meister und bei einem Unterricht, der während gemeinsamer Spaziergänge auf dem Weg neben dem Turnplatz stattfand, von dem das Lyceum seinen Namen erhielt[4].

Diese neue Schule war keine bloße Nachahmung jener Schule, die Platon zurückließ. Die Akademie war vor allen Dingen der Mathematik, der spekulativen und der Staatsphilosophie ergeben; das Lyceum neigte eher der Biologie und den übrigen Naturwissenschaften zu. Wenn wir Plinius[5] glauben dürfen, so gab Alexander seinen Jägern, Wildhütern, Gärtnern und Fischern die Anweisung, Aristoteles mit allem zoologischen und botanischen Material zu versorgen, das er sich nur wünschen mochte. Andere antike Schriftsteller berichten uns, daß Aristoteles einmal tausend Mann, über ganz Griechenland und Asien verstreut, zu Gebote standen, um Exemplare der Fauna und Flora jedes Landes zu sammeln. Mit diesem Reichtum an Material konnte er den ersten großen zoologischen Garten der Welt errichten. Den Einfluß dieser Sammlung auf seine Wissenschaft und Philosophie könnte man kaum hoch genug einschätzen.

Wo hat Aristoteles die Mittel zur Finanzierung dieser Unternehmen hergenommen? Er selbst war um diese Zeit bereits ein Mann von großem Einkommen und heiratete in das Vermögen eines der mächtigsten Staatsmänner Griechenlands ein. Athenaeus berichtet (sicherlich mit einiger Übertreibung), daß Alexander Aristoteles für physikalische und biologische Einrichtungen und zu Forschungszwecken eine Summe von 800 Talenten (nach heutiger Kaufkraft ungefähr 20 Millionen Fr.) gestiftet habe[6]. Manche nehmen an, daß die kostspielige Expedition, die Alexander entsandte, um die Quellen des Nils und die Ursachen seiner regelmäßigen Überschwemmungen zu erforschen, auf Anregung von Aristoteles ausgeschickt worden ist[7]. Arbeiten, wie die Sammlung von 158 Staatsverfassungen, die für Aristoteles zusammengestellt wurden, deuten auf eine nennenswerte Schar von Hilfskräften und Sekretären hin. Kurz, wir haben hier das erste Beispiel großzügiger Finanzierung der Wissenschaft aus öffentlichen Mitteln in der europäischen Geschichte. Wieviel an Wissen könnten wir gewinnen, wenn moderne Staaten die Forschung auf ähnlich freigebige Weise unterstützen würden!

Wir wären aber Aristoteles gegenüber ungerecht, wenn wir die fast fatale Beschränktheit der Ausrüstung unbeachtet ließen, die ihm neben seinen beispiellosen Quellen und Mitteln zur Verfügung stand. Er mußte »Zeitbestimmungen ohne Uhr, Temperaturvergleichungen ohne Thermometer, astronomische Beobachtungen ohne Fernrohr, meteorologische ohne Barometer[8]« vornehmen. Er lebte in einer Zeit, »welche von allen unseren mathematischen, optischen, physikalischen Instrumenten kaum ein einziges außer Lineal und Zirkel, und nur für einige wenige andere die unvollkommensten Surrogate besaß; chemische Analysen, genaue Messungen und Wägungen, eine durchgreifende Anwendung der Mathematik auf die Physik waren unbekannt; die allgemeine Anziehungskraft der Materie, die Gesetze des Falls, die Erscheinungen der Elektrizität, die Bedingungen der chemischen Verbindungen, die Wirkungen des Luftdrucks, die Natur des Lichts, der Verbrennung usw., kurz all die Tatsachen, auf welchen die neueren physikalischen Theorien beruhen, waren noch nicht oder so gut wie nicht entdeckt«[9].

Man sieht hier, wie Erfindungen die Geschichte formen: aus Mangel an Fernrohren ist die Astronomie des Aristoteles ein Gebilde kindischer Romantik, aus Mangel an Mikroskopen verirrt sich seine Biologie ständig. In der Tat blieb Griechenland gerade auf dem Gebiet industrieller und technischer Erfindungen am tiefsten unter der allgemeinen Ebene seiner unvergleichlichen Leistungen. Die griechische Verachtung für körperliche Arbeit hielt, die trägen Sklaven ausgenommen, jeden von der unmittelbaren Bekanntschaft mit den Herstellungsprozessen fern, von jener anregenden Berührung mit Maschinen, die Mängel aufdeckt und Möglichkeiten vorwegnimmt; technische Erfindungen konnten nur jene machen, die kein Interesse daran hatten und keinen materiellen Gegenwert aus ihnen hätten ziehen können. Vielleicht hat gerade der billige Preis der Sklaven die Erfindung gehemmt; Muskelkraft war immer noch billiger als Maschinen. Während daher griechischer Handel das Mittelmeer eroberte und griechische Philosophie den Geist der Mittelmeerländer, war die griechische Naturwissenschaft zerfahren, und die griechische Industrie blieb fast dort stehen, wo die ägäische Industrie stand, als die eindringenden Griechen sie vor tausend Jahren in Knossos, Tiryns und Mykene vorfanden. Zweifellos liegt hier der Grund, weshalb Aristoteles so selten zum Experiment greift; der Aufbau des Experiments war noch nicht geschaffen, und das beste, was er tun konnte, war, eine möglichst umfassende und stetige Beobachtung zu erreichen. Dennoch wurde die riesige Menge von Tatsachen, die er und seine Helfer gesammelt hatten, der Grundstein zum Fortschritt der Wissenschaft, das Lehrbuch der Erkenntnis auf zweitausend Jahre hinaus – eines der Wunder menschlicher Arbeit.

Die Schriften des Aristoteles gehen in die Hunderte. Einige

antike Schriftsteller schreiben ihm vierhundert Bände zu, andere tausend. Erhalten ist nur ein Teil, und doch ist er schon für sich eine Bibliothek – man kann sich daher die Weite und Größe des Ganzen vorstellen. An erster Stelle stehen die *logischen* Arbeiten: die »Kategorien«, »Topik«, »Erste« und »Zweite Analytiken«, »Lehre vom Satz« und die »Sophistischen Widerlegungen«; diese Arbeiten wurden von den späteren Peripatetikern gesammelt und unter dem gemeinsamen Titel »Organon« des Aristoteles (d. h. Organ oder Werkzeug des richtigen Denkens) herausgegeben. Zweitens sind die *naturwissenschaftlichen* Arbeiten zu nennen: die »Physik«, »Vom Himmel«, »Vom Entstehen und Vergehen«, »Meteorologie«, »Naturgeschichte«, »Von der Seele«, »Die Teile der Tiere«, »Die Bewegungen der Tiere« und »Von der Entstehung der Tiere«. Drittens *ästhetische* Arbeiten: »Rhetorik«, und »Poetik«, und viertens die *philosophischen* im engeren Sinne: »Ethik«, »Politik« und »Metaphysik«[10].

Sicherlich haben wir hier den »großen Brockhaus« Griechenlands: jedes nur denkbare und undenkbare Problem findet in ihm seinen Platz; kein Wunder, daß Aristoteles mehr Irrtümer und Unmöglichkeiten gelehrt hat als irgendein anderer Philosoph. Hier haben wir eine Synthese von Wissen und Theorie, wie sie bis zu den Tagen von Spencer kein anderer vollbracht hat, und selbst dann nicht halb so großartig; viel eher liegt hier eine Eroberung der Welt vor als im plötzlichen und brutalen Sieg Alexanders. Ist Philosophie das Suchen nach Einheit, so verdient Aristoteles den hohen Namen, den er zwanzig Jahrhunderte hindurch führte: *»Ille Philosophus«*, der Philosoph.

Einem so wissenschaftlich eingestellten Geist fehlte es naturgemäß an Poesie. Von Aristoteles können wir nicht die literarische Pracht erwarten, von der die Schriften des Dramatiker-Philosophen Platon erfüllt sind. Statt uns hohe Literatur zu bieten, in der Philosophie in mythischer und phantastischer Form verkörpert (und verdunkelt) ist, gibt uns Aristoteles fachliche, abstrakte und zusammengedrängte Wissenschaft; wer ihn aufsucht, um Unterhaltung zu finden, wird sein Geld zurückverlangen. Statt der schönen Literatur neue Worte zu schaffen, wie Platon, hat er den Wortschatz der Wissenschaft und Philosophie aufgebaut; wir können heute kaum von einer Wissenschaft reden, ohne Worte zu gebrauchen, die er erfunden hat – wie versteinerte Überreste liegen sie auf dem Wege unserer Rede: *Fähigkeit, Bedeutung, Maxim* (was bei Aristoteles den Obersatz des Syllogismus bedeutete), *Kategorie, Energie, Aktualität, Motiv, Zweck, Prinzip, Form* – all diese gangbaren, unentbehrlichen Münzen des philosophischen Denkens wurden von seinem Geiste geprägt. Vielleicht war auch dieser Übergang vom genußreichen Dialog zur sorgfältigen wissenschaftlichen Abhandlung ein notwendiger Schritt in der Entwicklung der Philosophie. Die Wissenschaft, die Grundlage und Rückgrat der Philosophie ist, konnte nicht wachsen, solange sie nicht ihre eigenen strengen Arbeitsmethoden und Ausdrucksmittel entwickelt hatte. Auch Aristoteles schrieb literarische Dialoge, die zu ihrer Zeit genau so hoch gewertet wurden wie die Platons; sie sind aber verloren, ähnlich wie die wissenschaftlichen Abhandlungen Platons untergegangen sind. Vermutlich hat die Zeit von jedem das Bessere erhalten.

Es wäre auch möglich, daß die Werke, die man Aristoteles zuschreibt, nicht von ihm stammen, sondern Kompilationen von Schülern und Anhängern sind, die in ihren Aufzeichnungen den ungeschminkten Stoff seiner Vorlesungen aufbewahrt haben. Es scheint nicht, daß Aristoteles selbst neben seinen Schriften über Logik und Rhetorik auch andere Spezialarbeiten veröffentlicht hat, und auch die gegenwärtige Form seiner logischen Abhandlungen geht auf spätere Herausgeber zurück. Bei der *»Metaphysik«* und *»Politik«* scheinen die Herausgeber die hinterlassenen Aufzeichnungen des Aristoteles ohne Revision oder Änderung aneinandergefügt zu haben. Selbst die stilistische Einheitlichkeit, durch die sich Aristoteles' Schriften auszeichnen und die den Verteidigern seiner unmittelbaren Urheberschaft ein Beweismittel liefert, könnte schließlich eine Einheitlichkeit sein, die auf die gemeinsame Herausgabe durch die peripatetische Schule zurückgeht.

Diese Angelegenheit ist ähnlich ausgiebig und heiß umstritten wie die »Homerische Frage« und wird den flüchtigen Leser kaum interessieren, während sie den bescheidenen Forscher zur Zurückhaltung zwingt[11]. Auf jeden Fall können wir sicher sein, daß Aristoteles der geistige Vater all der Werke ist, die seinen Namen führen; die ausführende Hand könnte in manchem Falle einem anderen angehören, aber Kopf und Herz sind sein[12].

III. DIE GRUNDLEGUNG DER LOGIK

Zunächst zeichnet sich Aristoteles dadurch aus, daß er fast ohne Vorgänger und fast nur durch sein eigenes, angestrengtes Denken eine neue Wissenschaft schuf: die Logik. Renan[13] spricht von »der mangelhaften Schulung der Geister, die nicht unmittelbar oder mittelbar unter dem Einfluß der griechischen Zucht gestanden haben«; genau besehen war aber der griechische Geist selbst ebenfalls zuchtlos und verworren, bis die unbarmherzig strengen Formeln des Aristoteles eine fertige Methode zur Prüfung und Berichtigung der Gedanken darboten. Selbst Platon war (wenn ein Liebhaber das sagen darf) eine ungestüme und unklare Seele, die sich nur zu oft in einer Wolke von Mythen verfing und das Antlitz der Wahrheit durch allzuviel Schönheit verschleiern ließ. Aristoteles selbst hat, wie wir sehen werden, die eigenen Regeln oft genug verletzt; er war aber, wo er dies tat, Kind der Vergangenheit und nicht der Zukunft, die sein Denken aufbauen sollte. Der politische und wirtschaftliche Verfall Griechenlands in der Zeit nach Aristoteles führte zu einer Schwächung des hellenischen Geistes und Charakters. Als aber nach einem Jahrtausend barbarischer Finsternis ein neuer Menschenschlag die Möglichkeit fand, seine gedanklichen Fähigkeiten zu entwickeln, wurde das von Boëthius (470–525 n. Chr.) übersetzte »Organon« der Logik des Aristoteles zum wahrhaften Nährboden des mittelalterlichen Gedankens. Es wurde zur wirklichen Mutter der scholastischen Philosophie, die, obwohl durch einengende Dogmen unfruchtbar geworden, dennoch den Geist des jugendlichen Europa erst die Feinheiten des Denkens lehrte, den Wortschatz der neueren Wissenschaften schuf und zu eben jener Reife des Geistes den Grund legte, welche die Lehren und Methoden, denen sie Geburt und Dasein verdankte, über Bord warf.

Logik bedeutet einfach die Kunst und die Methode des richtigen Denkens. Sie ist die »logie« oder Methode jeder Wissenschaft, jeder Lehre und jeder Kunst und ist selbst in der Musik versteckt. Sie ist eine Wissenschaft, weil der Vorgang des richtigen Denkens weitgehend auf Gesetze zurückführbar ist, wie bei der Physik und Geometrie, die von jedem normalen Menschen erlernt werden können; sie ist eine Kunst, weil sie durch Übung dem Denken schließlich jene unbewußte und unmittelbare Sicherheit verleiht, mit der die Finger des Pianisten über sein Instrument hinweg zu ungezwungenen Harmonien gleiten. Nichts ist fader als Logik und nichts wichtiger.

Eine Andeutung dieser neuen Wissenschaft fand sich schon bei Sokrates in der bis zum Verrücktwerden wiederholten Aufforderung, alles zu definieren, und in Platons ständiger Verfeinerung aller Begriffe. Die kleine Abhandlung des Aristoteles über *»Definition«* zeigt, wie seine Logik sich aus diesen Quellen nährte. »Wünschen Sie eine Unterhaltung mit mir«, sagte Voltaire, »so definieren Sie Ihre Begriffe.« Wieviel Diskussionen wären auf eine kurze Notiz zusammengeschrumpft, hätten nur die Disputanten ihre Begriffe zu definieren unternommen! Alpha und Omega, Leib und Seele der Logik ist, daß jeder wichtige Begriff einer ernsthaften Rede strengster Prüfung und Definition unterworfen wird. Das fällt schwer und stellt den Geist rücksichtslos auf die Probe; ist dieser aber einmal bestanden, so ist auch jede Aufgabe bereits zur Hälfte gelöst.

Wie geht man bei der Definition eines Dinges oder eines Begriffes vor? Aristoteles antwortet, daß jede gute Definition aus zwei Teilen besteht oder auf zwei festen Grundlagen ruht: sie reiht erstens den fraglichen Gegenstand in eine Klasse oder Gruppe ein, deren allgemeine Kennzeichen mit den Kennzeichen des Gegenstandes übereinstimmen; so ist der Mensch, zu allererst, ein Tier; und zweitens gibt sie an, worin der Gegenstand sich vor allen andern Angehörigen seiner Klasse unterscheidet; so ist der Mensch im aristotelischen System ein *vernunftbegabtes* Tier, seine »spezifische Differenz«, die ihn von allen anderen Tieren unterscheidet, ist seine Vernunftbegabtheit (hier liegt der Ursprung einer hübschen Legende). Aristoteles wirft den Gegenstand in das Meer der Gegenstände seiner eigenen Klasse und zieht ihn dann, von Gattungsbestimmtheiten und Merkmalen seiner Art und Klasse triefend, wieder heraus; dabei treten seine Individualität und das Unterscheidende durch die Gegenüberstellung mit den anderen, so ähnlichen, aber doch so verschiedenen Gegenständen nur noch klarer hervor.

Verlassen wir dieses Hinterland der Logik, so erreichen wir das große Schlachtfeld, auf dem Aristoteles mit Platon wegen der Lebensfrage der »Universalien« kämpfte; sie war der erste kriegerische Zwist, der bis auf den heutigen Tag nicht beigelegt wurde und schon das mittelalterliche Europa mit dem Klang der Schlachtrufe »Realismus« und »Nominalismus« erfüllte[14]. »Allgemeinbegriff« ist für Aristoteles jedes gewöhnliche Hauptwort, das man allgemein auf die Glieder einer Klasse anwenden kann, so sind z. B. »Tier«, »Mensch«, »Buch«, »Baum« Allgemeinbegriffe (»Universalien«). Diese Allgemeinbegriffe sind aber subjektive Vorstellungen, keine greifbaren objektiven Realitäten; sie sind »nomina« (Namen) und keine »res« (Dinge). Alles was uns umgibt, gehört einer Welt der individuellen und besonderen Einzelgegenstände, nicht einer Welt von gattungshaften und allgemeinen Dingen an; Menschen und Bäume und Tiere sind wirklich, aber »den« Menschen im allgemeinen oder den Allgemeinbegriff »Mensch« gibt es höchstens in Gedanken – er ist eine brauchbare gedankliche Abstraktion, aber kein gegenwärtiges, äußeres Etwas, keine *Re*-alität.

Nun meint Aristoteles, Platon habe den Allgemeinbegriffen ein wirkliches Dasein zugeschrieben, und Platon hatte auch in der Tat behauptet, daß das Allgemeine unvergleichlich dauerhafter, wichtiger und wesentlicher ist als das Individuelle, das nur eine winzige Welle in der unendlichen Brandung darstellt; *Menschen* entstehen und verschwinden, aber *der Mensch* wird in Ewigkeit bleiben. Aristoteles war ein nüchtern-sachlicher, ein zäher und kein zarter Geist, wie William James sagen würde; er sah im platonischen »Realismus« die Wurzel von uferlosem Mystizismus und akademischem Unsinn und greift ihn daher mit der Lebhaftigkeit eines noch urwüchsigen Kämpfers an. Ähnlich wie Brutus, der Caesar wohl nicht wenig liebte, aber Rom noch mehr, spricht auch Aristoteles: *Amicus Plato, sed magis amica veritas,* »Platon ist mir teuer, aber die Wahrheit noch teuerer.«

Ein feindseliger Beobachter könnte darauf hinweisen, daß Aristoteles (ähnlich wie Nietzsche) deshalb so scharfe Kritik an Platon übt, weil er nur zu gut weiß, wieviel er von ihm entlehnt hat; niemand ist ein Prophet in den Augen seiner Schuldner. Aber Aristoteles vertritt dennoch einen gesunden Standpunkt. Er ist Realist fast im modernen Sinne dieses Wortes und ist fest entschlossen, sich mit der wirklichen Gegenwart abzugeben, während Platon in eine erträumte Zukunft vertieft war. In der sokratisch-platonischen Forderung von Definitionen lag eine Richtung, die von den Dingen und Tatsachen weg zu Theorien und Ideen, vom Einzelnen zum Allgemeinen, von der Wissenschaft zum Scholastizismus führte; zum Schlusse war Platon dem Allgemeinen und den Ideen so ergeben, daß sie allmählich das von ihm gesehene Besondere bestimmten und die Tatsachen seines Gesichtskreises durchsiebten. Aristoteles predigt Rückkehr zu den Dingen, zum »unverwelkten Antlitz der Natur« und der Wirklichkeit; er hatte eine lebhafte Vorliebe für konkrete Einzelheiten und für Individuelles, das aus Fleisch und Blut besteht. Platon aber liebte das Allgemeine und Umfassende so sehr, daß er in seinem »Staat« das Individuelle vernichtete, um den vollkommenen Staat aufzubauen.

Es ist aber ein häufiger Scherz der Weltgeschichte, daß junge Kämpfer so manche Eigenschaft der von ihnen angegriffenen alten Meister übernehmen. Wir selbst besitzen immer ein reichliches Maß jener Dinge, die wir verurteilen: wie man nutzbringend nur Ähnliches Ähnlichem entgegenstellen kann, streiten sich auch nur ähnliche Leute, und die grimmigsten Kämpfe entstehen gerade wegen geringfügiger Abweichungen in bezug auf Zweck oder Glauben. Die Ritter der Kreuzzüge sahen in Saladin einen Gentleman, mit dem sie gemäß den Regeln ihres Ehrenkodex ringen konnten; als sich aber die Christenheit Europas in feindliche Lager teilte, gab es selbst für den gesittetsten Gegner keine Gnade. Aristoteles ging so rücksichtslos gegen Platon vor, weil er selbst so vieles von Platon in sich hatte; auch er ist ein Liebhaber von Abstraktionen und Allgemeinheiten, der wiederholt offenkundige Tatsachen zugunsten einer glanzvoll aufgeputzten Theorie verrät und ständig mit seiner philosophischen Leidenschaft zu kämpfen hat, die den höchsten Himmel erforschen möchte.

Deutliche Spuren hiervon weist der bezeichnendste und originellste Beitrag auf, den Aristoteles der Philosophie geliefert hat: seine Lehre vom Syllogismus. Der Syllogismus ist eine Dreieinigkeit aus Urteilen, von denen das Dritte (die Konklusion oder Folge) aus der anerkannten Richtigkeit der beiden anderen Urteile (des »Ober-« und »Untersatzes«, beide auch »Prämissen« genannt) folgt. So z. B. ist: der Mensch ein vernunftbegabtes Tier; Sokrates ist ein Mensch; Sokrates ist daher ein vernunftbegabtes Tier. Der mathematisch geschulte Leser wird sofort merken, daß der Aufbau des Syllogismus dem Satze ähnelt, nach dem zwei Dinge, die beide einem dritten gleich sind, auch untereinander gleich sein müssen; wenn A gleich B ist, und C gleich A, so ist C gleich B. Ähnlich wie im Falle der Mathematik die Konklusion durch Streichung des gemeinsamen Zeichens A in den beiden Prämissen erreicht wurde, gewinnen wir die Konklusion auch in unserem Syllogismus durch Streichung des gemeinsamen Begriffes »Mensch« im Ober- und Untersatz und durch Verknüpfung des Übriggebliebenen. Wie die Logiker von Pyrrho bis auf Stuart Mill betont haben, besteht hierbei die Hauptschwierigkeit darin, daß der Obersatz des Syllogismus gerade das als gesichert voraussetzt, was erst bewiesen werden sollte –

denn ist Sokrates nicht vernunftbegabt (und dennoch fraglos ein Mensch), so ist es nicht allgemein richtig, daß der Mensch ein vernunftbegabtes Tier ist. Aristoteles würde antworten, daß, wenn ein Wesen eine größere Anzahl von Merkmalen besitzt, die für eine Klasse charakteristisch sind (»Sokrates ist ein Mensch«), dieses Wesen mit hoher Wahrscheinlichkeit auch die anderen charakteristischen Merkmale (»Vernunftbegabtheit«) der betreffenden Klasse besitzen wird. Aber offenbar ist der Syllogismus weniger zur Auffindung von Wahrheiten als zur Verdeutlichung der Darlegungen und Gedanken bestimmt.

Der Syllogismus behält, wie viele andere Einzelheiten aus dem »Organon«, seinen Wert. »Aristoteles hat sämtliche Regeln der theoretischen Richtigkeit und alle Kunstgriffe des dialektischen Debattierens entdeckt und beschrieben, mit einem Fleiß und einem Scharfsinn, den man nicht zu hoch preisen kann. Seine Arbeiten auf diesem Gebiet haben vielleicht mehr zur geistigen Anregung späterer Zeiten beigetragen als die Tätigkeit irgendeines anderen Schriftstellers[15].« Es hat aber noch niemand gegeben, der es vermocht hätte, aus der Logik eine erbauliche Angelegenheit zu machen; eine Anleitung zum richtigen Denken ist genau so erhebend wie ein Handbuch des Anstandes: wir können es benutzen, es wird uns aber kaum zur Vornehmheit ansporne können. Selbst der kühnste Philosoph würde einem Lehrbuch der Logik keine Serenade singen. Man stellt sich zur Logik immer so ein, wie Virgil Dante es angesichts derer empfahl, die wegen ihrer farblosen Neutralität verdammt wurden: »Non ragionam di lor, ma guarda e passa[16]« – »Doch still von ihnen – schau und geh' vorüber.«

IV. DER AUFBAU DER WISSENSCHAFT

1. *Die griechische Wissenschaft vor Aristoteles*

»Sokrates«, sagt Renan[17], »gab der Menschheit die Philosophie, und Aristoteles gab ihr die Wissenschaft. Es hat zwar schon vor Sokrates Philosophie und vor Aristoteles Wissenschaften gegeben, und seit Sokrates und Aristoteles haben Philosophie und Wissenschaft unermeßliche Fortschritte zu verzeichnen. Aber alles ist auf der Grundlage aufgebaut, die von diesen Männern gelegt wurde.« Vor Aristoteles war die Wissenschaft embryonal, mit seinem Auftreten wurde sie geboren.

Schon vor der griechischen Kultur haben sich andere Kulturkreise in den Wissenschaften versucht; soweit wir aber ihre Gedanken aus den Keilschriften und Hieroglyphen überhaupt herauslesen können, ist ihre Wissenschaft von Theologie nicht zu unterscheiden. Anders ausgedrückt: diese vorhellenischen Völker haben sich alle dunklen Vorgänge in der Natur durch Annahme übernatürlicher Kräfte erklärt – überall gab es für sie Götter. Offenbar waren es die ionischen Griechen, die zuerst eine natürliche Erklärung kosmischer Zusammenhänge und geheimnisvoller Vorgänge zu geben wagten; in der Physik suchten sie die natürlichen Ursachen des einzelnen Geschehens und in der Philosophie eine natürliche Erklärung des Ganzen. Thales (640–550 v. Chr.), der »Vater der Philosophie«, war ursprünglich Astronom, der das Volk von Milet durch die Behauptung verblüffte, daß Sonne und Sterne (die sie als Gottheiten zu verehren gewohnt waren) bloße Feuerkugeln seien. Sein Schüler Anaximander (610–540 v. Chr.), der erste Grieche, der Himmels- und Landkarten gezeichnet hat, glaubte, daß die Welt ursprünglich eine einheitliche Masse gewesen ist, aus der die Dinge durch Trennung der Gegensätze entstanden. Er lehrte, daß sich die Himmelsgeschichte in der Entwicklung und im Verfall unzähliger Welten periodisch wiederholt, daß die Erde im Raume stillsteht, weil sie vom Gleichgewicht innerer Kräfte (ähnlich wie Buridans

Esel) gehalten wird, daß unsere Planeten einst flüssig waren, dann durch die Sonnenwärme in dampfartigen Zustand übergingen, daß das Leben seinen Ursprung im Meere genommen hat, aber durch Senkung des Wasserspiegels zum Betreten des Festlandes gezwungen war, daß von diesen gestrandeten Lebewesen einige die Fähigkeit entwickelten, Luft zu atmen und dadurch zu den Ahnen des späteren festländischen Lebens wurden, und lehrte schließlich, daß der Mensch ursprünglich nicht so beschaffen sein konnte wie heute, denn wäre er auch in früheren Zeiten nach seiner Geburt so hilflos gewesen und hätte er danach so viel Zeit zum Aufwachsen benötigt wie jetzt, so hätte er nicht am Leben bleiben können. Anaximenes (585–528 v. Chr.), ebenfalls ein Milesier, hält eine sehr verdünnte Masse für den Urstoff der Dinge und behauptet, diese habe sich allmählich in Wind, Wolken, Wasser, Erde und Stein verdichtet; die drei Zustandsformen der Materie – Gasförmigkeit, Flüssigkeit und Festigkeit – sind fortschreitende Stufen der Verdichtung. Wärme und Kälte sind bloße Verdünnung und Verdichtung. Erdbeben beruhen auf der Erstarrung der ursprünglich flüssigen Erde. Leben und Beseeltsein sind dasselbe: die Allgegenwart einer bewegenden und sich ausdehnenden Kraft. Anaxagoras (500–428 v. Chr.), Lehrer des Perikles, scheint eine richtige Erklärung der Sonnen- und Mondfinsternis gegeben zu haben. Er entdeckte die Atmung der Pflanzen und Fische und erklärte die Intelligenz des Menschen durch die Fähigkeit, mit Händen zu arbeiten, die erst auftauchte, als die vorderen Gliedmaßen von der Aufgabe der Fortbewegung befreit wurden. Allmählich wuchs in diesen Menschen Wissen zur Wissenschaft.

Heraklit (530–470 v. Chr.), der Wohlstand mitsamt den Sorgen, die damit verbunden sind, verließ, um ein Leben der Armut und der Forschung im Schatten der Ephesischen Tempel zu führen, lenkte die Wissenschaft von der Astronomie auf irdischere Angelegenheiten. Alle Dinge fließen und wechseln ihre Gestalt in Ewigkeit, lehrte er, selbst in der starrsten Materie herrscht unbemerktes Fließen und unsichtbare Bewegung. Die Geschichte des Kosmos verläuft in Kreisen, die wiederkehren und alle vom Feuer ausgehen und in Feuer enden (hier haben wir eine Quelle der stoischen und christlichen Lehre vom Jüngsten Gericht und von der Hölle). »Durch Kampf«, sagt Heraklit, »entstehen und vergehen alle Dinge . . . Kampf ist der Vater und König aller: aus einigen macht er Götter, aus anderen Menschen; einige sind Sklaven, andere Freie.« Wo kein Kampf ist, dort ist Verfall: »Eine Mischung, die nicht gerüttelt wird, zersetzt sich.« In diesem Fluß der Veränderung, des Kampfes und der Zuchtwahl ist nur eines beharrlich: das Gesetz. »Diese Ordnung, die für alle Dinge dieselbe ist, hat keiner der Götter oder der Menschen geschaffen, sondern sie war immer, ist und wird sein.« Empedokles (der um 445 v. Chr. auf Sizilien lebte) führte den Entwicklungsgedanken einen Schritt weiter[18]. Organe entstehen nicht planmäßig, sondern durch Zuchtwahl. Die Natur experimentiert mit den Organismen in vielen Versuchen und kombiniert Organe auf verschiedene Weise; wo eine Kombination den Anforderungen der Umwelt entspricht, bleibt der Organismus am Leben und zeugt seinesgleichen; wo sich die Kombination nicht bewährt, wird der Organismus ausgemerzt. Im Laufe der Zeit werden die Organismen auf immer verwickeltere und erfolgreichere Art ihrer Umgebung angepaßt. In Leukippos (um 445 v. Chr.) und seinem Schüler Demokrit (460–360 v. Chr.), in der thrazischen Stadt Abdera, erreicht die vor-aristotelische Wissenschaft ihre letzte Stufe, sie wird materialistisch, deterministisch und atomistisch. »Alles wird«, sagt Leukippos, »durch Notwendigkeit vorwärtsgetrieben.« – »In Wirklichkeit gibt es«, sagt Demokrit, »nur die Atome und den leeren Raum.« Wahrnehmung entsteht durch die Atome, die vom Ding ausgestrahlt werden und die Sinnesorgane treffen. Es gab oder gibt eine unendliche Anzahl von Welten oder wird sie geben; in jedem Augenblick stoßen Planeten zusammen und werden vernichtet, und neue Welten entstehen aus dem Chaos durch Auswahl und neuen Zusammenschluß gleichgroßer und gleichgeformter Atome. Es gibt keinen Weltenplan, das Universum ist eine Maschine.

So sieht, in bunt und flüchtig zusammenfassendem Überblick, die Geschichte der griechischen Wissenschaft vor Aristoteles aus. Unreife Einzelheiten wird man ihr gern verzeihen, wenn man bedenkt, mit welch mangelhafter Ausrüstung diese Pioniere ihre Experimente und Beobachtungen durchführen mußten. Der Stillstand der griechischen Industrie unter dem Alpdruck der Sklavenwirtschaft hinderte die volle Entfaltung dieser großartigen Anfänge, und die zunehmenden Verwicklungen des politischen Lebens lenkten die Sophisten, Sokrates und Platon von der physikalischen und biologischen Forschung auf die Pfade der ethischen und politischen Theorie. Es ist eine der vielen Ruhmestaten des Aristoteles, daß er vielseitig und kühn gewesen war, die beiden Richtungen des griechischen Denkens, Naturlehre und Morallehre, zusammenzufassen und zu verbinden, daß er noch über seine Lehrer zurückgriff, die wissenschaftliche Entwicklungslinie der vorsokratischen Griechen wiederfand, ihre Arbeit in beharrlicher Einzelforschung und vielseitiger Beobachtung fortsetzte und all die aufgehäuften Ergebnisse zu einem großartigen Bau gegliederter Wissenschaft zusammenfügte.

2. *Aristoteles als Naturforscher*

Wollten wir in chronologischer Ordnung mit der »*Physik*« des Aristoteles beginnen, so würden wir enttäuscht sein, denn wir müßten feststellen, daß diese Abhandlung in Wirklichkeit eine *Metaphysik* ist, eine schwer verständliche Analyse der Begriffe Materie, Bewegung, Raum, Zeit, Unendlichkeit, Ursache und ähnlicher »höchster Begriffe«. Einer der lebendigeren Abschnitte enthält einen Angriff auf den »leeren Raum« des Demokrit. Es kann keinen leeren Raum oder Vakuum in der Natur geben, sagt Aristoteles, denn in einem Vakuum würden alle Körper mit gleicher Geschwindigkeit fallen; da dies unmöglich ist, »erweist sich der vermeintliche leere Raum in der Tat als etwas, das nichts enthält« (ein leerer Begriff ist) – ein Zeichen für den munteren Gelegenheitswitz des Aristoteles, für seine Neigung zu unüberlegten Annahmen und zur Herabsetzung seiner Vorgänger in der Philosophie. Es gehörte zu den Gepflogenheiten unseres Philosophen, seine Werke mit historischen Einleitungen zu versehen, die frühere Leistungen auf dem betreffenden Gebiet beschrieben und jede Leistung vernichtend zerpflückten. »Aristoteles dachte nach ottomanischer Manier«, sagt Bacon, »er könne nur dann sicher herrschen, wenn er all seine Brüder hingerichtet habe[19].« Dieser brudermörderischen Manie verdanken wir aber einen großen Teil unserer Kenntnis des vorsokratischen Denkens.

Aus den bereits angeführten Gründen bedeutet die Astronomie des Aristoteles im Vergleich zu ihren Vorgängern nur einen geringen Fortschritt. Er lehnt die Lehre des Pythagoras ab, nach der die Sonne der Mittelpunkt unseres Planetensystems sein soll, und zieht es vor, diese Ehre der Erde zuzuteilen. Aber seine kleine Abhandlung über Meteorologie ist voll von ausgezeichneten Beobachtungen, und selbst ihr spekulativer Teil steckt helle Lichter auf. Das Weltgeschehen verläuft in Zyklen, sagt unser Philosoph; die Sonne verwandelt das Meer in Dampf, trocknet die Flüsse und Quellen aus und macht schließlich selbst aus dem unendlichen Ozean nackte Felsen; demgegenüber sammelt sich die aufsteigende Feuchtigkeit zu Wolken, fällt herab und erneuert die Flüsse und Seen. Überall ist Veränderung am Werke, unsichtbar, aber wirksam. Ägypten ist »das Werk des Nils«, ein Erzeugnis seiner Ablagerungen durch tausend Jahrhunderte. Hier dringt die See in das Land ein, dort schiebt sich das Land schüchtern in die See hinaus; neue Kontinente und neue Ozeane entstehen, alte Ozeane und Kontinente verschwinden, und das Angesicht der Erde ändert sich völlig und immer von neuem in der großen Systole und Diastole von Wachstum und Zerfall. Manchmal treten diese riesenhaften Umwälzungen plötzlich auf und zerstören die geologischen und materiellen Grundlagen der Kultur und selbst des Lebens. Große Naturkatastrophen haben die Erde periodisch aller Kultur entkleidet und den Menschen in seinen Urzustand zurückgeworfen; wie Sisyphus kam auch die Kultur wiederholt ihrem Höhepunkt nahe, aber nur, um in Barbarei zurückzusinken und sich *da capo* aufwärts zu arbeiten. Daher die fast »ewige Wiederkehr« der

Erfindungen und Entdeckungen durch eine Kultur nach der anderen, dieselben »dunklen« Perioden langsamen wirtschaftlichen und kulturellen Sammelns, dieselben Wiederbelebungen von Forschung, Wissenschaft und Kunst. Zweifellos sind einige volkstümliche Mythen verschwommene Überlieferungen, die uns aus früheren Kulturen erhalten geblieben sind. So bewegt sich die Geschichte des Menschen in einem trostlosen Kreise, weil er die Erde, die ihn trägt, noch nicht beherrscht.

3. Die Grundlegung der Biologie

Während Aristoteles voll Verwunderung durch seinen zoologischen Garten schritt, kam er zu der Überzeugung, daß man die unendliche Mannigfaltigkeit des Lebens in einer stetigen Reihe ordnen könnte, in der sich jedes Verbindungsglied von seinen Nachbarn kaum unterscheiden ließe. In jeder Beziehung, sowohl was die Gestalt als auch die Lebensführung, die Fortpflanzung, das Wachstum oder das Empfindungs- und Gefühlsleben betrifft, gibt es kleinste Abstufungen und Fortschritte vom niedrigsten bis zum höchsten Lebewesen[20]. Auf der untersten Stufe der Rangordnung kann man das Lebendige vom »Toten« kaum unterscheiden; »die Natur geht vom Reich des Unbeseelten so allmählich auf das Beseelte über, daß die Grenzlinien, die beide trennen, undeutlich und zweifelhaft sind«; vielleicht birgt auch das Anorganische ein gewisses Maß Leben. Ebenso kann man viele Gattungen der Lebewesen nicht mit Entschiedenheit Pflanze oder Tier nennen. Und wie bei diesen niederen Organismen, die man wegen ihrer Ähnlichkeit oft nicht in ihre richtige Gattung und Art einreihen kann, liegen die Dinge auf allen Gebieten des Lebens: die Stetigkeit der Abstufungen und Unterschiede ist genau so auffallend wie die Verschiedenheiten der Lebensäußerungen und Formen. Aber inmitten dieses verwirrenden Reichtums an Gestalten stehen gewisse Dinge überzeugend fest. So z. B., daß das Leben ständig an Vielfalt und Macht zugenommen hat[21]; daß die Vernunft sich parallel mit der fortschreitenden Komplexität und Beweglichkeit der Gestalt entwickelt hat[22]; daß die Spezialisierung der Tätigkeitsarten ständig zugenommen hat und die physiologische Leitung immer zentralisierter geworden ist[23]. Allmählich schuf sich das Leben ein Nervensystem und das Hirn, während der Geist entschlossen an die Bemeisterung seiner Umwelt schritt.

Sonderbar ist die Tatsache, daß Aristoteles keine Theorie der Entwicklung aufgestellt hat, obwohl ihm die Abgestuftheiten und Ähnlichkeiten des Lebens ins Auge gefallen sind. Er verwirft die Lehre des Empedokles, daß alle uns bekannten Organe und Organismen als besonders lebensfähig im Kampfe ums Dasein erhalten geblieben sind[24], und auch den Gedanken des Anaxagoras, daß der Verstand des Menschen sich durch den Gebrauch der Hände zur Hantierung, statt hauptsächlich zur Fortbewegung, entwickelt habe; Aristoteles glaubt gerade das Gegenteil, daß nämlich der Mensch seine Hände gebrauchte, weil er verständig geworden war[25]. Als Begründer der biologischen Wissenschaft unterlaufen Aristoteles reichlich viele Irrtümer. Er glaubt z. B., daß das männliche Element bei der Fortpflanzung eine bloß anregende und beschleunigende Rolle spiele; er merkt nicht (was wir heute aus den Experimenten über Parthenogenese wissen), daß die wichtigste Funktion des männlichen Samens weniger die Befruchtung des Eies als die Versorgung der Nachkommen mit den erblichen Eigenschaften des Vaters ist, wodurch der Nachkomme zu einer lebenskräftigen Spielart, zu einer neuen Verbindung zweier Ahnenreihen wird. Da man zu seiner Zeit noch nicht Menschen seziert hat, war er in physiologischen Irrtümern besonders produktiv. Von Muskeln weiß er nichts, selbst von ihrer Existenz nicht; er unterscheidet nicht zwischen Arterien und Venen; vom Hirn glaubt er, es sei ein Organ zur Kühlung des Blutes; er glaubt, was man ihm verzeihen mag, daß der männliche Schädel mehr Nähte besitze als der weibliche; er glaubt auch, was weniger verzeihlich ist, daß der Mensch auf jeder Seite nur acht Rippen habe, und glaubt schließlich unbegreiflicherweise, daß die Frau weniger Zähne habe als der Mann[26]. Offenbar waren seine Beziehungen zu Frauen höchst freundschaftlicher Art.

Dennoch bewirkte er einen größeren Gesamtfortschritt in der Biologie als je ein Grieche vor oder nach ihm. Er bemerkt, daß Vögel und Reptilien ihrem Körperbau nach eng verwandt sind, daß der Affe eine Übergangsform zwischen den Vierfüßlern und dem Menschen darstellt, und erklärt an einer Stelle mutig, daß der Mensch in eine Klasse gehöre mit den lebendig gebärenden Vierfüßlern (unseren »Säugetieren«)[27]. Er weist darauf hin, daß die Seele während der frühesten Kindheit kaum von der Seele der Tiere unterscheidbar ist[28], und macht die bedeutsame Beobachtung, daß oft die Nahrung die Lebensweise bestimmt; »so leben von den wilden Tieren einige in Herden, andere vereinzelt, wie es für ihre Ernährung günstig ist . . . [sie] sind zur Gewinnung ihrer Nahrung in ihren Lebensweisen verschieden[29]«. Er nimmt von Baers berühmtes Gesetz vorweg, nach dem sich die Gattungsmerkmale (wie Auge und Ohr) in der Entwicklung des Lebewesens vor dem Auftreten der Artmerkmale (wie die »Formel« der Zähne) und der persönlichen Merkmale (wie die endgültige Farbe der Augen) zeigen[30], und er greift der Geschichte um zweitausend Jahre vor, bis auf Spencers Gesetz, nach dem sich Individuen und Fortpflanzung umgekehrt proportional ändern, d. h. je höher entwickelt und verfeinert eine Art oder ein Individuum ist, um so geringer wird die Zahl der Nachkommen werden[31]. Er bemerkt und erklärt die Rückkehr zum Typus – die Tatsache, daß eine hervorragende Abart (wie das Genie) in der Paarung geschwächt wird und in den folgenden Generationen verloren geht. Er trägt viele zoologische Beobachtungen zusammen, die von späteren Biologen zeitweilig angezweifelt, von der modernen Forschung aber bestätigt wurden, so z. B. von Fischen, die Nester bauen und von Haifischen, die sich einer Placenta rühmen können.

Und schließlich hat er die Wissenschaft der Embryologie begründet. »Wer das Wachsen der Dinge von ihrem Anfang an sieht«, schreibt er, »wird die beste Anschauung von ihnen haben.« Hippokrates (geb. 460 v. Chr.), der größte unter den griechischen Ärzten, hatte ein schönes Beispiel von experimenteller Methode geliefert, indem er Hühnereier zu verschiedenen Zeitpunkten der Bebrütung aufbrach und die Ergebnisse dieser Untersuchung in seiner Abhandlung »Über den Ursprung des Kindes« verwertete. Aristoteles folgte diesem Vorbild und veranstaltete Experimente, die ihm ermöglichten, die Entwicklung eines Kükens so zu beschreiben, daß die Embryologen heute noch darüber staunen[32]. Er muß einige neuartige entwicklungsgeschichtliche Experimente durchgeführt haben, denn er lehnt die Lehre ab, nach der das Geschlecht des Kindes von der Hode abhängen soll, aus der die zeugende Flüssigkeit stammt; er beruft sich auf einen Fall, bei dem die rechte Hode des Vaters abgebunden gewesen ist und die Kinder doch verschiedenen Geschlechts geworden sind[33]. Er stellt einige sehr moderne Fragen aus dem Umkreis der Vererbungslehre. Eine Frau aus Elis hatte einen Neger geheiratet; ihre Kinder waren weiß, aber in der nächsten Generation erschien das Negroide wieder; wo war, so fragt Aristoteles, die Schwärze in der dazwischen liegenden Generation versteckt[34]? Von einer so wichtigen und gescheiten Frage war es nur ein Schritt bis zu den epochemachenden Experimenten von Gregor Mendel (1822 bis 1882). *Prudens quaestio dimidium scientiae* – eine kluge Frage ist eine halbe Antwort. Sicherlich bilden diese biologischen Arbeiten trotz der störenden Irrtümer das größte Denkmal, das je ein einzelner dieser Wissenschaft errichtet hat. Wenn man berücksichtigt, daß es, soviel uns bekannt, abgesehen von vereinzelten Beobachtungen, vor Aristoteles keine Biologie gegeben hat, so wird man begreifen, daß schon allein diese Leistung genug für ein Leben gewesen wäre und zu Unsterblichkeit geführt hätte. Für Aristoteles war sie bloß ein Anfang.

V. METAPHYSIK UND DIE NATUR GOTTES

Seine Metaphysik erwuchs aus seiner Biologie. Alles auf der Welt wird durch inneren Drang dazu bewegt, etwas Größeres zu werden als es ist. Die Dinge sind nicht nur *Form* der Wirklichkeit, sondern sind aus etwas entstanden, das ihre *Materie* oder ihren Rohstoff bildete; sie können wiederum selbst zur Materie werden, aus der sich noch höhere Formen zusammensetzen. So ist der Erwachsene eine Form, deren Materie das Kind war; das Kind ist Form für die Materie »Embryo«; das Embryo ist Form für die Materie »Ei« usw. nach rückwärts in der Reihe, bis wir auf unklare Weise den Begriff einer gänzlich ungeformten Materie erreicht haben. Aber eine so formlose Materie wäre gleich nichts, denn jedes Ding hat eine Form. Materie ist, im weitesten Sinne des Wortes, die Möglichkeit der Form; Form ist die Aktualität, die vollendete Wirklichkeit der Materie. Die Materie hemmt, die Form baut auf. Die Form ist nicht bloß die Gestalt, sondern die gestaltende Kraft, die innere Notwendigkeit und der Antrieb, die das bloße Material zu besonderen Gestalten und Zwecken modeln; sie ist die Verwirklichung einer potentiellen Fähigkeit der Materie und ist die Summe aller das Handeln, Sein und Werden bestimmenden Kräfte. Natur ist die Eroberung der Materie durch die Form, der ständige Fortschritt und Sieg des Lebens[35].

Alle Dinge auf dieser Welt bewegen sich naturgemäß einer besonderen Erfüllung entgegen. Von den verschiedenen Ursachen, die ein Geschehen bestimmen, ist die Endursache, die den Zweck bestimmt, die entscheidende und wichtigste. Die Irrtümer und unnützen Schritte der Natur gehen auf die Trägheit der Materie zurück, die der formenden Kraft des Zweckes widersteht – daher stammen die Mißgeburten und Ungeheuer, die das Antlitz des Lebens entstellen. Die Entwicklung geht nicht aufs Geratewohl und planlos vor (wie könnte man sich sonst das fast allgemeine Auftreten und die Vererbung nützlicher Organe vorstellen?); alles wird durch seine Natur, seinen Bau und seine Entelechie von innen her nach einer bestimmten Richtung geleitet[36]. Das Ei des Huhnes ist innerlich so beschaffen und bestimmt, daß aus ihm keine Ente, sondern ein Huhn wird; aus der Eichel wird keine Weide, sondern eine Eiche. Das deutet für Aristoteles nicht auf das Dasein einer äußeren Vorsehung hin, die irdische Gestalten und Ereignisse planen würde; der Plan liegt vielmehr im Inneren der Dinge und entfaltet sich aus ihrem Typus und aus ihrer Tätigkeit[37].

»Die göttliche Vorsehung fällt für Aristoteles vollständig mit dem Wirken der natürlichen Ursachen zusammen.«

Dennoch gibt es einen Gott, wenn auch wohl nicht den einfältigen und menschlichen Gott, den sich der jugendliche Geist in verzeihlichem Anthropomorphismus vorgestellt hatte. Aristoteles geht an das Problem von der Seite altbekannter Rätselhaftigkeit der Bewegung heran. Wie beginnt die Bewegung? so fragt er. Er läßt die Möglichkeit nicht zu, daß Bewegung genau so ohne Anfang sein könnte wie es seiner Auffassung nach die Materie ist. Die Materie kann ewig sein, weil sie die bloße unaufhörliche Möglichkeit zukünftiger Formen ist; wann und wo aber ist jener unermeßliche Prozeß der Bewegung und Gestaltung entstanden, der schließlich die weite Welt mit einer Unendlichkeit von Gestalten erfüllt hat? Sicherlich entstammt Bewegung einer Quelle, sagt Aristoteles, und wenn wir uns nicht aussichtslos in ein unendliches Rückwärtsschreiten stürzen wollen, indem wir unsere Frage schrittweise in Ewigkeit nach hinten verschieben, so müssen wir einen ersten unbewegten Beweger (primum mobile immotum), ein unkörperliches, unteilbares, unräumliches, geschlechtsloses, leidenschaftsloses, unveränderliches, vollkommenes und ewiges Wesen annehmen. Gott schafft nicht die Welt, aber er bewegt sie und bewegt sie nicht wie eine mechanische Kraft, sondern wie ein umfassender Beweggrund aller Tätigkeiten innerhalb der Welt; Gott bewegt die Welt, wie etwas, das geliebt wird, den Liebenden bewegt[38]. Er ist die letzte Ursache der Welt, die Triebkraft und der Zweck der Dinge, die Form der Welt. Er ist das Prinzip ihres Lebens, die Summe ihrer Lebensprozesse und Kräfte, das ihr innewohnende Ziel ihres Wachsens, die belebende Entelechie des Ganzen. Er ist reine Energie[39], der scholastische *actus purus*, die Aktivität *per se* – vielleicht der dunklen »Kraft« der modernen Physik und Philosophie zu vergleichen. Er ist weniger eine Person als eine magnetische Kraft[40].

Und doch stellt Aristoteles, mit seinem gewohnten Mangel an Konsequenz, Gott als selbstbewußten Geist hin. Ein recht geheimnisvoller Geist, denn der Gott des Aristoteles tut nie etwas; er hat weder Verlangen, noch einen Willen, noch auch Ziele; er ist so reine Tätigkeit, daß er nie tätig ist. Er ist unverbesserbar vollkommen, kann daher nichts begehren, weshalb er auch nichts tut. Seine einzige Beschäftigung ist, das Wesen der Dinge zu betrachten; da aber er selbst das Wesen aller Dinge ist, die Form aller Formen, so ist es seine einzige Beschäftigung, sich selbst zu betrachten[41]. Der arme aristotelische Gott! Er ist ein *roi fainéant*, ein nichtstuerischer König – »der König regiert, aber herrscht nicht«. Kein Wunder, daß die Briten Aristoteles so lieben; sein Gott ist offenkundig ihrem König nachgebildet.

Oder auch dem Aristoteles. Unser Philosoph liebte die Beschaulichkeit so sehr, daß er ihr seinen Begriff von der Gottheit opferte. Sein Gott ist von dem ruhigen, aristotelischen Schlag; hat nichts Romantisches, sondern lebt, fern von den Kämpfen und dem Schmutz des Lebens, zurückgezogen in seinem Elfenbeinturm; es liegt eine ganze Welt zwischen ihm und den Philosophen-Königen Platons oder der unerbittlichen, vom Leben pulsierenden Wirklichkeit Jahwes oder der gütigen und fürsorglichen Väterlichkeit des christlichen Gottes.

VI. DIE PSYCHOLOGIE UND DAS WESEN DER KUNST

Die Psychologie des Aristoteles wird durch ähnliche Dunkelheiten und Schwankungen verdorben. Es gibt bei ihm viele interessante Abschnitte: die Macht der Gewohnheit wird betont, und die Gewohnheit erstmalig »zweite Natur« genannt, auch die Gesetze der Assoziation finden bei ihm, obwohl noch unentwickelt, eindeutige Formulierung. Aber beide Hauptprobleme der philosophischen Psychologie – die Freiheit des Willens und die Unsterblichkeit der Seele – bleiben nebelhaft und ungeklärt. Manchmal spricht er, als wäre er Determinist: »Wir können nicht eigentlich wollen, anders zu sein als wir sind.« Dennoch fährt er, im Gegensatz zum Determinismus, fort, daß wir selbst wählen können, was aus uns werden soll, indem wir die Umgebung auswählen, die formend auf uns einwirkt; wir wären daher insofern frei, als wir unseren eigenen Charakter durch Auswahl der Freunde, Bücher, Beschäftigungen und der Unterhaltung formen[42]. Die Antwort, die der Determinist auf diese Lehre bereithält, nämlich daß unsere selbstgestaltende Auswahl durch unseren bereits bestehenden Charakter, und dieser durch die von unserer Wahl unabhängige Vererbung und die frühe Umwelt bestimmt ist, kennt er noch nicht. Er besteht darauf, daß unsere ständige Anwendung von Lob und Tadel moralische Verantwortung und Willensfreiheit voraussetzt; es fällt ihm nicht auf, daß ein Determinist aus denselben Voraussetzungen entgegengesetzte Folgerungen ziehen könnte, indem er die Bedeutung von Lob und Tadel darin erblickt, daß sie zu den determinierenden Mächten zukünftiger Handlungen hinzutreten können.

Aristoteles' Lehre von der Seele beginnt mit einer interessanten Definition. Seele heißt das ungeteilte Lebensprinzip der Organismen, die Summe ihrer Kraft und der Vorgänge in ihnen. In den Pflanzen ist die Seele eine bloß ernährende und der Fortpflanzung dienende Kraft; in den Tieren dient sie auch der Empfindung und dem Ortswechsel; im Menschen ist sie auch Kraft des Verstandes und der Vernunft[43]. Die Seele als Summe der körperlichen Kräfte kann ohne den Körper nicht sein; diese Kräfte verhalten sich zueinander wie das Wachs und seine Form, denn sie sind nur in Gedanken trennbar, in Wirklichkeit aber ein organisches Ganzes. Die Seele ist nicht so in den Leib hineingetan, wie das Quecksilber von Daedalus in Venusstatuetten gegossen wurde, um aus ihnen »Stehauf-Figürchen« zu machen. Eine persönliche und besondere Seele kann nur in ihrem eigenen Leib existieren. Dennoch ist die Seele nicht materiell, wie Demokrit lehrte, und sie wird im Tod auch nicht ganz vernichtet. Ein Teil der geistigen Kraft der Menschenseele ist passiv. Er ist fest mit dem Gedächtnis verknüpft und stirbt mit dem Leib, der dieses Gedächtnis getragen hatte. Die »aktive Vernunft« aber, die reine Kraft des Denkens, ist unabhängig vom Gedächtnis und bleibt unberührt vom Verfall. Die aktive Vernunft ist das Allgemeine, zum Unterschied vom individuellen Element im Menschen; unsterblich ist nicht die Persönlichkeit mit ihren vorübergehenden Neigungen und Begierden, sondern der Geist in seiner abstraktesten und unpersönlichsten Gestalt[44]. Kurz, Aristoteles zerstört die Seele, um ihr die Unsterblichkeit zu sichern. Die unsterbliche Seele ist »reines Denken«, ungetrübt durch Wirklichkeit; ähnlich wie der Gott des Aristoteles reine, nicht durch Tätigkeit getrübte Aktivität ist. Mit dieser Theologie mag sich zufrieden geben, wer kann. Manchmal fragt man sich, ob nicht dieses metaphysische Vertilgen und gleichzeitige Aufrechterhalten von Behauptungen ein schlaues Mittel des Aristoteles gewesen ist, um sich vor dem Giftbecher der Anti-Mazedonier zu schützen.

Auf einem weniger gefährlichen Gebiet der Psychologie schreibt er origineller und sachlicher und schafft so fast allein die Wissenschaft der Ästhetik, die Lehre vom Schönen und von der Kunst. Künstlerisches Schaffen entspringt, sagt Aristoteles, aus Formtrieb und der Sehnsucht nach emotionalem Ausdruck. Ihrem Wesen nach ist Kunst Nachahmung der Wirklichkeit, sie hält der Natur den Spiegel vor[45]. Der Mensch empfindet eine Lust an der Nachahmung, die niedrigere Tiere offenbar nicht kennen. Das Bestreben der Kunst ist aber nicht Nachahmung der äußeren Erscheinung der Dinge, sondern ihres inneren Sinngehaltes, denn in diesem, nicht in den äußerlichen Manieren oder im Detail besteht die Wirklichkeit der Dinge. In der ernsten, klassischen Beherrschtheit von »König Ödipus« kann mehr menschliche Wahrheit enthalten sein als in all den realistischen Tränen der *»Troerinnen«*.

Die vornehmste Kunst wendet sich nicht nur an das Gefühl, sondern auch an den Intellekt (wie z. B. eine Symphonie nicht nur durch Harmonien und Sequenzen auf uns wirkt, sondern auch durch Aufbau und Entwicklung), und dieser intellektuelle Genuß ist die höchste Form des Entzückens, zu der sich ein Mensch erheben kann. Das Kunstwerk sollte sich daher die Form und noch mehr die Einheit zum Ziele setzen, denn diese ist das Rückgrat der Komposition und der Brennpunkt der Form. Das Drama z. B. sollte Einheit der Handlung aufweisen; verwirrende Nebenhandlungen und abschweifende Episoden sollten vermieden werden[46]. Vor allem aber besteht die Aufgabe der Kunst in der Katharsis oder Reinigung: Gefühle, die sich in uns unter dem Druck gesellschaftlicher Beschränkungen angesammelt haben und sich plötzlich in gesellschaftsfeindlichen und zerstörenden Handlungen entladen könnten, werden in Form harmloser Erregung durch Theaterstücke entfesselt und abgeleitet; auf diese Weise bewirkt die Tragödie »durch Mitleid und Furcht eine wirkliche Säuberung von diesen Gefühlen«[47]. Aristoteles übersieht zwar einige Eigentümlichkeiten der Tragödie (z. B. den Zusammenstoß der Grundsätze und Persönlichkeiten), hat aber in seiner Lehre von der Katharsis einen Gedanken ausgesprochen, der für das Verständnis der fast magischen Macht der Kunst unendlich fruchtbar geworden ist. Dieser Gedanke legt ein glänzendes Zeugnis dafür ab, daß er die Fähigkeit besaß, jedes Gebiet des Denkens zu betreten und alles zu adeln, was er berührte.

VII. DIE ETHIK UND DAS WESEN DER GLÜCKSELIGKEIT

Als sich Aristoteles weiter entwickelt hatte und sich junge Leute um ihn scharten, der Belehrung und Formung harrend, wandte sich sein Geist immer mehr von den Einzelfragen der Wissenschaft den umfassenderen und unbestimmteren Problemen der Lebensführung und des Charakters zu. Es leuchtete ihm immer deutlicher ein, daß über allen Fragen der materiellen Welt die Frage der Fragen steht: welches ist das beste Leben? – was ist des Lebens höchstes Gut? – was ist Tugend? – wie kann man Glückseligkeit und Erfüllung finden?

In seiner Ethik ist er schlicht realistisch. Seine wissenschaftliche Schulung bewahrt ihn vor dem Predigen übermenschlicher Ideale und leerer Ratschläge zur Vervollkommnung. »Bei Aristoteles«, sagt Santayana, »ist die Auffassung der menschlichen Natur völlig gesund; jedes Ideal besitzt eine natürliche Grundlage und alles Natürliche eine ideelle Entwicklung.« Gleich zu Anfang bekennt Aristoteles offen, daß das Ziel des Lebens nicht Güte um ihrer selbst willen, sondern Glückseligkeit ist. »Denn wir erwählen die Glückseligkeit immer um ihrer selbst willen und niemals in Hinblick auf etwas anderes. Dagegen verlangen wir nach Ehre, Lust und Verstand ... weil wir annehmen, dadurch glücklich zu werden[48].« Er sieht aber ein, daß es ein bloßer Gemeinplatz ist, die Glückseligkeit »höchstes Gut« zu nennen; was uns fehlt, ist klare Rechenschaft über die Natur der Glückseligkeit und den Weg, der zu ihr führt. Er hofft, diesen Weg dadurch zu finden, daß er den Unterschied zwischen dem Menschen und anderen Wesen untersucht, und durch die Annahme, daß die Glückseligkeit des Menschen in der vollen Betätigung seiner spezifisch-menschlichen Eigenschaften besteht. Nun zeichnet sich der Mensch besonders durch seine Fähigkeit des Denkens aus. Mit ihrer Hilfe übertrifft und beherrscht er alle anderen Formen des Lebens, und da ihm die Steigerung dieser Fähigkeit seine Vormachtstellung schuf, so dürfen wir auch annehmen, daß ihre Weiterentwicklung ihm Erfüllung und Glückseligkeit bringen wird.

Die Hauptvoraussetzung der Glückseligkeit wäre dann, abgesehen von gewissen körperlichen Vorbedingungen, das Leben der Vernunft, in der die besondere Herrlichkeit und Macht der Menschen besteht. Die Tugend, oder besser: die »Vollkommenheit«[49] hängt von klarem Urteil, von Selbstbeherrschung, von Gleichgewicht der Begierden und von der Kunst des Mittelweges ab; sie ist keine Eigenschaft des schlichten Menschen, auch unschuldigen Gemütern ist sie nicht ohne weiteres gegeben, sondern ist eine Errungenschaft der Erfahrung im voll entwickelten Menschen. Und doch gibt es einen Weg und einen Führer zur Vollkommenheit, der viel Umwege und Verzögerungen erspart: er besteht im Mittelweg, in der goldenen Mitte. Die Eigenschaften des Charakters lassen sich in dreigliedrige Gruppen einteilen; von diesen enthält eine jede als erste und letzte Eigenschaften Übertreibungen und Laster, die mittlere Eigenschaft aber ist eine Tugend oder eine Vollkommenheit. So steht zwischen Feigheit und Tollkühnheit Mut, zwischen Geiz und Verschwendung Freigebigkeit, zwischen Trägheit und Habgier Ehrgeiz, zwischen Unterwürfigkeit und Stolz Bescheidenheit, zwischen Schweigsamkeit und Schwatzhaftigkeit Ehrlichkeit, zwischen Grämlichkeit und Possenreißen Fröhlichkeit, zwischen Streitsucht und Schmeichelei Freundschaft, zwischen Hamlets Unentschiedenheit und Don Quixotes Leidenschaftlichkeit Selbstbeherrschung[50]. Das »Richtige« für die Ethik und für das Handeln ist daher vom »Richtigen« der Mathematik und Technik nicht verschieden; in beiden Fällen bedeutet es etwas Einwandfreies und Sachgemäßes, das am besten zum bestmöglichen Erfolg führt.

Die goldene Mitte ist aber nicht wie das mathematische Mittel der genaue Durchschnitt zweier restlos berechenbarer Extreme; sie schwankt mit den Nebenumständen jeder besonderen Lage und enthüllt sich nur der reifen und geschmeidigen Vernunft. Vollkommenheit ist Kunst, durch Übung und Gewöhnung erlangt: wir handeln nicht richtig, weil wir Tugend oder Vollkommenheit besitzen, sondern besitzen diese vielmehr, weil wir richtig gehandelt haben. »Diese Tugenden werden im Menschen durch Ausübung von Tätigkeiten geschaffen«[51]; wir sind, was wir wiederholt tun. Vollkommenheit ist daher keine Tätigkeit, sondern eine Gewohnheit, »das höchste menschliche Gut . . . ist . . . eine der Tugend entsprechende, vollkommene Tätigkeit der Seele, . . . denn so wie eine Schwalbe und ein Tag noch keinen Sommer macht, so macht auch ein Tag oder eine kurze Zeit noch keinen glücklichen und seligen Menschen«[52].

Die Jugend ist die Zeit der Extreme: »Begehen junge Leute einen Fehler, so liegt dieser immer auf der Seite des Übertriebenen und des Übergriffes.« Die größte Schwierigkeit für die Jugend (und auch für manchen Älteren) ist, aus einem Extrem so herauszukommen, daß sie nicht in das entgegengesetzte verfällt. Denn ein Extrem geht leicht in ein anderes über, sei es durch »Überkompensation« oder auf andere Weise; Unaufrichtigkeit beteuert zu viel, und Demut hockt dicht am Abgrund des Eigendünkels[53]. Wer in einem Extrem befangen ist, wird nicht den Mittelweg, sondern das entgegengesetzte Extrem Tugend nennen. Oft ist das richtig, denn merken wir, daß wir uns in ein Extrem versteigen, »so sollten wir uns mit Gewalt nach der anderen Seite hinwenden, denn je mehr man sich von dem Fehlerhaften entfernt, um so mehr kommt man zur Mitte, wie es ja auch die machen, die etwas Verbogenes wieder gerade machen wollen«[54]. Extrem Gesinnte sehen aber im goldenen Mittelweg das größte Laster; »so erscheint der Tapfere dem Feigen als tollkühn und dem Tollkühnen als feige, ebenso der Mäßige dem Abgestumpften . . .«[55]. So wird in der heutigen Politik der »Demokrat« vom Konservativen »radikal« und vom Radikalen »konservativ« genannt.

Die Lehre vom Mittelweg ist der Ausdruck einer charakteristischen Stellungnahme, die in fast jedem System der griechischen Philosophie zu finden ist. Platon dachte an sie, als er die Tugend harmonisches Handeln nannte; ähnlich auch Sokrates bei der Gleichsetzung von Tugend und Wissen. Die Sieben Weisen haben dieser Überlieferung den Grund gelegt, als sie in die Wand des Delphischen Apollontempels die Worte einmeißelten: *meden agan* – nichts übertreiben. Vielleicht wollten die Griechen, wie Nietzsche[56] glaubt, auf diese Weise ihrem eigenen gewalttätigen und ungebändigten Charakter Einhalt gebieten. Wahrscheinlicher ist, daß diese Lehre nur zum Ausdruck bringt, wie wenig Leidenschaft an sich dem griechischen Gefühl verwerflich schien; Leidenschaft ist das Rohmaterial sowohl für die Tugend als auch für das Laster, entsprechend ihrem unmäßigen und verzerrten oder maßvoll harmonischen Auftreten[57].

Der goldene Mittelweg ist aber, so sagt unser sachlicher Philosoph, nicht das einzige Geheimnis der Glückseligkeit. Wir brauchen außer ihm noch eine angemessene Menge weltlicher Güter, denn Armut macht geizig und habgierig, während Besitz einem jeden Freiheit von Sorge und Habsucht verleiht, welche die Quelle der aristokratischen Sicherheit und

Anmut des Auftretens sind. Das vornehmste unter diesen äußeren Hilfsmitteln der Glückseligkeit ist die Freundschaft. In der Tat hat der Glückliche Freundschaft nötiger als der Unglückliche, denn Glückseligkeit vervielfacht sich, wenn man sie mit anderen teilt. Sie ist wichtiger als Gerechtigkeit, denn »wo Freundschaft besteht, ist Gerechtigkeit überflüssig; wo aber die Menschen gerecht sind, bleibt Freundschaft immer noch Wohltat.« – »Freundschaft ist eine Seele in zwei Körpern.« Zur Freundschaft gehören dennoch eher wenige als viele Freunde; »wer viel Freunde hat, hat keinen Freund« und »es ist nicht möglich, im Sinne vollkommener Freundschaft der Freund vieler zu sein.« Zu gediegener Freundschaft gehört eher Dauer als aufflackernde Kraft, und das setzt einen gefestigten Charakter voraus; wo sich das bunte Bild der Freundschaft löst, kann man auf Veränderung der Charaktere schließen. Freundschaft verlangt Gleichberechtigung, denn bloße Dankbarkeit gibt ihr selbst im günstigsten Falle nur eine schlüpfrige Grundlage. »Wohltäter fühlen meist für die Nutznießer ihrer Güte mehr Freundschaftlichkeit, als diese für sie. Die Erklärung wird den meisten einleuchten,daß die einen Schuldner, die anderen Gläubiger sind . . ., und daß die Schuldner die Gläubiger aus ihrem Weg entfernen, während die Gläubiger ihre Schuldner ängstlich erhalten möchten.« Aristoteles verwirft diese Deutung; er glaubt, daß die stärkere Zärtlichkeit des Wohltäters in Analogie mit der Liebe des Künstlers zu seinem Werk oder der Mutter zu ihrem Kinde zu erklären ist. Wir lieben, was von uns gemacht ist[58].

Obwohl aber äußere Güter und Beziehungen zu unserer Glückseligkeit erforderlich sind, bleibt ihr Wesen doch in uns verschlossen, im abgerundeten Wissen und in der Klarheit der Seele. Sicherlich ist Sinneslust nicht der richtige Weg, denn sie führt im Kreise herum; Sokrates sagte vom derb gefaßten Epikureismus, daß wir uns kratzen, damit es uns juckt, und daß es uns juckt, damit wir uns kratzen. Auch die politische Laufbahn ist nicht der Weg, denn in ihr sind wir der Laune des Volkes ausgesetzt, und nichts ist so unbeständig wie die Menge. Nein, die Glückseligkeit muß in geistiger Lust liegen, und wir können uns auf sie nur dann verlassen, wenn sie aus dem Suchen oder Finden der Wahrheit entsprungen ist. »Die beschauliche Tätigkeit ... zielt auf nichts ab, das außer ihr gelegen wäre und findet in sich selbst die Lust, von der sie zu weiterer Tätigkeit angeregt wird; da die Merkmale der Selbstgenügsamkeit und Unermüdlichkeit ... deutlich dieser Beschäftigung anhängen, muß in ihr vollkommene Glückseligkeit liegen[59].«

Der ideale Mensch ist aber nach Aristoteles dennoch kein bloßer Metaphysiker. »Er ist nicht waghalsig und stürzt sich nicht in Gefahr, denn er schätzt nur weniges hoch; im Interesse großer Dinge setzt er sich aber Gefahren aus und schont sein Leben nicht, da ihm das Leben nicht über alles geht. Er kann wohltätig sein, scheut sich aber, Wohltaten anzunehmen, denn jenes ist dem Vornehmen, dieses dem Niederen angemessen ... Er will an Dingen nicht teilhaben, die in Ansehen bringen, oder wo andere die erste Rolle spielen ... Er spricht seine Meinung aus, wofern er nicht ironisch spricht, was er vor der Menge zu tun pflegt ... Auch bewundert er nichts, denn für ihn ist nichts groß. Selbst die Erinnerung an erlittene Beleidigungen nicht. Denn er hält sich nicht viel mit Erinnerungen auf, besonders nicht mit Erinnerungen an erlittenes Unrecht, sondern setzt sich darüber hinweg ... Auch spricht er nicht gern über Menschen ... Es liegt ihm weder daran, daß er gelobt werde, noch, daß man andere tadelt ... er sagt niemand schlechtes nach, selbst seinen Feinden nicht, es sei denn, wenn sie übermütig werden ... Seine Bewegungen sind gemessen, seine Worte klingen schwer und seine Rede fließt ruhig, denn nur wer sich um wenige Dinge kümmert und nichts für zu bedeutend hält, übereilt sich nicht und strengt seine Stimme nicht an. Verleugnet man zeitweilig diese hohe Gesinnung, so sind lautes Reden und hastiges Umherlaufen die Folge[60].«

Den Anforderungen des täglichen Lebens entspricht er mit Würde und Anmut und nützt die gegebenen Umstände so geschickt aus wie ein geübter General, der seine beschränkten Streitkräfte nach allen Regeln der Kriegskunst leitet. – Er ist sich selbst der beste Freund und genießt die Einsamkeit, während Leute ohne Tugenden und Fähigkeiten sich selbst die schlimmsten Feinde sind und Angst vor jeder Abgeschiedenheit haben.

So sieht der aristotelische »Übermensch« aus.

VIII. STAATSPHILOSOPHIE

1. Kommunismus und Konservativismus

Aus einer so aristokratischen Ethik folgt naturgemäß eine streng aristokratische politische Philosophie (vielleicht auch war diese das Ursprüngliche). Vom Lehrer eines Kaisers und vom Gatten einer Prinzessin kann man keine übertriebene Zuneigung zum gemeinen Volke oder selbst zur kaufmännischen Bourgeoisie erwarten; die Philosophie eines Menschen befindet sich im selben Lager mit seinen Schätzen. Aristoteles war aber darüber hinaus ehrlich konservativ, weil er die Unruhe und das Unheil, die aus der athenischen Demokratie erwuchsen, kannte. Nach typischer Gelehrtenart verlangte er nach Ordnung, Sicherheit und Frieden und dachte, dies sei keine Zeit für politische Extravaganzen. Radikalismus ist ein Luxus für gefestigte Zeiten; man darf den Versuch einer Änderung der Dinge nur dann wagen, wenn die Dinge ruhig in unseren Händen liegen. Im allgemeinen aber, sagt Aristoteles, ist die Änderung der Gesetze ein Übel. ». . . sobald der Nutzen, der sich aus der Veränderung ergeben würde, nur gering ist, tut man besser daran, einige Fehler in der Gesetzgebung und Regierung bestehen zu lassen, weil die Gesellschaft aus der Veränderung weniger Gewinn ziehen wird als die Gewöhnung an Ungehorsam gegen die Regierung ihr Schaden bringt[61].« Die Befolgung erzwingende und dadurch die politische Ordnung erhaltende Macht des Gesetzes beruht zum großen Teil auf Gewöhnung; der leichte Übergang von alten Gesetzen auf neue ist das sicherste Mittel zur Schwächung des Wesens der Gesetze überhaupt. »Auch darf man hierbei nicht vergessen, die lange Zeit und die vielen Jahre zu beachten, während derer diese Dinge doch wohl Gelegenheit gehabt hätten, sich in ihrer Vortrefflichkeit bemerkbar zu machen[62].«

»Diese Dinge« beziehen sich natürlich auf Platons kommunistische Republik. Aristoteles bekämpft den platonischen Realismus der Allgemeinbegriffe und den platonischen Idealismus in staatlichen Dingen. Im Zukunftsbild des Meisters findet er viele dunkle Flecke. Ihm mißfällt die an Barakkenleben erinnernde, ständige Gemeinschaft, zu der Platon seine Philosophen-Wächter scheinbar verurteilt hat; so konservativ Aristoteles auch sein mag, schätzt er doch individuelle Leistungsfähigkeit und Macht. Er hätte wenig dafür übriggehabt, jeden Zeitgenossen »Bruder« oder »Schwester« und jede ältere Person »Vater« oder »Mutter« zu nennen; sind alle Brüder, so ist es keiner, »und es möchte denn doch besser sein, ein wirklicher Vetter, als auf jene (platonische) Art ein Sohn zu sein«[63]. In einem Staate, in dem Frauen und Kinder Gemeingut sind, ». . . wird die Liebe wässerig ausfallen . . . Denn zwei Dinge sind es, die am meisten in Menschenherzen Interesse und Wohlwollen erwecken: Eigentum und Liebe; von diesen könnte aber keines in einem solchen Staate bestehen«[64], wie ihn Platon errichten wollte.

Es hat vielleicht in dunkler Vorzeit, als noch die Familie die einzige Staatsform, und Viehzucht oder primitiver Ackerbau die einzigen Lebensformen waren, eine kommunistische Gesellschaft gegeben. Aber »auf einer stärker geteilten Stufe der Gesellschaft«, auf der Arbeitsteilung in verschieden wichtige Aufgaben die natürliche Verschiedenheit der Menschen zum Vorschein bringt und noch erhöht, bricht der Kommunismus zusammen, weil er keinen genügenden Antrieb zur kräftigen Entfaltung der höheren Fähigkeiten gibt. Zu angestrengter Arbeit ist der Anreiz des Gewinnes nötig, und richtiger Fleiß, Sparsamkeit und Vorsorge werden nur durch den Anreiz des Besitzes lebendig erhalten. Wo alles jedem gehört, wird sich niemand um etwas kümmern. »Man verwendet nämlich auf das, was möglichst vielen gehört, gerade die geringste Sorgfalt. Dagegen bekümmert sich der Mensch sehr genau um das, was ihm gehört, um das Gemeingut aber fast nie . . .[65]« – »Überhaupt ist das Beisammenleben, wenn dabei alles, was die Menschen brauchen, gemeinsam sein soll, sehr schwer . . . Man sieht dies bei Reisegesellschaften, bei denen fast alle Mitglieder über ganz gewöhnliche und nichtige Dinge« (um vom schwierigen Ehekommunismus gar nicht zu reden) »in Streit geraten und sich entzweien«[66].

»Freilich sieht ein so [platonisch] eingerichteter Staat sehr angenehm und menschenfreundlich aus, und wer von ihm hört, dem gefällt er und erregt den Gedanken, daß in ihm eine wundervolle Liebe aller zu allen eintreten wird, zumal wenn dabei die Anschuldigung erhoben wird, daß die gegenwärtig im Staatsleben vorkommenden Übelstände aus der mangelnden Gemeinschaft der Güter entstehen . . . Übel, die sämtlich nicht vom Fehlen der Gütergemeinschaft, sondern von der Bösartigkeit der Menschen herrühren[67].« – »Die Staatskunst macht nicht die Menschen, sondern empfängt sie als Stoff von der Natur[68].«

Die menschliche Natur aber, der Durchschnitt der Menschen, steht dem Tier näher als der Gottheit. Die große Mehrzahl der Menschen sind von Haus aus Dummköpfe und Faulenzer; diese werden untersinken, wie immer man die Dinge ordnet. Sie durch staatliche Hilfe unterstützen, hieße »Wasser in ein Faß ohne Boden zu schütten«. Solche Leute muß man im Staat regieren und in der Arbeit leiten – möglichst mit ihrer Zustimmung, ohne sie, wo es nötig ist. ». . . Gleich bei der Geburt vollzieht sich bei den Menschen die Scheidung, die einige zum Herrschen, andere zum Beherrschtwerden bestimmt[69].« – ». . . Wer nämlich als vernünftiges Wesen der Voraussicht fähig ist, ist von Natur zum Herrschen und Gebieten, wer aber nur mit der Kraft des Leibes die erteilten Befehle auszuüben vermag, ist von Natur zum Gehorchen und zum Sklaven bestimmt[70].«

Der Sklave ist dem Herrn, was der Leib dem Geiste ist, und wie der Leib dem Geiste unterworfen sein soll, so »ist es besser für die Niedrigen, von einem Herrn regiert zu werden[71]«. – »Der Sklave ist ein lebendiges Werkzeug, das Werkzeug ist ein lebloser Sklave.« Dem fügt unser hartherziger Philosoph, mit einer leisen Vorahnung der Möglichkeiten, die uns die technischen Umwälzungen in die Hand gegeben haben, mit nachdenklicher Hoffnung hinzu: »Wenn jedes Werkzeug auf Befehl oder gar den Befehl im voraus erratend sein Werk verrichten würde . . . wenn die Webschiffe selbst webten und die Zitherschlägel die Zither schlügen, dann freilich brauchten weder die Baumeister Handlanger, noch die Herren Sklaven[72].«

Aristoteles' Philosophie verdeutlicht die Verachtung der Griechen für körperliche Arbeit. Diese Arbeit war damals in Athen nicht so anspruchsvoll, wie sie es heute ist, wo die Intelligenz, die von vielen Handwerkern verlangt wird, oft viel größer ist als jene, die die Aufgaben des gewöhnlichen Mittelstandes erfordern, und wo mancher Oberlehrer (in gewissen Fällen) in einem Automobilmechaniker einen wahrhaften Gott erblicken könnte; körperliche Arbeit war damals rein körperlich, und Aristoteles schaute von den Höhen seiner Philosophie verächtlich darauf herab als für geistlose Wesen bestimmt, weil sie nur für Sklaven passe und die Menschen nur zur Sklaverei tauglich mache. Er glaubte, daß körperliche Arbeit den Geist abstumpfe und verderbe und weder Zeit noch Kraft für politisches Verständnis übriglasse; als vernünftige Folgerung erscheint ihm, daß nur Menschen, die über genügend Muße verfügen, in der Regierung eine Stimme erhalten sollen[73]. Die beste Staatsform wird die Handwerker nicht zu den Bürgern zählen. »In Theben bestand ein Gesetz, daß wer sich nicht zehn Jahre jedes Geschäftes enthalten hatte, kein Staatsamt bekleiden sollte[74].« Selbst Kaufleute und Bankiers werden von Aristoteles zu den Sklaven gezählt. »Der Handel . . . erfährt eine gerechte Mißbilligung, weil er unnatürlich und auf gegenseitige Übervorteilung gegründet ist. Und aus diesem Grunde ist mit vollstem Rechte das Wucherhandwerk verhaßt, weil hier aus dem Gelde selbst der Erwerb gezogen, und es selbst seiner Bestimmung als Mittel entfremdet wird. Denn es war zur Erleichterung des Warenumsatzes erfunden, der Zins aber vermehrt es . . . Der Zins ist Geld vom Gelde

[Wucher, *tokos*] und daher als Erwerbszweig in höchstem Grade unnatürlich[75].« Geld sollte nicht gebären. Die theoretische Behandlung von Geldfragen ist der Philosophie nicht unwürdig, aber mit Geldgeschäften oder Gelderwerb zu tun haben, ist unter der Würde eines freien Mannes[76].

2. *Ehe und Erziehung*

Das Weib ist dem Manne, was der Sklave dem Herrn, der Handwerker dem geistigen Arbeiter, der Barbar dem Griechen. Das Weib ist ein unfertiger Mann, auf einer tieferen Stufe der Entwicklungsleiter stehengeblieben[77]. Das Männliche ist seiner Natur nach höher, das Weibliche niedriger; das eine herrscht, das andere wird beherrscht, und dieses Prinzip erstreckt sich notwendig auf die gesamte Menschheit. Der Wille des Weibes ist schwach, weshalb es auch nicht fähig ist, einen selbständigen Charakter oder eine selbständige Stellung zu erwerben. Die Frau eignet sich am besten für das ruhige häusliche Leben, und während sie in allen äußeren Angelegenheiten unter der Führung des Mannes steht, kann sie in häuslichen Dingen überlegen sein. Die Ähnlichkeit der Frau mit dem Manne sollte nicht verstärkt werden, wie in der Republik Platons, eher sollte man die Verschiedenheit steigern, denn nichts zieht stärker an, als das Andersgeartete. ». . . Tapferkeit beim Weibe und beim Manne sind nicht, wie Sokrates meinte, dasselbe, sondern in jedem ist die Tapferkeit des Herrschers, in diesem die Tapferkeit des dienenden Wesens . . . ›Des Weibes Schmuck ist Schweigen‹, sagt der Dichter[78].«

Aristoteles scheint zu ahnen, daß die ideale Versklavung der Frau nur selten vom Manne erreicht wird und die Zunge nicht seltener herrscht als der Mannesarm. Als wollte er dem Manne einen dringend nötigen Vorteil sichern, empfiehlt er ihm, die Heirat bis gegen das siebenunddreißigste Jahr aufzuschieben und dann ein Mädchen von etwa zwanzig Jahren zu heiraten. Ein Mädchen von ungefähr zwanzig Jahren entspricht in der Regel einem dreißigjährigen Manne und könnte vielleicht durch einen siebenunddreißigjährigen reifen Krieger in Schach gehalten werden. Zu dieser Ehemathematik wird Aristoteles durch die Erwägung veranlaßt, daß zwei so verschieden alte Wesen ihre Zeugungskraft und Leidenschaften annähernd um dieselbe Zeit verlieren werden. ». . . Es soll kein Mißverständnis eintreten, so daß etwa während der Mann noch zu zeugen fähig ist, die Frau es nicht mehr ist oder umgekehrt. Denn dergleichen verursacht Entzweiung und Streit unter ihnen . . . Da die Natur als letzte Grenze der Zeugungskraft für die Männer durchschnittlich das siebzigste Lebensjahr, für die Frauen das fünfzigste gesetzt hat, so muß der Anfang der ehelichen Verbindung hinsichtich der beiderseitigen Altersstufe diesen Zeiten entsprechend angesetzt werden. Aus zu früh geschlossenen Ehen entspringen keine guten Kinder, denn bei allen Tieren sind die Jungen von zu jungen Eltern schwächlich, meist weiblich und von kleiner Gestalt . . .« Gesundheit ist wesentlicher als Liebe. »Auch für die Mäßigung ist es vorteilhaft, wenn man die Mädchen erst im reiferen Alter heiraten läßt. Denn ein zu früher Liebesgenuß verstärkt bei ihnen die Triebe übermäßig, ebenso wie es feststeht, daß geschlechtlicher Umgang mit Männern, die noch im Wachsen begriffen sind, das Wachstum hindert[79].« Solche Fragen dürfte man nicht jugendlicher Laune überlassen, sondern sollte sie staatlich regeln und überwachen; der Staat sollte für jedes Geschlecht die obere und untere Grenze des Heiratsalters, die geeignetste Zeit der Befruchtung und den erlaubten Bevölkerungszuwachs bestimmen. Ist der natürliche Bevölkerungszuwachs zu stark, so kann man die grausame Kindertötung durch Abtreibung der Frucht ersetzen. Aber ». . . die Abtreibung ist anzuwenden, noch bevor die Frucht Leben und Empfindung erhält[80]«. Für jeden Staat gibt es eine ideale Höhe der Bevölkerung, die mit der Lage und den Hilfsquellen des Staates wechselt. »Besteht der Staat aus zu wenig Bewohnern, so ist er nicht selbständig, . . . besteht er aus zu vielen, . . . so ist er eine Völkerschaft, aber kein Staat, denn von einer Verfassung würde da wohl nicht gut die Rede sein können«, ebensowenig von einer völkischen oder politischen Einheit[81]. Was das Maß von zehntausend Einwohnern überschreitet, ist unerwünscht.

Auch die Erziehung sollte in Händen des Staates liegen. »Die wichtigste aller konservativen Maßnahmen . . . ist aber die heute überall vernachlässigte Erziehung der Jugend im Sinne und Geiste der Verfassung[82].« Der Bürger sollte der Verfassung seines Heimatstaates angepaßt werden. Durch staatliche Aufsicht über die Schulen kann man das Volk von Handwerk und Handel zur Landwirtschaft zurückführen und die Menschen unter Beibehaltung des Privateigentums daran gewöhnen, ihr Vermögen ausgesprochen öffentlichen Zwekken zur Verfügung zu stellen. »Der Mitgenuß aber wird durch eine edle Gesinnung unter den Bürgern nach dem Sprichwort bestimmt werden: ›Unter Freunden ist alles gemein‹[83].« Vor allem müssen aber die aufwachsenden Bürger an Gehorsam gegen die Gesetze gewöhnt werden, sonst kann der Staat nicht bestehen. »Mit Recht hat man gesagt: ›Wer das Gehorchen nicht gelernt hat, wird nicht gut befehlen können‹ . . . Der gute Bürger sollte beides können.« Und nur die staatliche Schule kann zwischen rassemäßig verschiedenen Bürgern eine soziale Einheit errichten; der Staat ist eine Vielheit, aus der man durch Erziehung eine Einheit und Gemeinschaft machen muß[84]. Man soll auch die Jugend über die wohltätigen Wirkungen des Staates belehren, über die von ihr meist unbeachtete Sicherheit, die auf soziale Ordnung zurückgeht, und über die Freiheit, die den Gesetzen zu verdanken ist. »Der Mensch ist, wenn man ihn vervollkommnet, das beste Tier; wird er allein gelassen, so ist er das böseste, denn Ungerechtigkeit ist bewaffnet am gefährlichsten, und der Mensch ist von Geburt aus mit der Waffe der Vernunft ausgerüstet und mit Charaktereigenschaften, die er zu den gemeinsten Zwecken gebrauchen könnte. Er ist deshalb, sofern er nicht tugendhaft ist, das wildeste unter den Tieren, erfüllt von Unersättlichkeit und Gier.« Und nur die soziale Überwachung kann ihn tugendhaft machen. Mit Hilfe der Sprache hat der Mensch die Gesellschaft gebildet, durch die Gesellschaft bildete sich die Vernunft, durch Vernunft Ordnung und durch Ordnung Kultur.

In einem solchen geordneten Staate stehen dem einzelnen tausend Möglichkeiten und Entwicklungswege offen, die ihm das Leben in Einsamkeit nicht geboten hätte. »Um allein leben zu können, muß man entweder Tier oder Gott sein[85].«

Revolutionen sind daher fast immer unklug. Sie können vielleicht einiges Gutes erreichen, aber auf Kosten vieler Übel, unter denen das größte die Störung und vielleicht auch Auflösung jener sozialen Ordnung und Verfassung ist, von der alles Gute im Staate abhängt. Die unmittelbaren Folgen revolutionärer Neuerungen können berechenbar und günstig sein; die späteren sind meist unberechenbar und nicht selten vernichtend. »Jene, die nur weniges berücksichtigen, können leicht ihr Urteil fällen«; wer Tiefen leicht überbrückt, wird wohl nicht viele haben. »Die Jugend ist leicht zu täuschen, denn sie hofft leicht.« Unterdrückung alteingebürgerter Gewohnheiten führt zur Absetzung der reformfreudigen Regierungen, weil die alten Gewohnheiten beim Volke beharren; Gesetze ändert man leichter als Charaktere. Soll eine Verfassung bleibend sein, so müssen alle Teile der Gesellschaft sie aufrecht zu erhalten wünschen. Daher sollte der Herrscher, der Revolutionen vermeiden möchte, übermäßiger Armut und zu großem Reichtum vorbeugen, denn diese bedeuten »einen Zustand, der meist zum Kriege führt«. Er sollte (ähnlich wie die Engländer) die Kolonisation unterstützen, um der zusammengedrängten Bevölkerung den Abfluß zu ermöglichen, und sollte die Religion pflegen und üben. Ein autokratischer Herrscher sollte sich besonders aufrichtig in der Verehrung der Götter zeigen, denn sieht das Volk, daß der Herrscher religiös ist und die Götter verehrt, so wird es weniger befürchten, von seiner Hand Unrecht zu erleiden, und wird schwerer zu Verschwörungen gegen ihn neigen, denn es wird glauben, daß die Götter selbst an seiner Seite kämpfen[86].

3. *Demokratie und Aristokratie*

Unter Anwendung solcher Vorsichtsmaßregeln in bezug auf Religion, Erziehung und Ordnung des Familienlebens wird sich jede beliebige traditionelle Regierungsform halten lassen. Alle Formen enthalten Gutes und Schlechtes vermischt und sind verschieden an verschiedene Bedingungen angepaßt. Die beste Regierungsform wäre theoretisch die Vereinigung aller politischen Macht in den Händen des besten Mannes. Homer hat recht: »Schlecht ist die Herrschaft der Vielen; laßt einen nur herrschen und führen.« Einem solchen Manne wären Gesetze eher Mittel als Einschränkung; »für Menschen dieser Art gibt es kein Gesetz, denn sie selbst sind das Gesetz. Ja, wer für sie Gesetze geben wollte, würde sich lächerlich machen, und sie würden einem solchen wahrscheinlich so antworten, wie die Löwen des Antisthenes, als in der Versammlung der Tiere die Hasen auftraten und für alle gleiche Rechte forderten: ›Wo sind euere Klauen?‹[87].«

In der Praxis ist aber die Monarchie meist die schlechteste Regierungsform, denn bedeutende Fähigkeiten und große Tugend sind nicht nahe Verwandte. Die beste Regierungsform ist daher die Aristokratie, die Herrschaft weniger, gut geschulter und fähiger Männer. Regieren ist eine viel zu verwickelte Angelegenheit, als daß man die erforderlichen Maßnahmen durch Abstimmung beschließen könnte – sind doch schon weniger bedeutsame Maßnahmen an Wissen und Eignung gebunden. ». . . Die Entscheidung darüber, wer richtig heilt, steht nur dem zu, der auch selbst Arzt ist . . . so haben auch die übrigen von ihresgleichen Rede zu stehen . . . Demnach sollte man meinen, daß es sich mit der Wahl der Beamten ebenso verhalte, denn zum richtigen Wählen gehören auch Sachverständige, wie z. B. nur Geometer einen Geometer oder Schiffahrtskundige den Steuermann richtig wählen können . . . Aus diesem Grunde sollte man der Menge die Gewalt, Obrigkeiten zu wählen und sie zur Rechenschaft zu ziehen, nicht anvertrauen[88].«

Die Hauptschwierigkeit einer Aristokratie auf erblicher Grundlage besteht im Fehlen eines sicheren wirtschaftlichen Hinterhaltes; der unaufhörliche Zufluß von Neureichen öffnet die Staatsämter früher oder später dem Meistbietenden. ». . es ist ein Übelstand, . . . daß die höchsten Staatsämter käuflich sind. Ein solches Gesetz bringt den Reichtum zu höheren Ehren als die Tüchtigkeit und erzeugt Neigung zur Habsucht im ganzen Staate. Denn nach dem, was den Staatshäuptern als wertvoll und ehrenhaft gilt, richtet sich stets das Urteil der übrigen Bürger.« (Die »prestige imitation« oder »Nachahmung der Würdenträger« der modernen Sozialpsychologie.) »Wo aber nicht Vollkommenheit am höchsten geachtet wird, da kann auch die Verfassung unmöglich auf die Dauer aristokratisch sein[89].«

Demokratie ist in der Regel das Ergebnis einer Revolution gegen die Plutokratie. »Die Gewinnsucht der herrschenden Klasse führt zur ständigen Verkleinerung dieser Klasse [»Aufhebung des Mittelstandes« nach Marx] und zur Stärkung der Menge, die schließlich gegen ihre Herren aufsteht und eine Demokratie gründet.« Diese »Herrschaft der Mittellosen« hat einige Vorzüge. »Denn einzeln genommen wird zwar ein jeder ein schlechteres Urteil haben als die Sachverständigen, alle zusammen aber ein besseres oder doch nicht schlechteres. Zweitens ist in einigen Dingen der ausführende Künstler weder der alleinige, noch der beste Richter . . . So hat z. B. nicht nur der ein Haus zu begutachten, der es erbaut hat, . . . sondern der es braucht, d. h. der Hausherr . . . Ebenso der Gast ein Essen, und nicht der Koch[90].« – ». . . Die Masse hat auch über viele Dinge ein besseres Urteil als ein einzelner, er mag sein, wer er wolle. – Ferner ist auch eine große Menge weniger dem Verderben ausgesetzt. Und gleich einer großen Wassermenge ist auch die Masse nicht so leicht zu verderben wie einzelne. Wird der einzelne von Zorn oder einer anderen ähnlichen Leidenschaft überwältigt, so trübt sich notwendig sein Urteil, während es schwerlich vorkommen könnte, daß alle zugleich leidenschaftlich werden und fehlgreifen würden[91].«

Doch ist im allgemeinen Demokratie weniger wertvoll als Aristokratie[92], denn sie beruht auf der falschen Voraussetzung von Gleichheit; sie »entsteht aus der Anschauung, daß jene, die sich in einer Hinsicht [z. B. in bezug auf das Gesetz] gleichen, in allen Dingen gleich sein werden; weil die Menschen gleich frei sind, beanspruchen sie völlige Gleichheit«. Das Ergebnis ist, daß die Begabung der Stimmenzahl geopfert, und die Stimmenzahl durch Schliche gelenkt wird. Da das Volk so leicht irregeführt wird und in seinen Anschauungen unbeständig ist, sollte das Stimmrecht auf die Intelligenz beschränkt werden. Das Richtige ist eine Zusammensetzung aus Aristokratie und Demokratie.

Diese glückliche Vereinigung ist in der Form der verfassungsmäßigen Regierung zu finden. Sie ist nicht die denkbar beste Regierungsform – diese wäre eine Aristokratie der Bildung – sie ist aber die bestmögliche Staatsform. »Welches ist nun aber die beste Verfassung und welches das beste Leben für die Mehrzahl der Staaten und die Mehrzahl der Menschen? Die Entscheidung ist hier nicht so zu treffen, daß man den Maßstab einer Tugend anlegt, die dem gemeinen Manne fremd ist, oder eine Bildung annimmt, zu der besonders glückliche Naturanlagen und reiche Mittel erforderlich sind, oder auch eine Verfassung voraussetzt, die das Ideal unserer Wünsche ist – sondern dadurch, daß man ein Leben im Auge behält, wie es die Mehrzahl der Menschen führen kann, und eine Verfassung, deren Durchführbarkeit für die meisten Staaten im Bereiche des Möglichen liegt.« Man muß Auseinandersetzungen über den Staat ein allgemeines Prinzip vorausschicken, daß nämlich jener Teil des Staates, der die Regierung aufrechterhalten will, stärker sein muß als der andere Teil, der dies nicht will[93]; Stärke aber besteht weder in der Anzahl noch im bloßen Besitz, noch in militärischen und politischen Fähigkeiten für sich genommen, sondern in deren Mischung, so daß man »sowohl Freiheit, Vermögen, Bildung und vornehme Geburt als auch rein zahlenmäßige Überlegenheit« zu berücksichtigen hat. Wo aber kann man eine *wirtschaftliche* Mehrheit finden, die die geschilderte verfassungsmäßige Regierung unterstützen würde? Am ehesten wohl im Mittelstand, und somit hätten wir wieder die goldene Mitte vor uns, ähnlich wie die verfassungsmäßige Regierung selbst die Mitte zwischen Demokratie und Aristokratie darstellt. Dieser Staat wird hinreichend demokratisch sein, sobald er jedermann den Aufstieg zu öffentlichen Ämtern freiläßt; er wird hinreichend aristokratisch, wenn er die Ämter selbst nur solchen Bewerbern öffnet, die wirklich emporgestiegen und vollkommen vorgebildet sind. Von welcher Seite immer man sich der ewigen politischen Frage nähert, man kommt gleichmäßig zu demselben Ergebnis: die Gemeinschaft muß sich selbst ihre Ziele stecken, die erforderlichen Mittel müssen aber Fachleute auswählen und anwenden. Die Wahl muß demokratisch ausgedehnt, der Staatsdienst aber streng den wohl vorbereiteten und auserlesenen Begabten vorbehalten werden.

IX: KRITIK

Was kann man von dieser Philosophie sagen? Wohl nichts Hinreißendes. Es ist schwer, von Aristoteles Begeisterung zu empfangen, weil es ihm selbst so schwerfiel, von etwas begeistert zu sein; aber *si vis me flere, primum tibi flendum*[94]. Sein Wahlspruch ist: *»nil admirari«* – nichts bewundern, über nichts staunen, und man zweifelt, ob man diesen Wahlspruch in Hinsicht auf seinen Schöpfer verletzen soll. Man vermißt bei ihm den Neuerungseifer Platons, jene scheltende Liebe zur Menschheit, die diesen großen Idealisten zum Verurteilen seiner Mitmenschen veranlaßte. Man vermißt die kühne Ursprünglichkeit seines Lehrers, die erhabene Einbildungskraft und Fähigkeit edler Selbsttäuschung. Und doch kann nach der Lektüre Platons nichts heilsamer wirken als die Beschäftigung mit dem skeptischen und gelassenen Aristoteles.

Unsere Meinungsverschiedenheiten wollen wir hier zusammenfassend formulieren. Von Anfang an wird man von Aristoteles durch die hartnäckige Hervorhebung der Logik geplagt. Er glaubt, der Syllogismus sei die Beschreibung des menschlichen Denkvorganges, während er bloß die Art und Weise darstellt, in die man seine Beweise zu kleiden pflegt, wenn man jemanden überzeugen will; er nimmt an, daß das Denken mit Prämissen anhebt und dann Folgerungen aus diesen zieht, während es in Wirklichkeit mit hypothetischen Folgerungen beginnt und nach den sie rechtfertigenden Voraussetzungen sucht, die es am günstigsten durch Beobachtungen besonderer, experimentell abgesonderter und überwachter Einzelereignisse auffinden kann. Wie töricht wäre es aber, zu übersehen, daß die letzten zweitausend Jahre nur Nebensächliches an der aristotelischen Logik geändert, daß Occam, Bacon, Whewell, Mill und hundert andere nur Flecken an dieser Sonne entdeckt haben, und daß die Schöpfung dieser neuen Wissenschaft des Denkens durch Aristoteles und die sichere Festlegung ihrer wesentlichen Umrisse zu den bleibenden Errungenschaften des menschlichen Geistes gehören.

Dem Fehlen von Experimenten und fruchtbaren Hypothesen ist wiederum die Tatsache zuzuschreiben, daß die Naturwissenschaft des Aristoteles ein Haufen unverdauter Beobachtungen geblieben ist. Seine Spezialität ist das Sammeln und Einteilen von Gegebenheiten. Auf allen Gebieten führt er seine Kategorien ins Feld und schafft Kataloge. Neben Beobachtungshang und -gabe geht eine platonische Neigung zur Metaphysik einher, die ihn in jeder Wissenschaft zu Fehltritten verführt und zu den absonderlichsten Voraussetzungen verleitet. An dieser Stelle liegt das große Gebrechen des griechischen Geistes: er war nicht diszipliniert, war jeder einschränkenden und festigenden Tradition bar, bewegte sich frei auf unbekannten Feldern und stürzte sich leichtfertig in Theorien und Folgerungen. So sprang die griechische Philosophie in unerreichte Höhen hinauf, während die griechische Wissenschaft hinterher hinkte. Die Gefahr für die Gegenwart liegt gerade im anderen Extrem; induktiv gewonnene Tatsachen hageln von allen Seiten auf uns nieder wie die Lava des Vesuv, wir ersticken vor lauter ungeordnetem Material, und unser Geist wird erdrückt durch immer neue und mannigfaltigere Spezialwissenschaften, die sich aus Mangel an synthetischem Denken und an vereinheitlichender Philosophie zum Chaos auswachsen. Wir alle sind bloße Bruchstücke von dem, was der Mensch sein könnte.

Aristoteles' Ethik ist eine Unterabteilung seiner Logik; das vollkommene Leben ist wie ein richtiger Vernunftsschluß. Was Aristoteles uns gibt, ist eher ein Handbuch des Anstandes als ein Ansporn zur Besserung. Ein antiker Kritiker nannte ihn »maßlos maßvoll«. Ein scharfer Gegner könnte die *»Ethik«* die führende Platitüdensammlung der Weltliteratur nennen, und der Anglophobe mag sich in dem Gedanken Trost holen, daß die Engländer im voraus, schon in ihrer Jugend, für ihre imperialistischen Sünden büßen, denn sowohl in Cambridge als auch in Oxford zwingt man sie, jedes Wort der »Nikomachischen Ethik« zu lesen. Man möchte gerne frischgrüne *»Grashalme«* zwischen diese trockenen Seiten mischen und die aristotelische Lobpreisung einer rein geistigen Glückseligkeit durch Whitmans erfrischende Rechtfertigung der Sinnesfreude ergänzen. Man fragt sich, ob nicht das aristotelische Ideal der unmäßigen Mäßigung etwas mit der farblosen Tugend der »gestärkten« Vollkommenheit, der ausdruckslosen Guten Form der englischen Aristokratie zu tun hat. Matthew Arnold berichtet, daß zu seiner Zeit die Oxforder Professoren die *»Ethik«* für unfehlbar gehalten haben. Dreihundert Jahre hindurch hat dieses Buch und die *»Politik«* den Geist der herrschenden Klasse in England gestaltet, vielleicht in der Richtung auf große und edle Taten, aber sicherlich zu harter und kalter Pflichterfüllung. Welche Folgen hätte es gehabt, wenn die Herren des größten aller Reiche ihre geistige Nahrung an Stelle dieser Bücher aus der heiligen Glut und der leidenschaftlichen Aufbaulust des *»Staates«* gesogen hätten!

Schließlich war Aristoteles auch nicht ganz Grieche: schon bevor er nach Athen kam, war er ausgereift und geformt; er hatte nichts Athenisches an sich, nichts von der hastigen und belebenden Versuchslust, die Athen mit pulsierendem politischem *élan* erfüllte und schließlich dazu beitrug, daß es durch einen staatenvereinigenden Despoten unterjocht wurde. Dem Befehl des Delphischen Orakels, jede Übertreibung zu vermeiden, folgte er zu genau und beschnitt die Extreme so eifrig, daß schließlich nichts übrigblieb. Er scheut so sehr vor Unordnung zurück, daß er vergißt, vor Sklaverei zurückzuscheuen; er fürchtet sich so sehr vor Änderungen mit unsicherem Ausgang, daß er sich lieber für eine sichere Unveränderlichkeit entscheidet, die sich kaum vom Tode abhebt. Es fehlt ihm jener herakliteische Sinn für den Fluß, der den konservativen Glauben an die Allmählichkeit des ständigen Wechsels und den radikalen Glauben an die Unbeständigkeit der änderungslosen Zustände gleichmäßig rechtfertigt. Er vergißt, daß Platons Kommunismus nur für eine Elite, nur für die wenigen Selbstlosen und Nicht-Habgierigen gedacht war, und stößt unbeabsichtigt auf einen Gedanken Platons, wenn er sagt, daß, obwohl das Privateigentum bestehen bleiben soll, seine Verwendung doch möglichst weitgehend gemeinschaftlich sein müßte. Er hat nicht bemerkt (und man kann auch kaum verlangen, daß er es schon in jenen frühen Tagen gesehen haben sollte), daß individuelle Herrschaft über Produktionsmittel nur dort anregend und heilsam ist, wo diese Mittel so einfach sind, daß jeder sie erwerben kann, und daß ihre wachsende Kompliziertheit und Kostspieligkeit zu einer gefährlichen Zentralisierung des Besitzes und der Macht und zu künstlicher und schließlich zerklüftender Ungleichheit führt.

Dennoch trifft diese Kritik nur unwesentliche Punkte an dem Bau, der das bewundernswerteste und einflußreichste gedankliche System bleibt, das jemals von einem einzelnen zusammengefügt wurde. Es ist zweifelhaft, ob je ein anderer Denker so viel zur Aufklärung der Welt beigesteuert hat. Die gesamte spätere Zeit hat von Aristoteles Wissen bezogen und stellte sich auf seine Schultern, um die Wahrheit zu sehen. Die mannigfaltige und großartige Kultur Alexandriens holte sich bei ihm wissenschaftliche Anregung. Sein *»Organon«* spielt eine führende Rolle bei der Gewöhnung des mittelalterlichen barbarischen Geistes an diszipliniertes und zusammenhängendes Denken. Seine anderen Werke – im fünften Jahrhundert von Nestorianischen Christen ins Syrische übersetzt und daraus im zehnten Jahrhundert ins Arabische und Hebräische, auf Grund dieser Übersetzungen wiederum gegen 1225 ins Lateinische – führten die Scholastik aus ihren beredsamen Anfängen bei Abälard zur enzyklopädistischen Vollendung bei Thomas von Aquino. Die Kreuzfahrer brachten genauere griechische Abschriften von den Werken des Aristoteles mit sich heim, und weitere aristotelische Schätze führten die griechischen Gelehrten aus Konstantinopel mit sich, als sie nach 1453 vor den siegreichen Türken flüchteten. Die Schriften des Aristoteles wurden für die europäische Philosophie, was die Bibel für die Theologie ist – ein fast unfehlbarer Text, der die Lösung aller Fragen enthält. Im Jahre 1215 verbot der päpstliche Legat zu Paris den Professoren, über die aristotelischen Werke Vorlesungen zu halten; 1231 setzte Gregor IX. eine Kommission zu ihrer Säuberung ein, und bereits 1260 war er *de rigueur* in jeder christlichen Schule, und geistliche Versammlungen bestraften Abweichungen von seiner Lehre. Chaucer schildert die Zufriedenheit seines Studenten

> wenn er an zwanzig Bände
> rot und blau gebunden aufbewahrt, wo seine Hände
> sie erreichen, mitsamt der Weisheit ihres Schöpfers Aristoteles –

und im ersten Höllenkreis sagt Dante,

> Sah ich den *Meister* aller die da wissen,
> Umgeben rings von Philosophenschülern;
> Auf ihn nur schauen ehrerbietig alle,
> Hier sah ich Sokrates sowohl als Platon,
> Die von den andren ihm am nächsten stehen[95].

Diese Zeilen lassen uns die Schätzung ahnen, die ein Jahrtausend dem Stagiriten entgegenbrachte. Die Herrschaft des Aristoteles nahm erst ihr Ende, als neue Instrumente, gesammelte Beobachtungen und geduldiges Experimentieren die Wissenschaften von neuem schufen und Occam, Ramus und Roger und Francis Bacon unwiderstehliche Waffen in die Hand gaben. Kein anderer Geist hat auf so lange Zeit hinaus das Denken der Menschheit beherrscht.

X. LETZTE LEBENSJAHRE UND TOD

Inzwischen gestaltete sich das Leben unerträglich schwierig für unseren Philosophen. In seinem Verhältnis zu Alexander traten Verwicklungen auf, nachdem er Widerspruch erhoben hatte wegen der Hinrichtung seines Neffen Kallisthenes, der sich geweigert hatte, Alexander als Gott zu verehren; Alexander beantwortete seinen Widerspruch mit der Andeutung, daß es durchaus im Bereich seiner Allmacht stehe, selbst Philosophen hinrichten zu lassen. Gleichzeitig war Aristoteles stark durch die Verteidigung Alexanders gegen die Athener in Anspruch genommen. Den Zusammenschluß der Griechen zog er dem Patriotismus der Städte vor und war der Überzeugung, daß Kultur und Wissenschaft eher blühen würden, wenn die kleinen Herrschaftsbereiche und kleinlichen Streitigkeiten aufhörten. In Alexander erblickte er, was Goethe in Napoleon sah: die philosophische Einheit einer chaotischen und unerträglich mannigfaltigen Welt. Die freiheitsdurstigen Athener murrten über Aristoteles, und Erbitterung packte sie, als Alexander mitten in der feindlichen Stadt eine Statue des Philosophen aufstellen ließ. Während dieser bewegten Zeiten gewinnt man von Aristoteles einen ganz anderen Eindruck, als man aus seiner *»Ethik«* empfangen hatte: vor einem steht kein kühles und unmenschlich ruhiges Wesen, sondern ein Kämpfer, der, von allen Seiten Feinden ausgesetzt, an seinem titanischen Werk weiterarbeitet. Platons Nachfolger an der Akademie, die Rednerschule des Isokrates, und die gereizte Menge, die der bissigen Beredsamkeit des Demosthenes lauschte, stichelte gegen ihn und schrie laut nach seiner Verbannung oder Hinrichtung.

Dann, 323 v. Chr., starb plötzlich Alexander. Athen war von patriotischer Verzückung berauscht, die mazedonische Partei fiel, und die Unabhängigkeit Athens wurde ausgerufen. Antipater, Nachfolger Alexanders und naher Freund von Aristoteles, rückte gegen die rebellische Stadt an. Der größte Teil der mazedonischen Partei flüchtete. Da trat der Oberpriester Eurymedon mit einer Anklage gegen Aristoteles auf, nach der dieser gelehrt haben sollte, daß Gebet und Opfer nutzlos seien. Aristoteles sah sich vor das Schicksal gestellt, von unvergleichlich feindseligeren Gerichtshöfen und Massen verurteilt zu werden als jene waren, die Sokrates ermordet hatten. Von kluger Einsicht geführt, verließ er die Stadt, da er den Athenern, wie er sagte, keine Gelegenheit bieten wollte, ein zweitesmal gegen die Philosophie zu sündigen. In diesem Schritt liegt keine Feigheit; den Angeklagten stand es in Athen stets frei, die Verbannung zu wählen[96]. Nach seiner Ankunft in Chalcis erkrankte Aristoteles; Diogenes Laertius berichtet, daß der greise Philosoph, völlig enttäuscht durch diese Wendung des Schicksals, sich mit Schierling vergiftete[97]. Was immer ihre Ursache gewesen sein mag, seine Krankheit war tödlich; wenige Monate, nachdem er Athen verlassen hatte (322 v. Chr.), starb der einsame Aristoteles.

Im selben Jahre und im selben Alter von zweiundsechzig Jahren vergiftete sich Alexanders größter Feind, Demosthenes. Innerhalb eines Jahres verlor Griechenland seinen größten Herrscher, seinen größten Redner und seinen größten Philosophen. Der Glorienschein, der den Namen Griechenland trug, verblaßte vor der aufsteigenden Sonne Roms, und der Glanz Roms war eher prunkvolle Macht als Licht des Gedankens. Auch dieser Glanz verblaßte, und das winzige Licht ging fast ganz aus. Für ein Jahrtausend hüllte sich das Antlitz Europas in Dunkelheit. Die ganze Welt erwartete die Wiederauferstehung der Philosophie.

III. FRANCIS BACON

I. VON ARISTOTELES ZUR RENAISSANCE

Als Sparta gegen Ende des fünften Jahrhunderts v. Chr. Athen umzingelte und niederwarf, verlor die Mutterstadt der griechischen Philosophie und Kunst ihre Vormacht, und Kraft und Selbständigkeit des athenischen Gedankens verfielen. Als 399 v. Chr. Sokrates den Giftbecher leeren mußte, starb mit ihm die Seele Athens, die selbst in seinem stolzen Schüler Platon nur noch zögernd verweilte. Und als Philipp von Mazedonien 338 v. Chr. die Athener bei Chäroneia schlug und Alexander drei Jahre später die mächtige Stadt Theben in Grund und Boden sengte, konnte selbst die betonte Schonung von Pindars Heimat nicht über die Tatsache hinwegtäuschen, daß die Unabhängigkeit Athens, politisch und geistig, unwiderruflich zerstört war. Die Herrschaft des mazedonischen Aristoteles über die griechische Philosophie spiegelt die politische Unterwerfung Griechenlands durch mannhafte und jüngere Völker des Nordens.

Der Tod Alexanders (323 v. Chr.) beschleunigte diesen Verfallsprozeß. Der jugendliche Herrscher hatte die reiche Kultur Griechenlands verehren gelernt, obwohl er trotz Aristoteles' Unterweisung ein Barbar geblieben war, und träumte von der Ausbreitung dieser Kultur im Orient auf den Spuren seiner siegreichen Armee. Die Entwicklung des griechischen Handels und die zunehmende Zahl der griechischen Handelsplätze in Kleinasien schufen eine wirtschaftliche Grundlage für die Zusammenfassung dieses Gebietes zum Glied eines hellenischen Reiches, und Alexander hoffte, daß von diesen geschäftigen Orten aus nicht nur griechische Güter, sondern auch griechischer Geist ausstrahlen und erobernd sich verbreiten würde. Er hatte aber die Trägheit und Widerstandskraft des orientalischen Geistes unterschätzt und auch die Größe und Tiefe der orientalischen Kultur. Schließlich war es doch nur jugendliche Einbildung, anzunehmen, daß eine so unreife und schwankende Kultur wie die Griechenlands einer anderen Kultur aufgezwungen werden könnte, die unvergleichlich weiter verbreitet und in ehrwürdigsten Traditionen verwurzelt war. Die Quantität Asiens erwies sich als zu groß gegenüber der Qualität Griechenlands. Alexander selbst wurde im Augenblick seines höchsten Ruhmes von der Seele des Ostens besiegt. Er heiratete (neben mehreren anderen Frauen) Darius' Tochter, übernahm persische Krone und Staatskleider, führte in Europa den orientalischen Begriff des »Gottesgnadentums« ein und versetzte schließlich das skeptische Griechenland dadurch in Staunen, daß er in östlich großartigem Stile bekanntgab, er sei ein Gott. Griechenland lachte ihn aus; Alexander trank sich zu Tode.

Diesem kaum merklichen Einfluß der asiatischen Seele auf den schlaffen Leib des herrschenden Griechentums folgte bald ein Sturzbach orientalischer Kulte und Sekten, der auf denselben Verbindungswegen vordrang, die der junge Herrscher errichtet hatte; die durchstoßenen Deiche ließen den Ozean des östlichen Geistes nach den Niederungen der noch jugendlichen europäischen Kultur einströmen. Die mystischen und abergläubischen Lehren, die in den niederen Volksschichten Griechenlands Wurzel geschlagen hatten, erhielten neue Nahrung und breiteten sich aus; die orientalische Neigung zu Gleichgültigkeit und Ergebung fand im dekadenten und verzagenden Griechenland fruchtbaren Boden. Die durch den phönizischen Kaufmann Zenon (gegen 310 v. Chr.) in Athen eingeführte stoische Philosophie ist nur einer der vielen allmählich eingedrungenen Fremdkörper. Sowohl Stoizismus als Epikureismus – das gleichgültige Sichabfinden mit Niederlagen und das Bestreben, seine Niederlage in den Armen des Genusses zu vergessen – wollen lehren, wie man trotz Unterwerfung oder Sklaverei glückselig sein kann – genau wie der pessimistische, orientalische Stoizismus Schopenhauers und der verzagende Epikureismus Renans im neunzehnten Jahrhundert Ausdruck einer mißglückten Revolution und des zerrissenen Frankreich waren.

Nicht als wären diese selbstverständlichen Gegensätze ethischer Lehren völlig neu für Griechenland gewesen. Man findet sie beim düstern Heraklit und beim »lachenden Philosophen« Demokrit, und es ist bekannt, daß sich die Schüler des Sokrates unter Führung von Antisthenes und Aristippos in zynische und kyrenäische Schulen zusammenschlossen, von denen die eine Schule Gleichgültigkeit, die andere Glückseligkeit predigte. sie verkörperten aber zu ihrer Zeit fast exotische Gedankengänge: das Athen der Glanzzeit kümmerte sich nicht um sie. Nachdem aber Griechenland Chäroneia in Blut und Theben in Asche untergehen sah, schenkte es Diogenes Gehör, und als der Ruhm Athen verließ, war es reif für Zenon und Epikur[1].

Zenon baute seine Philosophie der *»apatheia«* auf einen Determinismus auf, den ein späterer Stoiker, Chrysippos, nur schwer vom orientalischen Fatalismus unterscheiden konnte. Als Zenon, der kein Freund der Sklaverei war, einen Sklaven wegen irgendeines Vergehens schlug, rechtfertigte sich dieser durch Berufung auf die Philosophie seines Meisters, nach der er von Ewigkeit her zum Begehen dieses Fehlers vorbestimmt war – worauf Zenon mit der Milde eines Weisen antwortete, daß auf Grund derselben Philosophie er, Zenon, dazu ausersehen war, ihn für diesen Fehler zu verprügeln. Wie Schopenhauer die Auflehnung des individuellen Willens gegen den universalen Willen für zwecklos hielt, so behaupten auch die Stoiker, daß philosophischer Gleichmut die einzig vernünftige Stellungnahme zu einem Leben sei, in dem der Daseinskampf so ungerechterweise zu unausweichlicher Niederlage verurteilt wurde. Ist der Sieg ganz unmöglich, so sollte man ihn verschmähen. Das Geheimnis des Friedens ist nicht, unsere Lebensführung unseren Wünschen anzupassen, sondern unsere Wünsche auf die Ebene unserer Lebensverhältnisse hinunterzuschrauben. »Wenn dir das, was du besitzest, ungenügend erscheint«, sagt der römische Stoiker Seneca (gest. 65 n. Chr.), »so wirst du, selbst wenn die ganze Welt dir gehört, unglücklich sein.«

Eine Lehre dieser Art war so himmelschreiend, daß sie ihr Gegenteil herausforderte, und Epikur, obwohl er selbst ebenso stoisch lebte wie Zenon, trat für dieses andere Extrem ein. Epikur, sagt Fénelon[2], »kaufte sich einen hübschen Garten, den er selbst bestellte. Dort errichtete er seine Schule, und dort lebte er gütig und in Eintracht mit seinen Schülern, die er wandelnd und arbeitend belehrte ... Er war zu jedermann gütig und freundlich ... Er war überzeugt, daß es nichts Edleres gibt, als sich mit der Philosophie zu beschäftigen.« Seinen Ausgangspunkt bildet die Überzeugung, daß Gleichmut unmöglich, und daß Lust – wenn auch nicht notwendig sinnliche Lust – das einzig begreifliche und durchaus gerechtfertigte Ziel des Lebens und Handelns sei. »Von Natur zieht jedes Lebewesen das eigene Wohl dem Wohl anderer vor«, selbst der Stoiker empfindet in der Entsagung eine verfeinerte Lust. »Wir sollen die Lust nicht meiden, sondern sie auswählen.« Demnach ist Epikur kein Epikuräer; er schätzt geistige Freuden höher als sinnliche und warnt vor jener Lust, die die Seele aufregt und stört, statt sie zu beruhigen und zu besänftigen. Schließlich rät er, nicht Lust im üblichen Sinne des Wortes zu suchen, sondern *»ataraxia«* – Gelassenheit, Ausgeglichenheit und Gemütsruhe, die alle dicht an der Grenze von Zenons *»Apathie«* liegen.

Die Römer, die 146 v. Chr. zum Plündern nach Hellas kamen, fanden das Gebiet der Philosophie zwischen diesen beiden Rivalen aufgeteilt, und da sie selbst weder Zeit noch genügend geistige Verfeinerung zu spekulativem Denken besaßen, führten sie neben ihrer anderen Beute beide Philosophien mit nach Rom. Große Organisatoren und ewige Sklaven neigen gleich stark zu stoischen Denkgewohnheiten: ist man zu empfindlich, so ist Herrschen wie Dienen schwer. Was Rom an Philosophie besaß, stammte hauptsächlich aus Zenons Schule. Das gilt sowohl von Mark Aurel, dem Kaiser, als auch von Epiktet, dem Sklaven; selbst Lucretius predigte den Epikureismus wie ein Stoiker (ähnlich dem Engländer Heines, der im Genießen traurig war) und besiegelte sein strenges Evangelium der Lust durch Selbstmord. Sein edles Epos »Über die Natur der Dinge«[3] verwirft, wie Epikur, die Lust durch laues Lob. Fast Zeitgenosse von Caesar und Pompejus, lebte er inmitten von Aufruhr und Waffenlärm; seine nervöse Feder sehnt ununterbrochen Gemütsruhe und Frieden herbei. Man stellt sich ihn als ängstliches Wesen vor, dessen Jugend durch religiöse Furcht verdunkelt wurde, denn er erzählt seinen Lesern unermüdlich, daß es, die Erde ausgenommen, keine Hölle und nur solche Götter gebe, die wie Gentlemen in den Wolken einen epikureischen Garten bewohnen und sich niemals in die Angelegenheiten der Menschen mischen. Der anwachsenden Himmels- und Höllenverehrung des römischen Volkes setzt er einen rücksichtslosen Materialismus entgegen. Seele und Geist entwickeln sich mit dem Körper, wachsen mit seinem Wachstum, erleiden seine Schmerzen und sterben mit seinem Tod. Es gibt nichts außer Atomen, Raum und Gesetzen; das Gesetz aller Gesetze ist aber das ewige Werden und Vergehen.

> Kein einzeln Ding beharrt, sie alle fließen,
> an Teilen haften Teile; Dinge wachsen,
> bis wir sie kennen, nennen, bis sie wieder
> zerfallen; niemand weiß, ob sie's noch sind.
>
> Atome, schneller oder langsam kreisend,
> seh ich geballt in Sonne, Welten, die sich entwickeln;
> doch die Welten selbst und Sonnen
> versinken wieder einst im ew'gen Strom.
>
> Auch, Erde, du, mit Reichen, Ländern, Meeren,
> die winzigste aus all den Sternenscharen,
> wardst, jenen gleich, um zu vergehn, im Werden
> geballt, vergehend jeden Augenblick.
>
> Nichts *ist*. Es wird das Meer in zarte Dünste
> zersprühn; die Sandbank bleibt, die mondbeglänzte,
> nicht dort, wo andrer Meere weiße Wogen
> wie Sicheln einst in andren Buchten mähn[4].

Zum astronomischen Werden und Vergehen tritt noch das Entstehen und das Absterben der Arten hinzu.

> Auch viele Ungeheuer versuchte seit jeher die Erde zu gebären, Dinge mit seltsamen Gesichtern und Gliedern . . ., einige ohne Füße, andere ohne Hände, andere ohne Mund, wiederum andere ohne Augen . . . Alle möglichen Ungeheuer . . . dieser Art gebar die Erde, aber vergebens, denn die Natur hat einen Bann auf ihr Gedeihen geladen, so daß sie die ersehnte Blüte

des Alters nicht erreichen, noch Nahrung, noch auch eheliche Vereinigung finden konnten; . . . und viele Gattungen der Lebewesen müssen um jene Zeit ausgestorben und zur Zeugung und Fortpflanzung ihrer Art unfähig geworden sein. Denn die Eigenart aller Wesen, die den Hauch des Lebens atmen, wurde von Anbeginn ihres Daseins an durch Kraft oder Mut oder Schnelligkeit geschützt und erhalten . . . Jene, denen die Natur keine dieser Eigenschaften verliehen hat, müßten als Beute und Raub den anderen ausgesetzt sein, bis die Natur ihre Art aussterben läßt[5].

Auch Völker wachsen langsam wie die Einzelwesen und gehen ebenso gewiß unter: »Einige Völker wachsen, andere vergehen, und in kurzer Spanne sind die Gattungen der Lebewesen verändert und reichen, Läufern ähnlich, das Licht des Lebens den nächsten.« Angesichts des Kampfes und unausweichlichen Todes birgt nur die *»ataraxia«* Weisheit: »auf alle Dinge mit ruhigem Geiste herabschauen«. Die alte heidnische Lebensfreude ist hier offenkundig verschwunden, und ein fast exotischer Geist berührt die Saiten einer gebrochenen Leier. Die Geschichte, die auf den Humor nicht verzichtet, war niemals witziger als in dem Augenblick, da sie diesen enthaltsamen und klassischen Pessimisten »Epikureer« nannte.

Herrscht schon bei dem Schüler Epikurs dieser Geist, so kann man sich den belebenden Optimismus ausgesprochener Stoiker wie Aurelius oder Epiktet vorstellen. Nichts ist niederdrückender als die »Abhandlungen« des Sklaven, ausgenommen vielleicht die »Meditationen« des Kaisers. »Suche nicht, daß die Dinge so geschehen, wie du sie dir wünschst, sondern wünsche dir lieber das, was geschieht, und du wirst glücklich leben[6].« Auf diese Weise kann man zweifellos die Zukunft lenken und den Herrscher der Welt spielen. Es wird berichtet, daß Epiktets Herr, der ihn mit fortgesetzter Grausamkeit behandelte, eines Tages zum Zeitvertreib Epiktets Bein zu drehen anfing. »Wenn Ihr das fortsetzt«, sagte dieser gelassen, »so werdet Ihr mein Bein brechen.« Der Herr setzte das Spiel fort, und das Bein war gebrochen. »Hab ich Euch nicht gesagt«, bemerkte Epiktet sanft, »daß Ihr mein Bein brechen würdet?[7]« – Es ist aber doch eine verborgene Vornehmheit in dieser Philosophie, die an den wortlosen Mut Dostojewskischer Pazifisten erinnert. »Niemals sollst du sagen: ich habe dieses Ding verloren, sondern: ich habe es zurückgegeben. Stirbt dein Kind, so ist es zurückgegeben. Stirbt deine Frau, so ist sie zurückgegeben. Beraubt man dich deiner Güter, sind sie nicht auch nur zurückgegeben?« In solchen Wendungen spürt man die Nähe des Christentums und seiner unerschrokkenen Märtyrer; waren nicht in Wirklichkeit die christliche Ethik der Selbstverleugnung, das christliche Staatsideal einer fast kommunistischen Verbrüderung der Menschen und die christliche Lehre vom jüngsten Gericht Bruchstücke stoischer Lehren, die auf Strömen des Denkens weitergeschwemmt wurden? In Epiktet verlor die griechisch-römische Seele ihr Heidentum und öffnete sich zur Aufnahme eines neuen Glaubens. Sein Buch erhielt die Auszeichnung, von der frühchristlichen Kirche als religiöses Handbuch eingeführt zu werden. Diese »Abhandlungen« und die »Meditationen« Mark Aurels trennt nur ein Schritt von der »Nachfolge Christi«.

Inzwischen schmolz der geschichtliche Hintergrund zu neuen Bildern um. In einem bemerkenswerten Abschnitt[8] schildert Lucretius den Verfall der Landwirtschaft im römischen Reich und nennt als Grund hierfür die Erschöpfung des Bodens. Was auch der Grund gewesen sein mag, aus Roms Reichtum wurde Armut, aus seiner Organisation Verfall, aus seiner Macht und seinem Stolz Dekadenz und Abgestumpftheit. Städte wurden von ihrem kulturlosen Hinterland aufgesogen, die Wege verfielen und widerhallten nicht mehr von den Schritten der Kaufleute; die kleinen Familien des gebildeten Rom wurden durch die lebenskräftigen und ungebildeten germanischen Stämme erdrückt, die sich Jahr um Jahr über die Grenze schlichen; die heidnische Kultur ergab sich orientalischen Kulten, und kaum merkbar ging das Kaiserreich in das Papsttum über.

Die Kirche, die in früheren Jahrhunderten durch die Herrscher, deren Macht sie allmählich verschlang, unterstützt wurde, nahm schnell an Umfang, Vermögen und Einflußbereich zu. Im dreizehnten Jahrhundert gehörte ihr bereits ein Drittel von Europas Boden[9], und ihre Schatzkammern wurden übervoll von den Gaben der Reichen und Armen. Auf ein Jahrtausend vereinigte sie durch die Magie eines unveränderten Glaubensbekenntnisses die Mehrzahl der europäischen Bevölkerung; niemals zuvor oder nachher war eine Organisation so weit verbreitet und friedlich. Diese Einheit bedingte nach Ansicht der Kirche, daß der allgemeine Glaube durch übernatürliche Bestätigung über die Veränderlichkeit und zersetzende Macht der Zeit hinausgehoben werde; man umgab daher den jugendlichen Geist des mittelalterlichen Europa gleichsam mit einer Schutzhülle aus endgültigen und fest umrissenen Dogmen. Innerhalb dieser Schutzhülle bewegte sich die scholastische Philosophie auf schmaler Bahn vom Glauben zur Vernunft und wieder zurück in einem verwirrenden Kreislauf von kritiklosen Annahmen zu vorbestimmten Schlußfolgerungen. Im dreizehnten Jahrhundert wurde die ganze Christenheit von den arabischen und hebräischen Übersetzungen des Aristoteles aufgeschreckt und angeregt, aber die Macht der Kirche war noch stark genug, um durch Thomas von Aquino und andere die Umwandlung des Aristoteles in einen mittelalterlichen Theologen besorgen zu lassen. Das Ergebnis war Spitzfindigkeit, aber keine Weisheit. »Betätigen sich Klugheit und Geist des Menschen an der Materie«, sagt Bacon, »so arbeiten sie nach Maßgabe des Stoffes und werden durch ihn eingeschränkt; arbeiten sie aber an sich selbst, wie die Spinne an ihrem Netz arbeitet, so sind sie uneingeschränkt und bringen allerdings Spinnwebe der Gelehrsamkeit zustande, an denen man die Feinheiten des Materials und der Arbeit bewundert, die aber ohne Substanz und Nutzen sind.« Früher oder später mußte die Vernunft Europas diese Hülle sprengen.

Nach tausendjährigem Beackern trug dieser Boden wieder Frucht: Waren wurden in einem Überfluß hergestellt, der zum Handel zwang, und der Handel baute an seinen Knotenpunkten wieder große Städte, in denen man gemeinsam an der Pflege der Kultur und dem Wiederaufbau der Zivilisation arbeiten konnte. Die Kreuzzüge öffneten den Weg nach dem Osten und ließen Genußmittel und Ketzereien einströmen, die für das Asketentum und die Dogmen verhängnisvoll waren. Aus Ägypten kam nun billiges Papier, welches das kostspielige Pergament ersetzte, durch das Gelehrsamkeit zum Monopol der Priester geworden war; die Druckkunst, die seit langem auf ein billiges Material wartete, entfaltete sich plötzlich wie ein entzündeter Sprengstoff und verbreitete ihren umstürzlerischen und aufklärenden Einfluß nach allen Richtungen. Mutige Seeleute wagten sich, nun mit dem Kompaß ausgerüstet, hinaus in die Wildnis der Gewässer und besiegten die menschliche Unwissenheit von der Erde; geduldige Beobachter wagten sich, mit Fernrohren ausgestattet, über die Grenzen des Dogmas hinaus und besiegten die menschliche Unwissenheit vom Himmel. Hier und dort, an Universitäten, in Klöstern und abgelegenen Verstecken, hörte man auf zu disputieren und begann zu forschen; auf Umwegen, aus dem Bestreben heraus, minderwertigere Erze in Gold zu verwandeln, formte sich die Alchimie zur Chemie um; mit noch schüchternem Mut tastete man sich aus der Astrologie zur Astronomie vor, und aus den Märchen von sprechenden Tieren entwickelte sich die Zoologie. Das Erwachen nahm mit Roger Bacon (gest. 1294) seinen Anfang, es wuchs mit dem schrankenlos vielseitigen Lionardo (1452–1519) und erreichte seinen Höhepunkt in der Astronomie von Kopernikus (1473–1543) und Galilei (1564–1642), in den Untersuchungen Gilberts (1544–1603) über Elektrizität und Magnetismus, Vesalius' (1514–1564) über Anatomie und Harveys (1578–1657) über den Blutkreislauf. Mit wachsendem Wissen nahm die Furcht ab; man dachte eher an Überwindung als an Verehrung des Unbekannten. Jeden lebendigen Geist packte neues Vertrauen, Schranken wurden niedergerissen, man kannte keine Grenze der menschlichen Möglichkeiten mehr. »Daß aber kleine Schifflein, den Himmelskörpern gleich, um den ganzen Erdball segeln können, das ist die Glückseligkeit unserer Zeit. Diese Zeiten dürfen mit Recht *plus ultra*« – noch weiter – »sagen, wo frühere *non plus ultra* gesagt haben[10].« Es war ein Zeitalter der Tat, der Hoffnung, der Lebenskraft und neuer Anfänge und Unternehmungen auf jedem Gebiet; ein Zeitalter, das auf eine Stimme, auf einen synthetischen Geist wartete, der ihr Wesen und ihre

Gesinnung zusammenfassen würde. Francis Bacon, »der mächtigste Geist der Neuzeit[11]«, war es »der die Geister zusammentrommelte« und Europa für mündig erklärte.

II. FRANCIS BACONS POLITISCHE LAUFBAHN

Bacon wurde am 22. Januar 1561 im York House in London, dem Wohnsitz seines Vaters, Sir Nicholas Bacon, geboren. Sein Vater war in den ersten zwanzig Jahren von Elisabeths Regierung Großsiegelbewahrer. »Der Ruhm des Vaters«, sagt Macaulay, »wurde durch den des Sohnes in den Schatten gestellt. Sir Nicholas war aber kein gewöhnlicher Mann[12].« Das überrascht nicht weiter, denn das Genie ist ein Gipfel, zu dem sich eine Familie durch das Talent hindurchringt, und von dem sie über das Talent der Nachkommen des Genies wiederum zur Mittelmäßigkeit hinabsinkt. Bacons Mutter war Lady Anne Cooke, Schwägerin Sir William Cecils, Lord Burghleys, der Elisabeths Lord-Oberschatzmeister und einer der mächtigsten Männer Englands war. Ihr Vater war der Hauptlehrer König Eduards VI. gewesen; sie selbst war Philologin und Theologin und korrespondierte so mühelos mit Bischöfen auf Griechisch, als wäre das nichts. Sie wurde die Erzieherin ihres Sohnes und sparte keine Mühe in seiner Unterweisung.

Die eigentliche Mutter von Bacons Größe aber war das Elisabethanische England, das größte Zeitalter des mächtigsten modernen Volkes. Die Entdeckung Amerikas lenkte den Handel vom Mittelmeer nach dem Atlantischen Ozean und brachte die Küstenländer dieses Meeres – Spanien, Frankreich, Holland und England – zu jener kaufmännischen und finanziellen Überlegenheit, deren sich Italien erfreute, als halb Europa seine Häfen zum Ein- und Ausgangspunkt des östlichen Handels erwählte. Mit dieser Änderung siedelte die Renaissance von Florenz, Rom, Mailand und Venedig nach Madrid, Paris, Amsterdam und London über. Nach der Zerstörung der spanischen Seemacht im Jahre 1588 breitete sich

Englands Handel über alle Meere aus, in seinen Städten blühte die Hausindustrie, seine Seefahrer umsegelten den Erdball, und seine Kapitäne errangen Amerika. Sein Schrifttum trieb Blüten in Spencers Gedichten und in Sidneys Prosa, seine Bühne erzitterte von den Dramen Shakespeares, Marlowes, Ben Jonsons und hundert anderer lebenskräftiger Dichter. In einem solchen Lande und in einer solchen Zeit mußte sich jeder entwickeln, der auch nur die geringsten Anlagen in sich trug.

Mit zwölf Jahren sandte man Bacon nach Trinity College in Cambridge. Drei Jahre verbrachte er dort und verließ die Universität mit einer starken Abneigung gegen ihre Lehrbücher und Methoden, mit ausgesprochener Feindseligkeit gegen die Aristoteles-Anbetung und dem Entschluß, die Philosophie auf einen fruchtbareren Weg zu bringen und sie aus scholastischem Disputieren in Durchleuchtung und Steigerung menschlicher Güter zu verwandeln. Obwohl noch ein Jüngling von sechzehn Jahren, wurde ihm eine Stellung im Gefolge des englischen Botschafters in Frankreich angeboten, die er nach sorgfältiger Erwägung aller Für und Wider annahm. In der Einleitung zur *»Erklärung der Natur«* spricht er von dieser schicksalsschweren Entscheidung, die ihn von der Philosophie zur Politik führte. Es ist ein Abschnitt, den man nicht übergehen kann:

> Da ich mich zum Dienst an der Menschheit geboren glaubte und die Sorge um das Gemeinwohl als eine der Aufgaben ansah, die das Recht der Öffentlichkeit bilden und jedermann offen stehen wie die Meere oder die Luft, fragte ich mich, was der Menschheit am dienlichsten wäre, und für welche Aufgaben mich die Natur geschaffen habe. Als ich aber nachforschte, fand ich kein verdienstlicheres Werk als die Entdeckung und Entfaltung der Künste und Erfindungen, die zur Zivilisierung des menschlichen Lebens führen ... Sollte es vor allem jemand gelingen, nicht bloß eine besondere Erfindung zu machen – mag diese noch so nützlich sein –, sondern in der Natur eine Leuchte zu entfachen, die am Anfang ihres Aufstiegs etwas Licht auf die gegenwärtigen Grenzen und Schranken der menschlichen Entdeckungen werfen und später, wenn sie noch höher gestiegen wäre, jeden Winkel und jedes Versteck der Finsternis deutlich aufzeigen würde, so würde, wie mir scheint, dieser Entdecker verdienen, ein wahrer Erweiterer der menschlichen Herrschaft über die Welt genannt zu werden, ein Held der menschlichen Frei-

heit und ein Befreier von dem Zwang, der den Menschen gegenwärtig in Fesseln hält. Darüber hinaus habe ich meine eigene Natur zur Beobachtung der Wahrheit für besonders geeignet gefunden. Denn mein Geist war sowohl hinreichend beweglich für jenen wichtigsten Gegenstand – ich meine, für die Wahrnehmung von Ähnlichkeiten – als auch genügend gesetzt und konzentriert für die Beobachtung der feinen Abschattungen der Verschiedenheit. Ich verfügte über Forscherleidenschaft, über die Fähigkeit, mein Urteil geduldig aufzuschieben, dachte mit Genuß nach, stimmte nur vorsichtig zu, berichtigte irrige Eindrücke bereitwillig und ordnete meine Gedanken mit peinlicher Sorgfalt. Ich besaß kein Verlangen nach Neuerungen und keine blinde Bewunderung für das Alte. Betrug in jeder Gestalt war mir gründlich verhaßt. Aus all diesen Gründen dachte ich, daß meine Natur und meine Anlagen sozusagen eine Art Verwandtschaft und Verbindung mit der Wahrheit aufwiesen.

Aber meine Geburt, Erziehung und Bildung deuteten nicht auf Philosophie, sondern auf Politik hin; ich war von Kindheit an mit Politik sozusagen getränkt. Und wie es jungen Leuten oft ergeht, wurde manchmal mein Geist von fremden Anschauungen erschüttert. Ich glaubte auch, daß meine Pflicht gegen das Vaterland besondere Ansprüche an mich stelle, die andere Lebenspflichten nicht geltend machen könnten. Schließlich erwachte in bezug auf meine Pläne in mir die Hoffnung, daß ich für meine Arbeiten sichere Hilfe und Unterstützung erhalten könnte, wenn ich ein ehrenwertes Amt im Staate bekleidete. Auf Grund dieser Motive wandte ich mich der Politik zu[13].

Sir Nicholas Bacon starb plötzlich im Jahre 1579. Er hatte die Absicht gehabt, Francis mit einem Landgut zu versorgen; aber der Tod durchkreuzte seine Pläne, und der junge Diplomat, schleunigst nach London zurückgerufen, stand mit achtzehn Jahren vaterlos und mittellos da. Er hatte sich an das Wohlleben seiner Zeit gewöhnt, und es fiel ihm nun schwer, sich mit einem notgedrungen einfachen Leben zu befreunden. Er betätigte sich als Rechtsanwalt und überhäufte seine einflußreiche Verwandtschaft mit Bitten, ihm eine staatliche Stellung zu verschaffen, die ihn von wirtschaftlichen Sorgen befreien würde. Seine fast bettelnden Briefe hatten trotz der Gefälligkeit und Eindringlichkeit ihres Stiles und der offenkundigen Begabung ihres Verfassers nur wenig Erfolg. Vielleicht unterließ Burghley die verlangten Schritte gerade deshalb, weil Bacon die eigenen Fähigkeiten nicht unterschätzte und die Anstellung als sein Vorrecht betrachtete; vielleicht betonten diese Briefe auch zu stark die vergangene, gegenwärtige und zukünftige Treue zum ehrenwerten Lord – in der

Politik wie in der Liebe taugt es nicht, sich ungeteilt zu vergeben; man sollte stets geben, aber niemals alles. Erwartung nährt die Erkenntlichkeit.

Schließlich stieg Bacon doch hinauf, ohne von oben emporgezogen zu werden – aber jeder Schritt hat ihn viele Jahre gekostet. 1583 wurde er als Vertreter der Stadt Taunton in das Parlament gewählt, und seine Wähler waren so zufrieden mit ihm, daß sie ihm bei einer Wahl nach der anderen ihren Sitz im Parlament von neuem überließen. Er verfügte über prägnante und lebhafte Beredsamkeit und war kein rednerhafter Redner. »Niemand sprach«, sagte Ben Jonson, »sauberer, gedrängter und inhaltreicher als er, und niemand sprach weniger leer und müßig. Kein Wort seiner Rede, das nicht ohne eigenen Reiz gewesen wäre. Seine Zuhörer konnten nicht hüsteln oder beiseite schauen, ohne sich selbst zu schädigen. Seine Rede war Befehl ... Niemand hatte stärkere Gewalt über die Gemüter der anderen. Jeder, der ihn hörte, fürchtete, daß er bald aufhören könnte[14].« Beneidenswerter Redner!

Ein mächtiger Freund war freigebig gegen ihn gewesen: jener schöne Earl von Essex, den Elisabeth unglücklich liebte und deshalb hassen lernte. 1595 verschenkte Essex das Gut Twickenham an Bacon, um ihn zu trösten, weil der Versuch, für ihn ein Staatsamt zu erhalten, mißlungen war. Das war ein prachtvolles Geschenk, und man hätte glauben können, daß es Bacon für immer an Essex binden werde – das tat es aber nicht. Wenige Jahre später leitete Essex eine Verschwörung, die Elisabeth einkerkern und einen Nachfolger für den Thron wählen wollte. Bacon schrieb einen Brief nach dem anderen an seinen Wohltäter, um gegen diesen Verrat Einspruch zu erheben; als Essex nicht nachgab, warnte ihn Bacon, daß er die Treue zur Königin über die Dankbarkeit gegen den Freund stellen würde. Essex versuchte sein Glück, das Unternehmen schlug fehl, und er wurde verhaftet. Bacon verteidigte ihn so unermüdlich vor der Königin, daß sie ihm schließlich befahl, »von einem beliebigen anderen Gegenstand zu sprechen«. Als der vorübergehend befreite Essex bewaffnete Macht sammelte, in London einmarschierte und die Bevölkerung der Stadt zur Empörung aufzuwiegeln suchte, wandte sich Bacon zornig gegen ihn. Inzwischen hatte er eine Stellung in der Reichsanwaltschaft erhalten, und als der wieder verhaftete Essex wegen Hochverrates vor Gericht stand, beteiligte sich Bacon tätig an der Anklage gegen den Mann, der sein freigebiger Freund gewesen war[15].

Essex wurde für schuldig befunden und hingerichtet. Bacons Beteiligung an dem Prozeß machte ihn eine Zeitlang unbeliebt, und von nun an war er von Feinden umgeben, die nur auf eine Gelegenheit warteten, ihn zu vernichten. Sein unersättlicher Ehrgeiz ließ ihm keine Ruhe; er war ewig unzufrieden und in seinen Ausgaben immer um ein Jahr oder noch mehr seinen Einnahmen voraus. In seinem Aufwand war er verschwenderisch. Luxus war ein Mittel seiner Diplomatie. Als er mit fünfundvierzig Jahren heiratete, schnitt die pompöse und kostspielige Feier eine tiefe Lücke in die Mitgift, die einen der Anziehungspunkte seiner Erwählten gebildet hatte. 1598 wurde er wegen seiner Schulden verhaftet. Er kam dennoch immer weiter vorwärts. Seine vielseitigen Fähigkeiten und sein fast grenzenloses Wissen erhoben ihn zum wertvollen Mitglied aller wichtigen Kommissionen; allmählich öffneten sich ihm höhere Ämter: 1606 wurde er Solicitor-General (etwa Oberreichsanwalt), 1613 Attorney-General (Kronanwalt) und schließlich 1618 mit siebenundfünfzig Jahren Lordkanzler.

III. DIE ESSAYS[16]

Bacons Aufstieg schien Platons Traum vom Philosophen-König zu verwirklichen. Denn gleichzeitig mit seinem Aufstieg zur politischen Macht erklomm er Schritt um Schritt die Höhen der Philosophie. Es ist kaum glaubhaft, daß das ungeheure Wissen und die großen literarischen Taten dieses Mannes für ihn bloße Nebensache und Erholung von bewegter politischer Tätigkeit waren. Sein Wahlspruch war, daß man am besten in Zurückgezogenheit leben kann – *bene vixit, qui bene latuit*. Er konnte sich nicht darüber klarwerden, ob ihm ein beschauliches oder ein tätiges Leben mehr zusage. Sein Wunsch war, ähnlich wie Seneca sowohl Philosoph als auch Staatsmann zu sein, obwohl er ahnte, daß diese doppelte Lebensrichtung seinen Wirkungsbereich einschränken und seinen Erfolg verringern würde. »Es ist schwer zu sagen«, schreibt er[17], »ob eine Mischung von beschaulichem und tätigem Leben oder völlig zurückgezogene Beschaulichkeit den Geist mehr schwächt und hemmt.« Er fühlte, daß Studien für sich genommen weder Zweck sein konnten, noch Weisheit bedeuteten, und daß ein nicht tätig angewandtes Wissen bloße akademische Eitelkeit sei. »Zuviel Zeit auf Studien verwenden, ist Verschwendung; sich mit dem Gelernten allzusehr zieren, ist Heuchelei; sein Urteil nur nach den Regeln des Gelernten richten ist Professorenart . . . Listige Naturen verurteilen das Studieren, einfache Leute bewundern es, und Weise nutzen es; denn seine Anwendbarkeit kann man dem Gelernten nicht ohne weiteres ablesen, sondern sie ist eine Weisheit, die von außen und von oben her zu ihm hinzutritt und durch Beobachtung gewonnen wird[18].« Ein neuer Ton zeigt hier das Ende der Scholastik an, d. h. die Trennung der Erkenntnis von ihrer Anwendung und der Beobachtung, und legt jenen Nachdruck auf Erfahrung und Verwertbarkeit, der die englische Philosophie auszeichnet und im »Pragmatismus« seinen Höhepunkt erreicht. Bacon hat aber keinen Augenblick aufgehört, Bücher und das Nachsinnen über die Dinge zu lieben; mit Worten, die an Sokrates erinnern, schreibt er: »ohne Philosophie mag ich nicht leben[19]«, und schildert sich selbst als einen Menschen, der schließlich doch »auf Grund seiner Anlagen eher zur Gelehrsamkeit als zu irgend etwas anderem bestimmt war und nur durch eine Schicksalsfügung, entgegen den Neigungen seines Genius (d. h. seines Charakters), in ein aktives Leben hineingestellt wurde[20].« Eine seiner frühesten Veröffentlichungen (1592) hieß »Lob der Erkenntnis« und zwingt durch ihre Begeisterung für die Philosophie zum Zitieren:

Mein Lob wird sich auf die Vernunft selbst richten. Vernunft macht den Menschen, und Erkenntnis die Vernunft; der Mensch ist nur, was er erkennt

... Ist nicht die Lust der Gefühle größer als die Lust der Sinne und die Lust der Vernunft größer als die der Gefühle? Ist nicht jene Lust allein wahr und natürlich, deren man nicht überdrüssig wird? Ist nicht das Erkenntnis allein, was den Geist von Verwirrung befreit? Wieviel Dinge mag es geben, von denen wir glauben, daß sie nicht sind! Wieviel Dinge schätzen und bewerten wir höher, als sie es verdienen! Diese falschen Einbildungen, diese unproportionierten Wertungen sind die Wolken des Irrtums, aus denen sich stürmische Verwirrung entwickelt. Gibt es daher für den Geist des Menschen eine größere Glückseligkeit als über die verworrenen Dinge hinausgehoben zu werden, von wo aus er eine richtige Schätzung der Ordnung der Natur und der Irrtümer des Menschen gewinnen kann? Gibt es nur den Standpunkt des Genusses, oder auch den der Entdeckung? Den der Befriedigung, und nicht den des Gewinns? Sollen wir nicht den Reichtum des Warenhauses Natur genau so beachten wie die Schönheit des Ladens? Ist Wahrheit nutzlos? Werden wir nicht durch sie Würdiges erreichen und das menschliche Leben mit unendlich vielen Bequemlichkeiten ausrüsten können?

Sein bestes literarisches Werk, die *»Essays«* (1597–1623), zeigen ihn noch immer von zwei Liebschaften zerrissen, denn Politik und Philosophie zogen ihn gleichmäßig an. Im »Essay über Ehre und Ruhm« teilt er sämtliche Ehren den politischen und militärischen Taten zu und behält keine für literarische oder philosophische. Im Essay »Über Wahrheit« schreibt er aber: »Die Forschung der Wahrheit, die eine Liebeserklärung oder Werbung bedeutet; die Erkenntnis der Wahrheit, die auch ihr Lob ist; der Glaube an Wahrheit, der ihr Genuß ist, sind das höchste Gut der menschlichen Natur«. In Büchern »verkehren wir mit den Weisen, wie im tätigen Leben mit Narren«. Das freilich nur, wenn man sich auf die Auswahl von Büchern versteht. »Einige Bücher darf man nur kosten«, steht an einer berühmten Stelle, »andere muß man verschlingen, und nur wenige soll man durchkauen und verdauen«; all diese Gruppen sind aber zweifellos nur unendlich kleine Teile der Ozeane und Sturzbäche von Tinte, in denen die Welt täglich gebadet, vergiftet und ertränkt wird.

Sicherlich muß man die »Essays« unter jenen wenigen Büchern nennen, die es verdienen, durchgekaut und verdaut zu werden. Selten werden wir auf so kleiner Platte soviel nahrhafte Speise finden, die so bewundernswert hergerichtet und gewürzt wäre. Bacon verabscheut Füllsel und verschmäht jedes überflüssige Wort; in kurzen Sätzen bietet er unendlichen Reichtum. Jeder dieser Essays enthält auf ein bis zwei Seiten zusammengedrängt die konzentriert scharfsinnigen Äußerungen eines hervorragenden Geistes über eine Grundlage des Lebens. Es ist schwer zu sagen, ob hierbei der Stoff oder der Stil großartiger ist, denn man findet bei Bacon eine Sprache, deren Prosa ebenso überragend ist wie die Verse Shakespeares. Dieser Stil erinnert an den knorrigen Tacitus, er ist gedrängt und doch glatt; vieles seiner Knappheit verdankt er auch wirklich der geschickten Übernahme lateinischer Worte und Redewendungen. Sein Bilderreichtum ist aber für die Elisabethanische Zeit charakteristisch und spiegelt die Üppigkeit der Renaissance; niemand in der englischen Literatur ist ähnlich reich an prägnanten und lebendigen Vergleichen. Ihre unendliche Aneinanderreihung ist ein Fehler von Bacons Stil; die endlosen Metaphern, Allegorien und Anspielungen treffen die Nerven wie Peitschenhiebe und ermüden schließlich. Die *»Essays«* sind wie kräftige und schwere Speisen, von denen man nicht auf einmal große Mengen verdauen kann; liest man vier oder fünf hintereinander, so sind sie die beste geistige Nahrung in englischer Sprache[21].

Wie soll man diese zusammengedrängte Weisheit noch zusammengedrängter darstellen? Den besten Ausgangspunkt und die auffallendste Abweichung von der Manier der mittelalterlichen Philosophie bietet vielleicht Bacons rückhaltslose Zustimmung zur epikureischen Ethik. »Jener philosophische Gedankengang ›Verbrauchet nicht, damit ihr nicht begehrt, und begehret nicht, damit ihr euch nicht sorgen braucht‹ scheint auf schwache, mißtrauische und ängstliche Gemüter hinzudeuten. Und wirklich erweisen sich die meisten philosophischen Lehren als übertrieben mißtrauisch und besorgter um die Menschheit, als die Natur der Dinge es verlangt. So steigern sie die Todesfurcht durch die Linderungsmittel, die sie gegen jene anbieten, denn da sie aus dem Leben der Menschen kaum mehr als eine bloße Vorbereitung auf den Tod und eine Todeskunst machen, muß dieser Feind furchtbar erscheinen, weil man doch gegen ihn endlose Verteidigungsmittel vorzubereiten hat[22].« Nichts könnte der Gesundheit schädlicher sein als stoische Unterdrückung der Begierden; wozu soll ein Leben verlängert werden, das durch Gleichgültigkeit in vorzeitigen Tod verwandelt wurde? Außerdem ist das auch eine unmögliche Philosophie, denn die Instinkte drängen nach außen. »Die Natur ist oft verborgen, manchmal überwunden, niemals ausgelöscht. Gewalt veranlaßt die Natur nur zu ungestümerer Antwort; Unterweisung und Belehrung mildern den Drang der Natur, aber nur die Gewohnheit ändert und besiegt sie . . . Man soll aber seinem Sieg über die eigene Natur nicht allzusehr trauen, denn die Natur kann lange Zeit vergraben liegen und gelegentlich einer Versuchung wieder aufleben. Ähnlich wie es Äsops Jungfrau erging, die aus einer Katze in ein Weib verwandelt wurde und solange sehr sittsam am Tischende saß, bis eine Maus an ihr vorüberlief. Man sollte deshalb entweder Versuchungen völlig meiden, oder oft aufsuchen, damit man von ihnen wenig berührt werde[23].« Bacon glaubt sogar, der Körper müsse nicht nur an Zurückhaltung, sondern auch an Ausschreitungen gewöhnt werden, sonst könnte ihn ein Augenblick mangelnder Zurückhaltung vernichten. (So könnte jemand, der an die leichtesten und verdaulichsten Speisen gewöhnt ist, leicht Schaden erleiden, wenn ihn Vergeßlichkeit oder Not zum Verzicht auf das Vollkommenste zwingen.) Aber »lieber Mannigfaltigkeit der Genüsse als Übermaß«, denn »jugendliche Kraft geht über manche Ausschreitung hinweg, die den Mann bis in sein Alter verfolgt[24]«; die reifen Jahre eines Menschen bezahlen den Preis für seine Jugend. Einer der königlichen Wege zur Gesundheit ist ein Garten; Bacon stimmt mit dem Verfasser der *Genesis* überein, daß »der allmächtige Gott am Anfang einen Garten pflanzte«, und mit Voltaire, daß wir unsere Hinterhöfe bebauen sollten.

Die Moralphilosophie der *»Essays«* schmeckt eher nach Machiavelli als nach Christentum, vor dem Bacon so viele schlaue Verbeugungen vollführt. »Wir sind *Machiavel* und ähnlichen Schriftstellern verbunden, die offen und ungeschminkt sagen, was die Menschen wirklich tun und nicht, was sie tun sollten; denn es ist nicht möglich, die Weisheit der Schlange mit der Unschuld der Taube zu verbinden, ohne vorher das Böse zu kennen, da ohne dieses Wissen die Tugend ohne Schutz dem Bösen ausgeliefert ist[25].« – »Die Italiener haben ein unzartes Sprichwort: ›*Tanto buon che val niente*‹[26]« – so gut, daß er zu nichts taugt. Bacon paßt seine Lehre seinem Handeln an und empfiehlt eine vernünftige Mischung aus Heuchelei und Ehrlichkeit, einer Legierung ähnlich, die dem reineren, aber weicheren Metall die Möglichkeit eines längeren Lebens verleiht. Er verlangt eine ausgebaute und vielseitige Laufbahn, die die Bekanntschaft jener Dinge vermittelt, die den Geist weiten, vertiefen, stärken und schärfen können. Er bewundert nicht das bloß beschauliche Leben; wie Goethe verspottet er ein Wissen, das nicht zum Handeln führt: »Die Menschen sollten daran denken, daß auf der Bühne des menschlichen Lebens nur Götter und Engel Zuschauer sein dürfen[27].«

Aus Patriotismus teilte er die Religion des Königs. Obwohl er öfters als Atheist angeklagt, und die ganze Richtung seiner Philosophie weltlich und rationalistisch war, stellte er einen beredten und scheinbar aufrichtigen Feind des Unglaubens. »Eher würde ich alle Fabeln der Heiligengeschichte, des Talmud und des Alkoran glauben, als daß diese Weltordnung ohne Geist bestehe ... Ein wenig Philosophie macht den Menschengeist dem Atheismus geneigt, aber philosophische Tiefe führt ihn zur Religion. Während der Geist des Menschen sich auf verstreute, abgeleitete Ursachen richtet, kann er manchmal bei diesen haltmachen ohne weiterzugehen; nimmt er aber ihre geschlossene und verknüpfte Kette wahr, so muß er zur Vorsehung und zur Gottheit flüchten[28].« Religiöse Gleichgültigkeit wird durch die Vielheit der Sekten verursacht. »Die Ursachen des Atheismus sind die Spaltungen im Glauben, sofern ihrer viele bestehen, denn eine einzige Spaltung steigert nur den Eifer beider Parteien, viele Spaltungen aber führen zum Atheismus ... Gebildete Zeiten sind schließlich auch Ursache, besonders wenn sie friedlich und wohlhabend sind, denn Unglück und Sorgen machen den

Geist des Menschen der Religion geneigter[29].«

Bacons Wert liegt aber weniger in der Theologie und Ethik als in seiner Psychologie. Er ist ein unfehlbarer Analytiker der menschlichen Natur, der mit den Pfeilen seines Blickes bis in die Herzen vordringt. Über den abgedroschensten Gegenstand der Welt schreibt er mit erfrischender Ursprünglichkeit. »Ein verheirateter Mann ist in seinem Denken am ersten Tage seiner Ehe um sieben Jahre älter geworden.« – »Man sieht oft, daß schlechte Ehemänner gute Frauen haben[30].« (Bacon war eine Ausnahme.) »Für Geistliche ziemt sich ein eheloses Leben, denn Wohltätigkeit wird kaum den Grund und Boden begießen, wo sie vorerst einen Sumpf auffüllen muß . . . Wer Frau und Kinder hat, hat dem Glück Pfänder gegeben, denn sie verhindern große Taten, sowohl der Tugend als auch des Lasters[31].« Bacon scheint zu angestrengt gearbeitet zu haben, als daß er zur Liebe Zeit gehabt hätte, und hat ihre Tiefen vielleicht nie ganz erfühlt. »Sonderbar ist es, den Überschwang dieser Leidenschaft zu beobachten . . . Es hat niemals einen Hochmütigen gegeben, der so unsinnig gut von sich selbst gedacht hätte, wie der Liebende von der Geliebten . . . Man kann feststellen, daß von all den großen und würdigen Männern (deren man sich in der Vergangenheit oder der Gegenwart erinnern kann) keiner bis zu dieser irrsinnigen Stufe der Liebe hingerissen wurde, woraus folgt, daß große Geister und große Aufgaben diese schwächliche Leidenschaft verscheuchen[32].«

Freundschaft schätzt er höher als Liebe, obwohl er auch bezüglich ihrer seine Zweifel hat. »Es gibt nicht viel Freundschaft auf der Welt, der man hohes Lob spenden könnte, wenigstens nicht unter Gleichgestellten. Wo es eine solche gibt, besteht sie zwischen höher und tiefer Gestellten, deren Schicksal ineinandergreift . . . Ein Hauptertrag der Freundschaft ist die Erleichterung und Entlassung der Fülle und Aufwallung des Herzens, die durch alle möglichen Leidenschaften verursacht und herbeigeführt wurden.« Ein Freund ist ein Ohr. »Wer nach Freunden sucht, um sich ihnen zu eröffnen, ist ein Kannibale seines eigenen Herzens . . . Wessen Geist mit vielen Gedanken beladen ist, wird in Mitteilungen und Gesprächen seine Klugheit und seinen Verstand klären und erschließen; er wird seine Gedanken leichter wälzen, sie besser beherrschen und sehen, welche Form sie annehmen, wenn er sie in Worte kleidet; zum Schluß wird er weiser werden, als er in Wirklichkeit ist, und das eher durch eine Stunde Unterredung als durch einen Tag Meditation[33].«

Im Essay »Über Jugend und Alter« bringt er ein ganzes Buch in einem Abschnitt unter. »Junge Leute eignen sich mehr zum Erfinden als zum Beurteilen, mehr zur Ausführung als zur Beratung und mehr zu neuen Entwürfen als zu geordneten Geschäften; denn die Erfahrung der Alten leitet sie, wo sie sich im Bereich der Alten bewegen, mißbraucht sie aber auf neuen Gebieten ... In der Leitung und Überwachung von Unternehmungen pflegen junge Leute mehr zu beginnen, als sie vollenden, und mehr aufzuwühlen, als sie wieder besänftigen können; sie fliegen auf das Ziel hin, ohne die Mittel und Wege zu berücksichtigen; sie befolgen unverständig ein paar Grundsätze, auf die sie von ungefähr gestoßen sind, und reformieren unbesorgt drauf los, was zu ungeahntem Schaden führt ... Reife Männer machen zuviel Einwände, beraten zu lang, wagen zu wenig, bereuen zu früh und bringen nur selten den ganzen Gewinn heim, sondern begnügen sich meist mit mittelmäßigem Erfolg. Es ist sicherlich gut, den Dienst beider zu suchen, ... denn ihre Tugenden können die gegenseitigen Mängel ausgleichen.« Dennoch fürchtet er, daß man der Jugend und den Kindern zuviel Freiheit lassen könnte, so daß sie unordentlich und nachlässig werden. »Eltern sollten den Beruf und Lebenslauf, den sie ihren Kindern erwählt haben, beizeiten festlegen, wenn die Kinder noch biegsam sind; sie sollten auch die Anlagen ihrer Kinder nicht allzusehr berücksichtigen, in der Meinung, daß diese auf dem Gebiet das Beste leisten werden, zu dem sie am meisten neigen. Sind Neigung und Begabung der Kinder außergewöhnlich, dann ist es richtig, sie nicht zu durchkreuzen; im allgemeinen ist aber der Grundsatz (der Pythagoreer) richtig: *›Optimum lege, suave et facile illud faciet consuetudo‹*,« wähle das Beste, Gewohnheit wird es angenehm und leicht machen[34]. Denn »Gewohnheit ist die höchste Obrigkeit im menschlichen Leben[35]«.

In politischer Hinsicht lehren die *»Essays«* einen Konservativismus, wie er sich bei einem Manne, der zu herrschen trachtete, von selber versteht. Bacon verlangt eine starke zentrale Macht. Die Monarchie ist die beste Regierungsform, und in der Regel ändert sich die Leistungsfähigkeit eines Staates je nach der Konzentration der Macht. Für die Regierung »gibt es drei hauptsächliche Geschäfte: die Vorbereitung, die Erörterung oder Untersuchung und die Vollendung« (oder Ausführung). »Sofern man Wert auf schnelle Erledigung legt, soll man von diesen Geschäften nur das mittlere der Menge, das erste und das letzte aber Wenigen überlassen[36].« Er ist ein ausgesprochener Militarist; er beklagt das Wachstum der Industrie, weil sie die Menschen zur Kriegsführung untauglich mache, und beklagt den langen Frieden, der den Krieger im Manne einschläfere. Dennoch anerkennt er die Wichtigkeit des Rohmaterials: »Mit Recht sagte Solon zu Krösus (als ihm Krösus prahlend sein Gold zeigte): ›Sollte ein anderer auftauchen, mein Herr, der besseres Eisen hat als Ihr, so wird er Herr all dieses Goldes werden‹[37].«

Er gibt, wie Aristoteles, Ratschläge zur Vermeidung von Revolutionen. »Der sicherste Weg, einem Aufruhr vorzubeugen . . . ist, ihm den Grund nehmen, denn liegt Brennstoff bereit, so ist es schwer zu sagen, woher ein Funke kommen könnte, um ihn anzustecken . . . Es ist auch nicht richtig, daß eine allzu strenge Unterdrückung (d. h. Untersuchung) der Gerüchte Rettung vor Unruhen bringt; oft dämmt sie Nichtachtung am besten ein, und die Absicht, sie niederzuschlagen, macht daraus leicht ein langlebiges Wunder . . . Aufstände haben zweierlei Quellen: viel Armut und viel Unzufriedenheit . . . Die Ursachen und Beweggründe des Aufruhrs sind religiöse Neuerungen, Steuern, Änderungen von Gesetzen und Gebräuchen, Verletzung von Vorrechten, allgemeine Unterdrückung, Bevorzugung von unwürdigen oder fremdländischen Personen, Hungersnot, Entlassung von Soldaten, Parteien, die in Verzweiflung getrieben worden sind, und alles, was die Leute verletzt und sie dadurch zu einer gemeinsamen Klage miteinander verbindet.« Leitsatz für jeden Führer ist natürlich Entzweiung der Feinde und Sammlung der Freunde. »Im allgemeinen ist es nicht das schlechteste Hilfsmittel, alle staatsfeindlichen Parteien aufzulösen oder zu sprengen und sie einander zu entfremden oder mindestens Mißtrauen unter ihnen zu säen; denn die Lage der Dinge ist zum Verzweifeln, wenn die Förderer des Staates uneinig und in Parteien geteilt, seine Feinde aber zusammengeschlossen und vereint sind[38].« Ein besseres Rezept zur Vermeidung von Revolutionen ist gerechte Vermögensverteilung: »Geld ist wie Dünger, nur verteilt bringt es Nutzen[39].« Das bedeutet aber keinen Sozialismus und auch keine Demokratie; Bacon traut dem Volke nicht, das zu seiner Zeit keinen Zugang zur Bildung hatte. »Die niedrigste aller Schmeicheleien ist, dem gewöhnlichen Volke schmeicheln[40].« – »Phocion, der beim Händeklatschen der Menge fragte, was er falsch gemacht habe, hatte recht[41].« Was Bacon sich wünschte, war eine Klasse besitzender Bauern, dann eine Aristokratie für die Verwaltung und vor allem: ein Philosophen-König. »Es ist fast beispiellos, daß eine Regierung aus gelehrten Männern nicht erfolgreich gewesen wäre[42].« Er nennt Seneca, Antoninus Pius und Mark Aurel und hofft, daß die Nachwelt seinen eigenen Namen diesen hinzufügen werde.

IV. DER GROSSE WIEDERAUFBAU

Bacons Herz verweilte inmitten seiner Triumphe unbewußt bei der Philosophie. Sie war die Amme seiner Jugend gewesen, seine Begleiterin im Amte, und war zu seiner Trösterin im Gefängnis und in der Schande bestimmt. Er beklagte die Mißachtung, der er die Philosophie verfallen glaubte, und schob die Schuld auf den unfruchtbaren Scholastizismus. »Man neigt leicht zur Verachtung der Wahrheit wegen der Streitigkeiten, die sie umgeben, und glaubt, daß sich alle irren, weil sie sich nie einigen können[43].« – »Die Wissenschaften ...

stehen fast still, ohne Erweiterungen zu erfahren, die der Menschheit würdig wären; ... alle Traditionen und das ununterbrochene Bestehen der Schulen ist eine bloße Abfolge von Lehrern und Schülern, nicht von Entdeckern ... Was gegenwärtig in den Wissenschaften geleistet wird, ist ein bloßes Sich-im-Kreise-Drehen und eine unaufhörliche Bewegung, die dort endet, wo sie ihren Anfang nahm[44].« Und während all der Jahre seines Aufstiegs und seiner Erhöhung brütete er über die Wiederherstellung und über den Wiederaufbau der Philosophie: *»Meditor instaurationem philosophiae*[45].«

Er wollte seine ganze Arbeit auf diese Aufgabe konzentrieren. In seinem »Arbeitsplan« betont er vor allem, daß er einige *»einleitende Abhandlungen«* schreiben würde, um den Stillstand der Philosophie durch die posthume Zähigkeit veralteter Methoden zu erklären und seine Vorschläge für neue Aufgaben anzudeuten. Zweitens würde er eine neue *Einteilung der Wissenschaften* versuchen, ihnen ihren Stoff zuweisen und die ungelösten Fragen der einzelnen Gebiete zusammenstellen. Drittens würde er seine neue Methode zur *Erklärung der Natur* darstellen. Er würde viertens seine Geschäftigkeit der eigentlichen Naturwissenschaft zuwenden und die *Erscheinungen der Natur* untersuchen. Fünftens würde er jene *Stufenleiter der Vernunft* aufweisen, auf der die Schriftsteller der Vergangenheit zu den Wahrheiten emporgestiegen sind, die sich gegenwärtig vom Hintergrund mittelalterlicher Geschwätzigkeit lösen und Gestalt annehmen. Er würde sechstens gewisse *Vorwegnahmen* wissenschaftlicher Ergebnisse versuchen, von denen er glaubt, daß sie der Anwendung seiner Methode entspringen werden. Und schließlich würde er als *zweite* (oder *angewandte*) *Philosophie* ein Zukunftsbild malen, das aus all den keimenden Wissenschaften, für deren Propheten er sich hielt, erblühen sollte. Das Ganze sollte die *Magna Instauratio*, den großen Wiederaufbau der Philosophie bilden[46].

Das war ein großzügiges Unternehmen, das – bis auf Aristoteles – kein Beispiel in der Geschichte hatte. Es sollte sich von jeder anderen Philosophie durch das Verfolgen mehr praktischer als theoretischer Ziele, mehr besonderer, bestimmter Güter als spekulativer Ebenmäßigkeit auszeichnen. Wissen ist Macht, nicht bloßer Diskussionsstoff oder Schmuck, »es ist keine bloße Meinung, die man haben, ... sondern eine Arbeit, die man verrichten soll, und ich arbeite nicht an der Grundlegung einer Schule oder Lehre, sondern an den Grundlagen der Nützlichkeit und Macht[47].« Hier ertönt zum ersten Male die Stimme und die Klangfarbe der modernen Wissenschaft.

1. Die Fortschritte der Gelehrsamkeit

Um Werke zu schaffen, muß man Wissen haben. »Der Natur kann man nur befehlen, indem man ihr gehorcht[48].« Man lerne die Gesetze der Natur kennen, und man wird sie beherrschen, wie man als Unwissender gegenwärtig ihr Sklave ist; die Wissenschaft ist der Weg zur Utopie. In welchem Zustand befindet sich aber dieser Weg! Er ist gewunden, dunkel, läuft im Kreise, verliert sich in nutzlosen Seitengassen und führt nicht zum Licht, sondern in das Chaos. Wir wollen daher mit einer Übersicht über die Wissenschaften beginnen und ihnen ihren besonderen und für sie eigentümlichen Platz anweisen; wir wollen »die Wissenschaften alle an ihren richtigen Platz setzen[49]«, ihre Fehler, Bedürfnisse und Möglichkeiten untersuchen, auf die neuen Probleme, die Aufklärung von ihnen erwarten, hinweisen, und ganz allgemein »den Boden um ihre Wurzeln aufreißen und etwas umgraben[50]«.

Das ist die Aufgabe, die sich Bacon in den *»Fortschritten der Gelehrsamkeit«* gestellt hat. »Es ist meine Absicht«, schreibt er, wie ein König, der seine Regierung antritt, »eine Rundreise um das Wissen anzutreten und aufzuzeichnen, welche Stellen brach und unbebaut liegen und vom menschlichen Fleiß im Stich gelassen sind, um durch genaue Aufzeichnung der verlassenen Gegenden die Energien öffentlicher und privater Personen zu ihrer Verbesserung einzuladen[51].« Er möchte der königliche Aufseher des von Unkraut überwucherten

Bodens sein, der Wege ebnet und Gebiete an die Arbeiter verteilt. Das war ein Plan, dessen Kühnheit an Unbescheidenheit grenzte; Bacon war aber noch jung genug (mit zweiundvierzig Jahren ist ein Philosoph noch jung), um große Reisen zu planen. »Das gesamte Wissen habe ich zu meinem Wirkungskreis erwählt«, schrieb er 1592 an Burghley, womit er nicht sagen wollte, daß er eine vorzeitige Ausgabe der *Encyclopedia Britannica* beabsichtige, sondern nur, daß ihn seine Arbeit als Kritiker und Ordner aller Wissenschaften im Dienste des sozialen Aufbaus auf alle Gebiete führen werde. Schon die Größe seiner Absicht verleiht seinem Stile majestätische Pracht und erhebt ihn zuweilen auf den Höhepunkt englischer Prosa.

So durchstreift er das riesige Schlachtfeld, auf dem menschliche Forschung mit natürlichen Hindernissen und gegen menschliche Unwissenheit kämpft, und alle Gebiete taucht er in Licht. Physiologie und medizinische Wissenschaft hält er für sehr wichtig; die Bedeutung letzterer betont er, indem er sagt, sie überwache »ein mit viel und großer Handwerkskunst gebautes Musikinstrument, das leicht verstimmt werden kann[52]«. Er beanstandet aber den oberflächlichen Empirismus zeitgenössischer Ärzte und ihre leichtfertige Bereitschaft, alle Krankheiten nach demselben Rezept, in der Regel mit Medikamenten, zu behandeln. »Unsere Ärzte sind wie Bischöfe, die wohl Schlüssel zu Bindung und Lösung besitzen, aber auch nicht mehr[53].« Sie verlassen sich zu sehr auf ihre zufällige, unsystematische persönliche Erfahrung; sie sollten umfassendere Experimente unternehmen, die menschliche Anatomie durch die vergleichende erhellen, sezieren, und wenn nötig vivisezieren, und vor allem sollten sie einen leicht zugänglichen und verständlichen Bericht über ihre Experimente und deren Ergebnisse anfertigen. Bacon meint, daß man den Ärzten die Erleichterung und Beschleunigung des Todes (Euthanasie) erlauben sollte, wo sich das Ende nur einige Tage und nur auf Kosten starker Schmerzen hinauszögern ließe; er legt aber Nachdruck darauf, daß die Ärzte der Kunst, das Leben zu verlängern, mehr Aufmerksamkeit widmen sollten. »Das ist ein neuer und mangelhafter Teil (der Medizin), obwohl er der edelste von allen ist, denn sollte man ihn vollenden können, so wird sich die Heilkunde nicht ausschließlich in schmierigen Heilmethoden betätigen, und man wird die Ärzte nicht nur gezwungen ehren, sondern als Spender des größten irdischen Glückes, an dem Sterbliche teilhaben können[54].« In bezug auf diese Frage erinnert man sich zwar bitterer Bemerkungen Schopenhauers gegen die Annahme, daß ein verlängertes Leben eine Wohltat, und auf der anderen Seite der Versicherung, daß die Schnelligkeit, mit der einige Ärzte unseren Leiden ein »Ende« bereiten, eine unbedingt lobenswerte Tat sei. Bacon aber, obwohl er voller Sorgen, verheiratet und unablässig beunruhigt war, hat nie daran gezweifelt, daß das Leben doch etwas sehr Schönes sei.

In der Psychologie ist er fast ein »Behaviorist«; er fordert genaue Erforschung von Ursache und Wirkung im menschlichen Handeln und wünscht das Wort »*Zufall*« aus dem Wörterbuch der Wissenschaft zu streichen. »*Zufall*« ist ein Name für etwas, das nicht existiert[55]. Und: »Was der Zufall im Universum ist, das ist der Wille im Menschen[56]«. Diese einzige Zeile enthält unendlich viel Sinn und eine Kriegserklärung; die scholastische Lehre von der Willensfreiheit wird als indiskutabel abgelehnt, und die allgemein anerkannte Annahme eines »Willens«, der von der »Vernunft« verschieden sein soll, wird verworfen. Das sind Vorwegnahmen späterer Anschauungen, die Bacon nicht weiter verfolgt[57]; es ist nicht der einzige Fall, wo er ein ganzes Buch in einen einzigen Satz hineinlegt, um dann unbekümmert weiter zu gehen.

Wiederum entdeckt er in wenigen Worten eine neue Wissenschaft – die Sozialpsychologie. »Die Philosophen sollten die Macht und die Energie von Sitte, Übung, Gewohnheit, Erziehung, Beispiel, Nachahmung, Wetteifer, Geselligkeit, Freundschaft, Lob, Tadel. Ermunterung, Ruf, Gesetz, Büchern, Studien usw. fleißig erforschen, denn diese Dinge beherrschen die Sitten der Menschen, und durch diese Kräfte wird der Geist gestaltet und unterjocht[58].« Die moderne Wissenschaft ist diesem Entwurf so genau gefolgt, daß er fast an ein Inhaltsverzeichnis zu den Werken von Tarde, Le Bon, Ross, Wallas und Durkheim erinnert.

Nichts ist zu gering für die Wissenschaft und nichts zu hoch für sie. Magie, Träume, Voraussagen, telepathische Mitteilungen und »parapsychische Phänomene« müssen im allgemeinen der wissenschaftlichen Untersuchung unterworfen werden, »denn man weiß nicht, in welchen Fällen und wie weitgehend Wirkungen, die man dem Aberglauben zugeschrieben hat, natürlicher Ursachen teilhaftig sind[59]«. Trotz seiner stark naturwissenschaftlichen Neigung fühlt er sich durch die Probleme gefesselt; nichts Menschliches ist ihm fremd. Denn wer könnte sagen, welch unerwartete Wahrheit, welch neue Wissenschaft aus diesen Untersuchungen erwachsen kann, ähnlich wie die Chemie aus der Alchimie entsprang? »Die Alchimie kann man jenem Mann vergleichen, der seinen Söhnen sagte, er habe für sie an einer Stelle seines Weingartens Gold vergraben; diese aber, obwohl sie durch ihre Grabungen dort kein Gold fanden, haben durch das Wenden der Erde an den Wurzeln der Weinstöcke eine reichliche Weinlese herbeigeführt. So haben die Forschungen und Bemühungen, Gold zu machen, zu vielen nützlichen Erfindungen und lehrreichen Experimenten geführt[60].«

Eine weitere neue Wissenschaft erhält ihre Gestalt im VIII. Buche: die Wissenschaft vom Erfolg im Leben. Zu einer Zeit, in der er selbst die Macht noch nicht verloren hatte, gibt er einige vorläufige Ratschläge, wie man in der Welt emporsteigen kann. Das erste Erfordernis ist Wissen, von sich selbst und von anderen. *»Gnothi seauton«* ist nur eine Hälfte; Selbsterkenntnis ist vorwiegend als Mittel zur Erkenntnis anderer wertvoll. Wir müssen uns aber

fleißig über die besonderen Leute, mit denen wir zu schaffen haben, unterrichten – über ihr Temperament, ihre Begierden, Ansichten, Sitten und Gewohnheiten; über die Hilfsmittel, Unterstützungen und Sicherungen, auf die sie sich in der Hauptsache verlassen, und von denen sie ihre Macht erhalten haben; über ihre Mängel und Schwächen, durch die sie Angriffen am meisten ausgesetzt und zugänglich sind; über ihre Freunde, Parteirichtung, Gönner, Anhänger, Feinde, Neider, Rivalen; über Zeit und Art ihrer Zugänglichkeit . . . Den sichersten Schlüssel zum Aufschließen des Charakters anderer bietet aber die Erforschung und Sichtung entweder ihrer Gemütsverfassung und Natur oder ihrer Ziele und Pläne; die Schwächeren und Einfacheren können am besten auf Grund ihres Temperamentes beurteilt werden, die Klügeren und Verschlosseneren auf Grund ihrer Absichten ... Der kürzeste Weg zu dieser Erforschung beruht aber auf drei Dingen, nämlich erstens darauf, daß man sich zahlreiche Freunde besorgt ... zweitens, auf der Beobachtung kluger Mäßigung und eines Mittelweges zwischen ungehemmtem Reden und Schweigen ... Vor allem aber kann man sich selbst durch nichts besser einführen und die eigenen Rechte wahren, als dadurch, daß man sich nicht zu sehr durch Freundlichkeit und Gutmütigkeit entwaffnet, was einen Verletzungen und Schmähungen aussetzt; man muß vielmehr ... von Zeit zu Zeit Funken eines freien und mutigen Geistes aussprühen, die nicht weniger Stachel als Honig enthalten[61].

Freunde sind für Bacon in der Hauptsache Mittel zur Macht; mit Machiavelli teilt er einen Standpunkt, den man zunächst der Renaissance zuschreiben würde, bis man sich der schönen und nicht berechnenden Freundschaften zwischen Michelangelo und Cavalieri, Montaigne und La Boëtie und Sir Philip Sidney und Hubert Languet entsinnt[62]. Vielleicht kann diese allzu geschäftsmäßige Einschätzung der Freundschaft Bacons Sturz mit erklären, wie denn auch ähnliche Anschauungen zur Erklärung von Napoleons Sturz beitragen, denn die eigenen Freunde werden in ihren Beziehungen selten eine höhere Philosophie vertreten als man selbst im Umgang mit ihnen an den Tag legt. Bacon geht noch weiter und zitiert Bias, einen der Sieben Weisen des antiken Griechenland: »Liebe deinen Freund, als ob er dein Feind werden sollte, und deinen Feind, als sollte er dein Freund werden[63].« Selbst dem Freunde sollte man nicht zuviel der wirklichen eigenen Ziele und Gedanken verraten. In der Unterhaltung sollte man öfter Fragen stellen als Anschauungen zum Ausdruck bringen, und spricht man, so sollte man eher Auskünfte geben und Tatsachen mitteilen, als Überzeugungen und Urteile[64]. Offenkundiger Stolz unterstützt das Vorwärtskommen, denn »Großtuerei ist eher in der Ethik als in der Politik ein Fehler[65]«. Man wird hier wieder an Napoleon erinnert; Bacon war, ähnlich dem kleinen Korsikaner, ein schlichter Mensch innerhalb seiner Mauern, außerhalb entfaltete er aber Zeremonien, die er für öffentliches Ansehen unerläßlich hielt.

So eilt Bacon von Gebiet zu Gebiet und versenkt den Samen seines Denkens in jede Wissenschaft. Am Ende seiner Übersicht kommt er zu dem Schluß, daß Wissenschaft für sich genommen nicht genüge; außerhalb der Wissenschaften muß es eine Macht und Ordnung geben, die jene ordnet und ihnen ein Ziel steckt. »Es gibt noch einen anderen wichtigen und schwerwiegenden Grund, weshalb die Wissenschaften nur wenig fortgeschritten sind, und der ist folgender: ›Es ist nicht möglich, ein Rennen fehlerfrei zu vollenden, wenn das Ziel selbst nicht richtig aufgestellt ist‹[66].« Was die Wissenschaft braucht, ist Philosophie – die Analyse der wissenschaftlichen Methode und das Ordnen wissenschaftlicher Ziele und Ergebnisse; ohne diese muß jede Wissenschaft oberflächlich bleiben. »Denn wie sich von einer Ebene aus kein vollkommener Überblick über ein Land gewinnen läßt, so ist es auch unmöglich, die entfernteren und tieferen Teile einer Wissenschaft von der Ebene derselben Wissenschaft aus zu entdecken, also ohne eine höhere zu besteigen[67].« Er verurteilt die Gewohnheit, vereinzelte Tatsachen außerhalb ihres Zusammenhanges zu betrachten, wobei die Einheit der Natur unberücksichtigt bleibt, als wollte jemand, wie er sagt, mit einer kleinen Kerze die Ecken eines Raumes ableuchten, der von seinem Mittelpunkt aus durch ein strahlendes Licht erhellt ist.

Bacons Liebe richtet sich schließlich doch eher auf Philosophie als auf Naturwissenschaft; nur die Philosophie kann einem Leben voll Unruhe und Kummer jenen eindrucksvollen Frieden verleihen, der vom Verständnis herrührt. »Gelehrsamkeit besiegt oder mildert die Furcht vor dem Tode und vor Mißgeschick.« Er zitiert Virgils bedeutende Worte:

> Felix qui potuit rerum cognoscere causas,
> Quique metus omnes, et inexorabile fatum,
> Subjecit pedibus, strepitumque Acherontis avari –

»glücklich der Mann, der die Ursachen der Dinge erkennt, und seinen Fuß auf jede Angst und das unerbittliche Schicksal gesetzt hat und auf das lärmende Streben der höllischen Habgier«. Es ist vielleicht die wertvollste Gabe der Philosophie, daß man durch sie die unersättliche Erwerbssucht verlernt, die unsere wirtschaftliche Umgebung immer wieder so eindringlich lehrt. »Philosophie weist uns den Weg zum Aufsuchen geistiger Güter, alles andere wird sich entweder einstellen oder wird kaum vermißt werden[63].« Ein Stückchen Weisheit ist ewige Freude.

Die Staatsverwaltung leidet, genau wie die Wissenschaften, unter dem Mangel an Philosophie. Zwischen Philosophie und Wissenschaft besteht dieselbe Beziehung wie zwischen Staatskunst und Politik: durch umfassendes Wissen und vollständige Übersicht geleitetes Handeln auf der einen, zielloses und vereinzeltes Suchen auf der anderen Seite. Genau wie die Beschäftigung mit den Wissenschaften zum Scholastizismus wird, sobald man sie von den wirklichen Bedürfnissen der Menschen und des Lebens löst, so wird die Beschäftigung mit Politik zu einem gefährlichen Wahn, wenn sie sich von Wissenschaft und Philosophie trennt. »Es ist falsch, den Körper Kurpfuschern anzuvertrauen, die in der Regel nur einige Rezepte besitzen, auf die sie sich verlassen, die aber weder die Ursache der Krankheit, noch den Körperbau des Kranken, noch die Gefahr von Zufällen, noch auch die wahren Heilmethoden kennen. Und so muß es auch gefährlich sein, den Leib des Staates durch Staatsmänner, die Pfuscher sind, behandeln zu lassen, wenn sich zu ihnen nicht wenigstens andere gesellen, deren Wissen wohl gefestigt ist . . . Obwohl der Mann, der sagte: ›Die Staaten wären glücklich, wenn entweder die Könige Philosophen oder die Philosophen Könige wären‹, durch seinen Beruf befangen genannt werden kann, soviel hat sich in der Erfahrung doch bewahrheitet, daß sich die besten Zeiten unter weisen und gelehrten Herrschern abspielten[64].« Und er erinnert an die großen Kaiser, die von Domitian bis Commodus über Rom geherrscht haben.

So hat Bacon wie Platon und wir alle sein eigenes Steckenpferd vergöttert und als das Heil des Menschen hingestellt. Er erkannte aber viel klarer als Platon (und diese Verschiedenheit deutet auf die Neuzeit hin) die Notwendigkeit von Spezialwissenschaften und von Kämpfern und ganzen Heeren der spezialistischen Forschung. Kein einzelner Geist könnte das ganze

Gebiet aufnehmen, selbst Bacon nicht, und würde er auch von der Spitze des Olymp herabblicken. Er wußte, daß er der Hilfe bedurfte, und fühlte heftig die Einsamkeit der Höhenluft um seine Wagnisse, die niemand unterstützte. »Was hast du für Kameraden bei der Arbeit?« fragt er einen Freund. »Was mich betrifft, bin ich vollkommen einsam[70].« Er träumt von Wissenschaftlern, die sich in ständiger Gemeinschaft und Zusammenarbeit nebeneinander spezialisieren und durch eine große Organisation zu gemeinsamem Forschungsziel zusammengehalten werden. »Man überlege sich, was von Männern, die viel Zeit haben, und von dem gemeinschaftlichen Arbeiten solcher Männer durch viele Generationen zu erwarten wäre, besonders da es sich nicht um einen Weg handelt, den gleichzeitig nur einer betreten kann (wie das beim Denken der Fall ist), sondern um einen Weg, auf dem Arbeit und Fleiß von Männern (insbesondere was das Sammeln von Erfahrungen betrifft) mit bestem Erfolg gesammelt und verteilt und dann verknüpft werden kann. Denn erst dann wird die Menschheit die Größe ihrer Macht erkennen, wenn statt vieler Menschen, die dasselbe tun, der eine sich dieser, der andere jener Aufgabe annimmt[71].« Die Wissenschaft, die die Organisation der Erkenntnis ist, muß selbst organisiert werden.

Und diese Organisation muß international sein; sie soll die Grenzen überschreiten, denn vielleicht könnte sie aus Europa eine geistige Einheit machen. »Der nächste Mangel, den ich entdecke, ist die geringe Sympathie und die fehlenden Beziehungen zwischen Schulen und Universitäten, sowohl in ganz Europa, als auch innerhalb der einzelnen Staaten und Königreiche[72].« Alle diese Universitäten sollten unter sich Themen und Probleme verteilen und zusammenarbeiten, sowohl in der Forschung als auch bei den Veröffentlichungen. So organisiert und verknüpft, würden die Universitäten eine fürstliche Unterstützung verdienen, die aus ihnen das machen würde, was sie im Lande Utopien sein werden: Mittelpunkte unparteiischer Gelehrsamkeit, die die Welt beherrscht. Bacon weist auf »das schändliche Gehalt, das öffentlichen Lehrern sowohl der Wissenschaften als auch der Künste zuteil wird[73]« und ahnt, daß dieser Zustand so lange bestehen bleiben wird, bis die Staaten die großen Aufgaben der Bildung auf sich nehmen werden. »Die Weisheit der ältesten und besten Zeiten hat stets darüber geklagt, daß der Staat zu sehr mit Gesetzen beschäftigt und zu nachlässig hinsichtlich der Erziehung war[74].« Sein großer Traum ist Sozialisierung der Wissenschaft, um die Natur zu erobern und die Macht des Menschen zu steigern.

So wandte er sich denn an Jakob I. und überschüttete ihn mit den Schmeicheleien, an denen sich Königliche Hoheit, wie er wußte, gern labte. James war ebensosehr Forscher als König und stolzer auf seine Feder als auf Krone und Szepter; von einem literarisch derart interessierten und so gelehrten König konnte man etwas erwarten. Bacon teilte James mit, die Pläne, die er entworfen habe, seien »in der Tat *opera basilica*«, königliche Aufgaben, »in Richtung auf die das Bestreben eines einzelnen Menschen nicht mehr erreichen kann als ein Wegweiser an einem Kreuzweg, der den Weg zwar anzeigt, aber nicht betreten kann«. Gewiß würden solch königliche Unternehmen mit Ausgaben verknüpft sein, aber »wie die Geheimschreiber und Spione der Fürsten und Staaten Rechnungen für ihre Nachrichten vorlegen, so müßt Ihr auch den Spionen und Kundschaftern der Natur erlauben, ihre Rechnungen zu präsentieren, sofern Ihr nicht auf die Kenntnis vieler wissenswerter Dinge verzichten wollt. Und wenn Alexander ein so großes Vermögen Aristoteles zur Unterstützung von Jägern, Vogelstellern, Fischern und dergleichen zur Verfügung gestellt hat, so bedürfen jene, die die Irrgänge der Natur enträtseln, noch viel mehr dieser Unterstützung[75]«. Mit solch königlicher Unterstützung könnte der »große Wiederaufbau« in wenigen Jahren vollendet sein, ohne sie wird die Vollendung der Aufgabe Generationen verlangen.

Was erfrischend neu an Bacon wirkt, ist die großzügige Versicherung, mit der er die Eroberung der Natur durch den Menschen voraussagt: »Ich setze alles auf den Sieg der Kunst über die Natur in diesem Rennen.« Was die Menschen bisher getan haben, ist »nur ein Handgeld für die Dinge, die sie noch tun werden«. Aber woher dieses große Zutrauen? Hatten nicht Menschen schon seit zweitausend Jahren die Wahrheit gesucht und die Pfade der Wissenschaft erforscht? Warum sollte man jetzt einen so großen Erfolg erwarten, wo doch lange Zeiträume nur zu geringen Ergebnissen geführt hatten? – Wohl wahr, antwortet Bacon, was aber, wenn die Methoden, deren sich die Menschen bedient haben, falsch und nutzlos gewesen sind? Was, wenn man die breite Straße verloren hat, und die Wissenschaft sich auf Seitenwege verirrte, die im Nichts enden? Wir brauchen eine rücksichtslose Revolutionierung unserer Forschungsmethoden und unseres Denkens, unseres Wissenschaftsgebäudes und unserer Logik; wir brauchen ein neues Organon, das besser als das des Aristoteles, und dieser unserer größeren Welt angepaßt ist!

Uns so reicht uns Bacon sein größtes Werk.

2. *Das neue Organon*

»Bacons größte Leistung«, sagt sein strengster Kritiker, »ist das erste Buch des *Novum Organon*[76].« Noch nie hat jemand mehr Leben in die Logik hineingelegt, indem er aus der Induktion ein märchenhaftes Abenteuer und eine Eroberung machte. Muß man Logik studieren, so sollte man mit diesem Buche beginnen. »Dieser Teil der menschlichen Philosophie, der sich auf Logik bezieht, ist für den Geschmack vieler unerträglich, weil er ihnen nicht anders als ein Netzwerk und ein Fallstrick dornenvoller Spitzfindigkeit erscheint . . . Würden wir aber die Dinge nach ihrem wirklichen Wert beurteilen, so würden wir die rationalen Wissenschaften als Schlüssel zu allen anderen anerkennen[77].«

Die Philosophie war deshalb so lange Zeit unfruchtbar, weil sie zu ihrer Befruchtung einer neuen Methode bedurfte. Der Hauptfehler der griechischen Philosophen war der, daß sie zuviel Zeit auf Theorien, zu wenig auf Beobachtung verwandt haben. Das Denken sollte aber Hilfsmittel der Beobachtung sein, nicht ihr Ersatz. »Der Mensch«, so sagt der erste Aphorismus im *Novum Organon*, gleichsam der Metaphysik den

Fehdehandschuh hinwerfend, »der Mensch als Diener und Deuter der Natur kann nur soviel vollbringen und verstehen, wie ihm seine Beobachtung der Naturordnung . . . erlaubt; er weiß weder mehr, noch kann er auch mehr tun.« Die Vorgänge des Sokrates waren in dieser Hinsicht folgerichtiger als seine Nachfolger; insbesondere hatte Demokrit eher eine Nase für Tatsachen als den Blick für den Himmel. Kein Wunder, daß die Philosophie seit den Tagen des Aristoteles so wenig fortgeschritten ist, denn sie hat sich nur der aristotelischen Methoden bedient. »Mit Hilfe von Aristoteles' Erleuchtung über Aristoteles hinausgehen wollen, heißt annehmen, daß ein geborgtes Licht das ursprüngliche Licht, aus dem es stammt, verstärken könne[78].« Nach zweitausendjährigem Klappern mit der logischen Mühle, die Aristoteles erfunden hat, ist die Philosophie so tief gesunken, daß niemand sie ehren mag. All diese mittelalterlichen Theorien, Lehren und Disputationen müssen ausgeschaltet und vergessen werden; um sich zu erneuern, muß die Philosophie wieder mit einem reinen Blatt und mit gereinigter Vernunft anfangen.

Der erste Schritt ist daher die »Reinigung des Verstandes«. Wie kleine Kinder dürfen wir nichts mehr von Ismen und Abstraktionen wissen, und müssen uns von Vorurteilen und Voreingenommenheiten reinwaschen. Wir müssen die Trugbilder *(Idols)* des Geistes zerstören.

Ein Trugbild im Sinne von Bacon (worin sich vielleicht die protestantische Ablehnung der Bilderverehrung widerspiegelt) ist ein Bild, das man für Wirklichkeit, ein Gedanke, den man für ein Ding hält. Die Irrtümer gehören in dieses Kapitel, und die erste Aufgabe der Logik ist, die Quellen dieser Irrtümer aufzudecken und einzudämmen. Bacon schreitet zu der mit Recht berühmten Analyse der Trugschlüsse fort; »niemand hat«, so sagt Condillac, »die Gründe menschlicher Irrtümer besser gekannt als Bacon«.

Diese Irrtümer sind erstens: die *»Trugbilder des Stammes«* – Trugschlüsse, die die menschliche Natur im allgemeinen aufweist. »Denn irrtümlich hat man versichert, die Sinne des Menschen seien der Maßstab der Dinge [Protagoras sagte:

›Der Mensch ist das Maß aller Dinge‹]. Im Gegenteil deuten alle Wahrnehmungen sowohl der Sinne als auch des Geistes auf den Menschen, nicht auf die Welt hin; der menschliche Geist aber ähnelt jenen unebenen Spiegeln, die ihre Eigentümlichkeiten auf verschiedene fremde Dinge übertragen ... und diese verzerren und verunstalten[79].« Unsere Gedanken bilden eher uns selbst als ihre eigenen Gegenstände ab. So z. B. »nimmt der menschliche Verstand auf Grund seiner Eigenart leicht größere Grade der Ordnung und Regelmäßigkeit in den Dingen an, als er wirklich vorfindet ... Daher die Einbildung, daß sich alle Himmelskörper in vollkommenen Kreisen bewegen[80]«. Und wiederum

zwingt der menschliche Verstand, sobald ein beliebiger Satz einmal feststeht (sei es auf Grund allgemeiner Anerkennung und gemeinsamen Glaubens oder auch wegen der Lust, die er verspricht), alles andere, neue Gründe und Bestärkungen zu diesem Satz zu liefern; selbst wenn ausreichende und zwingende Gegengründe bestehen, übersieht oder mißachtet er sie oder entledigt sich ihrer lieber durch irgendeine Einschränkung mit Hilfe gewaltsamer und verletzender Voreingenommenheit, als daß er die Geltung seiner ersten Schlüsse opfern würde. Der Mann, dem in einem Tempel die aufgehängten Votivtafeln von Leuten gezeigt wurden, die den Gefahren des Schiffbruchs entgangen waren, und auf den man eindrang, ob er nun bereit sei, die Macht der Götter anzuerkennen, antwortete richtig ... »Aber wo sind die Tafeln derer, die trotz ihrer Gelübde umgekommen sind?« Alle Arten des Aberglaubens sind ähnlich, handle es sich um Astrologie, Traumdeutung, Wahrzeichen, Prophezeiungen und dergleichen; bei all diesen nehmen die getäuschten Gläubigen eingetroffene Ereignisse wahr, vernachlässigen aber und beachten nicht die Fehlschläge, selbst wenn diese viel häufiger sein sollten[81].

»Erst *nachdem* der Mensch eine Frage seinem Willen gemäß bereits beantwortet hat, wendet er sich dem Experiment zu und, dieses so zurechtbiegend wie es ihm gefällt, führt er es im Siegeszug mit sich herum wie einen Gefangenen[82].« Kurz, »der menschliche Verstand ist kein reines Licht, sondern erhält Färbung vom Willen und von den Affekten, aus denen Wissenschaften entstehen, die man Wissenschaften, wie man sie möchte, nennen kann ... Denn man glaubt bereitwilliger, was man lieber für wahr haben möchte[83]«. Ist dem nicht so?

Hier gibt Bacon einen goldenen Rat. »Im allgemeinen sollte

jeder Erforscher der Natur sich zur Regel setzen, alles, was sein Geist mit besonderer Befriedigung ergreift und festhält, mit Mißtrauen aufzunehmen und bei der Behandlung solcher Fragen besondere Sorgfalt anzuwenden, um den Verstand ruhig und klar zu erhalten[84].« – »Man soll dem Verstand keine Sprünge und keinen Flug von Einzelheiten aus zu entfernten Axiomen von höchster Allgemeinheit erlauben . . .; nicht mit Flügeln muß man ihn ausstatten, sondern eher durch Gewichte am Springen und Fliegen hindern[85].« Die Einbildungskraft kann zum größten Feind des Verstandes werden, während sie nur Anreiz und Versuchsmittel sein sollte.

Eine zweite Klasse von Irrtümern nennt Bacon *»Trugbilder der Höhle«* – Irrtümer, die dem einzelnen Menschen eigentümlich sind. »Denn jeder . . . hat eine eigene Höhle oder Grube, die das Licht der Natur zurückwirft oder verfärbt«; diese besteht aus seinem Charakter, wie er durch Natur und Erziehung und durch seine Leibes- und Geistesart oder -verfassung gestaltet wurde. Gewisse Geister z. B. sind ihrer Anlage nach analytisch und sehen überall Verschiedenheiten, andere sind synthetisch veranlagt und bemerken Ähnlichkeiten; so stehen auf der einen Seite Maler und Wissenschaftler, auf der anderen Dichter und Philosophen. »Andere Anlagen äußern sich in grenzenloser Bewunderung für das Alte, wiederum andere im Aufnehmen des Neuen; nur wenige können die gerechte Mitte einhalten und reißen weder nieder, was die Vorzeit richtig erbaut, noch verachten angebrachte Neuerungen moderner Zeiten[86].« Die Wahrheit kennt keine Parteien.

Drittens gibt es *»Trugbilder des Marktes«*, die »aus dem gegenseitigen Verkehr und der Vereinigung der Menschen« entspringen. »Denn die Menschen verständigen sich mittels der Sprache, die Wörter aber sind von den Köpfen der Menschen aufgestellt. Aus den schlecht und unzweckmäßig gebildeten Wörtern erwachsen sonderbare Schwierigkeiten für den Geist[87].« Die Philosophen sprechen vom »Unendlichen« im Tone unbesorgter Behauptung, wie etwa ein Sprachwissenschaftler von Infinitiven; weiß aber jemand, was das »Unendliche« ist, und ob es auch nur den Versuch unternommen hat, zu existieren? Die Philosophen sprechen auch von »ersten ursachlosen Ursachen« oder von »ersten unbewegten Bewegern«, sind das aber nicht wieder Redensarten, die wie Feigenblätter nackte Unwissenheit verdecken sollen und vielleicht auf das böse Gewissen ihrer Gebraucher hinweisen? Jeder klare und ehrliche Kopf weiß, daß es keine Ursache geben kann, die ihrerseits nicht von Ursachen bewirkt wäre, und keinen unbewegten Beweger. Der größte Wiederaufbau in der Philosophie würde vielleicht einfach darin bestehen – daß man aufhört zu lügen.

»Es gibt schließlich Trugbilder, die sich von den verschiedenen Dogmen der Philosophen her und auch durch falsche Gesetze des Beweisverfahrens in die menschliche Vernunft eingeschlichen haben. Diese nenne ich *Trugbilder des Theaters*, denn meiner Ansicht nach sind all die anerkannten Systeme der Philosophie bloße Theaterstücke, die auf unwirkliche und schauspielerische Art frei erfundene Welten darstellen . . . Und an den Stücken dieses philosophischen Theaters kann man dasselbe beobachten, was man vom Theater der Dichter her kennt: die Erzählungen, die für die Bühne erfunden sind, sind geschlossener, geglätteter und mehr nach unseren Wünschen geformt als wahre Erzählungen der Geschichte[88].« Die Welt, wie Platon sie beschreibt, ist bloß eine von Platon ersonnene Welt und stellt eher ihn selbst als die wirkliche Welt dar.

Wir werden in der Erkenntnis der Wahrheit keine großen Fortschritte machen, solange diese Trugbilder selbst die Besten unter uns auf Schritt und Tritt irreführen. Wir brauchen neue Wege für das Denken, neue Werkzeuge für den Verstand. »Und wie die ungeheueren Gebiete Westindiens niemals entdeckt worden wären, hätte man sich nicht vorher auf den Gebrauch des Kompasses verstanden, so ist es nicht verwunderlich, daß Erfindung und Fortschritt in den Künsten nicht weiter gekommen sind, solange die Kunst der wissenschaftlichen Erfindung und Entdeckung unbekannt bleibt[89].« – »Es wäre doch sicherlich beschämend, wenn heutzutage, wo alle Gebiete des irdischen Globus . . . entdeckt und völlig erschlossen worden sind, der geistige Globus innerhalb der engen Grenzen alter Entdeckungen eingeschlossen bleiben sollte[90].«

Schließlich gehen alle Übel auf Dogmen und auf die Deduktion zurück. Wir finden keine neue Wahrheit, weil wir gewisse altehrwürdige, aber zweifelhafte Sätze zu unserem unangezweifelten Ausgangspunkt machen und es uns nicht einfällt, diese Voraussetzungen selbst einer Prüfung durch Beobachtung und Experiment zu unterwerfen. Es gilt aber: »Wer mit Gewißheit anfängt, wird bei Zweifeln enden; wird er sich dagegen mit Zweifeln als Ausgangspunkt bescheiden, so wird er bei Gewißheiten enden« (was freilich leider nicht unbedingt einzutreten braucht). Das ist ein gemeinsamer Grundton der Frühzeit aller modernen Philosophie, gewissermaßen ihre Unabhängigkeitserklärung; auch Descartes würde in diesem Zusammenhang sofort von der Notwendigkeit des »methodischen Zweifelns« als von einer Spinnweben beseitigenden Vorbedingung ehrlichen Denkens sprechen.

Bacon schreitet zu einer ausgezeichneten Darstellung der wissenschaftlichen Forschungsmethoden weiter. »Übrig bleibt die *schlichte Erfahrung*, die, wenn man sie [›empirisch‹] nimmt, wie sie sich gibt, Zufall, wenn man sie aufsucht, Experiment heißt ... Die wahre Methode der Erfahrung zündet zunächst das Licht an [Hypothese] und zeigt dann mit Hilfe des Lichtes den Weg [ordnet das Experiment an und grenzt es ab]; sie geht von wohl geordneter und verdauter, nicht von stümperhafter und verworrener Erfahrung aus, leitet aus ihr Axiome ab und geht von den anerkannten Axiomen zu neuen Experimenten weiter[91].« (An dieser Stelle haben wir – wie auch an einer späteren[92], die von den Ergebnissen einleitender Experimente als von einer »ersten Ernte« zur Führung der weiteren Forschung spricht – die ausdrückliche, obwohl vielleicht unzulängliche Einsicht in die Notwendigkeit von Hypothese, Experiment und Deduktion, die Bacon nach Behauptung einiger Kritiker völlig übersehen haben soll.) Wir müssen uns an die Natur, statt an Bücher, Traditionen und Autoritäten halten; wir müssen »die Natur auf die Folter spannen und sie zum Zeugnis zwingen«, sogar gegen sich selbst, damit wir sie zu unseren Zwecken verwenden können. Von überall her müssen wir Material zu einer »Naturgeschichte« der Welt sammeln, an der die vereinigte Forschung aller europäischen Gelehrten mitzuarbeiten hätte. Wir brauchen Induktion.

Induktion bedeutet aber keine »bloße Aufzählung« aller Tatsachen, diese Aufzählung wäre vermutlich endlos und auch zwecklos, denn keine Menge von Material bildet für sich genommen Wissenschaft. Das hieße, »ein Wild auf offenem Felde fangen wollen«; um unsere Beute einzufangen, müssen wir das Feld einengen und umzäunen. Die Methode der Induktion muß eine Technik zur Einteilung der Tatsachen in Klassen und zur Ausscheidung von Hypothesen enthalten, so daß durch fortschreitende Streichung von Erklärungsmöglichkeiten schließlich nur eine einzige übrigbleibt. Das vielleicht brauchbarste Mittel dieser Technik ist die »Tafel des Mehr und Weniger«, die Fälle zusammenfaßt, in denen zwei Eigenschaften oder Bedingungen gemeinsam abnehmen oder anwachsen und auf diese Weise eine vermutlich ursächliche Beziehung zwischen den gemeinsam sich ändernden Phänomenen aufdeckt. So sucht Bacon bei der Frage, was Wärme sei, nach einer Gegebenheit, die mit dem Anwachsen der Wärme selbst wächst und mit ihrer Abnahme abnimmt; nach langer Analyse findet er einen eindeutigen Zusammenhang zwischen Wärme und Bewegung, und sein Schluß, daß Wärme eine Bewegung sei, bildet einen seiner wenigen, besonders wichtigen Beiträge zur Naturwissenschaft.

Durch diese ständige Häufung und Analyse der Tatsachen kommen wir, wie Bacon sagt, zur *Form* des untersuchten Phänomens, zu seiner geheimen Natur und seinem inneren Wesen. Die Lehre von den »Formen« bei Bacon erinnert stark an die Lehre von den Ideen bei Platon, auch sie ist eine Metaphysik der Wissenschaften. »Wenn wir von Formen sprechen, meinen wir weiter nichts als jene Gesetze und Bestimmungen der einfachen Tätigkeit, die die elementare Natur ordnen und begründen . . . Die Form der Wärme oder die Form des Lichtes bedeutet daher weiter nichts als das Gesetz der Wärme oder das Gesetz des Lichtes[93].« (In ähnlichem Sinne sagte später Spinoza, das Gesetz des Kreises sei seine *Substanz*.) »Denn obwohl es in der Natur nichts gibt außer individuellen Körpern, die nach besonderen Gesetzen eindeutige individuelle Wirkungen hervorbringen, sind doch auf jedem Gebiet des Wissens gerade diese Gesetze – ihre Erforschung, Entdeckung und Entfaltung – die Grundlagen sowohl der Theorie als auch der Praxis[94].« Der Theorie *und* der Praxis: denn die eine ohne die andere ist unnütz und gefährlich; Wissen, aus dem keine Taten erwachsen, ist ein blasses und blutloses Ding, das der Menschheit nicht würdig ist. Wir streben nach Erkenntnis der Formen der Dinge nicht um dieser Formen willen, sondern weil wir durch Kenntnis der Formen (der Gesetze) die Dinge nach dem Vorbild unserer Wünsche neu gestalten können. So studieren wir Mathematik, um mit Quantitäten rechnen und Brücken bauen zu können, und Psychologie, um uns im Dschungel der Gesellschaft einen Weg zu bahnen. Sobald die Wissenschaft die Formen der Dinge hinreichend aufgespürt haben wird, wird die Welt bloßes Rohmaterial für jede beliebige Utopie sein, zu deren Verwirklichung sich die Menschen entschließen sollten.

3. *Die Utopie der Wissenschaft*

Es ist ein utopischer Gedanke, zunächst die Wissenschaft und dann durch Einführung wissenschaftlicher Überwachung die gesellschaftliche Ordnung auf die geschilderte Weise vollenden zu wollen. Eine solche utopische Welt hat uns Bacon in seinem fragmentarisch kurzen, letzten Werk, der *»Neuen Atlantis«*, das zwei Jahre vor seinem Tod erschien, gezeichnet. Wells hält es für Bacons »größtes Verdienst um die Wissenschaft[95]«, daß er, wenn auch nur skizzenhaft, das Bild einer Gesellschaft entworfen hat, in der die Wissenschaften endlich ihren gebührenden Platz als Leiter der Dinge erhalten. Durch diese königliche Tat seiner Einbildungskraft hat er der großen Armee der Kämpfer im Kampf der Erkenntnis und Erfindung gegen Unwissenheit und Armut für drei Jahrhunderte ihr Ziel gesetzt. Hier, in diesen wenigen Seiten, haben wir das

Wesen und die »Form« Francis Bacons vor uns, sein Seinsgesetz und sein Leben, die geheime und unablässige Sehnsucht seiner Seele.

Platon berichtete im »*Timaios*[96]« über die alte Legende von Atlantis, dem gesunkenen Kontinent in den westlichen Meeren. Bacon und andere hielten das neue Amerika des Columbus und Cabot für das alte Atlantis; nicht der große Kontinent war gesunken, sondern der Mut der Menschen, die Meere zu befahren. Da dieses alte Atlantis nun bekannt war, und seine Einwohner zwar Lebenskraft genug zeigten, aber doch nicht ganz so geartet waren wie nach Bacons Phantasie die vollkommenen Bewohner Utopiens, so erfand sich Bacon ein neues Atlantis, eine Insel im fernen Stillen Ozean, den damals nur Drake und Magalhães durchkreuzt hatten, eine Insel, die Europa und dem damaligen Wissen fern genug lag, um der utopischen Einbildungskraft ausgiebigen Spielraum zu bieten.

Seine Erzählung hebt in derselben höchst künstlerisch-kunstlosen Art an wie die großen Erzählungen von Defoe und Swift. »Wir segelten von Peru (wo wir ein ganzes Jahr verbracht hatten) nach China und Japan über die Südsee.« Eine lang anhaltende Windstille stellte sich ein, während der die Schiffe ruhig auf dem grenzenlosen Ozean lagen wie kleine Flecken auf einem Spiegel und die Vorräte der Abenteuerlustigen zusammenschrumpften. Starke Winde trieben dann die Schiffe unbarmherzig nach Norden, immer weiter nach Norden, von dem mit Inseln übersäten Süden in eine endlose Wildnis der Gewässer. Die Rationen wurden herabgesetzt, nochmals und abermals herabgesetzt, und Krankheit bemächtigte sich der Bemannung. Als sie sich schließlich dem Tode ergeben hatte, erblickte sie mit ungläubigen Augen eine schöne Insel, die sich in der Ferne vom Himmel abhob. Als die Schiffe sich dem Ufer näherten, erblickten die Abenteurer am Strande nicht Wilde, sondern schlicht und doch schön gekleidete, saubere Menschen, mit offenbar entwickelter Intelligenz. Sie durften landen, man teilte ihnen aber mit, daß die Regierung der Insel Fremdlingen den dauernden Aufenthalt versage. Da aber einige der Besatzung krank seien, dürften sie alle bleiben, bis diese ihre Gesundheit wiedererlangt hätten.

Während der Wochen der Erholung enträtselten die Wanderer allmählich das Geheimnis von Neu-Atlantis. »Vor ungefähr neunzehnhundert Jahren herrschte auf dieser Insel«, so erzählte ein Eingeborener, »ein König, dessen Andenken wir über alles ehren ... Sein Name war Solamona, und wir gedenken seiner als des Gesetzgebers unseres Volkes. Dieser König hatte ein großes Herz ... und strebte nur danach, sein Königreich und sein Volk glücklich zu machen[97].« – »Unter den hervorragenden Taten dieses Königs zeichnete sich eine besonders aus. Dies war die Schöpfung und Begründung eines Ordens oder einer Gesellschaft, die Salomons Haus genannt wird; wir halten diese für die edelste Gründung der Welt und für die Leuchte dieses Königreiches[98].«

Es folgt eine Beschreibung von Salomons Haus, zu verwikkelt, als daß man sie zitieren könnte, aber beredt genug, um dem feindlichen Macaulay das Urteil abzulocken, daß es »in keiner menschlichen Schrift eine Stelle gibt, die mehr durch Tiefe und ernste Weisheit hervorragen würde[99]« als gerade diese. Salomons Haus nimmt auf Neu-Atlantis die Stelle des Parlamentsgebäudes in London ein, es ist der Sitz der Inselregierung. Man findet in ihm aber keine Politiker, keine anmaßenden »gewählten Leute«, keinen »Nationalklatsch«, wie Carlyle sagen würde; keine Parteien, Wahl- und Parteiversammlungen, Zusammenkünfte, Kampagnen, Abzeichen, Plakate, Leitartikel, Reden, Lügen und Wahlen. Diese Bewohner von Neu-Atlantis scheinen auch nicht einmal an die Möglichkeit gedacht zu haben, Staatsämter mit Hilfe solch dramatischer Methoden zu besetzen. Der Weg zu den Höhen wissenschaftlichen Ruhmes aber ist für alle offen; jedoch nur diejenigen, die diesen Weg beschritten haben, dürfen in den Ratsversammlungen des Staates sitzen. Es gibt dort eine Regierung des Volkes, die für das Volk durch auserwählte Beste des Volkes regiert; eine Regierung der Techniker, Architekten, Astronomen, Geologen, Biologen, Ärzte, Chemiker, Volkswirte, Soziologen, Psychologen und Philosophen. Kompliziert, man stelle sich eine Regierung ohne Politiker vor!

Eigentlich wird auf Neu-Atlantis überhaupt wenig regiert, denn die Regierungen beschäftigen sich mehr mit der Überwachung der Natur als mit dem Regieren der Menschen. »Der Zweck unserer Stiftung ist die Erkenntnis der Ursachen und geheimen Bewegungen der Dinge und die Ausweitung der Grenzen menschlicher Macht zum Hervorbringen aller möglichen Dinge[100].« Das ist der Grundgedanke des Buches und auch Francis Bacons. Man trifft die Regierenden bei so unwürdiger Tätigkeit wie der Beobachtung der Sterne, bei Anordnungen, um die Kraft des fallenden Wassers zu industriellen Zwecken auszunützen, bei Entwicklung von Gasen zur Heilung von verschiedenen Krankheiten[101], bei Experimenten an Tieren, um chirurgische Kenntnisse zu sammeln, beim Züchten von neuen Pflanzen und Tierarten durch Kreuzungen usw. »Wir ahmen den Flug der Vögel nach und können ein wenig in der Luft fliegen. Wir haben Schiffe und Boote zu unterseeischen Zwecken.« Es gibt Außenhandel, aber von einer ungewöhnlichen Art, denn die Insel produziert, was sie verbraucht, und verbraucht, was sie produziert; sie unternimmt keine Kriege, um neue Märkte zu erobern. »Wir haben keinen Handel in Gold, Silber, Edelsteinen, Seiden, Gewürzen oder anderen Waren, sondern nur in Gottes erster Schöpfung, in Licht; wir wollen das Licht des Fortschritts aus allen Teilen der Welt beziehen[102].« Diese »Kaufleute des Lichtes« sind Mitglieder von Salomons Haus, die man alle zwölf Jahre entsendet, damit sie sich unter den fremden Völkern aller zivilisierten Erdteile aufhalten, deren Sprachen erlernen, deren Wissenschaften, Industrie und Literatur erforschen und nach zwölf Jahren wiederkehren, um den Leitern von Salomons Haus über ihre Funde Bericht zu erstatten, während ihre Plätze im Auslande von einer neuen Gruppe wissenschaftlicher Forscher eingenommen werden. Auf diese Weise kommt das Beste aus der ganzen Welt bald nach Neu-Atlantis.

So kurz diese Schilderung auch ist, erkennen wir in ihr doch die Umrisse aller philosophischen Utopien: ein Volk, das in Frieden und bescheidenem Wohlstand durch seine Weisesten geleitet wird. Der Traum aller Denker ist, den Politiker durch den Wissenschaftler zu ersetzen; warum blieb es aber trotz so vieler Inkarnationen beim bloßen Traum? Vielleicht, weil die Denker zu geistig und verträumt gewesen sind, um in die Arena der wirklichen Dinge hinauszutreten und ihre Begriffe in Wirklichkeiten zu verwandeln? Weil die rücksichtslose Begierde rein erwerbsüchtiger Seelen das milde und vorsichtige Streben der Philosophen und Heiligen in Ewigkeit unterdrükken wird? Oder weil vielleicht die Wissenschaft noch nicht ihre Reife und selbstbewußte Macht erlangt hat? – und weil erst in unseren Tagen Physiker, Chemiker und Ingenieure zu bemerken beginnen, daß die wachsende Bedeutung der Wissenschaft für Industrie und Krieg sie geradezu zu Angelpunkten der sozialen Taktik macht und auf Zeiten hindeutet, in denen ihre organisierte Macht die Welt vielleicht veranlassen wird, sie zu Führern zu berufen? Vielleicht hat die Wissenschaft die Führerschaft der Welt bisher noch nicht verdient; vielleicht aber verdient sie diese schon in kurzer Zeit.

V. KRITIK

Und wie soll man nun die Philosophie Francis Bacons einschätzen?

Enthält sie etwas Neues? Macaulay glaubt, daß die Induktion, wie Bacon sie beschreibt, eine sehr altmodische Angelegenheit sei, die es nicht verdiene, daß man ihr viel Beachtung schenke oder gar ein Denkmal setze. »Induktion wurde seit Beginn der Welt von jedem menschlichen Wesen von früh bis spät ausgeübt. Der Mann, der folgert, daß er Fleischpasteten nicht vertrage, weil er krank war, nachdem er sie gegessen hatte, und gesund, sofern er sie nicht zu sich nahm, sehr krank, wenn er viel, weniger krank, wenn er weniger von ihnen aß, hat unbewußt, aber hinreichend alle Tafeln des *Novum Organon* angewandt[103].« Aber Müller und Schulze würden ihre »Tafel der Grade« kaum so genau anwenden, sondern wahrscheinlich auch weiterhin Fleischpasteten essen, trotz der erdbebenartigen Erschütterungen ihrer tieferen Regionen. Und selbst wenn Müller und Schulze weise genug wären, würde das Bacons Verdienst nicht schmälern, denn was tut die Logik anderes, als die Erfahrungen und Methoden der Weisen formulieren? Tun die Wissenschaften etwas anderes, als den Versuch wagen, die Kunst weniger Menschen in eine allgemein lehrbare Wissenschaft umzuwandeln?

Ist aber die Formulierung Bacons Eigentum? Ist nicht die sokratische Methode induktiv? Ist Aristoteles' Biologie nicht induktiv? Hat nicht Roger Bacon die induktive Methode, die Francis Bacon nur predigt, sowohl angewandt als auch gelehrt? Hat nicht Galilei das von der Wissenschaft in der Praxis angewandte Verfahren besser formuliert? Das gilt von Roger Bacon, weniger von Galilei, noch weniger von Aristoteles und am wenigsten von Sokrates. Galilei umriß eher das Ziel als die Methode der Wissenschaft und stellte für die Nachfolger als Ziel die mathematische und größenmäßige Formulierung aller Erfahrungen und Beziehungen auf. Aristoteles hat die Induktion dort angewandt, wo er sonst nichts anfangen konnte, und wo das Material keine Gelegenheit zur Befriedigung seiner Neigung bot, aus fabelhaft allgemeinen Voraussetzungen besondere Folgerungen zu deduzieren. Und Sokrates hat weniger die Induktion – das Sammeln von Tatsachen – als die Analyse, das Definieren und Unterscheiden von Worten und Begriffen ausgeübt.

Bacon erhebt keinen Anspruch auf vaterlose Originalität; wie Shakespeare entlehnt er großzügig von anderen, und man kann auch zu seiner Entschuldigung anführen, daß er durch seine Berührung alles adelt. Jeder Mensch hat seine Quellen, wie die Lebewesen ihre Nahrung; was ihm gehört, ist die Art und Weise, wie er verdaut und das Genossene in Fleisch und Blut umwandelt. Wie Rawley sagt, hat Bacon »die Beobachtungen keines Menschen verachtet, sondern eine Fackel am Flämmchen eines jeden entzündet[104]«. Bacon erkennt auch diese Schuld an. Er spricht von »jener nützlichen Methode des Hippokrates[105]« – und weist uns damit gleich an die eigentliche Quelle der induktiven Logik in der griechischen Philosophie. »Platon«, schreibt er (wo wir weniger genau »Sokrates«

schreiben), »gibt gute Beispiele der induktiven und auf Einzeltatsachen gerichtete Forschung, obschon auf kraftlos und unfruchtbar flüchtige Weise[106].« Er hätte es verschmäht, seine Verpflichtung gegenüber den Vorgängen zu bestreiten, und wir sollten es ablehnen, sie zu übertreiben.

Ist aber seine Methode eigentlich richtig? Ist sie jene Methode, die sich in der modernen Naturwissenschaft am fruchtbringendsten erwies? Nein. In der Regel hat die Naturwissenschaft nicht die Anhäufung von Tatsachen (»Naturgeschichte«) und die Verarbeitung nach den verwickelten Tabellen des *»Novum Organon«* mit dem größten Erfolg angewandt, sondern die einfachere Methode der Hypothesenbildung, der Deduktion und des Experimentes. So faßte Darwin bei der Lektüre von Malthus' »Abhandlung über die Bevölkerungsfrage« den Gedanken, auf alle Lebewesen die Malthussche Hypothese anzuwenden, daß die Bevölkerung zu schnellerem Zuwachs neige als die Existenzmittel; aus dieser Hypothese leitete er die wahrscheinliche Folge ab, daß der Druck der Bevölkerung auf die Nahrungsmittelversorgung in einem Daseinskampf ende, den die Lebensfähigsten überstehen, und durch den jede Generation jeder Gattung in wachsender Anpassung an ihre Umgebung Änderungen erfährt; schließlich wandte er sich (nachdem er durch Hypothese und Deduktion seine Aufgabe und sein Beobachtungsgebiet abgegrenzt hatte) »dem unverwelkten Antlitz der Natur« zu und untersuchte zwanzig Jahre lang geduldig induktiv die Tatsachen. Auch Einstein schuf oder übernahm von Newton die Hypothese, daß sich das Licht in gekrümmten, nicht in geraden Linien fortbewegt; aus ihr leitete er die Folgerung ab, daß Sterne, die sich (auf Grund der Geradlinigkeitstheorie) an einer bestimmten Stelle des Himmels zu befinden scheinen, in Wirklichkeit etwas seitlich von dieser Stelle liegen; schließlich forderte er Beobachtung und Experiment zur Nachprüfung seiner Folgerung auf. Offenbar ist die Rolle der Hypothesenbildung und der Einbildungskraft größer als Bacon annahm, und das Vorgehen der Wissenschaft nicht nur unmittelbarer, sondern auch stärker umgrenzt als im Baconschen Entwurf. Bacon selbst sah das Veralten seiner Methode voraus; er wußte, daß in der wirklichen Praxis der Wissenschaften bessere Forschungsweisen ausgearbeitet werden können als in den freien Stunden eines Staatsmannes. »Diese Dinge erfordern einige Menschenalter zu ihrem Reifwerden.«

Selbst der Freund Baconschen Geistes muß aber zugeben, daß der große Kanzler während der Grundlegung der Wissenschaftsgesetze unterlassen hat, sich in der Wissenschaft seiner eigenen Zeit auf dem laufenden zu halten. Er lehnte Kopernikus ab, nahm von Kepler und Tycho de Brahe keine Kenntnis, unterschätzte Gilbert und scheint von Harvey nichts gewußt zu haben. In Wirklichkeit liebte er es mehr, Abhandlungen zu schreiben als Untersuchungen durchzuführen; vielleicht fehlte ihm auch die Zeit zu mühevollen Forschungen. Was er an philosophischen und naturwissenschaftlichen Arbeiten schuf, hinterließ er bei seinem Tode in Bruchstücken und in Verwirrung, voll von Wiederholungen, Widersprüchen, bloßen Wünschen und Einleitungen. *Ars longa, vita brevis* – Das Werk ist lang, das Leben kurz; das ist die Tragik jeder großen Seele.

Einem derart überarbeiteten Manne, der seine Bemühungen um den Wiederaufbau der Philosophie in die wenigen freien Augenblicke konzentrierte, die ihm seine gehetzte und schwere politische Laufbahn übrigließ, auch noch die großen und komplizierten Schöpfungen Shakespeares zuzuschreiben, heißt, die Zeit der Forscher auf Salongespräche müßiger Theoretiker verschwenden. Shakespeare fehlt gerade das, was den vornehmen Kanzler auszeichnet: Gelehrsamkeit und Philosophie. Shakespeare hat eine verblüffende, aber oberflächliche Kenntnis vieler Wissenschaften, beherrscht jedoch keine; von allen spricht er mit der Beredsamkeit eines Amateurs. Er akzeptiert die Astrologie: »Dieser Riesenstaat ... dessen Sein geheimnisvoll die Sterne deuten[107].« Es unterlaufen ihm ständig Fehler, die der gelehrte Bacon unmöglich gemacht haben könnte: sein Hektor zitiert Aristoteles, und sein Coriolan macht Anspielungen auf Cato; er hält die »lupercalia« für einen Hügel und versteht Cäsar ungefähr so tief, wie H. G.

Wells Cäsar verstanden hat. Er macht zahllose Anspielungen auf die eigene Jugend und auf seine ehelichen Leiden. Er verbricht Wortspiele, Obszönitäten und vulgäre Redewendungen, die einem edlen Polterer, der den Stratforder Brausewind und Fleischhauerssohn nie ganz in sich überwinden konnte, gestanden haben, die man aber einem kühlen und abgeklärten Philosophen kaum zuschreiben könnte. Carlyle nennt Shakespeare den größten Geist, er besitzt aber eher die größte Phantasie und die schärfsten Augen. Er ist untrüglicher Psychologe, aber kein Philosoph; sein Denken besitzt keine Gestalt, die durch ein Ziel für sein eigenes Leben und das Leben der Menschheit zusammengehalten wäre. Er ist in die Liebe und ihre Probleme vertieft und denkt, mit Montaigne gesprochen, nur dann an Philosophie, wenn sein Herz gebrochen ist. Sonst findet er sich fröhlich genug mit der Welt ab und wird nicht von schöpferischen Visionen verzehrt, wie sie Platon oder Nietzsche oder Bacon adelten.

Nun lagen Größe und Schwäche Bacons gerade in dieser Leidenschaft für Einheit, in seinem Verlangen, die Flügel seines ordnenden Genies über allen Wissenschaften auszubreiten. Er wollte wie Platon sein, »ein erhabener Geist, der die Dinge wie von einem erhöhten Felsen aus betrachtet«. Unter der Last der Aufgaben, die er auf sich lud, brach er zusammen; sein Mißerfolg ist verzeihlich, weil er so viel unternahm. Das gelobte Land der Wissenschaft konnte er nicht betreten, aber er konnte, wie Cowleys Grabschrift sagt, wenigstens an seiner Grenze stehen und auf seine entfernte Schönheit deuten.

Seine Tat wurde dadurch nicht kleiner, daß sie mittelbar war. Seine philosophischen Werke haben, obwohl sie heute wenig gelesen werden, »die Geister bewegt, die die Welt bewegen[108]«. Bacon wurde zur beredten Stimme des Optimismus und der Zielbewußtheit der Renaissance. Niemals zuvor brachte ein Mensch anderen Denkern soviel Anregung. König Jakob hat freilich seine Anregung zur Unterstützung der Wissenschaften abgelehnt und vom *»Novum Organon«* gesagt, »es ist wie der Frieden Gottes, der jeden Verstand übersteigt«.

Aber klügere Männer, die 1662 die Königliche Akademie gründeten, aus der die größte wissenschaftliche Gesellschaft der Welt entstand, nannten Bacon als ihr Vorbild und ihren Anreger; sie hofften, daß diese Organisation der englischen Forscher zu jener über ganz Europa verbreiteten Vereinigung führen würde, nach der die *»Fortschritte der Gelehrsamkeit«* den Wunsch in ihnen erweckt hatten. Und als die großen Geister der französischen Aufklärung das Meisterwerk geistiger Unternehmungslust, die *»Encyclopédie»* entwarfen, widmeten sie es Francis Bacon. »Wenn wir«, schreibt Diderot in der Einleitung, »die Arbeit erfolgreich bewältigt haben, so verdanken wir das meiste dem Kanzler Bacon, der den Plan eines allgemeinen Lexikons der Wissenschaften und Künste zu einer Zeit entwarf, in der es sozusagen weder Künste noch Wissenschaften gab. Dieser außergewöhnliche Geist schrieb, als es noch nicht möglich war, eine Geschichte des Gewußten zu schreiben, eine Geschichte der Dinge, die man notwendig erlernen müßte.« D'Alembert nannte Bacon den »größten, umfassendsten und beredtesten aller Philosophen«. Der Konvent gab Bacons Werke auf Staatskosten heraus[109]. Die Grundstimmung und der weitere Verlauf des englischen Denkens sind ganz von der Philosophie Bacons bedingt. Seine Neigung, die Welt in Begriffen einer Demokritischen Mechanik zu denken, gab seinem Sekretär Hobbes den Ausgangspunkt zu dessen unverfälschtem Materialismus; seine induktive Methode brachte Locke auf den Gedanken einer empirischen Psychologie, die an Beobachtung gebunden, aber von Theologie und Metaphysik befreit werden sollte; und der Nachdruck, den er auf »Vorteile« und »Früchte« legte, fand in Benthams Gleichsetzung des Nützlichen mit dem Guten eine Stimme.

Wo immer der Geist der Herrschaft den Geist der Resignation überwand, zeigte sich der Einfluß Bacons. Er ist das Sprachrohr jener Europäer, die ihren Kontinent aus einer Wildnis in eine Schatzkammer der Kunst und der Wissenschaft verwandelt und ihre kleine Halbinsel zum Mittelpunkt der Welt gemacht haben. »Menschen sind nicht aufrecht gehende Tiere, sondern unsterbliche Götter«, sagte Bacon.

»Der Schöpfer hat uns Seelen verliehen, die groß sind wie die ganze Welt und doch von der ganzen Welt nicht gesättigt werden können.« Alles ist dem Menschen möglich. Wir stehen erst am Anfang unserer Laufbahn, man gebe uns aber einige kurze Jahrhunderte, und wir werden alles beherrschen und alle Dinge von neuem schaffen. Vielleicht werden wir zum Schlusse die edelste Lektion lernen, daß der Mensch nicht den Menschen bekämpfen, sondern nur gegen die Hindernisse, die die Natur dem Siegeszug des Menschen in den Weg legt, Krieg führen sollte. »Es wird angebracht sein«, schreibt Bacon an einer der schönsten Stellen seiner Werke, »drei Arten und sozusagen Grade des menschlichen Strebens zu unterscheiden. Von der ersten Art sind jene Menschen, die ihre Macht in ihrem Heimatlande auszudehnen wünschen; diese Art ist niedrig und degeneriert. Von der zweiten Art jene, die an der Ausbreitung der Macht und der Herrschaft ihres Mutterlandes unter den Menschen arbeitet; diese besitzen sicherlich mehr Würde, aber nicht weniger Habsucht. Strebt aber jemand, die Macht und die Herrschaft der Menschheit selbst zu begründen und über die ganze Welt auszudehnen, so ist sein Streben zweifellos heilsamer und edler als das der beiden anderen Arten[110].« Es war Bacons Schicksal, von diesen feindlichen Richtungen des Strebens, die um seine Seele kämpften, zerrissen zu werden.

VI. SCHLUSSWORT

»Männer in hohen Stellungen sind dreifach Diener; sie dienen dem Oberhaupt des Staates, dem Ruhme und den Geschäften, so daß sie weder über die eigene Person, noch über ihre Handlungen, noch auch über ihre Zeit frei verfügen . . . Der Aufstieg zu Stellungen ist mühsam, und durch Anstrengungen gelangt man zu noch größeren Anstrengungen; manchmal ist der Aufstieg anrüchig und manche gelangen durch unwürdiges Tun zu Würden. Der Boden ist schlüpfrig, und das Zurück bedeutet entweder Sturz oder mindestens ein Verlöschen[111].«

Wie ernst ist dieses zusammenfassende Nachwort Bacons gestimmt!

Mängel und Schicksale haben wir alle gemein, die Tugenden gehören jedem besonders, sagt Goethe. Das scheint dem »Zeitgeist« gegenüber etwas ungerecht zu sein, ist aber im Fall Bacons ganz besonders zutreffend. Auf Grund sorgfältiger Forschungen über die Sitten am Hofe Elisabeths kommt Abbot[112] zu dem Ergebnis, daß alle leitenden Gestalten, männliche wie weibliche, Machiavellis Schüler gewesen sind. Roger Ascham schilderte in Knüttelversen die vier Kardinaltugenden, die am Hofe der Königin unentbehrlich waren:

> Verstellung, Schmeicheln, Lug und Trug,
> das schafft bei Hofe Gunst genug.
> Der Ritter wie der schlichte Mann
> bleib' heim, wenn er nicht lügen kann.

Es war in jenen bewegten Tagen üblich, daß Richter von Personen, über deren Anliegen sie zu urteilen hatten, »Geschenke« annahmen. Bacon war seinem Zeitalter in dieser Frage nicht überlegen; seine Neigung, seine Ausgaben aus Vorschüssen auf das Einkommen vom übernächsten Jahre zu bestreiten, verbot ihm den Luxus der Gewissenhaftigkeit. Das hätte unbemerkt bleiben können, doch hat er sich im Falle Essex und durch seine Redegewandtheit, mit der er Gegner unbarmherzig vernichtete, Feinde geschaffen. Ein Freund warnte ihn, es sei »beim Gericht in aller Munde, . . . daß weil Euere Zunge manchen abgesägt hat, auch Ihr durch die Zungen jener Gefallenen abgesägt werden sollt[113]«. Er schenkte aber dieser Warnung keine Beachtung. Er schien beim König in Gnaden zu stehen, denn 1618 wurde er zum Baron Verulam und 1621 zum Vicomte von St. Albans ernannt und war drei Jahre Kanzler gewesen.

Dann aber erreichte ihn plötzlich das Mißgeschick. Ein enttäuschter Kläger beschuldigte ihn im Jahre 1621, für die Ablehnung seiner Klage Geld angenommen zu haben. Es war keine ungewöhnliche Sache, aber Bacon wußte gleich, daß wenn seine Feinde die Angelegenheit gegen ihn auswerten wollten, sie seinen Sturz erzwingen konnten. Er zog sich in sein Haus zurück und wartete die Entwicklung der Dinge ab. Als er erfuhr, daß all seine Feinde nach seiner Entlassung schrien, sandte er dem König »Bekenntnis und demütige Unterwerfung«. Jakob gab dem Druck des augenblicklich siegreichen Parlaments, gegen das ihn Bacon nur zu oft verteidigt hatte, nach und ließ ihn in den Tower sperren. Nach zwei Tagen wurde er aber wieder freigelassen, und die hohe Geldstrafe, mit der man ihn bedacht hatte, erließ ihm der König. Sein Stolz war nicht ganz gebrochen. »Ich war der gerechteste Richter der letzten fünfzig Jahre in England«, sagte er, »aber dies Urteil war das gerechteste, das vom Parlament in den letzten zweihundert Jahren gefällt wurde.«

Seine letzten fünf Lebensjahre verbrachte er in Unbeachtetheit und in der Stille seines Heims, durch ungewohnte Armut gepeinigt, aber getröstet durch schöpferische Arbeit an der Philosophie. In diesen fünf Jahren schrieb er sein größtes lateinisches Werk, »*De augmentis scientiarum*«, veröffentlichte eine erweiterte Ausgabe der »*Essays*«, ein Fragment betitelt »*Sylva sylvarum*« und die »*Geschichte Heinrichs VII.*«. Er bereute, die Politik nicht früher aufgegeben und seine ganze Zeit der Literatur und der Wissenschaft gewidmet zu haben. Bis zu seinem letzten Augenblick beschäftigten ihn Arbeiten, und er starb gleichsam auf dem Schlachtfeld. In seinem Essay »Über den Tod«, sprach er den Wunsch aus, »inmitten eifrigen Strebens zu sterben, wie jemand, aus dessen Wunden warmes Blut strömt, der aber die Verletzung im Augenblick kaum spürt«. Wie Cäsar wurde auch ihm dieser Wunsch erfüllt.

Im März 1626 überlegte er sich während einer Fahrt von London nach Highgate die Frage, wie weit man Fleisch durch Bedeckung mit Schnee gegen Fäulnis schützen könne; er beschloß, die Frage sogleich einer Prüfung zu unterwerfen. An einer Hütte ließ er halten, kaufte ein Huhn, schlachtete es und stopfte es mit Schnee aus. Während dieser Arbeit packten ihn Frost und Schwäche. Da er sich zu krank fühlte, um in die Stadt zurückzukehren, ordnete er an, daß man ihn in das nahegelegene Heim von Lord Arundel fahre, wo er sich zu Bett legte. Er dachte noch nicht daran, sich vom Leben zu trennen und schrieb vergnügt: »Das Experiment . . . ist ausgezeichnet gelungen.« Es war aber sein letztes Experiment. Die ungeregelte Hast seines vielseitigen Lebens hatte ihn aufgezehrt; er war innerlich völlig ausgebrannt und zu schwach, um der Krankheit zu widerstehen, die langsam bis an sein Herz schlich. Er starb mit fünfundsechzig Jahren am 9. April 1626.

In sein Testament schrieb er folgende stolze und charakteristische Worte: »Ich hinterlasse meine Seele Gott . . ., meinen Leib stiller Beisetzung und meinen Namen kommenden Zeiten und fremden Völkern.« Die Zeiten und Völker haben die Erbschaft angenommen.

IV. SPINOZA

I. GESCHICHTLICHES UND BIOGRAPHISCHES

1. Die Odyssee der Juden

Die Geschichte der Juden seit ihrer Vertreibung ist eines der großen Epen im europäischen Geschehen. Die Juden wurden aus ihrem ursprünglichen Heimatlande durch die römischen Eroberer (im Jahre 70) verdrängt, durch Flucht und wirtschaftliche Umstände unter alle Völker sämtlicher Erdteile verstreut, durch die Anhänger der großen Religionen – des Christentums und des Mohammedanismus –, deren Ursprung auf ihre Schriften und Traditionen zurückgeht, verfolgt und dezimiert. Durch den Feudalismus vom Landbesitz und durch die Zünfte vom Handwerk ausgeschlossen, in überfüllte Ghettos gesperrt und durch Verfolgungen eingeengt, vom Volke mißhandelt und von den Königen ausgebeutet, hat das Judentum mit seinem eigenen Kapital und seiner Geschäftstüchtigkeit die kleinen und großen Städte aufgebaut, die für die Zivilisation so unentbehrlich sind. Verstoßen und exkommuniziert, beschimpft und verwundet, konnte sich dieses bewundernswerte Volk ohne politische Struktur oder gesetzlichen Zwang zur sozialen Einheit, ja selbst ohne eine gemeinsame Sprache, in Leib und Seele erhalten, seine rassenmäßige und kulturelle Integrität bewahren, mit ängstlicher Liebe seine ältesten Riten und Überlieferungen schützen und mit geduldiger Standhaftigkeit den Tag seiner Erlösung erwarten. Größer an Zahl als je zuvor, auf allen Gebieten berühmt wegen der Leistungen seiner Genies, durfte es denn auch nach zweitausendjähriger Wanderung im Triumph seine alte und unvergessene Heimat wieder beziehen. Welches Drama könnte die Großartigkeit dieser Leiden, die Mannigfaltigkeit dieses Geschehens, die Ehre und Gerechtigkeit dieser Lösung überbieten? Welche Dichtung könnte das Romanhafte dieser Wirklichkeit erreichen?

Die Zerstreuung der Juden hat mehrere Jahrhunderte vor dem Fall der Heiligen Stadt eingesetzt; durch Tyrus, Sidon und andere Häfen haben sie jeden Winkel des Mittelmeeres aufgesucht – Athen, Antiochia, Alexandrien, Karthago, Rom, Marseille und selbst das entfernte Spanien. Nach der Zerstörung des Tempels wurde die allmähliche Zerstreuung geradezu zu einer Massenauswanderung. Die Bewegung schlug schließlich zwei Hauptrichtungen ein: eine folgte der Donau und dem Rhein, um später nach Polen und Rußland abzubiegen, die andere führte in Begleitung der maurischen Eroberer nach Spanien und Portugal (711 n. Chr.). In Mitteleuropa zeichneten sich die Juden als Kaufleute und Bankiers aus; auf der iberischen Halbinsel nahmen sie freudig das mathematische, medizinische und philosophische Wissen der Araber auf und entwickelten in den Schulen von Cordova, Barcelona und Sevilla eine eigene Kultur. An diesen Orten spielten im zwölften und dreizehnten Jahrhundert die Juden eine hervorragende Rolle bei der Übermittlung antiker und orientalischer Kultur nach dem westlichen Europa. In Cordova schrieb Moses Maimonides (1135–1204), der größte Arzt seiner Zeit, den berühmten Bibelkommentar »Führer des Zweifelnden«, und in Barcelona entwickelte Hasdai Crescas (1370–1430) seine ketzerischen Vorschläge, die das gesamte Judentum erschütterten.

Die Juden Spaniens lebten in blühendem Wohlstand bis zur Eroberung Granadas durch Ferdinand im Jahre 1492 und bis zur endgültigen Vertreibung der Mauren. Bald darauf verloren sie die Freiheit, die sie unter dem sich allmählich ausbreitenden Islam gewonnen hatten. Die Inquisition ergriff sie und zwang sie, zwischen Taufe und christlicher Lebensführung oder Verbannung und Vermögensverlust zu wählen. Nicht als ob die Kirche von besonderer Feindseligkeit gegen die Juden erfüllt gewesen wäre – die Päpste haben wiederholt gegen das barbarische Vorgehen der Inquisition Einspruch erhoben –, aber der König von Spanien wollte seinen Beutel mit dem geduldig aufgespeicherten Vermögen dieser fremden Rasse füllen. Fast im selben Jahre mit der Entdeckung Amerikas durch Columbus entdeckte Ferdinand die Juden.

Die überwiegende Mehrzahl der Juden wählte den schwereren Weg und hielt nach einem Obdach Ausschau. Einige schifften sich nach Genua und anderen italienischen Häfen ein; man nahm sie nicht auf, und sie mußten mit wachsendem Elend und mit Krankheit kämpfend weitersegeln, bis sie die afrikanische Küste erreichten, wo viele von ihnen wegen der Schmuckstücke, die sie verschluckt haben sollten, ermordet wurden. Eine kleine Anzahl wurde von Venedig aufgenommen, das sich bewußt war, wie weitgehend es seinen Juden den Aufstieg seiner Seemacht zu verdanken hatte. Andere unterstützten mit ihrem Geld die Fahrt des Columbus, der vielleicht ihrer Rasse angehörte, und hofften dabei, der große Seefahrer werde für sie eine neue Heimstätte finden. Eine größere Zahl bestieg die zerbrechlichen Schifflein jener Zeit und segelte auf dem Atlantischen Ozean zwischen dem feindlichen England und abweisenden Frankreich, bis sie zuletzt im kleinen, aber großmütigen Holland auf ein mäßiges Willkommen stieß. Unter ihnen befand sich eine Familie portugiesischer Juden namens Espinoza.

Nach dieser Zeit verfiel Spanien und Holland blühte auf. Die Juden bauten 1598 ihre erste Synagoge in Amsterdam; als sie, fünfundsiebzig Jahre später, die zweite, die prächtigste von ganz Europa bauen wollten, wurden sie bei ihrem Unternehmen von ihren christlichen Nachbarn mit Geld unterstützt. Nun waren die Juden glücklich, sofern man nach der stolzen Zufriedenheit der Kaufleute und Rabbiner urteilen darf, denen Rembrandt Unsterblichkeit verlieh. Aber gegen Mitte des siebzehnten Jahrhunderts wurde der ruhige Strom der Ereignisse durch einen erbitterten Kampf innerhalb der Gemeinde unterbrochen. Uriel Acosta, ein leidenschaftlicher Jüngling, der mit einigen anderen Juden gemeinsam den zur Skepsis anregenden Einfluß der Renaissance verspürt hatte, veröffentlichte eine Abhandlung, in der er den Glauben an das Weiterleben nach dem Tode heftig angriff. Diese ablehnende Stellungnahme widersprach nicht unbedingt den älteren jüdischen Lehren, aber die Synagoge verurteilte ihn zum öffentlichen

Widerruf, um nicht den Unwillen der Gemeinde zu erregen, die die Juden so großmütig aufgenommen hatte. Diese hätte wohl mit unversöhnlicher Feindschaft auf eine Häresie geantwortet, die einen so schweren Schlag gegen die eigentliche Kernlehre des christlichen Bekenntnisses führen wollte. Die Formel des Widerrufs und der Buße verlangte vom stolzen Verfasser, daß er sich auf die Schwelle der Synagoge lege, damit die Mitglieder der Gemeinde über seinen Körper schritten. Zu Hause angelangt, schrieb Uriel, verzweifelt über die unerträgliche Erniedrigung, eine grimmige Anklage gegen seine Verfolger und erschoß sich[1].

Das geschah im Jahre 1647. Um diese Zeit war Baruch Spinoza, »der bedeutendste Jude der Neuzeit[2]« und der größte unter den modernen Philosophen, ein Jüngling von fünfzehn Jahren und Lieblingsschüler der Synagoge.

2. Spinozas Bildung

Diese Odyssee der Juden erfüllte die Untergründe von Spinozas Geist und machte ihn, trotz der späteren Exkommunikation, unwiderruflich zum Juden. Obwohl sein Vater ein erfolgreicher Kaufmann war, verspürte der Jüngling keine Neigung zu dieser Laufbahn und zog es vor, seine Zeit in der Synagoge und ihrer Umgebung zu verbringen, wo er Religion und Geschichte seines Volkes in sich schlang. Er war ein hervorragender Schüler, und seine Eltern erblickten in ihm eine kommende Leuchte der Gemeinde und ihres Glaubens. Sehr bald ging er vom bloßen Bibelstudium zu den anspruchsvoll scharfsinnigen Kommentaren des Talmud über, dann von diesen zu den Schriften von Maimonides, Levi ben Gerson, Ibn Ezra und Hasdai Crescas, und sein wahlloser Heißhunger ergriff sogar die mystische Philosophie von Ibn Gebirol und die schwierigen kabbalistischen Lehren des Moses von Cordova.

Über die Gleichsetzung von Gott und Welt bei letzterem war er bestürzt, verfolgte diesen Gedankengang bei Ben Gerson, der die Ewigkeit der Welt lehrte, und bei Hasdai Crescas, der die Materie der Welt für Gottes Leib hielt. Bei Maimonides stieß er auf eine halb zustimmende Erörterung der Lehre des Averroës, nach der die Unsterblichkeit nicht persönlich sein sollte, fand aber im *»Führer des Zweifelnden«* mehr Zweifel als Führung, denn der große Rabbi legte mehr Fragen vor als er beantwortete, und Spinoza fand, daß die Widersprüche und Unwahrscheinlichkeiten des Alten Testamentes, noch lange nachdem die Lösungen Maimonides' in Vergessenheit geraten waren, ihm durch den Kopf gingen. Die klügsten Verteidiger des Glaubens sind seine größten Feinde, denn ihr Scharfsinn erzeugt Zweifel und regt den Geist an. Gilt das schon von den Schriften des Maimonides, so gilt es noch viel mehr von den Kommentaren des Ibn Ezra, in denen die Probleme des alten Glaubens unumwundener ausgesprochen und zuweilen als unlösbar stehen gelassen sind. Je mehr Spinoza las und nachdachte, um so mehr zerflossen seine schlichten Überzeugungen in Verwunderung und Zweifel.

Neugierig wollte er erforschen, was die Denker der christlichen Welt über die großen Fragen der Gottheit und der Bestimmung des Menschen geschrieben haben. Unter Leitung des holländischen Lehrers Van den Ende nahm er lateinische Studien auf und bezog ein weiteres Feld der Erfahrung und des Wissens. Der neue Lehrer war selbst eine Art Ketzer, ein Kritiker der Glaubensbekenntnisse und Regierungen und ein abenteuerlustiger Mann, der seine Bibliothek verließ, um einer Verschwörung gegen den König Frankreichs beizutreten, und der 1674 auf dem Schafott endete. Er hatte ein hübsche Tochter, die im Wettbewerb um Spinozas Neigungen zur erfolgreichen Rivalin des Latein wurde; selbst ein heutiger Student könnte durch solche Beweggründe zu lateinischen Studien veranlaßt werden. Die junge Dame war aber nicht intellektuell genug, um die günstigste Gelegenheit ungenutzt zu lassen, und als ein anderer Freier auftrat, der ihr kostbare Geschenke brachte, verlor sie ihr Interesse an Spinoza. Zweifellos wurde unser Held in jenem Augenblick zum Philosophen.

Er hatte wenigstens das Latein erobert und durch dieses die

Erbschaft des antiken und mittelalterlichen Denkens angetreten. Er scheint sich mit Sokrates, Platon und Aristoteles beschäftigt zu haben, zog ihnen aber die großen Atomisten Demokrit, Epikur und Lucretius vor, und die Stoiker haben ihm ihren Stempel unverkennbar aufgedrückt. Er las die Philosophen der Scholastik und übernahm nicht nur ihren Wortschatz, sondern auch die »geometrische« Darstellungsmethode mittels Axiomen, Definitionen, Lehrsätzen, Beweisen, Erläuterungen und Folgesätzen. Er befaßte sich mit *Giordano Bruno* (1548–1600), jenem großartigen Rebellen, dessen Glut »all der Schnee vom Kaukasus nicht hätte löschen können«, und der suchend und staunend von Land zu Land und von Religion zu Religion wanderte, sie stets »durch dieselbe Tür verließ, durch die er eingetreten war«, schließlich von der Inquisition zum Tode verurteilt und »auf möglichst schonende Art und ohne Blutvergießen«, d. h. durch Verbrennung bei lebendigem Leibe, hingerichtet wurde. – Welcher Reichtum an Gedanken war in diesem romantischen Italiener! Vor allem der Leitgedanke der Einheit: die gesamte Wirklichkeit ist von einer Substanz, einer Kausalität und ist einer gemeinsamen Quelle entsprungen, und Gott und diese Wirklichkeit sind eins. Auch Materie und Geist sind für Bruno ein und dasselbe, jedes Teilchen der Wirklichkeit ist unteilbar aus Körperlichem und Seelischem zusammengesetzt. Die Aufgabe der Philosophie ist daher, die Einheit in der Vielheit, den Geist in der Materie und die Materie im Geist wahrzunehmen. Sie hat die Synthese aufzufinden, in der sich Gegensätze und Widersprüche treffen, um zu verschmelzen, und hat jene höchste Erkenntnis der umfassenden Einheit zu wecken, die das geistige Spiegelbild der Liebe zu Gott ist. Jeder dieser Gedanken wurde zu einem Glied in der inneren Struktur von Spinozas Denken.

Schließlich und vor allem wurde Spinoza von Descartes (1596 bis 1650) beeinflußt, dem Vater der subjektivistischen und idealistischen Tradition (wie Bacon Vater des Objektivismus und Realismus war) in der neueren Philosophie. In den Augen seiner französischen Nachfolger und englischen Feinde war die Haupteinsicht Descartes' der Vorrang des Bewußtseins, und seine anscheinend selbstverständliche Hauptthese, die daß der Geist sich selbst unmittelbarer kennt, als er jemals andere Dinge kennenlernen kann. Der Geist kennt die »Außenwelt« nur durch die Eindrücke, die Empfindung und Wahrnehmung von ihr empfangen, und alle Philosophie muß folglich (selbst wenn sie sonst alles bezweifelt) vom individuellen Geist, vom Selbst, ausgehen und ihren ersten Satz in die drei Worte kleiden: »*Cogito ergo sum*« – ich denke, daher bin ich. Vielleicht liegt in diesem Ausgangspunkt etwas vom Individualismus der Renaissance, jedenfalls lagen in ihm soviel Folgen für das spätere Denken, als wäre er der Hut eines Zauberkünstlers. Hier nahm das große Spiel der Epistemologie[3] seinen Anfang, um sich bei Leibniz, Locke, Berkeley, Hume und Kant in einen »Dreihundertjährigen Krieg« auszuwachsen, der die moderne Philosophie zugleich angeregt und verwüstet hat.

Für diese Seite von Descartes' Denken hat sich aber Spinoza nicht interessiert; er mochte sich nicht im Labyrinth der Erkenntnistheorie verlieren. Was ihn anzog, war Descartes' Lehre von einer homogenen »Substanz«, die allen Arten der Materie, und von einer anderen homogenen Substanz, die allen Formen des Geistes zugrunde liegen sollte. Diese Trennung der Wirklichkeit in zwei letzte Substanzen war eine Herausforderung für die leidenschaftliche Vereinheitlichungslust Spinozas und wirkte befruchtend auf die Masse seiner Gedanken. Was ihn ebenfalls anzog, war Descartes' Versuch, die ganze Welt mit Ausnahme von Gott und der Seele auf Grund mechanischer und mathematischer Gesetze zu erklären – ein Gedanke, der auf Lionardo und Galilei zurückgeht und möglicherweise die technische und industrielle Entwicklung der italienischen Städte spiegelt. Nimmt man an, daß Gott der Welt einen ersten Stoß gegeben habe, sagt Descartes (nicht viel anders als zweitausend Jahre vor ihm Anaxagoras), so kann man alle anderen astronomischen, geologischen und nichtgeistigen Vorgänge und Entwicklungen aus einer homogenen Substanz erklären, die anfangs in zerstreutem Zustand existiert hat (man denke an die »Nebelhypothese« von Laplace und Kant); jede Bewegung jedes einzelnen Tieres und selbst des menschlichen Körpers ist eine mechanische Bewegung, so z. B. der Blutkreislauf und die Reflextätigkeit. Die ganze Welt und jeder Körper sind Maschinen; außerhalb der Welt aber steht Gott, und innerhalb des Körpers die unkörperliche Seele.

Hier machte Descartes Halt, Spinoza aber ging begierig weiter.

3. Exkommunikation

Das waren die geistigen Voraussetzungen des äußerlich ruhigen, aber innerlich verstörten Jünglings, der 1656 (er wurde 1632 geboren) wegen des Vergehens der Ketzerei vor die Ältesten der Synagoge geladen wurde. Ist es wahr, so fragten sie ihn, daß er seinen Freunden gesagt habe, Gott könnte einen Leib, die Welt der Materie, haben; daß Engel bloße Halluzinationen sein könnten; daß die Seele vielleicht im bloßen Leben bestehe, und daß das Alte Testament nichts von Unsterblichkeit sage?

Wir wissen nicht, was er antwortete. Wir wissen nur, daß man ihm eine Jahresrente von zweitausend Mark anbot, falls er bereit sei, seiner Synagoge und seinem Glauben wenigstens nach außen hin die Treue zu wahren[4]. Wir wissen auch, daß er das Angebot ablehnte und am 27. Juli 1656 mit allen düsteren Formalitäten des hebräischen Ritus exkommuniziert wurde. »Während der Verlesung des Fluches erklang von Zeit zu Zeit der langgezogene und klagende Ton eines großen Hornes; die Lichter, die zu Anfang der Zeremonie hell leuchteten, wurden währenddessen der Reihe nach gelöscht, bis das letzte ausging – das Symbol des Erlöschens des geistigen Lebens des Exkommunizierten – und die Gemeinde in völliger Finsternis stand[5].«

Van Vloten teilt den Wortlaut der Exkommunikation mit:

Die Häupter der Vorsteherschaft der Gemeinde geben hierdurch bekannt, daß sie, schon vorher von den falschen Anschauungen und Taten des Baruch de Espinoza wohl unterrichtet, auf mannigfache Weise und durch verschiedene Versprechen bestrebt waren, diesen von seinem bösen Lauf abzulenken. Da sie aber außerstande waren, ihn zu einer besseren Gesinnung zu bringen, und da sie im Gegenteil täglich mehr Zeugnisse erhielten von den abscheulichen Häresien, die er beging und offen bekannte, und von der Unverschämtheit, mit der diese Häresien verkündet und verbreitet wurden, und da viele glaubwürdige Personen hiervon in Gegenwart des besagten Espinoza Zeugnis abgelegt haben, wurde er als ihrer völlig überführt erachtet. Nachdem die ganze Angelegenheit von den Häuptern der Gemeindevorsteherschaft untersucht worden war, wurde mit Einwilligung der Vorsteher beschlossen, den genannten Spinoza mit Bann zu belegen, ihn vom Volke Israel abzuschneiden und ihn von gegenwärtiger Stunde an mit folgendem Fluch in Bann zu setzen:

»Mit dem Ratschluß der Engel und nach dem Urteilsspruch der Heiligen verbannen, verfluchen und verdammen wir Baruch de Espinoza und stoßen ihn aus in Übereinstimmung mit der gesamten heiligen Gemeinde, angesichts der heiligen Bücher und der sechshundertunddreizehn Gebote, die in ihnen enthalten sind, und sprechen jenen Fluch über ihn aus, mit dem Elisa seine Kinder verfluchte, und all die Flüche, die im Buch des Gesetzes geschrieben sind. Verflucht sei er am Tage und verflucht bei Nacht; verflucht, wann er sich niederlegt und verflucht, wann er sich erhebt; verflucht beim Weggehn und verflucht beim Eintreten. Der Herr möge nie wieder ihm verzeihen oder ihn anerkennen; mögen Rache und Zorn des Herrn fortan flammend gegen diesen Menschen lodern, ihn mit allen Flüchen beladen, die im Buche des Gesetzes geschrieben sind, und seinen Namen hienieden vertilgen; möge ihn der Herr wie ein Übel von allen Stämmen Israels fernhalten, ihn mit allen Flüchen des Himmels, wie sie im Buche des Gesetzes geschrieben sind, beladen, und möget ihr alle, die ihr dem Herrn, eurem Gotte folgsam dienet, an diesem Tage erlöst werden.

Hierdurch werden daher alle gewarnt, daß keiner mit ihm Unterhaltung pflege in gesprochenen Worten, keiner mit ihm durch die Schrift Verkehr aufrecht erhalte; daß ihm niemand einen Dienst erweise, niemand mit ihm unter demselben Dache weile, sich ihm auf weniger als vier Ellen nähere und niemand ein von ihm diktiertes oder von seiner Hand geschriebenes Schriftstück lese.«

Man darf die Leiter der Synagoge nicht voreilig verurteilen, denn sie befanden sich in einer heiklen Lage. Sicherlich zögerten sie, den Vorwurf auf sich zu nehmen, daß sie genau so unduldsam gegen heterodoxe Ansichten seien wie die Inquisition, durch die sie aus Spanien verbannt worden waren. Sie fühlten aber, daß die Dankbarkeit gegen ihre holländischen Gastgeber die Verstoßung eines Menschen verlange, dessen Zweifel die christliche Lehre ebenso tödlich trafen wie die jüdische. Der Protestantismus war um jene Zeit nicht die liberale und geschmeidige Lehre, zu der er sich heute entwickelt; die Religionskriege ließen jede Gruppe sich unerschütterlich hinter ihr eigenes Glaubensbekenntnis verschanzen, das sie nun, wegen des erst kürzlich in seiner Verteidigung vergossenen Blutes, in um so höhern Ehren hielten. Was würden die holländischen Behörden zu einer jüdischen Gemeinde sagen, die christliche Duldung und christlichen Schutz damit vergelten wollte, daß sie in der einen Generation einen Acosta, in der nächsten einen Spinoza aus ihrer Mitte hervorkommen ließ? Dann schien auch den Ältesten religiöse Eintracht das einzige Mittel zu sein, um die kleine jüdische Gemeinde von Amsterdam vor Auflösung zu schützen und das fast einzige Mittel zur Aufrechterhaltung der Einigkeit und Sicherung des Fortbestehens der über die ganze Erde verstreuten Juden. Hätten sie ihren eigenen Staat, eigene bürgerliche Gesetze, eigene weltliche Macht- und Gewaltmittel gehabt, um nach innen Zusammenschluß und nach außen Achtung zu gebieten, so wären sie vielleicht duldsamer gewesen; ihre Religion war ihnen aber nicht nur Glaube, sondern zugleich auch Patriotismus; die Synagoge war der Mittelpunkt sowohl ihres gesellschaftlichen und politischen Lebens als auch ihrer religiösen Handlungen; die Bibel, deren Glaubwürdigkeit Spinoza angriff, war für ihr Volk das »tragbare Vaterland«. Unter diesen Umständen hielten sie Häresie für Verrat und Toleranz für Selbstmord.

Man fühlt zwar, daß sie diese Gefahren hätten kühn auf sich nehmen sollen; es ist aber genauso schwer, einen anderen gerecht zu beurteilen, wie aus der eigenen Haut zu fahren. Vielleicht hätte Menasseh ben Israel, das geistige Oberhaupt der ganzen Amsterdamer Judengemeinde, eine versöhnliche Formel finden können, die sowohl der Synagoge als auch dem Philosophen genügend Lebensraum geboten und den gegenseitigen Frieden gesichert hätte[6]; aber der große Rabbi weilte um jene Zeit in London, wo er Cromwell überreden wollte, England den Juden zu öffnen. Das Schicksal bestimmte, daß Spinoza der ganzen Welt gehören sollte.

Spinoza nahm die Verstoßung mit stiller Fassung auf und sagte: »Sie zwingt mich zu nichts, das ich nicht auch sonst getan hätte.« Damit wollte er sich aber nur Mut einreden, in Wirklichkeit fand sich nun der junge Forscher völlig und unbarmherzig verlassen. Nichts ist entsetzlicher als Einsamkeit, und nur wenige ihrer Arten sind so schwer, wie die Absonderung eines Juden von seinem ganzen Volke. Spinoza hatte bereits unter dem Verlust des alten Glaubens gelitten, denn eine solche Entwurzelung des Geistes ist eine schwere Operation, die viele Wunden hinterläßt. Wäre er einer anderen Gemeinde beigetreten oder in eine der anderen orthodoxen Kirchen gegangen, in denen sich die Menschen wie das Hornvieh zusammendrängen, um Wärme zu finden, so hätte er in der Rolle des ausgezeichneten Konvertiten etwas von dem Leben wiedergefunden, das er durch völlige Verstoßung aus dem Kreis seiner Familie und seines Volkes verlor. Er schloß sich aber keiner anderen Gemeinde an, sondern führte ein Leben für sich. Sein Vater, der auf das Glänzen seines Sohnes in der hebräischen Gelehrsamkeit gehofft hatte, schickte ihn von sich; seine Schwester versuchte, ihn um eine kleine Erbschaft zu betrügen[7]; seine früheren Freunde mieden ihn. Kein Wunder, daß Spinoza wenig Humor hat! Und kein Wunder, daß sich seiner manchmal Bitterkeit bemächtigt, wenn er an die Hüter des Gesetzes denkt:

> Und daher kommt es, daß, wer nach den wahren Ursachen der Wunder sucht und die Dinge in der Natur als Forscher zu verstehen bemüht ist und sich nicht wie ein Tor über sie wundert, allenthalben als ein Ketzer und Gottloser gilt und als solcher von denen verschrien wird, die vom Volk als Dolmetscher der Natur und der Götter verehrt werden. Denn sie wissen, daß mit dem Aufhören der Unwissenheit auch das Staunen aufhört, und damit das einzige Mittel, um ihre Beweise zu führen und ihr Ansehen zu erhalten[8].

Den Höhepunkt seiner Erfahrungen erreichte er bald nach der Exkommunikation. Als er eines Abends durch die Straßen spazierte, griff ein gläubiger Schuft, der durch Mord seine Theologie erläutern wollte, den jungen Gelehrten mit gezücktem Degen an. Durch eine rasche Wendung entkam Spinoza mit einer unbedeutenden Wunde am Halse. Er gelangte zu dem Ergebnis, daß es nur wenig Orte auf der Welt gibt, wo ein Philosoph geborgen leben kann, und bezog eine kleine Dachstube an der Outerdek-Straße, außerhalb von Amsterdam. Vermutlich hat er bei dieser Gelegenheit seinen Namen von Baruch in Benedikt geändert. Seine Wirtsleute waren Christen von der mennonitischen Sekte und hatten für einen Ketzer bis zu einem gewissen Grade Verständnis. Sein gütig-trauriges Gesicht gefiel ihnen (wer viel gelitten hat, wird sehr erbittert oder sehr gütig), und sie freuten sich, wenn er ab und zu abends herunterkam, seine Pfeife bei ihnen rauchte und sein Gespräch ihrer schlichten Art anpaßte. Er verdiente das Nötige anfangs durch Unterricht in Van den Endes Schule, später durch Schleifen von Glaslinsen, als hätte er von Anfang eine Neigung zur Beschäftigung mit sprödem Material gehabt. Das Handwerk des Optikers hatte er noch in der jüdischen Gemeinde gelernt. Es entsprach den jüdischen Geboten, daß jeder Gelehrte eine Handfertigkeit erlernen solle, nicht bloß weil Studium und redliches Lehren nur selten ein Fortkommen ermöglichen, sondern weil Arbeit, wie Gamaliel sagte, tugendsam erhält, während »jeder gelehrte Mann, der kein Handwerk erlernt hat, schließlich ein Vagabund wird«.

Fünf Jahre später (1660) zog sein Wirt nach Rhynsburg bei Leyden, und Spinoza zog mit ihm. Das Haus steht heute noch, und die Straße führt den Namen des Philosophen. Dies waren Jahre einfachen Lebens und tiefen Denkens. Oft blieb er zwei bis drei Tage ohne Unterbrechung in seinem Zimmer, ohne jemanden zu empfangen, und ließ seine bescheidene Nahrung zu sich heraufbringen. Die geschliffenen Linsen wurden zwar gut gemacht; aber nicht mit genügend Ausdauer, um Spinoza mehr als das Nötigste einzubringen; er liebte die Weisheit zu sehr, als daß er ein »erfolgreicher« Mann hätte werden können. Colerus, der Spinozas Spur bis in diese Wohnung verfolgte und eine kurze Lebensgeschichte des Philosophen schrieb nach Aussagen von Leuten, die ihn gekannt hatten, sagt: »Er achtete genau darauf, seine Abrechnung vierteljährlich vorzunehmen, und tat das, um nicht mehr oder auch weniger auszugeben, als ihm jährlich zur Verfügung stand. Und zu den Leuten im Haus sagte er manchmal, er sei wie eine Schlange, die mit ihrem Schwanz im Munde einen Kreis bilde, womit er andeuten wollte, daß ihm am Jahresende nichts übriggeblieben war[9].« Auf seine bescheidene Art war er aber glücklich. Einem Freund, der ihm dazu riet, lieber auf die Offenbarung statt auf die Vernunft zu vertrauen, antwortete er: ». . . sollte ich auch die mittels meines natürlichen Verstandes gesammelten Früchte zuweilen als unwirklich erkennen, so würde mich das nicht unzufrieden machen, denn beim Einsammeln bin ich glücklich und verbringe meine Tage nicht in Trauer und mit Seufzen, sondern ruhig, fröhlich und heiter . . .[10].« – »Wäre Napoleon so intelligent gewesen wie Spinoza«, sagt ein sehr weiser Mann, »so hätte er in einer Mansarde gewohnt und vier Bücher geschrieben[11].«

Den Bildern, die uns von Spinoza erhalten sind, können wir einige beschreibende Worte von Colerus beifügen. »Er war von mittlerer Größe. Sein Gesicht hatte schöne Züge, seine Haut war etwas dunkel, das Haar schwarz und lockig, die Augenbrauen lang und schwarz, so daß man an seinem Äußeren leicht erkennen konnte, daß er von portugiesischen Juden abstammte. Was seine Kleidung betrifft, so vernachlässigte er sie sehr, und sie war nicht besser als die des ärmsten Bürgers. Einer der berühmtesten Staatsräte besuchte ihn und fand ihn in einem sehr unordentlichen Morgenrock; darauf machte ihm der Ratsherr Vorwürfe und bot ihm einen anderen Rock an. Spinoza antwortete, ein Mann werde nicht dadurch besser, daß er einen feinen Rock trage, und es sei unvernünftig, ein Ding von wenig oder keinem Wert in eine kostbare Decke zu hüllen[12].« In seiner Kleiderphilosophie war Spinoza nicht immer so asketisch. »Nicht die unordentliche und nachlässige Tracht macht aus uns Gelehrte«, schreibt er, »denn gespielte Gleichgültigkeit gegen die eigene persönliche Erscheinung deutet eher auf einen armen Geist hin, in dem wahre Weisheit keinen Aufenthalt finden und die Wissenschaft nur Unordnung und Verwirrung antreffen könnte[13].«

Es war während seines fünfjährigen Rhynsburger Aufenthaltes, daß er das kurze Fragment *»Über die Vervollkommnung des Verstandes« (De intellectus emendatione)* und die *»Ethik, nach geometrischer Methode dargestellt« (Ethica more geometrico demonstrata)*, schrieb. Letztere wurde 1665 fertig. Zehn Jahre hindurch gab sich Spinoza keine Mühe, sie zu veröffentlichen. 1668 wurde Adrian Koerbagh wegen Veröffentlichung ähnlicher Ansichten zu zehn Jahren Gefängnis verurteilt und starb, nachdem er achtzehn Monate von seiner Strafe abgesessen hatte. Als Spinoza 1675 nach Amsterdam ging, in der Hoffnung, nun sein Hauptwerk ohne Gefahr veröffentlichen zu können, »wurde das Gerücht verbreitet«, wie er an seinen Freund Oldenburg schreibt, »daß von mir ein Buch über Gott unter der Presse sei, in dem ich zeigen wolle, daß es keinen Gott gebe. Die meisten glaubten an das Gerücht, und die Theologen (vermutlich die Urheber dieses Gerüchtes) ergriffen die Gelegenheit, mich bei dem Prinzen und dem Magistrat anzuklagen ... als mir von glaubwürdigen Männern ein Wink über den Stand der Dinge gegeben und mir versichert wurde, daß die Theologen mir überall nachstellen, beschloß ich, die Veröffentlichung zu verschieben, bis ich sehen kann, wohin die Sache sich entwickelt ...[14].«

Erst nach Spinozas Tode erschien die *»Ethik«* (1677), gleichzeitig mit einer unvollendeten Abhandlung über Politik *(»Tractatus politicus«)* und einer *»Abhandlung über den Regenbogen«*. Alle diese Arbeiten waren lateinisch geschrieben, in der gemeinsamen Sprache der europäischen Philosophie und Wissenschaft im 17. Jahrhundert. Eine *»kurze Abhandlung über Gott und den Menschen«*, holländisch geschrieben, wurde 1852 durch Van Vloten entdeckt; sie scheint ein vorbereitender Entwurf zur *»Ethik«* zu sein. Die einzigen Werke, die von Spinoza selbst herausgegeben wurden, sind *»Die Prinzipien der Cartesianischen Philosophie«* (1663) und *»Die theologisch-politische Abhandlung« (»Tractatus theologico-politicus«)*, die 1670 anonym erschien. Sie wurde sofort mit einem Platz auf dem *Index Expurgatorius* beehrt, und der Verkauf durch die staatlichen Behörden verboten. Mit Hilfe dieser Unterstützung erreichte das Buch einen bedeutenden

Umsatz, durch Titelblätter verkleidet, die es als medizinische Abhandlung oder historische Erzählung kennzeichneten. Zahllose Bände wurden zu seiner Widerlegung geschrieben; in einem wird Spinoza »der ehrfurchtsloseste Atheist, der jemals auf der Erde gelebt hat« genannt, und Colerus sagt von einer anderen Widerlegung, sie sei »ein Schatz von unendlichem Wert, der niemals untergehen wird[15]« – diese Zeilen über sie sind das einzige, was von ihr erhalten blieb. Neben dieser öffentlichen Züchtigung wurde Spinoza auch noch mit Briefen überhäuft, die ihn bessern wollten; derjenige seines ehemaligen Schülers Albert Burgh, der zum Katholizismus übergetreten war, mag als Beispiel dienen:

Sie behaupten endlich, die wahre Philosophie gefunden zu haben; aber wie wollen Sie wissen, daß Ihre Philosophie die beste von allen jenen ist, die früher einmal in der Welt gelehrt worden sind oder gegenwärtig gelehrt werden oder die man lehren wird? Haben Sie, um von der Untersuchung der zukünftigen zu schweigen, alle jene alten und neuen Philosophien, die hier und in Indien und auf der ganzen Erde gelehrt werden, geprüft? Und selbst wenn Sie dies getan , woher wissen Sie, daß Sie die beste erwählt haben? . . . Halten Sie sich denn für größer als die Patriarchen, Propheten, Apostel, Märtyrer, Doktoren, Bekenner, Jungfrauen und die unzähligen Heiligen . . . Sie elendes Menschenkind, Sie niedriger Erdenwurm, ja, Sie Asche und Speise der Würmer, Sie wollen sich der unendlichen, Fleisch gewordenen Weisheit des ewigen Vaters in unaussprechlicher Lästerung entgegenstellen? . . . Auf welche Grundlage stützt sich Ihr verwegener, wahnsinniger, beklagens- und verdammenswerter Hochmut? . . . Wenn Sie also die erwähnten Dinge nicht verstehen, noch erkennen, wie wollen Sie, von teuflischer Überhebung erfüllter Mann, über die schrecklichen Geheimnisse des Lebens und Leidens Christi urteilen, die selbst die katholischen Lehrer für unbegreiflich erklären? . . .[16]

Worauf Spinoza antwortete:

»Sie, der Sie behaupten, endlich die beste Religion oder vielmehr die besten Männer gefunden zu haben, denen Sie vollen Glauben schenken, wie wissen Sie, daß diese Männer die besten unter jenen sind, die andere Religionen gelehrt haben, jetzt noch lehren und in Zukunft lehren werden? Haben Sie etwa alle jene alten und neuen Religionen, die hier und in Indien und überall auf der ganzen Erde gelehrt werden, geprüft? Und selbst wenn Sie dies getan, woher wissen Sie, daß Sie die beste erwählt haben?[17].«

Offenbar konnte der milde Philosoph streng genug sein, wenn es die Umstände erforderten.

Nicht alle Briefe waren von dieser unangenehmen Art. Viele

kamen von Männern reifer Kultur und hoher Stellung. Die berühmtesten unter diesen waren Henry Oldenburg, der Sekretär der um diese Zeit in England gegründeten »Königlichen Gesellschaft der Wissenschaften«; Baron Tschirnhaus, ein deutscher Erfinder und Edelmann; Huygens, der holländische Gelehrte; der Philosoph Leibniz, der 1676 Spinoza besuchte; Louis Meyer, ein Arzt aus dem Haag und Simon de Vries, ein reicher Amsterdamer Kaufmann. Letzterer verehrte Spinoza so sehr, daß er ihn flehentlich bat, ein Geschenk von einigen tausend Mark anzunehmen. Spinoza lehnte ab. Als de Vries später, beim Aufsetzen seines Testamentes, vorschlug, sein gesamtes Vermögen Spinoza zu hinterlassen, überredete ihn dieser, das Geld seinem Bruder zu vermachen. Als der Kaufherr starb, stellte es sich heraus, daß Spinoza aus den Zinsen seines Vermögens auf Grund letztwilliger Verfügung eine Jahresrente von ungefähr tausend Mark erhalten sollte. Spinoza wollte wieder ablehnen und sagte: »Die Natur begnügt sich mit wenig, und wenn sie das tut, tue ich es auch«; man überredete ihn schließlich, eine Rente von ungefähr sechshundert Mark anzunehmen. Ein anderer Freund, Jan de Witt, der oberste Beamte der niederländischen Republik, verschaffte ihm eine staatliche Rente von zweitausend Mark. Schließlich bot ihm der »Große Monarch« selbst, Ludwig XIV. eine auskömmliche Pension an, unter der unausgesprochenen Bedingung, daß Spinoza sein nächstes Werk dem König widme. Spinoza lehnte höflich ab.

Seinen Freunden und seinem Briefwechsel zuliebe zog Spinoza 1665 nach Voorburg, einer Vorstadt vom Haag, und 1670 nach dem Haag selbst. In diesen späteren Jahren entwickelte sich zwischen ihm und Jan de Witt eine innige Freundschaft, und als de Witt mitsamt seinem Bruder vom Pöbel auf offener Straße ermordet wurde, weil man ihn für den Sieg der Franzosen über die Niederländer (1672) verantwortlich hielt, brach Spinoza bei der Nachricht über diese Schandtat in Tränen aus und konnte nur mit Gewalt zurückgehalten werden, um nicht, wie ein zweiter Antonius, das Verbrechen an Ort und Stelle öffentlich zu brandmarken. Bald darauf lud der Führer der einfallenden Armee, der Prinz von Condé, Spinoza nach seinem Lager ein, um ihm das Angebot der königlichen Rente zu unterbreiten und ihm einige Bewunderer seiner Philosophie, die sich in der Begleitung des Prinzen aufhielten, vorzustellen. Spinoza, der eher ein »guter Europäer« als ein Nationalist gewesen zu sein scheint, fand nichts Besonderes dabei, die feindlichen Linien zu kreuzen und Condés Lager aufzusuchen. Als er nach dem Haag zurückkehrte, verbreitete sich die Kunde von seinem Besuch, und bedrohliche Stimmen erhoben sich unter dem Volke. Spinozas Wirt Van den Spyck hatte Angst vor einem Angriff auf sein Haus, aber Spinoza beruhigte ihn, indem er erklärte: »Ich kann mich mit Leichtigkeit von dem Verdacht des Verrates befreien . . . Sollte aber das Volk die geringste Neigung zeigen, Sie zu belästigen, sollte es sich auch nur vor Ihrem Hause versammeln und Lärm schlagen, so werde ich zu ihm hinuntergehen, selbst wenn es mich ähnlich behandeln sollte wie den armen de Witt[18].« Als aber die Menge erfuhr, daß Spinoza bloß ein Philosoph sei, hielt sie ihn für harmlos, und der Aufruhr legte sich.

Spinozas Leben war, wie aus diesen kleinen Zwischenfällen hervorgeht, nicht so verarmt und abgeschieden, wie es herkömmlich geschildert wird. Er war wirtschaftlich bis zu einem gewissen Grade gesichert, besaß einflußreiche und ihm geistesverwandte Freunde, interessierte sich für die Politik seiner Zeit und erlebte Abenteuer, bei denen es fast auf Leben und Tod ging. Der Umstand, daß er 1673 einen Ruf an den philosophischen Lehrstuhl der Universität Heidelberg erhielt, beweist, wie sehr es ihm trotz Exkommunikation und Interdikt gelungen war, die Achtung der Zeitgenossen zu erobern. Der Ruf war in die schmeichelhaftesten Worte gekleidet und versprach »die vollkommenste Freiheit im Philosophieren, die Sie nach der Überzeugung Sr. Durchlaucht nicht mißbrauchen werden, indem Sie die anerkannte Religion des Staates angreifen.« Spinozas Antwort ist charakteristisch für ihn:

Geehrter Herr!

Hätte ich jemals den Wunsch gehabt, eine Professur in einer Fakultät zu übernehmen, so würde ich mir nur die gewünscht haben, die mir von dem

Durchlauchtigsten Kurfürsten von der Pfalz durch Sie angeboten wird, hauptsächlich wegen der für die Philosophie vom Kurfürsten gnädigst gestatteten Freiheit ... Allein ich weiß nicht, innerhalb welcher Schranken sich diese Freiheit des Philosophierens halten soll, ohne die öffentlich anerkannte Religion zu stören ... Sie sehen daher, geehrter Herr, daß mich nicht die Hoffnung auf größere Ehre schwankend macht, sondern die Liebe zur Ruhe, die ich mir nicht anders erhalten zu können glaube, als daß ich mich vom öffentlichen Lehramt fernhalte[19]. . .«

Schon 1677 neigte sich Spinozas Leben dem Ende zu. Er war zwar bloß vierundvierzig Jahre alt, seine Freunde wußten aber, daß er nicht mehr lange leben würde. Er stammte von schwindsüchtigen Eltern ab, und die verhältnismäßig große Beschränktheit seiner Mittel wie auch die staubige Luft, in der er arbeitete, waren nicht zur Behebung dieses angeborenen Übels angetan. Er litt an immer stärkerer Atemnot, und seine empfindlichen Lungen verfielen Jahr um Jahr. Er fand sich mit dem Gedanken an den frühen Tod ab und fürchtete nur, daß sein Buch, welches er zu Lebzeiten nicht zu veröffentlichen wagte, nach seinem Tode verlorengehen oder vernichtet werden könnte. Er legte das Manuskript in ein kleines Pult, verschloß dieses und gab seinem Wirt die Anweisung, Schlüssel und Pult an den Amsterdamer Verleger Jan Rieuwertz weiterzugeben, sobald das Unvermeidliche eingetroffen sei.

Am 20. Februar, einem Sonntag, ging die Familie, bei der er wohnte, zur Kirche, nachdem er ihr versichert hatte, daß er sich nicht besonders krank fühle. Nur Doktor Meyer blieb bei ihm. Als seine Wirtsleute heimkehrten, fanden sie ihn tot in den Armen seines Freundes. Viele trauerten um ihn, denn das einfache Volk liebte ihn nicht weniger um seiner Güte willen, als die Gebildeten ihn um seiner Weisheit willen ehrten. Philosophen und Behörden schlossen sich dem Volke an, das ihn zu seiner letzten Ruhestätte geleitete, und Angehörige der verschiedensten Glaubensbekenntnisse trafen sich an seinem Grabe.

Nietzsche sagt an einer Stelle, der letzte Christ sei am Kreuze gestorben. Er hatte Spinoza vergessen.

II. DIE THEOLOGISCH-POLITISCHE ABHANDLUNG

Wir wollen die vier Werke Spinozas in der Reihenfolge ihrer Entstehung durchgehen. Die *»theologisch-politische Abhandlung«* ist heute für uns vielleicht das am wenigsten interessante von ihnen, denn die höhere kritische Bewegung die Spinoza angeregt hat, machte Selbstverständlichkeiten aus den Lehren, für die Spinoza sein Leben aufs Spiel gesetzt hatte. Es ist unklug von Schriftstellern, ihre Behauptungen allzu genau zu beweisen; ihre Folgerungen werden dadurch zur gangbaren Münze aller Gebildeten und ihre Werke verlieren den uns immer wieder anziehenden Reiz des Geheimnisvollen. So erging es Voltaire und so auch Spinozas theologisch-politischer Abhandlung.

Die Hauptthese des Werkes besagt, daß die Sprache der Bibel absichtlich metaphorisch oder allegorisch sei; nicht nur weil sie der orientalischen Neigung zu großer sprachlicher Farbigkeit und Ausschmückung und zu übertriebenen Ausdrücken der Schilderung unterworfen ist, sondern auch weil die Propheten und Apostel, indem sie ihre Lehren durch Anregung der Einbildungskraft zu verbreiten suchten, gezwungen waren, sich der Aufnahmefähigkeit und den Anlagen des Volksgeistes anzupassen. »Da die Bibel zuerst für ein ganzes Volk und später für das ganze menschliche Geschlecht offenbart wurde, so mußte ihr Inhalt der Fassungskraft des niederen Volkes angepaßt werden[20].« – ». . . die Bibel schildert die Dinge nicht nach ihren nächsten Ursachen, sondern nur in einer solchen Ordnung und Darstellung, die die Menschen und besonders die Klasse der Ungebildeten am meisten zur Gottesfurcht bestimmen kann . . . Sie will nicht die Vernunft überzeugen, sondern die Einbildungskraft und das Gefühl der Menschen erregen und beschäftigen[21].« Daher die Unzahl der Wunder und die wiederholte Erscheinung Gottes. »Denn die Menge glaubt, daß sich die Macht und Vorsehung Gottes dann am deutlichsten offenbare, wenn etwas Ungewöhnliches in der Natur geschieht, das ihren bisherigen Anschauungen zuwiderläuft . . . Sie glaubt, Gott sei so lange untätig, wie die

Natur regelmäßig wirkt, und umgekehrt, daß die Macht der Natur und die natürlichen Kräfte so lange müßig seien, wie Gott handle. Sie stellen sich auf diese Weise zwei getrennte Mächte vor, die Macht Gottes und die Macht der natürlichen Dinge . . .[22].« (Hier ist der Ansatzpunkt für Spinozas philosophischen Grundgedanken, die Einheit von Gott und dem Naturgeschehen.) Die Menschen gefallen sich in der Vorstellung, daß Gott für sie die Ordnung des natürlichen Geschehens durchbreche. So erfanden die Juden eine wunderbare Deutung für das Längerwerden der Tage, um andere (und vielleicht auch sich selbst) davon zu überzeugen, daß sie die Lieblinge Gottes seien, und ähnliche Vorkommnisse finden sich zahlreich in der frühen Geschichte aller Völker[23]. Nüchterne und genaue Darlegungen bewegen das Gemüt nicht; hätte Moses erklärt (wie aus einer späteren Stelle hervorgeht), daß es bloß der Ostwind gewesen sei, der seinem Volk den Weg durch das Rote Meer bahnte, so hätte er damit wenig Eindruck auf den Geist der von ihm geführten Massen machen können. Auch die Apostel nahmen aus demselben Grunde Zuflucht zu den Wundergeschichten, aus dem sie sich der Geschehnisse bedienten; jene wie diese bedeuteten Anpassung an den Geist des Volkes. Der im Verhältnis zu Philosophen und Wissenschaftlern große Einfluß solcher Männer ist weitgehend auf die lebensvolle und metaphorische Ausdrucksweise zurückführbar, zu deren Anwendung sich Religionsstifter durch die Natur ihrer Sendung und durch eigene Gefühlsstärke getrieben fühlen.

Auf Grund dieser Einsicht gedeutet, enthält die Bibel nichts, sagt Spinoza, das der Vernunft widersprechen würde[24]. Wörtlich genommen ist sie aber voll von Irrtümern, Widersprüchen und offenkundigen Unmöglichkeiten, genau wie die Behauptung, daß die fünf Bücher Mosis von Moses geschrieben seien. Die philosophischere Deutung offenbart die tiefen Gedanken großer Denker und Führer, die hinter Nebeln von Bild und Wort verborgen sind, und erklärt die lange Lebensdauer der Bibel mitsamt ihrem ungeheuren Einfluß auf die Menschen. Beide Deutungen haben ihren angemessenen Platz und ihre Aufgaben. Das Volk wird stets nach einer bilderreichen und mit dem Glorienschein des Übernatürlichen geschmückten Religion verlangen; wird eine solche Glaubensform zerstört, so schafft es sich eine andere. Der Philosoph aber weiß, daß Gott und die Natur dasselbe Wesen sind, das notwendig und unwandelbaren Gesetzen gemäß handelt; dieses majestätische Gesetz verehrt er, und ihm fügt er sich[25]. Er weiß, daß in der Bibel »Gott nur entsprechend der Fassungskraft der Menge und aus bloßer Schwäche des Verstandes als Gesetzgeber und Fürst geschildert und gerecht und barmherzig genannt wird; daß in Wirklichkeit Gott alles nach seiner Natur ... leitet und seine Beschlüsse und Gebote ewige Wahrheiten sind ...[26]«.

Spinoza macht keine Unterscheidung zwischen Altem und Neuem Testament und betrachtet die jüdische und christliche Religion als gleich, sofern man volkstümlichen Haß und Mißverständnis beiseite läßt und durch philosophische Deutung den versteckten Kern und das Wesen der wetteifernden Religionen auffindet. »Ich habe mich oft darüber gewundert, daß Leute, die stolz sind auf das Bekenntnis des christlichen Glaubens – nämlich der Liebe, der Freude, des Friedens, der Mäßigung und der Wohltätigkeit gegen alle –, sich mit solch erbitterter Feindseligkeit streiten und gegeneinander so bitteren Haß bekunden, daß man eher diesen zum nächstliegenden Kennzeichen ihres Glaubens machen könnte als die Tugenden, zu denen sie sich bekennen.« Das Judentum ging hauptsächlich deshalb nicht unter, weil es vom Christentum gehaßt wurde; Verfolgung gab ihm die Einheit und den Zusammenhalt, die zur stetigen Erhaltung einer Rasse erforderlich sind; ohne diese Verfolgung wäre es vielleicht Mischehen mit den europäischen Völkern eingegangen und wäre in die fremden Majoritäten eingeschmolzen, die es von allen Seiten umgaben. Für die jüdischen und christlichen Philosophen besteht aber, sobald alles Unsinnige verabschiedet ist, kein Grund, sich nicht in ihrem Glaubensbekenntnis soweit zu finden, daß sie in Frieden und gemeinsamer Arbeit zusammenleben könnten.

Der erste Schritt hierzu wäre, meint Spinoza, die gegenseitige Verständigung über Jesus. Würde man die unglaubhaften Dogmen zurückziehen, so würden die Juden in Jesus sehr bald den größten und edelsten Propheten erkennen. Spinoza glaubt nicht an die Gottheit Christi, setzt aber Christus unter den Menschen an die erste Stelle. In einem Brief spricht er von »dem ewigen Sohne Gottes, d. h. von der ewigen Weisheit Gottes, die sich in allen Dingen, hauptsächlich aber in der menschlichen Vernunft und vor allem am deutlichsten in Jesu Christo offenbart hat . . .[27]«. – »Christus war nicht bloß zur Belehrung der Juden, sondern des ganzen Menschengeschlechtes abgesandt worden«, weshalb er auch die »Offenbarungen dunkel und meist in Gleichnissen mitteilte[28]«. Spinoza betrachtete die Ethik Christi als fast identisch mit der Weisheit schlechthin; wer ihn verehrt, erhebt sich zur »geistigen Liebe Gottes«. Eine so edle Gestalt würde, befreit von der Last der Dogmen, die nur zu Spaltungen und Streitigkeiten führen, alle Menschen anziehen, und die durch selbstmörderische Kriege der Zunge und des Schwertes zerrissene Welt könnte vielleicht im Zeichen seines Namens endlich zur Einheit des Glaubens und zu Brüderlichkeit gelangen.

III. DIE VERVOLLKOMMNUNG DES VERSTANDES

Schlägt man Spinozas nächstes Werk auf, so stößt man gleich am Anfang auf eine der größten Kostbarkeiten des philosophischen Schrifttums. Spinoza sagt darin, weshalb er alles der Philosophie geopfert hat:

Nachdem mich die Erfahrung belehrt hat, daß alles, was das gewöhnliche Leben häufig bietet, eitel und nichtig ist, und ich gesehen habe, daß alles, was ich fürchtete und was Angst vor mir hatte, Gutes und Böses nur so weit enthält, als es das Gemüt bewegt, so beschloß ich endlich zu erforschen, ob es ein wahres Gut gibt, das seine Güte für sich allein, ohne Beimischung anderer Dinge, dem Geiste mitteilen kann; ja, ob es etwas gibt, durch dessen Auffindung und Erlangung stete und höchste Freude für immer gewonnen werden kann . . . Ich sah nämlich ein, daß ich die Vorteile, die Ehre und Reichtum gewähren, nicht mehr verfolgen könnte, wenn ich mich ernstlich um andere und neue Dinge bemühen wollte . . . Im Falle der Ehre . . . steigt die Freude mit zunehmendem Besitz, und das reizt zur ständigen Vermehrung von beiden. Werden aber unsere Hoffnungen einmal getäuscht, so entsteht die höchste Traurigkeit. Endlich ist die Ehre besonders deshalb hinderlich, weil man, sofern man sie erlangen will, sein Leben notwendig nach der Laune der Menschen einrichten und das meiden muß, was sie alle meiden, und das aufsuchen, was sie alle suchen ... Dagegen erfüllt die Liebe zu einem ewigen und unendlichen Gegenstand die Seele mit Freude, und eine solche Liebe ist frei von aller Traurigkeit ... Als höchstes Gut gilt aber eine Geistesverfassung, ... die die Erkenntnisse der Einheit, in der sich die Seele mit der ganzen Natur zusammenschließt, vermittelt ... Je mehr der Verstand erkennt, um so besser begreift er die eigenen Kräfte und die Ordnung der Natur; je besser er die eigenen Kräfte oder seine Macht begreift, um so besser wird er sich leiten und für sich Regeln schaffen können; und je besser er die Ordnung der Natur begreift, um so leichter wird er sich von unnützen Dingen befreien können ...

Nur die Erkenntnis bedeutet daher Macht und Freiheit und die einzige dauernde Glückseligkeit besteht im Suchen der Erkenntnis und in der Freude des Verstehens. Inzwischen muß aber der Philosoph Mensch und Staatsbürger bleiben; wie wird er sein Leben während des Suchens nach Wahrheit einrichten? Spinoza gibt einige schlichte Regeln für das Verhalten, denen er die eigene Lebensführung, soweit wir wissen, völlig anpaßte:

1. So zu sprechen, daß die Menge es fassen kann, und alle Arbeiten zu verrichten, die uns am Erreichen unseres Zieles nicht hindern ... 2. Dem Vergnügen insoweit nachzugehen, als es ohne Schaden für die Gesundheit zulässig ist. 3. Endlich, sich nur soviel Geld und andere Dinge zu erwerben, als zur Erhaltung des Lebens und der Gesundheit sowie zur Befolgung der Sitten des Landes erforderlich ist, soweit diese nicht unserem Ziele entgegenlaufen[29].

Beim Aufbruch zu einer solchen Forschungsarbeit stößt aber der ehrliche und verständige Philosoph auf folgende Frage: Woher weiß ich, daß meine Erkenntnis Erkenntnis ist; daß ich mich auf das Material verlassen kann, welches meine Sinne an meine Vernunft weiterbefördern; und daß meine Vernunft in den Folgerungen, die sie aus dem Material der Sinne zieht, zuverlässig ist? Sollten wir nicht dieses Vehikel untersuchen, bevor wir uns ihm anvertrauen? Sollten wir nicht alles Erdenkliche zu seiner Vervollkommnung unternehmen? »Vor allen Dingen muß«, sagt Spinoza, ähnlich wie Bacon, »ein Mittel zur Besserung und Reinigung des Verstandes gesucht werden[30].« Wir müssen die verschiedenen Arten der Erkenntnis sorgfältig unterscheiden und nur der besten vertrauen.

So gibt es zunächst eine Erkenntnis auf Grund vom Hörensagen, durch die ich z. B. den Tag meiner Geburt weiß. Zweitens eine unbestimmte Erfahrung, »empirisches« Wissen im üblen Sinne des Wortes, wie z. B. bei dem Arzt, der seine Heilmittel nicht auf Grund wissenschaftlich formulierter experimenteller Untersuchungen anwendet, sondern auf Grund der »allgemeinen Erfahrung«, daß sie sich »in der Regel« bewährt haben. Drittens, unmittelbare Deduktion oder durch Denken gewonnene Erkenntnis, wie etwa mein Schluß auf die außerordentliche Größe der Sonne aus der Erkenntnis hergeleitet ist, daß die Entfernung die scheinbare Größe anderer Dinge verkleinert. Diese Art der Erkenntnis ist zwar den beiden anderen überlegen, ist aber doch unsicher genug, um durch unmittelbare Erfahrungen widerlegt werden zu können; so ist die Physik im Laufe der letzten hundert Jahre zu der »Ätherhypothese« durchgedrungen, die heute bei den führenden Physikern bereits nicht mehr in Gnade steht. Die höchste Art der Erkenntnis ist daher die vierte, die durch unmittelbare Deduktion und unmittelbare Wahrnehmung gewonnen wird, wie z. B. dort, wo wir sofort sehen, daß in der Proportion $2 : 4 = 3 : x$ die fehlende Zahl 6 ist, oder wo wir wahrnehmen, daß das Ganze größer als sein Teil ist. Spinoza glaubt, daß geübte Mathematiker fast die gesamte euklidische Lehre auf diese intuitive Weise erfassen, gibt aber mit Bedauern zu, »daß es bisher nur sehr wenig Dinge waren, die ich durch diese Art der Erkenntnis erkannt habe[31]«.

In der *»Ethik«* führt Spinoza die ersten beiden Arten der Erkenntnis auf eine einzige zurück und nennt die intuitive Erkenntnis Wahrnehmung der Dinge *»sub specie aeternitatis«*, in ihren unendlichen Erscheinungen und Beziehungen – was in einem kurzen Satz eine Definition der Philosophie liefert. Die *»scientia intuitiva«* sucht daher hinter den Dingen und Ereignissen deren Gesetze und ewige Beziehungen. Hier zeigt sich Spinozas deutliche Unterscheidung (die die Grundlage seines ganzen Systems bildet) zwischen »zeitlicher Ordnung« – der »Welt« der Dinge und des Geschehens – und »ewiger Ordnung« – der Welt der Gesetze und Gefüge. Wir wollen diese Unterscheidungen näher betrachten:

> Indessen verstehe ich hier unter der Reihe der Ursachen und wirklichen Wesen nicht die Reihe der einzelnen vergänglichen Dinge, sondern nur die Reihe der festen und ewigen Dinge. Denn die Reihe der einzelnen veränderlichen Dinge kann von der menschlichen Schwäche nicht vollständig erfaßt werden, teils wegen ihrer Menge, die jede Zahl übersteigt, teils wegen der unzähligen, in ein und derselben Sache zusammentreffenden Umstände, deren jeder die Ursache für das Dasein oder Nichtdasein des Dinges sein kann; denn das Dasein der Sache ist nicht mit ihrer Wesenheit verknüpft oder ist, wie ausgeführt, keine ewige Wahrheit. Überdies ist es auch nicht nötig, diese Reihe zu kennen, denn die Wesenheit der einzelnen veränderlichen Dinge ist . . . nur aus den unveränderlichen und ewigen Dingen zu entnehmen und aus den Gesetzen, die in diese wie in echte Gesetzbücher eingezeichnet sind und nach denen alles einzelne geschieht und sich richtet. Ja, man kann sagen, jene veränderlichen einzelnen Dinge hängen so innig und wesentlich von jenen unveränderlichen ab, daß sie ohne letztere weder sein, noch begriffen werden können[32].

Vergißt man diese Stelle beim Studium von Spinozas Meisterwerk nicht, so wird das Werk klarer erscheinen, und manche entmutigend verwickelte Wendung aus der *»Ethik«* wird durch sie einfach und verständlich werden.

IV. DIE ETHIK

Das kostbarste Werk der modernen Philosophie wurde in geometrische Form gebracht, um seinem Gehalt euklidische Klarheit zu verleihen; das Ergebnis hiervon ist jedoch lakonische Dunkelheit, in der jede Zeile einen ganzen Talmud von Erläuterungen verlangt. Die Scholastiker hatten ihre Gedanken ähnlich formuliert, aber niemals mit dieser Folgerichtigkeit; sie verdanken ihre Klarheit den vorgeschriebenen Schlußfolgerungen. Descartes wies darauf hin, daß die Philosophie nicht exakt sein kann, solange sie sich nicht in mathematischen Formen ausdrückt; er versuchte aber niemals diesen Gedanken ernstlich zu verwirklichen. Spinozas geschulter Geist, der in der Mathematik die Grundlage aller streng wissenschaftlichen Forschung erblickte, stieß, von den Leistungen Kopernikus', Keplers und Galileis tief beeindruckt, auf diesen Hinweis. Unserem lockerer gewebten Geist erscheint das Ergebnis als erschöpfende Konzentration sowohl der Materie als auch der Form, und wir möchten uns dadurch trösten, daß wir diese philosophische Geometrie für ein künstliches Schachspiel der Gedanken erklären, in dem Axiome, Definitionen, Lehrsätze und Beweise hin und her geschoben werden wie Könige, Läufer, Springer und Bauern – ein logisches Geduldsspiel, von Spinoza zur Linderung seiner Einsamkeit erfunden. Ordnung ist dem Kern unseres Geistes zuwider; wir ziehen es vor, dem ungehemmten Fluß der Phantasie zu folgen und aus unseren Träumen eine unsichere Philosophie zu weben. Spinoza aber verspürte nur einen gebieterischen Drang: das unerträgliche Chaos der Welt in Einheit und Ordnung umzugestalten. Er besaß mehr vom nordischen Wahrheitsdurst als von der südländischen Freude an der Schönheit; der Künstler in ihm war ausschließlich Baumeister, der ein gedankliches System zu vollendeter Symmetrie und Gestalt formen wollte.

Auch an der Terminologie Spinozas wird sich der heutige Leser stoßen und aufreiben. Da er lateinisch schreibt, mußte er seine durchaus modernen Gedanken in mittelalterlichen und scholastischen Ausdrücken formulieren; es gab damals keine andere Sprache, in der man Philosophie verstanden hätte. So gebraucht er das Wort *»Substanz«*, wo wir *»Wirklichkeit«* oder *»Wesenheit«* sagen würden, so auch *»vollkommen«* statt *»vollständig«*, *»Idee«* statt *»Gegenstand«*, *»objektiv«* statt *»subjektiv«* und *»formal«* statt *»objektiv«*. Das sind Hindernisse, die den Schwächling abschrecken, den Starken aber anspornen werden.

Kurz, Spinoza kann man nicht lesen, man muß ihn studieren; man muß an ihn herantreten wie an Euklid, indem man erkennt, daß hier, in diesen kurzen zweihundert Seiten, ein Mensch die Gedanken seines ganzen Lebens niedergelegt hat, unter stoischer Ausmerzung alles Überflüssigen. Wer glaubt, daß er bei flüchtigem Durchblättern ihren Sinn erfaßt, irrt sich; kein anderes philosophisches Werk enthält so wenig, das man ohne Verlust überschlagen könnte. Jeder Abschnitt hängt von vorhergehenden Abschnitten ab, und einige selbstverständliche und scheinbar überflüssige Sätze erweisen sich als Eckstein eines großartigen logischen Baues. Man kann kein wichtiges Teilstück gründlich verstehen, ohne das Ganze gelesen und durchdacht zu haben, obschon man nicht mit Jacobis begeisterter Übertreibung zu sagen braucht: »niemand habe Spinoza verstanden, dem auch nur eine einzige Zeile in der Ethik dunkel geblieben ist.« – »Hier werden«, sagt Spinoza im zweiten Teil seines Buches, »meine Leser ohne Zweifel stocken, und es wird ihnen gar mancherlei einfallen, was dem im Wege steht; und darum richte ich an sie die Bitte, langsam mit mir weiter zu gehen und nicht eher ein Urteil über diese Dinge zu fällen, als bis sie alles durchgelesen haben[33].« Man lese das Werk nicht auf einmal, sondern in kleinen Stücken und auf viele Male verteilt. Und nachdem man damit fertig geworden, bedenke man, daß man erst angefangen hat, es zu verstehen. Man lese darauf einen Kommentar oder noch besser mehrere[34]. Schließlich lese man dann wieder die »Ethik«, und sie wird einem völlig neu erscheinen. Hat man sie zum zweiten Male durchgelesen, so wird man nie aufhören, die Philosophie zu lieben.

1. Natur und Gott

Schon die erste Seite reißt uns hinein in den Strudel der Metaphysik. Die dickköpfige (vielleicht auch hohlköpfige) moderne Abneigung gegen die Metaphysik ergreift uns, und für einen Augenblick möchten wir irgendwie anders, nur nicht mit Spinoza beschäftigt sein. Metaphysik ist aber, wie William James sagt, weiter nichts als ein Versuch, klar denkend den tiefsten Sinn der Dinge zu erfassen oder auch (in der Ausdrucksweise Spinozas): ihre wesenhafte Substanz. Durch diese Erfassung soll die Erkenntnis vereinheitlicht werden und jene »höchste aller Verallgemeinerungen« erreichen, in der selbst für einen praktisch gesinnten Engländer[35] das Wesen der Philosophie besteht. Die Wissenschaft selbst, die so hochmütig die Metaphysik verachtet, setzt in jedem ihrer Gedanken Metaphysik voraus. Diese Metaphysik ist, wie die Dinge einmal liegen, nichts anderes als die Metaphysik Spinozas.

Spinozas System ruht auf drei Grundbegriffen: *Substanz, Attribut* und *Modus*. Der Einfachheit halber lassen wir zunächst das Attribut beiseite. Jedes individuelle Ding oder Geschehen, jede besondere Form oder Gestalt, die von der Wirklichkeit vorübergehend angenommen wird, ist ein Modus; wir, unsere Körper, unsere Gedanken und Gesellschaftsformen, unsere Gattung und unser Planet, sind alle »Modi«; all das Genannte bezeichnet Formen, Modi, fast wörtlich zu nehmen: »Moden« einer ewigen und unveränderlichen Wirklichkeit, die hinter ihm steht und ihm zugrunde liegt.

Was ist diese zugrunde liegende Wirklichkeit? Spinoza nennt sie *»Substanz«*, was wörtlich »das am Grunde Stehende« bedeutet. Acht Generationen haben langwierig um den Sinn des Begriffes gekämpft, wir brauchen daher den Mut nicht zu verlieren, wenn uns die Lösung der Frage nicht in einem einzigen Abschnitt gelingen sollte. Gegen ein Mißverständnis muß man sich vorsehen: *Substanz* bedeutet nicht das stoffliche Material eines Dinges, wie wenn man vom Holz als der Substanz eines Stuhles spricht. Man nähert sich dem Sprachgebrauch Spinozas, wenn man von der »Substanz« (oder vom Wesen) einer Äußerung spricht. Geht man bis zu den Philosophen der Scholastik zurück, von denen Spinoza den Begriff übernommen hatte, so ergibt sich, daß sie ihn als Übersetzung für das griechische Wort »ousia« gebraucht hatten, was wiederum das Präsenspartizip von *»einai«* = »sein« ist und auf das tiefere Sein oder das Wesen hindeutet. Substanz ist daher das Seiende (Spinoza hatte das eindrucksvolle »Ich bin, der da ist« der *Genesis* nicht vergessen), das, was ewig und unveränderlich ist, und dessen vorübergehende Form oder dessen Modus alle anderen Dinge sind. Vergleicht man diese Einteilung der Welt in Substanz und Modi mit der Einteilung in die ewige Ordnung der *Gesetze* und unveränderlichen Beziehungen auf der einen, und in die zeitliche Ordnung der zeitlich erzeugten und zum Untergang bestimmten *Dinge* auf der anderen Seite, wie sie in der »Vervollkommnung des Verstandes« gegeben wird, so wird man zu der Folgerung gezwungen, daß Spinoza unter Substanz in der »Ethik« ungefähr dasselbe versteht, was er im anderen Werk mit »ewiger Ordnung« gemeint hatte. Wir können daher vorläufig als einen Teilinhalt des Begriffes »Substanz« ansehen, daß er die eigentliche Struktur des Seins bezeichnet, die allem Geschehen und allen Dingen zugrunde liegt und das Wesen der Welt ausmacht.

In der Folge setzt aber Spinoza die Substanz mit Natur und mit Gott gleich. Nach scholastischer Art stellt er sich die Natur unter zwei Gesichtspunkten vor: erstens als tätiges und lebendiges Geschehen, das er *»natura naturans«*, zeugende Natur, nennt und das dem *»elan vital«* und der »schöpferischen Entwicklung« Bergsons ähnelt, und zweitens: als passives Erzeugnis dieses Geschehens, als *»natura naturata«*, erzeugte Natur, Stoff und Inhalt der Natur, ihre Wälder, Winde und Gewässer, ihre Hügel und Felder und unzählige äußere Gestalten. In letzterem Sinne leugnet und in ersterem behauptet er die Identität von Natur, Substanz und Gott. Substanz und Modi, ewige Ordnung und zeitliche Ordnung, aktive und passive Natur, Gott und Welt sind für Spinoza alle zusammenfallende und gleichbedeutende Spaltungen; jede von ihnen teilt das Universum in Wesenheit und Zufall. Daß diese Substanz nicht substantiell, sondern Form und keine Materie ist, daß sie nichts mit jener bastardhaften und farblosen Zusammensetzung aus Materie und Geist zu schaffen hat, für die sie einige Erklärer hielten, erhellt klar genug aus der Gleichsetzung der Substanz mit der schöpferischen, nicht aber mit der passiven oder materiellen Natur. Eine Stelle aus Spinozas Briefwechsel kann hier Klärung schaffen:

. . . Ich gestehe, daß ich über Gott und die Natur eine Ansicht habe, die von der der späteren Christen sehr abweicht. Ich erkenne nämlich Gott als die innewohnende Ursache aller Dinge und nicht als eine Ursache außerhalb ihrer an. Alles, sage ich, ist in Gott und bewegt sich in Gott; ich behaupte es mit Paulus und vielleicht mit allen alten Philosophen, wenn auch in einem anderen Sinne; ja, ich möchte selbst sagen, mit allen alten Juden, soweit sich nach den alten, freilich stark verfälschten Überlieferungen urteilen läßt. Wenn indessen einzelne meinen, die theologisch-politische Abhandlung beruhe auf der Identität von Gott und Natur (wobei sie unter Natur eine Art Masse oder körperlichen Stoff verstehen), so sind sie gänzlich im Irrtum[36].

In der *»theologisch-politischen Abhandlung«* schreibt er ferner: »Unter der Hilfe Gottes verstehe ich die feste und unveränderliche Ordnung der Natur oder die *Kette* des Naturgeschehens[37]«; die allgemeinen Gesetze der Natur und die ewigen Ratschlüsse Gottes sind ein und dasselbe ... »Aus der höchsten Macht Gottes oder seiner unendlichen Natur ... ist alles notwendig geflossen ..., auf dieselbe Weise, wie aus der Natur des Dreiecks von Ewigkeit in Ewigkeit folgt, daß seine drei Winkel gleich zwei rechten sind[38].« Was die Gesetze des Kreises für alle Kreise sind, das ist Gott für die Welt. Wie die Substanz, so ist auch Gott die ursächliche Geschehenskette[39], die allen Dingen zugrunde liegende Vorbedingung[40], das Gesetz und die Struktur der Welt[41]. Die konkrete Welt der Modi und der Dinge verhält sich zu Gott wie eine Brücke zu ihrem Entwurf, ihrer Struktur und den Gesetzen der Mathematik und Mechanik, nach denen sie erbaut wurde; diese sind die stützende Grundlage, die zugrunde liegende Vorbedingung und die Substanz der Brücke, ohne die sie einstürzen würde. Und wie die Brücke wird auch die Welt selber durch ihre Struktur und ihre Gesetze aufrechterhalten; sie wird durch Gottes Hand gestützt.

Da Gottes Wille und die Naturgesetze verschiedene Ausdrücke für dieselbe Wirklichkeit sind[42], beruht auch alles Geschehen auf dem mechanischen Wirken unveränderlicher Naturgesetze und nicht auf der Laune eines verantwortungslosen Autokraten, der in den Sternen thront. Den Mechanismus, den Descartes nur in der Materie und im Körper erblickte, sieht Spinoza auch in Gott und im Geiste. Es ist nicht eine Welt der Planmäßigkeit, sondern des Determinismus. Weil wir bewußte Ziele verfolgen, glauben wir, daß jedes Geschehen solche Ziele vor sich hat, und weil wir Menschen sind, nehmen wir an, alles Geschehen richte sich auf den Menschen und sei zur Befriedigung seiner Bedürfnisse da. Das ist aber eine anthropozentrische Täuschung, wie so vieles in unserem Denken[43]. Die Wurzel der größten philosophischen Irrtümer liegt darin, daß wir unsere menschlichen Zwecke, Prüfsteine und Wertungen in die objektive Welt hineinprojizieren. Daher unser »Problem des Übels«; wir bemühen uns, die Leiden des Lebens mit der Güte Gottes zu vereinbaren, und vergessen die Lektion, die Hiob erteilt wurde: daß Gott jenseits von unserem winzigen Gut und Böse steht. »Gut« und »Schlecht« sind relativ in bezug auf menschliche und oft sogar individuelle Geschmacksrichtungen und Zwecke und gelten nicht für eine Welt, in der die Individuen bloße Eintagsfliegen sind und der Finger der Zeit selbst die Geschichte des ganzen Geschlechtes nur in die Luft schreibt.

Was uns daher an der Natur lächerlich, absurd oder böse erscheint, erhält diesen Anschein dadurch, daß wir die Dinge nur als Teilstücke kennen, die Ordnung und den Zusammenhang der Natur in der Hauptsache nicht beachten und alles nach den Vorschriften unserer eigenen Vernunft angeordnet sehen möchten, während doch das, was von unserer Vernunft für schlecht erklärt wird, nicht in bezug auf die Gesetze und Ordnung der Natur, sondern nur hinsichtlich der Gesetze unserer eigenen Natur schlecht ist[44].

Was das Gute und das Schlechte betrifft, so bezeichnen diese Ausdrücke nichts Positives in den Dingen, sofern man die Dinge an sich selbst betrachtet ... Denn ein und dasselbe Ding kann zu derselben Zeit gut und schlecht und auch neutral sein. Zum Beispiel ist Musik für den Trübsinnigen gut, schlecht für den Trauernden, für den Tauben aber weder gut noch schlecht[45].

»Gut« und »Böse« sind Vorurteile, die die ewige Wirklichkeit nicht anerkennen kann; »es ist ein richtiger Gedanke, in der Welt die vollständige Natur des Unendlichen und nicht bloß die besonderen Ideale des Menschen ausgedrückt sein zu lassen[46]«. Genau wie um Gut und Böse, steht es auch um »Häßlich« und »Schön«; auch diese Begriffe sind subjektiv und persönlichen Ursprunges, und sofern man sie der Welt aufprägen will, wird diese sie verächtlich an den Menschen zurückverweisen. »Ich möchte ... daran erinnern, daß ich der Natur weder Schönheit noch Häßlichkeit, weder Ordnung noch Verwirrung zuschreibe, da die Dinge nur in bezug auf unsere Einbildung schön oder häßlich, geordnet oder verworren genannt werden können[47].« – »Wenn z. B. die Bewegung, die die Nerven von Objekten erhalten, die mit den Augen wahrgenommen werden, zur Gesundheit beiträgt, so heißen die einwirkenden Objekte schön; dagegen nennt man solche, die eine entgegengesetzte Bewegung hervorrufen, häßlich[48].« An solchen Stellen geht Spinoza über Platon hinaus, der überzeugt war, daß seine ästhetischen Urteile den Gesetzen der Schöpfung und den ewigen Ratschlüssen Gottes gleich seien.

Ist Gott eine Person? In keinem menschlichen Sinne dieses Wortes. Spinoza erwähnt den »volkstümlichen Glauben, der sich Gott immer noch als männlichen, nicht als weiblichen Geschlechtes vorstellt[49]« und ist ritterlich genug, um eine Anschauung, die Widerschein der irdischen Unterworfenheit der Frau unter den Mann ist, abzulehnen. In einem Briefe widersprach einer seiner Bekannten dieser unpersönlichen Fassung des Gottesbegriffes, worauf Spinoza in Worten antwortete, die an den alten griechischen Skeptiker Xenophanes erinnern:

> Wenn Sie ferner sagen, daß Sie bei meinem Leugnen der Tätigkeit des Sehens, des Hörens, des Aufmerkens, des Wollens . . . in bezug auf Gott nicht wüßten, welchen Gott ich hätte, so vermute ich, Sie glauben, daß es keine größere Vollkommenheit gebe als die, welche in den genannten Eigenschaften ausgedrückt werden kann. Ich wundere mich darüber nicht, weil ich glaube, auch ein Dreieck würde, wenn es sprechen könnte, sagen, Gott sei in der Hauptsache ein Dreieck, und ein Kreis würde sagen, die göttliche Natur sei in der Hauptsache kreisförmig; so würde jedes seine Eigenschaften Gott zuschreiben[50].

Schließlich »gehört weder Verstand noch Wille zur Natur Gottes[51]« im üblichen Sinne, in dem man der Gottheit diese menschlichen Eigenschaften zuzuschreiben pflegt; der Wille Gottes ist vielmehr die Summe aller Ursachen und Gesetze, und der göttliche Verstand die Summe aller Vernunft. »Der Geist Gottes ist«, nach Spinoza, »die gesamte, über Zeit und Raum verstreute Geistigkeit, die verströmte Bewußtheit, von der die Welt beseelt ist[52].« – ». . . alle Dinge sind, wenn auch in verschiedenen Graden, beseelt . . .[53].« Leben oder Geist ist *eine* Daseinsweise oder Ansicht aller uns bekannten Dinge, während materielle Ausdehnung oder Körperlichkeit eine andere Ansicht ist; durch diese beiden Daseinsweisen oder (wie Spinoza sie nennt) Attribute nehmen wir die Tätigkeit der Substanz oder Gottes wahr. In diesem Sinne kann man von Gott – dem umfassenden Geschehen und der ewigen Realität hinter dem Fluß der Ereignisse – sagen, er habe sowohl Geist als auch Körper: Gott ist weder Geist noch Materie allein; die geistigen und molekularen Prozesse aber, aus denen die zweiseitige Geschichte der Welt besteht, sind mitsamt ihren Ursachen und Gesetzen Gott.

2. *Materie und Geist*

Was aber ist Geist und was Materie? Ist der Geist materiell, wie einige phantasielose Leute annehmen, oder ist der Körper eine bloße Vorstellung, wie einige phantasiereiche Leute es haben wollen? Sind Denkprozesse die Ursache oder die Wirkung von Hirnprozessen? – oder sind sie, wie Malebranche annahm, beziehungslos, unabhängig voneinander und nur dank göttlicher Vorsehung parallel?

Weder ist der Geist materiell, antwortet Spinoza, noch auch die Materie geistig; die Hirnprozesse sind weder Ursache noch Wirkung der Denkprozesse, noch auch sind die beiden Prozesse unabhängig voneinander und parallel. Denn es gibt nicht zwei Prozesse und zwei Wesenheiten, sondern nur einen Prozeß, der von innen besehen als Denken, von außen als Bewegung erscheint; es gibt nur eine Wesenheit, deren Innenansicht Geist und deren Außenansicht Materie ist, die aber in Wirklichkeit eine untrennbare Verbindung und Einheit beider ist. Geist und Körper wirken nicht aufeinander, weil kein »Anderes« da ist; sie sind ein und dasselbe. »Der Körper kann die Seele nicht zum Denken und die Seele den Körper nicht zu Bewegung oder zur Ruhe oder zu irgend etwas anderem (wenn es noch etwas gibt) bestimmen«, aus dem einfachen Grunde, weil »Seele und Körper ein und dasselbe Ding sind[54].« Die gesamte Welt besteht aus einer solchen zweifachen Einheit; wo immer sich ein äußerer »materieller« Vorgang ereignet, ist er bloß eine Seite oder Ansicht des wirklichen Vorganges, der in einer vollständigeren Ansicht auch einen inneren Vorgang erkennen läßt, dessen Verwandtschaft mit den uns aus unserem Innenleben bekannten geistigen Vorgängen, wenn auch sehr verschieden abgestuft, doch einleuchtend ist. Die inneren »geistigen« Prozesse entsprechen auf jeder Stufe den äußeren »materiellen« Prozessen. »Die Ordnung und Verknüpfung der Ideen ist dieselbe wie die Ordnung und Verknüpfung der Dinge[55].« – »... Die denkende Substanz und die ausgedehnte Substanz sind ein und dieselbe Substanz, die bald unter diesem, bald unter jenem Attribut [Gesichtspunkt] gefaßt wird.« – »Dies scheinen einige Hebräer gleichsam durch einen Nebel gesehen zu haben, da sie nämlich behaupten, Gott, Gottes Verstand und die von ihm erkannten Dinge seien ein und dasselbe[56].«

Nimmt man an, daß der »Geist« ganz allgemein dem Nervensystem und seinen Verästelungen entspricht, so wird jede »körperliche« Veränderung durch eine entsprechende »geistige« begleitet sein, oder richtiger: mit ihr zusammen eine Ganzheit bilden. »Wie sich die Gedanken und Ideen der Dinge in der Seele ordnen und verketten, ordnen und verketten sich genau entsprechend im Körper die Körperaffektionen oder die Vorstellungsbilder der Dinge[57]«; nichts kann im menschlichen Körper geschehen, das nicht durch die Seele wahrgenommen und bewußt oder unbewußt empfunden würde[58]. Wie das erlebte Gefühl Teil eines Ganzen ist, dessen Grundlage Veränderungen im Blutkreislauf, in der Atmung und Verdauung bilden, so ist auch die Vorstellung zusammen mit körperlichen Veränderungen Teil eines zusammengesetzten organischen Prozesses; selbst die feinsten Spitzfindigkeiten des mathematischen Denkens haben ihr körperliches Gegenstück. (Wollten nicht die »Behavioristen« die Gedanken des Menschen durch Aufnahme der unfreiwilligen Schwingungen der Stimmbänder, die alles Denken zu begleiten scheinen, entdekken?)

Nachdem er auf diese Weise die Verschiedenheit von Körper und Geist aufzuheben versucht hat, schreitet Spinoza zur Zurückführung des Unterschiedes zwischen Wille und Verstand auf eine Frage der bloß graduellen Abstufung. Es gibt im Geiste keine besonderen Wesenheiten, keine »Fähigkeiten«, die man Verstand oder Wille nennen könnte, und noch viel weniger gibt es Einbildungskraft und Gedächtnis; der Geist ist keine Kraft, die mit Vorstellungen hantiert, sondern besteht selbst im Vorstellungsverlauf und in der Verkettung der Vorstellungen[59]. *»Verstand«* ist nur ein abstrakter und abkürzender Begriff für eine Reihe von Vorstellungen, und *»Wille«* ein abstrakter Begriff für eine Reihe von Handlungen und Willensäußerungen; »es verhalten sich also hiernach Verstand und Wille zu dieser und jener Idee oder zu dieser und jener Willensäußerung ebenso, wie die Steinhaftigkeit zu diesem und jenem Stein ...[60].« Und endlich sind »Wille und Verstand ein und dasselbe[61]«, denn der Willensakt ist nur eine Vorstellung, die dank des Reichtums an erweckten Assoziationen (oder vielleicht wegen der Abwesenheit wettbewerbsfähiger Vorstellungen) lange genug bewußt geblieben ist, um in die Tat überzugehen. Jede Idee wird zur Tat, sofern ihre Umwandlung nicht durch eine andere Idee gehemmt wird; die Idee selbst ist die erste Stufe eines einheitlichen organischen Vorganges, dessen Vollendung in der äußeren Handlung liegt.

Die oft »Wille« genannte impulsive Kraft, die die Dauer der Ideen im Bewußtsein bestimmt, sollte »Begierde« genannt werden, denn »Begierde ist des Menschen Wesenheit selbst[62]«. Die Begierde ist ein Verlangen oder Instinkt, dessen wir uns bewußt sind; Instinkte brauchen sich aber nicht immer in bewußter Begierde zu entladen[63]. Hinter den Instinkten steht das unbestimmte und vielgestaltige Streben nach Selbsterhaltung *(conatus sese preservandi)*; Spinoza erblickt es in aller menschlichen und sogar untermenschlichen Tätigkeit, ähnlich wie später Schopenhauer und Nietzsche in allem den Willen zum Leben oder den Willen zur Macht gesehen haben. Nur selten stimmen die Philosophen nicht überein.

»Jedes Ding strebt, soviel es kann, in seinem Sein zu beharren.« – »Das Streben, mit dem jedes Ding in seinem Sein zu beharren strebt, ist weiter nichts als die wirkliche Wesenheit des Dinges selbst[64].« Die Kraft, mit der ein Ding beharrt, ist der Kern und das Wesen seines Seins. Jeder Instinkt ist ein Kunstgriff, den die Natur zur Erhaltung des Individuums (oder, was unser einsamer Junggeselle zu erwähnen vergißt: der Gattung oder Familie) erfunden hat. Lust und Unlust sind die Befriedigung oder die Hemmung eines Instinktes, sie sind nicht Ursachen unserer Begierden, sondern deren Wirkungen; wir begehren diese Dinge nicht, weil sie uns Lust verschaffen, sondern sie verschaffen uns Lust, weil wir sie begehren[65], und wir begehren sie, weil wir nicht anders können.

Es gibt daher keinen freien Willen; die Anforderungen des Lebens bestimmen die Instinkte, die Instinkte die Begierde, und die Begierde bestimmt das Denken und Handeln. ». . . Die Beschlüsse der Seele sind weiter nichts als die Triebe selbst, weswegen sie je nach der verschiedenen Beschaffenheit des Körpers verschieden sind[66].« – »Es gibt in der Seele keinen unbedingten oder freien Willen, sondern die Seele wird von einer Ursache bestimmt, dieses oder jenes zu wollen, die ebenfalls von einer anderen Ursache bestimmt ist und diese wiederum von einer anderen, und so weiter ins Unendliche[67].« – ». . . Die Menschen meinen frei zu sein, da sie sich ihrer Wollungen und ihres Triebes bewußt sind, . . . sind aber der Ursachen, von denen sie zum Streben und Wollen veranlaßt werden, unkundig . . .[68].« Spinoza vergleicht das Erlebnis des freien Willens mit den Gedanken eines Steines, der, während er durch den Raum fliegt, seine Bahn zu bestimmen und Ort und Zeit seines Niederganges zu wählen glaubt[69].

Da die menschlichen Handlungen Gesetzen folgen, die an Eindeutigkeit denen der Geometrie nicht nachstehen, sollte auch die Psychologie in geometrischer Form und mit mathematischer Sachlichkeit betrieben werden. »Ich werde über menschliche Wesen schreiben, als würde ich mich mit Linien, Flächen und festen Körpern beschäftigen.« – ». . . Ich habe mich bemüht, die menschlichen Handlungen nicht zu belachen, zu beklagen oder zu verachten, sondern zu verstehen; deshalb habe ich die Affekte der Menschen . . . nicht als Sünden der menschlichen Natur angesehen, sondern als Eigenschaften, die so zu ihr gehören, wie Wärme, Kälte, Sturm, Donner und ähnliches mehr zur Natur der Atmosphäre[70].« Diese unparteiische Einstellung verleiht Spinozas Untersuchung der menschlichen Natur jene Überlegenheit, wegen der sie Froude »die vollständigste unter allen Untersuchungen sämtlicher Moralphilosophen« nannte[71]. Taine hatte für Bayles Analysen kein größeres Lob, als daß er sie mit Spinozas Untersuchungen verglich, während Johannes Müller zur Frage der Instinkte und Gefühle folgendes schreibt: »Was die Beziehungen der Leidenschaften zueinander, unabhängig von ihren physiologischen Bedingungen, betrifft, ist es nicht möglich, einen besseren Bericht zu erstatten als Spinoza mit unübertroffener Meisterschaft geliefert hat« – und der hervorragende Physiologe zitiert mit der Bescheidenheit, von der wirkliche Größe meist begleitet ist, ausführlich das dritte Buch der *»Ethik«*. In der eben genannten Untersuchung des menschlichen Verhaltens gelangt Spinoza endlich zu jenen Fragen, die seinem Meisterstück den Namen gegeben haben.

3. Vernunft und Sittlichkeit

Es gibt im Grunde nur drei Systeme der Ethik, drei Anschauungen über die ideale Charakterbeschaffenheit und die sittliche Lebensführung. Eine davon ist die Anschauung von Buddha und Jesus, die den Nachdruck auf die weiblichen Tugenden legt, alle Menschen für gleich wertvoll hält, das Böse nur durch Gutes erwidert, Tugend mit Liebe gleichsetzt und in der Politik zu schrankenloser Demokratie neigt. Die zweite Anschauung ist in der Ethik Machiavellis und Nietzsches verkörpert, die die männlichen Tugenden hervorhebt, Ungleichheit der Menschen annimmt, die Gefahren des Kampfes, der Eroberung und der Herrschaft preist, Tugend mit Macht gleichsetzt und die Aristokratie des Blutes verherrlicht. Die dritte Anschauungsart, die Ethik von Sokrates, Platon und Aristoteles, leugnet die allgemeine Anwendbarkeit sowohl der männlichen als auch der weiblichen Tugenden; glaubt, daß nur der geschulte und reife Geist beurteilen könne, wann den wechselnden Umständen entsprechend Liebe und wann Macht herrschen sollte; sie setzt daher Tugend mit Vernunft gleich und befürwortet als Regierungsform eine jeweils verschieden zusammengesetzte Mischung aus Aristokratie und Demokratie. Spinozas Verdienst liegt darin, daß er diese scheinbar feindlichen Philosophien unbewußt miteinander versöhnt, in eine harmonische Einheit verwebt und in der Folge ein ethisches System entwickelt, das die höchste Leistung des modernen Denkens darstellt.

Er fängt damit an, daß er die Glückseligkeit zum Ziel des Handelns erhebt, und definiert Glückseligkeit ganz einfach als Vorhandensein von Lust und Fehlen von Schmerz. Aber Lust und Schmerz sind relativ und nicht absolut; sie bezeichnen nicht Zustände, sondern vorübergehendes Geschehen. »Lust ist der Übergang des Menschen von einem geringeren Grad der Vollkommenheit (d. h. der Vollständigkeit, der Vollendung) zu einem höheren.« – »Die Freudigkeit besteht darin, daß die eigene Macht gesteigert wird[72].« – »Trauer ist Übergang des Menschen von größerer zu geringerer Vollkommenheit ... Ich sage: Übergang. Denn Freude ist nicht die Vollkommenheit selbst. Wenn nämlich der Mensch mit der Vollkommenheit, zu der er übergeht, geboren würde, so würde er ... ohne den Affekt der Freude sein. Dies erhellt noch klarer aus dem Affekt der Trauer, der dem Affekt der Freude entgegengesetzt ist[73].« Alle Leidenschaften sind Übergänge, alle Gemütsbewegungen Bewegungen, die aus Vollkommenheit und Macht entspringt oder diese erstrebt.

»Unter Affekt verstehe ich Veränderungen des Körpers, durch die die Wirkungskraft des Körpers vermehrt oder vermindert, gefördert oder gehemmt wird, und zugleich die Ideen dieser Veränderungen[74].« (Diese Theorie der Affekte wird in der Regel William James und F. Lange zugeschrieben, ist aber hier genauer formuliert als bei den genannten Psychologen und stimmt auffallend mit den Befunden Professor Cannons überein.) Leidenschaften oder Gefühle sind nicht an sich gut oder schlecht, sondern nur sofern sie unsere Kraft steigern oder vermindern. »Unter Tugend und Kraft verstehe ich dasselbe[75]«; Tugend ist die Fähigkeit zum Handeln, eine Art des Könnens[76]. »Je mehr jemand danach strebt und je mehr er dazu imstande ist, seinen Nutzen zu suchen, d. h. sein Sein zu erhalten, um so mehr ist er mit Tugend begabt[77].« Spinoza verlangt nicht vom Menschen, daß er sich dem Wohl anderer opfere; er ist milder als die Natur selbst. Er glaubt, daß Egoismus eine notwendige Folge des Selbsterhaltungstriebes ist: »Das allgemeine Gesetz der menschlichen Natur ist, daß niemand das, was er für gut hält, vernachlässigt, es sei denn in Hoffnung auf ein größeres Gut ...[78].« Das erscheint Spinoza völlig einleuchtend. »Da die Vernunft nichts wider die Natur fordert, so fordert sie demnach, daß jeder sich selbst liebe, seinen Nutzen suche, sofern es wahrhaftig sein Nutzen ist, und all das erstrebe, was den Menschen zu wahrhaft größerer Vollkommenheit führt; und überhaupt, daß jeder sein Sein soviel er nur kann zu erhalten strebt[79].« So baut er seine Ethik nicht auf Altruismus und der angeborenen Güte des Menschen auf, wie utopische Reformatoren das zu tun pflegen; auch nicht auf Selbstsucht und der angeborenen Bösartigkeit des Menschen, wie zynische Konservative, sondern auf einen, wie er glaubt, unvermeidlichen und berechtigten Egoismus. Eine Morallehre, die den Menschen zum Schwachsinn erzieht, ist wertlos; »... die Grundlage der Tugend ist das Streben nach Erhaltung des eigenen Seins, und das Glück besteht darin, daß der Mensch sein Sein zu erhalten vermag[80].«

Wie Nietzsche, kann auch Spinoza mit der Demut nicht viel anfangen[81]; sie ist entweder Verlogenheit des Strebers oder Furchtsamkeit des Sklaven; sie setzt das Fehlen von Kraft voraus, während für Spinoza alle Tugenden Arten des Könnens und der Kraft sind. So ist Reue eher ein Gebrechen als eine Tugend: »... wer eine Tat bereut, ist zweifach elend und ohnmächtig[82].« Er opfert aber dem Kampf gegen die Demut weniger Zeit als Nietzsche, denn »die Demut ist äußerst selten[83]«, und selbst die Philosophen, die Bücher zu ihrer Verherrlichung schreiben, vergessen nicht, wie Cicero sagte, ihren Namen auf das Titelblatt setzen zu lassen. »Wer sich selbst verachtet, ist am ehesten eitel«, sagt Spinoza (und formuliert in diesem Satz eine Lieblingstheorie der Psychoanalytiker, nach der jede bewußte Tugend aus dem Bestreben erwächst, geheime Laster zu verheimlichen oder zu vernichten.) Während er aber die Demut ablehnt, bewundert er die Bescheidenheit und wendet sich gegen einen Stolz, der nicht in Taten verankert und gegründet ist. Durch Eigendünkel belästigen sich die Menschen gegenseitig; ». . . der Hochmütige . . . spricht von weiter nichts als von den eigenen Vorzügen und den Fehlern anderer[84]«; in der Gesellschaft untergeordneter Menschen, die seine Vollkommenheit und seine Heldentaten bewundern, fühlt er sich wohl und wird schließlich ein Opfer jener, die ihn am meisten loben – denn »niemand läßt sich durch Schmeichelei mehr gefangen nehmen als die Eitlen[85].«

Das bisher Besprochene aus der Ethik unseres Philosophen klingt recht spartanisch; an anderen Stellen schlägt er aber sanftere Töne an. Er staunt über das Maß von Neid, Verdächtigung, gegenseitiger Herabsetzung und Haß, das die Menschen erfüllt und voneinander trennt, und sieht das einzige Heilmittel für unsere sozialen Krankheiten in der Ausmerzung dieser und ähnlicher Gefühle. Er glaubt, es sei leicht zu zeigen, daß der Haß, gerade weil er dicht an der Grenze der Liebe tobt, leichter durch Liebe als durch Gegenhaß zu überwinden ist. Denn der Haß wird durch das Bewußtsein, daß man ihn erwidert, genährt, während jemand, der einen Menschen haßt und sich von diesem geliebt glaubt, zum Opfer zwischen Liebe und Haß schwankender Gefühle wird, da die Liebe (wie Spinoza vielleicht doch etwas zu optimistisch annimmt) Liebe erzeugt; auf diese Weise wird der Haß zersetzt und verliert seine Kraft. Wer haßt, erkennt seine Minderwertigkeit an und bekundet Angst; man haßt nicht einen Feind, dessen Überwindung man sich zutraut. »Wer Beleidigungen durch Haß erwidern und rächen will, lebt gewißlich elend. Wer sich dagegen bemüht, den Haß durch Liebe niederzukämpfen, der kämpft fürwahr freudig und in Vertrauen auf Erfolg; er widersteht ebenso leicht vielen Menschen als einem und bedarf fast gar nicht der Hilfe des Glücks. Die er aber besiegt, gehen ihm freudig nach ...[86].« – »Die Gemüter ... werden nicht durch Waffen, sondern durch Liebe und Edelmut besiegt[87].« Als er solche Worte schrieb, erblickte Spinoza etwas von dem Licht, das auf den Hügeln Galiläas leuchtete.

Das Wesen seiner Ethik ist aber doch eher griechisch als christlich. »... Das Streben nach Einsicht ... ist die erste und einzige Grundlage der Tugend[88]« – nichts könnte eindeutiger und gründlicher sokratisch sein, als ein solcher Satz. Denn »... wir werden von äußeren Ursachen auf vielfache Weise hierhin und dorthin bewegt, wie von entgegengesetzten Winden bewegte Wellen des Meeres, unkundig unseres Ausgangs und Schicksals[89]«. Wir glauben, in der Leidenschaft am ehesten wir selbst zu sein, während wir gerade in ihr völlig passiv von einem ererbten Gefühlsstrom oder Trieb ergriffen und zu übereilten Reaktionen hingerissen werden, die nur eine Seite der gegebenen Lage treffen, weil man ohne zu denken nur einzelne Seiten eines Tatbestandes erfassen kann. Die Leidenschaft gibt eine »inadäquate Idee«; das Denken aber schiebt die Antwort auf, bis jede wichtige Seite eines Problems entsprechende, ererbte oder erworbene Reaktionen hervorgerufen hat; nur auf diese Weise wird eine Idee adäquat, und eine Reaktion so vollständig, wie sie nur sein kann[90]. Als treibende Kräfte bewähren sich die Instinkte ausgezeichnet, als Führer jedoch sind sie gefährlich, denn auf Grund eines »Individualismus« der Instinkte strebt jeder von ihnen nach Erfüllung, ohne Rücksicht auf das Wohl der ganzen Person. Welche Verwüstung im Menschen haben zum Beispiel unbeherrschte Habgier, Kampflust und Sinnlichkeit angerichtet, bis solche Leute zum bloßen Zubehör der sie beherrschenden Instinkte wurden. »Die Affekte, von denen wir täglich bedrängt werden, beziehen sich meist nur auf einen Teil des Körpers, der mehr als die anderen von Reizen betroffen wurde; und daher haben die meisten Affekte ein Übermaß und halten die Seele in der alleinigen Betrachtung eines einzigen Gegenstandes dergestalt fest, daß sie an andere Gegenstände nicht zu denken vermag[91].« Aber »eine Begierde, die aus einer solchen Freude oder Trauer entspringt, die nur auf einen oder einige Körperteile Bezug hat und nicht auf alle, nimmt keine Rücksicht auf den Nutzen des ganzen Menschen[92].« Um wir selbst zu sein, müssen wir uns vollenden.

All das ruht selbstverständlich auf der alten philosophischen Unterscheidung zwischen Vernunft und Leidenschaft – aber Spinoza liefert wichtige Ergänzungen zur Lehre des Sokrates und der Stoiker. Er weiß, daß nicht nur Leidenschaft ohne Vernunft blind, sondern auch Vernunft ohne Leidenschaft tot ist. »Ein Affekt kann nur durch einen Affekt gehemmt oder aufgehoben werden, der entgegengesetzt und stärker ist als der zu hemmende Affekt[93].« Statt unnütz die Vernunft gegen die Leidenschaft auszuspielen – ein Unternehmen, in dem für gewöhnlich das tiefer verwurzelte, vererbte Element gewinnt –, setzt er den vernunftlosen Leidenschaften durch Vernunft geordnete Leidenschaften entgegen; Leidenschaften, die ihren Platz durch einen vollständigen Überblick über die gegebene Lage angewiesen erhielten. Dem Denken sollte nicht die Wärme der Begierde fehlen, und der Begierde nicht das Licht der Vernunft. »Ein Affekt, der eine Leidenschaft ist, hört auf, eine Leidenschaft zu sein, sobald wir uns von ihm eine klare und deutliche Idee bilden[94].« – »Alle Begierden sind nur insofern Leidenschaften, als sie auf inadäquate Ideen zurückgehen; sie sind Tugenden . . . wenn sie durch adäquate Ideen hervorgerufen werden[95].« Jedes vernünftige Verhalten – d. h. jede Reaktion, die der Gesamtlage gerecht wird – ist eine tugendhafte Tat, und im Grunde gibt es keine Tugend, sondern nur Vernunft.

Spinozas Ethik folgt aus seiner Metaphysik; genau wie dort die Vernunft im Aufsuchen des Gesetzes im chaotischen Fluß der Dinge bestand, besteht sie hier in der Aufstellung eines Gesetzes im chaotischen Fluß der Begierden; dort besteht sie im Sehen, hier im Handeln *»sub specie aeternitatis«*; sie gestaltet Wissen und Handeln dem ewigen Ganzen entsprechend. Das Denken kann zu einer solchen umfassenden Anschauung verhelfen, weil es von der Phantasie unterstützt wird, die dem Bewußtsein jene fernen Folgen gegenwärtiger Handlungen zeigt, die das Handeln nicht beeinflussen könnten, wenn es gedankenlos unmittelbar wäre. Das größte Hindernis für vernünftiges Verhalten liegt in der überlegenen Lebhaftigkeit gegenwärtiger Empfindungen im Vergleich zu jenen projizierten Erinnerungen, die man Phantasiebild nennt. »Sofern die Seele die Dinge nach dem Gebot der Vernunft begreift, wird sie gleichermaßen affiziert, ob die Idee nun die eines zukünftigen oder vergangenen oder die eines gegenwärtigen Dinges ist[96].« Durch Einbildungskraft und Vernunft verwandeln wir die Erfahrung in Voraussage; wir werden zu Gestaltern unserer Zukunft und hören auf, Sklaven unserer Vergangenheit zu sein.

Auf diese Weise erreichen wir die einzig menschenmögliche Art der Freiheit. Die Passivität der Leidenschaften ist die »Knechtschaft des Menschen«, die Aktivität der Vernunft die menschliche Freiheit. Diese ist nicht Unabhängigkeit von den Kausalgesetzen und von ursächlichen Geschehensreihen, sondern Unabhängigkeit von einzelnen Leidenschaften oder Triebkräften; sie ist auch nicht Unabhängigkeit von der Leidenschaft, sondern von ungeordneter und unvollendeter Leidenschaftlichkeit. Nur wo wir erkennen, sind wir frei[97]. Übermensch sein heißt nicht, sich der gesetzlichen Schranken und der Annehmlichkeiten der Gesellschaft entledigen, sondern sich vom Individualismus der Instinkte befreien. Mit dieser Vollendung und Ausgeglichenheit der Leidenschaften stellt sich die Gelassenheit des Weisen ein; nicht die aristokratische Selbstzufriedenheit des aristotelischen Helden, noch viel weniger die anmaßende Überlegenheit von Nietzsches Ideal, sondern eine geselligere Ausgeglichenheit und Ruhe des Geistes. ». . . Menschen, die aus Vernunft gut sind, das heißt, Menschen, die nach Anleitung der Vernunft ihren Nutzen suchen, erstreben nichts für sich, was sie nicht auch für die übrigen Menschen begehren . . .[98].« Groß sein heißt nicht, über der Menschheit stehen und andere beherrschen, sondern über der Zerrissenheit und Nichtigkeit der eigenen erkenntnislosen Begierden stehen und sich selbst beherrschen.

Das ist eine vornehmere Freiheit als die sogenannte Freiheit des Willens, denn der Wille ist nicht frei, und vielleicht gibt es überhaupt keinen »Willen«. Und man darf auch nicht annehmen, daß man nun nicht mehr moralisch verantwortlich sei für sein Verhalten und für die Gestaltung des eigenen Lebens, weil man nicht mehr frei sei. Gerade weil die menschlichen Handlungen durch das Gedächtnis determiniert sind, muß die Gesellschaft zu ihrem eigenen Schutz ihre Bürger durch eingepfropfte Hoffnungen und Befürchtungen so formen, daß sie ein gewisses Maß von gesellschaftlicher Ordnung und Zusammenarbeit einhalten. Jede Erziehung setzt den Determinismus voraus und schüttet in den offenen Geist der Jugend eine Menge von Verboten, von der sie erwartet, daß sie das zukünftige Verhalten dieser Jugend mitbestimmen wird. »Das Böse, das aus bösen Taten folgt, ist deshalb nicht weniger zu befürchten, weil es notwendig folgt; gleichgültig, ob unser Handeln frei ist oder nicht, bestehen unsere Beweggründe in Hoffnung und Furcht. Daher ist die Behauptung falsch, daß ich für Gebote und Befehle keinen Platz mehr übrig lasse.« Der Determinismus führt, ganz im Gegenteil, zu sittlich besserem Lebenswandel; er lehrt uns, niemanden zu verachten oder zu verspotten und mit niemandem böse zu sein[99]; die Menschen sind »nicht schuldig«, und obwohl wir Missetäter bestrafen, soll dies ohne Haß geschehen; wir verzeihen ihnen, weil sie nicht wissen, was sie tun.

Vor allem stärkt uns aber der Determinismus, das wechselnde Antlitz des Schicksals mit gleich ruhigem Gemüt zu ertragen; wir vergessen nicht, daß alles nach dem ewigen Ratschluß Gottes geschieht. Vielleicht wird er uns auch die »geistige Liebe Gottes« lehren, durch die wir bereitwillig die Naturgesetze anerkennen und Erfüllung unserer Wünsche nur innerhalb ihrer Grenzen suchen werden. Wer die Dinge als determiniert ansieht, kann sich, obwohl er Widerstand zu leisten vermag, nicht beklagen, denn »er nimmt die Dinge unter einer gewissen Art der Ewigkeit wahr[100]« und sieht, daß sein Mißgeschick auf Wünsche zurückgeht, die im Rahmen des Ganzen unerfüllbar waren, und daß es durch die ewige Ordnung und den Plan der Welt doch bis zu einem gewissen Grade gerechtfertigt war. So gesinnt, erhebt er sich von den veränderlichen Genüssen der Leidenschaften zur erhabenen Ruhe der Kontemplation, die in allen Dingen Glieder der ewigen Ordnung und Entwicklung sieht; er kann angesichts des Unentrinnbaren lächeln und »bleibt zufrieden, ob er nun sein Anteil jetzt oder erst in tausend Jahren bekommt[101]«. Er lernt die alte Weisheit, daß Gott keine launische Persönlichkeit ist, die sich in die Privatangelegenheiten ihrer Verehrer einmischt, sondern die unveränderliche, erhaltende Ordnung der Welt. Platon gibt diesem Gedanken im »Staat« einen schönen Ausdruck: »Es hat ja auch . . . der, der in Wahrheit seinen Geist auf das Seiende gerichtet hält, überhaupt keine Zeit, niederzublicken auf das Treiben der Menschen und im Kampfe mit ihnen sich mit Neid und Feindseligkeit zu beladen; sondern ganz versunken in die Betrachtung eines wohlgeordneten Reiches von Wesen, die sich immer völlig gleich bleiben und weder unrecht tun noch Unrecht voneinander leiden, sondern sich durchweg ordnungs- und vernunftgemäß verhalten, wird er alle Kraft daran setzen, diese nachzuahmen und soviel wie möglich sein Wesen mit ihnen ähnlich zu gestalten[102].« – »Das Notwendige verletzt mich nicht«, sagt Nietzsche, *»amor fati* [die Liebe zum Schicksal] ist meine innerste Natur[103]«, oder wie Keats es ausdrückt:

> ertrage nackte Wahrheit unbewegt,
> schau alles, was auch kommt, gelassen an:
> das ist der Gipfel der Vortrefflichkeit[104].

Eine solche Philosophie lehrt uns das Leben und selbst den Tod bejahen: »Der freie Mensch denkt an nichts weniger als an den Tod, und seine Weisheit ist nicht ein Nachsinnen über den Tod, sondern ein Nachsinnen über das Leben[105].« Sie besänftigt durch die Weite ihres Blickes unser gequältes Ich und versöhnt uns mit den Schranken, in die unsere Zielsetzungen gebannt sein müssen. Sie kann zu Resignation und lässiger, orientalischer Tatenlosigkeit führen, ist aber auch die unentbehrliche Grundlage aller Weisheit und aller Kraft.

Im Grunde war Spinozas Philosophie, wie wir sehen, ein Versuch, selbst diese Welt, in der er ein Ausgestoßener und Einsamer war, zu lieben. Wie Hiob teilte er die Menschen in Klassen ein und fragte, wie es möglich sei, daß selbst die Gerechten, das Volk der Auserwählten, Verfolgung, Verbannung und alle Arten vernichtender Schmerzen erleiden müssen. Eine Zeitlang genügte ihm die Anschauung, nach der die Welt ein unpersönlichen und unveränderlichen Gesetzen folgender Prozeß sei, und er fand Beruhigung in ihr; später aber verwandelte sein wesenhaft religiöser Geist diesen blinden Prozeß in ein fast liebenswertes Etwas. Er versuchte, seine Begierden mit der allgemeinen Weltordnung zu verschmelzen, und wünschte, selbst ein unauffälliges Teilstück der Gesamtnatur zu werden. »Das höchste Gut ist die Erkenntnis der Einheit, die der Geist mit der ganzen Natur bildet[106].« Unsere individuelle Absonderung ist auch in der Tat in gewissem Sinne eine Täuschung, denn wir sind Teilchen im großen Strom der Gesetze und Ursachen, Teile Gottes; wir sind vorübergehende Erscheinungsformen eines Wesens, das größer ist als wir und unendlich, während wir sterblich sind. Unsere Körper sind Zellen im Körper der Rasse, unsere Rasse ein kleines Zwischenspiel im großen Drama des Lebens; unser Geist ist das plötzliche Aufflackern eines ewigen Lichtes. ». . . Unsere Seele, sofern sie erkennt, ist ein ewiger Modus des Denkens, der von einem anderen ewigen Modus des Denkens bestimmt wird, und dieser wieder von einem anderen und so weiter ins Unendliche: dergestalt, daß alle diese Modi zugleich Gottes ewigen und unendlichen Verstand ausmachen[107].« In diesem pantheistischen Ineinander des Einzelnen mit dem All kommt das Orientalische in Spinoza wieder zur Sprache; man hört die Stimme Omars, der »das Eine niemals zwei nannte«, und des alten indischen Dichters: »Wisse in dir und im All die eine Seele; banne den Schein, der vom Ganzen die Teile trennt[108].« – »Manchmal«, sagt Thoreau, »wenn mich die Wellen ziellos über den Waldener See treiben, höre ich auf zu leben und fange an zu sein.«

Als solche Teile eines solchen Ganzen sind wir unsterblich. »Die menschliche Seele kann mit dem Körper nicht völlig zerstört werden, sondern es bleibt von ihr etwas bestehen, das ewig ist[109].« Dieser Teil ist es, der die Dinge *sub specie aeternitatis* erfaßt; je mehr wir die Dinge auf diese Weise erfassen, um so »ewiger« ist unser Denken. Spinoza äußert sich zu diesem Punkte noch dunkler als sonst, und seine Sprache sagt trotz endloser Auseinandersetzungen seiner Interpreten verschiedenartigen Geistern sehr verschiedenes. Manchmal glaubt man, er meine George Eliots »Unsterblichkeit durch guten Ruf«, nach der uns das Vernünftigste und Schönste unseres Denkens und Lebens überlebt und eine fast ewige Wirksamkeit entfaltet. Manchmal wiederum scheint Spinoza an persönliche und individuelle Unsterblichkeit zu denken; vielleicht wollte er, da der Tod schon so früh seinen Lebensweg überschattete, sich mit dieser Hoffnung trösten, die sich in Ewigkeit der Menschenbrust entringt. Er unterscheidet dennoch streng Ewigkeit von unendlicher Dauer: »Wenn wir die gewöhnliche Meinung der Menschen ins Auge fassen, so sehen wir, daß sie sich der Ewigkeit ihrer Seele zwar bewußt sind, sie aber mit der Dauer verwirren, und ihrem Vorstellungsvermögen oder ihrer Erinnerung, von denen sie glauben, daß sie nach dem Tode bestehen bleiben, ewige Dauer beilegen[110].« Denn obwohl er, ähnlich wie Aristoteles, von Unsterblichkeit spricht, leugnet Spinoza das Weiterleben des persönlichen Gedächtnisses. »Die Seele kann sich nur solange der Körper dauert etwas vorstellen und sich der vergangenen Dinge erinnern[111].« Auch an die himmlische Vergeltung glaubt er nicht: »Von hier aus erkennen wir klar, wie weit die von der wahren Schätzung der Tugend entfernt sind, die für ihre Tugend und für ihre guten Handlungen, als wären diese schwerste Knechtschaft, von Gott mit den größten Belohnungen ausgezeichnet zu werden erwarten, als ob Tugend und Gottes Diener sich nicht selbst schon das Glück und die höchste Freiheit wären[112].« – »Die Glückseligkeit«, heißt es im letzten Lehrsatz der *»Ethik«*, – »ist nicht der Lohn der

Tugend, sondern die Tugend selbst ...«. Und vielleicht ist die Unsterblichkeit auf ähnliche Weise nicht Belohnung für klares Denken, sondern klares Denken selbst, das Vergangenheit in die Gegenwart einführt, in die Zukunft hinauswirkt und so die Grenzen und die Beschränktheit der Zeit überwindend eine Ansicht der Welt erfaßt, die hinter allem bunten Wechsel ewig ist; ein solches Denken ist unsterblich, weil jede Wahrheit eine bleibende Schöpfung und ein Teil der ewigen menschlichen Errungenschaften ist, die die Menschheit auf unendliche Zeit beeinflussen.

In diesem feierlichen und hoffnungsvollen Ton schließt die *»Ethik«*. Selten enthielt ein Buch soviel Gedanken und gab zu soviel Kommentaren Anlaß, um dabei doch nur ein Schlachtfeld entgegengesetzter Deutungen zu bleiben. Seine Metaphysik mag fehlerhaft, seine Psychologie unvollkommen und seine Theologie unbefriedigend und dunkel sein – von der Seele des Buches, von seinem Geist und Wesen wird niemand, der es gelesen, anders als mit Ehrfurcht sprechen. Im Schlußabschnitt tritt dieser wesenhafte Geist in schlichter Beredtheit zutage:

Hiermit habe ich alles, was ich von der Macht der Seele über die Affekte und von der Freiheit der Seele zeigen wollte, vollständig dargelegt. Es erhellt daraus, wieviel der Weise vermag, und wie sehr er dem Toren überlegen ist, der allein vom Gelüst getrieben wird. Denn abgesehen davon, daß der Tor von äußeren Ursachen auf vielerlei Arten hin- und herbewegt wird und sich niemals im Besitz der wahren Zufriedenheit des Gemüts befindet, lebt er überdies wie unbewußt seiner selbst und Gottes und der Dinge, und sobald er zu leiden aufhört, hört er zugleich auf zu sein; der Weise dagegen, sofern er als solcher betrachtet wird, wird kaum in seinem Gemüt bewegt, sondern seiner selbst und Gottes und der Dinge nach einer gewissen ewigen Notwendigkeit bewußt, hört niemals auf zu sein, sondern ist immer im Besitz der wahren Zufriedenheit des Gemüts. Wenn nun der Weg, von dem ich gezeigt habe, daß er hierhin führt, äußerst schwierig zu sein scheint, so läßt er sich doch finden. Und freilich schwierig muß sein, was so selten gefunden wird. Denn wie wäre es möglich, wenn das Heil leicht zugänglich wäre und ohne große Mühe gefunden werden könnte, daß fast alle es unbeachtet lassen? Aber alles Erhabene ist ebenso schwer wie selten.

V. DIE POLITISCHE ABHANDLUNG

Es bleibt uns nur noch ein tragisches Bruchstück , der *»Tractatus politicus«*, zu analysieren übrig, das Werk aus Spinozas reifsten Jahren, das plötzlich durch seinen frühen Tod unterbrochen wurde. Es ist kurz und doch reich an Gedanken, so daß man erneut fühlt, wieviel verlorenging, als dieses edle Leben gerade im Augenblick der Entfaltung seiner höchsten Kräfte ein Ende nahm. Im selben Menschenalter, das Hobbes die absolute Monarchie verherrlichen und den Aufstand des englischen Volkes gegen seinen König fast ebenso leidenschaftlich verdammen sah, wie Milton ihn verteidigte, formulierte Spinoza, der Freund des Republikaners De Witt, eine Staatsphilosophie, die den liberalen und demokratischen Hoffnungen des damaligen Holland Ausdruck gab und zur Hauptquelle jener Gedankenrichtung wurde, die ihren Höhepunkt in Rousseau und der französischen Revolution erreichte.

Jede Staatsphilosophie muß, so glaubt Spinoza, aus der Unterscheidung zwischen natürlicher und moralischer Ordnung, d. h. zwischen dem Zustand vor und nach der Bildung der organisierten Gesellschaft, hervorgehen. Spinoza setzt voraus, daß der Mensch einst in verhältnismäßiger Einsamkeit gelebt hat, ohne Gesetze und gesellschaftliche Organisation; damals gab es, so sagt er, keinen Begriff von Gut und Böse, Recht und Unrecht – Macht und Recht waren dasselbe.

... Es gibt im Naturzustand nichts, was nach der Übereinstimmung aller gut oder schlecht wäre, da ja jeder, der sich im Naturzustande befindet, einzig nur für seinen eigenen Nutzen sorgt, und nach seinem Sinne, und bloß vom Gesichtspunkte seines Nutzens aus entscheidet, was gut oder schlecht sei, und durch kein Gesetz gehalten ist, einem anderen als sich selber zu gehorchen. Und daher läßt sich das Verbrechen im Naturzustande nicht denken, dagegen wohl im bürgerlichen Zustande, wo durch gemeinsame Übereinkunft darüber entschieden wird, was gut und schlecht sei, und jeder gehalten ist, dem Staate zu gehorchen ...[113].

... das Naturrecht und die Naturordnung, unter der alle Menschen geboren werden und zum größten Teile leben, verbietet nur das, was niemand begehrt und was niemand vermag, und ist weder dem Streit, noch dem Haß oder dem Zorn und Betrug, noch sonst dem, was die Lüste begehren, entgegen[114].

Einen Hinweis auf dieses Gesetz oder auch auf diese Gesetzlosigkeit der Natur erhält man durch Beobachtung des Verhaltens der Staaten: »es gibt keinen Altruismus unter den Nationen[115]«, denn Gesetz und Moralität kann es nur dort geben, wo es eine anerkannte Organisation und eine gemeinsame, ebenfalls anerkannte Obrigkeit gibt. Die »Rechte« der Staaten sind gegenwärtig, was die »Rechte« der einzelnen einst waren (und häfig noch sind), d. h. sie sind *Macht*, und die führenden Staaten haben auch ganz passend, dank einer ungewollten Ehrlichkeit der Diplomaten, den Namen »Großmächte« erhalten. Ähnlich ist auch das Verhältnis zwischen den Gattungen der Lebewesen: in Ermangelung einer gemeinsamen Organisation gibt es zwischen ihnen keine Moralität und keine Gesetze; jede Gattung fügt der anderen zu, was sie wünscht und vermag[116].

Unter den Menschen wird aber, da die wechselseitige Not wechselseitige Hilfe hervorruft, aus der natürlichen Ordnung der Macht eine moralische Ordnung des Rechtes. »Da indes allen Menschen die Scheu vor der Vereinsamung innewohnt, weil niemand in ihr die Kraft hat, sich zu verteidigen und die notwendigen Bedürfnisse des Lebens zu befriedigen, so verlangen deshalb die Menschen von Natur nach dem gesellschaftlichen Zustand . . .[117].« Um sich vor Gefahren zu schützen, »würden die Kräfte des einzelnen kaum ausreichen, wenn die Menschen sich nicht gegenseitig Hilfe leisteten[118]«. Die Menschen sind jedoch nicht von Natur für die gegenseitigen Rücksichtnahmen vorbereitet, die von der gesellschaftlichen Ordnung verlangt werden; erst die Gefahr erzeugt Zusammenschluß, der dann allmählich die sozialen Instinkte nährt und kräftigt: »Die Menschen werden aber nicht als Bürger geboren, sondern entwickeln sich erst zu Bürgern[119].«

Die meisten Menschen sind im Grunde ihres Herzens individualistische Rebellen gegen Gesetz und Sitte: die sozialen Instinkte sind später und schwächer als die individualistischen und bedürfen der Verstärkung; der Mensch ist nicht »von Natur gut«, wie Rousseau unheilvollerweise annahm. Durch Zusammenschluß aber, wenn auch nur in der Familie, entsteht Sympathie und schließlich gütige Liebe. Wir lieben, was uns ähnelt; ». . . wir bemitleiden nicht nur Dinge, die wir geliebt haben, sondern auch Dinge . . ., wenn wir sie nur als uns ähnlich beurteilen [120]«; hieraus erwächst eine »Nachahmung der Affekte[121]« und schließlich ein wenig Gewissen. Gewissen ist aber nicht angeboren, sondern erworben und wechselt mit der geographischen Lage[122]. Es ist die Ablagerung der sittlichen Überlieferungen der Sippe im Bewußtsein der einzelnen; durch das Gewissen schafft sich die Gesellschaft einen Verbündeten im Herzen ihres Feindes – der von Natur individualistischen Seele.

Bei dieser Entwicklung kommt es allmählich dazu, daß das Gesetz der individuellen Macht, das im Naturzustande galt, in der organisierten Gesellschaft seinen Platz an die gesetzliche und moralische Macht des Ganzen abtritt. Macht bleibt immer noch Recht, aber die Macht des Ganzen schränkt die Macht des einzelnen ein, theoretisch: auf sein Recht, von seiner Macht soweit Gebrauch zu machen, wie sie sich mit der gleichen Freiheit anderer verträgt. Ein Teil der natürlichen Macht oder des Selbstbestimmungsrechtes der Individuen wird der organisierten Gemeinschaft anvertraut als Gegenleistung dafür, daß das Betätigungsfeld des anderen Teiles vergrößert wird. Wir verzichten zum Beispiel auf das Recht, aus Zorn zu Gewalttätigkeiten zu greifen, und werden hierdurch von der Gefahr befreit, von anderer Seite ähnliche Gewalttätigkeiten erwarten zu müssen. Gesetze sind nötig, weil die Menschen Leidenschaften unterworfen sind; wären alle Menschen vernünftig, so wären die Gesetze überflüssig. Vollkommene Gesetze würden zu den einzelnen im selben Verhältnis stehen wie die vollkommene Vernunft zu den Leidenschaften: sie wären ein Ausgleich der widerstreitenden Kräfte, um den Untergang des Ganzen zu verhindern und seine Macht zu steigern. Genau wie die Vernunft in der Metaphysik die Erfassung der Ordnung der Dinge und in der Ethik die Errichtung einer Ordnung unter den Begierden ist, so ist sie in der Politik die Errichtung einer Ordnung unter den Menschen. Der vollkommene Staat würde die Macht seiner Bürger nur soweit beschränken, als sie sich gegenseitig schädlich werden könnten; er würde keine Freiheit rauben, ohne eine größere zu schenken. Der Zweck des Staates ist nicht,

. . . zu herrschen, die Menschen in der Furcht zu erhalten und fremder Gewalt zu unterwerfen, sondern vielmehr den einzelnen von der Furcht zu befreien, damit er so sicher als möglich lebe, das heißt so, daß er sein natürliches Recht zum Dasein ohne seinen und anderer Schaden am besten sich erhalte. Ich sage, es ist nicht der Zweck des Staates, die Menschen aus vernünftigen Wesen zu wilden Tieren oder Automaten zu machen, sondern ihre Seele und ihr Körper sollen in Sicherheit ihre Verrichtungen vollziehen; sie sollen frei ihre Vernunft gebrauchen und weder mit Haß, Zorn oder List einander bekämpfen, noch in Unbilligkeit gegeneinander verfahren. Der Zweck des Staates ist also die Freiheit[123].

Freiheit ist der Zweck des Staates, weil die Aufgabe des Staates die Förderung des Wachstums ist, und das Wachstum vom freien Ausbreitungsraum abhängt. Was aber, wenn Gesetze das Wachstum und die Freiheit behindern? Was soll man anfangen, wenn der Staat, wie jeder andere Organismus, sein Dasein zu erhalten sucht (was in der Regel soviel bedeutet, daß sich die Inhaber von Stellungen in ihren Ämtern halten möchten) und zu einem Mechanismus der Beherrschung und Ausbeutung wird? Man soll selbst ungerechte Gesetze befolgen, antwortet Spinoza, wenn vernünftige Stellungnahme und das Erheben von Einwänden gestattet ist, und Redefreiheit besteht, um friedliche Änderung zu gewährleisten. »Allerdings können hieraus einzelne Unannehmlichkeiten entstehen; allein, wo gab es je eine so weise Einrichtung, daß kein Nachteil daraus entstehen konnte[124]?« Gesetze, die sich gegen die freie Meinungsäußerung richten, bewirken den Niedergang aller Gesetze, denn die Menschen werden nicht lange Gesetze achten, an denen sie keine Kritik üben dürfen.

. . . Je mehr den Menschen die Redefreiheit entzogen wird, um so hartnäkkiger werden sie darauf bestehen, und zwar werden das nicht die Geizigen tun . . ., sondern die, welche sich durch gute Erziehung, rechtlichen Charakter und Tugend der Freiheit zugewandt haben. Die Menschen können ihrer Natur nach nichts weniger ertragen, als daß Meinungen, die sie für wahr halten, als Verbrechen gelten sollen, und daß ihnen das als Unrecht angerechnet werden soll, was sie zur Frömmigkeit gegen Gott und die Menschen bewegt. Dann kommt es dazu, daß . . . sie es nicht für schlecht, sondern für recht halten, wenn sie deshalb in Aufruhr sich erheben und jede böse Tat versuchen[125]. . . . Alle Verordnungen, die ohne Schaden eines anderen verletzt werden können, dienen nur dem Spott. Anstatt die Begierden und die Ausgelassenheit der Menschen zu zähmen, reizen solche Verbote sie nur; *»Nitimur in vetitum semper, cupimusque negata«*[126].

Und Spinoza schließt wie ein richtiger amerikanischer Konstitutionalist: »Wenn nach dem Rechte eines Staates nur Handlungen verfolgt, Worte aber für straflos gelten würden, so könnten . . . Aufstände mit keinem Rechtsvorwande beschönigt werden. . .[127].«

Je weniger Aufsicht der Staat über die Geister übt, um so besser ist es sowohl für die Bürger als auch für den Staat. Spinoza mißtraut dem Staat, obwohl er seine Notwendigkeit erkennt, denn er weiß, daß Macht selbst den Unbestechlichen (war das nicht auch der Beiname Robespierres?) besticht; und er betrachtet die Ausdehnung des staatlichen Herrschaftsbereiches von den Körpern und Handlungen auf die Seelen und Gedanken der Menschen nicht mit Gleichgültigkeit, denn diese Ausdehnung wäre das Ende des Wachstums und der Tod des gesellschaftlichen Zusammenschlusses. So nimmt er auch Stellung gegen die staatliche Überwachung der Erziehung, besonders an Universitäten: »Die auf Staatskosten gegründeten wissenschaftlichen Anstalten sind weniger für die Entwicklung der Geister als auf ihre Zucht eingerichtet. In einem freien Staat wird aber dadurch am besten für die Kunst und Wissenschaft gesorgt sein, wenn jedem, der darum nachsucht, öffentlich zu lehren gestattet wird, und zwar auf seine Kosten und auf die Gefahr seines Ansehens[128].« Wie man einen Mittelweg finden könnte zwischen Universitäten, die von staatlichen Mitteln abhängen, und privaten Universitäten, das ist eine Frage, die Spinoza nicht löst; das Privatvermögen hatte in seinen Tagen noch nicht solche Ausmaße erreicht, daß diese Frage eine Schwierigkeit geboten hätte. Sein Ideal war scheinbar eine höhere Bildung, wie sie einst in Griechenland blühte, eine Bildung, die ihren Ursprung nicht irgendwelchen Einrichtungen, sondern freien Individuen (»Sophisten«) verdankte, die von Stadt zu Stadt reisten und unabhängig sowohl von öffentlicher als auch von privater Aufsicht lehrten.

Diese Dinge vorausgesetzt, ist die Form der Regierung ziemlich nebensächlich, und Spinoza selbst zeigt nur eine ganz leichte Bevorzugung der Demokratie. Jede der herkömmlichen Staatsformen kann so gestaltet werden, »daß jedermann ... das öffentliche Recht dem privaten Nutzen vorzieht; das ist die Aufgabe ...« des Gesetzgebers[129]. Die Monarchie ist zwar wirkungskräftig, neigt aber zu Unterdrükkung und Militarismus.

Dennoch lehrt die Erfahrung, daß die Sorge für den Frieden und die Eintracht die Übertragung aller Gewalt auf einen Menschen verlangt. Kein Reich hat ohne erhebliche Veränderungen so lange bestanden wie das türkische, und umgekehrt ist kein Staat weniger dauerhaft gewesen als die Volksstaaten oder Demokratien; in diesen sind die meisten Aufstände gewesen. Wenn indes die Sklaverei, die Barbarei und die Vereinsamung den Frieden ausmacht, so gäbe es für die Menschen nichts Schlimmeres als den Frieden. Allerdings kommen unter Eltern und Kindern mehr und bitterere Streitigkeiten vor als zwischen Herren und Dienern, und doch wäre es für den Hausstand nicht gut, das Recht des Vaters in das eines Eigentümers umzuwandeln und die Kinder den Sklaven gleichzustellen. Das Interesse der Sklaverei, nicht aber das des Friedens verlangt deshalb, alle Gewalt auf einen zu übertragen[130].

Dem fügt er noch einiges über die Geheimdiplomatie hinzu:

Nur jene, die nach der unbeschränkten Gewalt streben, wissen nichts weiter als ewig zu wiederholen, daß das Staatsinteresse die geheime Abwicklung der Staatsgeschäfte verlange ... Je mehr dergleichen Redensarten sich unter dem Mantel des Nutzens verbergen, um so schlimmere Knechtschaft haben sie zur Folge ... Es ist besser, die rechtlichen Absichten sind dem Gegner bekannt, als daß die bösen Geheimnisse der Tyrannen den Bürgern verborgen bleiben. Wer die Reichsgeschäfte geheim zu treiben vermag, hat es ganz in seiner Gewalt, ähnlich wie dem Feinde im Kriege, so auch den Bürgern im Frieden nachzustellen[131].

Demokratie ist die vernünftigste Regierungsform, »denn in dem demokratischen Staat, welcher sich dem natürlichen Zustand am meisten nähert, sind alle übereingekommen, nach gemeinsamem Beschluß zu handeln, aber nicht zu urteilen und zu denken, d. h. weil alle Menschen nicht gleichen Sinnes sein können, ist man übereingekommen, daß das, was die Mehrheit der Stimmen für sich habe, die Kraft des Beschlusses haben solle . . .[132]«. Die militärische Grundlage dieser Demokratie sollte die allgemeine Wehrpflicht sein, und die Bürger sollten ihre Waffen auch im Frieden behalten[133]; seine finanzielle Grundlage sollte direkte Besteuerung bilden[134]. Der Nachteil der Demokratie ist ihre Neigung, der Mittelmäßigkeit Macht zu verleihen, und es gibt hierfür kein anderes Hilfsmittel, als die Wählbarkeit auf Männer von »geübter Geschicklichkeit« zu beschränken[135]. Die bloße zahlenmäßige Überlegenheit kann keine Weisheit zustande bringen und schenkt ihre Gunst und damit die Verwaltung vielleicht gerade den plumpesten Schmeichlern. »Wer den wechselnden Sinn der Menge erfahren hat, verzweifelt beinahe daran, weil sie nicht durch die Vernunft, sondern nur durch die Affekte sich leiten läßt . . .[136].« So wird die demokratische Regierung zu einem Aufmarsch kurzlebiger Demagogen, während wertvolle Männer nicht in die Schranken treten mögen, weil sie wissen, daß sie von untergeordneten Menschen beurteilt und bewertet werden[137]. Früher oder später empören sich die Begabteren gegen eine solche Ordnung, obwohl sie in der Minderheit sind. »Daher mag es kommen, daß sich die demokratischen Staaten in Aristokratien und diese endlich in Monarchien umwandeln[138]«; die Menschen ziehen schließlich Gewaltherrschaft dem Chaos vor. Gleichheit der Macht ist ein unbeständiger Zustand; die Menschen sind von Natur ungleich, und »wer zwischen Ungleichen Gleichhheit sucht, der sucht etwas Unsinniges«. Die Demokratie hat noch immer das Problem zu lösen, wie sie die besten Kräfte der Menschen heranziehen und gleichzeitig allen die freie Wahl lassen kann, *unter diesen Geschulten und Befähigten* den auszusuchen, von dem sie regiert werden wollen.

Wer könnte sagen, welches Licht Spinoza auf dieses Kernproblem der modernen Politik geworfen hätte, wäre es ihm gegönnt gewesen, sein Werk zu vollenden? Aber selbst das, was uns von seiner Abhandlung erhalten blieb, ist eine bloß vorläufige und unvollkommene Skizze seiner Gedanken. Während der Arbeit an dem Kapitel über die Demokratie starb er.

»Spinoza war nicht bestrebt, eine Sekte zu gründen, und gründete auch keine[139]«, aber die ganze Philosophie nach ihm ist von seinem Denken durchdrungen. Bei der Generation, die nach seinem Tode lebte, stand sein Name in Abscheu, selbst Hume sprach von seinen »gräßlichen Hypothesen«; man redete über Spinoza, sagt Lessing, als wäre er ein toter Hund.

Lessing war es, der ihm wieder Achtung verschaffte. Der große Kritiker überraschte Jacobi im Verlauf ihres Gedankenaustausches[140] im Jahre 1764 durch die Erklärung, daß er sein ganzes bewußtes Leben hindurch Spinozist gewesen sei, und durch die Behauptung, daß es keine andere Philosophie gebe als die Spinozas. Seine Liebe zu Spinoza gab seiner Freundschaft mit Moses Mendelssohn verstärkte Kraft, und in seinem großen Drama »Nathan der Weise« knetete er sein Bild vom idealen Juden zu einer Gestalt, deren Züge er dem zeitgenössischen Kaufmann und dem toten Philosophen entnahm. Wenige Jahre später lenkten Herders *»Einige Gespräche über Spinozas System«* die Aufmerksamkeit der liberalen Theologen auf die *»Ethik«*; Schleiermacher, das Haupt dieser Schule, schrieb vom »heiligen und exkommunizierten Spinoza«, während ihn der Katholik Novalis einen »gottberauschten Mann« nannte.

Jacobi machte inzwischen Goethe auf Spinoza aufmerksam; schon die erste Lektüre der *»Ethik«* bekehrte den großen Dichter, wie er selbst berichtet[141]. Hier fand er gerade jene Philosophie, nach der sich seine tiefe Seele gesehnt hatte; von nun an durchdrang sie seine Gedichte und seine Prosa. In ihr fand er die Lehre, »daß wir entsagen sollen« – daß wir die Beschränkungen, die uns die Natur auferlegt, hinnehmen müssen; und er verdankt es zum Teil der Berührung mit der milden Ruhe Spinozas, daß er sich aus der ungezähmten Romantik des »Götz« und »Werther« zum klassischen Gleichgewicht seiner späteren Jahre erhob.

Durch eine Verbindung von Spinoza mit der Kantischen Erkenntnistheorie gelangten Fichte, Schelling und Hegel zu ihren verschiedenartigen pantheistischen Lehren; aus dem *»conatus sese preservandi«*, dem Streben nach Selbsterhaltung, erwuchs Fichtes *»Ich«*, Schopenhauers »Wille zum Leben«, Nietzsches »Wille zur Macht« und Bergsons *»élan vital«*. Hegel wandte ein, Spinozas System sei zu leblos und starr; er vergaß hierbei die genannte dynamische Seite und entsann sich nur der großartigen Konzeption Gottes als »Gesetz«, die er sich für seine »absolute Vernunft« aneignete. Er war aber ehrlich genug, als er sagte, um Philosoph zu sein, müsse man erst Spinozist werden.

In England wuchs Spinozas Einfluß mit dem Anschwellen der revolutionären Bewegung, und junge Rebellen wie Coleridge und Wordsworth sprachen von »Spy-nosa«[142] (was der Spion, der von der Regierung zu ihrer Beobachtung angestellt war, auf die Qualitäten seiner eigenen Nase bezog) mit derselben Begeisterung, die die russischen Intellektuellen in den seligen Tagen des *»Y Narod«* bewegte. Coleridge überlud seine Gäste mit spinozistischen Tafelgesprächen, und Wordsworth fing etwas vom Denken des Philosophen ein in seinen berühmten Zeilen von

> Etwas, das
> im Abendlicht der Sonne Du erspürst,
> im Wehn der Luft, im grenzenlosen Meer,
> im blauen Himmel, in des Menschen Sinn; –
> Bewegung ist's und Geist, der erst bewegt,
> was denkt und auch, was je ein Denken faßt;
> Bewegung, Geist, daraus das All gewebt.

Shelley zitierte in den ursprünglichen Anmerkungen zu *»Queen Mab«* die *»Abhandlung über Religion und Staat«* und begann mit einer Übersetzung des Werkes, zu der Byron ein Vorwort versprach. Ein Bruchstück dieses Manuskriptes fiel in die Hände von C. S. Middleton, der es für Shelleys Werk hielt und es »Primaner-Spekulationen, . . . zu unreif für Veröffentlichung« nannte. In einer späteren und zahmeren Zeit übersetzte George Eliot die »Ethik«, obwohl sie diese Übersetzung niemals veröffentlichte, und man darf vermuten, daß Spencers Begriff des »Unwißbaren« durch Vermittlung der mit ihm befreundeten Schriftstellerin auf Spinoza zurückgeht.

»Es fehlt nicht an hervorragenden Männern der Gegenwart«, sagt Belfort Bax, »die erklären, daß in Spinoza die ganze moderne Wissenschaft enthalten ist.«

Vielleicht hat Spinoza deshalb so viele Menschen beeinflußt, weil er so viele Deutungsmöglichkeiten zuläßt und bei jeder Lektüre neue Schätze offenbart. Jede tiefe Äußerung zeigt verschiedenen Geistern verschiedene Aspekte. Man kann von Spinoza dasselbe sagen, was der Prediger von der Weisheit sagt: »Der erste Mensch hat sie nicht vollkommen gekannt, und der letzte wird sie auch nicht gründlicher erkennen. Denn ihre Gedanken sind reichhaltiger als das Meer und ihre Ratschläge tiefer als die größte Tiefe.«

Zum zweihundertsten Todestag Spinozas wurden Mittel gesammelt, um ihm im Haag ein Denkmal zu errichten. Gaben trafen aus allen Teilen der zivilisierten Welt ein; kein anderes Denkmal erhebt sich auf einem so breiten Sockel der Liebe. Bei der Enthüllung des Denkmals im Jahre 1882 schloß Ernest Renan seine Rede mit Worten, die passend auch dieses Kapitel schließen können: »Wehe dem, der im Vorübergehen eine Beleidigung gegen dieses gütige Denkerhaupt schleudern sollte. Er würde, wie alle gemeinen Seelen, durch die eigene Gemeinheit bestraft werden und durch seine Unfähigkeit, das Göttliche zu begreifen. Dieser Mann hier wird von seinem granitenen Sockel aus allen Menschen den Weg zur Glückseligkeit weisen, den er selbst fand; und noch in vielen Menschenaltern wird der gebildete Fremde beim Vorübergehen an dieser Stelle in seinem Herzen denken: ›Vielleicht wurde das wahre Bild Gottes gerade hier am ehesten erschaut[143]‹.«

V. VOLTAIRE

und die französische Aufklärung

I. PARIS: »OEDIPE«

Es war im Jahre 1742, als Voltaire sich während einer Probe seines Dramas »Mérope« abmühte, die Schauspielerin Dumesnil zu tragischer Höchstleistung aufzupeitschen. »Ich müßte den Teufel im Leibe haben«, beklagte sie sich, um solche Leidenschaften zu mimen, wie er es verlange. »Ganz so«, antwortete Voltaire, »man muß den Teufel in sich haben, um in irgendeiner Kunst erfolgreich zu sein[1].« Sogar seine Kritiker und Feinde gaben zu, daß er selbst dieser Forderung vollkommen entsprach. *»Il avait le diable au corps«* – er hatte den Teufel im Leibe, sagte Sainte-Beuve, und De Maistre nannte ihn einen Mann, »in dessen Hände die Hölle ihre ganze Macht niedergelegt hat[2]«.

Abstoßend, häßlich, eitel, geschwätzig, obszön, gewissenlos, manchmal sogar unehrlich – war Voltaire ein Mann, der fast ausnahmslos alle Fehler seiner Zeit und seiner Umgebung besaß. Und doch erwies sich derselbe Voltaire als unermüdlich, gütig, rücksichtsvoll, freigebig in Arbeitskraft und Geld und ebensosehr bemüht, seine Freunde zu fördern wie seine Feinde zu vernichten; er verstand mit einem Federstrich zu töten und ließ sich doch schon durch den ersten versöhnlichen Schritt des Gegners entwaffnen – so voller Widersprüche ist der Mensch.

Aber all diese Eigenschaften, die guten wie die schlechten, waren bloß von untergeordneter Bedeutung und bildeten nicht das Wesen Voltaires; das Erstaunliche an ihm, – was man als seinen Kern betrachten kann –, war die unerschöpfliche Fruchtbarkeit und der Glanz seines Geistes. Seine Werke füllen neunundneunzig Bände, in denen jede Zeile glänzend und anregend ist, obwohl sie alle ebenso launisch und kühn quer durch die ganze Welt Gegenstand um Gegenstand behandeln, wie ein Lexikon. »Mein Handwerk ist, das zu sagen, was ich denke[3]«; was er dachte, verdiente stets, ausgesprochen zu werden, und was er sagte, war immer unvergleichlich treffend gesagt. Wenn man ihn heute nicht mehr liest (obwohl Männer wie Anatole France durch Vertiefung in seine Worte ihren Scharfsinn und ihre Weisheit geschult haben), so liegt das daran, daß uns die theologischen Schlachten, die er ausfocht, nicht mehr nahe genug gehen; vielleicht bewegen wir uns auf anderen Schlachtfeldern und werden durch die wirtschaftliche Seite dieses Lebens stärker gefesselt als durch die Geographie des zukünftigen. Gerade die Gründlichkeit von Voltaires Sieg über kirchliche Bindung und über Aberglauben hat jene Dinge vernichtet, die zu seinen Zeiten lebendig waren. Einen großen Teil seines Ruhmes verdankt er seiner unvergleichlichen Art, Gespräche zu führen, aber *»scripta manent, verba volant«* – Geschriebenes bleibt, das Gesprochene verfliegt, und mit ihm selbst die beschwingten Worte Voltaires. Was uns erhalten blieb, ist mehr das Fleisch Voltaires als die göttliche Glut seines Geistes. Aber selbst getrübt durch den Nebel der Zeiten gesehen: welch ein Geist! – »Reinster Verstand, der Zorn in Scherz, Feuer in Licht verwandelt[4]«. – »Ein Wesen aus Luft und Flammen, das erregbarste, das jemals gelebt hat, aus ätherischeren und beweglicheren Atomen zusammengesetzt als die anderen; es gibt keinen, dessen geistiger Mechanismus empfindlicher und dessen Gleichgewicht labiler und zugleich fester wäre[5].« War vielleicht er die Verkörperung der größten geistigen Energie in der gesamten Geschichte?

Jedenfalls hat er angestrengter gearbeitet und mehr geleistet als irgendein anderer seiner Zeitgenossen. »Unbeschäftigt sein und nicht sein, laufen auf dasselbe hinaus«, sagte er. »Alle Menschen sind gut, mit Ausnahme der müßigen.« Sein Sekretär behauptet, Voltaire wäre nur mit seiner Zeit geizig umgegangen. »Man muß sich so stark wie möglich beschäftigen, um das Leben auf dieser Erde erträglich zu machen . . . Je mehr ich zu Jahren komme, um so notwendiger erscheint mir die Arbeit. Auf die Dauer bereitet sie das größte Vergnügen und nimmt die Stelle der Illusionen des Lebens ein[6].« – »Will man nicht Selbstmord begehen, so suche man sich stets eine Beschäftigung[7].«

Voltaire muß ständig unter der Versuchung des Selbstmordes gestanden haben, denn er war stets bei der Arbeit. »Weil er selbst so sehr lebendig war, konnte er das Zeitalter mit seinem eigenen Leben erfüllen[8].« Als Mensch eines der größten Jahrhunderte (1694 bis 1778), bildete er die Seele und das Wesen dieser Zeit. »Voltaire nennen, heißt«, sagt Victor Hugo, »das gesamte achtzehnte Jahrhundert bezeichnen[9].« Italien hatte seine Renaissance und Deutschland seine Reformation, aber Frankreich hatte seinen Voltaire; er war für sein Land sowohl Renaissance als auch Reformation und fast die ganze Revolution. Er setzte den sauberen Skeptizismus Montaignes und den gesunden, irdischen Humor Rabelais' fort, bekämpfte den Aberglauben und die Korruption wilder und wirkungsvoller als Luther oder Erasmus, Calvin oder Knox oder Melanchthon, und half bei der Bereitung des Pulvers, mit dem Mirabeau, Marat, Danton und Robespierre das alte Regime in die Luft sprengten. »Beurteilen wir Menschen nach dem, was sie geleistet haben«, sagt Lamartine, »dann ist Voltaire unbestreitbar der größte Schriftsteller des modernen Europa ... Die Vorsehung schenkte ihm dreiundachtzig Jahre des Seins, um das verfallene Zeitalter allmählich zu zersetzen; er hatte Zeit, um die Zeit zu bekämpfen, und als er starb, war er Sieger[10].«

Nein, niemals besaß ein Schriftsteller zu Lebzeiten einen solchen Einfluß. Trotz seiner Verbannung und Einkerkerung und trotz der Unterdrückung fast aller seiner Werke durch die Günstlinge der Kirche und des Staates bahnte er grimmig einen Pfad für seine Wahrheit, bis zuletzt Könige, Päpste und Kaiser um seine Gunst warben, Throne vor ihm zitterten und die halbe Welt jedem seiner Worte lauschte. Es war eine Zeit, in der vieles den Zerstörer herausforderte. »Lachende Löwen« müssen kommen, sagt Nietzsche; wohlan, Voltaire kam und »tötete durch Lachen«. Er und Rousseau waren die beiden Stimmen des ungeheuren wirtschaftlichen und politischen

Übergangsprozesses von der feudalen Aristokratie zur Herrschaft des Mittelstandes. Steht einer aufsteigenden Klasse das herrschende Gesetz und die Sitte im Wege, so beruft sie sich statt auf die Sitte auf die Vernunft und statt auf das Gesetz auf die Natur – genau wie aus der Reibung widerstreitender Begierden im Individuum der Funke des Gedankens entsteht. So unterstützte denn die wohlhabende Bourgeoisie den Rationalismus Voltaires und den Naturalismus Rousseaus; es war nötig, alte Sitten und Gewohnheiten zu lockern, das Denken und Fühlen zu beleben und zu erneuern und den Geist für Experimente und Umwälzungen empfänglich zu machen, bevor die große Revolution ausbrechen konnte. Nicht als ob Voltaire und Rousseau die Ursachen der Revolution gewesen wären, vielleicht waren sie mit ihr zusammen nur Teilwirkungen der Kräfte, die unter der Oberfläche von Frankreichs politischem und sozialem Leben gärten; sie waren das begleitende Licht und der Glanz der vulkanischen Hitze und Glut. Die Philosophie verhält sich zur Geschichte wie die Vernunft zur Begierde: in beiden Fällen wird das bewußte Denken der Oberfläche durch einen unbewußten Vorgang von unten her bestimmt.

Wir dürfen aber die Neigung der Philosophen, den Einfluß der Philosophie hoch einzuschätzen, nicht allzusehr einschränken wollen. Als Ludwig XVI. im Temple-Gefängnis die Werke Voltaires und Rousseaus erblickte, sagte er: »Diese beiden Männer haben Frankreich zerstört[11]« – worunter er seine Dynastie verstand. »Die Bourbonen hätten sich halten können«, sagte Napoleon, »wenn sie Tinte und Papier überwacht hätten. Der Aufmarsch von Artillerie hat den Feudalismus umgebracht. Die moderne soziale Ordnung wird durch Tinte zerstört werden[12].« – »Bücher regieren die Welt«, schrieb Voltaire, »oder mindestens jene Nationen, die eine geschriebene Sprache kennen; die anderen zählen nicht.« – »Nichts befreit so sehr wie Bildung«, und er begann, Frankreich zu befreien. »Sobald ein Volk anfängt zu denken, kann man ihm kein Halt mehr gebieten[13].« Mit Voltaire fing aber Frankreich an zu denken.

»Voltaire« oder genauer: François Marie Arouet wurde 1694 in Paris als Sohn eines recht wohlhabenden Notars und einer adligen Mutter geboren. Seinem Vater verdankt er vielleicht seine Schlauheit und seinen Jähzorn, seiner Mutter etwas von seiner Unbeständigkeit und seinem Witz. Er ist sozusagen nur mit knapper Not auf die Welt gekommen: seine Mutter hat die Geburt nicht überstanden; er war ein so schwächliches und kränkliches Kind, daß ihm die Hebamme nur einen einzigen Tag zum Leben prophezeite. Sie hat sich zwar leicht geirrt, denn er hat fast vierundachtzig Jahre erreicht, aber sein ganzes Leben hindurch quälte sein zerbrechlicher Leib seinen unüberwindlichen Geist mit Krankheiten.

Zu seiner Erbauung hatte er das Vorbild seines älteren Bruders Armand vor sich, eines frommen Jünglings, der sich in die jansenistischen Ketzereien verliebte und zur Stärkung seines Glaubens mit dem Märtyrertum kokettierte. »Nun gut«, sagte Armand zu einem Freund, der ihm zu einer vernünftigen Art der Tapferkeit riet, »wenn du dich nicht hängen lassen willst, so hindere wenigstens andere Leute nicht daran.« Der Vater erklärte, er hätte zwei Narren zu Söhnen – einen dichterischen und einen prosaischen. Der Umstand, daß François fast ebenso früh Gedichte schrieb, wie er seinen Namen niederschreiben konnte, überzeugte seinen praktisch eingestellten Vater, daß nichts Vernünftiges aus ihm werden würde. Aber Ninon de Lenclos, die berühmte Hetäre, die in derselben Provinzstadt lebte, nach der die Familie Arouet bald nach François' Geburt zurückkehrte, sah in dem Jüngling Anzeichen der Größe; als sie starb, hinterließ sie ihm zweitausend Franken zur Anschaffung von Büchern. Die erste Belehrung empfing er aus diesen Büchern und von einem liederlichen Abbé (einem fleischgewordenen Jérôme Coignard), der ihm gleichzeitig mit seinen Gebeten auch das Zweifeln beibrachte. Seine späteren Erzieher, die Jesuiten, gaben ihm durch den Unterricht in Dialektik, der Kunst, alles zu beweisen, was schließlich zu der Gewohnheit führt, nicht zu glauben, geradezu das Instrument des Zweifelns in die Hand. François wurde zum Spezialisten im Disputieren; während die anderen

Knaben im Freien spielten, blieb er, der Zwölfjährige, zurück, um mit den Doktoren theologische Fragen zu erörtern. Als die Zeit kam, wo er Geld verdienen sollte, empörte er seinen Vater durch den Vorschlag, Schriftstelllerei als Beruf zu wählen. »Schriftstellerei«, sagte Herr Arouet, »ist ein Beruf für Leute, die unnütz für die Gesellschaft und eine Last für ihre Angehörigen sein wollen, und die später verhungern« – man sieht geradezu vor sich, wie das Zimmer unter dem Gewicht seiner Argumente erzitterte. Aber François wählte dennoch die Schriftstellerei.

Nicht als wäre er ein ruhiger, bloß lernbegieriger Jüngling gewesen; er vergnügte sich gern – auf Kosten anderer. Abends blieb er lange aus, unterhielt sich in Gesellschaft der Witz- und Trunkenbolde der Stadt und bemühte sich, möglichst viel Gebote zu überschreiten, bis ihn sein verzweifelter Vater zu Verwandten in Caen schickte und diese anwies, den jungen Mann beinahe gefangen zu halten. Aber seine Wächter verliebten sich in seinen Witz und ließen ihm bald freie Hand. Auf die Gefangenschaft folgte, damals wie später, Verbannung: sein Vater schickte ihn als Begleiter des französischen Gesandten nach dem Haag und bat um strenge Überwachung des tollen Sohnes. François aber vernarrte sich sehr bald in ein kleines Dämchen, in »Pimpette«, hielt mit ihr eifrig geheime Zusammenkünfte ab und schrieb ihr leidenschaftliche Briefe mit dem stets wiederkehrenden Schluß: »Ich werde Dich bestimmt ewig lieben.« Die Angelegenheit wurde entdeckt, und man schickte ihn nach Hause. Dort dachte er wirklich noch mehrere Wochen an Pimpette.

1715 ging er, stolz auf seine einundzwanzig Jahre, nach Paris, gerade zur Zeit, als Ludwig XIV. starb. Da der nächste Ludwig noch zu jung war, um über Frankreich oder gar Paris zu regieren, fiel die Macht in die Hand eines Regenten; während dieses Interregnums lebte die Hauptstadt der Welt, und mit ihr der junge Arouet, in Saus und Braus. Er kam bald in den Ruf eines geistreichen und leichtsinnigen Bruders. Als der Regent aus Sparsamkeit die Hälfte der Pferde aus den königlichen Stallungen verkaufte, bemerkte François, es wäre viel vernünftiger gewesen, die Hälfte der Esel wegzuschicken, die den königlichen Hof füllten. Schließlich schrieb man ihm all die lustigen und unartigen Dinge zu, die man sich in Paris erzählte; zu seinem Unglück zählten zu diesen Dingen auch zwei Gedichte, die den Regenten beschuldigten, er wolle den Thron an sich reißen. Der Regent war wütend, und als er den Jüngling zufällig in einem Park traf, sprach er ihn an: »Herr Arouet, ich wette, daß ich Ihnen etwas zeigen kann, was Sie noch niemals gesehen haben.« – »Was wäre das?« – »Das Innere der Bastille.« Am nächsten Tag, dem 16. April 1717, sah er es denn auch.

Während er in der Bastille saß, nahm er aus unbekannten Gründen den Schriftstellernamen Voltaire[14] an und entwickelte sich ernsthaft und ganz zum Dichter. Noch bevor er seine elf Monate abgesessen hatte, schrieb er ein langes und nicht unbeachtliches episches Gedicht, die *»Henriade«*, das die Geschichte Heinrichs von Navarra erzählt. Bald darauf befreite ihn der Regent, nachdem er vielleicht entdeckt hatte, daß er einen Unschuldigen hatte einsperren lassen, und gab ihm eine Rente; Voltaire bedankte sich bei ihm brieflich dafür, daß er für seine Verpflegung Sorge trage, und bat um die Erlaubnis, für seine Wohnung in Zukunft selbst sorgen zu dürfen.

Aus dem Gefängnis kommend, landete Voltaire fast mit einem Satz auf der Bühne. Sein Trauerspiel *»Oedipe«* wurde 1718 aufgeführt und schlug alle damals für Paris geltenden Rekorde, indem es nacheinander an fünfundvierzig Abenden aufgeführt wurde. Sein alter Vater, der gekommen war um zu tadeln, saß in einer Loge und suchte seine Freude dadurch zu verdecken, daß er bei jeder guten Stelle brummte: »O, der Spitzbube! Der Spitzbube!« Als nach der Aufführung der Dichter Fontenelle Voltaire traf und das Stück durch das betonte Lob, es »sei zu gut für ein Trauerspiel« verurteilte, antwortete Voltaire lächelnd: »Ich muß Ihre Schäfergedichte wieder lesen[15].« Der Jüngling war nicht zu Vorsicht oder Höflichkeit aufgelegt; hatte er nicht in seiner Dichtung diese rücksichtslosen Worte untergebracht:

Kein Priester ist, wofür das Volk ihn hält;
Nur weil wir glauben, sind sie weise.

Und Araspe legte er diese epochemachende Herausforderung in den Mund:

Vertraun zu dem, was unsre Augen sehn,
Sei uns Orakel, Dreifuß und die Götter.

Das Stück brachte Voltaire viertausend Francs ein, die er mit einer für Schriftsteller unerhörten Weisheit anlegte; trotz aller schwierigen Lebensumstände verstand er sich nicht nur auf die Kunst, sich ein reichliches Einkommen zu sichern, sondern schlug aus diesem wiederum Kapital – er befolgte das klassische Wort, daß man erst leben müsse, um dann philosophieren zu können – 1729 kaufte er sämtliche Lose einer ungeschickt entworfenen staatlichen Lotterie auf und verdiente zum Ärger der Regierung eine große Summe. Je reicher er aber wurde, um so größer war seine Freigebigkeit, und als er den Mittag seines Lebens erreicht hatte, umgab ihn eine wachsende Schar von Schützlingen.

Es war gut, daß Voltaire die gallische Gewandtheit seiner Feder durch fast jüdische Geschicklichkeit in Geldsachen ergänzte, denn sein nächstes Stück *»Artemire«* fiel durch. Er empfand schwer den Mißerfolg; jeder Erfolg läßt die Wunden späterer Fehlschläge lebhafter fühlen. Er war stets besonders empfindlich gegen die öffentliche Meinung und beneidete die Tiere, weil diese nicht wissen, was die Leute von ihnen sagen. Das Schicksal erschwerte seinen künstlerischen Mißerfolg noch durch die Pocken, die ihn besonders stark befielen; er heilte sich durch einige fünfzig Liter Zitronenwasser und fast ebensoviel Medizin. Nachdem er dem Schatten des Todes entkommen war, fand er, daß ihn seine *»Henriade«* berühmt gemacht hatte; er rühmte sich mit Recht, die Dichtkunst zur Mode erhoben zu haben. Er wurde überall empfangen und gefeiert; die Aristokratie griff ihn auf und machte aus ihm einen geschliffenen Weltmann, einen Meister der Konversation und einen Erben der edelsten kulturellen Überlieferungen Europas.

Acht Jahre lang wärmte er sich in der Sonne der Salons,

dann wandte sich das Glück von ihm ab. Einige Aristokraten konnten nicht vergessen, daß dieser junge Mann kein anderes Anrecht auf Stellung und Ehren hatte, als das des Genies, und sie konnten ihm diese Auszeichnung nicht verzeihen. Bei einem Fest auf dem Schloß des Herzogs von Sully, als Voltaire eine Weile mit vordringlichem Redestrom und Humor aufgewartet hatte, fragte der Chevalier de Rohan nicht gerade »sotto voce«: »Wer ist dieser junge Mann, der so laut spricht?« – »Mein Herr«, antwortete Voltaire schlagfertig, »er ist einer, der keinen großen Namen hat, aber dem Namen, den er besitzt, Achtung verschafft.« Es war schon unverschämt, dem Chevalier überhaupt zu antworten; ihm so unbeschreiblich zu antworten war Hochverrat. Der hohe Herr dingte sich eine Bande von Schurken, um Voltaire bei Nacht verprügeln zu lassen, und gab ihr als einzige Warnung auf den Weg: »Schlagt nicht seinen Kopf, es könnte noch einst etwas Gutes daraus entspringen.« Am nächsten Tag erschien Voltaire verbunden und hinkend im Theater, ging nach der Loge Rohans und forderte ihn. Dann ging er nach Hause und übte den ganzen Tag Florett. Der edle Chevalier war aber nicht geneigt, sich durch ein bloßes Genie in den Himmel oder anderswohin befördern zu lassen, sondern wandte sich an seinen Vetter, den Polizeiminister. Voltaire wurde verhaftet und landete wiederum in der vertrauten Stätte der Bastille, wo er noch einmal die Welt von innen sehen durfte. Er wurde sofort wieder freigelassen unter der Bedingung, daß er in die Verbannung nach England gehe. Er ging, aber, nachdem man ihn bis Dover begleitet hatte, überquerte er maskiert wieder den Kanal, nach Rache dürstend. Gewarnt, daß man ihn erkannt habe und zum dritten Male verhaften wolle, schiffte er sich wieder ein und fand sich mit dem Gedanken ab, drei Jahre (1726–1729) in England zuzubringen.

Er begann mutig mit der Arbeit, die neue Sprache zu erlernen. Es mißfiel ihm, daß z. B. das Wort »plague« nur eine Silbe haben solle, während das Wort »ague« zwei hat, und er wünschte, daß diese Sprache zu gleichen Hälften von der Pest (plague) und vom Fieber (ague) gepackt würde; aber bald konnte er englisch lesen, und innerhalb eines Jahres kannte er die beste englische Literatur seiner Zeit. Durch Lord Bolingbroke wurde er den Literaten vorgestellt und war der Reihe nach bei jedem zu Gaste, selbst bei dem zurückhaltenden und bissigen Dekan Swift. Er gab nicht vor, vornehmer Abstammung zu sein, und verlangte auch von anderen keinen Stammbaum; als Congreve verächtlich von seinen eigenen Dramen sprach und eher als lässiger Gentleman statt als Dichter angesehen sein wollte, fuhr Voltaire ihn an: »Hätten Sie das Unglück gehabt, nur ein Gentleman wie andere zu sein, so wäre ich niemals hergekommen, Sie zu besuchen.«

Was ihn überraschte, war die Freiheit, mit der Bolingbroke, Pope, Addison und Swift das schrieben, was ihnen gerade gefiel; hier war ein Volk, das eigene Anschauungen besaß, ein Volk, das seine Religion umgestaltete, seinen König hinrichtete, einen anderen importierte und ein Parlament errichtete, das stärker war als alle Herrscher Europas. Hier gab es keine Bastille und keine *»lettres de cachet«*, mit deren Hilfe adlige Rentiers und fürstliche Faulenzer ihre bürgerlichen Feinde ohne Anklage und ohne gerichtliches Urteil einsperren lassen konnten. Hier gab es dreißig Religionen und keinen einzigen Pfaffen, und hier lernte er die kühnste aller Sekten kennen, die Quäker, die die Christenheit durch christliches Betragen verblüfften. Voltaire hat sie bis an das Ende seiner Tage bewundert und läßt einen von ihnen im *»Dictionnaire philosophique«* sagen: »Unser Gott, der uns befohlen hat, unsere Feinde zu lieben und Übel ohne Klagen zu ertragen, will sicherlich nicht, daß wir das Meer überqueren, um unseren Brüdern den Hals abzuschneiden, bloß weil Mörder in roten Kleidern und in zwei Fuß hohen Mützen dadurch Bürger anwerben wollen, daß sie mit zwei Stäben auf einer Eselshaut Lärm schlagen.«

Das England jener Zeit war auch von starker geistiger Regsamkeit. Bacons Name war noch nicht verklungen, und die induktive Arbeitsweise feierte auf allen Gebieten Triumphe. Hobbes (1588–1679) leitete aus dem skeptischen Geist der Renaissance und dem praktischen Geist seines Lehrers einen so vollständigen und ausgesprochenen Materialismus ab, daß er ihm in Frankreich sicherlich die Ehre des Märtyrertums für einen Trugschluß eingetragen hätte. Locke (1632–1704) schrieb ein Meisterwerk der psychologischen Analyse (den *»Essay on Human Understanding«*, 1689), ohne darin die Seele auch nur zu erwähnen. Collins, Tyndall und andere Deïsten rangen um neue Kräftigung ihres Glaubens an Gott, zweifelten aber gleichzeitig alle übrigen Lehren der anerkannten Kirche an. Newton war gestorben; Voltaire nahm teil an seinem Begräbnis und entsann sich oft des Eindrucks, den die Ehrungen auf ihn machten, die die Nation diesem bescheidenen Engländer zuteil werden ließ. »Vor kurzem wurde«, so schreibt er, »in einer erlesenen Gesellschaft die abgeschmackte und sinnlose Frage aufgeworfen, wer der größte Mann gewesen sei, Alexander, Cäsar, Tamerlan oder Cromwell? Jemand antwortete: Zweifellos Isaac Newton. Und mit Recht, denn ihm, der unseren Geist mit der Kraft der Wahrheit bezwingt, schulden wir Ehrerbietung, und nicht jenen, die ihn mit Gewalt unterwerfen[16].« Voltaire war ein geduldiger und gründlicher Leser von Newtons Werken und wurde später zum Hauptvertreter Newtonischer Lehren in Frankreich.

Man muß über die Schnelligkeit staunen, mit der Voltaire fast alles verschlang, was ihn England lehren konnte – Literatur, Naturwissenschaft und Philosophie des Landes; er griff all diese verschiedenen Elemente auf, führte sie durch die Glut französischer Kultur und französischen Geistes und schmolz sie um in das Gold gallischer Klugheit und Sprachkunst. Seine Eindrücke zeichnete er in seinen *»Briefen über die Engländer«* auf, die er als Manuskript unter seinen Freunden herumreichen ließ; er wagte es nicht, sie drucken zu lassen, denn sie lobten das »perfide Albion« zu sehr, um dem Geschmack des königlichen Zensors zuzusagen. Die Briefe stellten der französischen Gewaltherrschaft und Unterdrückung[17] die englische politische Freiheit und geistige Unabhängigkeit gegenüber; sie verurteilten die faule Aristokratie und die Zehnten verschlingende Geistlichkeit Frankreichs mit ihrem ewigen Rückgriff auf die Bastille als Antwort auf jede Frage und jeden Zweifel; sie spornten den Mittelstand an, den ihm gebührenden Platz im Staate einzunehmen, wie das in England der Fall war. Ohne es eigentlich zu wissen oder zu beabsichtigen, waren diese Briefe der erste Morgenruf der Revolution.

III. CIREY: DIE ROMANE

Dennoch erlaubte ihm der Regent, dem diese Seitensprünge unbekannt blieben, im Jahre 1729, nach Frankreich zurückzukehren. Fünf Jahre hindurch genoß Voltaire wieder Pariser Leben, dessen Wein in seinen Adern und dessen Geist aus seiner Feder floß. Dann aber ließ irgendein Schuft von einem Verleger, dem die *»Briefe über die Engländer«* in die Hände gefallen waren, diese ohne Voltaires Erlaubnis drucken und verkaufte sie weit und breit zum Entsetzen aller guten Franzosen, Voltaire nicht ausgenommen. Das Pariser Parlament verfügte sofort die öffentliche Verbrennung des »empörenden, der Religion, den guten Sitten und der Achtung vor der Staatsgewalt entgegengesetzten« Werkes, und Voltaire wußte, daß er sich von neuem auf dem Weg nach der Bastille befand. Wie es sich für einen guten Philosophen gehört, machte er sich aus dem Staube – diese Gelegenheit bloß nebenbei dazu benützend, mit der Frau eines anderen durchzubrennen.

Die Marquise du Châtelet war um jene Zeit achtundzwanzig Jahre alt, Voltaire freilich bereits vierzig. Sie war eine merkwürdige Frau, die mit dem gestrengen Maupertuis und später mit Clairaut Mathematik studierte und eine mit gelehrten Anmerkungen versehene Übersetzung von Newtons *»Principia«*

anfertigte; kurz darauf wurde in einem Preisausschreiben der Französischen Akademie über das Wesen des Feuers ihre Arbeit höher bewertet als die Voltaires, kurz, sie gehörte vollkommen zu jenen Frauen, die sich niemals entführen lassen. Aber der Marquis war so langweilig und Voltaire so interessant! Sie nannte ihn »ein in allen Beziehungen liebenswertes Wesen« und »das prächtigste Zierstück Frankreichs[18]«. Er erwiderte ihre Liebe durch glühende Bewunderung, nannte sie »einen großen Mann mit dem einzigen Fehler, daß er eine Frau ist« und kam angesichts ihrer und der großen Zahl begabter Frauen im damaligen Frankreich zu der Überzeugung, daß den Geschlechtern die gleichen geistigen Fähigkeiten angeboren seien[19]; er hielt ihr Schloß in Cirey für einen wundervollen Zufluchtsort vor dem Pariser politischen Unwetter. Der Marquis war bei seinem Regiment, zu dem er sich schon lange vor der Mathematik geflüchtet hatte, und erhob keinen Einwand gegen diese neue Ordnung der Dinge. Wegen der üblich gewordenen *»mariages de convenances«*, durch die an reiche, alte Männer junge Frauen gefesselt wurden, die wenig Liebe zur Senilität, aber um so mehr Durst nach Romantik hatten, erlaubten die Sitten der Zeit den Damen, ihr *»ménage«* durch einen Liebhaber zu ergänzen, besonders wenn das unter angemessener Berücksichtigung der gewohnten Heucheleien geschah; und wählte eine Frau nicht einen gewöhnlichen Mann zum Liebhaber, sondern ein Genie, so wurde ihr von allen verziehen.

Im Schloß von Cirey wurde die Zeit nicht mit Girren und Schnäbeln verbracht. Den ganzen Tag füllten Forschungen und Studien aus: Voltaire ließ ein kostspieliges Laboratorium für naturwissenschaftliche Forschungen einrichten, und Jahre hindurch suchten sich die Liebenden in Forschungen und Entdeckungen zu überflügeln. Sie empfingen zahlreiche Gäste, es bestand aber die stillschweigende Vereinbarung, daß diese sich tagsüber bis abends um neun, der Zeit des Abendessens, selbst unterhalten müßten. Nach dem Abendessen gab es gelegentlich private Theateraufführungen, oder Voltaire las den Gästen aus seinen lebendigen Erzählungen vor. Bald wurde

Cirey zum Paris des französischen Geistes; Bürger und Aristokraten wallfahrteten gemeinsam dorthin, um von Voltaires Wein und Witz zu kosten und ihn als Darsteller in seinen eigenen Stücken zu sehen. Er war glücklich, der Mittelpunkt dieser verdorbenen und doch glänzenden Welt zu sein; nichts nahm er zu ernst und machte auf einige Zeit *»rire et faire rire«*[20] zu seinem Wahlspruch. Katharina von Rußland nannte ihn den »Gott der Lustigkeit«. »Hätte uns die Natur nicht etwas frivol gemacht«, sagte Voltaire, »so wären wir höchst elend. Die Mehrzahl der Menschen erhängt sich nur deshalb nicht, weil man frivol sein kann.« Er hatte eben nichts vom grämlichen Carlyle an sich. »*Dulce est desipere loco*[21]. Wehe den Philosophen, die nicht lachend ihre Sorgenfalten glätten können. Ich betrachte feierliches Gehaben als eine Krankheit[22].«

Um diese Zeit begann er, seine herrlichen Romane – Zadig, Candide, Micromégas, L'Ingénu, Le monde comme il va, u. a. – zu schreiben, die Voltaireschen Geist in reinerer Form bieten als irgendein anderes Werk unter seinen neunundneunzig Bänden. Sie sind nicht eigentlich Romane, sondern scherzhaft-abenteuerliche Novellen; ihre Helden sind nicht Personen, sondern Ideen, die Bösewichter in ihnen sind verkörperter Aberglaube, und die Ereignisse Gedanken. Einige, wie *»L'Ingénu«*, ein Rousseau der Frühzeit, sind bloße Fragmente. Ein Huron-Indianer kommt mit heimkehrenden Forschungsreisenden nach Frankreich; das erste Problem, das durch sein Kommen auftaucht, ist: wie ihn zum christlichen Glauben bekehren. Ein Abbé gibt ihm ein Exemplar des Neuen Testamentes, das dem Huronen so gut gefällt, daß er sich nicht nur taufen, sondern auch beschneiden lassen will. »Denn ich finde«, so sagt er, »im ganzen Buche, das man mir zu lesen gab, keinen einzigen Menschen, der nicht beschnitten war. Daraus folgt, daß ich der hebräischen Sitte ein Opfer bringen muß, und je früher, um so besser.« Kaum ist diese Schwierigkeit behoben, als er sich an der Beichte stößt; er fragt, wo sie in der Bibel befohlen sei, und wird auf die Stelle aus den Briefen des Apostels Johannes: »Beichtet euch gegenseitig euere

Sünden«, verwiesen. Er beichtete; als er aber fertig war, zog er den Abbé aus dem Beichtstuhl, setzte sich auf dessen Platz und forderte ihn auf, auch zu beichten. »Komm mein Freund, es steht geschrieben: ›Wir müssen unsere Sünden gegenseitig beichten.‹ Ich habe dir meine Sünden genannt, und du wirst dich nicht von dieser Stelle rühren, bis du nicht auch deine aufgezählt hast.« Er verliebt sich in Fräulein St. Ives, muß aber erfahren, daß er sie nicht heiraten darf, weil sie seine Patin bei der Taufe gewesen ist; er ist sehr böse über diese kleine Tücke des Schicksals und droht, die Taufe rückgängig zu machen. Als er schließlich die Erlaubnis bekommt, sie zu heiraten, ist er überrascht, daß zur Heirat »Notare, Geistliche, Zeugen, Verträge und Dispense unerläßlich sind ... ›Ihr müßt doch wohl sehr große Spitzbuben sein, daß so viele Vorsichtsmaßregeln nötig sind‹«. Auf diese Weise werden im Laufe der Erzählung Schritt für Schritt die Widersprüche zwischen primitivem und kirchlichem Christentum aufs Tapet gebracht. Man vermißt hierbei die Unparteilichkeit des Gelehrten und die Milde des Philosophen, aber Voltaire hatte den Krieg gegen den Aberglauben eröffnet, und im Krieg verlangt man nur von seinen Feinden Unparteilichkeit und Milde.

»Micromégas« ist eine Nachahmung Swifts, aber wohl reicher an kosmischen Erfindungen als ihr Vorbild. Die Erde wird von einem Bewohner des Sirius besucht; er ist einige 500 000 Fuß hoch, wie es sich für den Bürger eines so großen Sternes gehört. Unterwegs nimmt er im Weltraum einen Gentleman vom Saturn mit, der darüber trauert, daß er nur wenige tausend Fuß hoch ist. Beim Durchqueren des Mittelmeeres werden die Fersen des Siriers naß. Er befragt seinen Begleiter, wie viele Sinne die Leute auf dem Saturn hätten, und erhält zur Antwort: »Wir haben zweiundsiebzig, aber beklagen uns täglich über diese geringe Zahl.« – »Welches Alter pflegt ihr zu erreichen?« – »Leider ein kaum nennenswertes ... Nur wenige unter uns leben länger als 15 000 Jahre. Du siehst also, daß wir in gewissem Sinne im selben Augenblick sterben, in dem wir geboren werden; unser Dasein ist ein bloßes Pünktchen, unsere Dauer eine kurze Sekunde und unser

Erdball ein Atom. Kaum haben wir angefangen etwas zu lernen, so kommt schon der Tod und hindert uns an der Auswertung unserer Erfahrungen[23].« Im Wasser stehend, heben sie ein Schiff auf, wie wir ein kleines Tier aufheben würden; der Sirier legt unter dem Entsetzen aller menschlichen Passagiere das Schiff auf den Nagel seines Daumens. Die Schiffskaplane flüchten sich zu Beschwörungen, die Matrosen fluchen, und die Philosophen bilden Systeme zur Erklärung dieser Störung der Fallgesetze. Der Sirier beugt sich wie eine immer dunkler werdende Wolke zu den Menschen nieder und redet zu ihnen:

»Oh, ihr verständigen Atome, in denen es dem Ewigen gefallen hat, uns seine Allweisheit und seine Macht zu zeigen, ihr müßt zweifellos auf eurem Globus die reinsten Freuden genießen; denn da ihr so wenig Körperliches habt und ganz Geist zu sein scheint, so bringt ihr gewiß euer Leben mit Genießen und Denken zu, worin das wahre Leben der Geister besteht. Ich habe bisher nirgends das wahre Glück gefunden, aber hier bei euch ist es ohne Zweifel anzutreffen.«

»Wir haben mehr als genug Körper«, antwortete einer der Philosophen, »um ein Übermaß von Bösem zu tun . . . Wissen Sie wohl zum Beispiel, daß in diesem Augenblick, da ich die Ehre habe, mit Ihnen zu sprechen, hunderttausend Narren unseres Geschlechtes mit Hüten auf den Köpfen hunderttausend andere, die Turbane tragen, ums Leben bringen, oder von ihnen gemordet werden, und daß man das auf der ganzen Erde seit undenklichen Zeiten so treibt?«

»Ihr Unglücklichen!« rief der Sirier verächtlich aus . . . »Fast hätte ich Lust, drei Schritte zu tun und so mit drei Fußtritten den ganzen Ameisenhaufen dieser lächerlichen Mörder zu vertilgen.«

»Die Mühe können Sie sich sparen«, antwortete der Philosoph. »Sie arbeiten schon selbst genug an ihrer Vernichtung. Sollten Sie wohl glauben, daß nach Ablauf von zehn Jahren kaum der zehnte dieser Elenden mehr vorhanden ist . . . Übrigens verdienen nicht diese die Strafe, sondern jene faulen Barbaren, die, während sie in ihren Palästen verdauen, das Blutvergießen von Millionen Menschen gebieten und dann Gott feierlichst für diesen Erfolg danken lassen[24].«

Neben *»Candide«*, der einer späteren Periode von Voltaires Leben angehört, ist *»Zadig«* seine beste Erzählung. Zadig war ein babylonischer Philosoph, »so weise, wie man überhaupt nur werden kann. Von der Metaphysik wußte er so viel, wie man jemals von ihr gewußt hat, das heißt: herzlich wenig.« – »Seine Eifersucht ließ ihn glauben, er sei in Semire verliebt.«

Während er sie einmal gegen Räuber verteidigte, wurde er am linken Auge verwundet.

Man schickte bis nach Memphis und ließ den großen Arzt Hermes herbeiholen. Dieser kam mit großem Gefolge, besuchte den Kranken und erklärte, daß er das Auge verlieren würde, sagte sogar Tag und Stunde voraus, wann ihn dieses Unglück treffen sollte. »Wäre es das rechte Auge gewesen«, sprach er, »so hätte ich es geheilt, aber die Verletzungen am linken sind unheilbar.« Ganz Babylon bewunderte die tiefen Kenntnisse und die Kunst des Arztes Hermes und bedauerte Zadigs unglückliches Los. Zwei Tage nachher ging das Geschwür von selbst auf, und Zadig erholte sich vollkommen von seiner Krankheit. Hermes schrieb sogleich ein Buch, worin er bewies, daß Zadig eigentlich nie hätte geheilt werden können. Zadig las es nicht[25].

Statt dessen eilte er zu Semire und fand, daß diese, sobald sie Hermes' ersten Bericht vernommen hatte, sich mit einem anderen Mann verlobt hatte, da sie »eine unüberwindliche Abneigung gegen einäugige Männer empfand.« Darauf heiratete Zadig eine Bäuerin, in der Hoffnung, die Tugenden, die der Hofdame Semire fehlten, in ihr zu finden. Um sich von der Treue seiner Frau zu überzeugen, verabredete er mit einem Freund, daß er, Zadig, sich tot stellen würde, worauf der Freund seiner Frau den Hof zu machen hätte. So ließ sich denn Zadig für tot erklären und lag im Sarg, während der Freund seine Frau zuerst bemitleidete, dann beglückwünschte und ihr schließlich vorschlug, sie sofort zu heiraten. Sie leistete kurzen Widerstand und dann, »betonend, daß sie niemals einwilligen würde, willigte sie ein«. Zadig erstand von den Toten und flüchtete sich in die Wälder, um in der Schönheit der Natur Trost zu suchen.

Nachdem er sehr weise geworden war, wurde er zum Wesir des Königs erhoben, in dessen Land er Wohlstand, Gerechtigkeit und Frieden brachte. Aber die Königin verliebte sich in ihn, und als der König das merkte, »fühlte er sich beunruhigt ... Es fiel ihm besonders auf, daß die Schuhe der Königin blau waren, und daß Zadigs Schuhe blau waren; daß die Schleifen der Königin gelb waren und Zadigs Mütze ebenfalls gelb.« Er beschloß, beide vergiften zu lassen: die Königin entdeckte aber den Plan und sandte Zadig folgendes Briefchen: »Fliehe, Zadig, ich beschwöre Dich bei unserer Liebe und bei unsern gelben Bändern.« Zadig flüchtete sich wieder in die Wälder.

Jetzt erschienen ihm die Menschen als das, was sie in Wirklichkeit sind: als Insekten, die auf einem kleinen Erdklümpchen einander auffressen. Dieses wahre Bild zerstreute ihn, er fühlte, wie nichtig sein Ich, wie nichtig ganz Babylon sei. Seine Seele schwang sich zum Unendlichen auf und betrachtete, von den Sinnen entbunden, die unabänderliche Ordnung des Weltalls. Aber sobald er wieder zu sich selbst kam . . . und daran dachte, daß Astarte vielleicht um seinetwillen gestorben sei, verschwand das Weltall aus seinen Augen.

Als er Babylon verließ, sah er einen Mann, der eine Frau roh verprügelte; er folgte den Hilferufen des Weibes, schlug sich mit dem Mann und tötete schließlich seinen Feind mit einem Hieb, um sich selbst zu retten. Darauf wandte er sich zur Frau mit der Frage: »Was kann ich noch für dich tun?« – »Fahr zur Hölle, du Bösewicht, . . . du hast meinen Geliebten umgebracht; ich wollte, daß ich dich in Stücke reißen könnte!«

Zadig wurde nach kurzer Zeit gefangengenommen und zum Sklaven gemacht; er lehrte aber seinen Herrn Philosophie und dieser erhob ihn zum vertrauten Ratgeber. Auf Grund seines Vorschlages wurde der Suttismus (die Sitte, wonach sich die Witwe mit der Leiche ihres Mannes verbrennen läßt) durch ein Gesetz verboten, das von der Witwe verlangte, sie solle vor ihrem Martyrium eine Stunde ganz allein mit einem hübschen Manne verbringen. Als Gesandter am Hofe des Königs Serendib lehrte ihn Zadig, den ehrlichsten Minister unter den Bewerbern durch die Wahl des leichtesten Tänzers herauszufinden: die Vorhalle des Tanzsaales wurde mit beweglichen, leicht stehlbaren Wertsachen gefüllt, und jeder Bewerber hatte einzeln und unbeobachtet durch diese Halle zu gehen; als sie sich alle im Saale versammelt hatten, wurden sie aufgefordert zu tanzen. »Nie hat man schwerfälliger und schlechter tanzen sehen; alle mit gebeugtem Kopfe, mit krummen Rücken und mit Armen, die an den Hüften festgeleimt schienen.« – So rollt die Erzählung weiter; man sieht jene Abende in Cirey anschaulich vor sich.

IV. POTSDAM UND FRIEDRICH

Wer Voltaire nicht besuchen konnte, schrieb ihm Briefe. 1736 begann sein Briefwechsel mit Friedrich, der damals Kronprinz und noch nicht »groß« war. Friedrichs erster Brief klingt wie das Schreiben eines Knaben an einen Monarchen; seine grenzenlose Schmeichelei läßt den Ruhm ahnen, den Voltaire – obwohl er seine Meisterwerke noch nicht geschrieben hatte – schon um jene Zeit genoß. Er nennt Voltaire den »größten Mann Frankreichs und einen Sterblichen, der der Sprache zur Ehre gereicht ... Ich zähle es zur höchsten Würde meines Lebens, als Zeitgenosse eines Mannes von so großartiger Begabung geboren zu sein, wie Sie sind ... Es ist nicht jedem gegeben, den Geist zum Lachen zu bringen«, und: »was für Genüsse könnten die des Geistes übertreffen[26]«? Friedrich war ein Freidenker, der auf Dogmen herabblickte wie ein Herrscher auf Untertanen, und Voltaire hatte starke Hoffnung, daß Friedrich als König die Aufklärung zur Mode erheben würde, wobei er neben Friedrichs Dionysius den Platon spielen könnte. Als Friedrich die Schmeicheleien, mit denen Voltaire die seinen erwidert hatte, von sich wies, schrieb ihm Voltaire: »Ein Prinz, der gegen Schmeicheleien schreibt, ist ebenso selten wie ein Papst, der gegen die Unfehlbarkeit schriebe.« Friedrich sandte ihm ein Exemplar seines *»Anti-Machiavel«*, in dem er herrliche Dinge von den Ungerechtigkeiten des Krieges schreibt und von der Pflicht des Königs, Frieden zu wahren; Voltaire vergoß Freudentränen über diesen königlichen Pazifisten. Als Friedrich einige Monate später König wurde, brach er in Schlesien ein und stürzte Europa in jahrzehntelanges Blutvergießen.

Als Voltaire 1745 für die Mitgliedschaft in der französischen Akademie kandidierte, ging er in Begleitung seiner Mathematikerin nach Paris. Um diese ganz überflüssige Auszeichnung zu erhalten, nannte er sich einen guten Katholiken, schmeichelte einigen einflußreichen Jesuiten, log ohne Ende und benahm sich auch sonst, wie sich Leute in solchen Fällen zu benehmen pflegen. Er hatte keinen Erfolg; ein Jahr später erreichte er aber sein Ziel und hielt eine Antrittsrede, die zu den klassischen Stücken der französischen Literatur zählt. Eine Zeitlang hielt er sich in Paris auf, von Salon zu Salon flatternd, und schrieb ein Theaterstück nach dem anderen. Vom *»Oedipe«* seines achtzehnten bis zur *»Irène«* seines dreiundachtzigsten Jahres erstand eine lange Reihe von Dramen, von der einige durchfielen, die meisten jedoch erfolgreich waren. 1730 fiel *»Brutus«* durch und 1732 *»Eriphyle«*; seine Freunde drangen in ihn, das Theater fahren zu lassen; aber noch im selben Jahr vollendete er die *»Zaire«*, die ihm seinen größten Erfolg eingebracht hat. Diesem Stück folgte 1741 *»Mahomet«*. 1743 *»Mérope«*, 1748 *»Sémiramis«* und 1760 *»Tancrède«*.

Inzwischen betraten Tragödie und Komödie sein eigenes Leben. Seine Liebe zu Mme. du Châtelet wurde nach fünfzehn Jahren allmählich etwas dünner; sie hatten sogar zu streiten aufgehört. 1748 verliebte sich die Marquise in den hübschen jungen Marquis de Saint-Lambert. Als Voltaire das entdeckte, ergriff ihn Wut, die sich aber zum Segen besänftigte, als ihn Saint-Lambert um Verzeihung bat. Er hatte den Gipfel seines Lebens bereits erklommen und sah in der Ferne den Tod herannahen; er konnte es nicht übelnehmen, daß die Jugend zu ihrem Rechte kam . . . »So sind die Frauen«, sagte er philosophisch (wobei er vergaß, daß es auch solche Männer gibt): »Ich verdrängte Richelieu, Saint-Lambert hebt mich aus dem Sattel! Das ist der Lauf der Dinge; ein Nagel treibt den anderen hinaus, so ist die Welt[27].« Er widmete dem dritten Nagel ein hübsches Gedichtchen:

Saint-Lambert! Wenn die Blume sprießt
und duftet, dann für dich;
für dich die Rose sich erschließt,
die Dornen sind für mich[28].

Dann aber starb 1749 Mme. du Châtelet im Wochenbett. Es ist bezeichnend für das Zeitalter, daß sich ihr Gatte, Voltaire und Saint-Lambert an ihrem Sterbelager ohne ein Wort des Vorwurfs trafen und angesichts ihres gemeinsamen Verlustes sogar Freundschaft schlossen.

Voltaire versuchte, seinen Verlust in Arbeit zu vergessen; eine Zeitlang vertiefte er sich in das *»Zeitalter Ludwig XIV.«*; was ihn aber vor Verzweiflung rettete, war die sehr gelegene Wiederholung von Friedrichs Einladung an den Hof von Potsdam. Eine Einladung, der dreitausend Franken Reisespesen beilagen, war unwiderstehlich. Voltaire fuhr 1750 nach Berlin.

Die prächtigen Wohnräume, die ihm im Palais Friedrichs zur Verfügung gestellt wurden, gefielen ihm, und nicht weniger schmeichelte es ihm, daß der mächtigste Monarch seiner Zeit auf gleichem Fuß mit ihm verkehrte. Anfangs waren seine Briefe voller Befriedigung; in seinem Brief vom 24. Juli an d'Argental schreibt er über Potsdam: »150 000 Soldaten, . . . Oper, Schauspiel, Philosophie, Dichtung, Hoheit und Huld, Grenadiere und Musen, Trompeten und Geigen, die Gastmahle Platons, Geselligkeit und Freiheit – wer sollte es glauben? Und doch ist es ganz wahr.« Vor Jahren hatte er geschrieben: »*Mon Dieu!* . . . was wäre es nicht für ein herrliches Leben, mit drei oder vier gebildeten, begabten und nicht neidischen Leuten – welch eine Phantasie! – zusammen zu wohnen, sich gegenseitig zu lieben, ruhig leben, die eigene Kunst pflegen, von ihr sprechen und sich gegenseitig erleuchten! Ich male mir aus, wie ich eines Tages in diesem Paradies leben würde[29].« Und hier fand er, was er suchte!

Voltaire vermied Festessen; er konnte es nicht vertragen, von überheblichen Generälen umgeben zu sein, und hielt sich lieber für die privaten Abendessen frei, zu denen Friedrich für den späten Abend einen kleinen, gewählten Kreis von literarischen Freunden zu laden pflegte – denn dieser größte Herrscher seines Zeitalters sehnte sich danach, Dichter und Philosoph zu sein. Die Unterhaltung bei diesen Abendessen war stets französisch; Voltaire versuchte deutsch zu lernen, gab es aber auf, nachdem er bald erstickt wäre, und wünschte den Deutschen mehr Geist und weniger Konsonanten[30]. Jemand, der die Unterhaltungen der Tafelrunde kannte, sagte, sie seien besser und interessanter gewesen als das bestgeschriebene Buch der Welt. Sie sprachen über alles und sprachen aus, was sie dachten. Friedrichs Witz war fast ebenso scharf wie der

Voltaires, und nur Voltaire wagte es, ihm zu antworten – mit jener Geschliffenheit, die ohne zu beleidigen töten konnte. »Hier denkt man kühn, hier ist man frei«, schrieb Voltaire entzückt. Friedrich »kratzt mit einer Hand, aber liebkost mit der anderen ... Ich werde durch nichts gestört ... Nach fünfzig Jahren des Sturmes finde ich einen Hafen. Ich finde den Schutz eines Königs, die Unterhaltung eines Philosophen, den Zauber eines angenehmen Menschen, alles vereint in einem Manne, der mich sechzehn Jahre hindurch im Unglück getröstet und mir Schutz vor meinen Feinden gewährt hat. Wenn man auf irgend etwas vertrauen darf, so ist es der Charakter des Königs von Preußen[31].« Jedoch ...

Im November desselben Jahres dachte Voltaire, durch Anlage seines Geldes in sächsischen Staatspapieren seine Finanzen zu heben, obwohl Friedrich solche Anlagen verboten hatte. Die Papiere stiegen, und Voltaire verdiente; aber sein Beauftragter Hirsch suchte, unter Drohung öffentlicher Bekanntgabe dieser Geschäfte, Geld von ihm zu erpressen. Voltaire »sprang an seinen Hals und warf ihn zu Boden«. Friedrich erfuhr von der Angelegenheit und wurde von königlicher Wut gepackt. »Ich werde ihn höchstens noch ein Jahr brauchen«, sagte er zu La Mettrie, »man preßt die Orange aus und wirft dann die Schale weg.« La Mettrie, vielleicht bemüht, seinen Rivalen aus dem Weg zu räumen, versäumte nicht, Voltaire hiervon in Kenntnis zu setzen. Die Tafelrunde wurde wiederhergestellt, »aber«, schrieb Voltaire, »die Orangenschale verfolgt mich im Traume ... Jener Mann, der vom Kirchturm stürzte und das Fallen durch die Luft weich findend, sagte: ›Gut, vorausgesetzt, daß es von Dauer ist‹ ähnelt mir nicht wenig«.

Voltaire wünschte fast den Bruch, denn er empfand so starkes Heimweh, wie es nur Franzosen empfinden können. Der entscheidende Zwischenfall ereignete sich 1752. Maupertuis – der berühmte Mathematiker, den Friedrich zusammen mit vielen anderen aus Frankreich importieren ließ, um den Geist der Deutschen durch unmittelbare Berührung mit der »Aufklärung« anzuregen – verwickelte sich mit dem unbedeutenden Mathematiker König in einen Streit über die Auslegung Newtons. Friedrich nahm in der Diskussion Maupertius' Seite, und Voltaire, der mehr Mut als Vorsicht besaß, trat für König ein. »Unglücklicherweise bin ich«, so schrieb er an Mme. Denis, »ebenfalls ein Schriftsteller und befinde mich im entgegengesetzten Lager zum König. Ich besitze kein Szepter, aber ich habe eine Feder.« Ungefähr um dieselbe Zeit schrieb Friedrich an seine Schwester: »Meine Gelehrten sind vom Teufel besessen, man kann nichts mit ihnen anfangen. Außer für Gesellschaft haben diese Kerle für nichts Verständnis ... Es muß für die Tiere ein Trost sein zu sehen, daß die mit Vernunft begabten Menschen oft nicht besser sind als sie[32].« Jetzt schrieb Voltaire gegen Maupertuis seine berühmte »Kritik des Dr. Akakia«. Er las sie Friedrich vor, der den ganzen Abend über die Schrift lachte, aber Voltaire bat, sie nicht zu veröffentlichen. Voltaire schien einzuwilligen, in Wirklichkeit befand sich aber die Schrift bereits in den Händen des Druckers, und der Verfasser konnte sich nicht zum Mord am eigenen Kinde entschließen. Als die Schrift erschien, spie Friedrich Feuer, und Voltaire flüchtete sich vor dem Flammentod.

In Frankfurt, obwohl bereits außerhalb Friedrichs Machtgebiet, überholten und verhafteten ihn die Beauftragten des Königs und teilten ihm mit, daß er solange nicht weiterziehen dürfe, bis er nicht Friedrichs Gedicht *»Palladium«* zurückgegeben habe, das nicht für gesittete Gesellschaft bestimmt war und selbst Voltaires *»Pucelle«* übertrumpfte. Das unglückliche Manuskript befand sich aber in einer Kiste, die unterwegs liegengeblieben war; bis sie ankam, wurde Voltaire wochenlang geradezu gefangengehalten. Ein Buchhändler, dem er einiges schuldete, hielt den Augenblick für günstig, die Bezahlung seiner Rechnungen zu fordern. Der erregte Voltaire gab ihm eine Ohrfeige, und Voltaires Sekretär Collini tröstete diesen mit den Worten: »Mein Herr, Sie haben von einem der größten Männer der Welt eine Ohrfeige erhalten[33]!«

Endlich befreit, wollte er gerade die französische Grenze überschreiten, als er erfuhr, daß er verbannt sei. Der verfolgte

Alte wußte kaum wohin; eine Zeitlang dachte er daran, nach Pennsylvanien zu gehen – man kann sich seine Verzweiflung denken. Den Monat März 1754 verbrachte er in der Gegend von Genf auf der Suche nach einem »passenden Grab«, fern von den wetteifernden Gewalthabern von Paris und Berlin. Schließlich kaufte er das alte Gut *»Les Délices«*, ließ sich dort nieder, um seinen Garten zu pflegen und seine Gesundheit wiederherzustellen, und es begann, eben als sein Leben ins Greisenalter auszulaufen schien, die Periode seiner edelsten und größten Werke.

V. LES DÉLICES: DER »ESSAI SUR LES MŒURS«

Was war die Ursache seiner neuen Verbannung gewesen? Daß er in Berlin sein hochstrebendstes, umfangreichstes, charakteristischstes und kühnstes Werk veröffentlicht hatte[33]. Der Titel macht einen nicht unbeträchtlichen Teil des Werkes aus: *»Essai sur les mœurs et l'esprit des nations, et sur les principaux faits de l'histoire depuis Charlemagne jusqu' à Louis XIII.«* – *»Essay über die Sitten und den Geist der Nationen von Karl dem Großen bis Ludwig XIII.«* Er begann das Werk bereits in Cirey für Mme. du Châtelet, angespornt dazu durch ihre Ablehnung der Geschichte, wie sie bisher geschrieben wurde.

Die Geschichte ist »ein alter Almanach«, erklärte sie. »Wozu soll ich, eine Französin, die auf ihrem Gute lebt, wissen, daß in Schweden auf Haka Egil folgte, und daß Ottoman Ortogruls Sohn war? Ich habe mit Genuß die Geschichte der Griechen und Römer gelesen; sie bot mir gewisse Bilder, die mich anzogen. Ich konnte aber bisher noch keine lange Geschichte unserer modernen Völker fertig lesen. Ich sehe in all diesen Büchern kaum etwas anderes als Verwirrung, einen Schwall winziger Begebenheiten ohne Zusammenhang oder Folgerichtigkeit, tausend Schlachten, die nichts geklärt haben. Ich habe eine Beschäftigung aufgegeben, die den Geist belastet, ohne ihn zu erhellen.«

Voltaire hatte dieselbe Meinung und ließ seine *»Ingénu«* sagen: »Die Geschichte ist weiter nichts als eine Schilderung von Verbrechen und Mißgeschicken.« Und an Horace Walpole schrieb er später (am 15. Juli 1768): »Die Geschichte der Häuser von York und Lancaster und vieler anderer liest sich wahrhaftig kaum anders als die Geschichte von Straßenräubern.« Mme. du Châtelet gegenüber gab er aber der Hoffnung Ausdruck, daß ein Ausweg aus dieser Lage durch Anwendung von Philosophie auf die Geschichte zu finden wäre und auch in dem Bemühen, hinter dem Strom der politischen Ereignisse die Geschichte des menschlichen Geistes zu entdecken[35]. »Nur Philosophen sollten Geschichte schreiben[36]«, sagte er. »Bei allen Völkern wird die Geschichte durch Fabeln entstellt, bis endlich die Philosophie kommt, um den Menschen aufzuklären; und wenn sie schließlich inmitten dieser Finsternis angekommen ist, findet sie den menschlichen Geist durch Jahrhunderte des Irrtums so geblendet, daß sie ihm kaum die Augen öffnen kann; sie findet Zeremonien, Tatbestände und Denkmäler aufgehäuft, um Lügen zu beweisen[37].« – »Die Geschichte«, so folgert er, »ist schließlich doch weiter nichts als eine Reihe von Kniffen, die wir auf die Toten anwenden[38]«; wir formen die Vergangenheit um, damit sie unseren Wünschen für die Zukunft entspreche, und zum Schluß »beweist die Geschichte, daß die Geschichte alles beweisen kann«.

Voltaire arbeitete wie ein Goldsucher, um in diesem »Mississippi des Betruges«[39] Körnchen der wahren Geschichte der Menschheit zu finden. Jahr um Jahr widmete er vorbereitenden Studien wie der *»Geschichte Rußlands«*, einer *»Geschichte Karls XII.«*, dem *»Zeitalter Ludwigs XIV.«* und dem *»Zeitalter Ludwigs XIII.«*, und entwickelte durch diese Werke jenes unermüdliche intellektuelle Gewissen, das aus dem Menschen einen Sklaven, aber auch ein Genie macht. »Der Jesuit Père Daniel, der eine *Geschichte Frankreichs* schrieb, ließ in der königlichen Bibliothek in Paris zwölfhundert Urkunden- und Handschriftenbände vor sich aufbauen, blätterte in ihnen ungefähr eine Stunde, und machte der Sache dadurch ein

Ende, daß er sich an den ehemaligen Lehrer Voltaires, Père Tournemine, wandte, und erklärte, all dieses Material sei ›unnützes Altpapier, dessen er zur Abfassung seiner Geschichte nicht bedürfe‹[40].« Anders Voltaire: er las alles Erreichbare über seinen Gegenstand, studierte Hunderte von Memoirenwerken, schrieb Hunderte von Briefen an Augenzeugen wichtiger Ereignisse und setzte seine Forschungen selbst nach Veröffentlichung seiner Werke fort, um jede Auflage zu verbessern.

Dieses Sammeln von Material war aber bloße Vorarbeit; was nötig war, war eine neue Methode der Auswahl und Anordnung. Bloße Tatsachen waren Voltaire nicht genug, selbst wenn sie, was nur selten der Fall ist, wirklich Tatsachen waren. »Einzelheiten, die zu nichts führen, sind für die Geschichte, was Gepäck für eine Armee: ›*impedimenta*‹; wir müssen die Dinge im großen betrachten, gerade weil der menschliche Geist so klein ist und unter dem Gewicht der Einzelheiten zusammenbricht[41].« – »Tatsachen« müßten von Chronisten gesammelt und in einer Art historischem Lexikon angeordnet werden, wo man sie im Bedarfsfalle finden kann, wie man Wörter findet. Wonach Voltaire suchte, war ein vereinheitlichendes Prinzip, mit dessen Hilfe die gesamte Geschichte der europäischen Zivilisation auf einen Faden aufgereiht werden konnte; und er war überzeugt, in der Geschichte der Kultur diesen Faden gefunden zu haben. Er beschloß, seine Geschichte nicht von Königen, sondern von Bewegungen, Kräften und Massen handeln zu lassen; nicht von Nationen, sondern vom menschlichen Geschlecht, nicht von Kriegen, sondern vom Vormarsch des menschlichen Geistes. »Schlachten und Revolutionen nehmen den kleinsten Teil des Planes ein; Schwadronen und Bataillone, die einander besiegen und besiegt werden, Städte, die eingenommen und zurückerobert werden, sind in der ganzen Geschichte überall dieselben . . . Zieht man die Künste und den Fortschritt des Geistes ab, so findet man in keinem Zeitalter etwas, das bedeutend genug wäre, um die Aufmerksamkeit der Nachwelt auf sich zu lenken[42].« – »Ich will eine Geschichte nicht der

Kriege, sondern der Gesellschaft schreiben, die darüber Gewißheit schaffen soll, wie die Menschen im Kreis ihrer Familie lebten, und welche Künste sie gemeinsam pflegten ... Mein Gegenstand ist die Geschichte des menschlichen Geistes und nicht die ausführliche Aufzählung unbedeutender Tatsachen; auch mit der Geschichte großer Herren will ich nichts zu tun haben ...; aber ich will wissen, über welche Stufen die Menschen vom Zustand der Barbarei zur Zivilisation übergingen[49].« Diese Verbannung der Könige aus der Geschichte war Teil des demokratischen Aufstiegs, der sie schließlich auch aus der Regierung verbannte; mit dem *»Essai sur les mœurs«* begann die Absetzung der Bourbonen.

So schuf er denn die erste Philosophie der Geschichte – den ersten systematischen Versuch, in der Entwicklung des europäischen Geistes die Kette der natürlichen Ursachen aufzudecken; es war zu erwarten, daß auf die Ablehnung übernatürlicher Erklärungsgründe ein solcher Versuch folgen würde, denn die Geschichte konnte erst zu ihrem Rechte kommen, als ihr die Theologie Platz machte. Nach Buckle hat Voltaires Buch den Grund für die moderne Geschichtswissenschaft gelegt; Gibbon, Niebuhr, Buckle und Grote waren seine dankbaren Schuldner und Nachfolger. Für sie alle war er das *»caput Nili«* und ist auf dem Sondergebiet, das er zuerst erforschte, heute noch unübertroffen.

Warum aber brachte ihm sein größtes Werk die Verbannung ein? Weil es durch Aussprechen der Wahrheit jeden beleidigt hat. Es empörte besonders die Geistlichkeit durch die später von Gibbon weiter entwickelte Anschauung, daß die schnelle Überwindung des Heidentums durch das Christentum Rom innerlich zersetzt und zur leichten Beute der hereinbrechenden und eingewanderten Barbaren gemacht hat. Es empörte sie ferner dadurch, daß dem Judentum und Christentum viel weniger Platz gewidmet war als üblich und von China, Indien, Persien und deren Religionen mit göttlicher Unparteilichkeit gesprochen wurde. Dank seinem neuen Gesichtspunkt entdeckte er eine riesige und neuartige Welt; alle Dogmen verblaßten zu Relativitäten, und der unendliche

Osten nahm etwas von den Proportionen an, die ihm von der Geographie her zukommen; plötzlich erblickte Europa sich selbst als die experimentierende Halbinsel eines Kontinentes und einer Kultur, die größer war als seine eigene. Wie hätte es einem Europäer eine so unpatriotische Entdeckung verzeihen können? Der König verfügte, daß dieser Franzose, der es gewagt hatte, sich zunächst für einen Menschen und dann erst für einen Franzosen zu halten, niemals wieder seinen Fuß auf den Boden Frankreichs setzen dürfte.

VI. FERNEY: CANDIDE

Les Délices war ein vorübergehendes Obdach gewesen, von dem Voltaire nach einem bleibenderen Heim Ausschau halten konnte. Dieses Heim fand er 1758 in Ferney in der Schweiz, dicht an der französischen Grenze; hier konnte er sicher sein vor der französischen Gewalt, und es war doch französische Hilfe in der Nähe für den Fall, daß ihm die Schweizer Regierung Unannehmlichkeiten bereiten sollte. Dieser letzte Wechsel beendete seine »Wanderjahre«. Sein launisches Umherlaufen ging nicht nur auf seine nervöse Unruhe zurück, es ist zum Teil auch darin begründet, daß er überall unsicher vor Verfolgungen war; erst mit vierundsechzig Jahren fand er ein Haus, das ihm auch ein Heim sein konnte. Am Schluß seiner Erzählung *»Scarmentados Reisegeschichte«* gibt es eine Stelle, die man auch auf ihren Verfasser anwenden könnte: »So hatte ich denn alles gesehen, was nur Schönes und Wundervolles auf Erden zu finden ist, und beschloß nun, meine Penaten nie wieder zu verlassen. Ich verheiratete mich und hegte schon bald den Verdacht, daß meine Frau mich betrog, aber trotz dieses Zweifels fand ich immer noch, daß dies der glücklichste Zustand im Leben sei[44].« Voltaire hatte keine Frau, sondern eine Nichte – was für einen Mann von Genie besser ist. »Wir hören niemals, daß er in Paris zu sein wünscht . . . Es ist kein Zweifel daran möglich, daß dieses weise Exil seine Tage verlängert hat[45].«

Er fühlte sich glücklich in seinem Garten, wo er Obstbäume pflanzte, von denen er nicht erwartete, daß er sie je blühen sehen würde. Als ein Verehrer seine Leistung für die Nachwelt lobte, antwortete er: »Ja, ich habe viertausend Bäume gepflanzt.« Für jedermann hatte er ein freundliches Wort, ließ sich aber auch zu scharfem Ton herausfordern. Eines Tages fragte er einen Gast, woher er zu ihm gekommen sei. »Von Herrn Haller.« – »Er ist ein großer Mann«, sagte Voltaire, »ein großer Dichter; ein großer Naturforscher, ein großer Philosoph – fast ein Universalgenie.« – »Was Sie von ihm sagen, mein Herr, ist um so bewundernswerter, als Herr Haller Ihnen nicht ähnliche Gerechtigkeit widerfahren läßt.« – »Ach so«, sagte Voltaire, »vielleicht irren wir uns beide[46].«

Ferney wurde zur geistigen Hauptstadt der Welt; jeder Gelehrte und jeder aufgeklärte Herrscher jener Tage machte dort seine Aufwartung, entweder persönlich oder brieflich. Es kamen skeptische Geistliche, liberale Aristokraten und gelehrte Damen; Gibbon und Boswell kamen aus England; d'Alembert, Helvetius und die übrigen Rebellen der Aufklärung sind erschienen und zahllose andere. Schließlich war die Bewirtung dieses endlosen Gästestromes selbst Voltaire zu kostspielig; er beklagte sich, daß er zum Hotelier Europas werde. Einem Bekannten, der seinen Besuch für sechs Wochen ankündigte, schrieb er: »Was ist der Unterschied zwischen Ihnen und Don Quixote? Er verwechselte Gasthäuser mit Schlössern, und Sie verwechseln dieses Schloß mit einem Gasthaus.« – »Gott schütze mich vor meinen Freunden«, schloß er, »meine Feinde werde ich schon selbst versorgen.«

Zu diesen ständigen Besuchen kam noch der größte und glänzendste Briefwechsel der Welt. Es liefen Schreiben von aller Art Menschen und aus allen Ständen ein; ein deutscher Bürgermeister frug »im Vertrauen an, ob es einen Gott gibt oder nicht« und bat Voltaire um postwendende Antwort[47]; Gustav III. von Schweden fühlte sich geschmeichelt durch den Gedanken, daß Voltaire ab und zu einen Blick auf den Norden warf, und schrieb ihm, daß sein Interesse den Leuten dort oben die stärkste Anregung sei, ihr Bestes zu leisten; Christian VII. von Dänemark entschuldigte sich, daß er nicht sofort alle Reformen durchführe; Katharina II. von Rußland schickte ihm prächtige Geschenke, schrieb häufig und hoffte, er werde sie nicht zudringlich finden. Selbst Friedrich kehrte nach einem Jahr der Verstimmung zur Gemeinde der Anhänger zurück und nahm den Briefwechsel mit dem König von Ferney wieder auf.

»Sie haben mir großes Unrecht zugefügt«, schrieb er. »Ich habe es vergeben und wünsche sogar, es zu vergessen. Hätten Sie es aber nicht mit einem Wahnsinnigen zu tun gehabt, der in Ihr edles Genie verliebt war, so wären Sie nicht so gut davongekommen ... Wollen Sie Schmeicheleien hören? Nun gut, ich werde Ihnen einige Wahrheiten sagen. Ich halte Sie für das größte Genie, das die Welt jemals hervorgebracht hat; ich bewundere Ihre Gedichte und liebe Ihre Prosa ... Kein anderer Schriftsteller hat jemals ein so feines Taktgefühl, so sicheren und empfindlichen Geschmack gezeigt wie Sie. Sie sind bezaubernd im Gespräch und wissen, wie man belehrt und gleichzeitig unterhält. Sie sind das verführerischste Wesen, das ich kenne, fähig, sich bei der ganzen Welt beliebt zu machen, wenn Sie wollen. Sie besitzen eine solche Grazie des Geistes, daß Sie verletzen können und doch gleichzeitig die Nachsicht jener wachrufen, die Sie kennen. Kurz, Sie wären vollkommen, wären Sie nicht ein Mensch[48].«

Wer hätte von einem so lustigen Gastgeber erwartet, daß er Anhänger des Pessimismus werden würde? Er hatte in seiner Jugend als Genießer in den Pariser Salons, trotz der Bastille, die sonnige Seite des Lebens kennengelernt, und doch hatte er sich schon in jenen sorglosen Tagen gegen den widernatürlichen Optimismus gesträubt, den Leibniz zur Mode machte. Einem hitzigen jungen Manne, der ihn in einer Schrift angriff und mit Leibniz die Anschauung verfocht, daß diese »die beste aller möglichen Welten« sei, schrieb Voltaire: »Ich habe mit Vergnügen vernommen, mein Herr, daß Sie ein kleines Büchlein gegen mich geschrieben haben. Sie tun mir zuviel Ehre an ... Sobald Sie gezeigt haben werden, in Gedichtform oder anders, weshalb sich soviel Menschen in der besten aller möglichen Welten die Kehle abschneiden, werde ich Ihnen außerordentlich verbunden sein. Ich erwarte Ihre Gründe, Ihre Gedichte und Beleidigungen und versichere Ihnen von ganzem Herzen, daß keiner von uns beiden etwas über diese Angelegenheit weiß. Ich habe die Ehre ...«

Verfolgung und Enttäuschung haben seinen Glauben an das Leben aufgebraucht, und seine Erfahrungen in Berlin und Frankfurt brachen die Spitze seiner Hoffnungen. Aber sein Glaube und seine Hoffnung litten am schwersten, als im November 1755 die Nachricht von dem fürchterlichen Erdbeben von Lissabon, in dem 30 000 Menschen ums Leben kamen, eintraf. Die Stöße ereigneten sich am Allerheiligentage; die Kirchen waren mit Gläubigen gefüllt, und der Tod konnte, da er seine Opfer geschlossen vorfand, eine reiche Ernte einheimsen. Voltaire war ernstlich ergriffen und empörte sich, als er erfuhr, daß die französischen Geistlichen das Unglück als eine Strafe für die Sünden der Lissaboner erklärten. Er verschaffte sich Luft in einem leidenschaftlichen Gedicht, das dem alten Dilemma Ausdruck gab: entweder kann Gott Übel verhindern und will es nicht, oder er will sie verhindern und kann nicht. Mit Spinozas Lösung, daß »Gut« und »Böse« menschliche Begriffe seien, die man auf das Universum nicht anwenden könne, und daß unsere Tragödien vom Standpunkt des Ewigen her gesehen unbedeutende Dinge seien, konnte sich Voltaire nicht begnügen.

Im großen Ganzen bin ich nur ein winz'ger Teil.
Doch wessen Los es ist zu leben, sei es Tier,
empfindend Wesen sei's, geboren durch Gesetz,
muß gleich mir leiden, muß auch sterben ganz wie ich.
Der Geier packt den Raub, sein Schnabel trieft von Blut
und hackt und sticht sich fest in zitterndem Gebein:
Für ihn, so scheint es, paßt die Welt. Doch kurz darauf
zerreißt des Geiers Fleisch ein Adler und zerfetzt's.
Der Adler wird durchbohrt von eines Menschen Pfeil.
Der Mensch, in Schlachtfelds Staub mit vielen hingestreckt,
sein Blut vermischend mit der Kameraden Blut,
wird sterbend wiederum der Vögel Raub und Fraß.
So stöhnt die ganze Welt in jedem Einzelglied,
einander nur zur Qual, zum Töten nur bestimmt.
Ihr aber wagt das Wort: Dies Chaos fürchterlich
gewähre aller Glück durch Leid der Einzelnen!
Einfältige! Dieweil ihr, die ihr sterben müßt,
Bejammernswerte, plärrt: »Gut ist ja alles«, lügt
das Universum schon, und euer Herz verwirft
vielhundertmal, was frech sich anmaßt euer Geist.

Wie aber urteilt denn ein Geist, der viel begreift?
Er schweigt: verschlossen ist des Schicksals Buch für uns.
Was auch der Mensch erforscht, sich selbst erforscht er nicht;
nie kennt er sein Woher und nimmer sein Wohin
Atome wir voll Qual, gebettet in den Schlamm,
verschlungen von dem Tod und des Geschickes Spott,
doch denkendes Atom: weit reichenden Gesichts
ermessen dankend wir der fernsten Sterne Bahn.
So mischt sich unser Sein mit dem Unendlichen;
doch selber sehen und erkennen wir uns nie.
In diesem Schauspiel Welt, das eitel ist und bös,
schwärmt kranker Narren Schar und faselt noch vom Glück . . .
Einst sang ich nicht so trüb und ohne Klageton,
vom Sonnenweg der Lust als unsrer Herrscherin;
die Zeiten sind dahin! Das Alter lehrte mich,
und was ich als ein Mensch Vergängliches erfuhr,
doch Licht zu suchen noch im Dunkel, das sich senkt,
und muß ich leiden auch, will ich nicht klagen mehr[49].

Einige Monate später brach der Siebenjährige Krieg aus: Voltaire erblickte in ihm Wahnsinn, Selbstmord und die Verwüstung Europas, heraufbeschworen, um zu entscheiden, ob England oder Frankreich »einige Morgen Schnee« in Kanada besitzen sollten. Obendrein erschien eine öffentliche Erwiderung Jean Jacques Rousseaus auf sein Gedicht über Lissabon. Die Menschen selbst sind an dem Unglück schuld, sagte Rousseau; würden wir auf den Feldern und nicht in Städten wohnen, so könnten wir nicht in solchen Massen getötet werden; würden wir unter freiem Himmel wohnen und nicht in Häusern, so könnten die Häuser nicht über uns einstürzen. Voltaire war erstaunt über den Beifall, den diese abgrundtiefe Theodizee gewann; er ärgerte sich darüber, daß sein Name durch einen solchen Don Quixote in den Staub gezogen werden sollte, und richtete gegen Rousseau »jene fürchterlichste aller geistigen Waffen, die jemals von einem Menschen geführt wurde: den Spott Voltaires[50]« 1759 schrieb er in drei Tagen seinen *»Candide«*.

Noch niemals hatte man den Pessimismus so lustig verfochten; noch niemals hat man Menschen, die erfahren sollten, daß dies eine Welt der Trauer ist, zu so herzlichem Lachen bewegt. Und selten wurde eine Geschichte mit so schlichter und verhaltener Kunst erzählt; sie besteht nur aus Erzählung und Dialogen, ist nicht mit Beschreibungen gepolstert und besitzt eine aufregend hinrollende Handlung. »In Voltaires Hand«, sagt Anatole France, »tanzt die Feder und lacht[51].« – *»Candide«* ist vielleicht die beste Novelle der gesamten Weltliteratur.

Candide, Sohn des großen westfälischen Barons Thunder-ten-Tronckh und Schüler des gelehrten Pangloß, ist, wie schon sein Name anzeigt, ein schlichter und ehrlicher Bursche.

Pangloß lehrte die Metaphysico-theologo-cosmolo-nigologie ... »Es ist erwiesen«, sprach er, »daß die Dinge nicht anders sein können, als sie sind, denn da alles zu irgend einem Zweck gemacht ist, so muß dieser Zweck notwendig der beste sein. Beachten Sie wohl, daß die Nasen da sind, um Brillen zu tragen ... Die Beine, ... um Schuhe und Strümpfe anziehn zu können ... Die Steine sind entstanden, ... um Schlösser aus ihnen zu bauen ... Und da die Schweine vorhanden sind, um sich essen zu lassen, so essen wir auch das ganze Jahr Schweinefleisch. Also haben jene, die behaupten, daß alles gut sei, eine Torheit gesagt; sie hätten sagen sollen, daß alles aufs beste sei[52].«

Während Pangloß doziert, überfällt eines Tages die bulgarische Armee das Schloß; Candide wird gefangengenommen und gezwungen, Soldat zu werden.

... Er muß rechtsum, linksum machen, Ladstock in Lauf! Ladstock an seinen Ort! fertig! an! Feuer! Marsch! ... Candide ... fällt es an einem schönen Frühlingstage ein, einen Spaziergang zu unternehmen. In der festen Meinung, daß es ein Vorrecht nicht nur des Tieres, sondern auch des Menschen sei, von seinen Beinen beliebigen Gebrauch zu machen, schlendert er immer weiter fort. Er hat aber noch keine zwei Meilen zurückgelegt, als ihn schon vier sechs Fuß hohe Helden verfolgen, überholen, binden und in ein Gefängnis werfen. Nun wird er vor Gericht befragt, was ihm lieber sei, sich von dem ganzen Regiment sechsunddreißigmal mit Ruten peitschen oder sich sofort zwölf Kugeln durch den Kopf jagen zu lassen? Vergebens berief er sich auf seinen freien Willen und sagte, daß ihm weder das eine noch das andere behage; er mußte dennoch wählen und entschloß sich endlich, vermöge jenes Geschenkes der Götter, das man *Freiheit* nennt, sechsunddreißigmal Spießruten zu laufen; zweimal ertrug er es[53].

Candide flüchtet, schifft sich nach Lissabon ein und trifft an Bord Professor Pangloß, der ihm erzählt, wie der Baron und die Baronin ermordet und das Schloß zerstört worden sei. »All das«, so schließt dieser seinen Bericht, »war notwendig . . ., denn aus den Übeln einzelner formt sich die allgemeine Wohlfahrt; je mehr es solche gibt, um so größer ist das Wohl des Ganzen.« Sie kommen in Lissabon gerade rechtzeitig an, um in das Erdbeben hineinzugeraten. Nachdem alles vorbei ist, erzählen sie sich ihre Abenteuer und Leiden, worauf ihnen eine alte Magd versichert, daß ihr Mißgeschick nichts sei im Vergleich zu ihrem eigenen. »Hundertmal wollte ich schon Selbstmord begehen, aber ich liebte das Leben zu sehr. Diese lächerliche Schwäche ist vielleicht unsere fatalste Eigenschaft, denn gibt es etwas Widersinnigeres, als ständig eine Last zu tragen, die man jederzeit wegwerfen kann?« Oder, wie eine andere Gestalt der Erzählung sagt: »Alle Umstände berücksichtigt, ist das Leben eines Gondoliers dem eines Dogen vorzuziehen; der Unterschied ist aber, glaube ich, so gering, daß er keine nähere Beachtung verdient.«

Auf der Flucht vor der Inquisition geht Candide nach Paraguay; »dort besitzen die Jesuitenpater alles, das Volk nichts; es ist ein Meisterwerk der Vernunft und Gerechtigkeit«. In einer holländischen Kolonie trifft er einen Neger, der nur eine Hand, ein Bein und als Kleidung bloß einige Lumpen am Leibe hat. »Wenn wir das Zuckerrohr verarbeiten«, erklärt der Sklave, »und die Mühle einen Finger packt, schneidet man uns die Hand ab, und wenn wir die Flucht versuchen, wird uns ein Bein abgeschnitten . . . Zu diesem Preise eßt ihr in Europa Zucker.« Candide entdeckt im unbekannten Inneren des Landes viel lauteres Gold, kehrt zurück an die Küste und mietet ein Schiff, das ihn nach Frankreich fahren soll; der Kapitän brennt aber mit dem Golde durch und läßt den philosophierenden Candide im Hafen zurück. Mit dem Wenigen, was ihm übriggeblieben ist, bezahlt Candide seine Überfahrt nach Bordeaux; an Bord des Schiffes unterhält er sich mit einem alten Weisen namens Martin.

»Glauben Sie«, sagte Candide, »daß sich die Menschen seit jeher gegenseitig gemordet haben, wie sie das jetzt zu tun pflegen? Daß sie stets Lügner, Spitzbuben, untreu, undankbar, Räuber, Schwächlinge, flatterhaft, feige, neidisch, Schlemmer, Trunkenbolde, Geizhälse, ehrsüchtig, blutdürstig, verleumderisch, liederlich, fanatisch, Heuchler und Narren waren?«

»Glauben Sie«, antwortete Martin, »daß die Sperber immer Tauben gefressen haben, wenn sie welche fanden?«

»Ja, ganz gewiß«, sagte Candide.

»Nun also«, entgegnete Martin, »wenn die Sperber immer diesen Charakter hatten, warum sollten denn die Menschen den ihrigen geändert haben?«

»Oh«, sagte Candide, »da ist doch noch ein Unterschied, denn die Selbstbestimmung . . .«

Bei diesen Worten kamen sie in Bordeaux an[54].

Wir können Candide nicht bei seinen übrigen Abenteuern begleiten, die einen drolligen Kommentar zur mittelalterlichen Theologie und zum Optimismus von Leibniz bilden. Nachdem er verschiedene Übel unter verschiedenen Menschen erduldet hat, läßt sich Candide in der Türkei als Landwirt nieder, und die Erzählung endet mit einem Dialog zwischen Lehrer und Schüler:

Pangloß sagte wiederholt zu Candide:

»Alles, was in dieser besten aller Welten geschieht, ist unter sich verkettet: hätte man Sie nicht aus einem schönen Schlosse mit Fußtritten hinausgeworfen, . . . hätte man Sie nicht der Inquisition unterworfen . . ., wären Sie nicht zu Fuß durch ganz Amerika gelaufen . . ., hätten Sie nicht alles eingebüßt, so würden Sie jetzt keine eingemachten Cedratfrüchte und Pistazienkerne essen.«

»Das ist wohl wahr«, antwortete Candide, »aber wir müssen an unsere Gartenarbeit gehen.«

VII. DIE ENZYKLOPÄDIE UND DAS PHILOSOPHISCHE WÖRTERBUCH

Die Volkstümlichkeit eines so gottlosen Buches wie *»Candide«* läßt den Geist des Zeitalters ahnen. Die höfische Kultur Ludwigs XIV. hat trotz der gewichtigen Bischöfe, die eine große Rolle in ihr spielten, Dogmen und Traditionen belächelt. Die Unfähigkeit der Reformation, Frankreich zu erobern, ließ dem Franzosen keinen Mittelweg zwischen Unfehlbarkeit und Unglauben offen; während der deutsche und englische Geist dem großen Zug der religiösen Entwicklung langsam folgte, sprang der französische Geist mit einem Satz vom glühendsten Glauben, der die Hugenotten niedergemetzelt hatte, zur kalten Feindseligkeit über, mit der La Mettrie, Helvetius, Holbach und Diderot den Glauben ihrer Väter angriffen. Wir wollen der geistigen Umwelt, in der sich der ältere Voltaire bewegte und heimisch war, einen kurzen Blick widmen.

La Mettrie (1709–1751) war ein Militärarzt, der durch Veröffentlichung einer *»Naturgeschichte der Seele«* seine Stellung verlor und sich durch sein Werk *»Der Mensch eine Maschine«* die Ehre der Verbannung gewann. Er flüchtete an den Hof Friedrichs des Großen, der selbst Freidenker und darauf bedacht war, die allerneueste Pariser Kultur zu haben. La Mettrie verfolgte den Gedanken des Mechanismus dort, wo der eingeschüchterte Descartes, wie ein Kind, das sich die Finger verbrannt hat, ihn fallenließ; kühn erklärte er, die ganze Welt, der Mensch nicht ausgenommen, sei eine Maschine. Die Seele ist materiell und die Materie mit einer Seele begabt; woraus immer sie aber auch bestehen mögen, wirken sie doch aufeinander und wachsen und verfallen gemeinsam, so daß kein Zweifel an ihrer wesenhaften Ähnlichkeit und Abhängigkeit voneinander bestehen kann. Wie könnte Begeisterung den ganzen Körper durchwärmen oder Fieber die geistigen Prozesse stören, wenn die Seele reiner Geist wäre? Alle Lebewesen haben sich durch Wechselwirkung von Organismus und Umwelt aus einem Urkeim entwickelt. Der Grund davon, daß Tiere einen Verstand besitzen, Pflanzen aber keinen, liegt darin, daß sich die Tiere bei der Nahrungssuche frei bewegen, während die Pflanzen nur das aufnehmen, was zu ihnen kommt. Der Mensch verfügt über die höchste Intelligenz, weil er die stärksten Bedürfnisse und die größte Beweglichkeit besitzt; »Wesen ohne Bedürfnisse sind auch ohne Geist«.

Während La Mettrie wegen dieser Ansichten verbannt wurde, wurde Helvetius (1715–1771), der sie seinem Buche *»Über den Menschen«* zugrunde legte, zu einem der reichsten Leute in Frankreich und stieg zu hohen Posten und Ehren auf. Wie bei La Mettrie die Metaphysik, so finden wir bei ihm die Ethik des Atheismus. Jede Handlung wird durch Egoismus, Eigenliebe, diktiert; »selbst der Held folgt dem Gefühl, das für ihn mit dem höchsten Genuß verknüpft ist«, und »Tugend ist Egoismus, mit einem Fernglas ausgestattet[55]«. Das Gewissen ist nicht die Stimme Gottes, sondern Angst vor der Polizei; es ist die Ablagerung aus dem Sturzbach der Verbote, mit dem die keimende Seele von Eltern, Lehrern und Presse überschüttet wird. Die Sittlichkeit soll nicht auf Theologie, sondern auf Soziologie gegründet werden; die wechselnden Bedürfnisse der Gesellschaft und nicht die starren Offenbarungen oder Dogmen sollten bestimmen, was gut sei.

Die bedeutendste Gestalt dieser Gruppe ist Denis Diderot (1713–1784). Seine Ideen sind in verschiedenen Fragmenten aus seiner eigenen Feder und im *»System der Natur«* von Baron d'Holbach (1723–1789), dessen Salon den Mittelpunkt von Diderots Kreis bildete, ausgedrückt. »Greifen wir auf den Ursprung der Dinge zurück«, sagt Holbach, »so werden wir finden, daß Unwissenheit und Angst die Götter erschaffen hat, daß Laune, Fanatismus oder Betrug sie ausschmückte und entstellte, daß Schwäche sie verehrt und Leichtgläubigkeit sie erhält, und daß Gewohnheit sie respektiert und die Herrscher sie unterstützen, um die Blindheit der Menschen in ihren eigenen Dienst zu stellen.« Der Glaube an Gott, sagt Diderot, ist mit Unterwerfung unter die Autokratie verbunden; beide stehen und fallen zusammen, und »die Menschen werden nicht frei sein, bis nicht der letzte König mit den Därmen des letzten Priesters erwürgt worden ist«. Die Erde wird erst zu ihrem Rechte kommen, wenn der Himmel zerstört ist. Der Materialismus mag eine zu große Vereinfachung der Welt bedeuten – vermutlich ist die ganze Materie von Leben durchdrungen, und es ist nicht möglich, die Einheit des Bewußtseins auf Materie und Bewegung zurückzuführen – aber der Materialismus ist eine brauchbare Waffe gegen die Kirche und muß so lange benutzt werden, bis sich eine bessere findet. Inzwischen muß man für die Verbreitung des Wissens sorgen und das Gewerbe anregen; das Gewerbe wird den Frieden fördern, und das Wissen wird zu einer neuen, natürlichen Sittlichkeit führen.

An der Verbreitung dieser Ideen durch die große »Encyclopédie«, die von 1752–1772 bandweise herausgegeben wurde, arbeiteten Diderot und d'Alembert. Die Kirche veranlaßte die Unterdrückung der ersten Bände, und als die Opposition wuchs, wurde Diderot von seinen Freunden im Stich gelassen; er aber arbeitete, durch Wut angespornt, zornig weiter. »Ich kenne nichts Unanständigeres«, sagte er, »als die unbestimmten Deklamationen der Theologen gegen die Vernunft. Man meint, wenn man ihnen zuhört, daß die Menschen nur so in den Schoß des Christentums einkehren können wie Vieh, das in einen Stall tritt.« Diese Zeiten waren, wie Paine sagt, das Zeitalter der Vernunft; und diese Männer zweifelten niemals daran, daß die Vernunft der letzte menschliche Prüfstein aller Wahrheit und alles Guten sei. Man befreie die Vernunft, sagten sie, und sie wird in wenigen Generationen das Land Utopien verwirklichen. Diderot ahnte nicht, daß der erotische und neurotische Jean Jacques Rousseau (1712–1778), den er vor kurzem in Paris eingeführt hatte, in seinem Kopfe oder auch in seinem Herzen den Keim einer Revolution gegen diese Herrschaft der Vernunft umhertrug; einer Revolution, die, mit den eindrucksvollen Dunkelheiten Immanuel Kants bewaffnet, bald selbst die letzte Hochburg der Philosophie erobern sollte.

Es ist nur natürlich, daß Voltaire, der sich für alles interessierte und an jedem Kampf beteiligt war, eine Zeitlang dem Kreis der Enzyklopädisten angehörte; diese freuten sich, ihn ihren Führer nennen zu können, und er war ihrem Weihrauch nicht abgeneigt, obwohl er sah, daß einige Ideen dieses Kreises noch zugestutzt werden mußten. Sie forderten ihn auf, für ihr großes Unternehmen einige Artikel zu schreiben, und er entzückte sie durch die Beweglichkeit und Fruchtbarkeit, mit der er ihrem Wunsche entsprach. Als er seinen Teil an der Enzyklopädie vollendet hatte, machte er sich an die Arbeit, eine eigene Enzyklopädie zu schreiben, die er *»Philosophisches Wörterbuch«* nannte. Mit beispielloser Kühnheit nahm er in alphabetischer Ordnung Gegenstand nach Gegenstand vor und schüttete unter jedem Titel einen Teil seines unerschöpflichen Wissens und seiner Weisheit aus. Man stelle sich einen Menschen vor, der über alles schreibt, und doch stets

Klassisches schafft, etwas, das unter allen Werken Voltaires (neben seinen Erzählungen) das Flüssigste und Glänzendste ist, und dessen Artikel alle als Musterbeispiele von Kürze, Klarheit und Geist dienen können. »Es gibt Leute, die in einem einzigen kleinen Bändchen weitschweifig sein können; Voltaire ist in hundert Bänden kurz und bündig[56].« Hier bewies Voltaire endgültig, daß er ein Philosoph war.

Er beginnt, wie Bacon, Descartes, Locke und alle Modernen, mit dem Zweifel und mit einem (vermeintlich) reinen Blatt. »Ich habe zu meinem Schutzpatron den hl. Thomas von Didymus gewählt, der immer auf einer Untersuchung mit eigenen Händen bestand.« Er dankt Bayle, daß er ihn das Zweifeln gelehrt hat, verwirft alle Systeme und vermutet, daß »jedes Haupt einer philosophischen Schule etwas von einem Schwindler an sich gehabt hat[57]«. – »Je weiter ich gehe, um so mehr befestigt sich meine Überzeugung, daß Systeme der Metaphysik für den Philosophen das sind, was für Frauen die Romane[58].« – »Nur Scharlatane haben Gewißheit. Von den ersten Prinzipien der Weltordnung wissen wir nichts. Es ist wahrhaft töricht, Gott, Engel und Geister zu definieren und genau zu wissen, weshalb Gott die Welt geschaffen hat, wo wir doch nicht einmal wissen, wieso wir unsere Arme beliebig bewegen können. Zweifeln ist sicherlich kein sehr angenehmer, aber Gewißsein ist ein lächerlicher Zustand[59].« – »Ich weiß nicht, wie ich gemacht und wie ich geboren wurde. Im ersten Viertel meines Lebens wußte ich überhaupt nichts von den Ursachen dessen, was ich gesehen, gehört und empfunden habe . . . Ich habe das, was man Materie nennt, in Gestalt des Sternes Sirius und als kleinstes mikroskopisch wahrnehmbares Atom gesehen, und ich weiß nicht, was diese Materie ist[60].«

Er erzählt eine »Geschichte vom guten Brahmanen«, der sagt: »Ich wünsche, ich wäre nicht geboren!«

»Warum?« fragte ich ihn.

»Ich habe vierzig Jahre lang studiert, es sind vierzig verlorene Jahre gewesen . . . Ich bin aus Materie, aber trotz meines Nachdenkens konnte ich nicht finden, was die Gedanken zustande bringt. Selbst das weiß ich nicht, ob mein

Verstand eine einfache Fähigkeit ist wie Gehen und Verdauen, oder ob ich mit meinem Kopfe ähnlich denke, wie meine Hände einen Gegenstand ergreifen ... Ich rede viel, bleibe aber verworren und schäme mich, nachdem ich gesprochen habe.« ...

Am selben Tage unterhielt ich mich mit einer alten Frau, die in seiner Nachbarschaft wohnte. Ich fragte sie, ob sie jemals darüber unglücklich gewesen sei, daß sie nicht wisse, wie ihre Seele erschaffen wurde. Sie hat schon selbst die Frage nicht verstanden; in ihrem ganzen Leben hatte sie keinen kurzen Augenblick über die Dinge nachgedacht, die den Brahmanen quälten. Sie glaubte mit ihrem ganzen Herzen an die Metamorphosen Wischnus und hielt sich, vorausgesetzt, daß sie zu ihren Waschungen immer etwas geweihtes Wasser aus dem Ganges bekommen konnte, für die glücklichste aller Frauen.

Verblüfft durch das Glück dieses armen Wesens, kehrte ich zu dem Philosophen zurück und redete ihn an: »Schämst du dich nicht, so elend zu sein, wenn in deiner nächsten Nähe ein alter Automat, der über nichts nachdenkt, glücklich lebt?«

»Du hast recht«, antwortete er. »Ich habe mir hundertmal gesagt, daß ich glücklich wäre, wenn ich so einfältig sein könnte wie meine Nachbarin; und dennoch wünsche ich mir dieses Glück nicht.«

Diese Antwort meines Brahmanen hat tieferen Eindruck auf mich gemacht als alles andere[61].

Was schadet es, wenn die Philosophie im völligen Zweifeln von Montaignes *»Que sais-je?[62]«* enden sollte? Sie ist doch das größte und edelste Abenteuer des Menschen. Laßt uns lieber mit bescheidenen Fortschritten der Erkenntnis zufrieden sein, als ewig aus trügerischen Einbildungen neue Systeme spinnen.

Wir dürfen nicht sagen: laßt uns neue Prinzipien erfinden, mit deren Hilfe wir alles erklären können, sondern müssen vielmehr sagen: wir wollen die Dinge selbst genau analysieren und werden dann sehr vorsichtig zu beurteilen versuchen, ob sie mit irgendwelchen Prinzipien übereinstimmen[63] ... Der Kanzler Bacon hat der Wissenschaft einen Weg gewiesen ... Dann aber kam Descartes und tat gerade das Gegenteil von dem, was er hätte tun sollen: statt die Natur zu studieren, wollte er sie divinatorisch erfassen ... Dieser beste aller Mathematiker brachte es in der Philosophie nur zu Dichtungen ...[64]. Es ist uns gegeben, zu berechnen, zu wägen, zu messen und zu beobachten; das ist Naturphilosophie – fast alles andere dagegen Chimäre[65].

VIII. »ECRASEZ L'INFAME«

Unter normalen Umständen wäre Voltaire wahrscheinlich niemals aus der philosophischen Ruhe dieses artigen Skeptizismus zu den glühenden Kontroversen seiner späteren Jahre hinübergeglitten. Die aristokratischen Kreise, in denen er sich bewegte, waren mit seinen Ansichten so bereitwillig einverstanden, daß kein Anreiz zu Auseinandersetzungen bestand; sogar die Geistlichen lächelten mit ihm über die Schwierigkeiten des Glaubens, und einige Kardinäle überlegten sich, ob sie aus ihm nicht doch noch einen Kapuzinermönch machen könnten. Welche Ereignisse veranlaßten ihn, vom höflichen Spott des Agnostizismus zu erbitterter Kirchenfeindlichkeit überzugehen, die keinen Kompromiß erlaubte, sondern einen rücksichtslosen Krieg führte, um die »Infamie« der Kirche zu »zermalmen«?

Südlich von Ferney liegt Toulouse, die siebente Stadt Frankreichs. Die katholische Geistlichkeit genoß dort zu Voltaires Zeiten uneingeschränkte Macht; die Stadt verewigte in Fresken die Widerrufung des Ediktes von Nantes (das den Protestanten Glaubensfreiheit gewährt hatte) und beging besonders festlich das Gedenken an das Blutbad der Bartholomäusnacht. Kein Protestant durfte in Toulouse Rechtsanwalt, Arzt, Apotheker, Kolonialwarenhändler, Drucker oder auch Buchhändler sein, und kein Katholik durfte einen Protestanten in seine Dienste nehmen; 1748 erhielt eine Frau dreitausend Francs Geldstrafe, weil sie die Hilfe einer protestantischen Hebamme in Anspruch genommen hatte.

Nun besaß ein protestantischer Bürger von Toulouse, Jean Calas, eine Tochter, die katholisch wurde, und einen Sohn, der sich, vermutlich wegen schlechten Geschäftsganges, erhängte. Es gab in Toulouse eine Verordnung, nach der jeder Selbstmörder mit dem Gesicht nach unten auf eine Bahre gelegt, durch die Straßen der Stadt geschleift und dann an den Galgen gehängt werden mußte. Um diese Schande abzuwenden, bat der Vater seine Verwandten und Freunde, den natürlichen Tod des Sohnes zu bezeugen. Die Folge war, daß ein

Gerücht entstand, der Vater habe seinen Sohn ermordet, um dessen nahe bevorstehenden Übertritt zum Katholizismus zu verhindern. Calas wurde verhaftet, gefoltert und starb bald darauf (1761). Seine ruinierte und verfolgte Familie flüchtete nach Ferney und suchte den Beistand Voltaires. Er nahm sie in sein Haus auf, tröstete sie und war erstaunt über die mittelalterliche Schauergeschichte, die sie ihm erzählte.

Ungefähr um dieselbe Zeit (1762) ereignete sich der Tod der Elisabeth Sirvens; wiederum behauptete ein Gerücht, man habe sie gerade in dem Augenblick in einen Brunnen hinabgestoßen, als sie ihre Bekehrung zum Katholizismus kundgeben wollte. Vernünftige Leute hätten sich gesagt, daß eine eingeschüchterte Minorität von Protestanten kaum gewagt hätte, dergleichen zu tun – doch wer von den Verdächtigern besaß Vernunft? 1765 wurde der sechzehnjährige Jüngling La Barre unter der Beschuldigung, Kruzifixe verstümmelt zu haben, verhaftet. Auf der Folter gestand er; sein Kopf wurde abgeschlagen und sein Leib unter Beifallsklatschen der Menge in die Flammen geworfen. Ein Exemplar von Voltaires *»Philosophischem Wörterbuch«*, das man bei dem Burschen fand, wurde mit ihm verbrannt.

Fast zum ersten Male in seinem Leben wurde es Voltaire wirklich ernst zu Mute. Als ihm d'Alembert, von Staat, Kirche und Volk gleichmäßig angeekelt, schrieb, er werde sich in Zukunft über alles bloß lustig machen, antwortete Voltaire: »Das ist keine Zeit zum Scherzen; Witze harmonieren nicht mit Metzeleien . . . Soll dies das Land der Philosophie und des Lebensgenusses sein? Es ist eher das Land der Bartholomäusnacht.« Voltaire erging es jetzt wie später Zola und Anatole France beim Dreyfus-Prozeß, diese tyrannische Ungerechtigkeit richtete ihn empor; er hörte auf, bloßer Literat zu sein und wurde zum Mann der Tat; die Philosophie legte er im Interesse des Krieges beiseite, oder vielmehr: er verwandelte sie in einen unbarmherzigen Sprengstoff. »Während dieser Zeit kam kein Lächeln auf meine Lippen, das ich mir nicht wie ein Verbrechen vorgeworfen hätte.« Jetzt wählte er für sich sein berühmtes Motto »Ecrasez l'Infâme« und bewegte die französische Seele zur Empörung gegen die Mißbräuche der Kirche. Er kämpfte mit solcher Glut der Überzeugung, daß im Feuer des Gefechtes Bischofsmützen und Hirtenstäbe zerschmolzen, die Macht der französischen Geistlichkeit gebrochen wurde und der Thron ins Wanken geriet. An seine Freunde und Anhänger richtete er einen Schlachtruf: »Kommt, mutiger Diderot, unerschrockener d'Alembert, vereinigt euch; ... überwältigt die Fanatiker und Schurken, vernichtet die faden Deklamationen, die elenden Sophistereien, die lügenhafte Geschichte, ... die zahllosen Absurditäten. Laßt nicht die Vernünftigen durch die Vernunftlosen unterwerfen, und das kommende Geschlecht wird euch seine Vernunft und seine Freiheit verdanken[66].«

Gerade zur Zeit dieser Krise wurde der Versuch gemacht, Voltaire zu bestechen; durch Vermittlung der Mme. de Pompadour bot man ihm als Entgelt für eine Versöhnung mit der Kirche den Kardinalshut an[67]. Als ob die Überwachung einiger zungenlahmer Bischöfe den unbestrittenen Herrscher der geistigen Welt hätte reizen können! Voltaire lehnte ab und begann seine Briefe, wie ein zweiter Cato, mit der Wendung »Ecrasez l'Infâme« zu schließen. Er veröffentlichte eine *»Abhandlung über die Toleranz«*, in der er sagt, die Widersinnigkeit der Dogmen wäre zu ertragen, würde die Geistlichkeit ihren eigenen Predigten gemäß leben und Abweichungen dulden; aber »Subtilitäten, von denen in den Evangelien keine Spur zu finden ist, sind die Quellen blutiger Streitigkeiten in der Geschichte des Christentums geworden«. – »Der Mensch, der mir sagt: ›Glaube wie ich, sonst wird Gott dich verdammen‹, sagt demnächst: ›Glaube wie ich, sonst werde ich dich ermorden‹.« – »Durch welches Recht könnte ein zur Selbstbestimmung geschaffenes Geschöpf ein anderes Wesen zwingen, so zu denken wie es selbst[68]?« – »Ein Fanatismus, der sich aus Aberglauben und Unwissenheit zusammensetzt, war die Krankheit aller Zeitalter[69].« Der ewige Frieden, wie ihn der Abbé de St.-Pierre verlangte, könnte nur dann verwirklicht werden, wenn die Menschen Duldung der gegenseitigen philosophischen, politischen und religiösen Verschiedenheiten lernen würden. Der erste Schritt zur sozialen Gesundung war die Vernichtung der kirchlichen Macht, in der die Intoleranz wurzelte.

Auf die *»Abhandlung über die Toleranz«* folgte ein wahrer Niagara von Flugschriften, Geschichten, Dialogen, Briefen, belehrenden Schriften, Kritiken, Spottgedichten, Predigten, Dichtungen, Erzählungen, Fabeln, Erläuterungsschriften und Essays – teils unter Voltaires eigenem Namen, teils unter hundert verschiedenen anderen; dies war »die erstaunlichste propagandistische Mannigfaltigkeit, die jemals von einem einzigen Menschen produziert wurde[70]«. Niemals hatte Philosophie einen so klaren und lebendigen Ausdruck erhalten; Voltaire schreibt so gut, daß man nicht merkt, daß er Philosophie schreibt. Überbescheiden sagte er von sich selbst: »Ich drücke mich klar genug aus: ich bin wie ein kleiner Bach, der durchsichtig ist, weil er keine Tiefe hat[71].« Die Folge war, daß er gelesen wurde; bald griff jedermann, selbst die Geistlichkeit, nach seinen Flugschriften, von denen einige eine Auflage von 300 000 erreichten, obwohl es damals viel weniger Leser gab als heute – der gesamten Literaturgeschichte ist keine ähnliche Bewegung bekannt. »Dicke Bücher sind aus der Mode«, sagte Voltaire, und sandte Woche um Woche, Monat um Monat seine kleinen Soldaten aus, entschlossen und unermüdlich, und überraschte die Welt mit der Fruchtbarkeit seines Gedankens und mit der großartigen Energie seiner siebzig Jahre. Wie Helvetius sagte, hatte Voltaire den Rubicon überschritten und stand vor Rom[72].

Er begann seine Arbeit mit einer »höheren Kritik« der Glaubwürdigkeit und Zuverlässigkeit der Bibel; vieles von seinem Material entnimmt er Spinoza, noch mehr den englischen Deïsten, das meiste dem *»Kritischen Wörterbuch«* Bayles (1647–1706) – aber wie glänzend und zündend wird dieses Material in seinen Händen! Eine Flugschrift trägt den Titel »Die Fragen des Zapata«, eines Priesterkandidaten; Zapata stellt die unschuldige Frage: »Wie sollen wir beweisen, daß die Juden, die wir zu Hunderten verbrennen, viertausend Jahre hindurch das auserwählte Volk des Herrn gewesen sind[73]?« – und stellt noch mehr Fragen, die die Unvereinbarkeit von Erzählung und Chronologie im Alten Testament klarlegen. »Wenn zwei Konzile einander mit Bann belegen, wie es oft vorgekommen ist, welches von ihnen ist unfehlbar?« Schließlich predigte »Zapata, der keine Antwort erhielt, ganz schlicht Gott. Er verkündigte den Menschen den gemeinsamen Vater, den Belohner, Bestrafer und Gnadenspender. Er befreite die Wahrheit von Lügen und trennte die Religion vom Fanatismus; er lehrte und übte Tugend. Er war mild, gütig und bescheiden und wurde zu Valladolid im Jahre des Heils 1631 verbrannt«.

Im Artikel »Prophéties« des *»Philosophischen Wörterbuches«* zitiert er des Rabbiners Isaac *»Bollwerk des Glaubens«* gegen die Gepflogenheit, hebräische Prophezeiungen auf Jesus zu beziehen, und schreibt dann ironisch weiter: »So haben diese blinden Interpreten ihres eigenen Glaubens und ihrer eigenen Sprache mit der Kirche gestritten und hartnäkkig behauptet, daß sich diese Prophezeiungen in keiner Weise auf Jesus Christus beziehen können.« Das waren gefährliche Zeiten, in denen man Dinge sagen mußte, ohne sie auszusprechen, und der kürzeste Weg zum Ziele sicherlich nicht der gerade war. Voltaire verfolgt mit Vorliebe die griechischen, ägyptischen und indischen Quellen der christlichen Dogmen und Gebräuche und glaubt, daß diese Übernahmen nicht zuletzt zum Erfolg des Christentums in der antiken Welt beigetragen haben. In dem Artikel über Religion fragt er listig: »Welche Religion wäre nach unserer, die zweifellos die einzig wahre ist, am wenigsten zu tadeln?« – und schildert einen Glauben und Kultus, der das gerade Gegenteil des Katholizismus seiner Tage war. »Das Christentum muß göttlich sein«, sagt er in einer seiner maßlosesten Attacken, »da es, obwohl voll von Spitzbübereien und Unsinn, 1700 Jahre überdauert hat[74].« Er zeigt, daß fast alle Völker des Altertums ähnliche Mythen gehabt haben und zieht daraus die voreilige Folgerung, daß alle Mythen Erfindungen der Priester gewesen seien: »Der erste Schwindler, der den ersten Narren getroffen hat, war der erste Geistliche.« Immerhin macht er die Priester nicht für die Religion selbst, sondern für die Theologie verantwortlich. Kleine theologische Meinungsverschiedenheiten waren es, die die erbitterten Streitigkeiten und religiösen Kriege verursacht haben. »Nicht das gewöhnliche Volk ... hat diese lächerlichen und folgenschweren Streitigkeiten, die Quellen so vieler Greuel, veranlaßt ... Männer, die in bequemer Faulenzerei von eurer Arbeit leben und sich durch euren Schweiß und euer Elend bereichern, suchten krampfhaft nach Genossen und Sklaven; sie erfüllten euch mit zerstörendem Fanatismus, um zu euren Herren zu werden; sie machten euch abergläubisch, nicht damit ihr Gott, sondern sie fürchtet.«

Man darf aus alledem nicht schließen, daß Voltaire gar keine Religion gehabt habe. Den Atheismus lehnt er so entschieden ab[75], daß sich einige der Enzyklopädisten mit den Worten gegen ihn wandten: »Voltaire ist ein Frömmler, er glaubt an Gott.« Im »Unwissenden Philosophen« denkt er im Sinne des spinozistischen Pantheismus, zieht sich aber von diesem zurück, weil er seiner Meinung nach an Atheismus grenzt. An Diderot schreibt er:

Ich gestehe, daß ich die Ansicht Saundersons, der, weil er blind geboren ist, die Existenz Gottes ablehnt, nicht teile. Vielleicht täusche ich mich, aber an seiner Stelle würde ich eine große Intelligenz, die ihm manchen Ersatz für das Sehen gegeben hat, annehmen und hätte, die wunderbaren Beziehungen zwischen den Dingen (durch Reflexion) wahrnehmend, die Anwesenheit eines unendlich begabten Arbeiters vermutet. Ist es anmaßend, Vermutungen darüber anzustellen, *was* Er sei, und *weshalb* Er alles Seiende geschaffen hat, so scheint es mir sehr anmaßend, leugnen zu wollen, *daß* Er existiert. Ich habe das außerordentlich starke Bedürfnis, Sie zu treffen und von Ihnen zu hören, ob Sie sich für sein Werk halten oder für ein Teilchen, das zwangsläufig von der ewigen und notwendigen Materie herkommt. Was immer Sie aber auch sein mögen, Sie sind ein würdiger Teil jenes Ganzen, das ich nicht verstehe[76].

Er weist Holbach darauf hin, daß schon der Titel seines Werkes »*System der Natur*« die Existenz einer organisierenden göttlichen Vernunft andeutet. Andererseits leugnet er entschieden die Wunder und die übernatürliche Macht des Gebetes:

Ich stand an der Pforte des Klosters, als Schwester Fessue zu Schwester Confite sagte: »Die Vorsehung sorgt offensichtlich für mich. Sie wissen, wie ich meinen Sperling liebe; er wäre tot, hätte ich nicht neun Ave-Marias gebetet, um seine Heilung zu erlangen.« ... Ein Metaphysiker sagte zu ihr: »Schwester, es gibt sicherlich nichts Besseres als Ave-Marias, besonders wenn sie in einer Pariser Vorstadt von Mädchen lateinisch gesprochen werden; ich kann aber nicht glauben, daß sich Gott so sehr um Ihren Sperling gekümmert hat, so hübsch dieser auch sein mag; bitte glauben Sie mir, daß er andere Dinge zu tun hat.« ... Schwester Fessue: »Mein Herr, diese Unterhaltung schmeckt nach Häresie. Mein Beichtvater ... wird die Folgerung ziehen, daß Sie nicht an die Vorsehung glauben.« Der Metaphysiker: »Ich glaube, teuere Schwester, an eine allgemeine Vorsehung, die von Ewigkeit her das Gesetz bestimmt hat, von dem alle Dinge geleitet werden wie Licht von der Sonne; ich glaube aber nicht, daß eine besondere Vorsehung den Lauf der Welt eines Sperlings wegen verändern wird[77].«

»Seine Heilige Majestät der Zufall entscheidet alles[78].« Das wahre Gebet verlangt nicht das Verletzen der Naturgesetze, sondern besteht in ihrer Anerkennung als Gottes unveränderlicher Wille.

Ähnlich lehnt Voltaire auch die Willensfreiheit ab[79]. In bezug auf die Seele ist er Agnostiker: »Viertausend Bände Metaphysik können uns nicht lehren, was die Seele ist[80].« Als alter Mann möchte er an Unsterblichkeit glauben, stößt aber dabei auf Schwierigkeiten.

Kein Mensch würde dem Floh eine unsterbliche Seele zusprechen, warum dann dem Elefanten, dem Affen oder meinem Diener?[81] ... Ein Kind stirbt im Schoß der Mutter, gerade im Augenblick, als es seine Seele erhält. Wird es als Fötus oder Knabe oder Mann auferstehen? Um aufzuerstehen – wieder dieselbe Person zu sein, die man war – muß man sein Gedächtnis vollkommen frisch und gegenwärtig erhalten, denn das Gedächtnis verleiht einem Identität. Wie sollte man derselbe bleiben, wenn man sein Gedächtnis verliert?[82] ... Warum schmeicheln sich die Menschen damit, daß sie allein mit einem seelischen und unsterblichen Prinzip begabt seien? ... Vielleicht wegen ihrer zügellosen Eitelkeit. Könnte der Pfau sprechen, so bin ich überzeugt, daß er sich seiner Seele rühmen, und daß er versichern würde, diese halte sich in seinem prächtigen Schweif auf.

In dieser Stimmung, die für seine mittleren Jahre bezeichnend ist, verwirft er auch die Ansicht, daß der Unsterblichkeitsglaube notwendige Voraussetzung der Moralität sei: die alten Hebräer hatten ihn gerade um jene Zeit nicht, als sie das

»auserwählte Volk« waren, und Spinoza war das Musterbild der Sittlichkeit.

In späteren Jahren änderte er seine Anschauung. Er kam zu der Ansicht, daß der Glaube an Gott wenig moralischen Wert hat, wenn er nicht vom Glauben an die Ewigkeit, von Strafe und Belohnung begleitet ist. Vielleicht ist »für das gewöhnliche Volk *(la canaille)* ein belohnender und strafender Gott« nötig. Bayle warf die Frage auf, ob eine Gesellschaft von Atheisten Bestand haben könnte. Voltaire antwortet: »Ja, wenn diese auch Philosophen sind[83].« Die Menschen sind aber selten Philosophen; »wo es eine Siedlung gibt, muß sie, um gut zu sein, eine Religion haben[84]«. – »Ich wünsche, daß mein Rechtsanwalt, mein Schneider und meine Frau an Gott glauben«, sagt »A« in »A, B, C«, »auf diese Weise glaube ich weniger beraubt und betrogen zu werden.« – »Würde Gott nicht existieren, so müßte man ihn erfinden[85].« – »Ich fange an, größeren Wert auf Leben und Glückseligkeit zu legen als auf Wahrheit[86]« – zur Glanzzeit der Aufklärung eine bemerkenswerte Vorwegnahme gerade jener Lehre, mit der später Immanuel Kant die Aufklärung bekämpfte. Voltaire verteidigte sich schonend gegen seine Freunde, die Atheisten; im Artikel »Dieu« seines *»Wörterbuches«* wendet er sich an Holbach:

> Sie selbst sagen, daß der Glaube an Gott . . . einige Leute von Verbrechen abgehalten hat: das allein genügt mir schon. Wenn dieser Glaube auch nur zehn Meuchelmorde und zehn Verleumdungen verhindert hat, sollte ihn meines Erachtens die ganze Welt begrüßen. Die Religion, sagen Sie, hat grenzenloses Unglück heraufbeschworen; Sie müßten eher sagen: der Aberglaube, der auf unserer unglückseligen Erde herrscht. Er ist der ärgste Feind der wahren Verehrung, die dem höchsten Wesen gebührt. Wir wollen dieses Ungeheuer, das stets am Leben seiner Mutter zehrt, verabscheuen. Wer den Aberglauben bekämpft, ist ein Wohltäter der Menschheit, denn der Aberglaube ist eine Schlange, die mit ihrer Umarmung die Religion erwürgt; wir müssen ihren Kopf zertrümmern, ohne ihre Mutter, die Religion, die sie verschlingen will, zu verletzen.

Diese Unterscheidung zwischen Aberglauben und Religion ist grundlegend für Voltaire. Er nimmt die Theologie der Bergpredigt bereitwillig an und schildert Jesus in Worten, die kaum von den Ausdrücken heiliger Ekstase übertroffen werden. Er zeichnet Jesus unter den großen Weisen sitzend, wie er über die Verbrechen weint, die in seinem Namen begangen worden sind. Schließlich errichtete er eine eigene Kirche mit der Widmung *»Deo erexit Voltaire«* – die einzige Kirche in Europa, sagte er, die wirklich Gott geweiht wurde. Er richtete an Gott ein großartiges Gebet und entwickelte sein Glaubensbekenntnis im Artikel »Théiste« seines Wörterbuches mit endgültiger Klarheit:

> Der Theist ist ein Mensch, der fest von der Existenz eines ebenso guten wie mächtigen höheren Wesens, das alle Dinge gestaltet hat, überzeugt ist . . .; das ohne Grausamkeit alle Verbrechen bestraft und alle tugendhaften Taten durch Güte vergilt . . . Durch diese Überzeugung von neuem mit der Welt vereint, schließt er sich keiner der Sekten an, die alle einander widersprechen. Seine Religion ist die älteste und verbreitetste, denn die schlichte Verehrung eines Gottes ist allen Lehrgebäuden der Welt vorangegangen. Er redet eine Sprache, die alle Menschen verstehen können, während sie sich gegenseitig nicht verstehen. Er hat von Peking bis Cayenne überall Brüder und rechnet alle Weisen zu seinen Freunden. Er glaubt, daß Religion weder in den Anschauungen einer unverständlichen Metaphysik, noch in eitlen Schaustellungen besteht, sondern in Gottesverehrung und in Gerechtigkeit. Tue das Gute, das ist seine Religionsübung; sich Gott ergeben – seine Lehre. Der Mohammedaner ruft ihm zu: »Wehe dir, wenn du die Pilgerfahrt nach Mekka versäumst!« – und der Geistliche sagt ihm: »Fluch über dich, wenn du nicht eine Reise nach Notre-Dame de Lorette machst!« Loretto und Mekka lacht er aus, unterstützt aber die Bedürftigen und schützt die Unterdrückten.

IX. VOLTAIRE UND ROUSSEAU

Voltaire war durch seinen Kampf gegen die Herrschaft der Kirche so sehr in Anspruch genommen, daß er sich in den letzten Jahrzehnten seines Lebens fast ganz von der Bekämpfung der politischen Korruption und Unterdrückung zurückhalten mußte. »Die Politik schlägt nicht in mein Fach. Ich habe mich stets darauf beschränkt, die Menschen nach meinem besten Können weniger töricht, dafür aber ehrlicher zu machen.« Er wußte, was für eine verwickelte Angelegenheit die Philosophie der Politik war, und je älter er wurde, um so mehr streifte er seine Gewißheiten ab. »Ich bin der Leute müde, die aus dem Hintergrund ihrer Dachstübchen die Staaten regieren[87]«, – »dieser Gesetzgeber, die über die Achsel weg die Angelegenheiten der Welt regeln möchten. Unfähig selbst über ihre eigenen Frauen oder ihren Haushalt zu herrschen, belieben sie das Universum zu leiten[88].« Es ist nicht möglich, diese Dinge mit einfachen und allgemeingültigen Sätzen abzutun oder die Menschen in zwei Gruppen einzuteilen – in sich selbst auf der einen und in Narren und Schurken auf der anderen Seite .»Die Wahrheit führt nicht den Namen einer Partei«, und an Vauvenargues schreibt er: »Ein Mann Ihrer Stellung muß vorziehen können, darf aber nicht bedingungslos ablehnen[89].«

Da er reich war, neigte er dem Konservativismus zu, aus denselben guten Gründen, die einen Hungrigen den Wechsel der Zustände wünschen lassen. Als Allheilmittel empfiehlt er, den Besitz zu steigern, denn Besitz verleiht Persönlichkeit und führt zu aufrichtendem Stolz. »Das Bewußtsein des Besitzes verdoppelt die Kraft des Menschen. Sicherlich wird der Besitzer eines Anwesens sein eigenes Erbe besser verwalten als ein fremdes Gut[90].«

Er lehnt es ab, über Regierungsformen zu streiten. Theoretisch gibt er der Republik den Vorzug, aber er kennt ihre Schattenseiten. Sie führt zur Parteiung, die, selbst wenn sie nicht im Bürgerkrieg endet, mindestens die nationale Einheit zerstört. Sie eignet sich nur für kleine, durch ihre geographische Lage geschützte Staaten und nur für solche, die noch nicht durch Reichtum verdorben und zerspalten sind. Im allgemeinen muß man sagen: »die Menschen sind es nicht wert, sich selbst zu regieren«. Die Republik ist im besten Falle eine Übergangsform; sie ist die anfängliche Gestalt der Gesellschaft, die aus der Vereinigung der Familien hervorgeht. So lebten die Indianer Amerikas in Sippschaftsrepubliken, und ähnliche demokratische Staatenbildungen erfüllen ganz Afrika. Die Differenzierung der wirtschaftlichen Lage hebt aber die auf Gleichheit gegründeten Regierungsformen auf – und Differenzierung ist eine unvermeidliche Begleiterscheinung der Entwicklung. »Was ist besser«, so fragt er, »Monarchie oder Republik?« Seine Antwort lautet: »Viertausend Jahre hat man sich um diese Frage gestritten. Fragt man die Reichen, so wollen sie alle eine aristokratische Staatsform. Fragt man das Volk, so will es Demokratie. Nur die Könige wollen die Monarchie. Wie ist es aber dann möglich, daß fast die gesamte Erde von Monarchen regiert wird? Da muß man schon die Mäuse fragen, die der Katze die Schelle anhängen wollten[91].« Als aber jemand in einem Brief an ihn die Monarchie als beste Staatsform verteidigte, antwortete er bejahend, »vorausgesetzt, daß der Monarch ein Marc Aurel ist. Warum sollte es sonst einem armen Sterblichen nicht gleichgültig sein, ob er von einem Löwen oder von hundert Ratten aufgefressen wird«[92]?«

Als gereister Mann ist er von ähnlicher Gleichgültigkeit gegen die Nationalitätenfrage; man kann ihn im üblichen Sinne des Wortes nicht eigentlich einen Patrioten nennen. Patriotismus bedeutet, so meint er, daß man jedes Land haßt, das eigene ausgenommen. Wünscht jemand seinem eigenen Lande Wohlstand, diesen aber nicht auf Kosten anderer Länder, so ist er nicht nur ein vernünftiger Patriot, sondern auch ein Weltbürger[93]. Als »guter Europäer« lobte er die englische Literatur und den preußischen König, obwohl Frankreich mit England wie auch mit Preußen im Kriege stand. So lange Nationen gewohnheitsmäßig Kriege führen, ist eine von ihnen nicht besser als die andere.

Denn von allen Dingen haßt er den Krieg am meisten. »Krieg ist das größte aller Verbrechen, und doch gibt es keinen Angreifer, der sein Verbrechen nicht mit dem Vorwand der Gerechtigkeit umkleiden würde[94].« – »Das Töten ist verboten, es werden daher alle Mörder bestraft, die nicht in Massen und zum Klang von Trompeten morden[95].« Er stellt in seinem *»Wörterbuch«* am Schlusse des Artikels »Der Mensch« eine erschütternde »Allgemeine Betrachtung über den Menschen« an:

Zwanzig Jahre sind dazu erforderlich, den Menschen aus dem Zustand einer Pflanze im Mutterschoß und aus dem Zustand der Tierheit seiner Kinderjahre in einen Zustand überzuführen, in dem sich das Reifen der Vernunft allmählich bemerkbar macht. Dreißig Jahrhunderte sind erforderlich, um einen kleinen Teil seiner Struktur zu entdecken. Es würde eine Ewigkeit erfordern, um etwas von seiner Seele zu erfahren. Aber ein Augenblick genügt, um ihn zu töten.

Hält er folglich die Revolution für einen Ausweg? Nein. Denn vor allem traut er dem Volke nicht: »Sobald das Volk zu vernünfteln anfängt, ist alles verloren[96].« Die große Mehrheit ist stets zu sehr beschäftigt, um Wahrheiten zu bemerken, ehe diese durch Änderung der Umstände zu Irrtümern geworden sind; ihre geistige Geschichte erschöpft sich in der Ersetzung einer Fabel durch eine andere. »Hat sich ein alter Irrtum eingebürgert, so gebraucht ihn die Politik als ein Ding, das das Volk selbst in den Mund genommen hat, bis ein anderer Aberglaube auftaucht, um jenen zu zerstören, und die Politik von dem zweiten Irrtum genau so Nutzen zieht wie vom ersten[97].« Dazu kommt, daß Ungleichheit tief im Aufbau der Gesellschaft verwurzelt ist und kaum ausgemerzt werden kann, so lange die Menschen Menschen sind und das Leben aus Kampf besteht. »Wer behauptet, daß die Menschen gleich sind, spricht die tiefste Wahrheit aus, sofern er das gleiche Recht auf Freiheit, Verfügung über eigenen Besitz und rechtlichen Schutz meint«; aber »Gleichheit ist das natürlichste und gleichzeitig auch das phantastischste Ding der Welt: natürlich, wenn sie sich auf Rechte beschränkt, naturwidrig, sofern sie eine gleiche Verteilung der Güter und der Macht anstrebt[98]«. – »Alle Bürger können nicht gleich stark, sie können aber gleich frei sein; das ist es, was die Engländer gewonnen haben . . . Frei sein heißt, nur den Gesetzen unterworfen sein[99].« Das war auch die Ansicht der Liberalen wie Turgot, Condercet, Mirabeau und anderer Nachfolger Voltaires, die auf eine friedliche Revolution gehofft hatten, konnte aber die Unterdrückten nicht ganz befriedigen, die weniger Freiheit als Gleichheit haben wollten – Gleichheit selbst auf Kosten der Freiheit. Rousseau, die Stimme des gewöhnlichen Mannes, war gegen die Klassenunterschiede, denen er überall begegnete, sehr empfindlich und verlangte Ausgleich; als dann die Revolution in die Hände seiner Nachfolger Marat und Robespierre fiel, kam die Gleichheit zu Worte und die Freiheit unter die Guillotine.

Voltaire betrachtete Utopien menschlicher Gesetzgeber, die aus ihrer Phantasie eine nagelneue Welt erschaffen wollen, sehr skeptisch. Die Gesellschaft ist ein Werk der Zeit, kein Syllogismus der Logik; wirft man die Vergangenheit zur Türe hinaus, so kommt sie zum Fenster wieder herein. Das Problem ist, zu zeigen, durch welche Änderungen Elend und Ungerechtigkeit dieser Welt, in der wir leben, vermindert werden kann[100]. In der »Geschichtlichen Eulogie der Vernunft« gibt die »Wahrheit«, die Tochter der »Vernunft«, ihrer Freude bei der Thronbesteigung Ludwigs XVI. und ihrer Erwartung großer Neuerungen Ausdruck. Die »Vernunft« sagt dazu: »Du weißt wohl, meine Tochter, daß auch ich diese Dinge begehre und noch andere. Aber all das verlangt Zeit und Nachdenken. Ich bin stets glücklich, wenn ich unter vielen Enttäuschungen etwas von den ersehnten Besserungen erreiche.« Und doch freute sich auch Voltaire, als Turgot zur Macht gelangte, und schrieb: »Wir sitzen bis an den Hals im goldenen Zeitalter[101]«; nun würden alle Reformen, die er empfahl, durchgeführt werden – Schwurgerichte, Abschaffung des Zehnten, Befreiung der Armen von Steuern usw. Und hatte nicht gerade er diesen berühmten Brief geschrieben:

> Alles, was ich sehe, scheint den Samen der Revolution, die eines Tages unausweichlich kommen muß, auszustreuen, ich werde aber nicht mehr das Vergnügen haben, ihr Zeuge zu sein. Die Franzosen machen immer erst spät etwas, aber sie machen es schließlich doch. Das Licht verbreitet sich so von Nachbar zu Nachbar, daß es bei der ersten Gelegenheit zu einem prächtigen Ausbruch kommen wird; und das wird ein selten starker Aufruhr sein! Die Jugend hat Glück, sie wird herrliche Dinge sehen[102].

Und dennoch hatte er nicht ganz begriffen, was um ihn her geschah, und ahnte keine Sekunde, daß bei diesem »prächtigen Ausbruch« ganz Frankreich begeistert die Philosophie jenes sonderbaren Jean Jacques Rousseau annehmen würde, der das Interesse der Welt von Genf und Paris aus mit sentimentalen Romanen und revolutionären Flugschriften wachhielt. Die komplizierte Seele Frankreichs schien sich in diese beiden Männer aufgeteilt zu haben, beide so verschieden und doch so französisch. Nietzsche spricht von einer *»gaya scienza«*, einer fröhlichen Wissenschaft, von leichten Füßen, Witz, Feuer, Grazie, starker Logik, arroganter Geistigkeit und von tanzenden Sternen – sicherlich dachte er hierbei an Voltaire. Man stelle nun Rousseau neben Voltaire: alles Glut und Phantasie, ein Mann mit edlen und unfruchtbaren Visionen, der angebetete Götze der »bourgeoisie gentille-femme«, der wie Pascal verkündigte, das Herz habe seine Gründe, die der Kopf niemals begreifen könne.

In diesen beiden Männern kann man wieder den bekannten Zusammenstoß von Intellekt und Instinkt beobachten. Voltaire hat immer an die Vernunft geglaubt: »Durch Rede und Schrift können wir den Menschen aufgeklärter und besser machen.« Rousseau hatte weniger Glauben an die Vernunft und begehrte Taten; vor den Gefahren der Revolution hatte er keine Angst, sondern verließ sich darauf, daß das Gefühl der Brüderlichkeit die durch Aufruhr und Entwurzelung der alten Sitten verwirrte Menschheit wieder vereinigen würde. Wollte man die Gesetze beseitigen, so würden die Menschen von Gleichheit und Gerechtigkeit beherrscht werden. Als Rousseau seine *»Abhandlung über die Entstehung der Ungleichheit«* Voltaire sandte, mit seiner Stellungnahme gegen Zivilisation, Literatur und Wissenschaft und für die Rückkehr zu einer Natur, wie man sie an Wilden und Tieren beobachten kann, antwortete ihm Voltaire: »Ich habe, mein Herr, Ihr neues Buch gegen die menschliche Gattung erhalten und danke Ihnen dafür . . . Niemand hat es mit mehr Geist unternommen, uns zu Tieren zu machen, als Sie; das Lesen Ihres Buches erweckt in einem das Bedürfnis, auf allen Vieren herumzulaufen. Da ich jedoch vor einigen sechzig Jahren diese Beschäftigung aufgegeben habe, fühle ich mich unglücklicherweise nicht in der Lage, sie wieder aufzunehmen[103].« Er ärgerte sich, Rousseaus Leidenschaft für die Barbarei auch in seinem *»Contrat social«* fortwirken zu sehen. »Ach Monsieur«, schreibt er an einen Herrn Bordes, »wie Sie sehen, ist dieser Jean Jacques einem Philosophen so ähnlich, wie ein Affe einem Menschen[104].« Er ist der »tollgewordene Hund des Diogenes[105]«. Dennoch griff er die Schweizer Behörden wegen der Verbrennung dieses Buches an, festhaltend an seinem Prinzip: »Ich kann keinem Ihrer Worte zustimmen, werde aber bis an mein Ende Ihr Recht, diese auszusprechen, verteidigen[106].« Und als Rousseau vor hundert Feinden flüchtete, sandte ihm Voltaire eine herzliche Einladung, zu ihm nach Les Délices zu kommen. Das wäre ein Schauspiel geworden!

Voltaire war überzeugt, daß diese Anschwärzung der Zivilisation knabenhafter Unsinn war, und daß es den zivilisierten Menschen unvergleichlich besser ging als den Menschen barbarischer Zeiten; er belehrt Rousseau, daß der Mensch von Natur ein Raubtier sei, und die zivilisierte Gesellschaft die Fesselung dieser Bestie bedeute, eine Abschwächung seiner Brutalität und durch soziale Ordnung die Möglichkeit einer Entwicklung des Geistes und seiner Freuden. Auch er ist der Meinung, daß die Lage schlecht sei: »Eine Regierung, unter der eine gewisse Klasse von Menschen sagen darf: ›Laßt jene Steuern bezahlen, die arbeiten; wir sollten nicht zahlen, da wir nicht arbeiten‹ ist nicht besser als eine Regierung von Hottentotten.« Aber selbst in einer Korruption besitzt Paris versöhnende Züge. In »Die Welt wie sie ist«, erzählt Voltaire, wie Babouc von einem Engel ausgeschickt wurde, um darüber zu berichten, ob die Stadt Persepolis zerstört werden sollte. Babouc geht und ist entsetzt von den Lastern, die er vorfindet; nach einiger Zeit aber »begann er die Stadt, deren Einwohner so höflich, freundlich und wohltätig waren, lieb zu gewinnen, obwohl sie auch unbeständig, verleumderisch und eitel waren. Er befürchtete, daß Persepolis zerstört werden würde. Selbst seinen Bericht fürchtete er abzuliefern. Dennoch tat er es, allerdings auf folgende Weise. Bei einem der besten Gießer der Stadt ließ er aus verschiedenen Erzen, Erde und Steinen (aus den kostbarsten und gemeinsten Materialien) eine kleine Figur fertigen und brachte diese dem Engel. »Willst du«, fragte er, »diese hübsche Figur zerbrechen, weil sie nicht ganz aus Gold und Edelsteinen besteht?« Der Engel beschloß, nicht mehr an die Zerstörung von Persepolis zu denken, sondern

»die Welt ihren Lauf gehen zu lassen«. Denn wenn man versucht, Einrichtungen zu ändern, ohne vorher die Natur der Menschen verändert zu haben, wird diese unveränderte Natur bald die alten Einrichtungen auferstehen lassen.

Hier hatte man den bösen alten Zirkel: die Menschen formen die Einrichtungen und die Einrichtungen die Menschen; wo könnte Änderung in diesen Ring einbrechen? Voltaire und die Liberalen dachten, daß die Vernunft diesen Ring langsam und friedlich durch Bildung und Änderung der Menschen durchbrechen könne; Rousseau und die Radikalen fühlten, daß der Ring nur durch das instinktive und leidenschaftliche Handeln gebrochen werden könne, das alte Einrichtungen niederreißen und nach Diktat des Herzens neue aufbauen würde, unter denen Freiheit, Gleichheit und Brüderlichkeit herrschen sollten. Vielleicht lag die Wahrheit zwischen den beiden feindlichen Lagern, indem Instinkt das Alte zu zerstören, aber Vernunft das Neue aufbauen müssen. Sicherlich lag der Samen der Reaktion in Rousseaus Radikalismus auf fruchtbarem Boden, denn Instinkt und Gefühl neigen im Grunde immer zur Vergangenheit, die sie erzeugte und deren erstarrte, genau angepaßte Abbilder sie sind; nach der Katharsis der Revolution würden die Bedürfnisse des Herzens die übernatürliche Religion und die »guten alten Zeiten«, die reibungslos und friedlich waren, zurückersehnen – nach Rousseau mußten Chateaubriand, De Staël, De Maistre und Kant kommen.

X. AUSKLANG

Inzwischen pflegte der alte »lachende Philosoph« seinen Garten zu Ferney; das »ist das beste, was wir auf Erden tun können«. Er wünschte sich ein langes Leben: »Ich fürchte nur, daß ich sterben werde, bevor ich der Menschheit einen Dienst erwiesen habe[107]«; um diese Zeit hatte er aber bereits sein Teil geleistet. Die Berichte über seine Freigebigkeit sind ohne Ende. »Von nah und fern nahm jeder seine Unterstützung in Anspruch; die Menschen baten ihn um Rat, berichteten ihm über das Unrecht, dessen Opfer sie waren, und flehten um die Hilfe seiner Feder und seines Geldbeutels[108].« Voltaire sorgte besonders für arme Leute, die sich eines Fehltritts schuldig gemacht hatten; er vermittelte ihre Begnadigung, verschaffte ihnen ehrliche Arbeit, ließ sie nicht aus den Augen und stand ihnen die ganze Zeit mit Rat und Tat zur Seite. Als ein junges Paar, das ihn bestohlen hatte, auf den Knien um Verzeihung bat, kniete er nieder, um sie aufzuheben, versicherte sie seiner vollen Verzeihung und belehrte sie, nur vor Gott zu knien[109]. Es ist eine für ihn bezeichnende Tat, daß er eine hilflos verlassene Nichte Corneilles erziehen ließ und ihr eine Mitgift schenkte. »Das Bißchen, was ich Gutes getan habe«, sagte er, »ist meine beste Leistung ... Werde ich angegriffen, so kämpfe ich wie ein Teufel; niemandem ergebe ich mich, im Grunde aber bin ich ein guter Teufel und schließe mit Lachen[110].«

1770 veranstalteten seine Freunde eine Sammlung, um eine Büste von ihm modellieren zu lassen. Reiche Leute durften nur eine Kleinigkeit geben, denn Tausende wünschten die Ehre der Beteiligung. Friedrich fragte an, wieviel er geben sollte; man schrieb ihm: »Einen Taler, Majestät, und Ihren Namen.« Voltaire beglückwünschte ihn, daß er die von ihm gepflegten Wissenschaften durch die Anatomie ergänze, indem er sich an der Herstellung der Statue eines Skelets beteilige. Der Greis wandte sich gegen das ganze Unternehmen mit der Begründung, er habe überhaupt kein Gesicht mehr, das man modellieren könnte. »Sie würden kaum erraten können, wo es sitzen sollte. Meine Augen sind drei Zoll tief eingesunken, meine Wangen sind wie altes Pergament ... Die wenigen Zähne, die ich besaß, sind verschwunden.« Worauf d'Alembert erwiderte: »Das Genie ... hat immer ein Antlitz, das ein Brudergenie leicht finden wird[111].« Als ihn sein Liebling Bellet-Bonn küßte, sagte Voltaire: »Das Leben küßt den Tod.«

Er war nun dreiundachtzig Jahre alt, und Sehnsucht ergriff ihn, vor seinem Tode Paris noch einmal zu sehen. Die Ärzte rieten ihm dringend ab, eine so anstrengende Reise zu unternehmen, aber er antwortete: »Wenn ich eine Dummheit begehen will, so wird mich nichts daran hindern.« Er hatte so lange gelebt und so viel gearbeitet, daß er vielleicht fühlte, er habe das Recht, nach seinem eigenen Geschmack und in jenem elektrisierenden Paris, von dem er so lange verbannt gewesen war, zu sterben. So zog er Meile um Meile in ermüdender Fahrt quer durch ganz Frankreich, und als seine Kutsche die Hauptstadt erreichte, wollten ihm die Knochen kaum noch beisammen bleiben. Sofort suchte er seinen Jugendfreund d'Argental auf: »Ich habe das Sterben aufgeschoben, um herzukommen und dich zu sehen«, sagte er. Am nächsten Tage stürmten dreihundert Besucher sein Zimmer, die ihn alle wie einen König bewillkommneten; Ludwig XVI. verzehrte sich vor Neid. Unter den Besuchern befand sich Benjamin Franklin, der seinen Enkel mitbrachte, um für ihn Voltaires Segen zu erbitten; der alte Mann legte ihm seine dürren Hände auf den Kopf und gebot ihm, sich »Gott und der Freiheit« zu widmen.

Er war nun so krank, daß ein Priester erschien, um ihm die Beichte abzunehmen und die Absolution zu erteilen. »Wer hat sie gesandt, Monsieur l'Abbé?« fragte Voltaire. »Gott selbst«, war die Antwort. »Gut, gut, mein Herr«, rief Voltaire, »Ihre Ausweise[112]?« Der Geistliche ging ohne seine Beute ab. Später sandte Voltaire nach dem Abbé Gautier, damit ihm dieser die Beichte abnehme; Gautier kam, verweigerte aber die Absolution für den Fall, daß Voltaire ihm nicht ein Bekenntnis seines uneingeschränkten Glaubens an die katholische Lehre unterzeichnen sollte. Voltaire war empört und gab seinem Sekretär Wagner folgende schriftliche Erklärung: »Ich sterbe in der Anbetung Gottes, meine Freunde liebend, ohne Haß gegen meine Feinde und in Verachtung des Aberglaubens. (Gezeichnet) *Voltaire.* 28. Februar 1778[113].«

Obwohl krank und schwankend, ließ er sich durch die tobende Menge, die sich an seinen Wagen hängte und seinen kostbaren Pelzmantel, ein Geschenk Katharinas von Rußland, in lauter kleine Andenken zerriß, nach der Akademie fahren. »Es war einer der historischen Augenblicke des Jahrhunderts. Nie hat ein Feldherr, der von einem langen, schweren, gefahrvollen und von Sieg gekrönten Feldzug heimgekehrt ist, einen großartigeren und weiter widerhallenden Gruß empfangen[114].« In der Akademie schlug er die Revision des französischen Wörterbuches vor; er sprach mit jugendlichem Feuer und bot an, den Teil der Arbeit, der auf den Buchstaben A entfiel, selbst zu übernehmen. Am Schlusse der Sitzung sagte er: »Meine Herren, ich danke Ihnen im Namen des Alphabets.« Worauf der Vorsitzende Chastellux antwortete: »Und wir danken Ihnen im Namen der Literatur.«

Zur gleichen Zeit wurde sein Stück *»Irène«* in Paris aufgeführt; wiederum bestand er gegen die Verordnung der Ärzte darauf, der Vorstellung beizuwohnen. Das Stück war schwach, aber man staunte weniger darüber, daß ein Dreiundachtzigjähriger ein schwaches Stück schrieb, als über die Leistung, daß er überhaupt ein Stück geschrieben hatte[115], und erstickte durch Ovationen zu Ehren des Autors die Worte der Schauspieler. Ein Fremder, der ins Theater kam, glaubte in einem Irrenhaus zu sein und lief erschrocken auf die Straße hinaus[116].

Als der alte Patriarch der Literatur an jenem Abend heimkehrte, hatte er sich mit dem Gedanken des Todes fast versöhnt. Er wußte, daß er nun erschöpft war, und wußte auch, daß er die unbändige und erstaunliche Energie, die ihm die Natur gegeben hatte, besser gebraucht hatte, als vielleicht je ein anderer vor ihm. Als er das Leben entweichen fühlte, sträubte er sich dagegen, aber der Tod konnte selbst Voltaire überwinden. Das Ende kam am 30. Mai 1778.

In Paris verweigerte man ihm ein christliches Begräbnis, aber seine ergrimmten Freunde setzten ihn aufrecht in einen Wagen, um vorzutäuschen, er sei lebendig, und schmuggelten die Leiche aus der Stadt. In Scellières fanden sie einen Geistlichen, der begriff, daß Gesetze nicht für Genies geschaffen waren, und Voltaires Leib wurde in geweihter Erde begraben. 1791 zwang die Nationalversammlung der siegreichen Revolution Ludwig XVI., die Überreste Voltaires nach dem Panthéon bringen zu lassen. 100 000 Männer und Frauen gaben der kalten Asche dieser großen Flamme das Geleit durch die

Straßen von Paris, während 600 000 Spalier standen. Der Leichenwagen trug die Inschrift: »Er verlieh dem Menschengeiste starken Impuls; er bereitete uns auf die Freiheit vor.« Für seinen Grabstein genügten die drei Worte:

HIER LIEGT VOLTAIRE

VI. IMMANUEL KANT

und der deutsche Idealismus

I. WEGE ZU KANT

Noch niemals hat ein gedankliches System ein Zeitalter so beherrscht wie die Philosophie Immanuel Kants das Denken des neunzehnten Jahrhunderts. Nach fast sechzig Jahren stiller und einsamer Entwicklung schreckte dieser unheimliche Schotte aus Königsberg im Jahre 1781 mit seiner berühmten *»Kritik der reinen Vernunft«* die Welt aus ihrem »dogmatischen Schlummer«. Von jener Zeit bis zu unseren Tagen bewahrte die »kritische Philosophie« ihre damals errungene Vormachtstellung in den spekulativen Dachstuben Europas. Die Philosophie Schopenhauers stieg mit der romantischen Welle, die 1848 zerschellte, zu kurzer Blüte empor: nach 1859 schwemmte die Entwicklungslehre alles hinweg, was ihr vorangegangen war, und gegen Ende des Jahrhunderts beherrschte die erfrischende Bilderstürmerei Nietzsches die philosophische Bühne. Das waren aber alles bloß sekundäre Bewegungen der Oberfläche; unter ihnen drängte, immer breiter und tiefer werdend, der kräftige Strom des Kantianismus unentwegt vorwärts; heute sind seine Hauptlehren die Axiome jeder ernsten Philosophie. Nietzsche hält die Lehren Kants für bewiesen[1] und geht zu anderen Fragen über; Schopenhauer nennt die *»Kritik«* »das wichtigste Werk der deutschen Literatur[2]« und hält jeden Menschen für ein Kind, solange er Kant noch nicht verstanden hat; Spencer konnte Kant nicht verstehen und war vielleicht gerade aus diesem Grunde kein Vollblut-Philosoph. Um Hegels Wort über Spinoza hier anzuwenden: man muß Kantianer gewesen sein, um Philosoph sein zu können.

Wir wollen daher bemüht sein, recht bald Kantianer zu werden. Das freilich geht nicht gar so schnell, denn wie in der Politik, so ist auch in der Philosophie zwischen zwei Punkten die gerade Linie die längste. Will man etwas über Kant erfahren, so muß Kant selbst der letzte Schriftsteller sein, den man liest. Unser Philosoph ähnelt Jehova und ist wiederum verschieden von ihm: er spricht in Wolken gehüllt, aber ohne erleuchtende Blitze. Er verschmäht Beispiele und das Konkrete, denn diese hätten, sagt er, sein Buch zu umfangreich gemacht[3]. (In der vorliegenden »kurzen« Fassung enthält es ungefähr achthundert Seiten.) Kant rechnete damit, daß ihn nur Philosophen vom Fach lesen, und daß diese keine Veranschaulichungen nötig haben würden. Als aber Kant das Manuskript der *»Kritik«* seinem Freunde Herz gab, der ein gewandter spekulativer Kopf war, sandte dieser es ihm halb durchlesen zurück, mit der Begründung, er fürchte irrsinnig zu werden, falls er weiter lese. Was sollen wir mit einem solchen Philosophen anfangen?

Wir wollen auf Umwegen und nur vorsichtig an ihn herantreten und in einer sicheren und respektvollen Entfernung von ihm Anlauf nehmen; wir wollen mit der Arbeit an verschiedenen Punkten, die dem Umkreis unserer Aufgabe angehören, anfangen, und tastend uns einen Weg nach dem subtilen Mittelpunkt bahnen, in dem das Geheimnis und die Schätze der schwierigsten aller Philosophien verborgen liegen.

1. Von Voltaire zu Kant

Dieser Weg führt von der theoretischen Vernunft ohne religiösen Glauben zum religiösen Glauben ohne theoretische Vernunft. Voltaire verkörpert die Aufklärung, die Enzyklopädie, das Zeitalter der Vernunft. Die glühende Begeisterung Francis Bacons hatte ganz Europa (Rousseau ausgenommen) mit dem unbedingten Vertrauen erfüllt, daß die Macht der Wissenschaften und der Logik schließlich alle Probleme lösen und die »unendliche Vervollkommnungsmöglichkeit« des Menschen erweisen würde. Condorcet schrieb im Gefängnis seine *»Skizze eines historischen Gemäldes der Fortschritte des menschlichen Geistes«* (1793), die dem erhabenen Vertrauen des achtzehnten Jahrhunderts auf Wissen und Vernunft Ausdruck verlieh und als einziges Mittel zur Verwirklichung eines Idealreiches allgemeine Bildung verlangte. Selbst die gesetzten Deutschen hatten ihre »*Aufklärung*«, ihren Rationalisten Christian Wolff und ihren vielversprechenden Lessing. Die leicht erregbaren Pariser der Revolutionszeit dramatisierten diese Vergötterung des Intellektes durch Verehrung der »Göttin der Vernunft« – verkörpert durch eine entzückende Straßendirne.

Bei Spinoza führte derselbe Glaube an die Vernunft zu einem großartigen Bau aus Geometrie und Logik: die Welt war für ihn ein mathematisches System und konnte a priori, durch reine Deduktion aus anerkannten Axiomen, geschildert werden. Bei Hobbes wurde der Rationalismus Bacons zu unerbittlichem Atheismus und Materialismus; außer »Atomen und dem leeren Raum« sollte weiter nichts existieren. Auf dem Wege von Spinoza bis Diderot bezeichneten die Ruinen des Glaubens den Fortschritt der Vernunft: der Reihe nach verschwanden die alten Dogmen; die gotische Kathedrale des mittelalterlichen Glaubens mit ihrer herrlichen Kleinarbeit und ihren wunderlichen Formen stürzte ein; der alte Gott wurde zugleich mit den Bourbonen entthront, der Himmel Gottes verblaßte zum bloßen Firmament, und die Hölle sank zu einem nur gefühlsbetonten Wort herab. Helvetius und Holbach brachten den Atheismus in den französischen Salons so sehr in Mode, daß ihm selbst die Geistlichkeit huldigte, und La Mettrie ging mit ihm, unter Obhut des preußischen Königs, nach Deutschland hausieren. Als 1784 Jacobi durch Lessings Bekenntnis zum Spinozismus in Staunen versetzt wurde, war das ein Zeichen dafür, daß der Glaube seinen tiefsten Stand erreicht hatte, und die Vernunft siegte.

David Hume, der in den Angriffen der Aufklärung gegen den übernatürlichen Glauben eine große Rolle spielte, sagte einmal, daß ein Mensch, gegen den die Vernunft spricht, bald selbst gegen die Vernunft reden wird. Religiöser Glaube und religiöse Hoffnung, die in den tausenden, aus Europas Boden überall emporragenden Kirchtürmen ihren Ausdruck fanden, waren zu tief in den Einrichtungen der Gesellschaft und in den menschlichen Herzen verwurzelt, um sich bereitwillig dem feindseligen Urteilsspruch der Vernunft zu unterwerfen; es war unvermeidlich, daß Glaube und Hoffnung, auf diese Weise verurteilt, die Zuständigkeit ihrer Richter in Frage ziehen und eine Untersuchung sowohl der Vernunft als auch der Religion fordern würden. Was war denn dieser Intellekt, der mit seinen Syllogismen den Glauben von Jahrtausenden und Menschenmillionen zerstören wollte? War er unfehlbar? Oder war er eine menschliche Fähigkeit, wie andere, mit deutlicher Begrenzung seines Wirkungskreises und seines Könnens? Die Zeit war reif, um über diese Richter zu richten und gegen dieses erbarmungslose Revolutionstribunal, das so großzügig jede alte Hoffnung dem Tode überantwortete, selbst eine Untersuchung einzuleiten. Die Zeit war reif für eine Kritik der Vernunft.

2. *Von Locke zu Kant*

Der Weg für eine solche Kritik war durch die Arbeiten von Locke, Berkeley und Hume gebahnt, und doch schienen auch ihre Ergebnisse religionsfeindlich zu sein.

John Locke (1632–1704) empfahl, die induktiven Prüfungsmethoden Francis Bacons auf die Psychologie anzuwenden. In seinem großen *»Essay on Human Understanding«* (Abhandlung über den menschlichen Verstand, 1689) betrachtete die Vernunft zum ersten Male in der Geschichte des modernen Denkens sich selbst, und die Philosophie begann das Instrument zu erforschen, auf das sie sich verlassen hatte. Diese introspektive, nach innen gekehrte Bewegung der Philosophie wuchs gleichzeitig mit dem introspektiven Roman, wie ihn Richardson und Rousseau entwickelten; auf der anderen Seite hat die sentimentale und gefühlsselige Färbung von *»Clarissa Harlowe«* und *»La nouvelle Héloise«* ihr Gegenstück in der übertriebenen Bedeutung, die die Philosophie dem Instinkt und dem Gefühl im Gegensatz zu Verstand und Vernunft beimaß.

Wie entsteht Erkenntnis? Haben wir, wie einige gute Leute

annehmen, angeborene Vorstellungen z. B. von Gut und Böse und von Gott – Vorstellungen, die sich von der Geburt an, vor jeder Erfahrung, im Geiste befinden? Eifrige Theologen, besorgt, daß der Glaube an die Gottheit verschwinden könnte, weil man Gott noch niemals durch ein Fernrohr erblicken konnte, haben angenommen, daß Glaube und Sittlichkeit gestärkt würden, wenn man ihre Grundideen als jeder normalen Seele angeboren nachwiese. Aber Locke, obwohl ein guter Christ und stets bereit, die »Vernünftigkeit des Christentums« höchst beredsam zu verteidigen, konnte sich dieser Meinung nicht anschließen; er erklärte ganz ruhig, daß unser gesamtes Wissen aus der Erfahrung stammt und durch unsere Sinnesorgane hindurchgegangen ist – daß es »nichts im Geiste gibt, das nicht zuerst durch die Sinne gegangen wäre«. Der Geist ist bei der Geburt ein unbeschriebenes Blatt, eine *»tabula rasa«*, und die sinnliche Erfahrung beschreibt es auf tausenderlei Weisen, bis die Empfindung schließlich das Gedächtnis erzeugt und das Gedächtnis Vorstellungen. Das alles schien zu dem beunruhigenden Schluß zu führen, daß wir, da nur materielle Dinge auf unsere Sinne wirken können, nichts außer Materie kennen und materialistische Philosophie annehmen müssen. Wenn Empfindungen der Stoff der Gedanken sind, so muß Materie das Material des Geistes sein, argumentierten die Voreiligen.

Dem ist nicht so, sagte Bischof George Berkeley (1684–1753); die Lockesche Analyse der Erkenntnis beweist vielmehr, daß die Materie nur als Form unseres eigenen Geistes existiert. Es war ein glänzender Gedanke, den Materialismus dadurch zu widerlegen, daß man zeigt, uns sei kein Materie genanntes Etwas bekannt; in ganz Europa konnte nur eine gälische Phantasie dieses metaphysische Zaubermittel ersinnen. Aber die Sache ist doch so einleuchtend, sagte der Bischof; hat denn nicht Locke gezeigt, daß all unsere Erkenntnis aus Sinnesempfindungen entsprungen ist? Folglich besteht unsere Erkenntnis eines Dinges in den Sinnesempfindungen, die wir von diesem Ding haben, und in den Vorstellungen, die von den Sinnesempfindungen abgeleitet werden. Ein »Ding«

ist ein bloßes Bündel von Wahrnehmungen, d. h. geordneten und bereits gedeuteten Sinnesempfindungen. Da könnte jemand einwenden, daß sein Frühstück viel greifbarer sei als ein Bündel von Empfindungen, und daß man die überwältigende Materialität eines Hammers oft am eigenen Daumen zu spüren bekommt. Aber das Frühstück ist in erster Linie weiter nichts als ein Haufen von Gesichts-, Geruchs- und Tastempfindungen, dazu kommen später Geschmacksempfindungen und schließlich die Empfindungen der inneren Befriedigung und Wärme. Ähnlich besteht der Hammer aus einem Bündel von Empfindungen der Farbe, Größe, Gestalt, des Gewichtes, des Tastsinnes usw.; seine Wirklichkeit besteht nicht in seiner Materialität, sondern in den Empfindungen, die er in unserem Daumen hervorruft. Hätten wir keine Sinne, so würde der Hammer für uns überhaupt nicht existieren; er könnte in Ewigkeit auf unsere empfindungslosen Daumen niederschlagen und würde unsere Aufmerksamkeit doch nicht auf sich lenken können. Er ist nur ein Bündel von Empfindungen oder Erinnerungen und ist ein Zustand des Geistes. Alle Materie, soweit wir sie kennen, ist ein Zustand des wissenden Geistes, und die einzige Realität, die wir unmittelbar kennen, ist der Geist. Soviel über den Materialismus.

Aber der irische Bischof hatte nicht mit dem schottischen Skeptiker gerechnet. David Hume (1711–1776) hat bereits mit sechsundzwanzig Jahren die gesamte christliche Welt empört durch seine *»Treatise on Human Nature«* (Abhandlung über die menschliche Natur) – einem der klassischen Werke und der Wunder der modernen Philosophie. Wir kennen den Geist nur auf dieselbe Weise, wie wir die Materie kennen, sagt Hume: durch Wahrnehmung, obwohl in diesem Falle durch innere Wahrnehmung. Wir nehmen niemals eine Einheit wahr, die man »Geist« nennen könnte, sondern immer nur einzelne Vorstellungen, Erinnerungen, Gefühle usw. Der Geist ist nicht eine Substanz oder ein Organ, das Vorstellungen hat, sondern ist bloß ein abstrakter Name für eine Reihe von einzelnen Vorstellungen; die Wahrnehmungen, Erinnerungen und Gefühle *sind* der Geist – man kann hinter den gedanklichen Vorgängen keine »Seele« wahrnehmen. Der Erfolg dieser Gedankengänge war scheinbar der, daß Hume den Geist genau so gründlich zerstört hat wie Berkeley die Materie. Nichts blieb übrig, und die Philosophie sah sich plötzlich unter lauter Ruinen, die von ihr selbst herstammten. Kein Wunder, daß ein Witzbold den Rat gab, den Streit aufzugeben, indem er sagte: »No matter, never mind.«

Hume gab sich aber nicht mit der Zerstörung der alten Religion durch Auflösung des Seelenbegriffes zufrieden, er wollte durch Auflösung des Gesetzesbegriffes auch die Wissenschaft zerstören. Seit Bruno und Galilei haben Naturwissenschaft und Philosophie großen Wert auf die Naturgesetze gelegt, d. h. auf die »notwendige« Folge von Wirkungen auf Ursachen, und auch Spinozas großartige Metaphysik ist auf diesen kühnen Gedanken aufgebaut. Man beachte aber, sagte Hume, daß wir niemals Ursachen oder Gesetze wahrnehmen, sondern nur Ereignisse und Geschehensreihen, aus denen wir auf Ursächlichkeit und Notwendigkeit *schließen;* ein Gesetz ist keine ewige und notwendige Verfügung, der die Ereignisse unterworfen wären, sondern eine bloße geistige Zusammenfassung und ein abgekürzter Ausdruck für unsere bunte Erfahrung: wir besitzen keine Garantie, daß die bisher beobachteten Abfolgereihen auch in unserer zukünftigen Erfahrung wieder unverändert auftreten werden. »Gesetz« ist eine beobachtete *Gewohnheit* in der Abfolge des Geschehens, in der Gewohnheit liegt aber keine »Notwendigkeit«.

Nur mathematische Formeln besitzen Notwendigkeit, und nur sie sind notwendig und unveränderlich wahr, das aber bloß deshalb, weil solche Formeln tautologisch sind, d. h. ihr Prädikat bereits in ihrem Subjekt enthalten ist: »3 × 3 = 9« ist nur deshalb eine ewige und notwendige Wahrheit, weil »3 × 3« und »9« verschiedene Ausdrücke für dieselbe Sache sind – das Prädikat fügt dem Subjekt nichts hinzu. Die Wissenschaft hat sich daher streng auf Mathematik und wirkliche Experimente zu beschränken; sie kann ungeprüften Deduktionen aus »Gesetzen« keinen Glauben schenken. »Welch eine Verwüstung müssen wir nicht anrichten«, schreibt dieser unheimliche Skeptiker, »wenn wir mit diesen Prinzipien eine Bibliothek durchschreiten! Nehmen wir z. B. einen Band Schulmetaphysik in die Hand, und fragen wir: ›Enthält er abstrakte Gedankengänge über Menge und Zahl?‹ Nein. ›Enthält er experimentelle Gedankengänge, die sich auf Tatsachen und auf die Existenz beziehen?‹ Nein. Dann werft ihn ins Feuer, denn er kann nur Sophistereien und Täuschungen enthalten[4].«

Man stelle sich vor, wie den Orthodoxen bei diesen Worten die Ohren geklungen haben. Hier hat die erkenntnistheoretische Tradition – die Erforschung von Natur, Quellen und Gültigkeit der Erkenntnis – aufgehört, eine Stütze der Religion zu sein; das Schwert, mit dem Bischof Berkeley den Drachen des Materialismus tötete, kehrte sich nun gegen den immateriellen Geist und die unsterbliche Seele, und im Schlachtengetümmel erlitt auch die Wissenschaft selbst erheblichen Schaden. Kein Wunder, daß Immanuel Kant, als er 1775 die Werke Humes in einer deutschen Übersetzung las, durch diese Ergebnisse ernstlich erschüttert und, wie er sagte, aus dem »dogmatischen Schlummer« geweckt wurde, in den vertieft er die wesentlichen Sätze der Religion und die Grundlagen der Wissenschaften unangezweifelt übernommen hatte. Sollte man sowohl die Wissenschaft als auch den Glauben den Skeptikern preisgeben? Was konnte man tun, um sie zu retten?

3. *Von Rousseau zu Kant*

Der aufklärerischen These, daß die Vernunft für den Materialismus spreche, suchte Berkeley mit der Antwort zu begegnen, daß die Materie überhaupt nicht existiere. Das führte aber bei Hume zu dem Gegenschlag, daß auf Grund derselben Beweismittel der Geist ebenfalls nicht existiere. Noch eine andere Antwort wäre möglich gewesen – daß nämlich die Vernunft zur Entscheidung dieser Fragen nicht zuständig sei. Es gibt gewisse theoretische Folgerungen, gegen die sich unser ganzes Sein aufbäumt; wir haben kein Recht anzunehmen, daß wir Bedürfnisse unserer Natur entsprechend den Vorschriften einer Logik zu unterdrücken hätten, die schließlich nur das späte Produkt einer unserer schwächsten und Täuschungen am leichtesten zugänglichen Seite ist. Wie oft schieben unsere Instinkte und Gefühle die kleinen Syllogismen beiseite, die von uns verlangen, daß wir uns wie geometrische Figuren benehmen und einander mit mathematischer Genauigkeit lieben! Manchmal ist – besonders in den neuartigen Verwicklungen und Verkünstelungen des städtischen Lebens – zweifellos die Vernunft der bessere Führer, aber in den entscheidenden Augenblicken des Lebens und bei den großen Problemen der Lebensführung und des Glaubens verlassen wir uns eher auf unser Gefühl als auf unsere Konstruktionen. Ist die Vernunft gegen die Religion, um so schlimmer für die Vernunft!

In den Grundzügen ähnlich war der Gedankengang Jean Jacques Rousseaus (1712–1778), der in Frankreich fast als einziger den Materialismus und Atheismus der Aufklärung bekämpfte. Welch ein Schicksal für eine zarte und nervöse Natur, umgeben vom derben Rationalismus und brutalen Hedonismus[5] der Enzyklopädisten leben zu müssen! Rousseau war ein kränkliches Kind gewesen, das durch seine körperliche Schwäche und durch die Lieblosigkeit seiner Eltern und Lehrer zum brütenden Nachdenken und Insichgekehrtsein getrieben wurde; er flüchtete vor dem Stachel der Wirklichkeit in das Treibhaus der Träume, wo seine Einbildungskraft die Siege erringen konnte, die ihm im Leben und in der Liebe versagt waren. Seine *»Bekenntnisse«* zeigen einen unausgeglichenen Komplex aus höchst verfeinerter Sentimentalität und einem stumpf-biederen Sinn für Anstand und Ehre; aus dem ganzen Werk spricht die unerschütterliche Überzeugung von seiner moralischen Überlegenheit[6].

Im Jahre 1749 schrieb die Akademie von Dijon einen Preis aus für die beste Abhandlung über die Frage: »Hat der Fortschritt der Wissenschaften und Künste zum Verderben oder zur Besserung der Sitten beigetragen?« Rousseaus Abhandlung wurde preisgekrönt. Die Kultur ist viel eher böse als gut, behauptete er – mit der Kraft und Überzeugung eines Menschen, der entschlossen ist, die Kultur für wertlos zu erklären, weil sie für ihn unzugänglich ist. Man denke an das fürchterliche Durcheinander, das die Druckkunst in Europa angerichtet hat. Sobald irgendwo die Philosophie auftritt, verfällt die sittliche Gesundheit der Völker. »Sogar die Philosophen selbst pflegten zu sagen, daß es seit dem Erscheinen gebildeter Menschen nirgends mehr ehrliche Menschen gibt.« – »Ich wage zu behaupten, daß der Zustand des Denkens der Natur zuwiderläuft, und daß ein denkender Mensch [ein »Intellektueller«, wie wir heute sagen würden] ein verderbtes Tier ist.« Es wäre besser, auf unsere überschnelle Entwicklung des Intellektes zu verzichten und eher auf Schulung der Herzen und der Gefühle zu sehen. Bildung macht den Menschen nicht gut, sondern bloß klug – und zwar gewöhnlich zum Unheilstiften. Instinkt und Gefühl sind vertrauenswürdiger als Vernunft.

In seinem berühmten Roman *»La nouvelle Héloise«* (1761) zeigte Rousseau mit großer Breite die Überlegenheit des Gefühls über den Verstand; Sentimentalität wurde unter den Damen der Aristokratie und auch bei manchen der Herren zur Mode. Literarische und später auch wirkliche Tränen benetzten für ein Jahrhundert den Boden Frankreichs, und die große Bewegung der europäischen Vernunft im achtzehnten Jahrhundert wich der gefühlsseligen romantischen Literatur der Jahre 1789–1848. Die Strömung brachte eine starke Erneuerung des religiösen Fühlens mit sich; die Verzückungen von Chateaubriands *»Génie du Christianisme«* (1802) waren ein bloßer Widerhall des »Glaubensbekenntnisses eines savoischen Vikars«, das Rousseau im *»Emile«* (1762), seinem epochemachenden Werk über Erziehung, entwickelt hatte. Der Hauptgedanke des »Bekenntnisses« war kurz der, daß, obwohl die Vernunft gegen den Glauben an Gott und Unsterblichkeit sein kann, das Gefühl doch übermächtig dafür spricht; warum sollten wir daher in dieser Frage nicht lieber dem Instinkt vertrauen, als uns von der Verzweiflung eines unfruchtbaren Skeptizismus ergreifen zu lassen?

Als Kant den *»Emile«* las, verzichtete er auf seinen täglichen Spaziergang in der bekannten Königsberger Lindenallee, um das Buch fertig zu lesen. Es war ein Ereignis in seinem Leben, daß er noch einen Menschen fand, der tastend nach einem Weg aus der Dunkelheit des Atheismus suchte und in diesen übernatürlichen Fragen kühn die Überlegenheit des Gefühles gegenüber der theoretischen Vernunft behauptete. Hier hatte man endlich die abschließende Antwort auf die Religionslosigkeit, nun konnten alle Spötter und Zweifler endgültig vernichtet werden. Die geschilderten Gedankenrichtungen zusammenzufügen, die Ideen Berkeleys und Humes mit den Gefühlen Rousseaus zu vereinigen, um die Religion vor der Vernunft und gleichzeitig auch die Wissenschaft vor dem Skeptizismus zu retten – das war die Sendung Immanuel Kants.

Wer aber war Immanuel Kant?

II. KANT SELBST

Er wurde 1724 zu Königsberg in Preußen geboren. Seine kurze Hauslehrertätigkeit in einer benachbarten Ortschaft ausgenommen, verließ dieser stille kleine Professor, der so gern Vorlesungen über Geographie und Völkerkunde ferner Länder hielt, niemals seine Geburtsstadt für längere Reisen. Er stammte aus einer armen Familie, die etliche hundert Jahre vor seiner Geburt aus Schottland eingewandert war. Seine Mutter gehörte zu den Pietisten, d. h. zu einer religiösen Sekte, die, wie die englischen Methodisten, auf voller Genauigkeit und Strenge der Religionsübung und des Glaubens bestand. Unser Philosoph steckte von früh bis abends so tief in Religion, daß er einerseits eine Reaktion erlebte, die ihn während seines ganzen späteren Lebens von der Kirche fernhielt, anderseits aber bis an sein Ende das düstere Gepräge des deutschen Puritaners beibehielt und mit wachsendem Alter ein tiefes Bedürfnis empfand, für sich und die Welt wenigstens die Kernpunkte des Glaubens zu retten, der ihm von seiner Mutter so tief eingeimpft worden war.

Ein junger Mann aber, der im Zeitalter Friedrichs des Großen und Voltaires aufwuchs, konnte sich der skeptischen Strömung seiner Zeit nicht verschließen. Kant wurde von eben den Männern, die er später zu widerlegen suchte, tief beeinflußt, am tiefsten vielleicht von seinem Lieblingsgegner Hume; wir werden später das seltene Phänomen beobachten können, wie ein Philosoph den Konservatismus seiner reifen Jahre überwindet und in seinem fast letzten Werk und im Alter von nahezu siebzig Jahren zu einem männlichen Liberalismus zurückkehrt, der ihm das Martyrium eingebracht hätte, wenn ihn nicht sein Alter und sein Ruhm geschützt hätten. Selbst inmitten seiner Arbeit am religiösen Wiederaufbau vernehmen wir bei ihm erstaunlich oft Töne eines anderen Kant, den man fast mit Voltaire verwechseln könnte. Schopenhauer sagt: »Es ist gewiß keines der geringsten Verdienste Friedrichs des Großen, daß unter seiner Regierung Kant sich entwickeln konnte und die ›Kritik der reinen Vernunft‹ veröffentlichen durfte. Schwerlich würde unter irgendeiner anderen Regierung ein besoldeter Professor [der in Deutschland immer Staatsbeamter ist] so etwas gewagt haben. Schon dem Nachfolger des großen Königs mußte Kant versprechen, nicht mehr zu schreiben[7].« Als Zeichen seiner Hochschätzung dieser Freiheit widmete Kant die *»Kritik der reinen Vernunft«* Herrn von Zedlitz, Friedrichs weitsichtigem und fortschrittlichem Kultusminister.

1755 nahm Kant seine Tätigkeit als Privatdozent an der Universität auf. Fünfzehn Jahre lang ließ man ihn in dieser untergeordneten Stellung; zweimal bewarb sich Kant um eine Professur, wurde aber abgelehnt. 1770 ernannte man ihn endlich zum Professor der Logik und Metaphysik. Nach langjährigen Erfahrungen als Lehrer schrieb er ein Kompendium der Pädagogik, von dem er zu sagen pflegte, daß es viele ausgezeichnete Ratschläge enthalte, die er selbst noch niemals angewandt habe. Und doch war er wohl ein besserer Lehrer als Schriftsteller; zwei Menschenalter hindurch konnte er die Liebe seiner Studenten an sich fesseln. Es war eines seiner praktischen Prinzipien, sich am meisten um die mittelmäßig begabten Schüler zu kümmern; den Dummköpfen konnte man ohnehin nicht helfen, sagte er, und die Genies würden sich schon selbst zu helfen wissen.

Niemand hätte von ihm erwartet, daß er mit einem neuen metaphysischen System die Welt in Staunen versetzen würde; Überraschungen waren die letzte Unart, die man diesem schüchternen und bescheidenen Professor zugetraut hätte. Er selbst hatte in dieser Beziehung ebenfalls nichts erwartet, denn mit zweiundvierzig Jahren schrieb er, daß er zwar das Glück habe, Liebhaber der Metaphysik zu sein, ihm aber seine Herrin bisher noch keinerlei Gunst erwiesen hätte. Er sprach um jene Zeit vom »bodenlosen Abgrund der Metaphysik« und verglich die Metaphysik mit einem »finsteren Ozean ohne Ufer und Leuchttürme[8]«, reich besät mit den Überresten Schiffbrüchiger. Er griff sogar die Metaphysiker an und nannte sie Leute, die auf hohen Türmen der Spekulation leben, »um welche gemeiniglich viel Wind ist[9]«. Kant hatte nicht vorausgesehen, daß er selbst den größten metaphysischen Sturm entfesseln würde.

Während dieser ruhigen Jahre waren seine Interessen eher physisch als metaphysisch. Er schrieb über Planeten, Erdbeben, Feuer, Winde, Äther, Vulkane, Geographie, Völkerkunde und hundert andere Dinge, die man kaum für metaphysisch halten wird. Seine *»Theorie des Himmels«* (1755) stellt eine ähnliche Lehre auf wie die Nebelhypothese von Laplace und versucht eine mechanische Erklärung aller astronomischen Bewegung und Entwicklung. Kant war der Ansicht, daß alle Planeten bewohnt waren oder sein werden; jene, die von der Sonne am weitesten entfernt sind, besitzen, da sie auf die längste Entwicklungszeit zurückblicken können, vermutlich eine höhere Gattung intelligenter Lebewesen, als sie je auf unserem Planeten hervorgebracht worden ist. Seine *»Anthropologie«* (1798 aus der langen Reihe seiner Vorlesungen über diesen Gegenstand zusammengestellt) läßt die Möglichkeit der tierischen Abstammung des Menschen offen. Hätte der menschliche Säugling in früheren Zeiten, als die Menschen noch weitgehend den Gelüsten der wilden Tiere ausgeliefert waren, nach seiner Geburt so laut geweint wie heute, so hätten ihn die Raubtiere entdeckt und verschlungen, meint Kant; daraus folgt mit hoher Wahrscheinlichkeit, daß der Mensch anfangs ganz anders geartet war als heute, im Zustand der Zivilisation. Dazu kommt, fügt Kant listig hinzu, daß wir nicht wissen, »wie die Natur und durch welche mitwirkende Ursachen sie eine solche Entwicklung veranstaltete. Diese Bemerkung führt weit, z. B. auf den Gedanken: ob nicht auf dieselbe zweite Epoche bei großen Naturrevolutionen noch eine dritte folgen dürfte; da ein Orang-Utan oder ein Schimpanse die Organe, die zum Gehen, zum Befühlen der Gegenstände und zum Sprechen dienen, sich zum Gliederbau eines Menschen ausbildete, deren Innerstes ein Organ für den Gebrauch des Verstandes enthielte und durch gesellschaftliche Kultur sich allmählich entwickelte[10]«. Sollte dieser Hinweis auf die Zukunft der vorsichtige und mittelbare Ausdruck von Kants Anschauung sein, daß der Mensch sich wirklich aus dem Tiere entwickelt hat[11]?

So steht vor unseren Augen das langsame Wachstum dieses schlichten, bescheidenen, zurückgezogenen, kaum fünf Fuß hohen, kleinen Mannes, dessen Kopf doch die folgenschwerste Revolutionierung der modernen Philosophie entsprang. Kants Lebensführung war so ordnungsgerecht, sagt ein Biograph, wie das regelmäßigste aller regelmäßigen Zeitwörter. »Aufstehen, Kaffeetrinken, Schreiben, Kollegienlesen, Essen, Spazierengehen, alles hatte seine bestimmte Zeit, und die Nachbarn wußten ganz genau, daß die Glocke halb vier sei, wenn Immanuel Kant in seinem grauen Leibrock, das spanische Röhrchen in der Hand, aus seiner Haustüre trat, und nach der kleinen Lindenallee wandelte, die man seinetwegen noch jetzt den Philosophengang nennt. Achtmal spazierte er dort auf und ab, in jeder Jahreszeit, und wenn das Wetter trübe war oder die grauen Wolken einen Regen verkündigten, sah man seinen Diener, den alten Lampe, ängstlich besorgt hinter ihm drein wandeln mit einem großen Regenschirm unter dem Arm, wie ein Bild der Vorsehung[12].«

Kant war körperlich so zart, daß er sich durch ernste Maßnahmen schützen mußte; das tat er ohne Hilfe eines Arztes und erreichte ein Alter von achtzig Jahren. Mit siebzig schrieb er eine Abhandlung »Von der Macht des Gemüts, durch den bloßen Vorsatz seiner krankhaften Gefühle Meister zu sein.« Einer seiner Hauptgrundsätze war, nur durch die Nase zu atmen, besonders im Freien: er gestattete daher im Herbst, Winter und Frühjahr niemand, sich während seiner Spaziergänge mit ihm zu unterhalten – lieber Schweigen als eine Erkältung. Selbst die Befestigung seiner Strümpfe geschah mit Hilfe angewandter Philosophie, indem von ihnen Bänder in seine Hosentaschen führten und dort in Federn endeten, die in kleinen Schachteln eingekapselt waren[13]. Jede Handlung überlegte er sich sorgfältig und blieb daher sein ganzes Leben Junggeselle. In zwei Fällen dachte er daran, um die Hand einer Dame zu werben, überlegte sich aber die Sache so lange, daß im ersten Falle die Dame einen entschlosseneren Freier heiratete, und im zweiten Falle die andere Dame Königsberg verließ, bevor der Philosoph seinen Entschluß fassen konnte. Vielleicht dachte er wie Nietzsche, daß ihn die Ehe am ehrlichen Suchen nach Wahrheit hindern würde; »ein verheirateter Mann«, pflegte Talleyrand zu sagen, »tut alles für Geld«. Und dann hatte doch schon der zweiundzwanzigjährige Kant mit der Begeisterung allmächtiger Jugend geschrieben: »Ich habe mir die Bahn schon vorgezeichnet, die ich halten will. Ich werde meinen Lauf antreten, und nichts soll mich hindern, ihn fortzusetzen[14].«

So verharrte er fast fünfzehn Jahre in Armut und Zurückgezogenheit beim Entwerfen, Schreiben und Umarbeiten seines »magnum opus«, das er erst 1781 mit siebenundfünfzig Jahren vollendete. Kein anderer Mensch reifte so langsam heran wie Kant, und kein anderes Werk war überraschender und umwälzender für die philosophische Welt als sein Buch.

III. DIE KRITIK DER REINEN VERNUNFT[15]

Was bedeutet dieser Titel? »Kritik« soll nicht »Kritisieren« bedeuten, sondern kritische Analyse; Kant greift die »reine Vernunft« nicht an, ausgenommen am Schluß seines Werkes, wo er ihre Grenzen aufzeigen will, sondern hofft vielmehr, ihre Möglichkeit nachzuweisen und sie über die »unreine« Erkenntnis, wie wir sie durch die entstellende Vermittlung der Sinne erlangen, hinauszuheben. Denn »reine« Vernunft soll Erkenntnis bedeuten, die nicht durch die Sinne gekommen ist, sondern von jeder sinnlichen Erfahrung unabhängig besteht; sie ist Erkenntnis, die wir dank der inneren Natur und Struktur des Geistes besitzen.

So fordert Kant gleich am Anfang Locke und die englische Schule durch die Behauptung heraus, nicht alle Erkenntnis stamme aus den Sinnen. Hume glaubte gezeigt zu haben, daß es keine Seele und keine Wissenschaft gebe, daß unser Geist nur in der Abfolge und Verknüpfung unserer Vorstellungen bestehe, und daß unsere Gewißheiten bloße Wahrscheinlichkeiten sind, die stets in der Gefahr schweben, von den Dingen durchkreuzt zu werden. Diese irrigen Folgerungen, sagt Kant, sind das Ergebnis falscher Voraussetzungen, denn Hume nimmt an, daß alle Erkenntnis aus »einzelnen und unterschiedenen« Empfindungen herstamme. Solche Erkenntnisse können selbstverständlich keine Notwendigkeit und unveränderliche Abfolgegesetze darbieten, die in Ewigkeit feststünden; und ebensowenig darf man erwarten, daß man die Seele zu »sehen« bekommt, sei es selbst mit den Augen des inneren Sinnes. Man kann zugeben, daß völlige Gewißheit der Erkenntnis unmöglich ist, sofern alle Erkenntnis aus der Wahrnehmung einer von uns unabhängigen Außenwelt herstammt, die zu keinem regelmäßigen Verhalten verpflichtet ist. Was aber, wenn wir Erkenntnis haben sollten, die unabhängig von der Sinneserfahrung ist, Erkenntnis, deren Wahrheit für uns schon vor der Erfahrung, d. h. *»a priori«* feststeht? Würden dann nicht absolute Wahrheit und unbezweifelbare Wissenschaft möglich sein? Gibt es eine solche absolute Erkenntnis?

Das ist die Hauptfrage der ersten »Kritik«. In ihr wird »die Frage aufgeworfen ..., wieviel ich mit ... (der Vernunft), wenn mir aller Stoff und Beistand der Erfahrung genommen wird, etwa auszurichten hoffen dürfe[16]«. Die *»Kritik«* gestaltet sich zu einer ausführlichen Biologie des Denkens, zur Untersuchung des Ursprunges und der Entwicklung der Begriffe und zur Analyse der ererbten Struktur des Geistes. Hierin besteht, wie Kant glaubt, die gesamte Problematik der Metaphysik. »In dieser Beschäftigung habe ich Ausführlichkeit mein großes Augenmerk sein lassen; und ich erkühne mich zu sagen, daß nicht eine einzige metaphysische Aufgabe sein müsse, die hier nicht aufgelöst oder zu deren Auflösung nicht wenigstens der Schlüssel dargereicht worden[17].« – *»Exegi monumentum aere perenius!«* Mit Hilfe solcher Selbstüberhebung treibt uns die Natur zu schöpferischer Arbeit.

Die entscheidende Frage wird in der *»Kritik«* schon an früher Stelle angeschnitten. Die Erfahrung ist »bei weitem nicht das einzige Feld, darin sich unser Verstand einschränken läßt. Sie sagt uns zwar, was da sei, aber nicht, daß es notwendigerweise so und nicht anders sein müsse. Eben darum gibt sie uns auch keine wahre Allgemeinheit; und die Vernunft, welche nach dieser Art von Erkenntnissen so begierig ist, wird durch sie mehr gereizt, als befriedigt. Solche allgemeinen Erkenntnisse nun, die zugleich den Charakter der inneren Notwendigkeit haben, müssen von der Erfahrung unabhängig, für sich selbst klar und gewiß sein ...[18]«. Das bedeutet, daß sie wahr sein müssen, wie immer unsere spätere Erfahrung auch geartet sein mag; wahr *»vor«* der Erfahrung, d. h. *»a priori«* wahr. »Die Mathematik gibt uns ein glänzendes Beispiel, wie weit wir es unabhängig von der Erfahrung in der Erkenntnis a priori bringen können[19].« Die mathematische Erkenntnis ist notwendig und gesichert; es ist undenkbar, daß ihr zukünftige Erfahrung widersprechen sollte. Wir können annehmen, daß die Sonne morgen im Westen »aufgehen«, oder daß Feuer in Zukunft, in einer Welt aus Asbest, das »Holz« nicht verbrennen wird, aber wir können auf keinen Fall glauben, daß zweimal zwei jemals etwas anderes als vier sein wird. Solche Wahrheiten sind vor aller Erfahrung wahr; sie hängen nicht von vergangener, gegenwärtiger oder zukünftiger Erfahrung ab. Sie sind daher absolute und notwendige Wahrheiten, und es ist undenkbar, daß sie jemals widerlegt werden sollten. Aber woher stammen diese Eigenschaften des Absoluten und Notwendigen? Nicht aus der Erfahrung, denn diese vermittelt uns nur einzelne Empfindungen und Ereignisse, die in Zukunft die Ordnung ihres Verlaufes ändern können[20]. Die Notwendigkeit dieser Wahrheiten wird vielmehr von der inneren Struktur und von der natürlichen und unvermeidlich notwendigen Tätigkeitsweise unseres Geistes hergeleitet. Denn der menschliche Geist ist (und hierin besteht die schwerwiegende Behauptung Kants) nicht passives Wachs, in das Empfindung und Erfahrung ihren unwiderstehlichen und doch zufälligen Willen eingraben würden, er ist auch kein bloß abstrakter Name für eine Reihe oder Gruppe geistiger Zustände, sondern ein tätiges Organ, das die Empfindungen zu Vorstellungen verschmilzt und ordnet, und das aus der verworrenen Vielfältigkeit der Erfahrung die geordnete Einheit des Denkens schafft.

Aber auf welche Weise?

1. Die transzendentale Ästhetik

Den Versuch, diese Frage zu beantworten, die Untersuchung der inneren Struktur des Geistes oder der angeborenen Gesetze des Denkens nennt Kant »Transzendentalphilosophie«, weil ihr Gegenstand die sinnliche Erfahrung übersteigt (transzendiert). »Ich nenne alle Erkenntnis transzendental, die sich nicht sowohl mit Gegenständen, sondern mit unserer Erkenntnisart von Gegenständen, insofern diese a priori möglich sein soll, überhaupt beschäftigt[21]« – wobei unter Erkenntnisart die Arten der erkenntnismäßigen Verarbeitung der sinnlichen Erfahrung zu verstehen sind. Es gibt zwei Grade oder Stufen in diesem Prozeß, in dem das Rohmaterial der Sinne in die fertigen Produkte des Denkens verarbeitet wird. Die erste Stufe ist das Ordnen der Empfindungen durch Anwendung der

»Formen der Sinnlichkeit« – Raum und Zeit – auf sie; die zweite Stufe besteht im Ordnen der so gewonnenen Wahrnehmungen mit Hilfe der Formen des Denkens – der »Kategorien«. Kant gebraucht das Wort *»Ästhetik«* im ursprünglichen etymologischen Sinne, nach welchem es Empfindung oder Gefühl bezeichnet, und nennt daher die Lehre von der ersten Verarbeitungsstufe »transzendentale Ästhetik«; das Wort »Logik« bedeutet für ihn die Wissenschaft von den Formen des Denkens, daher erhält die zweite Stufe den Namen »transzendentale Logik«. Das sind schreckliche Worte, die aber im Laufe der Darlegungen einen genauen Sinn erhalten werden; ist einmal diese Schwierigkeit überwunden, so wird der Weg zu Kant verhältnismäßig leicht sein.

Was sollen eigentlich »Empfindung« und »Wahrnehmung« bedeuten? Wie verwandelt der Geist erstere in letztere? Für sich genommen ist eine Empfindung das bloße Bewußtsein eines Reizes; wir spüren einen Geschmack auf der Zunge, einen Duft in der Nase, einen Klang in den Ohren, eine Temperatur auf der Haut, ein aufblitzendes Licht auf der Retina, einen Druck in den Fingern: all das ist erst der rohe und unbehauene Anfang der Erfahrung, es ist dasselbe Wissen, das dem Kinde in den frühesten Tagen seines tastenden geistigen Lebens eigen ist; es ist noch keine Erkenntnis.

Angenommen aber, daß sich diese verschiedenen Empfindungen in Raum und Zeit um einen Gegenstand, z. B. einen Apfel, anordnen; man lasse den Duft in der Nase, den Geschmack auf der Zunge, das Licht auf der Retina, den gestalterfassenden Druck in den Fingern und auf der Hand vereint und um dieses »Ding« gruppiert sein, und man wird weniger einzelne Reize als einen besonderen Gegenstand bewußt haben: eine Wahrnehmung ist entstanden. Die Empfindung ist in Erkenntnis übergegangen.

War aber dieser Übergang, diese Gruppierung automatisch zustandegekommen? Sind die Empfindungen von selbst, aus freiem Antrieb und natürlich zu einer geordneten Gruppe zusammengetreten und so zu einer Wahrnehmung geworden? Ja, sagen Locke und Hume; nicht im entferntesten, sagt Kant.

Denn diese verschiedenen Empfindungen erreichen uns durch verschiedene sinnliche Kanäle, durch Hunderte von »sensorischen Nerven«, die von der Haut, aus Auge, Ohr und Zunge nach dem Gehirn führen; was für ein Gemengsel von Boten müssen sie doch bilden, indem sie in die Räume des Hirns eindringen und Gehör verlangen! Kein Wunder, daß Platon von einem »pöbelhaften Haufen der Sinne« sprach. Sich selbst überlassen, bleiben die Empfindungen pöbelhaft gemischt, eine chaotische »Vielfältigkeit«, die erbärmlich machtlos ist und darauf wartet, daß man ihr durch Ordnung Sinn, Zweck und Kraft verleiht. Sonst könnte man mit demselben Recht von den Nachrichten, die einem General von tausend Stellen der Feuerlinie zugehen, erwarten, daß sie sich von selbst gegenseitig verstehen und in Befehle umschmelzen. Nein, es gibt einen Gesetzgeber für diesen Pöbel, eine leitende und ordnende Macht, die diese Atome der Empfindung nicht bloß empfängt, sondern sie zu sinnvollen Gebilden verknüpft.

Man beachte zunächst, daß nicht alle Nachrichten aufgenommen werden. Unzählige Kräfte wirken jeden Augenblick auf den Körper ein; ein Sturm der Reize peitscht die Nervenenden, die der Körper wie Amöben ausstreckt, um von der Außenwelt Kenntnis zu erlangen – aber nicht jeder, der anklopft, wird eingelassen; nur jene Empfindungen werden ausgewählt, aus denen zum augenblicklichen Vorhaben des Menschen passende Wahrnehmungen geformt werden können, oder die dringende und stets wichtige Nachrichten über Gefahren bringen. Die Uhr tickt, man hört sie nicht; dasselbe Ticken, das inzwischen nicht lauter geworden ist, hört man aber, sobald es die eigenen Zwecke erfordern. Die Mutter, die an der Wiege ihres Kindes schläft, ist taub für den Lärm, der sie umgibt; bewegt sich aber das Kind, so tastet sie sich zu wacher Aufmerksamkeit zurück wie ein eilig an die Oberfläche des Meeres zurückkehrender Taucher. Ist Addition das Ziel, so wird die Antwort auf »zwei und drei« »fünf« sein; ist das Ziel Multiplikation, so führen dieselben Gehörempfindungen, der Reiz: »zwei und drei«, zu der Antwort »sechs«. Die Assoziation (Verknüpfung) der Empfindungen oder Vorstellungen kommt nicht bloß auf Grund von räumlicher oder zeitlicher Berührung, auch nicht durch Ähnlichkeit, Frische, Häufigkeit oder Lebhaftigkeit der Erfahrung zustande, sondern wird vor allem durch die Ziele des Geistes bestimmt. Empfindungen und Gedanken sind Diener, die auf unseren Ruf warten und nicht kommen, wenn sie nicht gerufen werden. Es gibt eine auswählende und leitende Kraft, die von ihnen Gebrauch macht und ihr Herr und Meister ist. Neben den Empfindungen und Vorstellungen gibt es den »*Verstand*«.

Diese auswählende und ordnende Fähigkeit benutzt, so glaubt Kant, zunächst zwei einfache Mittel zur Einteilung des dargebotenen Materials: den Raumsinn und den Zeitsinn. Wie der General die einlaufenden Berichte nach dem Ort ihrer Herkunft und der Zeit ihrer Abfassung zusammenstellt und auf diese Weise für ihre Gesamtheit eine Ordnung und ein System findet, so weist der Verstand den Empfindungen in Raum und Zeit ihren Platz an, schreibt sie diesem oder jenem Gegenstand, der Gegenwart oder der Vergangenheit zu. Raum und Zeit selbst sind keine wahrgenommenen Dinge, sondern Formen der Wahrnehmung, Wege, deren Benutzen den Empfindungen Sinn verleiht; Raum und Zeit sind Mittel der Wahrnehmung.

Sie sind *apriorisch*, denn jede geordnete Erfahrung enthält sie und setzt sie voraus. Ohne ihre Hilfe könnten die Empfindungen niemals zu Wahrnehmungen geformt werden. Sie sind *a priori*, weil eine zukünftige Erfahrung, die sie nicht enthalten sollte, undenkbar ist. Und weil Raum und Zeit *a priori* sind, sind ihre Gesetze, die gleichzeitig die Gesetze der Mathematik bilden, ebenfalls *a priori* absolut, notwendig und ewig. Es ist nicht bloß wahrscheinlich, sondern gewiß, daß wir niemals eine gerade Linie finden werden, die nicht die kürzeste Verbindung zwischen zwei Punkten wäre. Man kann mindestens die Mathematik vor dem auflösenden Skeptizismus David Humes retten.

Können alle übrigen Wissenschaften ähnlich gerettet werden? Ja, sofern man zeigen kann, daß das Kausalgesetz (das Gesetz, daß auf eine bestimmte Ursache immer eine bestimmte Wirkung folgen muß) ähnlich wie Raum und Zeit so zum inneren Wesen der Verstandestätigkeit gehört, daß keine zukünftige Erfahrung denkbar ist, die ihm widersprechen und seiner Geltung entrinnen könnte. Ist auch die Kausalität *a priori*, ist auch sie die unentbehrliche Voraussetzung und Bedingung jedes Denkens?

2. *Die transzendentale Analytik*

Durch diese Frage treten wir vom weiten Feld der Empfindung und Wahrnehmung in den dunklen und engen Raum des Denkens ein; wir gehen von der »transzendentalen Ästhetik« zur »transzendentalen Logik« über. Die erste Aufgabe ist die Benennung und Analyse jener Elemente unseres Denkens, die weniger von der Wahrnehmung dem Verstande als umgekehrt vom Verstande der Wahrnehmung zugeführt werden; diese Elemente erheben das »Wahrnehmungswissen« um Dinge zum »begrifflichen« Wissen um Beziehungen, Abfolgereihen und Gesetze – sie sind die Werkzeuge des Verstandes, die die Erfahrung zur Wissenschaft verfeinern. Genau wie die Wahrnehmungen die Empfindungen in Raum und Zeit um einen Gegenstand angeordnet haben, so ordnet das begriffliche Wissen seinerseits die Wahrnehmungen (Gegenstände und Geschehen) um die Begriffe der Kausalität, Einheit, Wechselwirkung, Notwendigkeit, Möglichkeit usw. an; diese und andere »Kategorien« bilden die Struktur, von der die Wahrnehmungen aufgenommen, klassifiziert und in geordnete Begriffe des Denkens verschmolzen werden. Die Kategorien bilden das eigentliche Wesen des Verstandes; der Verstand *ist* das Ordnen der Erfahrung.

Man achte darauf, wie aktiv dieser Verstand dargestellt wird, der für Locke und Hume nur der sich einhämmernden Sinneswahrnehmung ausgesetztes »passives Wachs« gewesen war. Man denke z. B. an Aristoteles' System; ist es denkbar, daß diese fast kosmische Ordnung der Tatsachen durch das automatische und anarchische Eigenleben der Tatsachen selbst zustande gekommen sein kann? Zunächst stelle man sich den ausgezeichneten Karteikatalog einer Bibliothek vor, wie er menschlichen Zwecken entsprechend intelligent geordnet ist; dann denke man sich die Karten in wüster Unordnung auf den Boden geworfen. Ist es vorstellbar, daß sich die verstreuten Karten im Stile Münchhausens von selbst zusammenraffen und lautlos in alphabetischer und sachlicher Ordnung in ihre Schachteln, diese wieder an ihre richtigen Plätze auf den Regalen wandern würden, bis das Ganze wieder sinnvoll und zweckgemäß geordnet ist? Welche Wundermärchen uns doch diese Skeptiker erzählt haben!

Die Empfindung ist ungeordneter Reiz, die Wahrnehmung geordnete Empfindung, der Begriff geordnete Wahrnehmung, die Wissenschaft geordnete Erkenntnis, die Weisheit geordnetes Leben: jedes Glied dieser Reihe verkörpert einen höheren Grad der Ordnung, Klassifizierung und Einheit als die früheren Glieder. Woher stammen Ordnung, Klassifizierung und Einheit? Nicht aus den Dingen selbst, denn diese kennen wir nur, wie sie uns gleichzeitig durch tausend Leitungen als ungeordnete Masse zuströmen; erst unsere Zwecke stiften Ordnung, Klassifikation und Einheit inmitten dieser aufdringlichen Gesetzlosigkeit – wir selbst, unsere Persönlichkeit und unser Verstand, bringen erst Licht in diese Finsternis. Locke hat sich geirrt, als er sagte: »Nichts ist im Verstande, das nicht zuerst in den Sinnen gewesen wäre.« Leibniz hat ganz richtig hinzugefügt: »Nichts, den Verstand selbst ausgenommen.« – »Wahrnehmungen ohne Begriffe sind blind«, sagt Kant. Wie könnten, wenn sich die Wahrnehmungen automatisch zu Gedanken ordnen würden, und der Verstand keine aktive, Ordnung aus dem Chaos zimmernde Tätigkeit wäre, dieselben Erfahrungen bei einem Menschen zu Mittelmäßigkeit, bei anderen, tätigeren und unverdrosseneren Geistern zum Licht der Weisheit und zur kristallklaren Logik der Wahrheit führen?

Die Welt verdankt daher ihre Ordnung nicht sich selbst, sondern dem Denken, das im Erkennen ordnet und die erste Stufe in jener Klassifikation der Erfahrung bildet, die schließlich zu Wissenschaft und Philosophie führt. Die Gesetze des

Denkens sind auch die Gesetze der Dinge, denn diese sind uns nur durch das Denken bekannt, das jenen Gesetzen folgen muß, da es und sie eins sind; daraus folgt, wie später Hegel sagte, daß die Gesetze der Logik und der Natur dieselben sind, und Logik und Metaphysik zusammenfallen. Die allgemeinen Grundsätze der Wissenschaften sind notwendig, weil sie im Grunde Gesetze des Denkens sind, die in jeder vergangenen, gegenwärtigen und zukünftigen Erfahrung enthalten sind und von ihr vorausgesetzt werden. Die Wissenschaft ist absolut und die Wahrheit ewig.

3. *Transzendentale Dialektik*

Dennoch ist die Gewißheit und Absolutheit der Logik und der Naturwissenschaft paradoxerweise beschränkt und relativ: streng beschränkt auf das Gebiet der unmittelbaren Erfahrung und relativ in bezug auf unsere menschliche Form des Wissens. Denn die Welt, wie wir sie kennen, ist, sofern unsere Interpretation richtig war, eine Konstruktion, ein Endprodukt, man möchte fast sagen: ein Fertigfabrikat, zu dem der Verstand durch seine gestaltenden Formen ebensoviel beigetragen hat wie die Dinge durch die von ihnen ausgehenden Reize. (So nehmen wir z. B. einen Tisch als rund wahr, obwohl uns die Empfindung nur eine Ellipse geben konnte.) Der Gegenstand, wie er uns erscheint, ist ein Phänomenon, eine Erscheinung, die vielleicht sehr verschieden ist von dem Ding der Außenwelt, bevor es in den Bereich unserer Sinne eingetreten ist; wie dieses ursprüngliche Ding beschaffen ist, werden wir niemals wissen können. Das »Ding an sich« mag ein Gegenstand des Denkens und Schließens (ein »Noumenon«) sein, Erfahrungsgegenstand kann es nicht werden, denn beim Eingehen in die Erfahrung würde es durch die Sinne und das Denken Veränderungen erleiden. »Was es für eine Bewandtnis mit den Gegenständen an sich und abgesondert von aller dieser Rezeptivität unserer Sinnlichkeit haben möge, bleibt uns gänzlich unbekannt. Wir kennen nichts als unsere Art, sie wahrzunehmen, die uns eigentümlich ist, die auch nicht notwendig jedem Wesen obzwar jedem Menschen zukommen muß[22].« Der Mond, wie wir ihn kennen, ist (nach Hume) ein bloßes Bündel von Empfindungen, das von der angeborenen Struktur unseres Verstandes durch die Verarbeitung der Empfindungen in Wahrnehmungen und dieser in Begriffe und Vorstellungen vereinheitlicht wird (was Hume nicht gesehen hat); das Ergebnis ist, daß der Mond *für uns* aus unseren eigenen Vorstellungen besteht[23].

Nicht als ob Kant an der Existenz der Materie und der Außenwelt gezweifelt hätte; er betont aber, daß wir weiter nichts von ihnen wissen, als daß sie existieren. Unser näheres Wissen erstreckt sich nur auf ihre Erscheinung, auf die Empfindungen, die wir von ihnen haben. Idealismus bedeutet nicht, wie die landläufige Meinung lautet, daß außer dem wahrnehmenden Subjekt nichts existiert, sondern daß ein beträchtlicher Teil jedes Gegenstandes durch die Formen unserer Wahrnehmung und unseres Verstandes geschaffen wurde; wir kennen die Gegenstände in Gestalt unserer eigenen Vorstellungen – was sie gewesen sind, bevor sie zu Vorstellungen umgeformt wurden, das können wir nicht wissen. Die Wissenschaften sind über alle Erwartung naiv, denn sie nehmen an, daß sie es mit Dingen an sich in ihrer vollblütigen äußeren und unverstellten Realität zu tun haben; die Philosophie ist etwas scharfsinniger und begreift, daß das gesamte Material der Wissenschaften eher aus Empfindungen, Wahrnehmungen und Begriffen als aus Dingen besteht. »Kants größtes Verdienst ist die Unterscheidung der Erscheinung vom Dinge an sich«, sagt Schopenhauer[24].

Es folgt daraus, daß jeder Versuch der Wissenschaft oder Religion, die höchste Wirklichkeit zu bestimmen, bloße Hypothese bleiben muß; es folgt, daß der Verstand »die Schranken der Sinnlichkeit . . . niemals überschreiten könne[25]«. Eine so transzendente Wissenschaft verliert sich in »Antinomien«, und eine derart transzendente Theologie in »Paralogismen«. Es ist die grausame Aufgabe der »transzendentalen Dialektik«, die Gültigkeit der Versuche zu prüfen, die von der Vernunft unternommen werden, um aus dem geschlossenen Kreis der Empfindungen und Erscheinungen in die unerkennbare Welt der Dinge »an sich« zu flüchten.

Eine Antinomie ist ein unlösbares Dilemma, das aus einer Wissenschaft entsteht, die die Erfahrung zu überspringen sucht. Wenn sie zum Beispiel versucht, die Frage zu lösen, ob die Welt raumhaft endlich oder unendlich sei, sträubt sich das Denken gegen beide Annahmen: ohne Ende werden wir dazu getrieben, immer noch etwas räumlich weiteres anzunehmen, wobei die Unendlichkeit selbst doch unvorstellbar bleibt. Und wiederum: hatte die Welt einen Anfang in der Zeit? Die Ewigkeit ist uns unfaßbar, wir können uns aber auch keinen Zeitpunkt der Vergangenheit denken, ohne sofort zu fühlen, daß es auch vor diesem schon etwas gegeben hat. Oder hat die von der Wissenschaft untersuchte Kausalkette einen Anfang, eine »erste Ursache«? Ja, weil eine unendliche Kette undenkbar ist; nein, weil eine erste ursachlose Ursache ebenfalls undenkbar ist. Gibt es einen Ausweg aus dieser Sackgasse des Denkens? Es gibt einen, sagt Kant, wenn man bedenkt, daß Raum, Zeit und Kausalität nur Formen unserer Wahrnehmung und begrifflichen Erfassung sind, die in der gesamten Erfahrung enthalten sein müssen, da sie Struktur und Gewebe der Erfahrung bilden; das Dilemma geht auf die Annahme zurück, daß Raum, Zeit und Kausalität äußere, von unserem Wahrnehmen unabhängige Dinge seien. Wir werden niemals Erfahrungen besitzen, die wir nicht mit Hilfe von Zeit, Raum und Ursächlichkeit zu erfassen suchten; wir werden aber auch niemals eine Philosophie haben, wenn wir vergessen, daß jene nicht Dinge, sondern Mittel des Verständnisses und der Deutung sind.

Ähnlich steht es um die Paralogismen der »rationalen« Theologie, die mit Hilfe theoretischer Vernunft zu beweisen sucht, daß die Seele eine unteilbare Substanz ist, daß der Wille frei und über das Gesetz von Ursache und Wirkung erhaben sei, und daß es ein »notwendiges Wesen«, Gott, der die Voraussetzung aller Realität ist, gebe. Die transzendentale Dialektik hat die Theologie daran zu erinnern, daß Substanz, Kausalität und Notwendigkeit endliche Kategorien, Klassifikations- und Anordnungsarten sind, die der Verstand auf die Sinneserfahrung anwendet, und die nur für die Erscheinung dieser Erfahrung von zuverlässiger Gültigkeit sind; man kann diese Begriffe nicht auf die Welt der Noumena (der bloß erschlossenen und konstruierten Dinge) anwenden. Religion kann nicht durch theoretische Vernunft bewiesen werden.

Hiermit schließt die erste der »*Kritiken*«. Man kann sich vorstellen, mit welch sardonischem Lächeln David Hume, ein noch absonderlicherer Schotte als Kant selbst, ihre Ergebnisse betrachtet hätte. Dieses riesige, achthundert Seiten lange Werk, das bis zur äußersten Grenze des Erträglichen mit einer schwerfälligen Terminologie belastet war, versprach, alle Probleme der Metaphysik zu lösen und obendrein die Absolutheit der Wissenschaft und die wichtigsten Wahrheiten der Religion zu retten. Was hat das Werk in Wirklichkeit geleistet? Es hat die naive Welt der Wissenschaft zerstört und die Forschung, wenn nicht der Gründlichkeit, so doch dem Ziele nach, beschränkt – auf die Welt der ausgesprochenen Oberfläche und der Erscheinung, außerhalb der sie bloß possenhafte »Antinomien« hervorbringen kann; auf diese Weise »rettete« Kant die Wissenschaft! Die überzeugendsten und einschneidendsten Teile des Buches lehrten, daß die Gegenstände des Glaubens (die freie und unsterbliche Seele und ein gütiger Schöpfer) niemals durch die Vernunft bewiesen werden könnten; so wurde die Religion »gerettet«! Kein Wunder, daß die Geistlichen Deutschlands wild gegen die Art der Erlösung protestierten und aus Rache ihren Hunden den Namen »Immanuel Kant« gaben[26].

Und kein Wunder, daß Heine den kleinen Professor aus Königsberg mit dem entsetzlichen Robespierre verglich; letzterer hatte bloß einen König und einige tausend Franzosen umgebracht – was einem Deutschen verzeihlich erscheinen mag – aber Kant hat, sagt Heine, Gott getötet, indem er die wertvollsten Beweisgründe der Theologie zerpflückte. »Sonderbarer Kontrast zwischen dem äußeren Leben des Mannes und seinen zerstörenden, weltzermalmenden Gedanken! Wahrlich, hätten die Bürger von Königsberg die ganze Bedeutung dieses Gedankens geahnt, sie würden vor jenem Manne eine weit grauenhaftere Scheu empfunden haben als vor einem Scharfrichter . . ., der nur Menschen hinrichtet – aber die guten Leute sahen in ihm nichts anderes als einen Professor der Philosophie, und wenn er zur bestimmten Stunde vorbeiwandelte, grüßten sie freundlich und richteten etwa nach ihm ihre Taschenuhr[27].«

Ist das eine Karikatur oder Offenbarung?

IV. DIE KRITIK DER PRAKTISCHEN VERNUNFT

Wodurch kann man der Religion eine Grundlage geben, wenn nicht durch Wissenschaft und Theologie? Durch Sittlichkeit. Die Begründung auf Theologie ist zu unsicher, man verzichtet besser auf sie und hebt selbst ihre Möglichkeit auf; der Glaube muß innerhalb der Grenzen der Vernunft bleiben. Dafür muß aber die sittliche Grundlage der Religion absolut sein und nicht aus bezweifelbarer sinnlicher Erfahrung oder aus unsicheren Schlußfolgerungen abgeleitet werden; sie darf nicht durch Einmischung der nicht unfehlbaren Vernunft ihrer Festigkeit beraubt werden und muß in unmittelbarer Wahrnehmung und Intuition dem innersten Ich entspringen. Wir müssen eine allgemeingültige und notwendige Ethik finden, *apriorische* sittliche Grundsätze, die ebenso absolut und sicher sind wie die Prinzipien der Mathematik. Wir müssen zeigen, »daß *reine* Vernunft einen praktischen, d. i. zur Willensbestimmung hinreichenden Grund in sich enthalten könne . . .[28]«; es muß gezeigt werden, daß der moralische Sinn angeboren und nicht aus der Erfahrung abgeleitet ist. Der sittliche Imperativ, den wir als Grundlage der Religion benötigen, muß ein bedingungsloser, ein kategorischer Imperativ sein.

Nun ist die erstaunlichste Realität in unserer gesamten Erfahrung gerade unser moralisches Bewußtsein, das unentrinnbare Gefühl angesichts einer Versuchung, daß dieses oder jenes böse sei. Selbst wenn wir nachgeben, bleibt das Gefühl. *»Le matin je fais des projets, et le soir je fait des sottises*[29]«; wir wissen aber, daß sie *»sottises«* sind, und fassen wieder neue Vorsätze. Was ist der Grund der Gewissensbisse und der neuen Vorsätze? Es ist der kategorische Imperativ in uns, der bedingungslose Befehl unseres Gewissens: »Handle so, als ob die Maxime deiner Handlung durch deinen Willen zum allgemeinen Naturgesetze werden sollte[30].« Nicht durch vernünftige Überlegung, sondern durch ein lebhaftes und unmittelbares Gefühl wissen wir, daß wir ein Verhalten meiden müssen, welches, wenn von allen Menschen befolgt, das Leben der Gesellschaft unmöglich machen würde. Wünsche ich mich aus einer mißlichen Lage durch Lüge zu befreien? »So werde ich bald inne, daß ich zwar die Lüge, aber ein allgemeines Gesetz zu lügen gar nicht wollen könne; denn nach einem solchen würde es eigentlich gar kein Versprechen geben[31].« Daher das Gefühl in mir, daß ich nicht lügen darf, selbst zu meinem eigenen Vorteil nicht. Klugheit ist hypothetisch, ihr Motto heißt »Ehrlichkeit wenn sie nützlich ist«; das Sittengesetz in unseren Herzen aber ist nicht hypothetisch, sondern unbedingt und absolut.

Und eine Handlung ist nicht gut, weil sie gute Folgen zeitigt oder weise ist, sondern weil sie in Übereinstimmung mit diesem inneren Pflichtgefühl vorgenommen wurde, mit diesem Sittengesetz, das nicht aus unserer persönlichen Erfahrung stammt, sondern gebieterisch *a priori* unser gesamtes vergangenes, gegenwärtiges und zukünftiges Verhalten bestimmt. Das einzige bedingungslos gute Etwas auf dieser Welt ist ein guter Wille – der Wille, ungeachtet des eigenen Nutzens oder Schadens dem Sittengesetz zu folgen. Man tue seine Pflicht und kümmere sich nicht um die Glückseligkeit. »Daher ist auch die Moral nicht eigentlich die Lehre, wie wir uns glücklich machen, sondern wie wir der Glückseligkeit würdig werden sollen[32].« Wir sollen für andere das Glück suchen, für uns selbst aber die Vollendung – gleichgültig ob sie uns Glück oder Schmerzen bringt[33]. Um in dir selbst Vollkommenheit und in anderen Glück zu bewirken, »handle so, daß du die Menschheit, sowohl in deiner Person als in der Person eines jeden anderen, jederzeit zugleich als Zweck, niemals bloß als Mittel brauchst[34]« – auch dies ist, wie man unmittelbar fühlt, ein kategorischer Imperativ. Leben wir diesem Grundsatz gemäß, so werden wir bald eine ideale Gemeinschaft vernünftiger Wesen errichtet haben; um sie zu errichten, brauchen wir nur so zu handeln, als ob wir ihr bereits angehörten – wir müssen im unvollkommenen Zustand das vollkommene Gesetz anwenden. Es ist eine schwere Ethik, wird man sagen – diese Bevorzugung der Pflicht gegenüber der Schönheit, der Sittlichkeit gegenüber der Glückseligkeit, aber nur auf diese Weise können wir aufhören, Tiere, und anfangen, Götter zu sein.

Man beachte auch, daß dieses unbedingte Gebot der Pflicht die Freiheit unseres Willens beweist; wie hätten wir jemals einen solchen Begriff der Pflicht schaffen können, hätten wir uns nicht frei gefühlt? Durch theoretische Vernunft können wir diese Freiheit nicht beweisen; wir beweisen sie dadurch, daß wir sie in den Krisen des sittlichen Wählens unmittelbar fühlen. Wir fühlen, daß sie das eigentliche Wesen unseres tiefsten Selbst, des »reinen Ich« ist, und fühlen in uns die freiwillige Tätigkeit des Erfahrungen formenden und Ziele setzenden Geistes. Unsere Handlungen scheinen, nachdem wir mit ihnen einmal begonnen haben, festgelegten und unveränderlichen Gesetzen zu folgen, aber nur deshalb, weil wir ihre Ergebnisse durch die Sinne wahrnehmen, die alles, was sie uns vermitteln, in die von unserem Verstande selbst geschaffenen Kausalgesetze einhüllen. Dennoch stehen wir jenseits und oberhalb der Gesetze, die wir uns zum Verständnis der Erfahrungswelt selbst geschaffen haben; jeder von uns ist ein Mittelpunkt Neues unternehmender, schöpferischer Kräfte. Jeder von uns ist auf eine gewisse Weise, die wir alle fühlen, aber nicht beweisen können, frei.

Ähnlich fühlen wir, obwohl wir es nicht beweisen können, daß wir unsterblich sind. Wir sehen, daß das Leben nicht wie jene beim Volk so beliebten Dramen verläuft, in denen jeder Bösewicht bestraft wird und jede tugendhafte Handlung ihren Lohn findet; täglich von neuem erfahren wir, daß in dieser

Welt die Weisheit der Schlange besser wegkommt als die Sanftmut der Taube, und daß jeder Dieb sich behauptet, wenn er nur genug gestohlen hat. Würde nur die bloß weltliche Nützlichkeit und Zweckmäßigkeit die Tugend rechtfertigen, so wäre es unklug, allzu gut zu sein. Und doch fühlen wir das Gebot der Tugendhaftigkeit, obwohl wir all das wissen und es in brutaler Wiederholung vor Augen geführt bekommen, und *erkennen,* daß wir das unvorteilhafte Gute tun *sollten.* Wie könnte dieser Sinn für das Gute erhalten bleiben, wenn wir nicht in unserem Herzen fühlten, daß dieses Leben nur ein Teil des Lebens, dieser irdische Traum nur das embryonenhafte Vorspiel einer neuen Geburt, eines neuen Erwachens ist, wenn wir nicht unklar wüßten, daß in einem späteren und längeren Leben die Bilanz von neuem gezogen und jeder großmütig dargebotene Trunk Wasser hundertfach vergütet wird?

Und zum Schluß sprechen dieselben Anzeichen dafür, daß es einen Gott gibt. Wenn das Pflichtbewußtsein den Glauben an zukünftige Vergeltung einschließt und rechtfertigt, muß das »Postulat der Unsterblichkeit . . . auf die Voraussetzung des Daseins einer dieser Wirkung adäquaten Ursache führen, d. i. . . . die Existenz Gottes . . . postulieren[35]«. Das ist wieder kein Beweis durch die »Vernunft«; der moralische Sinn, der es mit der Welt unseres Handelns zu tun hat, muß das Primat, die Priorität, vor der theoretischen Logik erhalten, die nur zur Bearbeitung der sinnlichen Erscheinungen geschaffen wurde. Unsere Vernunft läßt uns den Glauben frei, daß es hinter dem Ding an sich einen gerechten Gott gibt; unser moralischer Sinn befiehlt uns die Annahme dieses Glaubens. Rousseau hatte recht: über der Logik des Kopfes steht das Gefühl des Herzens. Auch Pascal hatte recht: das Herz besitzt seine eigenen Beweisgründe, die der Kopf niemals verstehen wird.

Erscheint diese Anschauung abgeschmackt, ängstlich und konservativ? Sie war es nicht; im Gegenteil, diese kühne Ablehnung der »rationalen« Theologie, diese offene Zurückführung der Religion auf moralischen Glauben und moralische Hoffnung weckten den Widerspruch aller Rechtgläubigen in Deutschland. Dem Ansturm der Geistlichkeit standzuhalten verlangte mehr Mut, als man im allgemeinen mit dem Namen Kant verbunden glaubt.

Daß er Mut genug besaß, bewies er, als er mit dreiundsechzig Jahren die *»Kritik der Urteilskraft«* und mit siebenundsechzig die *»Religion innerhalb der Grenzen der bloßen Vernunft«* veröffentlichte. Im ersten dieser Werke kehrt Kant zur Besprechung der Planmäßigkeit – der Welt zurück, die er in der *»Kritik der reinen Vernunft«* als unzulänglichen Beweisgrund für die Existenz Gottes abgelehnt hatte. Er fängt mit der Verknüpfung von Planmäßigkeit und Schönheit an; schön ist alles, glaubt er, was Symmetrie und Einheit des Aufbaues zeigt, als wäre es von einem intelligenten Wesen entworfen. Er bemerkt nebenbei (und Schopenhauer hat einen beträchtlichen Teil seiner Kunsttheorie von hier entnommen), daß die Betrachtung symmetrischen Aufbaues immer zu interesselosem Wohlgefallen führe, und daß Anteilnahme an der Naturschönheit um ihrer selbst willen stets ein Zeichen der Güte sei[36]. Viele Gegenstände der Natur zeigen eine solche Schönheit, Symmetrie und Einheit, daß wir uns fast zur Annahme eines übernatürlichen Planes getrieben fühlen. Andererseits gibt es aber, sagt Kant, in der Natur auch viele Beispiele für Verschwendung und Unordnung, nutzlose Wiederholung und Vervielfältigung; die Natur erhält zwar das Leben, aber um den Preis des Todes und welcher Leiden! Der Schein äußerer Planmäßigkeit ist kein bündiger Beweis für die Vorsehung. Die Theologen, die soviel Gebrauch von dieser Idee machen, sollten auf sie verzichten, und die Wissenschaftler, von denen sie aufgegeben wurde, sollten sie öfter heranziehen; sie ist ein hervorragender Leitfaden und führt zu hundert Offenbarungen. Denn es gibt zweifellos einen Plan, aber er ist ein innerer Plan, der Entwurf der Teile durch das Ganze. Wenn die Wissenschaft die Teile eines Organismus gemäß ihrer Bedeutung für das Ganze erklären würde, so hätte sie ein ausgezeichnetes Gegengewicht für die mechanische Auffassung des Lebens, jenes andere heuristische Prinzip, das ebenfalls fruchtbar bei Entdeckungen ist, für sich genommen aber auch nicht das Wachsen eines einzigen Grashalmes erklären kann.

Das Buch über Religion ist eine erstaunliche Schöpfung für einen neunundsechzigjährigen Mann; es ist vielleicht Kants kühnstes Werk. Da die Religion nicht auf die Logik der theoretischen Vernunft, sondern auf die praktische Vernunft des moralischen Sinnes gegründet werden muß, so hat man Bibel und Offenbarung nach ihrem Wert für die Sittlichkeit zu beurteilen, während sie selbst nicht Richter über die Sittengesetze sein können. Kirchen und Dogmen sind nur insofern wertvoll, als sie die moralische Entwicklung der Menschheit unterstützen. Sobald sich Glaubensbekenntnisse und Zeremonien an Stelle der moralischen Auszeichnung als Prüfstein der Religiosität setzen, ist diese verschwunden. Die wahre Kirche besteht aus einer Gemeinschaft von Menschen, die, noch so zerstreut und getrennt, doch durch die Verehrung des gemeinsamen moralischen Gesetzes geeint sind. Um eine solche Gemeinde zu gründen, hat Christus gelebt und sein Leben geopfert; diese echte Kirche stellte er als Vorbild der Kirchlichkeit der Pharisäer gegenüber. Aber eine neue Kirchlichkeit hat diese edle Schöpfung fast ganz überwuchert. »Christus hat das Reich Gottes auf Erden herbeigerückt; aber man hat ihn nicht verstanden und das Reich der Priester errichtet, nicht das Gottes in uns[37].« Wieder haben Bekenntnisse und Kirchenordnung die Stelle guter Lebensführung eingenommen, und statt durch Religion einig geworden zu sein, sind die Menschen in tausend Sekten zerrissen; »frommes Spielwerk« in allen seinen Abarten wird »als himmlischer Hofdienst geboten«, und man glaubt, daß »man sich in die Gunst des himmlischen Herrn einschmeicheln könne[38]«. – Wunder können die Wahrheiten einer Religion auch nicht beweisen, da wir uns niemals ganz auf die Zeugnisse verlassen können, durch die sie gestützt werden; Gebete sind nutzlos, wenn sie die Aufhebung der bestehenden, für die gesamte Erfahrung geltenden Naturgesetze zum Ziele haben. Schließlich ist der tiefste Punkt der widernatürlichen Situation erreicht, wenn die Kirche in den Händen einer reaktionären Regierung zum Werkzeug wird; wenn die Geistlichen, deren Aufgabe die Führung und Tröstung der gequälten Menschheit durch religiösen Glauben, Hoffnung und Wohltätigkeit ist, zu Mitteln theologischer Lichtfeindlichkeit und politischer Unterdrückung werden.

Die Kühnheit dieser Folgerungen lag darin begründet, daß sich in Preußen gerade die geschilderte Lage eingestellt hatte. 1786 starb Friedrich der Große; für seinen Nachfolger, Friedrich Wilhelm II., schien die liberale Politik Friedrichs den unpatriotischen Beigeschmack der französischen Aufklärung zu haben. Zedlitz, der unter Friedrich Kultusminister gewesen war, wurde verabschiedet, und seine Stellung erhielt der Pietist Wöllner. Friedrich schilderte ihn als »einen verräterischen und intrigierenden Geistlichen«; seine Zeit teilte Wöllner zwischen Alchimie und rosenkreuzerischen Mysterien auf und gelangte dadurch zur Macht, daß er sich dem neuen Herrscher, der die zwangsweise Wiederherstellung des orthodoxen Glaubens plante, als »unwürdiges Instrument« anbot[39]. 1788 gab Wöllner eine Verordnung heraus, in der jede Lehrtätigkeit an Schulen und Universitäten verboten wurde, die von der orthodoxen Gestalt des lutherischen Protestantismus abwich; er errichtete eine strenge Zensur über alle Veröffentlichungen und ordnete die Entlassung aller Lehrer an, die der Häresie verdächtig waren. Zunächst ließ man Kant in Frieden, wohl weil er ein alter Mann war, und weil – wie ein Ratgeber des Königs sagte – nur wenige ihn lasen, und auch diese ihn nicht verstanden. Aber sein Buch über Religion war verständlich, und es zeigte, obwohl von glühender Religiosität erfüllt, eine zu starke Voltairesche Ader, um der neuen Zensur zu entgehen. Der »Berliner Monatsschrift«, die die Arbeit veröffentlichen wollte, wurde befohlen, sie abzulehnen.

Kant handelte nun mit einer Energie und einem Mut, wie man sie einem Siebzigjährigen kaum zugetraut hätte. Er schickte das Werk an seine Freunde in Jena und ließ es mit ihrer Hilfe durch die Druckerei der dortigen Universität veröffentlichen. Jena unterstand der Gerichtsbarkeit desselben Weimarer Herzogs, der sich Goethes annahm. Der Erfolg war, daß Kant 1794 vom preußischen König folgende beredte Kabinettordre erhielt: »Unsere höchste Person hat mit großem Mißfallen ersehen, wie Ihr Eure Philosophie zur Entstellung und Herabwürdigung mancher Haupt- und Grundlehren der Heiligen Schrift und des Christentums mißbraucht. – Wir verlangen des ehesten Eure gewissenhafte Verantwortung und gewärtigen uns von Euch, daß Ihr Euch künftighin nichts dergleichen werdet zu Schulden kommen lassen; sondern vielmehr Eurer Pflicht gemäß Euer Ansehen und Eure Talente dazu verwenden, daß unsere Landesväterliche Intention je mehr und mehr erreicht werde; widrigenfalls Ihr Euch, bei fortgesetzter Renitenz, unfehlbar unangenehmer Verfügungen zu gewärtigen habt[40].« Kant erwiderte, daß jeder Gelehrte das Recht haben sollte, über religiöse Fragen ein unabhängiges Urteil zu bilden und seine Ansichten bekanntzugeben, daß er aber während der Regierung des gegenwärtigen Königs Schweigen wahren würde. Einige Biographen, die aus der Entfernung recht kühn zu sein verstanden, haben ihn wegen dieser Konzession verurteilt; man muß aber bedenken, daß Kant siebzig Jahre alt war, daß er über eine sehr schwache, zum Kampf ungeeignete Gesundheit verfügte, und daß er der Welt seine Botschaft bereits dargebracht hatte.

VI. ÜBER POLITIK UND EWIGEN FRIEDEN

Die preußische Regierung hätte Kant seine Theologie vielleicht verziehen, hätte er sich nicht auch politischer Häresien schuldig gemacht. Drei Jahre nach der Thronbesteigung Friedrich Wilhelms II. hatte die französische Revolution alle Throne Europas erschüttert. Zu einer Zeit, als sich die meisten

Lehrer an preußischen Universitäten beeilten, die legitime Monarchie zu unterstützen, begrüßte der fünfundsechzig Jahre alte, junge Kant die Revolution mit Freuden; mit Tränen in den Augen sagte er zu seinen Freunden wie Simeon: »Herr! Nun lasse Deinen Diener in Frieden fahren, denn ich habe das Heil der Welt gesehen[41]!«

1784 veröffentlichte er eine kurze Darstellung seiner Staatslehre unter dem Titel: *»Idee zu einer allgemeinen Geschichte in weltbürgerlicher Absicht«*. Kant beginnt damit, daß er im Kampf aller gegen alle, der Hobbes so erschütterte, ein Mittel der Natur erblickt, um die verborgenen Kräfte des Lebens zu entfalten; Kampf ist eine unentbehrliche Begleiterscheinung des Fortschrittes. Wären die Menschen vollkommen gesellig, so würde die menschliche Entwicklung stocken; ein gewisser Zusatz von Individualismus und Wettbewerb ist erforderlich, um die menschliche Gattung lebendig und in Entwicklung zu erhalten. »Ohne jene ... Eigenschaften der Ungeselligkeit ... würden in einem arkadischen Schäferleben bei vollkommener Eintracht, Genügsamkeit und Wechselliebe alle Talente auf ewig in ihren Keimen verborgen bleiben.« (Hieraus erhellt, daß Kant kein sklavischer Anhänger Rousseaus war.) »Dank sei also der Natur für die Unvertragsamkeit, für die mißgünstig wetteifernde Eitelkeit, für die nicht zu befriedigende Begierde zum Haben, oder auch zum Herrschen! ... Der Mensch will Eintracht; aber die Natur weiß besser, was für seine Gattung gut ist; sie will Zwietracht«, um ihn »zur neuen Anspannung der Kräfte, mithin zu mehrerer Entwicklung der Naturanlagen[42]« anzutreiben.

Der Kampf ums Dasein ist daher nicht ganz und gar ein Übel. Dennoch merken die Menschen bald, daß er auf gewisse Grenzen eingeschränkt und durch Regeln, Sitten und Gesetze reguliert werden muß; hierin liegt der Ursprung und die Entwicklung der bürgerlichen Gesellschaft. Aber »dieselbe Ungeselligkeit, welche die Menschen hierzu nötigte, ist wieder die Ursache, daß ein jedes Gemeinwesen in äußerem Verhältnisse, d. h. als ein Staat in Beziehung auf Staaten in ungebundener Freiheit steht, und folglich einer von dem anderen eben die Übel erwarten muß, die die einzelnen Menschen drückten und sie zwangen, in einen gesetzmäßigen bürgerlichen Zustand zu treten[43]«. Es ist an der Zeit, daß die Nationen, ähnlich den einzelnen Menschen, aus dem wilden Naturzustand heraustreten und einen Vertrag zur Wahrung des Friedens schließen. Der ganze Sinn und die Bewegung der Geschichte besteht in der immer größeren Einschränkung der kriegerischen Akte und der Gewaltsamkeit und in der Verbreitung des Friedens. »Man kann die Geschichte der Menschengattung im großen als die Vollziehung eines verborgenen Planes der Natur ansehen, um eine innerliche und zu diesem Zwecke auch äußerlich vollkommene Staatsverfassung zustande zu bringen, als den einzigen Zustand, in welchem sie alle ihre Anlagen in der Menschheit völlig entwickeln kann[44].« Gäbe es keinen Fortschritt in dieser Richtung, so würden die Arbeiten der aufeinanderfolgenden Zivilisationen an Sisyphus erinnern, der immer wieder einen großen runden Stein bergauf rollte, nur um ihn dicht vor dem Gipfel zurückrollen zu lassen. Die Geschichte wäre dann weiter nichts als ein endloser, im Kreislauf wiederkehrender Unsinn, und man müßte, »gleich dem Indier, die Erde als einen Büßungsort für alte, jetzt nicht mehr erinnerliche Sünden[45]« ansehen.

Die Abhandlung *»Zum ewigen Frieden«* (1795 von Kant mit einundsiebzig Jahren veröffentlicht) ist eine großartige Weiterentwicklung desselben Themas. Kant wußte, wie leicht man über diesen Gegenstand spotten kann, und gedenkt bei dem Titel dieser Schrift der gleichnamigen »satirischen Überschrift auf dem Schilde jenes holländischen Gastwirts, worauf ein Kirchhof gemalt war[46]«. Schon früher hatte sich Kant darüber beklagt, daß »unsere Weltregierer zu öffentlichen Erziehungsanstalten . . . für jetzt kein Geld übrig haben, weil alles auf den künftigen Krieg schon zum voraus verrechnet ist[47]«. Die Völker werden nie ganz zivilisiert sein, solange die stehenden Heere nicht abgeschafft sind. (Die Kühnheit dieser Behauptung ist besonders auffallend, wenn man bedenkt, daß Preußen unter dem Vater Friedrichs des Großen das erste Land gewesen ist, das Zwangsaushebungen eingeführt hat.)

»Stehende Heere ... bedrohen andere Staaten unaufhörlich mit Krieg durch die Bereitschaft, immer dazu gerüstet zu erscheinen; reizen diese an, sich einander in Menge der Gerüsteten, die keine Grenzen kennt, zu übertreffen, und indem durch die darauf verwandten Kosten der Friede endlich noch drückender wird als ein kurzer Krieg, so sind sie selbst Ursache von Angriffskriegen, um diese Last loszuwerden[48].« Denn im Kriege würde sich die Armee im Felde durch Requirierungen, Einquartierungen und Plünderungen selbst erhalten; man hofft zwar, daß dies im Feindeslande geschehen werde, wenn aber nötig, so im eigenen, was immer noch besser ist, als das Heer aus Regierungsmitteln zu speisen.

Große Schuld an diesem Militarismus trug nach Kants Auffassung die Ausdehnung europäischer Macht nach Amerika, Afrika und Asien, die zu Streitigkeiten der Diebe über ihre Beute führte. »Vergleicht man hiermit (mit den Barbaren) das inhospitale Betragen der gesitteten, vornehmlich handeltreibenden Staaten unseres Weltteils, so geht die Ungerechtigkeit, die sie in dem Besuche fremder Länder und Völker (welches ihnen mit dem Erobern derselben für einerlei gilt) beweisen, bis zum Erschrecken weit. Amerika, die Negerländer, die Gewürzinseln, das Kap usw. waren bei ihrer Entdeckung für sie Länder, die keinem angehörten; denn die Einwohner rechneten sie für nichts ...[49].« Und alles dieses ist geschehen von »Mächten, die von der Frömmigkeit viel Werks machen, und, indem sie Unrecht mit Wasser trinken, sich in der Rechtgläubigkeit für Auserwählte gehalten wissen wollen[50]«. Der alte Fuchs zu Königsberg war noch nicht zum Schweigen gebracht.

Kant schrieb diese imperialistische Habgier der oligarchischen Verfassung der europäischen Staaten zu; die Beute ging auf einige Auserwählte über und blieb selbst nach der Verteilung recht beachtlich. Würde sich die Demokratie durchsetzen, und die Gesamtheit an der politischen Macht teilhaben, so müßte die Beute der internationalen Raubzüge so weit aufgeteilt werden, daß sie für den Einzelnen keine unwiderstehliche Versuchung mehr darstellen würde. Daher muß der

»erste Definitivartikel zum ewigen Frieden« lauten: »Die bürgerliche Verfassung in jedem Staate soll republikanisch sein[51]«, und Krieg darf nur auf Grund allgemeiner Volksabstimmung erklärt werden. Haben jene die Entscheidung über Krieg und Frieden, die selbst kämpfen müssen, so wird die Geschichte nicht mehr mit Blut geschrieben. »Da hingegen in einer Verfassung, wo der Untertan nicht Staatsbürger, die also nicht republikanisch ist, es [der Krieg] die unbedenklichste Sache von der Welt ist, weil das Oberhaupt nicht Staatsgenosse, sondern Staatseigentümer ist, an seinen Tafeln, Jagden, Lustschlössern, Hoffesten und dergleichen durch den Krieg nicht das mindeste einbüßt, diesen also wie eine Art von Lustpartie aus unbedeutenden Ursachen beschließen und der Anständigkeit wegen dem dazu allezeit fertigen diplomatischen Korps die Rechtfertigung desselben gleichgültig überlassen kann[52].« – Wie zeitgemäß ist die Wahrheit!

Der scheinbare Sieg der Revolution über die Armeen der Reaktion im Jahre 1795 ließ Kant hoffen, daß sich nun in ganz Europa Republiken bilden würden, und eine internationale, auf sklavereifeindliche, von Ausbeutung befreite und friedliche Demokratie gegründete Ordnung entstehen würde. Die Aufgabe der Regierung ist ja schließlich, das Individuum zu unterstützen, es in seiner Entwicklung zu fördern und es zwar zu verwenden, aber nicht zu mißbrauchen. Jeder Mensch ist als absoluter Selbstzweck zu achten; es ist ein Verbrechen an seiner Menschenwürde, ihn als bloßes Mittel zu ihm fremden Zwecken auszunützen[53]. Das ist ebenfalls ein Teil jenes kategorischen Imperativs, ohne den die Religion heuchlerische Schauspielerei bleibt. Kant verlangt daher Gleichheit, nicht der Begabungen, sondern der Möglichkeiten, die Begabungen zu entwickeln und anzuwenden; er lehnt jedes Vorrecht der Geburt und Klasse ab und leitet die erblichen Vorrechte aus gewaltsamen Akten des Besitzergreifens in der Vergangenheit ab. Inmitten der Dunkelmänner, der Reaktion und der Vereinigung des ganzen monarchistischen Europa, die Revolution niederzuwerfen, nahm er trotz seiner siebzig Jahre für die neue Ordnung und für die Einführung von Demokratie und Freiheit

Stellung. Niemals hatte Alter so die Sprache der Jugend gesprochen.

Aber nun war er erschöpft; seinen Teil hatte er geleistet und seinen Kampf ausgefochten. Er verfiel langsam in kindliche Senilität, die schließlich in harmloses Irresein mündete: der Reihe nach verließen ihn seine sinnlichen und geistigen Kräfte; 1804 starb er mit neunundsiebzig Jahren still und natürlich, wie ein Blatt, das sich vom Baume löst.

VII. KRITIK UND WÜRDIGUNG

Wie ist heute der Stand dieses aus Logik, Metaphysik, Psychologie, Ethik und Politik zusammengefügten Gebildes, nachdem die philosophischen Stürme eines Jahrhunderts darüber weggefegt sind? Man freut sich, berichten zu können, daß vieles vom großen Bau dauerhaft gewesen ist, und daß die »kritische Philosophie« ein Ereignis von bleibender Bedeutung für die Geschichte des Denkens wurde. Aber vieles vom Beiwerk und viele Einzelheiten mußten Erschütterungen erleiden.

Ist denn nun der Raum eine bloße »Form der Sinnlichkeit«, die unabhängig vom wahrnehmenden Geist keine objektive Realität besitzt? Ja und nein. Ja, denn der Raum ist ein leerer Begriff, wenn er nicht von wahrgenommenen Gegenständen erfüllt wird, und bedeutet nur so viel, daß sich gewisse Dinge für den wahrnehmenden Geist in bezug auf andere Dinge in dieser oder jener Lage und Entfernung befinden; und da die äußere Wahrnehmung nur Dinge im Raume erfassen kann, ist der Raum mit Gewißheit eine »notwendige Form des äußeren Sinnes«. – Und nein: denn Raumtatsachen wie der alljährliche elliptische Lauf der Erde um die Sonne sind zwar zweifellos nur vom Geist feststellbar, aber dennoch unabhängig von jeder Art Wahrnehmung; das tiefe, blaue Meer hat sich gewälzt, bevor es von Byron dazu aufgefordert wurde, und auch nachdem er aufgehört hat zu sein. Der Raum ist ebensowenig eine durch Verknüpfung unräumlicher Empfindungen entstandene »Konstruktion« des Geistes; wir nehmen den Raum unmittelbar wahr durch die gleichzeitige Wahrnehmung verschiedener Dinge und verschiedener Punkte, wenn wir z. B. die Bewegung eines Insektes gegen einen unbewegten Hintergrund sehen. Ähnlich ist auch die Zeit als der Sinn für das Früher und Später oder als Maß der Bewegung selbstverständlich subjektiv und hochgradig relativ; ein Baum wird aber altern, verwelken und eingehen, gleichgültig ob der Verlauf der Zeit wahrgenommen und gemessen wurde oder nicht. Die Wahrheit ist, daß Kant, um einen Ausweg aus dem Materialismus zu gewinnen, zu sehr bestrebt war, die Subjektivität des Raumes zu beweisen; er fürchtete sich vor dem Gedankengang, daß, wenn der Raum objektiv und allgegenwärtig ist, Gott im Baume existieren und folglich räumlich und materiell sein müsse. Er hätte sich mit dem kritischen Idealismus zufrieden geben können, der zeigt, daß uns alle Realität zunächst als unsere Empfindung und Vorstellung bekannt ist. Der alte Fuchs hat nach mehr gegriffen, als er halten konnte[54].

Er hätte sich auch mit der Relativität der wissenschaftlichen Wahrheiten abfinden können, ohne nach der Fata Morgana des Absoluten zu streben. Neuere Untersuchungen wie die Pearsons in England, Machs in Deutschland und Henri Poincarés in Frankreich stimmen alle mehr mit Hume als mit Kant darin überein, daß jede Wissenschaft, selbst die strenge Mathematik, relativ in ihren Wahrheiten sei. Die Wissenschaft selbst fühlt sich durch diese Frage nicht beängstigt, denn sie ist schon mit einem hohen Grad der Wahrscheinlichkeit zufrieden. Vielleicht ist die »notwendige« Erkenntnis dennoch nicht notwendig?

Das große Verdienst Kants ist, ein für allemal gezeigt zu haben, daß wir die Außenwelt nur als unsere Empfindung kennen, und daß der Geist keine hilflose *»tabula rasa«*, kein untätiges Opfer der Empfindungen ist, sondern eine tätige Kraft, die die Erfahrungsdata nach Eingang auswählt und konstruktiv verarbeitet. Man kann von dieser Leistung einiges abziehen, ohne ihre wesenhafte Größe zu verletzen. So kann man mit Schopenhauer[55] über das volle Dutzend der Kategorien lächeln, die so hübsch in Dreiergruppen eingeschachtelt sind, und dann mit Hilfe erbarmungsloser Kniffe so gedehnt, eingeengt und umgedeutet werden, daß sie auf alles passen und alles decken. Man kann sogar in Frage ziehen, ob diese Kategorien oder Deutungsformen des Geistes angeboren sind und schon vor der Empfindung und Erfahrung existieren; vielleicht existieren sie im Individuum vor der Erfahrung, wie Spencer meinte, obwohl sie von der Gattung erst erworben werden mußten. Weiter aber können diese Kategorien, selbst wenn sie vom Individuum erworben wurden, Schablonen des Denkens, Gewohnheiten der Wahrnehmung und Begriffsbildung sein, die allmählich durch automatisch sich selbst ordnende Empfindungen erzeugt wurden – durch Wahrnehmungen, die sich zunächst ungeordnet, dann aber durch eine Art natürlicher Auswahl der Anordnungsformen in geordneter, brauchbarer und einleuchtender Gestalt darboten. Das Gedächtnis ist die Fähigkeit, von der die Empfindungen in Wahrnehmungen und die Wahrnehmungen in Vorstellungen klassifiziert und umdeutet werden, aber das Gedächtnis ist etwas Erworbenes. Jene Einheit des Geistes (die »transzendentale Einheit der Apperzeption«), die Kant für angeboren hält, ist erworben – und das nicht von allen, denn sie kann ebenso verloren als erworben werden, z. B. bei Gedächtnisschwund, Persönlichkeitsspaltung oder Geisteskrankheit. Begriffe sind keine Naturgabe, sondern eine Errungenschaft.

Die Philosophie des neunzehnten Jahrhunderts ist mit der Ethik Kants, der Lehre von einem angeborenen, *apriorischen*, absoluten moralischen Sinn, ziemlich schroff umgegangen. Die Entwicklungslehre hat unzweideutig gezeigt, daß das Pflichtbewußtsein eine soziale Ablagerung im Individuum, und daß der Gegenstand des Gewissens erworben ist, obwohl man eine unausgeprägte Anlage zu sozialem Verhalten für angeboren gelten lassen kann. Die sittliche Person, der soziale Mensch, ist keine »selbständige Schöpfung«, geheimnisvoll der Hand Gottes entsprungen, sondern das späte Produkt einer langsamen Entwicklung. Die Sitten sind nicht absolut; sie sind Regeln des Verhaltens, die zwecks Lebenserhaltung der Gruppe mehr oder weniger zufällig entwickelt und nach Eigenart und Umwelt der Gruppe verschieden sind; so wird z. B. ein von Feinden eingeschlossenes Volk jenen kräftigen und unermüdlichen Individualismus für unmoralisch erachten, den ein jugendliches, in gesicherter Isolierung und in Wohlstand lebendes Volk zur Ausschöpfung der Naturschätze und Formung eines Nationalcharakters für notwendig hält. Keine Handlung ist, wie Kant annimmt, an sich gut[56].

Kants pietistische Jugend und sein schweres Leben endloser Pflichterfüllung und nur seltenen Genießens gaben ihm einen moralisierenden Einschlag; schließlich trat er für die Pflicht um der Pflicht willen ein und geriet auf diese Weise unbewußt in die Bande des preußischen Absolutismus[57]. Es liegt ein Zug von strengem schottischem Kalvinismus in dieser Gegenüberstellung von Pflicht und Glückseligkeit; Kant ist die Fortsetzung von Luther und der stoischen Reformation, wie Voltaire die Linie Montaignes und der epikureischen Renaissance weitergeführt hatte. Kant vertrat eine strenge Reaktion gegen den Egoismus und Hedonismus, in dem Helvetius und Holbach ihrem leichtfertigen Zeitalter Ausdruck verliehen, ganz ähnlich wie Luther die Reaktion auf den Luxus und die Laxheit Italiens gewesen war. Nach einem Jahrhundert des Widerspruchs gegen die Kantische Ethik befinden wir uns aber wieder in einem Chaos großstädtischer Sinnlichkeit und Immoralität und eines rücksichtslosen Individualismus, der nicht durch demokratisches Gewissen oder aristokratisches Ehrgefühl gebändigt wird; vielleicht kommt bald der Tag, an dem die in Auflösung begriffene Zivilisation die Kantische Forderung der Pflicht wieder begrüßen wird.

Das Erstaunliche an der Philosophie Kants ist die energische Wiederbelebung jener religiösen Ideen von Gott, Freiheit und Unsterblichkeit in der zweiten der *»Kritiken«*, die von der ersten *»Kritik«* scheinbar völlig zerstört wurden. »Man ist bei Kant wie auf dem Jahrmarkt«, sagt Nietzsches kritischer Freund Paul Rée. »Da ist alles zu haben: Willensunfreiheit und Willensfreiheit, Idealismus und Widerlegung des Idealismus . . . Atheismus und der liebe Gott[58].« Wie ein Gaukler aus einem leeren Hut, zieht Kant, zur großen Überraschung seiner Leser, aus dem Begriff der Pflicht einen Gott, Unsterblichkeit und Freiheit heraus. Auch Schopenhauer versetzt der Ableitung der Unsterblichkeit aus dem Verlangen nach Vergeltung einen Hieb; Paulsen schreibt: »Und nicht ganz mit Unrecht spottet Schopenhauer, daß Kants Tugend, die erst gegen die Glückseligkeit so stolz tue, hinterher doch die Hand hinhalte, um ihr Trinkgeld zu empfangen[59].« Der große Pessimist glaubte, daß Kant wirklich Skeptiker war, der zwar selbst den Glauben aufgegeben hatte, aber aus Angst vor den Folgen für die öffentliche Moral zögerte, den Glauben des Volkes zu zerstören. »Kant aber deckt uns das Grundlose [der spekulativen Theologie] auf, läßt hingegen die populäre unangetastet und stellt sie sogar in veredelter Gestalt auf, als einen auf moralisches Gefühl gestützten Glauben. Diesen verdrehten später die Philosophaster zu Vernunftvernehmungen, Gottesbewußtsein oder intellektuellen Anschauungen des Übersinnlichen, der Gottheit und dgl. mehr; während vielmehr Kant, als er alte, ehrwürdige Irrtümer einriß und die Gefährlichkeit der Sache kannte, nur hatte durch die Moraltheologie einstweilen ein paar schwache Stützen unterschieben wollen, damit der Einsturz nicht ihn träfe, sondern er Zeit gewönne, sich wegzubegeben[60].« So stellt auch Heine sich in einer zweifellos absichtlichen Karikatur Kant dar, wie er gefolgt von seinem Diener Lampe nach Zerstörung der Religion spazierengeht und plötzlich bemerkt, daß die Augen des alten Mannes mit Tränen gefüllt sind. »Da erbarmt sich Immanuel Kant und zeigt, daß er nicht bloß ein großer Philosoph, sondern auch ein guter Mensch ist; und halb gutmütig, halb ironisch spricht er: der alte Lampe muß einen Gott haben, sonst kann der arme Mensch nicht glücklich sein, sagt die praktische Vernunft – meinetwegen, so mag die praktische Vernunft die Existenz Gottes verbürgen[61].« Hätte diese Deutung recht, so müßte man die zweite *»Kritik«* – »Transzendentale Anästhetik« nennen.

Man braucht aber diese abenteuerlichen Rekonstruktionen des Kantischen Innenlebens nicht allzu ernst zu nehmen. Die

Glut der Schrift über die *»Religion innerhalb der Grenzen der bloßen Vernunft«* zeigt eine Überzeugtheit, die zu groß ist, als daß man sie anzweifeln könnte, und der Versuch, die Grundlage der Religion aus Theologie in Sittlichkeit, aus Bekenntnissen in Taten zu verwandeln, konnte nur einem tief religiösen Geiste entspringen. »Zwar denke ich«, schrieb er an Moses Mendelssohn, »vieles mit der allerkläresten Überzeugung und zu meiner großen Zufriedenheit, was ich niemals den Mut haben werde zu sagen; niemals aber werde ich etwas sagen, was ich nicht denke[62].« Naturgemäß läßt ein langes und schwieriges Werk wie die große *»Kritik«* verschiedene Interpretationen zu, aber schon eine der ersten Darstellungen des Buches, einige Jahre nach seinem Erscheinen von Reinhold verfaßt, sagt alles aus, was wir heute sagen können: »Die Kritik der reinen Vernunft ist von Dogmatikern für den Versuch eines Skeptikers ausgerufen, der die Gewißheit alles Wissens untergräbt, – von Skeptikern für die stolze Anmaßung, auf den Trümmern der bisherigen Systeme einen neuen Dogmatismus aufzuführen, – von den Supernaturalisten für einen fein angelegten Kunstgriff, die historischen Fundamente der Religion zu verdrängen und den Naturalismus ohne Polemik zu begründen, – von den Naturalisten für eine neue Stütze der sinkenden Glaubensphilosophie, – von den Materialisten für eine idealistische Widerlegung der Realität der Materie, – von den Spiritualisten für eine unverantwortliche Einschränkung alles Wirklichen auf die unter dem Namen des Gebietes der Erfahrung versteckte Körperwelt . . .[63].« In Wahrheit lag die Größe des Buches in der Würdigung all dieser Standpunkte; bei einer Intelligenz von der Schärfe der Kantischen könnte es sehr wohl erscheinen, als hätte er all diese Standpunkte wirklich miteinander versöhnt und in eine solche komplexe Wahrheitseinheit verschmolzen, wie sie die Philosophiegeschichte noch nie gesehen hat.

Was den Einfluß Kants betrifft, so drehte sich die gesamte Philosophie des neunzehnten Jahrhunderts um seine Gedanken. Nach Kant fing ganz Deutschland an, Metaphysik zu treiben; Schiller und Goethe studierten ihn, Beethoven zitierte mit Bewunderung seine Worte über die beiden erhabensten Dinge, »den gestirnten Himmel über mir und das Sittengesetz in mir«, und Fichte, Schelling, Hegel und Schopenhauer schufen in rascher Aufeinanderfolge gedankliche Systeme, die sich auf den Idealismus des alten Königsberger Weisen stützten. Zu jener Blütezeit der Metaphysik in Deutschland schrieb Jean Paul Richter, Gott habe den Franzosen das Land, den Engländern das Meer und den Deutschen das Reich der Lüfte gegeben. Kants Kritik der Vernunft und seine Hervorhebung des Gefühls bereitete den Voluntarismus Schopenhauers und Nietzsches, den Intuitionismus Bergsons und den Pragmatismus William James' vor; seine Gleichsetzung der Gesetze des Denkens mit den Gesetzen des Wirklichen führte Hegel auf ein ganzes philosophisches System, und sein unerkennbares »Ding an sich« beeinflußte Spencer tiefer, als dieser es merkte. Vieles von der Dunkelheit Carlyles ist auf den Versuch zurückführbar, die ohnehin unklaren Gedanken Goethes und Kants zu veranschaulichen, wonach die verschiedenen Religionen und Philosophien nur die wechselnden Einkleidungen derselben ewigen Wahrheit sein sollen. Caird, Green, Wallace, Watson, Bradley und andere Engländer verdanken der *»Kritik der reinen Vernunft«* ihre Inspiration, und selbst der rücksichtslose Neuerer Nietzsche übernimmt seine Erkenntnistheorie von dem »großen Chinesen aus Königsberg«, dessen statische Ethik er lebhaft von sich weist. Nach einem Jahrhundert des Kampfes zwischen dem verschiedentlich reformierten Idealismus Kants und dem ebenfalls umgestalteten Materialismus der Aufklärung scheint der Sieg Kant zu gehören. Selbst der große Materialist Helvetius schrieb paradoxerweise: »Die Menschen sind, wenn ich so sagen darf, die Schöpfer der Materie[64].« Die Philosophie wird niemals wieder so naiv sein wie zu früheren, schlichteren Zeiten; sie mußte anders und tiefer werden, weil Kant gelebt hat.

VIII. ANMERKUNG ÜBER HEGEL

Noch vor kurzem pflegten die Geschichtsschreiber der Philosophie den unmittelbaren Nachfolgern Kants – Fichte, Schelling und Hegel – genau soviel Ehre zu erweisen und Raum zu widmen, wie seinen Vorgängern in der modernen Philosophie von Bacon und Descartes bis Voltaire und Hume. Unser Blickpunkt hat sich heute etwas verschoben, und wir finden ein vielleicht allzu großes Gefallen an den Schmähungen, die Schopenhauer gegen diese seine erfolgreichen Mitbewerber um akademische Stellungen richtete. »Das Publikum war«, sagt Schopenhauer, durch die Lektüre Kants »genötigt einzusehen, daß das Dunkle nicht immer sinnlos ist[65].« Fichte und Schelling machten sich diese Erfahrung zunutze und ersannen fabelhafte metaphysische Spinngewebe. »Jedoch die größte Frechheit im Auftischen baren Unsinns, im Zusammenschmieren sinnloser, rasender Wortgeflechte, wie man sie bis dahin nur in Tollhäusern vernommen hatte, trat endlich in Hegel auf und wurde das Werkzeug der plumpesten allgemeinen Mystifikation, die je gewesen, mit einem Erfolg, welcher der Nachwelt fabelhaft erscheinen und ein Denkmal deutscher Niaiserie bleiben wird[66].« Ist dieses Urteil gerecht?

Georg Wilhelm Friedrich Hegel wurde 1770 in Stuttgart geboren. Sein Vater war ein kleiner Beamter im württembergischen Finanzministerium, und Hegel selbst wuchs mit den geduldigen und geordneten Gewohnheiten jener öffentlichen Diener auf, deren bescheidener Tüchtigkeit Deutschland die am besten verwalteten Städte der Welt verdankt. Als Jüngling studierte er unermüdlich; alle wichtigeren Bücher, die er las, analysierte er eingehend und schrieb sich aus ihnen lange Abschnitte heraus. Wahre Kultur, sagte er, beginnt mit entschlossener Selbstverleugnung; auch die Erziehungslehre der Pythagoräer dachte ähnlich, denn sie befahl den Jüngern Schweigen für die ersten fünf Jahre ihrer Lehrzeit.

Hegels Studium der griechischen Literatur erweckte in ihm eine Begeisterung für die attische Kultur, die ihn auch dann nicht verließ, als er fast ganz aufhörte, für andere Dinge begeistert zu sein. »Bei dem Namen Griechenland ist es dem gebildeten Menschen in Europa, insbesondere uns Deutschen, heimatlich zu Mute. Die Europäer haben ihre Religion ... einen Schritt weiter weg als Griechenland ... Aber das Hier, das Gegenwärtige, Wissenschaft und Kunst, was unser geistiges Leben befriedigend, es würdig macht sowie ziert, wissen wir von Griechenland ...[67]« Eine Zeitlang zog er dem Christentum die Religion der Griechen vor; in einer Schrift über das Leben Jesu, in der Jesus als Sohn von Maria und Joseph aufgefaßt wurde und die wunderartigen Elemente unbeachtet blieben, nahm er die Ansichten von Strauß und Renan vorweg. Später sagte er sich los von diesem Werk.

Auch in der Politik zeigte er einen revolutionären Geist, auf den man aus seiner späteren Vergötterung des *»status quo«* nicht hätte schließen können. Als Tübinger Theologiestudent verteidigte er mit Schelling überzeugt die französische Revolution und pflanzte eines Tages am frühen Morgen auf dem Marktplatz einen »Freiheitsbaum«. – »Die französische Nation ist durchs Bad ihrer Revolution«, schrieb er, »... von vielen Einrichtungen befreit worden, über die der Menschengeist als über Kinderschuhe hinaus war, und die darum auf ihr, wie noch auf den anderen, als geistlose Fesseln lasteten[68].« In jenen hoffnungsvollen Tagen kokettierte er, ähnlich wie Fichte, mit einer Art aristokratischem Sozialismus und verschrieb sich mit bezeichnendem Nachdruck der romantischen Strömung, die sich über ganz Europa ausbreitete.

Sein Studium in Tübingen schloß er 1793 ab und erhielt ein Zeugnis, nach dem er begabt und von gutem Charakter, bewandert in Theologie und Philologie, aber ohne philosophische Fähigkeiten sein sollte. Er war um jene Zeit mittellos und mußte sein Brot durch Erziehertätigkeit in Bern und Frankfurt verdienen. In diese Jahre fällt seine eigentliche Entwicklung; während sich Europa in nationalistischen Kämpfen zerfleischte, sammelte er sich und wuchs empor. Dann starb 1799 sein Vater; Hegel hielt sich, nachdem er ungefähr sechstausend Mark geerbt hatte, für einen reichen Mann und gab die Erziehertätigkeit auf. Er bat seinen Freund Schelling um Rat, wo er sich niederlassen sollte, und erkundigte sich nach einem Ort, an dem es schlichte Nahrung, viel Bücher und »ein gutes Bier« gäbe. Schelling empfahl die weimarische Universitätsstadt Jena. In Jena lehrte Schiller um diese Zeit Geschichte: Tieck, Novalis und Schlegel predigten Romantik, und Fichte und Schelling entwickelten dort ihre Philosophie. Hegel traf 1801 in Jena ein und wurde 1803 Dozent an der Universität.

Als 1806 Napoleons Sieg über die Preußen die kleine Gelehrtenstadt in Verwirrung und Entsetzen tauchte, war Hegel noch in Jena. Französische Soldaten brachen in sein Haus ein, und flüchtend, wie es sich für einen Philosophen gebührt, nahm er das Manuskript seines ersten großen Werkes, der *»Phänomenologie des Geistes«* mit sich. Eine Zeitlang war er aller Mittel so entblößt, daß Goethe Knebel empfahl, Hegel etwas Geld zu leihen, um ihm über die größte Not hinwegzuhelfen. Fast erbittert schrieb Hegel an Knebel: »Ich habe mich durch Erfahrung von der Wahrheit des Spruches in der Bibel überzeugt, und ihn zu meinem Leitstern gemacht: Trachtet am ersten nach Nahrung und Kleidung, so wird euch das Reich Gottes von selbst zufallen . . .[69].« Zuerst redigierte er in Bamberg eine Zeitung, dann wurde er 1812 in Nürnberg Rektor eines Gymnasiums. Wohl in dieser Stellung haben die stoischen Notwendigkeiten der Verwaltungsarbeit seine romantische Glut abgekühlt und, Napoleon und Goethe ähnlich, aus ihm eine im romantischen Zeitalter unzeitgemäße klassische Gestalt gemacht. In Nürnberg schrieb er seine *»Logik«* (1812–1816), die dank ihrer Unverständlichkeit Deutschland eroberte und ihm den philosophischen Lehrstuhl zu Heidelberg einbrachte. Während der Heidelberger Zeit schrieb er seine großartig angelegte *»Enzyklopädie der philosophischen Wissenschaften«* (1817) und wurde auf Grund dieses Werkes 1818 an die Universität Berlin berufen. Von dieser Zeit bis an das Ende seines Lebens herrschte er genauso unbestritten über das Reich der Philosophie, wie Goethe über die literarische und Beethoven über die musikalische Welt. Sein Geburtstag folgte auf den Geburtstag Goethes, und das stolze Deutschland feierte jedes Jahr einen doppelten Festtag.

Ein Franzose bat Hegel, seine Philosophie in einem Satze zusammenzufassen; das gelang Hegel weniger gut als dem Mönch, der auf einem Bein stehend das Christentum definieren sollte und einfach sagte: »Liebe deinen Nächsten wie dich selbst.« Hegel zog es vor, in zehn Bänden zu antworten, und als diese geschrieben und veröffentlicht waren, und jedermann von ihnen sprach, beklagte er sich, daß ihn nur ein einziger Mensch verstehe, aber eigentlich auch dieser nicht[70]. Der größte Teil seiner Schriften besteht, ähnlich wie die Arbeiten des Aristoteles, aus Aufzeichnungen zu seinen Vorlesungen oder, noch schlimmer, aus den von Studenten angefertigten Nachschriften seiner Vorlesungen. Nur die *»Logik«* und die *»Phänomenologie«* stammen aus seiner Feder, und sie sind Meisterwerke der Unverständlichkeit, verdunkelt durch Abstraktheit und Knappheit des Stiles, durch eine verhängnisvoll originelle Terminologie und durch die übertrieben vorsichtige Begrenzung aller Lehrsätze mit Hilfe eines geradezu gotischen Reichtums an einschränkenden Klauseln. Hegel schreibt: »Ich will von meinen Bestrebungen sagen, daß ich versuchen will, die Philosophie deutsch sprechen zu lehren[71].« Das gelang ihm.

Die *»Logik«* ist eine Analyse nicht der Denkmethoden, sondern der Begriffe, deren man sich beim Denken bedient. Diese setzt Hegel mit den Kantischen Kategorien, mit Quantität, Qualität, Relation usw., gleich. Es ist die erste Aufgabe der Philosophie, diese Grundbegriffe, die bei unserem Denken dauernd hin und her geworfen werden, zu zergliedern. Am grundlegendsten ist der Begriff der Relation oder Beziehung; jede Vorstellung ist eine Gruppe von Beziehungen, und wir können uns ein Ding nur in Beziehung zu etwas anderem vorstellen, indem wir seine Ähnlichkeiten und Verschiedenheiten beachten. Eine Vorstellung ohne irgendwelche Beziehungen ist leer; das ist alles, was mit dem Satz: »Reines Sein und Nichts sind dasselbe« gemeint ist; ein aller Beziehungen und Qualitäten beraubtes Sein gibt es nicht, und man kann mit ihm auch keinen erdenklichen Sinn verbinden. Diese These führte zu einer endlosen, noch immer nicht abgeschlossenen

Reihe von Witzeleien und erwies sich als Abschreckungs- und gleichzeitig als Anziehungsmittel für das Studium des Hegelschen Denkens.

Die allgemeinste aller Beziehungen ist die Beziehung des Kontrastes oder Gegensatzes. Jeder Zustand des Denkens oder der Dinge – jede Vorstellung und jede Lage der Welt – führt unwiderstehlich zu seinem Gegensatz und vereinigt sich mit diesem zu einem höheren oder zusammengesetzteren Ganzen. Diese »dialektische Bewegung« durchzieht alle Schriften Hegels. Das ist freilich ein alter Gedanke, schon von Empedokles angedeutet und verkörpert in der »goldenen Mitte« des Aristoteles, der lehrte, daß »die Erkenntnis der Gegensätze dasselbe ist«. Die Wahrheit ist (wie ein Elektron) die organische Einheit gegensätzlicher Teile. Die Wahrheit von Konservativismus und Radikalismus liegt im Liberalismus – in einem offenen, mit vorsichtiger Hand begabten Geist und in einer offenen, von vorsichtigem Geist geführten Hand. Die Bildung unserer Ansichten über wichtige Fragen ist ein immer schwächer werdendes Schwanken zwischen Extremen; bei allen Streitfragen gilt der Satz, daß *»veritas in medio stat«*. Die Bewegung der Entwicklung ist ein lückenloses Entfalten der Gegensätze, ihre Mischung und Versöhnung. Schelling hatte recht, es besteht eine grundlegende »Identität der Gegensätze«, und auch Fichte hatte recht – These, Antithese und Synthese bilden die Formel und das Geheimnis jeder Entwicklung und aller Realität.

Denn nicht nur Gedanken entwickeln und entfalten sich dieser »dialektischen Bewegung« gemäß, sondern ebenso auch Dinge; jede gegebene Lage enthält einen Widerspruch, den die Entwicklung durch eine versöhnende Einheit lösen muß. So birgt unsere gegenwärtige Gesellschaftsordnung zweifellos einen sie zerfressenden Widerspruch in sich: der lebensvolle Individualismus, der zu einer Zeit wirtschaftlicher Jugend und unausgeschöpfter Quellen notwendig war, weckt in einem späteren Zeitalter das Streben nach einer genossenschaftlichen Staatsform; die Zukunft wird aber weder die gegenwärtige Realität, noch auch das ideale Zukunftsbild erleben, sondern eine Synthese, in der einiges aus beiden zusammentreffen wird, um eine höhere Lebensform zu erzeugen. Und auch jene höhere Stufe wird sich in einen fruchtbaren Widerspruch spalten und wird zu noch höheren Graden der Organisation, Vielheit und Einheit aufsteigen. Die Bewegung der Gedanken ist daher dieselbe wie die Bewegung der Dinge: in beiden herrscht dialektischer Fortschritt von der Einheit durch Vielheit zur einheitlichen Vielheit. Denken und Sein folgen demselben Gesetz, Logik und Metaphysik sind dasselbe.

Der Geist ist das zur Wahrnehmung dieses dialektischen Prozesses und dieser Einheit in der Verschiedenheit, unentbehrliche Organ. Die Tätigkeit des Geistes und die Aufgabe der Philosophie ist, die Einheit zu entdecken, die in der Vielheit vorgebildet ist; die Aufgabe der Ethik besteht in der Vereinheitlichung von Charakter und Lebensführung, und die Aufgabe der Politik im gleichmäßigen Einschmelzen der Individuen in den Staat. Die Religion soll jenes Absolute erreichen und erfühlen, in dem alle Gegensätze in Einheit verschmolzen sind, jene große Summe des Seienden, in dem Materie und Geist, Subjekt und Objekt, Gut und Böse eins sind. Gott ist jenes System der Beziehungen, in dem sich alle Dinge bewegen und in dem sie ihr Sein und ihren Sinn erhalten. Im Menschen steigt das Absolute zum Selbstbewußtsein empor und wird zur absoluten Idee, d. h. zum Gedanken, der sich selbst als Teil des Absoluten begreift, individuelle Beschränktheiten und Zwecke übersteigt und hinter dem allgemeinen Lebenskampf die verborgene Harmonie aller Dinge erfaßt. Die Vernunft ist die Substanz der Welt; der Weltenplan ist restlos vernünftig[72].

Nicht als wären der Lebenskampf und das Böse bloße negative Einbildungen, denn sie sind hinreichend wirklich; vom Gesichtspunkt der Weisheit aus betrachtet sind sie aber Stufen der Erfüllung und des Guten. Kampf ist das Gesetz des Wachstums. Der Charakter wird in den Stürmen und unter dem Druck des Lebens geformt, und durch Zwang, Verantwortung und Leiden erreicht der Mensch seine volle Größe. Selbst der Schmerz hat etwas Vernünftiges, er ist ein Lebenszeichen und ein Anreiz zum Wiederaufbau. Auch der Leidenschaft gebührt ein Platz unter den vernünftigen Dingen: »Nichts Großes in der Welt [ist] ohne Leidenschaft vollbracht worden . . .[73]« und selbst die egoistischen Triebe eines Napoleon tragen ungewollt zur Entwicklung der Völker bei. Das Leben ist nicht zum Glück, sondern zu Leistungen geschaffen. »Die Weltgeschichte ist nicht der Boden des Glücks. Die Perioden des Glücks sind leere Blätter in ihr; denn sie sind die Perioden der Zusammenstimmung, des fehlenden Gegensatzes[74]«, und eine solche stumpfe Selbstzufriedenheit ist des Menschen unwürdig. Geschichte wird nur in Zeiten geschaffen, in denen die Widersprüche der Wirklichkeit durch Wachstum gelöst werden, wie die Schüchternheit und Schwerfälligkeit der Jugend in die Gelassenheit und Ordnung der reiferen Jahre übergeht. Die Geschichte ist eine dialektische Bewegung, fast eine Kette von Revolutionen zu nennen, in der Völker und Genies nacheinander zu Werkzeugen des Absoluten werden. Große Männer sind weniger Väter als Hebammen der Zukunft, die Mutter ihrer Werke ist der *»Zeitgeist«*. Auch das Genie legt, wie andere, nur einen Stein zum großen Haufen, es hat aber irgendwie das Glück, der Letzte zu sein, und sobald es seinen Stein niederlegt, steht das Bauwerk aus eigener Kraft. »Solche Individuen hatten in diesen ihren Zwecken nicht das Bewußtsein der Idee überhaupt . . . Aber zugleich waren sie Denkende, die die Einsicht hatten von dem, was not und was an der Zeit ist. Das ist eben die Wahrheit ihrer Zeit und ihrer Welt, sozusagen die nächste Gattung, die im Innern bereits vorhanden war[75].«

Eine solche Philosophie der Geschichte scheint zu revolutionären Folgerungen zu führen. Der dialektische Prozeß erhebt den Wechsel zum Grundprinzip des Lebens. Kein Zustand ist von Dauer, jede Stufe der Dinge enthält einen Widerspruch, den nur der Streit der Gegensätze lösen kann. Das oberste Gesetz der Politik ist folglich Freiheit, die den Weg zu Veränderungen offen hält; die Geschichte ist das Wachstum der Freiheit, und der Staat ist organisierte Freiheit oder sollte sie sein. Anderseits hat die Lehre, daß das Wirkliche auch vernünftig sei, eine konservative Färbung: jeder Lage, obwohl zum Verschwinden bestimmt, wird als notwendiger Entwicklungsstufe eine göttliche Rechtfertigung zuteil; in gewissem Sinne ist es brutal wahr, daß »alles, was ist, gut ist«. So wie Einheit das Ziel der Entwicklung ist, bildet Ordnung die erste Bedingung der Freiheit.

Wenn Hegel in seinen späteren Jahren mehr zu den konservativen als zu den radikalen Folgerungen seiner Philosophie neigte, so geschah das teilweise deshalb, weil der Zeitgeist (um sein eigenes klassisches Wort zu gebrauchen) der allzu vielen Veränderungen müde war. Nach der Revolution von 1830 gab er seiner Freude darüber Ausdruck, daß die Jahrzehnte des Krieges und grenzenloser Verwirrung ein Ende nahmen und eine Periode friedlicher Genügsamkeit beginnen sollte. Es war nicht ganz in Ordnung, daß der Philosoph des Kampfes und Dialektiker des Wachstums zum Anwalt der Zufriedenheit werden sollte, aber mit sechzig Jahren hat man das Recht, nach Frieden zu verlangen. Die Widersprüche in Hegels Denken waren jedoch zu tief, um Frieden zuzulassen; in der nächsten Generation spalteten sich seine Nachfolger mit dialektischer Schicksalhaftigkeit in eine »Hegelsche Rechte« und eine »Hegelsche Linke«. Weiße und der jüngere Fichte fanden in der Ansicht, daß das Wirkliche das Vernünftige sei, einen philosophischen Ausdruck für die Lehre von der Vorsehung, und Rechtfertigung für eine Politik des absoluten Gehorsams. Feuerbach, Moleschott, Bauer und Marx kehrten zum Skeptizismus und »höheren Kritizismus« von Hegels Jugend zurück und entwickelten aus der Philosophie der Geschichte eine Theorie des Klassenkampfes, der mit Hegelscher Notwendigkeit zum »unvermeidlichen Sozialismus« führen sollte. An Stelle eines Absoluten, das die Geschichte durch den »Zeitgeist« bestimmt, nahm Marx Massenbewegungen und wirtschaftliche Mächte als grundlegende Ursachen aller wichtigen Veränderungen an, gleichgültig ob sie in der Welt der Dinge oder im Leben des Denkens vor sich gingen. Die Keime des Sozialismus hat Hegel, der königliche Professor, verstreut.

Der alte Philosoph erklärte die Radikalen für Träumer und verbarg sorgfältig seine frühen Abhandlungen. Er verbündete sich mit der preußischen Regierung, segnete sie als die jüngste Offenbarung des Absoluten und sonnte sich in ihrer akademischen Gunst. Seine Feinde nannten ihn den »amtlichen Philosophen«. Er fing an, das eigene System für einen Teil der Naturgesetze dieser Welt zu halten, und vergaß, daß die eigene Dialektik seine Gedanken zu Vergänglichkeit und Verfall verurteilte. »Niemals hatte die Philosophie eine so selbstherrliche Sprache geführt, niemals schien ihr königliches Ansehen so vollkommen anerkannt und gesichert als um das Jahre 1830« zu Berlin[76].

Aber Hegel alterte in jenen glücklichen Jahren sehr schnell. Er wurde so zerstreut, wie Genies in Anekdoten geschildert werden. Eines Tages betrat er den Hörsaal mit nur einem Stiefel, da er den zweiten unbemerkt im Straßenschmutz kleben ließ. Als in Berlin 1831 die Cholera ausbrach, war sein geschwächter Körper eines der ersten Opfer, die der Ansteckung erlagen. Nach nur eintägiger Krankheit starb er plötzlich und ruhig im Schlaf. Ähnlich wie Napoleon, Beethoven und Hegel im selben Jahre geboren wurden, verlor Deutschland in der kurzen Spanne von 1827 bis 1832 Goethe, Hegel und Beethoven. Sie standen am Ende eines Zeitalters und waren die letzte, großartige Aufwallung von Deutschlands Glanzzeit.

VII. SCHOPENHAUER

I. DAS ZEITALTER

Warum fand die erste Hälfte des neunzehnten Jahrhunderts als Ganzes genommen ihren Ausdruck in einer Gruppe pessimistischer Dichter wie Byron in England, Musset in Frankreich, Heine in Deutschland, Leopardi in Italien und Puschkin und Lermontow in Rußland; in pessimistischen Komponisten wie Schubert, Schumann, Chopin und selbst dem älteren Beethoven (der sich zwar einzureden versuchte, er sei Optimist, in Wirklichkeit aber dennoch Pessimist war) – und vor allem in dem grenzenlos pessimistischen Philosophen Arthur Schopenhauer?

»Die Welt als Wille und Vorstellung«, diese große Anthologie des Leidens, erschien 1818. Es war das Zeitalter der »Heiligen« Allianz. Die Schlacht bei Waterloo war bereits ausgefochten, die Revolution tot, und der »Sohn der Revolution« war zu langsamem Sterben auf einer entfernten Felseninsel verurteilt. Manches an Schopenhauers Vergötterung des Willens geht auf die großartige und blutige Erscheinung des im kleinen Korsen fleischgewordenen Willens zurück, und manches seiner Verzweiflung auf die unüberbrückbare Entfernung von St. Helena; der Wille war geschlagen, und der finstere Tod der einzige Sieger in allen Kämpfen. Die Bourbonen wurden wieder eingesetzt, die feudalen Aristokraten kehrten zurück, um ihre Ländereien zu fordern, und es stellte sich heraus, daß der friedliche Idealismus Alexanders von Rußland gegen die eigene Absicht einen Bund zur Unterdrückung des Fortschrittes ins Leben gerufen hatte. Das große Zeitalter war zu Ende. Mit Recht hat Goethe gedankt, daß er in einer so gründlich fertigen Welt nicht mehr jung sei.

Ganz Europa lag zerstört. Millionen kräftiger Männer sind ums Leben gekommen, Millionen Morgen Landes lagen brach oder waren vernachlässigt; auf dem ganzen Kontinent mußte das Leben von Grund auf neu anfangen, um mühevoll und langsam jenen zivilisierend wirkenden wirtschaftlichen Überschuß wiederherzustellen, den der Krieg verschlungen hatte. Schopenhauer, der 1804 Frankreich und Österreich bereiste, war schmerzlich berührt von den unordentlichen und schmutzigen Dörfern, von der unbeschreiblichen Armut der Bauern und von der Unzufriedenheit und dem Elend der Städte. Der Zug der napoleonischen und gegennapoleonischen Heere schuf in jedem Lande ganze Zonen der Verwüstung. Moskau war zu Asche verwandelt. In England, dem stolzen Sieger dieses Kampfes, war die Landwirtschaft durch die fallenden Getreidepreise zugrunde gerichtet, und die Arbeiter bekamen alle Schrecken der im Entstehen begriffenen und nicht gesetzlich überwachten Fabrikarbeit zu kosten. Demobilisierung verschärfte noch die Arbeitslosigkeit. »Ich habe meinen Vater erzählen gehört«, schrieb Carlyle, »daß er in den Jahren, als der Preis des Hafermehls die Höhe von zehn Shilling per Stone[1] erreichte, bemerkt hatte, wie sich die Arbeiter einzeln nach einem Bach zurückzogen und dort, bemüht, sich ihr Elend gegenseitig zu verheimlichen, statt Mittag zu essen tranken[2].« Noch niemals erschien das Leben sinnloser und erbärmlicher.

Ja, die Revolution war tot, und mit ihr schien die Seele Europas abzusterben. Der neue Himmel Utopiens, dessen Zauber eine Götterdämmerung versprach, entschwand in eine verschwommene Zukunft, in der ihn nur junge Augen sehen konnten; die älteren waren dieser trügerischen Lockung schon zu lange gefolgt, hielten sie nunmehr für eine Verhöhnung und wandten sich von ihr ab. Nur die Jugend kann in der Zukunft leben und nur das Alter in der Vergangenheit; die meisten Menschen waren gezwungen, in der Gegenwart zu leben, und diese war ein Untergang. Wie viele tausend Helden und Gläubige hatten für die Revolution gekämpft! Wie wandte sich doch das Herz der Jugend überall in ganz Europa der jungen Republik zu und nährte sich von ihrem Glanze und von der Hoffnung auf sie – bis eines Tages Beethoven die Widmung seiner »Eroica« zerriß, die Widmung an den Mann, der aufgehört hatte, der Sohn der Revolution zu sein und der

Schwiegersohn der Reaktion geworden war. Wie viele haben selbst dann noch für ihre große Hoffnung gekämpft und in aufregender Unsicherheit bis ans Ende ihren Glauben bewahrt? Und nun war das Ende gekommen: Waterloo, St. Helena, Wien, und auf dem Throne des zerstörten Frankreich ein Bourbone, der nichts gelernt und nichts vergessen hatte. Das war der glorreiche Ausklang eines Zeitalters von so großer Hoffnung und Anstrengung, wie sie die Geschichte der Menschheit nie zuvor gekannt hat. Welch eine Komödie war dieses Trauerspiel für jene, in deren Lachen man den Nachgeschmack bitterer Tränen spürt!

In diesen Tagen der Enttäuschungen und Leiden genossen viele unter den Armen den Trost religiöser Hoffnung, aber ein großer Teil der höheren Stände hatte seinen Glauben verloren und betrachtete diese verfallene Welt ohne die erhebende Vision eines jenseitigen Lebens, vor dessen höherer Gerechtigkeit und Schönheit alle häßlichen Übel schwinden würden. Und es war in der Tat schwer zu glauben, daß ein so trauriger Planet wie die Erde um 1818 in den Händen eines vernünftigen und gütigen Gottes ruhte. Mephistopheles hatte gesiegt, und jeder Faust war von Verzweiflung gepackt. Voltaire hatte diesen Wirbelwind entfacht, und Schopenhauer sollte die Früchte der Bewegung einheimsen.

Selten hat man das Problem des Bösen so unverblümt und nachdrücklich der Philosophie und Religion entgegengehalten. Jedes Kriegergrab von Boulogne bis Moskau und den Pyramiden wandte sich stumm fragend an die gleichgültigen Sterne. Wie lange noch, o Herr, und wozu? War dieses fast allgemeine Unheil die Rache eines gerechten Gottes am Zeitalter der Vernunft und des Unglaubens? War es ein Mahnruf an den büßenden Verstand, sich vor den altehrwürdigen Tugenden Glaube, Liebe, Hoffnung zu beugen? So dachten Schlegel, Novalis, Chateaubriand, Musset. Southey, Wordsworth und Gogol, und sie kehrten wie verlorene Söhne, glücklich über die Heimkehr, zum alten Glauben zurück. Einige andere aber gaben die bittere Antwort, daß das Chaos Europas nur ein Widerschein vom Chaos der Welt sei, daß es im

Grunde doch keine göttliche Weltordnung und keine Hoffnung auf das Jenseits gebe, daß Gott, falls es einen Gott gibt, blind sein müsse, und daß auf Erden das Böse regiere. Das war die Antwort Byrons, Heines, Lermontows, Leopardis und auch unseres Philosophen.

II. DER MENSCH

Schopenhauer wurde am 22. Februar 1788 zu Danzig geboren. Sein Vater war Kaufmann, dessen Begabung, Selbständigkeit, Jähzorn und Freiheitsliebe allgemein bekannt waren. Als Arthur sein fünftes Jahr erreichte, übersiedelte sein Vater aus Danzig nach Hamburg, weil Danzig 1793 durch die Annektierung Polens seine Freiheit verlor. Der junge Schopenhauer wuchs daher inmitten des Geschäftslebens auf, und obwohl er die kaufmännische Laufbahn, in die ihn sein Vater hineingezwungen hatte, sehr bald aufgab, hinterließ sie Spuren in ihm, die sich in einer gewissen Rauheit der Manieren, in realistischer Geisteshaltung und in Menschen- und Weltkenntnis äußerten; sie machte ihn zum Gegenstück jener akademischen oder Schreibtischphilosophen, die er so verachtete. Der Vater starb 1805, wie man annimmt durch Selbstmord. Die Großmutter väterlicherseits war geisteskrank gewesen.

». . . Der Charakter, d. i. der Wille«, sagt Schopenhauer, »ist vom Vater erblich, der Intellekt hingegen von der Mutter[3].« Seine Mutter hatte Intellekt – sie war eine der beliebtesten Romanschriftstellerinnen ihrer Tage – aber sie hatte auch Temperament und böse Launen. Sie war unglücklich gewesen im Leben mit ihrem prosaischen Mann, trat nach seinem Tod für die freie Liebe ein und zog nach Weimar, das ihr für diese Art der Lebensführung die geeignetste Umgebung schien. Arthur Schopenhauer nahm diesen Schritt ähnlich auf wie Hamlet die zweite Ehe seiner Mutter, und in den Streitigkeiten mit ihr ging ihm der größte Teil jener Halbwahrheiten über die Frau auf, mit denen seine Philosophie gewürzt ist. Ein Brief von ihr beleuchtet die Lage der Dinge zwischen ihnen; sie schreibt: Du bist »überlästig und unerträglich, und ich halte es für höchst beschwerlich, mit Dir zu leben; alle Deine guten Eigenschaften werden durch Deine Superklugheit verdunkelt und für die Welt unbrauchbar gemacht, bloß weil Du die Wut, alles besser wissen zu wollen, nicht beherrschen kannst. Damit verbitterst Du die Menschen um Dich her . . .[4]« Sie beschlossen folglich, getrennt zu wohnen; er sollte an den Veranstaltungen in ihrem Hause teilnehmen und ein Gast unter vielen sein – auf diese Weise konnten sie höflich miteinander umgehen wie Fremde, statt sich wie Verwandte zu hassen. Goethe, der Frau Schopenhauer gut leiden konnte, weil sie ihm gestattete, bei ihren Einladungen seine Christiane mitzubringen, brachte nur neue Spannung in die Lage, als er der Mutter erklärte, aus ihrem Sohne würde ein berühmter Mann werden; die Mutter hatte noch nie gehört, daß es in ein und derselben Familie zwei Genies geben könnte. Am Höhepunkt ihrer Streitigkeiten stieß die Mutter schließlich ihren Sohn und Rivalen die Treppe hinunter, worauf unser erbitterter Philosoph ihr erklärte, ihr Name würde der Nachwelt nur durch ihn bekannt werden. Schopenhauer verließ Weimar bald, und obwohl seine Mutter noch weitere vierundzwanzig Jahre lebte, hat er sie niemals wiedergesehen. Der ebenfalls 1788 geborene Byron scheint ähnliches Unglück mit seiner Mutter gehabt zu haben. Fast allein durch diesen Umstand schon mußten sie beide zu Pessimisten werden; ein Mann, der keine Mutterliebe gekannt hat – und, was noch schlimmer, den Haß der eigenen Mutter erfahren mußte – hat keinen Grund, von der Welt begeistert zu sein.

Inzwischen vollendete Schopenhauer seine Gymnasial- und Universitätsstudien und hat mehr gelernt, als ihm von diesen Instituten dargeboten wurde. Er erlebte seine Begegnung mit Liebe und Welt, deren Folgen auf seinen Charakter und seine Philosophie gestaltend einwirkten[5], und wurde grübelnd, zynisch und argwöhnisch, von Ängsten und bösen Launen besessen; seine Pfeifen hielt er hinter Schloß und Riegel und vertraute seinen Hals niemals dem Messer eines Barbiers an; er schlief stets mit geladenen Pistolen auf seinem Nachtkasten

– vermutlich zur gefälligen Bedienung für etwaige Einbrecher. Lärm konnte er nicht ausstehen: »Ich hege wirklich längst die Meinung«, schreibt er, »daß die Quantität Lärm, die jeder unbeschwert vertragen kann, in umgekehrtem Verhältnis zu seinen Geisteskräften steht, und daher als das ungefähre Maß derselben betrachtet werden kann[6].« Intelligenten Wesen ist Lärm eine Qual. Der so überaus häufige Gebrauch der »lebendigen Kräfte«, »im Klopfen, Hämmern und Rammeln hat mir mein Leben hindurch zur täglichen Pein gereicht[7]«. Er hegte eine fast paranoische Idee von seiner unverstandenen Größe; da ihm Erfolg und Ruhm versagt waren, wandte er sich nach innen und nagte an der eigenen Seele.

Er besaß keine Mutter, kein Weib, kein Kind, keine Angehörigen, kein Vaterland. »Er war ganz und gar Einsiedler; kein einziger wirklich gleichgestimmter Freund tröstete ihn – und zwischen einem und keinem liegt hier . . . eine Unendlichkeit[8].« Den nationalistischen Anwandlungen der Zeit war er noch weniger zugänglich als Goethe. 1813 verfiel er zwar zunächst soweit dem Einfluß von Fichtes anfeuernder Werbung für einen Befreiungskrieg gegen Napoleon, daß er sich tatsächlich eine Kriegsausrüstung kaufte, aber seine Klugkeit kehrte noch rechtzeitig wieder; er meinte, Napoleon habe schließlich nur dem nämlichen Selbstbehauptungstrieb und derselben Lebensgier, die alle Sterblichen fühlen, aber unterdrücken müssen, kräftigen und ungehemmten Ausdruck verliehen[9]. Statt in den Krieg zu gehen, ging er aufs Land und schrieb eine philosophische Doktorarbeit.

Nach seiner Dissertation *»Über die vierfache Wurzel des Satzes vom zureichenden Grunde«* (1813)[10] widmete Schopenhauer seine ganze Zeit und Kraft der Arbeit, die sein Meisterwerk werden sollte, der *»Welt als Wille und Vorstellung«*. Er sandte sein Manuskript *»magna cum laude«* dem Verleger; hier hat man ein Werk, schrieb er, das kein bloßes Aufwärmen alter Ideen ist, sondern ein höchst einheitliches System origineller Gedanken, »im höchsten Grade deutlich, faßlich und ich darf wohl sagen, nicht ohne Schönheit«. – »Das Buch . . . wird eines von denen sein, welche nachher die Quelle und der Anlaß von hundert anderen Büchern werden.« Was alles empörend selbstgefällig war und vollkommen zutraf. Viele Jahre später war Schopenhauer so überzeugt, daß er die Hauptprobleme der Philosophie gelöst habe, daß er sich einen Siegelring mit dem Bild der Sphinx schnitzen lassen wollte, die sich, da ihre Rätsel gelöst waren, versprechensgemäß in den Abgrund stürzt.

Dennoch erregte das Buch kaum Aufmerksamkeit; die Welt war zu arm und erschöpft, um über ihre Armut und Erschöpfung auch noch Bücher zu lesen. Sechzehn Jahre nach Erscheinen des Werkes teilte der Verleger Schopenhauer mit, daß die größere Hälfte der Auflage als Makulatur verkauft wurde. In dem Abschnitt »Von dem, was einer vorstellt« in den »Aphorismen zur Lebensweisheit« zitiert er mit offenkundiger Anspielung auf sein Meisterwerk zwei Bemerkungen Lichtenbergs: »Solche Werke sind Spiegel, wenn ein Affe hineinguckt, kann kein Apostel herausschauen« und »Wenn ein Kopf und ein Buch zusammenstoßen und es klingt hohl; ist denn das allemal im Buche?[11]« Mit dem Ton verletzter Eitelkeit fügt Schopenhauer hinzu: »Je mehr einer der Nachwelt, d. i. eigentlich der Menschheit überhaupt und im ganzen, angehört, desto fremder er seinem Zeitalter ist; weil was er hervorbringt nicht diesem speziell gewidmet ist, also nicht demselben als solchem, sondern nur sofern es ein Teil der Menschheit ist, angehört und daher auch nicht mit dessen Lokalfarbe tingiert ist: infolge hiervon aber kann es leicht kommen, daß dasselbe ihn fremd an sich vorübergehen läßt[12].« Und dann fragt er, schlau wie der Fuchs der Fabel: »Würde wohl ein Virtuose sich geschmeichelt fühlen durch das laute Beifallsklatschen seines Publikums, wenn ihm bekannt wäre, daß es, bis auf einen oder zwei, aus lauter völlig Tauben bestände, die, um einander gegenseitig ihr Gebrechen zu verbergen, eifrig klatschen, sobald sie die Hände jenes Einen in Bewegung sähen? Und nun gar, wenn die Kenntnis hinzukäme, daß jene Vorklatscher sich oft bestechen ließen, um dem elendsten Geiger den lautesten Applaus zu verschaffen![13]« – Gewissen Menschen ist Selbstüberhebung ein Ersatz für fehlenden Ruhm –

bei anderen verbindet sie sich nur zu leicht mit ihm.

Schopenhauer legte sein ganzes Ich so sehr in dieses eine Werk hinein, daß all seine späteren Arbeiten bloße Kommentare dieses Buches sind; er wurde zum Talmudisten seiner eigenen Thora, ein Deuter seiner eigenen Jeremiaden. 1836 veröffentlichte er eine größere Abhandlung *»Über den Willen in der Natur«*, die bis zu einem gewissen Grade in die erweiterte Auflage der *»Welt als Wille und Vorstellung«* (1844) verarbeitet wurde. 1841 erschienen *»Die beiden Grundprobleme der Ethik«*, 1851 zwei inhaltreiche Bände *»Parerga und Paralipomena«* (wörtlich: Nebenwerke und Ergänzungen), die unter dem Titel *»Essays«* auch ins Englische übertragen wurden. Für dieses sein volkstümlichstes, von Weisheit und Witz erfülltes Werk erhielt Schopenhauer als Gesamthonorar zehn Freiexemplare. Unter solchen Umständen ist es schwer, Optimist zu sein!

Nachdem er Weimar verließ, hat nur ein Abenteuer die Monotonie seiner Forschereinsamkeit gestört. Er hatte gehofft, seine Philosophie an einer der großen deutschen Universitäten vortragen zu dürfen; 1822 bot sich ihm eine Gelegenheit hierzu, da man ihm gestattete, sich in Berlin als Privatdozent zu habilitieren. Absichtlich legte er seine Vorlesungen auf dieselben Stunden, für die der damals mächtige Hegel Vorlesungen angekündigt hatte. Schopenhauer hoffte, daß die Studenten ihn und Hegel mit den Augen der Nachwelt betrachten würden; aber die Studenten zeigten wenig Voraussicht, und Schopenhauer las vor leeren Bänken. Er trat zurück und rächte sich durch die bitteren Bemerkungen gegen Hegel, die die späteren Auflagen seines Hauptwerkes verunstalten. 1831 brach in Berlin eine Choleraepidemie aus. Sowohl Hegel als auch Schopenhauer flüchteten, Hegel kehrte aber zu früh zurück, wurde angesteckt und starb in ganz kurzer Zeit. Schopenhauer machte erst in Frankfurt Halt, wo er dann den Rest seiner zweiundsiebzig Jahre zubrachte.

Als vernünftiger Pessimist vermied er den Versuch, seinen Unterhalt mit der Feder zu verdienen – eine Falle, in die mancher Optimist hineingeraten ist. Er hatte einen Anteil des väterlichen Geschäftes geerbt und lebte in bescheidenem Wohlstand aus den Einkünften, die ihm dieser Anteil abwarf. Sein Geld legte er mit einer für Philosophen ganz ungewöhnlichen Geschicklichkeit an. Als eine Gesellschaft, an der er beteiligt war, in Konkurs geriet, und die anderen Kreditoren mit einer siebzigprozentigen Abfindung einverstanden waren, bestand Schopenhauer auf voller Auszahlung und erzwang sie auch. Er besaß genug, um zwei Zimmer in Untermiete zu beziehen; in ihnen wohnte er dreißig Jahre lang, mit seinem Pudel als einzigem Gesellschafter. Dem Hund gab er den Namen Atma (das brahmanische Wort für »Weltseele«), aber die Spaßvögel der Stadt nannten ihn den »jungen Schopenhauer«. Zu Abend aß er gewöhnlich im »Englischen Hof«. Beim Beginn jeder Mahlzeit pflegte er eine Goldmünze vor sich auf den Tisch zu legen; am Schluß der Mahlzeit steckte er sie wieder ein. Sicherlich war es ein gereizter Kellner, der ihn schließlich nach dem Sinn dieser unveränderlichen Zeremonie fragte. Schopenhauer antwortete, er habe das geheime Gelübde getan, das Goldstück in die Armen-Büchse zu werfen, sobald die anwesenden englichen Offiziere beim Abendessen nicht nur von Pferden, Frauen oder Hunden sprechen würden[14].

Die Universitäten nahmen von ihm und seinen Werken keine Notiz, gleichsam um seine Behauptung zu bewahrheiten, daß jeder philosophische Fortschritt außerhalb der akademischen Mauern vor sich geht. Nichts beleidigte die deutschen Gelehrten stärker, sagt Nietzsche, als Schopenhauers Verschiedenheit von ihnen. Allmählich hatte Schopenhauer etwas Geduld gelernt; er war überzeugt, daß man ihn, wenn auch verspätet, erkennen würde. Und endlich kam denn auch langsam die Anerkennung. Die Angehörigen des Mittelstandes, Rechtsanwälte, Ärzte, Kaufleute, fanden in ihm einen Philosophen, der ihnen nicht bloß einen anmaßenden metaphysischen Jargon bot, sondern einen verständlichen Überblick über die Erscheinungen des wirklichen Lebens. Europa, das von den Idealen und Anstrengungen des Jahres 1848 enttäuscht war, nahm fast mit Beifallsklatschen diese Philosophie auf, die der Verzweiflung von 1815 Ausdruck verlieh. Der Angriff der Wissenschaft auf die Theologie, die sozialistische Anklage gegen Armut und Krieg, die biologische Betonung des Daseinskampfes, sie alle halfen endlich Schopenhauers Ruhm zu verbreiten.

Er war noch nicht zu alt, um sich über seine Volkstümlichkeit zu freuen; gierig las er die Aufsätze, die über ihn erschienen, und bat seine Freunde, ihm jede erreichbare gedruckte Bemerkung über ihn zuzusenden – er würde das Porto vergüten. 1854 schickte ihm Wagner in Begleitung einiger anerkennender Worte über die Schopenhauersche Philosophie der Musik ein Exemplar des *»Ringes des Nibelungen«*. Der größte Pessimist verwandelte sich in seinem Alter fast zum Optimisten; nach den Mahlzeiten spielte er mit Ausdauer Flöte und dankte der Zeit, daß sie ihn von der Glut seiner Jugend befreit hatte. Von überall her kamen Leute, um ihn zu besuchen, und 1858, zu seinem siebzigsten Geburtstag, wurde er aus allen Erdteilen mit Glückwünschen überhäuft.

Diese Wandlung kam nicht zu früh, er hatte nur noch zwei Jahre zu leben. Am 21. September 1860 setzte er sich scheinbar in bester Gesundheit an den Frühstückstisch. Eine Stunde später fand ihn seine Wirtin immer noch am Tische sitzend, aber tot.

III. DIE WELT ALS VORSTELLUNG

Was dem Leser sofort nach Öffnen der *»Welt als Wille und Vorstellung«* auffällt, ist der Stil des Werkes. Es gibt hier keine an Geduldspiele erinnernde Kantische Terminologie, keine Hegelsche Verwirrung, keine Spinozistische Geometrie; alles ist klar und geordnet und alles bewundernswert angelegt um die Grundidee der Welt als Wille und folglich als Kampf und Elend. Welch unverblümte Ehrlichkeit, welch erfrischende Lebhaftigkeit, welch kompromißlose Geradlinigkeit! Wo seine Vorgänger bis zur Unsichtbarkeit abstrakt sind und Theorien entwickeln, die kaum einen einzigen illustrierenden

Ausblick auf die wirkliche Welt bieten, ist Schopenhauer, der Kaufmannssohn, konkret, reich an Beispielen, Anwendungen und selbst an Humor[15]. Nach Kant bedeutete Humor eine überraschende Neuerung für die Philosophie.

Warum aber wurde das Buch abgelehnt? Zum Teil, weil es gerade jene Leute, die Universitätsprofessoren, angriff, durch die es hätte bekannt werden können. 1818 war Hegel philosophischer Diktator Deutschlands, dennoch griff ihn Schopenhauer an. In der Vorrede zur zweiten Auflage schreibt er:

> Ich möchte sagen, daß keine Zeit der Philosophie ungünstiger sein kann als die, da sie von der einen Seite als Staatsmittel, von der anderen als Erwerbsmittel schnöde mißbraucht wird[16]. Es ist gegen den Grundsatz *primum vivere, deinde philosophari*[17] nichts einzuwenden. Die Herren wollen leben, und zwar von der Philosophie leben: an diese sind sie, mit Weib und Kind gewiesen ...[18]. Eben weil ... die Regel »Weß Brot ich eß, deß Lied ich sing« von jeher gegolten hat, war bei den Alten das Geldverdienen mit der Philosophie das Merkmal des Sophisten[19]. Nun kommt aber noch hinzu, daß ... nichts als Mittelmäßigkeit für Geld zu haben ist[20]... Es ist unmöglich, daß eine Zeitgenossenschaft, welche zwanzig Jahre hindurch einen Hegel, diesen geistigen Kaliban, als den größten der Philosophen ausgeschrien hat ... den, der das angesehen, nach ihrem Beifall lüstern machen könnte[21]. Die Wahrheit wird immer nur *paucorum hominum* sein ... und daher gelassen und bescheiden auf die wenigen warten ..., deren ungewöhnliche Denkungsart [sie] genießbar fände[22]. Aber das Leben ist kurz, und die Wahrheit wirkt ferne und lebt lange: sagen wir die Wahrheit[23].

Die letzten Worte sind vornehm gesprochen, dennoch hat das Ganze etwas von sauren Trauben an sich; kein Mensch hat sich mehr nach Anerkennung gesehnt als gerade Schopenhauer. Es wäre noch vornehmer gewesen, nichts Schlechtes von Hegel zu sagen; *»de vivis nil nisi bonom«* – nichts von den Lebenden, wenn nicht etwas Gutes. Und was das bescheidene Warten auf Anerkennung betrifft – »Man fängt allgemein an, inne zu werden, daß die wirkliche und ernstliche Philosophie noch da steht«, sagt Schopenhauer, »wo Kant sie gelassen hat. Jedenfalls erkenne ich nicht an, daß zwischen ihm und mir irgend etwas in derselben geschehen sei[24]...« – »Ich halte jenen Gedanken [daß die Welt Wille sei] für dasjenige, was man unter dem Namen der Philosophie sehr lange gesucht hat, und dessen Auffindung, eben daher, von den historisch Gebildeten für so unmöglich gehalten wird, wie die des Steines der Weisen[25].« – »Ein einziger Gedanke muß, so umfassend er auch sein mag, die vollkommenste Einheit bewahren ... Ein Buch muß inzwischen eine erste und eine letzte Zeile haben und wird insofern einem Organismus allemal sehr unähnlich bleiben ... Es ergibt sich von selbst, daß ... zum Eindringen in den dargelegten Gedanken kein anderer Rat ist, als das Buch zweimal zu lesen, und zwar das erstemal mit vieler Geduld[26].« ... Das als Beispiel für seine Bescheidenheit! »Was ist denn Bescheidenheit anderes, als geheuchelte Demut, mittels welcher man in einer von niederträchtigem Neide strotzenden Welt für Vorzüge und Verdienste die Verzeihung derer erbetteln will, die keine haben?[27]« – »Wohl ... ist die Tugend der Bescheidenheit eine erkleckliche Erfindung für die Lumpe; da ihr gemäß jeder von sich zu reden hat ... als gäbe es überhaupt nichts als Lumpe[28].«

Keine Demut ist im ersten Satz von Schopenhauers Werk zu spüren. »Die Welt ist«, so beginnt das Buch, »meine Vorstellung.« Als Fichte eine ähnliche These aufstellte, fragten selbst die metaphysisch beschlagenen Deutschen, was wohl seine Frau dazu sagen mochte. Aber Schopenhauer hatte keine Frau. Was er meinte, war freilich einfach genug: er wollte sich gleich am Anfang der Kantischen Lehre anschließen, daß uns die Außenwelt nur durch Vermittlung unserer Sinnesempfindungen und Vorstellungen bekannt sei. Hierauf folgt eine Darstellung des Idealismus, die zwar hinlänglich klar und einprägsam ist, aber den am wenigsten originellen Teil des Werkes bildet und besser am Schluß als am Anfang stehen würde. Die Entdeckung Schopenhauers durch die Welt hat eine Generation gewährt, weil er zunächst seine schwächste Seite zeigte und seine eigenen Gedanken hinter zweihundert Seiten eines übernommenen Idealismus verschanzte[29].

Der wichtigste Teil des ersten Buches ist ein Angriff auf den Materialismus. Wie können wir den Geist für Materie erklären, wo wir doch die Materie nur durch den Geist kennen?

Wären wir nun dem Materialismus mit anschaulichen Vorstellungen bis dahin gefolgt, so würden wir, auf seinem Gipfel mit ihm angelangt, eine plötzliche Anwandlung des unauslöschlichen Lachens der Olympier spüren, indem wir, wie aus einem Traum erwachend, mit einem Male inne würden, daß sein letztes, so mühsam herbeigeführtes Resultat, das Erkennen, schon beim allerersten Ausgangspunkt, der bloßen Materie, als unumgängliche Bedingung vorausgesetzt war, und wir mit ihm zwar die Materie zu denken eingebildet, in der Tat aber nichts anderes als das die Materie vorstellende Subjekt, das sie sehende Auge, die sie fühlende Hand, den sie erkennenden Verstand erkannt hätten. So enthüllte sich unerwartet eine enorme *petitio principii;* denn plötzlich zeigte sich das letzte Glied als der Anhaltspunkt, an welchem schon das erste hing, die Kette als Kreis; und der Materialist gliche dem Freiherrn von Münchhausen, der, zu Pferde im Wasser schwimmend, mit den Beinen das Pferd, sich selber aber an seinem nach vorne überschlagenden Zopf in die Höhe zieht[30]. . . . Ganz dieser Art ist . . . der eben jetzt, in der Mitte des 19. Jahrhunderts wieder aufgewärmte, aus Unwissenheit sich original dünkende, rohe Materialismus[31], welcher zunächst, unter stupider Ableugnung der Lebenskraft, die Erscheinungen des Lebens aus physikalischen und chemischen Kräften erklären [will], diese aber wieder aus dem mechanischen Wirken der Materie[32]. . . . Nimmermehr werde ich glauben, daß jemand auch nur die einfachste chemische Verbindung, oder auch die Verschiedenheit der drei Aggregationszustände sich wird mechanisch erklären lassen, viel weniger die Eigenschaften des Lichts, der Wärme und der Elektrizität. Diese werde stets nur eine dynamische Erklärung zulassen[33].

Nein, es ist unmöglich, das metaphysische Rätsel zu lösen, das Geheimnis der Realität zu entdecken, wenn man zuerst die Materie untersucht und dann zum Denken fortschreitet: wir müssen mit dem beginnen, was uns unmittelbar und eingehend bekannt ist – mit uns selbst. »Wir sehen schon hier, daß von *außen* dem Wesen der Dinge nimmermehr beizukommen ist: wie immer man auch forschen mag, so gewinnt man nichts als Bilder und Namen. Man gleicht einem, der um ein Schloß herumgeht, vergeblich einen Eingang suchend und einstweilen die Fassaden skizzierend[34].« Wir wollen eintreten. Gelingt es uns, die wesenhafte Natur unseres eigenen Geistes aufzuspüren, so werden wir vielleicht den Schlüssel zur Außenwelt in Händen haben.

IV. DIE WELT ALS WILLE

1. Der Wille zum Leben

Fast ohne Ausnahme haben die Philosophen das Wesen des Geistes im Denken und im Bewußtsein erblickt; für sie war der Mensch das erkennende Tier, das *»animal rationale«*. – »Dieser uralte und ausnahmslose Grundirrtum, dieses enorme *proton pseudos*[35] ... ist vor allen Dingen zu beseitigen[36]...« – »Das Bewußtsein ist die bloße Oberfläche unseres Geistes, von welchem, wie vom Erdkörper, wir nicht das Innere, sondern nur die Schale kennen[37].« Unter dem bewußten Verstand lagert der bewußte oder unbewußte *Wille*, eine beharrlich begehrende Lebenskraft, eine Urtätigkeit, der Wille gebieterischen Verlangens. Manchmal scheint der Verstand den Willen zu leiten, aber nur wie der Führer den Herrn; der Wille ist »der starke Blinde, der den sehenden Gelähmten auf den Schultern trägt[38]«. Wir begehren ein Ding nicht, weil wir Gründe dazu haben, sondern suchen nach Gründen für unser Verlangen, weil wir es begehren; sogar Philosophien und Theologien entwickeln wir, um unsere Begierden in ein Mäntelchen zu hüllen[39]. Deshalb nennt Schopenhauer den Menschen ein »metaphysisches Tier«: andere Tiere begehren ohne Metaphysik. »Nichts ist verdrießlicher, als wenn man, mit Gründen und Auseinandersetzungen gegen einen Menschen streitend, sich alle Mühe gibt, ihn zu überzeugen ... und nun endlich entdeckt, daß er nicht verstehen *will*; daß man also es mit seinem *Willen* zu tun hatte[40].« Daraus folgt, daß die Logik unnütz ist, denn noch niemals hat man jemand mit Hilfe der Logik von etwas überzeugt, und selbst die Logiker gebrauchen ihre Wissenschaft nur als Einnahmequelle. Um jemand zu überzeugen, muß man sich an sein eigenes Interesse, seine Begierden und seinen Willen wenden. Man beachte, wie lange wir unserer Erfolge gedenken, und wie schnell wir unsere Niederlagen vergessen; das Gedächtnis ist die Magd des *Willens*. Wir irren uns bei Rechnungen »viel öfter zu unserem Vorteil als zu unserem Nachteil ... und zwar ohne die mindeste unredliche Absicht. . .[41]«. – »Der Verstand des stumpfesten Menschen wird scharf, wann es sehr angelegene Objekte seines Wollens gilt . . .[42].« Im allgemeinen wird der Intellekt durch Gefahren entwickelt, wie beim Fuchs, oder durch Not, wie bei Verbrechern. Immer aber erscheint er als den Begierden untergeordnet, als ein Mittel für ihre Zwecke; wo er sich bemüht, den Willen aus dem Sattel zu heben, entsteht Verwirrung. Niemand ist mehr Irrtümern unterworfen als jene, die immer nur überlegt handeln[43].

Man denke an das lebhafte Streben der Menschen nach Nahrung, Geschlechtsgenossen oder Fortpflanzung; kann dieses Streben aus Überlegung entspringen? Sicherlich nicht; die Quelle ist der unbewußte Wille zum Leben, und zwar zum ungeteilten Leben. »Die Menschen werden nur scheinbar von vorne gezogen, eigentlich aber von hinten geschoben . . .[44]«; sie glauben, von dem Erkannten geleitet zu werden, während in Wirklichkeit ihre Gefühle sie vorwärtstreiben – Instinkte, deren Tätigkeit ihnen meist nicht bewußt wird. Der Verstand ist bloß der Minister des Auswärtigen, die Natur hat ihn geschaffen, damit er dem individuellen Willen diene. Folglich erschöpft sich seine Bestimmung darin, die Dinge so weit zu erkennen, wie sie Beweggründe des Willens werden können, er ist aber nicht geschaffen, um sie zu ergründen und ihr wahres Sein zu verstehen. »Das, was dem Bewußtsein Einheit und Zusammenhang gibt . . . ist der *Wille*; er allein ist unwandelbar und schlechthin identisch, und hat, zu seinen Zwecken, das Bewußtsein hervorgebracht. Daher ist auch er es, welcher ihm Einheit gibt und alle Vorstellungen und Gedanken desselben zusammenhält, gleichsam als durchgehender Grundbaß sie begleitend[45].« Er ist der Orgelpunkt des Denkens.

Der Charakter liegt im Willen und nicht im Verstand; er offenbart sich in zusammenhängenden Zwecksetzungen und Stellungnahmen, und diese sind Wille. Die Meinung des Volkes trifft das richtige, wenn sie das »Herz« dem »Kopf« vorzieht; sie weiß (weil sie es nicht ausgeklügelt hat), daß ein »guter Wille« tiefer und verläßlicher ist als ein klarer Geist, und wenn sie einen Menschen »schlau«, – »aufgeklärt« oder

»listig« nennt, deutet sie Verdacht und Abneigung an. »Glänzende Eigenschaften des Geistes erwerben Bewunderung, aber nicht Zuneigung. . .[46]«, und ». . . alle Religionen verheißen für die Vorzüge des Willens, oder Herzens, einen Lohn jenseits des Lebens, in der Ewigkeit; keine aber für die Vorzüge des Kopfes, des Verstandes . . .[47]«.

Selbst der Körper ist vom Willen hervorgebracht. Das Blut baut sich, vorwärtsgetrieben von dem Willen, den wir unbestimmt Leben nennen, eigene Gefäße, indem es im Körper des Embryo Rinnen gräbt; diese Rinnen vertiefen und schließen sich und werden zu Arterien und Venen[48]. Der Wille zum Erkennen baut das Hirn, ähnlich wie der Wille zum Ergreifen die Hand formt, oder der Wille zur Ernährung den Verdauungsmechanismus gestaltet[49]. Diese Zuordnungspaare – bestehend aus Formen des Willens und des Fleisches – sind im Grunde nur zwei Seiten desselben Vorganges und derselben Wirklichkeit. Man kann dieses Verhältnis am besten an den Gefühlen beobachten, wo das Fühlen und die körperlichen Veränderungen eine zusammengesetzte Einheit bilden[50].

Der Willensakt und die Aktion des Leibes sind nicht zwei objektiv erkannte, verschiedene Zustände, die das Band der Kausalität verknüpft, stehen nicht im Verhältnis der Ursache und Wirkung; sondern sie sind eines und dasselbe, nur auf zwei gänzlich verschiedene Weisen gegeben: einmal ganz unmittelbar und einmal in der Anschauung . . . Die Aktion des Leibes ist nichts anderes als der objektivierte, d. h. in die Anschauung getretene Akt des Willens. Weiterhin wird sich uns zeigen, daß dieses von jeder Bewegung des Leibes gilt . . . ja, daß der ganze Leib nichts anderes als der objektivierte, d. h. zur Vorstellung gewordene Wille ist[51]. Die Teile des Leibes müssen deshalb den Hauptbegehrungen, durch welche der Wille sich manifestiert, vollkommen entsprechen, müssen sichtbarer Ausdruck derselben sein: Zähne, Schlund und Darmkanal sind der objektivierte Hunger; die Genitalien der objektivierte Geschlechtstrieb . . .[52]. Mithin macht das ganze Nervensystem gleichsam die Fühlhörner des Willens aus, die er nach innen und außen steckt[53]. Wie die allgemeine menschliche Form dem allgemeinen menschlichen Willen, so entspricht dem individuell modifizierten Willen . . . die individuelle Korporisation, welche daher durchaus und in allen Teilen charakteristisch und ausdrucksvoll ist[54].

Der Intellekt ermüdet, der Wille niemals; der Intellekt braucht Schlaf, aber der Wille arbeitet selbst im Schlaf. Der Sitz von Müdigkeit und Schmerzen ist das Hirn; Muskeln, die mit dem Gehirn nicht verbunden sind (wie die Herzmuskeln) ermüden nie[55]. Im Schlaf wird das Hirn genährt, aber der Wille bedarf nie der Nahrung. Hieraus erklärt sich das starke Schlafbedürfnis der Kopfarbeiter. (»Dies darf uns jedoch nicht verleiten, den Schlaf über die Gebühr zu verlängern; weil er alsdann an Intension, d. h. Tiefe und Festigkeit verliert . . ., wodurch er zum bloßen Zeitverlust wird[56].«) Während des Schlafes sinkt das Leben des Menschen auf die vegetative Stufe herab, und dann ». . . wirkt der Wille allein nach seiner ursprünglichen und wesentlichen Natur, ungestört von außen, ohne Abzug seiner Kraft durch die Tätigkeit des Gehirns und Anstrengung des Erkennens, welches die schwerste organische Funktion, für den Organismus aber bloß Mittel, nicht Zweck ist: daher ist im Schlafe die ganze Kraft des Willens auf Erhaltung und, wo es nötig ist, Ausbesserung des Organismus gerichtet; weshalb also Heilung, alle wohltätigen Krisen im Schlaf erfolgen[57].« Burdach traf das richtige, als er den Schlaf für den ursprünglichen Zustand erklärte. Der Embryo schläft fast ununterbrochen und der Säugling meist ebenfalls. Leben ist Kampf gegen den Schlaf; zunächst gewinnen wir Boden von ihm, den er sich aber zum Schluß zurückerobert. »Der Schlaf ist ein Stück Tod, welches wir *anticipando* borgen und dafür das durch einen Tag erschöpfte Leben wieder erhalten und erneuern[58].« Es ist unser ewiger Feind, der uns selbst im Wachsein halb beherrscht. »Aber was läßt sich überhaupt von Köpfen erwarten, unter denen selbst der Weiseste allnächtlich der Tummelplatz der abenteuerlichsten und unsinnigsten Träume ist und von diesen kommend seine Meditationen wieder aufnehmen soll?[59]«

Wille also ist das Wesen des Menschen. Wie aber, wenn er auch das Wesen des Lebens in all seinen Formen, d. h. selbst der »unbeseelten« Materie, ist? Wie, wenn der Wille das lang gesuchte »Ding an sich«, auf dessen Entdeckung man schon verzichtete, wenn er die letzte Wirklichkeit unseres Innern und das geheime Wesen der Dinge wäre?

Wir wollen versuchen, die Außenwelt auf Grundlage des Willens zu deuten. Und wir wollen den Dingen gleich auf den

Grund gehen; wo andere gesagt haben, der Wille sei eine Form der Kraft, wollen wir umgekehrt sagen: Kraft ist eine Form des Willens[60]. Auf Humes Frage, was Kausalität sei, antworten wir: Wille. Wie in uns, so ist der Wille auch in den Dingen die allgemeinste Ursache; deuten wir die Ursache nicht auf diese Weise als Wille, so bleibt Kausalität ein bloßes magisches und mystisches Wort ohne jede Bedeutung. Ohne das Geheimnis des Willens müssen wir bloße okkulte Qualitäten wie »Kraft« oder »Gravitation« oder »Affinität« einführen; wir wissen nicht, was diese Kräfte sind, aber wir wissen – wenigstens etwas klarer – was der Wille ist. Wir wollen daher behaupten, daß Anziehung und Abstoßung, Verbindung und Auflösung, Magnetismus und Elektrizität, Gravitation und Kristallbildung Wille sind[61]. Goethe gab diesem Gedanken im Titel eines seiner Romane Ausdruck, als er die unwiderstehliche Anziehung der Liebenden *»Die Wahlverwandtschaften«* nannte. Die Kraft, die Liebende und Planeten anzieht, ist dieselbe Kraft.

Ähnlich im pflanzlichen Leben. Je tiefer wir unter den Formen des Lebens hinabsteigen, um so kleiner finden wir die Rolle des Intellektes; anders aber steht es um den Willen.

> . . . jenes Nämliche, das in uns beim Lichte der Erkenntnis seine Zwecke verfolgt, hier aber . . . blind, dumpf, einseitig und unveränderlich strebt . . . [muß] auch hier wie dort den Namen Wille führen[62] . . . Bewußtlosigkeit ist der ursprüngliche und natürliche Zustand aller Dinge, mithin auch die Basis, aus welcher, in einzelnen Arten der Wesen, das Bewußtsein, als die höchste Effloreszenz derselben, hervorgeht, weshalb auch dann jene immer noch vorwaltet. Demgemäß sind die meisten Wesen ohne Bewußtsein: sie wirken dennoch nach den Gesetzen ihrer Natur, d. h. ihres Willens. Die Pflanzen haben höchstens ein ganz schwaches Analogon von Bewußtsein, die untersten Tiere bloß eine Dämmerung desselben. Aber auch nachdem es sich durch die ganze Tierreihe bis zum Menschen und seiner Vernunft gesteigert hat, bleibt die Bewußtlosigkeit der Pflanze, von der es ausging, noch immer die Grundlage und ist zu spüren in der Notwendigkeit des Schlafes[63].

Aristoteles hatte recht; es gibt eine innere Kraft, die die Formen der Pflanzen und Planeten, der Tiere und Menschen gestaltet. »Überhaupt gibt uns der Instinkt der Tiere die beste Erläuterung zur übrigen Teleologie der Natur. Denn wie der Instinkt ein Handeln ist, gleich dem nach einem Zweckbegriff und doch ganz ohne denselben, so ist alles Bilden der Natur gleich dem nach einem Zweckbegriff und doch ganz ohne denselben[64].« Die fabelhafte technische Geschicklichkeit der Tiere zeigt, wie der Wille dem Intellekt überlegen ist. Ein Elefant, den man durch ganz Europa führte, und der Hunderte von Brücken passierte, weigerte sich, eine schwache Brücke zu betreten, obwohl er viele Pferde und Hunde über die Brücke laufen sah. Ein junger Hund fürchtete sich, vom Tisch hinunterzuspringen; er sieht die Wirkung des Falles nicht durch Überlegung voraus (denn er hat keine Erfahrungen von solchen Wirkungen), sondern durch Instinkt. Orang-Utans wärmen sich beim Feuer, das sie finden, versuchen aber nicht, es zu unterhalten; offenbar also sind solche Handlungen instinktiv und keine Ergebnisse vernünftiger Überlegung, sie sind Ausdruck nicht des Intellektes, sondern des Willens[65].

Der Wille ist selbstverständlich Wille zum Leben, und zwar zum Maximum des Lebens. Wie kostbar ist allem Lebendigen das Leben! – und mit welch stiller Geduld wartet es seine Zeit ab! »Jahrtausende schlummert der Galvanismus im Kupfer und Zink, und sie liegen ruhig neben dem Silber, welches, sobald alle drei unter den erforderten Bedingungen sich berühren, in Flammen aufgehen muß. Selbst im organischen Reiche sehen wir ein trockenes Samenkorn dreitausend Jahre lang die schlummernde Kraft bewahren, welche, beim endlichen Eintritt der günstigen Umstände, als Pflanze emporsteigt[66].« Lebende Kröten, die man in Kalkstein gefunden haben soll, beweisen, daß sich selbst tierisches Leben Jahrtausende erhalten kann. Der Wille ist ein Wille zum Leben und sein ewiger Feind ist der Tod.

Kann er aber nicht vielleicht selbst den Tod überwinden?

2. *Der Wille zur Fortpflanzung*

Er kann es, durch den strategischen Kunstgriff und das Martyrium der Fortpflanzung.

Nach Eintritt der Reife eilt jeder normale Organismus, sich der Aufgabe der Fortpflanzung zu opfern; so ist es angefangen von der Spinne, die das Männchen, von dem sie eben befruchtet wurde, auffrißt, oder der Wespe, die sich dem Nahrungssammeln für Nachkommen widmet, von denen sie keinen erblicken wird, bis auf den Menschen, der sich bei der Anstrengung, seine Kinder zu nähren, zu kleiden und zu erziehen, fast zugrunde richtet. Fortpflanzung ist der letzte Zweck jedes organischen Wesens und sein stärkster Instinkt, denn nur auf diese Weise kann der Wille den Tod überwinden. Und um die Überwindung des Todes zu sichern, liegt der Fortpflanzungswille fast ganz außerhalb des Machtbereiches von Erkenntnis und Denken; gelegentlich haben sogar Philosophen Kinder.

Der Wille zeigt sich hier fast so unabhängig von der Erkenntnis ... wie in der erkenntnislosen Natur ... Diesem allen zufolge sind die Genitalien der eigentliche Brennpunkt des Willens und folglich der entgegengesetzte Pol des Gehirns, des Repräsentanten der Erkenntnis ... Jene sind das Leben erhaltende, der Zeit endloses Leben zusichernde Prinzip, in welcher Eigenschaft sie bei den Griechen im Phallus, bei den Hindu in Lingam verehrt wurden[67]. Hesiod und Parmenides sagten sehr bedeutungsvoll, der Eros sei das Erste, das Schaffende, das Prinzip, aus dem alle Dinge hervorgingen[68]. Dem allen entspricht die wichtige Rolle, welche das Geschlechtsverhältnis in der Menschenwelt spielt, als wo es eigentlich der unsichtbare Mittelpunkt alles Tuns und Treibens ist und trotz allen ihm übergeworfenen Schleiern überall hervorlugt. Es ist die Ursache des Krieges und der Zweck des Friedens, die Grundlage des Ernstes und das Ziel des Scherzes, die unerschöpfliche Quelle des Witzes, der Schlüssel zu allen Anspielungen und der Sinn aller geheimen Winke[69] ... In der Tat aber sieht man [die Geschlechtlichkeit] jeden Augenblick sich als den eigentlichen und erblichen Herrn der Welt, aus eigener Machtvollkommenheit, auf den angestammten Thron setzen und von dort herab mit höhnenden Blicken der Anstalten lachen, die man getroffen hat, sie zu bändigen, einzukerkern, wenigstens einzuschränken und womöglich ganz verdeckt zu halten oder doch zu bemeistern, daß sie nur als eine ganz untergeordnete Nebenangelegenheit des Lebens zum Vorschein komme[70].

Die »Metaphysik der Geschlechtsliebe« befaßt sich in der Hauptsache mit der Unterordnung des Vaters unter die Mutter, der Eltern unter das Kind, des Individuums unter die Gattung. Das Gesetz der geschlechtlichen Anziehung besteht zunächst darin, daß die Wahl des Geschlechtsgenossen, wenn auch unbewußt, in weitem Umfang durch die gegenseitige Abgestimmtheit auf Zeugung geleitet wird.

Endlich sucht auch in den einzelnen Körperteilen jedes das Korrektiv seiner Mängel und Abweichungen, damit diese sich nicht auf die Nachkommen vererben. Je schwächer in Hinsicht auf Muskelkraft ein Mann ist, desto mehr wird er kräftige Weiber suchen. Jeder wird . . . am anderen Individuo besonders die Vollkommenheiten verlangen, welche ihm selbst abgehen, ja sogar die Unvollkommenheiten, welche das Gegenteil seiner eigenen sind, schön finden[71]. Die körperliche Beschaffenheit zweier Individuen kann eine solche sein, daß zum Behuf möglichster Herstellung des Typus der Gattung, das eine die ganz spezielle und vollkommene Ergänzung des anderen ist, welches daher seiner ausschließlich begehrt. Der tiefe Ernst, mit welchem wir jeden Körperteil des Weibes prüfend betrachten . . ., die kritische Skrupulosität, mit der wir ein Weib, das uns zu gefallen anfängt, mustern . . . Das Individuum handelt hier, ohne es zu wissen, im Auftrage eines Höheren, der Gattung. Es verliert jedes Individuum an Reiz für das andere Geschlecht in dem Maße, als es sich von der zur Zeugung oder zur Empfängnis tauglichsten Periode entfernt. Jugend ohne Schönheit hat immer noch Reiz; Schönheit ohne Jugend keinen . . . Daß es . . . bei jedem Verliebtsein doch allein abgesehen ist auf die Erzeugung eines Individuums von bestimmter Beschaffenheit, wird zunächst dadurch bestätigt, daß nicht etwa die Gegenliebe, sondern der Besitz . . . das Wesentliche ist[72].

Dennoch sind keine Verbindungen weniger glücklich als solche Liebesehen – und das gerade deshalb, weil ihr Zweck nicht der Genuß des Individuums, sondern der Fortbestand der Gattung ist[73]. »Wer aus Liebe heiratet, hat unter Schmerzen zu leben«, sagt ein spanisches Sprichwort. Ein großer Teil der Literatur über das Eheproblem macht sich dadurch lächerlich, daß er die Ehe für ein Suchen nach Genossen hält, statt in ihr eine Vorkehrung zur Erhaltung der Menschheit zu sehen. Die Natur kümmert es nicht, ob die Eltern »in Ewigkeit glücklich« geworden sind oder nur für den Tag, an dem die Zeugung geschah. Vernunftehen, die von den Eltern der Heiratenden angeordnet werden, sind oft glücklicher als Liebesheiraten. Und doch muß man ein Mädchen, das entgegen dem Rat seiner Eltern aus Liebe heiratet, in gewissem Sinne bewundern, »denn es hat das Wichtigere vorgezogen und im Sinne der Natur (näher, der Gattung) gehandelt, während die Eltern im Sinne des individuellen Egoismus rieten[74]«. Liebe ist die beste Eugenik.

Da Liebe ein Täuschungsmittel der Natur, und die Ehe eine allmähliche Abnutzung der Liebe ist, muß diese enttäuschend sein. Nur ein Philosoph kann in der Ehe glücklich sein, aber Philosophen heiraten nicht.

Weil nämlich die Leidenschaft auf einem Wahn beruhte, der das, was nur für die Gattung Wert hat, vorspiegelte als für das Individuum wertvoll, muß, nach erlangtem Zwecke der Gattung, die Täuschung verschwinden. Das Individuum merkt, daß es der Betrogene des Willens zur Gattung gewesen ist ... Wäre Petrarcas Leidenschaft befriedigt worden, so wäre von dem an sein Gesang verstummt ...[75].

Die Unterordnung des Individuums unter die Gattung als Werkzeug ihres Fortbestehens erfährt eine neue Bestätigung durch die offenkundige Abhängigkeit seiner Vitalität vom Zustand seiner Fortpflanzungszellen.

Der Geschlechtstrieb ist anzusehen als der innere Zug des Baumes (der Gattung), auf welchem das Leben des Individuums sproßt, wie ein Blatt, das vom Baume genährt wird und ihn zu nähren beiträgt: daher ist jener Trieb so stark und aus der Tiefe unserer Natur. Ein Individuum kastrieren heißt, es vom Baum der Gattung, auf welchem es sproßt, abschneiden und so gesondert verdorren lassen: daher die Degradation seiner Geistes- und Leibeskräfte. – Daß auf den Dienst der Gattung, d. i. die Befruchtung, bei jedem tierischen Individuo augenblickliche Erschöpfung und Abspannung aller Kräfte, bei den meisten Insekten sogar baldiger Tod erfolgt, weshalb Celsus sagte *seminis emissio est partis animae jactura;* daß beim Menschen das Erlöschen der Zeugungskraft anzeigt, das Individuum gehe nunmehr dem Tode entgegen; daß übertriebener Gebrauch jener Kraft in jedem Alter das Leben verkürzt, Enthaltsamkeit hingegen alle Kräfte, besonders aber die Muskelkraft erhöht, weshalb sie zur Vorbereitung der griechischen Athleten gehörte; daß dieselbe Enthaltsamkeit das Leben des Insekts sogar bis zum folgenden Frühling verlängert – alles dieses deutet darauf hin, daß das Leben des Individuums im Grunde nur ein von der Gattung erborgtes, und daß alle Lebenskraft gleichsam durch Abdämmung gehemmte Gattungskraft ist[76]. Die Zeugung ist der Gipfel ..., nach dessen Erreichung das Leben des ersten Individuums schnell oder langsam sinkt, während ein neues der Natur die Erhaltung der Spezies verbürgt und dieselbe Erscheinung wiederholt[77]. Das Wechselspiel des Todes und der Zeugung sind der »Pulsschlag« der Gattung[78]. Der Tod ist für sie [die Gattung], was der Schlaf für das Individuum ... Dies ist die zeitliche Unsterblichkeit[79]. Die ganze Welt [ist] mit allen ihren Einrichtungen die Objektität des einen und unteilbaren Willens ..., die Idee, welche sich zu allen anderen Ideen verhält wie die Harmonie zu den einzelnen Stimmen[80]. In Eckermanns »Gesprächen mit Goethe« (zweite Auflage, Bd. 1, S. 154) sagt Goethe: »Unser Geist ist ein Wesen ganz unzerstörbarer Natur: es ist ein Fortwirkendes von Ewigkeit zu Ewigkeit. Es ist der Sonne ähnlich, die bloß unseren irdischen Augen unterzugehen scheint, die aber eigentlich nie untergeht, sondern unaufhörlich fortleuchtet.« – Goethe hat das Gleichnis von mir, nicht etwa ich von ihm[81].

Nur in Raum und Zeit erscheinen wir als selbständige Wesen; jene bilden das »Prinzip der Individuation«, welches das Leben in getrennte Organismen aufteilt, wie sie an verschiedenen Orten und zu verschiedenen Zeiten auftreten; Raum und Zeit sind »der Schleier der Maya« – Illusion, die die Einheit der Dinge verdeckt. In Wirklichkeit gibt es nur die Gattung, nur das Leben, den Willen. »Sie deutlich zu machen, daß das Individuum nur die Erscheinung, nicht das Ding an sich ist . . .«, sehen, daß es »durch und durch nichts anderes, als ein steter Wechsel der Materie, unter dem festen Beharren der Form[82]« ist – darin besteht das Wesen der Philosophie. »Die Devise der Geschichte überhaupt müßte lauten: *Eadem, sed aliter*[83].« Je mehr sich die Dinge ändern, um so ähnlicher bleiben sie sich. Wem die Menschen und Dinge noch niemals als bloße Phantome oder Illusionen vorgekommen sind, der hat keinen Sinn für Philosophie.

Die wahre Philosophie der Geschichte besteht . . . in der Einsicht, daß man bei allen . . . endlosen Veränderungen und ihrem Wirrwarr doch stets nur dasselbe, gleiche und unwandelbare Wesen vor sich hat, welches heute dasselbe treibt wie gestern und immerdar: sie soll also das Identische in allen Vorgängen . . . erkennen und trotz aller Verschiedenheit der speziellen Umstände, der Kostüme und der Sitten überall dieselbe Menschheit erblicken . . . Hat einer den Herodot gelesen, so hat er, in philosophischer Absicht, schon genug Geschichte studiert[84]. Durchgängig und überall ist das echte Symbol der Natur der Kreis, weil er das Schema der Wiederkehr ist[85].

Wir gefallen uns in dem Glauben, daß die ganze Geschichte eine langsame und unvollkommene Vorbereitung für die herrlichen Zeiten gewesen ist, deren Würze und Gipfelpunkt wir selbst bilden, aber diese Idee des Fortschrittes ist bloße Einbildung und Narrheit. »Im allgemeinen . . . haben die Weisen aller Zeiten immer dasselbe gesagt; und die Toren, d. h. die unermeßliche Majorität aller Zeiten, haben immer dasselbe, nämlich das Gegenteil getan: und so wird es denn auch ferner bleiben. Darum sagt Voltaire: *nous laisserons ce monde-ci aussi sot et aussi méchant que nous l'avons trouvé en y arrivant*[86].«

Im Lichte all dieser Dinge wächst in uns eine neue und ernstere Ahnung von der unentrinnbaren Wirklichkeit des Determinismus. »Spinoza sagt (epist. 62), daß der durch einen Stoß in die Luft fliegende Stein, wenn er Bewußtsein hätte, meinen würde, aus seinem eigenen Willen zu fliegen. Ich setze nur noch hinzu, daß der Stein recht hätte. Der Stoß ist für ihn, was für mich das Motiv, und was bei ihm als Kohäsion, Schwere, Beharrlichkeit im angenommenen Zustande erscheint, ist dem inneren Wesen nach dasselbe, was ich in mir als Willen erkenne und was, wenn auch bei ihm die Erkenntnis hinzuträte, auch er als Willen erkennen würde[87].« Aber weder im Stein noch im Philosophen ist der Wille »frei«. Der Wille als Ganzes ist frei, denn es gibt neben ihm keinen anderen Willen, der ihn einschränken könnte, aber jeder Teil des allgemeinen Willens – jede Gattung, jeder Organismus, jedes Organ – ist unwiderruflich durch das Ganze determiniert.

Daher kommt die wunderliche Tatsache, daß jeder sich a priori für ganz frei, auch in seinen einzelnen Handlungen, hält und meint, er könne jeden Augenblick einen andern Lebenswandel anfangen, welches hieße, ein anderer werden. Allein a posteriori, durch die Erfahrung, findet er zu seinem Erstaunen, daß er nicht frei ist, sondern nur der Notwendigkeit unterworfen, daß er aller Vorsätze und Reflexionen ungeachtet sein Tun nicht ändert und vom Anfang seines Lebens bis zum Ende denselben von ihm selbst mißbilligten Charakter durchführen und gleichsam die übernommene Rolle bis zu Ende spielen muß[88].

V. DIE WELT ALS ÜBEL

Ist aber die Welt Wille, so muß sie eine Welt des Leidens sein.

Zunächst, weil der Wille selbst Begierde ist, und er immer mehr greifen möchte, als er halten kann. Auf jeden befriedigten Wunsch entfallen zehn unbefriedigte. Das Begehren ist unendlich, die Erfüllung beschränkt – sie »gleicht immer dem Almosen, das, dem Bettler zugeworfen, sein Leben heute fristet, um seine Qual auf morgen zu verlängern. – Darum nun, solange unser Bewußtsein von unserem Willen erfüllt ist, solange wir dem Drange der Wünsche mit seinem steten Hoffen und Fürchten hingegeben sind, solange wir Subjekt des Wollens sind, wird uns nimmermehr dauerndes Glück noch Ruhe[89]«. Und die Erfüllung befriedigt niemals; nichts ist verhängnisvoller für ein Ideal als seine Verwirklichung. ». . . die Befriedigung führt öfter zum Unglück als zum Glück. Denn ihre Anforderungen kollidieren oft so sehr mit der persönlichen Wohlfahrt des Beteiligten, daß sie solche untergraben[90].« Jedes Wesen trägt einen zerreißenden Widerspruch in sich: die befriedigte Begierde entwickelt eine neue, und so weiter in Unendlichkeit. »Im Grunde entspringt dies daraus, daß der Wille an sich selber zehren muß, weil außer ihm nichts da ist, und er ein hungriger Wille ist[91].«

Das Maß unseres Schmerzes und Wohlseins im ganzen ist . . . für jeden Zeitpunkt subjektiv bestimmt. Diesem entspringt auch die Beobachtung, daß wenn eine große, uns beklemmende Besorgnis endlich durch den glücklichen Ausgang uns von der Brust gehoben wird, alsbald an ihre Stelle eine andere tritt, deren ganzer Stoff schon vorher da war, jedoch nicht als Sorge in das Bewußtsein kommen konnte, weil dieses keine Kapazität dafür übrig hatte . . . Jetzt aber, da Platz geworden, tritt sogleich dieser fertige Stoff heran und nimmt den Thron . . .[92].

Das Leben ist auch deshalb ein Übel, weil der Hauptreiz in ihm und seine grundlegende Realität der Schmerz ist, und die Lust ein bloßes negatives Aufhören des Schmerzes darstellt. Aristoteles hatte recht: der Weise sucht nicht das Glück, sondern Freiheit von Sorge und Schmerz.

Alle Befriedigung, oder was man gemeinhin Glück nennt, ist eigentlich und wesentlich immer nur negativ und durchaus nie positiv[93]. . . . Wir [können] der Güter und Vorteile, die wir wirklich besitzen, gar nicht recht inne werden, noch sie schätzen, sondern nicht anders meinen, als eben es müsse so sein: denn sie beglücken immer nur negativ, Leiden abhaltend. Erst nachdem wir sie verloren haben, wird uns ihr Wert fühlbar: denn der Mangel, das Entbehren, das Leiden ist das Positive, sich unmittelbar Ankündigende[94]. Denn was bewog die Kyniker zur Verwerfung aller Genüsse, wenn es nicht eben der Gedanke an die mit ihnen näher oder ferner verknüpften Schmerzen war . . .[95]? Und dieses erinnert an den schönen französischen Ausspruch: *le mieux est l'ennemi du bien*[96].

Das Leben ist ein Übel, weil ». . . sobald Not und Leiden dem Menschen eine Rast vergönnen, die Langeweile gleich so nahe [ist] . . ., daß er des Zeitvertreibes notwendig bedarf[97]«, was zu weiteren Leiden führt. Selbst wenn die Utopie des Sozialismus verwirklicht wäre, würden unzählige Übel erhalten bleiben, weil einige unter ihnen – z. B. der Wettbewerb – zum Wesen des Lebens gehören; wären aber alle Übel beseitigt und der Daseinskampf ganz aus der Welt geschafft, so würde die Langeweile dem Menschen nachgerade schmerzlich werden. »Sein Leben schwingt also gleich einem Pendel hin und her zwischen dem Schmerz und der Langeweile . . . Nachdem der Mensch alle Leiden und Qualen in die Hölle versetzt, blieb für den Himmel nun nichts übrig als eben Langeweile[98].« Je erfolgreicher wir sind, um so gelangweilter fühlen wir uns. »Wie die Not die beständige Geißel des Volkes ist, so die Langeweile die der vornehmen Welt. Im bürgerlichen Leben ist sie durch den Sonntag, wie die Not durch die sechs Wochentage repräsentiert[99].«

Das Leben ist ein Übel, denn je höher ein Organismus entwickelt ist, um so größer sind seine Leiden. Das Wachsen der Erkenntnis bringt keine Lösung.

Denn wie die Erscheinung des Willens vollkommener wird, so wird auch das Leiden mehr und mehr offenbar. In der Pflanze ist noch keine Sensibilität, also kein Schmerz; ein gewiß sehr geringer Grad von Leiden wohnt den untersten Tieren, den Infusorien und Radiarien, ein; sogar in den Insekten ist die Fähigkeit, zu empfinden und zu leiden, noch beschränkt; erst mit dem vollkommenen Nervensystem der Wirbeltiere tritt sie in hohem Grade ein und in immer höherem, je mehr die Intelligenz sich entwickelt. In gleichem Maße also, wie die Erkenntnis zur Deutlichkeit gelangt, das Bewußtsein sich steigert, wächst auch die Qual, welche folglich ihren höchsten Grad im Menschen erreicht, und dort wieder um so mehr, je deutlicher erkennend, je intelligenter der Mensch ist; der, in welchem der Genius lebt, leidet am meisten[100].

Wer daher die Erkenntnis erhöht, erhöht die Leiden. Sogar Gedächtnis und Voraussicht vergrößern das menschliche Elend, denn am meisten leiden wir im Zurückschauen und Vorwegnehmen; der Schmerz selbst ist nur kurz. Wieviel mehr Leiden verursachen die Gedanken an den Tod als der Tod selbst!

Schließlich und vor allem ist das Leben ein Übel, weil es Krieg ist. Überall in der Natur sehen wir Daseinskampf, Wettbewerb, Zusammenstöße und einen vernichtenden Wechsel von Sieg und Niederlage. Jede Gattung will »Materie, Raum und Zeit« der anderen Gattungen erobern.

Der junge Armpolyp, der aus dem alten als ein Zweig herauswächst und sich später von ihm abtrennt, kämpft, während er noch an jenem festsitzt, schon mit ihm um die sich darbietende Beute, so daß einer sie dem andern aus dem Maule reißt ... In dieser Art liefert aber das grellste Beispiel die Bulldogs-Ameise (bulldog-ant) in Australien, nämlich wenn man sie durchschneidet, beginnt ein Kampf zwischen dem Kopf und dem Schwanzteil; jener greift diesen mit seinem Gebiß an, und dieser wehrt sich tapfer durch Stechen auf jenen; der Kampf pflegt eine halbe Stunde zu dauern, bis sie sterben oder von anderen Ameisen weggeschleppt werden. Der Vorgang findet jedesmal statt ...[101]. Junghuhn erzählt, daß er auf Java ein unabsehbares Feld ganz mit Gerippen bedeckt erblickt und für ein Schlachtfeld gehalten habe, es waren jedoch lauter Gerippe großer ... Schildkröten, welche, um ihre Eier zu legen, vom Meere aus dieses Weges gehen und dann von wilden Hunden ... angepackt werden, die mit vereinten Kräften sie auf den Rücken legen, ihnen den unteren Harnisch, also die kleinen Schilder des Bauches, aufreißen und so sie lebendig verzehren. Oft aber fällt alsdann über die Hunde ein Tiger her ... Dazu werden also diese Schildkröten geboren[102]. Der Wille zum Leben zehrt durchgängig an sich selbst und [ist] in verschiedenen Gestalten seine eigene Nahrung ..., bis zuletzt das Menschengeschlecht, weil es alle anderen überwältigt, die Natur für ein Fabrikat zu seinem Gebrauch ansieht, dasselbe Geschlecht jedoch auch ... in sich selbst jenen Kampf, jene Selbstentzweiung des Willens zur furchtbarsten Deutlichkeit offenbart und *homo homini lupus* wird[103].

Das Gesamtbild des Lebens ist dem Betrachter kaum erträglich; man kann nur leben, wenn man es nicht zu gut kennt.

Wenn man nun endlich noch jedem die entsetzlichen Schmerzen und Qualen, denen sein Leben beständig offensteht, vor die Augen bringen wollte, so würde ihn Grausen ergreifen; und wenn man den verstocktesten Optimisten durch die Krankenhospitäler, Lazarette und chirurgischen Marterkammern und Sklavenställe, über Schlachtfelder und Gerichtsstätten führen, dann alle finsteren Behausungen des Elends, wo es sich vor den Blicken kalter Neugier verkriecht, ihm öffnen und zum Schluß ihn in den Hungerturm des Ugolino blicken lassen wollte, so würde sicherlich auch er zuletzt einsehen, welcher Art dieser *meilleur des mondes possibles* ist. Woher denn anders hat Dante den Stoff zu seiner Hölle genommen, als aus dieser unserer wirklichen Welt? Und doch ist es eine recht ordentliche Hölle geworden. Hingegen als er an die Aufgabe kam, den Himmel und seine Freuden zu schildern, da hatte er eine unüberwindliche Schwierigkeit vor sich, weil eben unsere Welt gar keine Materialien zu so etwas darbietet[104]. Jede epische oder dramatische Dichtung nämlich kann immer nur ein Ringen, Streben und Kämpfen um Glück, nie aber das bleibende und vollendete Glück selbst darstellen. Sie führt ihren

Helden durch tausend Schwierigkeiten und Gefahren bis zum Ziel; sobald es erreicht ist, läßt sie schnell den Vorhang fallen. Denn es bliebe ihr jetzt nichts übrig, als zu zeigen, daß das glänzende Ziel, in welchem der Held das Glück zu finden wähnte, auch ihn nur geneckt hatte, und er nach dessen Erreichung nicht besser dran war als zuvor[105].

Verheiratet sind wir unglücklich und unverheiratet ebenfalls. Wir sind unglücklich allein und unglücklich in Gesellschaft: wie Igel drängen wir uns zusammen, um uns zu erwärmen, fühlen uns aber zu dicht beieinander unbequem und doch unglücklich, wenn man uns voneinander trennt. All das ist sehr sonderbar. »Das Leben jedes einzelnen ist, wenn man es im ganzen und allgemeinen übersieht und nur die bedeutsamsten Züge heraushebt, eigentlich immer ein Trauerspiel; aber im einzelnen durchgegangen hat es den Charakter des Lustspiels[106].« Man vergesse nicht:

... im Alter von fünf Jahren eintreten in die Garnspinnerei oder sonstige Fabrik ... und dieselbe mechanische Arbeit verrichten, heißt das Vergnügen, Atem zu holen, teuer zu erkaufen. Dies aber ist das Schicksal von Millionen, und viele andere Millionen haben ein analoges[107]. Unter der festen Rinde des Planeten nun wieder hausen die gewaltigen Naturkräfte, welche, sobald ein Zufall ihnen Spielraum gestattet, jene mit allem Lebenden darauf zerstören müssen, wie dies auf dem unserigen wenigstens schon dreimal eingetreten ist und wahrscheinlich noch öfter eintreten wird. Ein Erdbeben von Lissabon, von Haiti, eine Verschüttung von Pompeji sind kleine, schalkhafte Anspielungen auf die Möglichkeit[108].

»Der Optimismus ist«, angesichts all dieser Dinge, »ein bitterer Hohn über die namenlosen Leiden der Menschheit[109].« – »Ich kann der Theodizee[110], dieser methodischen und breiten Entfaltung des Optimismus, in solcher Eigenschaft kein anderes Verdienst zugestehen als dieses, daß sie später Anlaß gegeben hat zum unsterblichen *Candide* des großen *Voltaire;* wodurch freilich Leibnizens so oft wiederholte, lahme Exküse für die Übel der Welt, daß nämlich das Schlechte bisweilen das Gute herbeiführt, einen ihm unerwarteten Beleg erhalten hat[111].« Kurz, »... die durchgängige Beschaffenheit des Lebens stellt sich dar als darauf abgesehen und berechnet, die Überzeugung zu erwecken, daß gar nichts unseres Strebens, Treibens und Ringens wert sei, daß alle Güter nichtig seien, die Welt an allen Enden bankrott, und das Leben ein Geschäft, das nicht die Kosten deckt . . .[113]«.

Um glücklich zu leben, muß man unwissend sein wie die Jugend. Diese glaubt, daß Wollen und Streben Freuden sind; sie hat die trostlose Unersättlichkeit der Begierden und die Fruchtlosigkeit der Erfüllung noch nicht entdeckt; noch sieht sie nicht die unvermeidliche Niederlage.

Die Heiterkeit und der Lebensmut unserer Jugend beruht zum Teil darauf, daß wir, bergauf gehend, den Tod nicht sehen, weil er am Fuß der andern Seite des Berges liegt . . . im spätern Alter erregt jeder verlebte Tag eine Empfindung, welche der verwandt ist, die bei jedem Schritt ein zum Hochgericht geführter Delinquent hat . . . Man muß alt geworden sein, also lange gelebt haben, um zu erkennen, wie kurz das Leben ist . . . Hinsichtlich der Lebenskraft sind wir bis zum 36sten Jahre denen zu vergleichen, welche von ihren Zinsen leben: was heute ausgegeben wird, ist morgen wieder da. Aber von jenem Zeitpunkt an ist unser Analogon der Rentenier, welcher anfängt, sein Kapital anzugreifen . . . Daher eben wächst mit dem Alter die Liebe zum Besitze . . . Man pflegt die Jugend die glückliche Zeit des Lebens zu nennen und das Alter die traurige . . . Viel richtiger schätzt Platon (im Eingang zur Republik) das Greisenalter glücklich, sofern es den bis dahin uns unablässig beunruhigenden Geschlechtstrieb endlich los ist . . . Andererseits jedoch ließe sich sagen, daß nach erloschenem Geschlechtstrieb der eigentliche Kern des Lebens verzehrt und nur noch die Schale desselben vorhanden sei, ja, daß es einer Komödie gleiche, die von Menschen angefangen, nachher von Automaten in deren Kleidern zu Ende gespielt werde[113].

Am Ende stoßen wir auf den Tod. Gerade wenn unsere Erfahrungen die geordnete Gestalt der Weisheit anzunehmen beginnen, verfallen Hirn und Körper. »So weilt alles nur einen Augenblick und eilt dem Tod zu[114].« Und wenn auch der Tod eine Weile auf sich warten läßt, so ist das nur das Spiel der Katze mit der hilflosen Maus. »Es ist offenbar, daß wie bekanntlich unser Gehen nur ein stets gehemmtes Fallen ist, das Leben unseres Leibes nur ein fortdauernd gehemmtes Sterben, ein immer aufgeschobener Tod ist[115].« – »Unter dem prächtigen Schmuck und Gerät orientalischer Despoten findet sich auch ein kostbares Fläschchen mit Gift[116].« Die Philosophie des Ostens begreift die Allgegenwart des Todes und führt ihre Anhänger zu jener abgeklärten Weltanschauung und würdigen Langsamkeit der Gebärden, die aus dem Wissen um die Kürze des persönlichen Daseins entspringen. Todesfurcht ist der

Anfang der Philosophie und der Urgrund der Religion. Der Durchschnittsmensch kann sich mit dem Tode nicht abfinden und schafft sich eine Unzahl von Philosophien und Theologien; die Verbreitung des Unsterblichkeitsglaubens ist ein Zeichen entsetzlicher Angst vor dem Tode.

Wie die Theologie eine Zuflucht vor Todesangst, so ist die Geisteskrankheit eine Zuflucht vor Schmerzen. Die Geisteskrankheit bietet sich als Mittel dar, die Erinnerung an Leiden auszulöschen[117]; sie ist eine rettende Unterbrechung des Bewußtseinsfadens. Denn gewisse Erfahrungen oder Befürchtungen kann man nur dadurch überleben, daß man sie vergißt.

... Wie ungern denken wir an Dinge, welche unser Interesse, unsern Stolz oder unsere Wünsche stark verletzen, wie schwer entschließen wir uns, dergleichen dem eigenen Intellekt zu genauer und ernster Untersuchung vorzulegen ... In jenem Widerstreben des Willens, das ihm Widrige in die Beleuchtung des Intellekts kommen zu lassen, liegt die Stelle, an welcher der Wahnsinn auf den Geist einbrechen kann ... Erreicht ... in einem einzelnen Fall das Widerstreben und Sträuben des Willens wider die Aufnahme einer Erkenntnis den Grad, daß jene Operation nicht rein durchgeführt wird, werden demnach dem Intellekt gewisse Vorfälle oder Umschläge völlig unterschlagen, weil der Wille ihren Anblick nicht ertragen kann, wird alsdann, des notwendigen Zusammenhangs wegen, die dadurch entstandene Lücke beliebig ausgefüllt – so ist der Wahnsinn da. Denn der Intellekt hat seine Natur aufgegeben, dem Willen zu gefallen: der Mensch bildet sich jetzt ein, was nicht ist. Jedoch wird der so entstandene Wahnsinn jetzt der Lethe unerträglicher Leiden: er war das letzte Hilfsmittel der geängstigten Natur, das ist des Willens[118].

Der endgültige Ausweg ist Selbstmord. Hier endlich besiegen, so seltsam es auch klingen mag, Denken und Phantasie den Instinkt, Von Diogenes wird erzählt, er habe durch Unterdrückung der Atmung Selbstmord begangen – welch ein Sieg über den Willen zum Leben! Dieser Sieg ist aber bloß persönlich und vereinzelt, in der Gattung setzt sich der Wille fort. Das Leben lacht über den Selbstmord und belächelt den Tod; auf jeden freiwilligen Tod fallen Tausende unfreiwilliger Geburten. ». . . Der Selbstmord, die willkürliche Zerstörung einer einzelnen Erscheinung, bei der das Ding an sich ungestört stehen bleibt, wie der Regenbogen feststeht, so schnell auch die Tropfen, welche auf Augenblicke seine Träger sind, wechseln, ist eine ganz vergebliche und törichte Handlung[119].« Elend und Daseinskampf bleiben nach dem Tode des Individuums bestehen und müssen bestehen bleiben, solange im Menschen der Wille herrschend ist. Es ist kein Sieg über die Übel der Welt möglich, solange der Wille nicht restlos der Erkenntnis und dem Intellekt unterworfen wird.

VI. LEBENSWEISHEIT

1. Philosophie

Zunächst denke man an die Sinnlosigkeit des Verlangens nach materiellen Gütern. Narren sind der Meinung, sie könnten ihren Willen vollkommen befriedigen, wenn sie Wohlstand erreichen; ein vermögender Mann gilt als Mensch, der all seine Wünsche zu erfüllen vermag. »Daß die Wünsche der Menschen hauptsächlich auf Geld gerichtet sind, und sie dieses über alles lieben, wird ihnen oft zum Vorwurf gemacht. Jedoch ist es natürlich, wohl gar unvermeidlich, das zu lieben, was als ein unermüdlicher Proteus jeden Augenblick bereit ist, sich in den jedesmaligen Gegenstand unserer so wandelbaren Wünsche und mannigfaltigen Bedürfnisse zu verwandeln. Jedes andere Gut nämlich kann nur einem Wunsch, einem Bedürfnis genügen ... Geld allein ist das absolut Gute: weil es nicht nur einem Bedürfnis in *concreto* begegnet, sondern dem Bedürfnis überhaupt, in *abstracto*[120].« Dennoch ist ein Leben, das man dem Gelderwerb widmet, nutzlos, wenn man nicht versteht, sein Vermögen in Genuß umzuwandeln; das aber ist eine Kunst, die Kultur und Weisheit erfordert. Eine Reihe sinnlicher Vorhaben befriedigt niemals auf die Dauer; man muß sowohl den Zweck des Lebens verstehen als auch die Kunst, sich die für ihn erforderlichen Mittel zu verschaffen. »Dennoch aber sind die Menschen tausendmal mehr bemüht, sich Reichtum als Geistesbildung zu erwerben, während doch ganz gewiß was man *ist* viel mehr zu unserem

Glücke beiträgt als was man *hat*[121].« Man bezeichnet den Menschen, der »keine geistigen Bedürfnisse hat . . . als den Philister . . .[122]«; dieser weiß nicht, was er mit seiner freien Zeit anfangen soll – »*difficilis in otio quies*[123]«. Begierig sucht er einen Ort nach dem anderen für neue Sensationen ab, und schließlich ereilt ihn das Schicksal der faulen Reichen oder des leichtsinnigen Wüstlings: Langeweile[124].

Nicht Reichtum, sondern Weisheit ist der richtige Weg. »Der Mensch ist zugleich ungestümer und finsterer Drang des Wollens (bezeichnet durch den Pol der Genitalien als seinem Brennpunkt) und ewiges, freies, heiteres Subjekt des reinen Erkennens (bezeichnet durch den Pol des Gehirns)[125].« So sonderbar es klingt, kann doch Erkenntnis, die vom Willen herstammt, diesen meistern. Die mögliche Unabhängigkeit der Erkenntnis zeigt sich zuerst in der Gleichgültigkeit, mit der die Befehle der Begierden gelegentlich vom Intellekt beantwortet werden. »Bisweilen . . . versagt der Intellekt dem Willen den Gehorsam, z. B. wenn wir vergebens uns auf etwas zu fixieren streben, oder wenn wir vom Gedächtnis etwas ihm Anvertrautes vergeblich zurückfordern; der Zorn des Willens gegen den Intellekt bei solchen Anlässen macht sein Verhältnis zu diesem und die Verschiedenheit beider sehr kenntlich. Sogar bringt der durch diesen Zorn gequälte Intellekt das von ihm Verlangte bisweilen nach Stunden oder gar am folgenden Morgen, ganz unerwartet und zur Unzeit, diensteifrig nach[126].« Von dieser mangelhaften Unterwürfigkeit kann der Intellekt zur Herrschaft übergehen. »Aus diesem Doppelleben geht jene . . menschliche Gelassenheit hervor, mit welcher einer . . . das für ihn Wichtigste, oft Schrecklichste, kaltblütig über sich ergehen läßt oder vollzieht: Selbstmord, Hinrichtung, Zweikampf, lebensgefährliche Wagstücke aller Art und überhaupt Dinge, gegen welche seine ganze tierische Natur sich empört. Da sieht man dann, in welchem Maße die Vernunft der tierischen Natur Herr wird . . .[127]«

Diese Macht der Vernunft über den Willen läßt sich vorsichtig weiterentwickeln; durch Erkenntnis können die Begierden gemäßigt oder beruhigt werden, und noch mehr durch eine deterministische Philosophie, die alles als notwendiges Ergebnis vorangegangener Umstände erkennt. »Von zehn Dingen, die uns ärgern, würden neun es nicht vermögen, wenn wir sie recht gründlich aus ihren Ursachen verständen und daher ihre Notwendigkeit und wahre Beschaffenheit erkennten . . . Denn was für ein unbändiges Roß Zügel und Gebiß ist, das ist für den Willen im Menschen der Intellekt . . .[128]« – »Wie . . . mit der äußeren, so mit der inneren Notwendigkeit versöhnt nichts so fest, als eine deutliche Kenntnis derselben[129].« Je mehr wir über unsere Leidenschaften wissen, um so weniger beherrschen sie uns, und nichts wird uns besser vor äußerem Zwang bewahren als Selbstbeherrschung[130]. *»Si vis tibi omnia subjicere, subjice te rationi*[131].« Das größte aller Wunder ist nicht der Welteroberer, sondern der Herr seiner selbst.

So reinigt die Philosophie den Willen. Aber unter Philosophie hat man Erfahrung und Denken, nicht bloßes Lesen und passives Aufnehmen zu verstehen.

Wie eine Springfeder durch den anhaltenden Druck eines fremden Körpers ihre Elastizität endlich einbüßt, so der Geist die seine, durch fortwährendes Aufdringen fremder Gedanken. Jedoch ist die Lesewut der meisten Gelehrten eine Art *fuga vacui*[132] der Gedankenleere ihres eigenen Kopfes, welche nun das Fremde mit Gewalt hereinzieht . . . Es ist sogar gefährlich, früher über einen Gegenstand zu lesen, als man selbst darüber nachgedacht hat[133]. Wann wir lesen, denkt ein anderer für uns: wir wiederholen bloß seinen mentalen Prozeß . . . Daher kommt es; daß wer sehr viel und fast den ganzen Tag liest . . ., die Fähigkeit, selbst zu denken, allmählich verliert . . .[134]. . . . Die eigene Erfahrung läßt sich ansehen als der Text, Nachdenken und Kenntnisse als der Kommentar dazu. Viel Nachdenken und Kenntnisse bei wenig Erfahrung gleicht den Ausgaben, deren Seiten zwei Zeilen Text und vierzig Zeilen Kommentar darbieten[135].

Der wichtigste Rat daher ist, das Leben den Büchern voranzustellen; ein weiterer Rat: beim Lesen zuerst den Text, dann die Kommentare. Man lese lieber die Originale als Darstellungen und Kritiken. »Nur von [den] Urhebern selbst kann man die philosophischen Gedanken empfangen: daher hat, wer sich zur Philosophie getrieben fühlt, die unsterblichen Lehrer derselben im stillen Heiligtum ihrer Werke selbst aufzusuchen[136].« Ein einziges geniales Werk ist wertvoller als tausend Kommentare.

Innerhalb der angedeuteten Grenzen ist das Streben nach Kultur, selbst mit Hilfe von Büchern, wertvoll, denn unser Glück hängt mehr von dem ab, was wir in unseren Köpfen haben, als von dem, was in unserer Tasche ist. Selbst Ruhm ist Torheit; die Köpfe anderer Leute sind ein sehr ungünstiger Ort, um unser Glück zu suchen[137].

Was einer dem andern sein kann, hat seine sehr engen Grenzen; am Ende bleibt doch jeder allein, und da kommt es darauf an, *wer* jetzt allein sei ... Das beste und meiste muß daher jeder sich selber sein und leisten[138]. Die Welt, in der jeder lebt, hängt zunächst ab von seiner Auffassung derselben ... Weil ... alles, was für den Menschen da ist und vorgeht, unmittelbar immer nur in seinem Bewußtsein da ist und für dieses vorgeht, so ist offenbar die Beschaffenheit des Bewußtseins selbst das zunächst Wesentliche. Mit größtem Rechte also sagt Aristoteles: ... das Glück gehört denen, die sich selber genügen[139].

Der Ausweg aus dem Übel des endlosen Wollens ist die vernünftige Betrachtung des Lebens und die Beschäftigung mit den Werken der Großen aller Zeiten und Länder; nur für solche liebevoll aufnehmenden Geister haben diese Großen gelebt. Der schuldlose und reine Intellekt entsteigt dieser Willenswelt wie ein Duft[140]. Die meisten Menschen können sich niemals von der Betrachtung der Dinge als Gegenstände des Begehrens loslösen – daher ihr Leiden; die Dinge aber in Reinheit als Objekte des Verstehens betrachten, heißt, sich zur Freiheit erheben.

Wenn aber äußerer Anlaß oder innere Stimmung uns plötzlich aus dem endlosen Strome des Wollens heraushebt, die Erkenntnis dem Sklavendienste des Willens entreißt, die Aufmerksamkeit nun nicht mehr auf die Motive des Wollens gerichtet wird, sondern die Dinge frei von ihrer Beziehung auf den Willen auffaßt, also ohne Interesse, ohne Subjektivität, rein objektiv sie betrachtet, ihnen ganz hingegeben, sofern sie bloß Vorstellungen, nicht sofern sie Motive sind: dann ist die auf jedem ersten Wege des Wollens immer gesuchte, aber immer entfliehende Ruhe mit einem Male von selbst eingetreten, und uns ist völlig wohl. Es ist der schmerzenlose Zustand, den Epikuros als das höchste Gut und als den Zustand der Götter pries: denn wir sind für jenen Augenblick des schnöden Willensdranges entledigt, wir feiern den Sabbath der Zuchthausarbeit des Wollens, das Rad des Ixion steht still[141].

Das Genie ist die höchste Form dieser willenlosen Erkenntnis. Die niedrigen Formen des Lebens bestehen ausschließlich aus Willen ohne Erkenntnis; der Mensch im allgemeinen ist zum größten Teil Wille, zum kleineren Erkenntnis, das Genie umgekehrt zum größten Teil Erkenntnis, zum kleineren Wille. »Das Genie besteht darin, daß die erkennende Fähigkeit bedeutend stärkere Entwicklung erhalten hat, als der Dienst des Willens, zu welchem allein sie ursprünglich entstanden ist, erfordert[142].« Dieser Zustand setzt eine gewisse Kraftverschiebung von der zeugenden nach der geistigen Tätigkeit voraus. »Die Grundbedingung [des Genies] ist ein abnormes Überwiegen der Sensibilität über die Irritabilität und Reproduktionskraft . . .[143]« Daher die Feindschaft zwischen Genie und Weib, der Verkörperung der Fortpflanzung und Verfechterin der Unterwerfung des Intellektes unter den Willen zum Leben und zur Lebenszeugung. »Weiber können bedeutendes Talent, aber kein Genie haben, denn sie bleiben stets subjektiv[144].« Sie beziehen alles auf sich und betrachten alles vom Gesichtspunkt persönlicher Zwecke. Andererseits

ist Genialität nichts anderes, als die vollkommenste Objektivität, das heißt objektive Richtung des Geistes . . . Demnach ist Genialität die Fähigkeit . . ., sein Interesse, sein Wollen, seine Zwecke ganz aus den Augen zu lassen, sonach seiner Persönlichkeit sich auf eine Zeit völlig zu entäußern, um als rein erkennendes Subjekt, klares Weltauge, übrigzubleiben . . . Demzufolge besteht der »geniale Ausdruck« eines Kopfes darin, daß ein entschiedenes Übergewicht des Erkennens über das Wollen darin sichtbar ist . . . Hingegen ist bei Köpfen, wie sie in der Regel sind, der Ausdruck des Wollens vorherrschend, und man sieht, daß das Erkennen immer erst auf Antrieb des Wollens in Tätigkeit gerät, also bloß auf Motive gerichtet ist[145].

Vom Willen befreit, kann der Intellekt die Gegenstände so sehen, wie sie sind. »Der Genius hält uns den verdeutlichenden Spiegel vor, in welchem alles Wesentliche und Bedeutsame zusammengestellt und ins hellste Licht gesetzt uns entgegentritt, das Zufällige und Fremdartige aber ausgeschieden ist[146].« Das Denken durchleuchtet die Leidenschaften wie die Sonne die Wolken und enthüllt das Herz der Dinge; es ergreift hinter dem Individuellen und Besonderen die »platonische Idee« oder das allgemeine Wesen, dessen Form es ist – genau wie der Maler in der von ihm porträtierten Person nicht bloß den individuellen Charakter und Ausdruck sieht, sondern gewisse allgemeine Eigenschaften und bleibende Realitäten, zu deren Enthüllung das Individuum bloßes Symbol und Mittel ist. Das Geheimnis des Genies liegt also in der klaren und unparteiischen Erfassung des Objektiven, Wesentlichen und Allgemeinen.

Gerade dieses Fehlen der »persönlichen Gleichung« erklärt die mangelhafte Anpassung des Genies an die Welt der von Absichten erfüllten, praktischen, persönlichen Aktivität. Weil es das Ferne sieht, bemerkt es das Nahe nicht; das Genie ist unvorsichtig und »absonderlich« – während sein Blick die Sterne sucht, stolpert es mit den Füßen über jeden Stein. Hieraus erklärt sich auch zum Teil die Ungeselligkeit des Genies; es denkt an das Grundlegende, Allgemeine und Ewige, während andere an das Zeitliche, Besondere und Unmittelbare denken; sein Geist hat keinen gemeinsamen Boden mit ihrem, auf dem sie sich jemals begegnen könnten. »Demgemäß wird man im ganzen finden, daß jeder in dem Maße gesellig ist, wie er geistig arm und überhaupt gemein ist[147].« Der geniale Mensch findet anderswo Befriedigung, er benötigt weniger Geselligkeit als Leute, die in dauernder Abhängigkeit von der Außenwelt leben. »Der Genuß alles Schönen, der Trost, den die Kunst gewährt, der Enthusiasmus des Künstlers, welcher ihn die Mühen des Lebens vergessen läßt, dieser eine Vorzug des Genies vor den anderen, der ihn für das mit der Klarheit des Bewußtseins in gleichem Maße gesteigerte Leiden und für die öde Einsamkeit unter einem heterogenen Geschlecht allein entschädigt . . .[148]«, ist ihm mehr als bloße Geselligkeit.

Das Ergebnis freilich ist, daß das Genie in die Einsamkeit und manchmal in die Geisteskrankheit hineingezwungen wird; die äußerste Empfindlichkeit bringt neben Einbildungskraft und Intuition auch Schmerzen mit sich, die in Verbindung mit Einsamkeit und mangelhafter Anpassung an die Welt die Bande sprengen, die den Geist an die Wirklichkeit fesseln. Aristoteles hatte wieder recht: »Alle Männer, die sich in Philosophie, Politik, Dichtung oder bildenden Künsten ausgezeichnet haben, scheinen sämtlich von melancholischem Temperament gewesen zu sein[149].« – »Die Tatsache der unmittelbaren Berührung zwischen Genialität und Wahnsinn wird durch die Biographien sehr genialer Menschen, z. B. Rousseaus, Byrons, Alfieris ... bestätigt ... Andererseits muß ich erwähnen, bei häufiger Besuchung der Irrenhäuser einzelne Subjekte von unverkennbar großen Anlagen gefunden zu haben, deren Genialität deutlich durch den Wahnsinn durchblickte ...[150].«

Und doch bilden diese Halb-Irren, die Genies, die wahre Aristokratie der Menschheit. »In Hinsicht auf den Intellekt ist die Natur höchst aristokratisch. Die Unterschiede, die sie hier eingesetzt hat, sind größer als die, welche Geburt, Rang, Reichtum oder Kastenunterschied in irgendeinem Lande feststellen ...[151]« Die Natur verleiht Genie nur wenigen, denn ein solches Temperament wäre ein Hindernis für die Zwecke des normalen Lebens, die Konzentration auf das Besondere und Unmittelbare verlangen. Die Natur hat in Wirklichkeit selbst die Gelehrten zum Ackerbau bestimmt; ». . . ja selbst die Philosophieprofessoren sollte man nach diesem Maßstabe abschätzen und wird dann ihre Leistungen allen billigen Erwartungen entsprechend finden[152].«

3. Kunst

In dieser Befreiung der Erkenntnis von der Knechtschaft des Willens, im Vergessen der eigenen Person und ihrer materiellen Interessen und der Erhebung des Geistes zum willensfreien Betrachten der Wahrheit besteht die Aufgabe der Kunst. Gegenstand der Wissenschaft ist das Allgemeine, unter das viele besondere Fälle gehören; der Gegenstand der Kunst ist ein Besonderes, in dem das Allgemeine enthalten ist. »Selbst auch das Porträt soll«, wie Winckelmann sagt, »das Ideal des Individuums sein[153].« Bei Tierbildern werden die charakteristischen Züge für die schönsten gehalten, weil sie die Gattung am besten zum Ausdruck bringen. Ein Kunstwerk ist demnach um so gelungener, je besser es die platonische Idee oder das Allgemeine der Gruppe, zu der der dargestellte Gegenstand gehört, in Erscheinung treten läßt. Das Bildnis eines Menschen soll folglich nicht photographische Ähnlichkeit erstreben, sondern die Darstellung wesentlicher oder allgemein menschlicher Eigenschaften, soweit man sie in einer einzigen Figur gestalten kann[154]. Zur Kunst gehört mehr Größe als zur Wissenschaft, denn in dieser kommt man mit fleißiger Materialsammlung und vorsichtigem Argumentieren aus, während jene ihr Ziel mit Hilfe von Intuition und Darstellung auf einen Schlag erreicht; zur Wissenschaft genügt Talent, aber zur Kunst gehört Genie.

Der Naturgenuß stammt, wie die Freude an Dichtung und Malerei, aus einer Betrachtung der Dinge, der kein persönlicher Wille beigemischt ist. Für den Künstler besteht der Rhein aus einer Folge bezaubernder Bilder, die mit ihrer Schönheit Sinne und Einbildungskraft anregen; der Reisende aber, der an seine eigenen Angelegenheiten denkt, wird ». . . den Rhein mit seinen Ufern nur als einen Querstrich, die Brücke darüber nur als einen diesen schneidenden Strich sehen[155]«. Der Künstler jedoch befreit sich so vollkommen von persönlichen Interessen, daß es ihm gleichgültig ist, ob er »aus dem Kerker oder aus dem Palast die Sonne untergehen sieht[156]«. – »Jene Seligkeit des willenlosen Anschauens ist es endlich auch, welche über die Vergangenheit und Entfernung einen so wundersamen Zauber verbreitet und sie in so sehr verschönerndem Lichte uns darstellt . . .[157]« Selbst uns feindliche Dinge werden erhaben, sobald wir sie ohne Erregung des Willens und ohne unmittelbare Gefahr betrachten. Ähnlich kann die Tragödie dadurch einen ästhetischen Wert annehmen, daß sie uns von den Kämpfen des individuellen Willens befreit und uns ermöglicht, unser Leiden unter höheren Gesichtspunkten zu sehen. Die Kunst mildert die Übel des Lebens, indem sie uns hinter dem Flüchtigen und Individuellen das Ewige und Allgemeine zeigt. Spinoza hatte recht: »insofern der Geist die ewige Seite der Dinge sieht, hat er selbst an der Ewigkeit teil[158].«

Diese über die Kämpfe des Willens heraushebende Macht besitzt von allen Künsten am meisten die Musik[159]. »Die Musik ist ... keineswegs gleich den anderen Künsten das Abbild der Ideen« oder des Wesens der Dinge, »sondern Abbild des Willens selbst ...«; sie zeigt uns den ewig bewegten, strebenden, umherirrenden Willen, wie er schließlich zu sich selbst zurückkehrt und sein Streben von neuem aufnimmt. »Deshalb eben ist die Wirkung der Musik so sehr viel mächtiger und eindringlicher als die der anderen Künste, denn diese reden nur vom Schatten, sie aber vom Wesen[160].« Sie unterscheidet sich auch dadurch von den anderen Künsten, daß sie unmittelbar[161], nicht durch das Medium der Vorstellungen, auf unsere Gefühle wirkt; sie spricht zu etwas Höherem als der Intellekt. Was die Symmetrie in den bildenden Künsten ist, das ist der Rhythmus in der Musik, denn Musik und Architektur sind Gegenpole; Architektur ist, wie Goethe sagte, gefrorene Musik, und Symmetrie, wie man hinzufügen kann, ist stillstehender Rhythmus.

4. *Religion*

Dem alternden Schopenhauer ging ein Licht auf, daß seine Theorie der Kunst als Abkehr vom Willen und der Anschauung des Ewigen und Allgemeinen eine Theorie auch der Religion sei. Die religiöse Schulung seiner Jugend war verschwindend gering, und seine Natur neigte nicht zur Anerkennung der kirchlichen Organisationen seiner Zeit. Er verachtete die Theologen: »Als *ultima ratio theologorum* finden wir bei manchen Völkern den Scheiterhaufen oder dem ähnliches[162]«, sagt er und bezeichnet die Religion als »Volksmetaphysik«[163]. In seinen späteren Jahren fing er aber an, in gewissen religiösen Übungen und Dogmen einen tiefen Sinn zu gewahren. »Auf dem Verkennen der allegorischen Natur jeder Religion beruht ... auch der in unseren Tagen so anhaltend geführte Streit zwischen Supernaturalisten und Rationalisten[164].« Das Christentum zum Beispiel ist eine tiefe Philosophie des Pessimismus. »Wirklich ist die Lehre von der Erbsünde (Bejahung des Willens) und von der Erlösung (Verneinung des Willens) die große Wahrheit, welche den Kern des Christentums ausmacht[165].« Fasten ist ein ausgezeichnetes Mittel zur Schwächung jener Begierden, die niemals zu Glück, sondern entweder zu Enttäuschung oder zu weiteren Begierden führen. »Die Kraft, vermöge welcher das Christentum zunächst das Judentum und dann das griechische und römische Heidentum überwinden konnte, liegt ganz allein in seinem Pessimismus, in dem Eingeständnis, daß unser Zustand ein höchst elender und zugleich sündlicher ist, während Judentum und Heidentum optimistisch waren[166].« Sie wollten die göttlichen Mächte mit Religion bestechen, damit sie ihnen zu weltlichem Erfolg verhelfen sollten; das Christentum sah in der Religion ein Abschreckungsmittel gegen das nutzlose Suchen nach irdischem Glück. Inmitten weltlicher Güter und Macht bewahrte es das Ideal des Heiligen, des Narren in Christo, der den Kampf ablehnt und den individuellen Willen völlig überwindet[167].

Der Buddhismus ist tiefer als das Christentum, weil er die Religion mit der Aufhebung des Willens gleichsetzt und das »Nirwana« als das Ziel der persönlichen Entwicklung lehrt. Die Inder waren tiefer als die europäischen Denker, denn ihre Deutung der Welt war innerlich und intuitiv, nicht äußerlich und intellektuell. Der Intellekt löst alles auf, die Intuition vereint alles. Die Inder haben gesehen, daß das »Ich« eine Täuschung, daß das Individuum eine bloße Erscheinung ist, und daß die einzige Realität im »unendlichen Einen« besteht – »Das bist du«. – »Wer sie [diese Formel] mit klarer Erkenntnis und fester inniger Überzeugung über jedes Wesen, mit dem er in Berührung kommt, zu sich selber auszusprechen vermag«, – wessen Augen und Seele klar genug sind, um zu erkennen, daß wir alle Glieder desselben Organismus und kleine Wellen im Ozean des Willens sind – »der ist eben damit aller Tugend und Seligkeit gewiß und auf dem geraden Wege zur Erlösung[168].« Schopenhauer glaubt nicht, daß das Christentum jemals im Osten die Stelle des Buddhismus einnehmen werde; es wird ihm ergehen wie dem, »der eine Kugel gegen einen Felsen abschießt[169]«. Vielmehr strömt indische Philosophie nach Europa ein und wird unser Denken und Erkennen von Grunde auf verändern. »Der Einfluß der Sanskrit-Literatur wird nicht weniger tief eingreifen, als im 15. Jahrhundert die Wiederbelebung der griechischen[170].«

Die höchste Weisheit also ist das Nirwana: sich selbst auf ein Mindestmaß von Begierde und Wille zurückzuschrauben. »Denn je weniger Erregung des Willens, desto weniger Leiden[171].« Die großen Meisterwerke der Malerei haben immer Antlitze dargestellt, in denen »wir den Ausdruck sehen, den Widerschein der vollkommensten Erkenntnis, derjenigen nämlich ... welche ein Quietiv alles Wollens geworden ist ...[172]« In ihnen zeigt sich uns »jener Friede, der höher ist als alle Vernunft, jene gänzliche Meeresstille des Gemüts, jene tiefe Ruhe, unerschütterliche Zuversicht und Heiterkeit, deren bloßer Abglanz im Antlitz, wie ihn Raffael und Coreggio dargestellt haben, ein ganzes und sicheres Evangelium ist: nur die Erkenntnis ist geblieben, der Wille ist verschwunden[173]«.

VII. DIE WEISHEIT DES TODES

Und doch ist noch etwas anderes nötig. Durch das Nirwana erreicht nur das Individuum den Frieden der Willenslosigkeit, und nur es allein findet Erlösung; was geschieht aber nach dem Individuum? Das Leben lacht nur über den Tod des Individuums; es überlebt das Individuum in seinen Nachkommen oder in den Nachkommen anderer. Selbst falls sein kleiner Lebensstrom austrocknen sollte, gibt es tausende anderer Ströme, die in jeder Generation immer breiter und tiefer werden. Wie kann *Der Mensch* erlöst werden? Gibt es nicht nur für das Individuum, sondern auch für die Gattung ein Nirwana?

Offenbar besteht die einzige endgültige und gründliche Überwindung des Willens im Versiegenlassen der Lebensquelle – des Willens zur Fortpflanzung. Die Befriedigung des

Zeugungstriebes ist restlos verwerflich, denn dieser Trieb ist die stärkste Bejahung des Willens zum Leben. Welches Verbrechen haben aber die Kinder begangen, daß sie geboren werden müssen?

Wenn wir nun ... in das Gewühl des Lebens hineinschauen, erblicken wir alle mit der Not und Plage desselben beschäftigt, alle Kräfte anstrengend, die endlosen Bedürfnisse zu befriedigen und das vielgestaltete Leiden abzuwehren, ohne jedoch etwas anderes dafür hoffen zu dürfen, als eben die Erhaltung dieses geplagten, individuellen Daseins eine kurze Spanne Zeit hindurch. Dazwischen aber, mitten in dem Getümmel, sehen wir die Blicke zweier Liebenden sich sehnsüchtig begegnen: jedoch warum so heimlich, furchtsam und verstohlen? Weil diese Liebenden die Verräter sind, welche heimlich danach trachten, die ganze Not und Plackerei zu perpetuieren, die sonst ein baldiges Ende erreichen würde ...[174]. Hier liegt der tiefe Grund der Scham über das Zeugungsgeschäft[175].

Hierbei trägt das Weib die Schuld, denn hat auch die Erkenntnis die Willenlosigkeit erlangt, so verführen seine gedankenlosen Reize den Mann doch wieder zur Zeugung. Die Jugend hat nicht Vernunft genug, um die kurze Dauer dieser Reize zu beurteilen, und wenn ihr die Einsicht kommt, ist es zu spät.

Mit den Mädchen hat es die Natur auf das, was man im dramaturgischen Sinne einen Knalleffekt nennt, abgesehen, indem sie dieselben auf wenige Jahre mit überreichlicher Schönheit, Reiz und Fülle ausstattete, auf Kosten ihrer ganzen übrigen Lebenszeit, damit sie nämlich während jener Jahre der Phantasie eines Mannes sich in dem Maße bemächtigen könnten, daß er hingerissen wird, die Sorge für sie auf zeitlebens in irgendeiner Form ehrlich zu übernehmen; zu welchem Schritte ihn zu vermögen die bloße vernünftige Überlegung keine hinlänglich sichere Bürgschaft zu geben schien. Die Natur ist denn auch hier mit ihrer gewöhnlichen Sparsamkeit verfahren ... Wie nämlich die weibliche Ameise nach der Begattung die fortan überflüssigen, ja für das Brutverhältnis gefährlichen Flügel verliert, so meistens, nach einem oder zwei Kindbetten, das Weib seine Schönheit – wahrscheinlich sogar aus demselben Grunde[176].

Junge Männer sollten bedenken, daß: »Wäre der Gegenstand, welcher sie heute zu Madrigalen und Sonetten begeistert, 18 Jahre früher geboren, hätte er ihnen kaum einen Blick abgewonnen[177]«. Denn im Grunde sind Männer körperlich viel schöner als Frauen.

Das niedrig gewachsene, schmalschultrige, breithüftige und kurzbeinige Geschlecht das *schöne* nennen, konnte nur der vom Geschlechtstrieb umnebelte männliche Intellekt: in diesem Triebe nämlich steckt seine ganze Schönheit. Mit mehr Fug als das schöne könnte man das weibliche Geschlecht das *unästhetische* nennen. Weder für Musik noch Poesie, noch bildende Künste haben sie wirklich und wahrhaftig Sinn und Empfänglichkeit, sondern bloße Äfferei zum Behuf ihrer Gefallsucht ist es, wenn sie solche affektieren und vorgeben. Das macht, sie sind keines rein objektiven Anteils an irgend etwas fähig ... Man kann von den Weibern auch nichts anderes erwarten, wenn man erwägt, daß die eminentesten Köpfe des ganzen Geschlechts es nie zu einer einzigen wirklich großen, echten und originellen Leistung in den schönen Künsten haben bringen, überhaupt nie Werke von bleibendem Wert haben in die Welt setzen können ...[178].

Die Verehrung der Frau ist ein Produkt des Christentums und deutscher Sentimentalität; andererseits ist sie die Ursache jener romantischen Bewegung, die Gefühl, Instinkt und Willen über den Intellekt erhebt[179]. Die Asiaten sehen hier klarer und erkennen offen die Minderwertigkeit der Frau an. »... Als die Gesetze den Weibern gleiche Rechte mit den Männern einräumten, hätten sie ihnen auch eine männliche Vernunft verleihen sollen[180].« Auch in seinen Ehegepflogenheiten zeigt Asien größere Ehrlichkeit als wir; es erkennt Polygamie, – die wir, obwohl sie auch bei uns reichlich geübt wird, mit dem Feigenblatt einer Phrase verdecken – als normale und gesetzlich erlaubte Sitte an. »Wo gibt es denn wirkliche Monogamisten[181]?« – Und wie verkehrt ist es, Frauen Eigentumsrechte einzuräumen! »Alle Weiber mit seltenen Ausnahmen sind zu Verschwendung geneigt[182]«, weil sie nur in der Gegenwart leben und ihre beliebteste Freiluftübung im Einkaufen besteht. »Die Weiber denken in ihrem Herzen, die Bestimmung der Männer sei, Geld zu verdienen, die ihrige hingegen, es durchzubringen ...[183]«; das verstehen sie unter Arbeitsteilung. »In Hindostan ist kein Weib jemals unabhängig, sondern jede steht unter der Aufsicht des Vaters oder des Gatten oder des Bruders oder des Sohnes ... Die Erwerber des Vermögens sind die Männer, nicht die Weiber; diese sind daher auch nicht zum unbedingten Besitze desselben berechtigt, wie auch zur Verwaltung desselben nicht befähigt[184].« Wahrscheinlich waren Luxus und Verschwendung der Frauen am Hofe Louis XIII. die Ursache jener Korruption, die in der französischen Revolution gipfelte[185].

Je weniger man folglich mit Frauen zu schaffen hat, um so besser. Sie sind nicht einmal ein »notwendiges Übel«[186]; ohne sie ist das Leben sicherer und reibungsloser. Sobald die Männer den Fallstrick erkannt haben, den die weibliche Schönheit bildet, wird die lächerliche Komödie der Fortpflanzung ein Ende nehmen. Die Entwicklung des Intellektes wird den Willen zur Fortpflanzung schwächen oder zerstören und hierdurch endlich die Aufhebung der Gattung bewirken. Kein Ausgang könnte der widervernünftigen Tragödie des ruhelosen Willens angemessener sein; warum sollte der Vorhang, der soeben fallend Niederlage und Tod verdeckte, wieder hochgehen und neues Leben, neue Kämpfe und neue Niederlagen enthüllen? Wie lange wird uns dieser »viele Lärm um nichts« täuschen, dieses endlose Leiden, für das es nur einen schmerzlichen Abschluß gibt? Wann werden wir den Mut aufbringen, dem Willen Trotz zu bieten – ihm vorzuhalten, daß die Schönheit des Lebens eine Lüge, und der Tod die größte Wohltat ist?

VIII. KRITIK

Die natürliche Antwort auf eine solche Philosophie ist eine medizinische Diagnose des Zeitalters und des Mannes.

Wir dürfen es nicht vergessen, daß wir es hier mit einer Erscheinung zu tun haben, die mit jenen Bewegungen verwandt ist, die in den Zeiten nach Alexander und Cäsar Griechenland und Rom zum ersten Male in einen Strom orientalischer Glaubensbekenntnisse und Lebenshaltungen tauchten. Für den Osten ist es charakteristisch, den Willen in der Natur für viel mächtiger zu halten als den Willen im Menschen und sich bereitwillig resignierenden und verzweifelten Anschauungen hinzugeben. Wie der Verfall Griechenlands das Antlitz des Landes mit stoischer Blässe und der hektischen Röte des Epikureismus färbte, so brachte das Chaos der Napoleonischen

Kriege in die Seele Europas eine klägliche Müdigkeit, zu deren philosophischer Stimme dann Schopenhauer wurde. Europa hatte 1815 fürchterliche Kopfschmerzen[187].

Die persönliche Diagnose kann ihren Ausgang von Schopenhauers Zugeständnis nehmen, daß das Glück des Menschen mehr von dem abhängt, was er ist, als von äußeren Umständen. Der Pessimismus spricht das Urteil über den Pessimisten. Man nehme einen kranken Leib, einen neurotischen Geist, ein Leben voll unausgefüllter Zeit und brütender Langeweile, und man wird die richtigen physiologischen Voraussetzungen für Schopenhauers Philosophie beisammen haben. Man muß Zeit haben, um Pessimist sein zu können; ein aktives Leben führt fast immer zu körperlichem und seelischem Wohlbefinden. Schopenhauer bewundert die Abgeklärtheit, die eine Folge bescheidener Ziele und eines gemäßigten Lebenswandels ist[188], er konnte aber kaum aus eigener Erfahrung über sie sprechen. »*Difficilis in otio quies*«, wohl wahr! Er besaß Geld genug zu dauernder Muße, und er fand diese schwerer erträglich als dauernde Arbeit. Vielleicht läßt sich die melancholische Grundeinstellung der Philosophen auf die Widernatürlichkeit der sitzenden Lebensweise zurückführen; nur zu oft ist ein Angriff auf das Leben das Zeichen für die verlorengegangene Kunst des Stoffwechsels.

Das Nirwana ist das Ideal verdrossener Menschen, eines Childe Harold oder René, die von vornherein zuviel verlangen, alles auf eine Leidenschaft setzen und dann, nachdem sie Mißerfolg hatten, den Rest ihres Lebens in leidenschaftsloser und verärgerter Langeweile verbringen. Ist der Intellekt der Diener des Willens, so ist es sehr wahrscheinlich, daß das uns unter dem Namen Schopenhauerscher Philosophie bekannte Geistesprodukt Deckmantel und Selbstrechtfertigung eines kranken und trägen Willens darstellt. Und es steht außer Zweifel, daß Schopenhauers frühe Erfahrungen mit Frauen und auch mit Männern zu abnormem Mißtrauen und krankhafter Empfindlichkeit bei ihm geführt haben, ähnlich wie bei Stendhal, Flaubert und Nietzsche. Er wurde zynisch und einsam. »Freunde in der Not wären selten?« schreibt er. – »Im

Gegenteil! Kaum hat man mit einem Freundschaft gemacht, so ist er auch schon in Not und will Geld geliehen haben[189].« Und noch ein Aphorismus: »Was dein Feind nicht wissen soll, das sage deinem Freunde nicht[190].« Er propagiert ein eintöniges, stilles Einsiedlerleben, hat Angst vor Gesellschaft und keinen Sinn für die Werte und Freuden menschlicher Geselligkeit[181]. Aber das Glück erstirbt, wenn es nicht mit anderen geteilt wird.

Im Pessimismus ist natürlich ein hübsches Maß von Selbstsucht enthalten; die Welt ist uns nicht gut genug, und wir rümpfen unsere philosophischen Nasen. Das heißt aber, Spinozas Lehren vergessen, denn nach diesen sind die Maßstäbe der moralischen Ablehnung und Bejahung bloß menschliche Urteile, die fast alle sinnlos werden, wenn man sie auf die Welt als Ganzes anwendet. Vielleicht soll unser anmaßender Ekel vor dem Sein bloß den Ekel vor uns selbst verdecken: wir haben an unserem Leben herumgepfuscht und gestümpert, und am Schluß wollen wir jede Schuld auf die »Umstände« und die »Welt«, die keine Zungen zur Selbstverteidigung haben, abwälzen. Der reife Mann fügt sich in die natürlichen Schranken des Lebens; er erwartet nicht, daß die Vorsehung zu seinen Gunsten befangen sei und verlangt zum Spiel des Lebens keine besonders guten Karten. Er weiß, wie Carlyle sagte, daß es unsinnig wäre, die Sonne zu beschuldigen, weil sie uns die Zigarren nicht anzündet. Vielleicht aber wird die Sonne, wenn wir geschickt genug sind ihr zu helfen, selbst das für uns tun; diese unendlich große, dem Menschen gleichgültig gegenüberstehende Welt könnte sich als ein ganz angenehmer Ort erweisen, wenn wir nur selbst auch etwas Sonne in sie hineintrügen, um ihr nachzuhelfen. In Wirklichkeit ist die Welt weder gegen noch für uns; sie ist bloßes Rohmaterial in unseren Händen, das entsprechend unserer Eigenart zu einem Himmel oder zur Hölle werden kann.

Der Pessimismus Schopenhauers und seiner Zeitgenossen ist teilweise auf die Einstellung und auf die romantischen Erwartungen zurückzuführen, die sie der Welt entgegenbrachten. Jugend verlangt zuviel von der Welt; dem Optimismus folgt Pessimismus auf den Fersen – das Jahr 1815 mußte für die Ideale von 1789 bezahlen. Die romantische Übertreibung und Befreiung des Gefühls, Instinktes und Willens und die romantische Verachtung für Intellekt, Selbstbeherrschung und Ordnung trugen ihre natürlichen Strafen in sich, denn, wie Horace Walpole sagt, ist »die Welt eine Komödie für jene, die denken, für jene aber, die fühlen, eine Tragödie.« – »Wohl keine andere Bewegung bot der Melancholie einen fruchtbareren Boden, als die romantische Gemütsverfassung ... Entdeckt der Romantiker, daß sein Ideal des Glückes in Wirklichkeit zu Unglück führt, schreibt er die Schuld nicht seinem Ideal zu. Er nimmt vielmehr einfach an, daß die Welt eines so zart organisierten Wesens wie er nicht würdig sei[192].« Wie könnte auch eine launische Welt jemals eine launische Seele befriedigen?

Das Schauspiel von Napoleons Aufstieg zum Kaiser, von Rousseaus Anklage (und Kants Kritik) der Vernunft, das eigene leidenschaftliche Temperament und die persönlichen Erfahrungen verbanden sich, um Schopenhauer vom Primat und vom grundlegenden Charakter des Willens zu überzeugen. Vielleicht haben auch Waterloo und St. Helena zur Entwicklung seines Pessimismus beigetragen, der ursprünglich zweifellos aus trauriger persönlicher Berührung mit den Stichen und Schlägen des Schicksals erwuchs. Er sah den mächtigsten individuellen Willen in der Geschichte gebieterisch über Weltteile herrschen und sah, daß selbst diesem Willen ein ebenso sicherer und schimpflicher Untergang beschieden war wie dem Willen eines Insektes, dem schon der Tag seiner Geburt unausweichlich den Tod bringt. Daran hat Schopenhauer nicht gedacht, daß es besser sein könnte, gekämpft und verloren als niemals gekämpft zu haben; das Gefühl für die Herrlichkeit und innere Befriedigung des Kampfes, das den männlicheren und lebhafteren Hegel erfüllte, ging ihm ab – nach Frieden sehnte er sich, obwohl er im Krieg leben mußte. Er sah überall nur den Daseinskampf, konnte aber nicht hinter diesem Kampf die gegenseitige freundschaftliche Hilfsbereitschaft von Nachbarn, die ausgelassene Freude der Kinder und jungen Leute, die Tänze munterer Mädchen, die Opferwilligkeit von Eltern und Liebenden, die schweigsame Freigebigkeit des Bodens und die ewige Wiederkehr des Frühlings sehen.

Wie aber, wenn ein befriedigter Wunsch nur zu anderen Wünschen führt? Vielleicht ist es besser für uns, niemals zufrieden zu sein. Das Glück, sagt eine alte Weisheit, liegt eher im Erringen als in Besitz und Sättigung. Der gesunde Mann verlangt nicht so sehr nach Glück als nach einer Möglichkeit, seine Gaben zu betätigen, und muß er diese Freiheit und Macht mit Schmerzen bezahlen, so opfert er dieses Reuegeld gern, es ist kein zu hoher Preis für ihn. Wir brauchen, wie der Vogel oder das Flugzeug, Widerstand zu unserem Aufstieg, wir brauchen Hindernisse, deren Überwindung Anspannung der Kräfte verlangt, und die uns zur Entfaltung unserer Kräfte anspornen. Ein Leben ohne Tragödien wäre des Menschen unwürdig[193].

Ist es wahr, daß wer die Erkenntnis mehrt, auch das Leiden mehrt, und daß die höchstentwickelten Wesen am meisten leiden? Ja, aber es ist ebenfalls wahr, daß wachsende Erkenntnis nicht nur die Leiden, sondern auch die Freuden erhöht, und daß die erhabensten Genüsse und die größten Schmerzen der entwickelten Seele vorbehalten sind. Mit Recht zog Voltaire die »unglückliche« Weisheit des Brahmanen der glücklichen Unwissenheit der Bäuerin vor; wir wollen das Leben kräftig und tief erleben, selbst wenn wir dafür mit Schmerzen bezahlen müssen – wir wollen in seine tiefsten Geheimnisse eindringen, selbst auf die Gefahr hin, enttäuscht zu werden[194]. Virgil, der von allen Genüssen gekostet hatte und den Prunk kaiserlicher Gunst kannte, war zum Schluß »aller Dinge müde, mit Ausnahme der Freuden des Verstandes«. Wenn die Sinne uns nicht mehr befriedigen, ist es etwas wert, die Kameradschaft jener Künstler, Dichter und Philosophen (wenn auch noch so mühsam) erworben zu haben, die nur ein reifer Geist verstehen kann. Weisheit ist ein bitter-süßer Genuß, der durch die Mißtöne, von denen seine Harmonie gestört wird, nur weitere Vertiefung erfährt.

Ist Lust negativ? Nur eine schwer verwundete, sich von der Berührung mit der Welt zurückziehende Seele konnte eine so tiefgehende Blasphemie gegen das Leben aussprechen. Was anderes ist Lust, als die harmonische Tätigkeit unserer Instinkte? Und wie könnte die Lust negativ sein, ausgenommen dann, wenn die Grundhaltung mehr ein Sichzurückziehen als ein Entgegenkommen ist? Die Lust an Weltflucht und Ruhe, an Unterwerfung und Geborgensein, an Stille und Einsamkeit ist zweifellos negativ, denn die Instinkte, die uns zu ihr treiben – Formen der Angst und Flucht – sind wesenhaft negativ; kann man aber dasselbe auch von der Lust sagen, die auftritt, wenn positive Instinkte – Instinkte des Erwerbs und Besitzes, der Kampflust und Begeisterung, der Tätigkeit und des Spiels, der Geselligkeit und Liebe – das Feld beherrschen? Ist die Freude am Lachen, die Lustigkeit der Kinder, der Lockruf des Vogels, das Krähen Chanteclairs oder die schöpferische Ekstase der Kunst negativ? Das Leben selbst ist eine positive Kraft, und jede seiner normalen Funktionen ist die Quelle irgendeines Genusses.

Zweifellos bleibt es wahr, daß der Tod etwas Furchtbares ist. Manches Erschreckende an ihm schwindet aber, wenn man normal gelebt hat; man muß richtig gelebt haben, um richtig sterben zu können. Und wären wir denn von einem endlosen Leben begeistert? Wer beneidet Ahasvers Los, dem, als schwerste erdenkliche Strafe für einen Menschen, ein endloses Leben gegeben wurde? Ist aber der Tod nicht deshalb furchtbar, weil das Leben schön ist? Wir brauchen nicht mit Napoleon zu sagen, daß alle, die den Tod fürchten, im Grunde Atheisten sind; mit Sicherheit läßt sich aber behaupten, daß niemand mehr Pessimist ist, der seine siebzig Jahre hinter sich hat. Goethe sagte sogar, niemand über dreißig sei Pessimist. Ebenso nicht unter zwanzig; Pessimismus ist ein Luxus der selbstbewußten und sich wichtig dünkenden Jugend – der Jugend, die den warmen Schoß der Familiengemeinschaft mit der kalten Atmosphäre individualistischen Wettbewerbes und uneingeschränkter Habsucht vertauschte und sich dann an den mütterlichen Busen zurücksehnt; einer Jugend, die sich wild gegen die Gespenster und Übel der Welt aufbäumt und Jahr um Jahr immer mehr Utopien und Ideale abstreifen muß. Vor dem zwanzigsten Jahre aber liegt der Genuß des Körpers, und nach dem dreißigsten die Freude am Geiste; vor dem zwanzigsten der sorglose Genuß elterlichen Schutzes, und nach dem dreißigsten die Freude am eigenen Heim und an eigenen Kindern.

Wie sollte jemand, der sein ganzes Leben in einer Pension verbracht hat, dem Pessimismus entgehen? Jemand, der sein einziges Kind der Anonymität preisgegeben hat[195]? Der tiefste Grund von Schopenhauers Unglückseligkeit war seine Abkehr vom normalen Leben – seine Ablehnung von Weib, Ehe und Kind. Er sieht in der Elternschaft das größte aller Übel, während sie für den gesunden Mann die größte Befriedigung des ganzen Lebens bedeutet. Er glaubt, daß die Verstohlenheit der Liebe ihren Grund in Scham über die Fortsetzung der Gattung hat – ist das nicht ein Gipfel schulmeisterlicher Absurdität? In der Liebe sieht er nur das Opfer des Individuums an die Gattung, übersieht aber die Lust, mit der die Instinkte für dieses Opfer entschädigen – die Lust, die so groß ist, daß sie fast alles, was es an Dichtungen gibt, angeregt hat[196]. Die Frau kennt er nur als Zankteufel und Sünderin und bildet sich ein, es gäbe keine anderen Typen. Er hält den, der eine Frau ernähren will, für einen Narren[197], aber solche Männer sind offenkundig nicht weniger glücklich als unser leidenschaftlicher Apostel des einsamen Elends; außerdem ist die Pflege eines Lasters genau so kostspielig (sagt Balzac) wie die einer ganzen Familie. Er verachtet die Schönheit der Frau – als gäbe es Arten der Schönheit, die wir entbehren könnten und nicht schützend pflegen müßten, weil sie Farbe und Duft unseres Lebens sind. Welchen Haß gegen die Frau hat ein einzelner Fehlschlag in dieser unglücklichen Seele wachgerufen!

Es gibt noch andere, mehr fachliche als lebenswichtige Unstimmigkeiten in dieser eindrucksvollen und anregenden Philosophie. Wie kann es z. B. in einer Welt, in der die einzige wirkliche Kraft der Wille zum Leben ist, zu einem Selbstmord kommen? Wie kann der Intellekt, Produkt und Diener des

Willens, jemals Unabhängigkeit und Objektivität erlangen? Liegt das Genie in der vom Willen getrennten Erkenntnis, oder besitzt es als treibende Kraft eine ungeheure Willensstärke, vielleicht sogar mit einem kräftigen Einschlag von Eitelkeit und persönlichem Ehrgeiz[198]? Ist Wahnsinn mit dem Genie ganz allgemein verbunden oder nur mit dem »romantischen« Typus des Genies (z. B. Byron, Shelley, Poe, Heine, Swinburne, Strindberg, Dostojewski usw.); ist nicht der »klassische« und tiefere Typus des Genies gerade ganz besonders gesund (so z. B. Sokrates, Platon, Bacon, Spinoza, Newton, Voltaire, Goethe, Darwin, Whitman usw.)? Wie, wenn die wirkliche Aufgabe des Intellektes und der Philosophie nicht in der Verneinung des Willens besteht, sondern im Anordnen der Begierden zu einem einheitlichen und harmonischen Willen? Wie, wenn der »Wille« selbst, abgesehen von der eben erwähnten Anordnung, eine sagenhafte Abstraktion ist, genauso dunkel wie der Begriff der »Kraft«?

Dennoch ist diese Philosophie von einer offenen Ehrlichkeit beherrscht, neben der die meisten optimistischen Bekenntnisse wie einschläfernde Frömmeleien wirken. Gewiß kann man mit Spinoza sagen, daß »Gut« und »Böse« nur subjektive Begriffe, bloße menschliche Vorurteile seien, dennoch haben wir die Welt nicht von einem »unparteiischen« Gesichtspunkt, sondern vom Standpunkt tatsächlicher menschlicher Leiden und Bedürfnisse aus zu beurteilen. Es war sehr gut, daß Schopenhauer die Philosophie zur Auseinandersetzung mit der derben Realität des Bösen zwang und dem Denken die Linderung menschlicher Not als Aufgabe vor die Nase hielt. Seit seinen Tagen fällt es der Philosophie schwerer, in der unwirklichen Atmosphäre haarspalterischer Metaphysik zu leben; allmählich begreifen die Denker, daß Denken ohne Handeln eine Krankheit ist.

Schließlich hat Schopenhauer die Augen der Psychologen für die verschlungenen Tiefen und die allgegenwärtige Macht der Instinkte geöffnet. Der Intellektualismus – eine Lehre vom Menschen, die sich diesen vor allem als ein denkendes, die Mittel zur Verwirklichung rational gewählter Zwecke bewußt anordnendes Lebewesen vorstellt – geriet unter der Kritik Rousseaus ins Wanken, legte sich mit dem Auftreten Kants krank zu Bett und starb durch Schopenhauer. Nach zwei Jahrhunderten in sich gekehrter Analyse fand die Philosophie hinter dem Denken das Begehren und hinter dem Intellekt den Instinkt – genau wie die Physik nach dem materialistischen Zeitalter hinter der Materie die Energie fand. Wir sind Schopenhauer zu Dank verpflichtet, daß er uns unseren geheimen Kern enthüllte, uns zeigte, daß unsere Begierden die Axiome unserer Philosophien bilden, und daß er den Weg öffnete zum Verständnis des Denkens, von dem er nachwies, daß es nicht bloße abstrakte Berechnung unpersönlicher Ereignisse ist, sondern ein biegsames Mittel im Dienste des Handelns und Begehrens.

Und endlich zeigte uns Schopenhauer, trotz gewisser Übertreibungen, die Unentbehrlichkeit des Genies und den Wert der Kunst. Er erblickte in der Schönheit das höchste Gut und sah, daß die höchste Lust im schöpferischen Schaffen und in der liebevollen Aufnahme des Schönen besteht. Mit Goethe und Carlyle war er in der Ablehnung jener Bewegung einig, die mit Hegel, Marx und Buckle an ihrer Spitze das Genie als grundlegende treibende Kraft aus der Geschichte streichen wollte; zu einer Zeit, als alle Großen ausgestorben zu sein schienen, predigte er noch einmal menschenveredelnde Heldenverehrung. Und trotz all seiner Fehler gelang es ihm, die Reihe jener Großen durch seinen Namen zu erweitern.

VIII. HERBERT SPENCER

I. COMTE UND DARWIN

Die Kantische Philosophie, die sich selbst »Prolegomena zu einer jeden künftigen Metaphysik« nannte, war ihrer eigenen boshaften Absicht nach ein tödlicher Schlag gegen die herkömmlichen Arten der Spekulation, andrerseits versetzte sie aber, ohne es zu wollen, jeder Metaphysik überhaupt einen Hieb. Denn für die gesamte Geschichte des Denkens bedeutete Metaphysik den Versuch, die wahre Natur des Wirklichen zu entdecken. Hier dagegen erfuhr man, bekräftigt durch das Urteil einer höchst beachtenswerten Autorität, daß die Wirklichkeit niemals Gegenstand der Erfahrung werden kann, daß sie ein »Noumenon«, ein Denkbares, aber nicht Erkennbares ist, und daß selbst die schärfste menschliche Intelligenz niemals hinter die Erscheinungen zu blicken, den Schleier der Maya zu zerreißen vermag. Die metaphysischen Ausschweifungen Fichtes, Hegels und Schellings mit ihren verschiedenen Lesearten des uralten Rätsels, mit ihrem »Ich«, ihrer »Idee« und ihrem »Willen«, hoben sich gegenseitig vollständig auf; bereits um 1830 gab man wieder restlos zu, daß die Welt ihr Geheimnis gut bewahrt habe. Auf eine Generation »absoluter« Trunkenheit reagierte der europäische Geist mit völliger Ablehnung jeder Metaphysik überhaupt.

Da der Skeptizismus eine Spezialität der Franzosen ist, war es nur natürlich, daß der Begründer der »positivistischen« Bewegung ihren Reihen entstammte (soweit man in der Philosophie, deren Grundideen alle ehrwürdigen Alters sind, von Begründern reden kann). Auguste Comte – oder, wie ihn seine Eltern taufen ließen, Isidore Auguste Marie François Xavier Comte – wurde 1798 zu Montpellier geboren. Das angebetete Vorbild seiner Jugend war Benjamin Franklin, den er den modernen Sokrates nannte. »Sie wissen, daß er mit fünfundzwanzig Jahren einen Plan entwarf, wie vollkommene Weisheit zu erreichen sei, und daß er diesen Plan auch verwirklichte. Ich habe gewagt, dasselbe zu unternehmen, obwohl ich noch keine zwanzig alt bin.« Einen brauchbaren Anfang auf diesem Weg bildete seine Stellung als Sekretär beim großen Utopisten Saint-Simon, durch dessen Vermittlung er mit der Reformlust Turgots und Condorcets in Berührung kam, und dem er die Grundeinsicht verdankte, daß die gesellschaftlichen Erscheinungen genau wie die physikalischen in Gesetzen und Wissenschaften faßbar sind, und daß die Hauptaufgabe der Philosophie die sittliche und politische Besserung der Menschheit sein sollte. Comte fand es aber schwer, wie die meisten, die die Welt reformieren wollen, seine eigenen Angelegenheiten in Ordnung zu halten; nach zweijähriger unglücklicher Ehe erlitt er 1827 einen geistigen Zusammenbruch und versuchte, in der Seine Selbstmord zu begehen. In gewissem Sinne verdanken wir daher seinem Retter die sechs Bände seiner *»Positiven Philosophie«* (1830–1842) und die vier Bände der *»Positiven Politik«* (1851–1854).

Comtes Werk ist ein Unternehmen, das an Weite der Zielsetzung und an geduldiger Durchführung in neuerer Zeit nur von Spencers »synthetischer Philosophie« übertroffen werden konnte. Die Wissenschaften wurden von ihm nach ihrer zunehmenden Schwierigkeit und Allgemeinheit eingeteilt; so entstand die Reihe: Mathematik, Astronomie, Physik, Chemie, Biologie und Soziologie. Jede dieser Wissenschaften beruht auf den Ergebnissen der vorhergehenden Wissenschaft. Wie man aus der Reihe sieht, bildet die Soziologie den Gipfel der Wissenschaften, die nur insofern sinnvoll existieren, als sie zur Klärung der Wissenschaft von der Gesellschaft beitragen. Die Wissenschaft im Sinne exakter Erkenntnis ist in der oben genannten Reihenfolge von einem Gegenstand zum andern fortgeschritten, und es ist nur natürlich, daß die verwickelten Erscheinungen des gesellschaftlichen Lebens ihr erst zum Schluß faßbar wurden. Auf jedem Gebiet des Denkens kann der Historiker der Ideengeschichte ein »Gesetz der drei Stufen« beobachten: zunächst wurden alle Gegenstände nach *theologischer* Manier aufgefaßt und alle Probleme durch den Willen irgendeiner Gottheit erklärt – so hielt man z. B. die Sterne für Götter oder Götterwagen; später erreichte derselbe Gegenstand die *metaphysische* Stufe und wurde mit Hilfe metaphysischer Abstraktionen erklärt –, die Sterne bewegen sich deshalb im Kreis, sagte man, weil der Kreis die vollkommenste Figur ist; schließlich wurde der Gegenstand mit Hilfe genauer Beobachtung, Hypothesen und Experimente auf die *positive* Wissenschaft zurückgeführt, und seine Erscheinungsweisen durch die Regelmäßigkeiten natürlicher Ursachen und Wirkungen erklärt. Die »Wille Gottes« weicht zunächst unfaßbaren Wesenheiten wie den »Ideen« Platons und der »absoluten Idee« Hegels, diese müssen aber ihren Platz an die Gesetze der Wissenschaft abtreten. Die Metaphysik ist eine Stufe gehemmter Entwicklung: die Zeit ist reif, sagte Comte, um diese Kindereien abzulegen. Philosophie ist kein besonderes Etwas neben der Wissenschaft; sie ist das Ordnen der Wissenschaften im Hinblick auf eine Verbesserung des menschlichen Lebens.

Dieser Positivismus trägt den Stempel eines gewissen dogmatischen Intellektualismus, der wohl die seelische Verfassung des enttäuschten und vereinsamten Philosophen spiegelt. Als 1845 Madame Clotilde de Vaux (deren Mann sein Leben im Gefängnis zubrachte) sich im Herzen Comtes einnistete, erwärmte und färbte seine Liebe zu ihr auch seine Gedanken und führte zu einer Reaktion, in der er die belebende Kraft des Gefühls über die Intelligenz stellte und zu dem Ergebnis gelangte, daß die Welt nur durch eine neue Religion wiedererobert werden könne, deren Aufgabe die Pflege und Stärkung des schwächlichen Altruismus der menschlichen Naturanlage durch Erhebung der »Menschheit« zum Gegenstand zeremonieller Verehrung sein müßte. Sein Alter verbrachte Comte mit dem Entwerfen eines verwickelten Systems der Geistlichkeit und Sakramente, der Gebete und der liturgischen Ordnung für diese Religion der Menschheit; er schlug einen neuen Kalender vor, in dem die Namen heidnischer Gottheiten und mittelalterlicher Heiliger durch die Helden des menschlichen Fortschritts ersetzt werden sollten. Comte bot der Welt, wie ein witziger Kopf bemerkte, reinsten Katholizismus an, allerdings ohne Christentum.

Die positivistische Bewegung begegnete sich mit dem englischen Denken, dessen Geist aus der Welt der Industrie und des Handels herstammte, und das mit einer gewissen Hochachtung zu den Tatsachen emporblickte. Die Baconsche Tradition lenkte das Denken auf die Dinge, den Geist auf die Materie; Hobbes' Materialismus, der Sensualismus Lockes, Humes Skeptizismus, Benthams Utilitarismus, sie alle waren Variationen über das Thema: praktisches und tätiges Leben. Bloß Berkeley bildete einen irischen Mißton in dieser häuslichen Symphonie. Hegel spottete über die englische Sitte, physikalische und chemische Laboratoriumsgegenstände mit dem Namen »philosophische Instrumente« zu beehren, aber diese Bezeichnung erschien den Männern natürlich, die Philosophie ähnlich wie Comte und Spencer als Verallgemeinerung der Ergebnisse aller Einzelwissenschaften definierten. So kam es, daß die positivistische Bewegung in England mehr Anhänger fand als in ihrem Geburtslande, Anhänger, die vielleicht weniger temperamentvoll waren als der großmütige Littré, die aber über jene englische Zähigkeit verfügten, die John Stuart Mill (1806–1873) und Frederick Harrison (1831–1923) ihr ganzes Leben der Comteschen Philosophie Treue wahren ließ, während sie durch ihre englische Behutsamkeit von seiner zeremoniellen Religion ferngehalten wurden.

Inzwischen gingen von der industriellen Revolution, die aus einer kleinen Wissenschaft entstand, wichtige Anregungen für die ganze übrige Wissenschaft aus. Newton und Herschel hatten England die Sterne näher gebracht, Boyle und Davy erschlossen die Schätze der Chemie, Faraday machte Entdekkungen, die zur Elektrifizierung der Welt führen sollten, und Rumford und Joule wiesen die Umwandelbarkeit und Äquivalenz der Kraft und die Erhaltung der Energie nach. Die Wissenschaften erreichten eine solche Stufe der Kompliziertheit, daß die verwirrte Welt eine Synthese nur begrüßte. Über all diesen geistigen Einflüssen, die England zur Zeit von Herbert Spencers Jugend bewegten, standen aber die Entfaltung der

Biologie und die Entwicklungslehre. Im Ausbau dieser Lehre war die Wissenschaft mustergültig international: Kant sprach von der Möglichkeit, daß aus Affen Menschen werden könnten. Goethe hatte über die »Metamorphose der Pflanzen« geschrieben, und Erasmus Darwin und Lamarck eine Theorie aufgestellt, daß sich die lebendigen Arten aus niedrigeren Formen durch Vererbung der Wirkungen von Übung und Vernachlässigung der Anlagen entwickelt haben; und schließlich erschütterte 1830 Saint-Hilaire ganz Europa und erfreute den alten Goethe durch seinen fast völligen Sieg über Cuvier in jener berühmten Debatte bezüglich der Entwicklungsfrage, die ein zweites *»Ernani«*, eine zweite Empörung gegen die klassische Idee unveränderlicher Gesetzmäßigkeit und Ordnung in einer unveränderlichen Welt zu sein schien.

In den Fünfzigerjahren des vorigen Jahrhunderts lag die Entwicklungslehre in der Luft. Spencer gab ihr in der *»Entwicklungshypothese«* (»The Development Hypothesis«, 1852) und in seinen *»Prinzipien der Psychologie«* (1855) schon lange vor Darwin Ausdruck. 1858 verlasen Darwin und Wallace ihre berühmten Abhandlungen vor der »Linné-Gesellschaft«, und 1859 zerfiel die alte Welt, so meinten die guten Bischöfe, nach Veröffentlichung der *»Entstehung der Arten«* in Trümmer. Hier hatte man keine bloß unbestimmte Vorstellung von der Entwicklung, vom nicht näher erläuterten Hervorgehen höherer Arten aus niederen, sondern eine ausführliche und reich belegte Theorie über den wirklichen Verlauf des Entwicklungsganges, »durch natürliche Zuchtwahl und Erhaltung begabter Gattungen im Kampf ums Dasein«. Ein Jahrzehnt hindurch sprach jedermann von Entwicklung. Was Spencer auf den Kamm dieser Welle erhob, war die Klarheit des Geistes, mit der er die Anwendung des Entwicklungsgedankens auf alle Gebiete der Forschung verlangte, und sein umfassendes Wissen, das die gesamte Wissenschaft zwang, seiner Theorie zu huldigen. Wie die Mathematik im siebzehnten Jahrhundert die Philosophie beherrschte und der Welt Descartes, Hobbes, Spinoza, Leibniz und Pascal schenkte, wie psychologische Erkenntnis die Philosophie Berkeleys,

Humes, Condillacs und Kants leitete, so war im neunzehnten Jahrhundert bei Schelling, Schopenhauer, Spencer, Nietzsche und Bergson die Biologie der Hintergrund des philosophischen Denkens. In all diesen Fällen waren die epochemachenden Ideen die stückweisen Schöpfungen verschiedener, mehr oder weniger unbekannter Männer; heute verknüpft man mit diesen Ideen die Namen jener, von denen sie geordnet und geklärt wurden, wie ja auch die Neue Welt den Namen Amerigo Vespuccis trägt, weil er ihre Karte gezeichnet hat. Herbert Spencer war der Vespucci des Darwinschen Zeitalters und zum Teil auch sein Columbus.

II. DIE ENTWICKLUNG SPENCERS

Er wurde 1820 in Derby geboren. Seine Ahnen waren väterlicher- wie mütterlicherseits Nonkonformisten oder Dissidenten. Die Mutter seines Vaters war eine überzeugte Anhängerin John Wesleys; Thomas, der Bruder seines Vaters, obwohl anglikanischer Geistlicher, leitete innerhalb der Kirche eine Wesleyanische Bewegung; er hörte sich zwar nie ein Konzert oder ein Schauspiel an, nahm aber aktiven Anteil an den politischen Reformbestrebungen. Diese Neigung zur Häresie wuchs im Vater und erreichte ihren Höhepunkt im geradezu halsstarrigen Individualismus Herbert Spencers. Der Vater zog niemals das Übernatürliche zur Erklärung von Schwierigkeiten heran; ein Bekannter bezeichnete ihn (nach Herberts Meinung allerdings übertrieben) als »ohne jeglichen Glauben oder Religion, soweit man sehen konnte[1]«. Er hatte wissenschaftliche Interessen und schrieb ein Buch über synthetische Geometrie (*»Inventional Geometry«*). In politischen Dingen war er Individualist wie sein Sohn und »hätte seinen Hut niemals vor jemand abgenommen, gleichgültig, von welchem Rang dieser auch gewesen sein mag[2]«. – »Verstand er eine Frage meiner Mutter nicht, so schwieg er und ließ die Sache auf sich beruhen, ohne sich noch einmal nach der Frage zu erkundigen. An dieser Taktik hielt er, trotz ihrer Unfruchtbarkeit, sein Leben lang fest; es kam zu keiner Besserung[3].« Man wird hierbei (wenn man von der Schweigsamkeit absieht) an den Widerstand erinnert, den Spencer in seinen späteren Jahren gegen die Ausdehnung der staatlichen Befugnisse an den Tag legte.

Der Vater, ein Onkel und auch der Großvater väterlicherseits waren Lehrer an Privatschulen, dennoch blieb der Sohn, der zum berühmtesten englischen Philosophen seines Jahrhunderts werden sollte, bis zu seinem vierzigsten Jahre ohne Bildung. Herbert war faul und sein Vater nachsichtig. Mit dreizehn Jahren schickte man ihn endlich nach Hinton, um bei seinem Onkel, der den Ruf der Strenge genoß, zu studieren. Aber Herbert lief dem Onkel sehr bald davon und wanderte mühsam zurück nach dem väterlichen Heim in Derby – 48 Meilen am ersten Tag, 47 am nächsten und 20 am dritten, wobei er sich nur von etwas Brot und Bier nährte. Dennoch kehrte er in einigen Wochen nach Hinton zurück und blieb drei Jahre bei seinem Onkel. In Hinton empfing er den einzigen systematischen Unterricht, den er jemals genoß. Er konnte aber später nicht mehr sagen, was er dort eigentlich gelernt hat – jedenfalls keine Geschichte, keine Naturwissenschaften, keine Literaturgeschichte. Mit charakteristischem Stolz schreibt er: »Daß ich weder als Knabe, noch auch als Jüngling eine einzige englische Lektion erhalten habe und bis zur Stunde nicht die geringsten formalen Kenntnisse in der Syntax besitze, sind Tatsachen, die bekannt werden sollten, denn ihre Folgen befinden sich im Widerspruch zu allgemein verbreiteten Annahmen[4].« Mit vierzig Jahren versuchte er, die *»Ilias«* zu lesen, aber »nachdem ich ungefähr sechs Bücher gelesen hatte, fühlte ich, welch eine schwere Aufgabe es wäre, weiterzulesen – fühlte, daß ich lieber eine große Summe bezahlen, als das Buch zu Ende lesen würde[5]«. Collier, ein Sekretär Spencers, berichtet, daß dieser niemals ein wissenschaftliches Werk zu Ende las[6]. Selbst auf seinen Lieblingsgebieten empfing er keine systematische Unterweisung. Seine Arbeit in der Chemie war darauf beschränkt, sich die Finger zu verbrennen und einige Explosionen anzurichten; er graste, nach Insekten suchend, die Gegend seiner Schule und seiner Wohnung ab, während seiner späteren Tätigkeit als Zivilingenieur lernte er einiges über Erdschichtungen und Fossilien – im übrigen sammelte er sein Wissen nur nebenbei und gelegentlich. Bis zu seinem dreißigsten Jahre hat er sich mit Philosophie überhaupt nicht beschäftigt[7]. Dann las er Lewes und versuchte den Übergang zu Kant; als er aber, gleich am Anfang, merkte, daß Kant Raum und Zeit mehr für Formen der Sinneswahrnehmung als für objektive Dinge hielt, gelangte er zu dem Ergebnis, daß Kant ein Dummkopf sei, und warf das Buch in die Ecke[8]. Sein Sekretär berichtet, daß Spencer sein erstes Buch, die *»Soziale Statik«*, geschrieben hat, »ohne vorher ein anderes ethisches Werk gelesen zu haben als ein altes, gegenwärtig vergessenes Buch von Jonathan Dymond«. Seine *»Psychologie«* schrieb er, nachdem er bloß Hume, Mansel und Reid gelesen hatte; seine *»Biologie«* nach der alleinigen Lektüre von Carpenters *»Vergleichender Physiologie«* (nicht aber der *»Abstammung der Arten«*); seine *»Soziologie«*, ohne Comte oder Tylor gelesen zu haben, seine *»Ethik«* ohne Berücksichtigung von Kant, Mill oder anderer Ethiker, Sedgwick ausgenommen[9]. Welch ein Kontrast zur tiefen und unermüdlichen Bildungsarbeit John Stuart Mills!

Woher aber hat er dann die zahllosen Tatsachen, durch die er seine Tausende von Lehrsätzen stützte? Er »fand« sie zum größten Teil mehr durch unmittelbare Beobachtung als durch Lesen. »Seine Neugierde war stets wach, und ständig lenkte er die Aufmerksamkeit seines Begleiters auf irgendeine beachtenswerte Erscheinung, ... die bis zu jenem Zeitpunkt nur von seinen Augen wahrgenommen wurde.« Im »Athenaeum-Club« saugte er aus Huxley und anderen Freunden den letzten Tropfen ihres Fachwissens heraus, und im Klub überflog er auch die Zeitschriften, wie er früher jene durchblätterte, die für die Philosophische Gesellschaft von Derby durch die Hände seines Vaters gingen – »luchsäugig für jede Tatsache, die Wasser auf seine Mühle bedeutete[10]«. Nachdem er beschlossen hatte, was er tun wollte, und die zentrale Idee der Entwicklung, um die sich seine gesamte Arbeit drehen würde, von ihm entdeckt war, wurde sein Hirn zum Magneten für wichtiges Material, und der beispiellose Ordnungssinn seines Denkens klassifizierte dieses Material, sobald es aufgenommen war, fast automatisch. Kein Wunder, daß ihm Proletarier und Geschäftsleute gern Gehör schenkten; hier hatten sie einen Geist, der ihrem glich – einen Menschen, dem Buchgelehrsamkeit fremd war, der sich in bezug auf »Kultur« die Ahnungslosigkeit der Unschuld bewahrt hatte und dennoch mit dem natürlichen, sachlichen Wissen eines Mannes begabt war, der während der Arbeit, vom Leben selbst lernt.

Denn Spencer mußte seinen Unterhalt durch Arbeit verdienen, und sein Beruf steigerte nur die praktische Richtung seines Denkens. Er war Inspektor, Vorsteher und Konstrukteur von Eisenbahnlinien und Brücken, d. h. ganz allgemein: Ingenieur. Bei jeder Gelegenheit troff er geradezu von neuen Erfindungen; sie taugten zwar alle nichts, er gedenkt ihrer aber in seiner *»Autobiographie«* mit der Liebe eines Vaters zum verlorenen Sohn; seine Reminiszenzen sind bunt durchsetzt mit Patent-Salzfässern, Krügen, Kerzenlöschern, Krankenstühlen und ähnlichen Dingen. Wie die meisten unter uns, hat auch er in seiner Jugend neue Diätregeln erfunden; eine Zeitlang war er Vegetarier, gab aber diese Lebensweise auf, als er sah, daß ein vegetarischer Kollege anämisch wurde, und er selbst an Kraft verlor. »Ich fand, daß ich alles, was ich während meiner Vegetarierzeit geschrieben hatte, wegen Mangels an Kraft umschreiben mußte[11].« Er war um jene Zeit bereit, alles zu versuchen; sogar daran dachte er, nach Neuseeland auszuwandern, vergaß aber dabei, daß ein junges Land keine Philosophen gebrauchen kann. Es ist bezeichnend für ihn, daß er zur Berechnung des Für und Wider Vergleichslisten anlegte und jedem Grund einen zahlenmäßigen Wert gab. Da das Ergebnis 110 Punkte für das Bleiben und 301 für das Auswandern betrug, blieb er in England.

Sein Charakter hatte die Nachteile seiner Tugenden. Für seinen entschlossenen Realismus und praktischen Sinn mußte er mit dem Mangel an poetischem Geist und künstlerischem Geschmack bezahlen. Der einzige poetische Hauch in seinen zwanzig Bänden rührt von dem Setzer her, nach dem Spencer von der »täglichen Versifikation wissenschaftlicher Voraussagen« geredet haben soll. Er besaß eine bewundernswerte Ausdauer, deren Kehrseite freilich eigensinnige Halsstarrigkeit war; die ganze Welt konnte er überfliegen, um für seine Hypothesen Beweise zu suchen, fremde Standpunkte vermochte er aber nicht zu begreifen – er besaß die Selbstsucht des Nonkonformisten und konnte die eigene Größe nicht ohne etwas Eigendünkel tragen. Die Beschränktheiten des Bahnbrechers hafteten ihm an: ein dogmatisch eingeengter Gesichtskreis, begleitet von mutiger Offenheit und starker Originalität. Schmeicheleien verschloß er sich streng, wies die angebotenen staatlichen Ehrungen zurück und widmete sich vierzig Jahre lang in stiller Zurückgezogenheit trotz dauernder Gesundheitsstörungen seiner mühevollen Arbeit – und dennoch sagte von ihm ein Phrenologe, der Zutritt zu ihm gewann: »Selbsteinschätzung sehr hoch[12].« Als Sohn und Enkel von Schulmeistern schwang er in seinen Büchern die Rute und schlug hohe didaktische Töne an. »Ich bin niemals verblüfft«, sagt er uns[13]. Sein einsames Junggesellenleben beraubte ihn der wärmeren menschlichen Gefühle, obwohl er sich aus Menschenfreundlichkeit oft entrüsten konnte. Er hatte ein Verhältnis mit George Eliot, der großen Engländerin, sie war aber zu klug, um ihm zu gefallen[14]. Humor ging ihm ab, ebenso fehlten ihm Feinheiten und Abstufungen des Stils. Verlor er bei seinem geliebten Billardspiel, so warf er seinem Gegner vor, dieser opfere dem Spiele so viel Zeit, daß er Fachmann geworden sei. In seiner *»Autobiographie«* rezensiert er seine eigenen früheren Werke, um zu zeigen, wie er sie hätte schreiben müssen[15].

Offenbar hat ihn die Größe seiner Aufgabe dazu verleitet, das Leben mit tieferem Ernst zu betrachten, als es dies verdient. »Ich war zur *›Fête‹* in St. Cloud am Sonntag«, schreibt er aus Paris, »und habe mich über die Jugendlichkeit der Erwachsenen sehr amüsiert. Die Franzosen hören nie ganz auf, Kinder zu sein; ich sah grauhaarige Leute auf ähnlichen Karussells, wie wir sie auf unseren Jahrmärkten haben[16].«

Spencer war so sehr mit der Analyse und Beschreibung des Lebens beschäftigt, daß er für ein eigenes Leben keine Zeit übrig hatte. Nach Besichtigung der Niagarafälle notierte er in seinem Tagebuch: »Genau was ich erwartet habe[17].« Die alltäglichsten Ereignisse schildert er mit der fabelhaftesten Pedanterie – so z. B. im Bericht über den einzigen Fall, in dem er geflucht hat[18]. Er erlebte keine Krisen, keine stürmische Liebe (sofern seine Memoiren ein vollständiges Bild von seinen Gefühlen geben); er kannte zwar Gefühle, die an Innigkeit grenzen, beschreibt sie aber geradezu mathematisch; die Linie seiner lauen Freundschaften zeichnet er ohne einen belebenden Zug von Leidenschaften nach. Ein Freund erzählt ihm, daß er nicht gut arbeiten könne, wenn er einer jungen Stenographin diktiere; Spencer antwortete, daß derlei ihm keine Sorgen bereite. Sein Sekretär schreibt: »Seine leidenschaftslosen dünnen Lippen sprachen von einem völligen Mangel an Sinnlichkeit, und die hellen Augen verrieten das Fehlen der Gefühlstiefe[19].« Daher die monotone Flachheit seines Stils: er ist niemals bewegt und braucht keine Ausrufungszeichen; in einem romantischen Jahrhundert ist er das gemeißelte Vorbild der Würde und Zurückhaltung.

Spencer verfügte über ein außerordentlich logisches Denken, seine Aprioris und Aposterioris führte er mit der Genauigkeit eines Schachspielers ins Feld. Er ist der klarste Darsteller verwickelter Gegenstände, der der gesamten modernen Geschichte bekannt ist; schwierige Probleme behandelte er in so klaren Worten, daß die Welt für ein Menschenalter Interesse an der Philosophie gewann. »Es ist bemerkt worden«, sagt er, »daß ich eine ungewöhnliche Darstellungsgabe besitze – eine Gabe, meine Befunde, Gedankengänge und Folgerungen mit außerordentlicher Klarheit und Gliederung vorzutragen[20].« Er liebte umfassende Verallgemeinerungen und gewann das Interesse der Leser für seine Werke mehr durch Hypothesen als durch Beweisführungen. Huxley behauptet, Spencer verstehe unter einer Tragödie den Sieg einer Tatsache über eine Theorie[21]; und da Spencers Geist von Theorien erfüllt war, mußte er tagtäglich Tragödien erleben. Derselbe sagte von Buckle, dessen kraftlose und schwankende Ausdrucksweise ihn unangenehm berührte, zu Spencer: »Oh, ich kenne diese Art von Menschen; er ist verdreht.« – »Buckle«, fügt Spencer hinzu, »hat viel mehr Stoff aufgenommen, als er verarbeiten konnte[22].« Mit Spencer stand es umgekehrt; er verarbeitete viel mehr, als er aufgenommen hatte. Ihn reizte nur Ordnung und Synthese, und er verachtete Carlyle, dem ein solcher Zug fehlte. Die Ordnungsliebe wurde Spencers alles beherrschende Leidenschaft; glänzende Allgemeinbetrachtungen wurden Herr über ihn. Aber die Welt wartete auf einen solchen Geist, auf einen Denker, der das Durcheinander der Tatsachen mit durchsichtiger Klarheit zu sinnvollen Bedeutungen umgestalten konnte; und der Dienst, den Spencer seinem Zeitalter erwies, gab ihm ein Recht auf menschliche Schwächen. Ist sein Bild hier mit ziemlicher Offenheit gezeichnet worden, so deshalb, weil uns ein großer Mann näher steht, wenn wir auch seine Fehler kennen, während wir ihn mißtrauisch ablehnen, wenn er in makelloser Vollkommenheit vor uns glänzt.

»Bis zum heutigen Tage«, schreibt der vierzigjährige Spencer, »hätte man mein Leben passend als kunterbunt bezeichnen können[23].« Selten hat der Werdegang eines Philosophen ein so planloses Schwanken gezeigt. »Um diese Zeit (mit dreiundzwanzig Jahren) wandte sich meine Aufmerksamkeit der Konstruktion von Uhren zu[24].« Aber allmählich fand er sein Tätigkeitsfeld und bebaute es mit der Biederkeit des Landmannes. Schon um 1842 schrieb er für den *»Non-conformist«* (man beachte, welches Medium er sich wählte) einige Briefe »Über den angemessenen Wirkungskreis der Regierung«, die bereits *in ovo* seine spätere *»Laissez-faire*-Philosophie« enthielten. Sechs Jahre später gab er seinen Ingenieurberuf auf, um den *»Economist«* zu redigieren. Als er sich mit dreißig Jahren abfällig über Jonathan Dymonds *»Essays über die Prinzipien der Sittlichkeit« (Essays on the Principles of Morality)* äußerte und sein Vater ihn herausforderte, ein solches Thema ebensogut zu bearbeiten, nahm er den Handschuh auf und schrieb seine *»Soziale Statik« (Social Statics)*. Das Buch wurde zwar nur wenig verkauft, aber es eröffnete ihm den Zugang zu den Zeitschriften. In seinem 1852 erschienenen Essay über die »Theorie der Bevölkerung« (The Theory of Population; eines der vielen Beispiele für die Beeinflussung der Gedanken des neunzehnten Jahrhunderts durch Malthus) behauptete er, daß der Kampf ums Dasein (»struggle for existence«) zur Erhaltung der Lebensfähigsten (»survival of the fittest«) führt, und prägte selbst diese historischen Wendungen. Im selben Jahre erwiderte er in seinem Essay »Über die Entwicklungshypothese« (»The Development Hypothesis«) auf den abgeschmackten Einwand, daß man die Entstehung neuer Arten durch allmähliche Veränderung älterer noch niemals habe beobachten können: derselbe Einwand spreche noch stärker gegen die Theorie einer »besonderen Schöpfung« neuer Arten durch Gott; und in der Folge zeigte er, daß die Entwicklung neuer Arten nicht unglaubhafter sei als die Entwicklung des Menschen aus Ei und Sperma oder der Pflanze aus dem Samen. 1855 unternahm er in seinem zweiten Buch, den »Prinzipien der Psychologie«, der Entwicklung des Geistes nachzugehen. Darauf folgte 1857 eine Abhandlung über den »Fortschritt, sein Gesetz und seine Ursachen«, die von Baers Idee eines Wachstums aller lebendigen Formen aus homogenen Anfängen zu heterogenen Entwicklungsgebilden aufnahm und zum allgemeinen Prinzip der Geschichte und des Fortschritts erhob. Kurz, Spencer wuchs gemeinsam mit dem Geiste seiner Zeit und war nun reif, der Philosoph der allgemeinen Entwicklungslehre zu werden.

Als er 1858 seine Abhandlungen zum Zwecke einer gesammelten Veröffentlichung durchlas, war er von der Einheit und Folgerichtigkeit der von ihm formulierten Gedanken verblüfft, und wie eine Flut von Sonnenlicht durch geöffnete Türen strömt, kam ihm die Erleuchtung, daß die Entwicklungslehre nicht nur in der Biologie, sondern ebenso in allen andern Wissenschaften anwendbar sei – daß sie nicht nur Arten und Gattungen erklären könne, sondern auch Planeten und Erdschichtungen, soziale und politische Geschichte und moralische und ästhetische Begriffe. In ihm loderte der Gedanke, eine Serie von Werken zu schreiben, in denen er die Entwicklung der Materie und des Geistes vom Urnebel zum Menschen und von den Kannibalen zu Shakespeare zeigen würde. Aber angesichts seiner vierzig Jahre verzweifelte er beinahe. Wie sollte ein so alter und kranker Mann das gesamte Gebiet des menschlichen Wissens noch vor seinem Tode durchqueren können? Erst vor drei Jahren hatte er einen vollständigen Zusammenbruch erlitten; achtzehn Monate hindurch war er arbeitsunfähig, gebrochen an Geist und Mut, und wanderte ziel- und hoffnungslos von Ort zu Ort. Das Bewußtsein seiner verborgenen Kräfte ließ ihn seine Schwäche bitter fühlen. Er wußte, daß er niemals wieder ganz gesund werden könne, und daß ihm höchstens eine Stunde ununterbrochener geistiger Arbeit erträglich sei. Nie war ein Mensch bei seinem selbstgewählten Werk so behindert, und nie stellte sich einer so spät in seinem Leben eine so große Aufgabe.

Er war arm. Er hatte sich nicht viel darum gekümmert, sich eine Einnahmequelle zu sichern. »Ich will nicht vorwärtskommen«, sagte er, »ich glaube nicht, daß Geldverdienen die Mühe lohnt[25].« Als er von einem Onkel ungefähr zehntausend Mark erbte, legte er die Redaktion des *»Economist«* nieder; durch seinen Müßiggang war aber diese Gabe bald aufgezehrt. Es fiel ihm nun ein, daß er für seine geplanten Werke im voraus Subskriptionen sammeln und auf diese Weise von der Hand zum Munde leben und seine Bedürfnisse von heute auf morgen knapp decken könnte. Er schrieb einen Entwurf und unterbreitete diesen Huxley, Lewes und andern Freunden; sie sorgten dafür, daß der Prospekt der Werke durch eine eindrucksvolle Liste solcher Subskribentennamen eröffnet werde wie: Kingsley, Lyell, Hooker, Tyndall, Buckle, Froude, Bain, Herschel und andere. Dieser Prospekt, der 1860 herausgegeben wurde, brachte 440 europäische und 200 amerikanische Subskriptionen; die gesamten Einnahmen versprachen ungefähr sechstausend Mark jährlich. Spencer war zufrieden und ging mit großem Schwung an die Arbeit.

Aber nach Erscheinen der *»Ersten Prinzipien«* im Jahre 1862 ließen viele Subskribenten ihren Namen von der Liste streichen wegen des berüchtigten »Ersten Teiles«, der durch den Versuch, Wissenschaft und Religion zu versöhnen, Bischöfe und Gelehrte in gleicher Weise beleidigte. Friedenstifter haben es schwer. Die *»Ersten Prinzipien«* und *»Die Abstammung der Arten«* wurden zum Mittelpunkt eines großen Kampfes der Federn, in dem Huxley die Rolle des Feldmarschalls der darwinistischen und agnostizistischen Streitkräfte spielte. Eine Zeitlang wurden die Evolutionisten von anständigen Leuten geächtet; sie standen in dem Rufe moralloser Ungeheuer, und es gehörte zum guten Ton, sie öffentlich zu beleidigen. Spencers Subskribenten fielen mit jeder Lieferung mehr und mehr ab, und viele unterließen es, die erhaltenen Lieferungen zu bezahlen. Spencer arbeitete weiter, solange er konnte, und bezahlte das Defizit, das jede Lieferung mit sich brachte, aus der eigenen Tasche. Endlich waren seine Mittel und sein Mut erschöpft, und er richtete an die Subskribenten die Bekanntmachung, daß er das Werk nicht weiter fortsetzen könne.

Dann kam es zu einem jener Ereignisse, die die Geschichte in erfreulicherem Lichte erscheinen lassen. Spencers größter Rivale, der vor dem Erscheinen der *»Ersten Prinzipien«* über die englische Philosophie herrschte und sich nun durch den Philosophen der Entwicklung überflügelt sah, schrieb diesem am 4. Februar 1866 folgenden Brief:

Sehr geehrter Herr!

Vergangene Woche bei meiner Ankunft fand ich hier den Dezemberband Ihrer Biologie vor, und ich brauche kaum zu erwähnen, wie sehr ich die ihr beigefügte Nachricht bedauere . . . Ich schlage Ihnen vor, daß Sie Ihre nächste Abhandlung schreiben und ich den Verleger gegen Verluste sicherstelle . . . Ich bitte Sie, diesen Vorschlag nicht als eine persönliche Gunst aufzufassen, obwohl ich hoffe, daß ich Ihnen meinen Vorschlag machen dürfte, selbst wenn er eine Gunst wäre. Er ist aber nichts dergleichen, sondern das einfache Anerbieten der Zusammenarbeit im Interesse eines wichtigen öffentlichen Zweckes, dem Sie Ihre Arbeit widmen und Ihre Gesundheit geopfert haben. Ich bin, mein Herr,

Ihr sehr ergebener

J. St. Mill[26].

Spencer lehnte höflich ab, aber Mill trat an seine Freunde heran und überredete einige, daß jeder auf 250 Exemplare subskribieren solle. Spencer wollte wieder nichts davon wissen und konnte nicht zur Annahme bewegt werden. Dann aber kam unerwartet die Nachricht von Professor Youmans, daß Spencers amerikanische Bewunderer auf den Namen des Philosophen Staatspapiere im Werte von siebentausend Dollar gekauft hätten, deren Zinsen oder Dividende ihm gehören sollten. Diesmal gab er nach. Die Gesinnung, der diese Gabe entstammte, erneuerte seine Inspiration; er nahm die Arbeit wieder auf, und noch vierzig lange Jahre hindurch arbeitete er unverzagt, bis die letzte Zeile der »Synthetischen Philosophie« gedruckt war. Dieser Sieg von Geist und Willenskraft über Krankheit und tausend Hindernisse ist einer der lichten Punkte in der Chronik vom Menschen.

III. DIE »ERSTEN PRINZIPIEN«

1. Das Unerkennbare

»Wir vergessen nur zu oft«, sagt Spencer gleich am Anfang, »daß es nicht nur ›eine gütige Seele in den bösen Dingen‹, sondern im allgemeinen auch einen Geist der Wahrheit in den Irrtümern gibt.« Er unternimmt daher, die religiösen Vorstellungen im Hinblick auf jenen Wahrheitskern zu untersuchen, der unter den wechselnden Gestalten der vielen Religionen »der« Religion ihre beharrliche Macht über die menschliche Seele gegeben hat.

Das erste, was er fand, war, daß uns jede Theorie vom Ursprung der Welt zu Unbegreiflichkeiten führt. Der Atheist versucht, die Welt als für sich bestehend, ursachlos und ohne Anfang zu denken; wir können uns aber nichts Anfangloses und Ursachloses vorstellen. Der Theist schiebt die Schwierigkeit bloß um eine Stufe zurück; und der Theologe, der sagt: »Gott schuf die Welt«, bleibt auf die kindliche Frage: »Wer hat Gott geschaffen?« die Antwort schuldig. Alle höheren religiösen Vorstellungen sind logisch unbegreifbar.

Die höheren Vorstellungen der Wissenschaft befinden sich ebenfalls jenseits der Grenze rationaler Begreifbarkeit. Was ist Materie? Wir führen sie auf Atome zurück und sehen uns dann gezwungen, die Atome ähnlich aufzuteilen, wie wir die Moleküle aufgeteilt haben; wir werden in das Dilemma hineingetrieben, daß die Materie unendlich teilbar sei – was unvorstellbar ist, oder daß ihre Teilbarkeit begrenzt sei –, was ebenfalls unvorstellbar ist. Ähnlich steht es um die Teilbarkeit von Raum und Zeit, diese sind schließlich beide irrationale Vorstellungen. Die Bewegung ist mit dreifacher Dunkelheit umgeben, da in ihr sich die Materie zeitlich, räumlich und ihrer Lage nach ändert. Analysieren wir die Materie gründlich, so finden wir zum Schluß weiter nichts als Kraft – eine Kraft, die unsere Sinnesorgane beeindruckt oder den Organen der Tätigkeit Widerstand leistet; und wer könnte uns sagen, was diese Kraft sei? Wenden wir uns von der Physik der Psychologie zu, so stoßen wir auf Geist und Bewußtsein: und hier treffen wir noch größere Rätsel an als vorhin. Dann sind also »höchste wissenschaftliche Vorstellungen ... sämtlich Begriffe unverstehbarer Realitäten ... Die Forschungen des Wissenschaftlers lassen ihn nach allen Richtungen unlösbaren Rätseln begegnen, und immer klarer begreift er, daß diese unlösbare Rätsel sind. Mit der Größe lernt er auch die Kleinheit des menschlichen Geistes kennen – seine Kraft, alles zu verarbeiten, was innerhalb der Grenzen der Erfahrung auftritt, und seine Unfähigkeit, das außerhalb der Erfahrung Liegende zu bewältigen. Mehr als alle anderen *erkennt* er, daß die wahre Natur keines Gegenstandes erkennbar ist[27]«. Die einzige ehrliche Philosophie ist, um mit Huxley zu reden, der Agnostizismus.

Der gemeinsame Grund all dieser Dunkelheiten ist die Relativität der Erkenntnis. »Da das Denken im Beziehen besteht, kann kein Gedanke mehr als Beziehungen ausdrücken ... Weil der Intellekt nur durch und für den Umgang mit Erscheinungen sich ausgebildet hat, verwickelt er uns in Unsinn, wenn wir versuchen, ihn auf Dinge anzuwenden, die jenseits der Erscheinung liegen[28].« Und doch setzen das Relative und Erscheinungshafte durch ihren Namen und ihre Natur etwas jenseits ihrer voraus, ein Letztes und Absolutes. »Beim Beobachten unserer Gedanken merken wir, wie unmöglich es ist, uns vom Bewußtsein einer Aktualität hinter den Erscheinungen zu befreien, und wie diese Unmöglichkeit unseren unzerstörbaren Glauben an jene Aktualität zustande bringt[29].« Aber was diese Aktualität sei, das können wir nicht wissen.

Unter diesem Gesichtspunkt ist die Versöhnung von Wissenschaft und Religion nicht mehr schwierig. »In der Regel liegt die Wahrheit in der Nebenordnung widersprechender Meinungen[30].« Die Wissenschaft sollte zugeben, daß ihre »Gesetze« nur auf Erscheinungen und auf das Relative anwendbar sind, während die Religion zugestehen müßte, daß ihre Theologie rationalisierende Mythen an Stelle des Glaubens setzt, der jeder Begriffsbildung spottet. Die Religion sollte aufhören, sich das Absolute als einen gesteigerten Menschen vorzustellen oder, was noch schlimmer ist, als ein grausames, blutdürstiges und tückisches Ungeheuer, das »Schmeichelei in einem Grade liebt, den man bei menschlichen Wesen verachten würde[31]«. Die Wissenschaft dürfte nicht weiter die Existenz Gottes leugnen oder den Materialismus für erwiesen ansehen. Materie und Geist sind beide gleich relative Erscheinungen, die doppelte Wirkung einer letzten Ursache, deren Natur unerkannt bleiben muß. Die Anerkennung dieser »unerforschlichen Macht« ist der Wahrheitskern jeder Religion und der Anfang aller Philosophie.

2. *Entwicklung*

Nachdem die Philosophie das Unerkennbare aufgewiesen hat, läßt sie es beiseite liegen und wendet ihr Antlitz den erkennbaren Dingen zu. Die Metaphysik ist ein Wahn; wie Michelet sagt, ist sie »die Kunst, sich selbst methodisch zu berauschen«. Das angemessene Arbeitsgebiet und die Aufgabe der Philosophie liegt im Zusammenfassen und Vereinheitlichen der Ergebnisse der Wissenschaften. »Die niedrigste Art der Erkenntnis ist die unvereinheitlichte; Wissenschaft ist teilweise vereinheitlichte Erkenntnis; Philosophie ist vollkommen vereinheitlichte Erkenntnis[32].« Eine solche vollständige Vereinheitlichung bedarf eines umfassenden und allgemeinen Prinzips, das alle Erfahrungen einschließen und alle wesentlichen Züge der gesamten Erkenntnis beschreiben wird. Gibt es ein solches Prinzip?

Wir können vielleicht ein solches Prinzip annähernd erreichen, wenn wir die höchsten Verallgemeinerungen der Physik zu vereinheitlichen suchen. Diese Verallgemeinerungen sind die Unzerstörbarkeit der Materie, die Erhaltung der Energie, die Kontinuität der Bewegung, die Unveränderlichkeit der Beziehungen zwischen den Kräften (d. h. die Unverletzbarkeit der Naturgesetze), die Umwandelbarkeit und Äquivalenz der Kraft (selbst der geistigen und körperlichen Kraft) und der Rhythmus der Bewegung. Für diese letzte Verallgemeinerung, die nicht durchgehend anerkennt wird, genügt der bloße Hinweis. Die gesamte Natur ist rhythmisch, vom Schlag des Herzens bis zum Schwingen der Violinsaiten, von den Schwingungen des Lichtes, der Wärme und des Tones bis zu Ebbe und Flut der Meere, vom periodischen Wechsel der Geschlechter bis zu den Perioden der Planeten, Kometen und Sterne, von der Kette der Tage und Nächte bis zur Abfolge der Jahreszeiten und vielleicht bis zum Rhythmus des klimatischen Wechsels, von den Schwingungen der Moleküle bis zum Aufstieg und Niedergang der Nationen und zum Werden und Vergehen der Sterne.

All diese »Gesetze des Erkennbaren« sind (durch eine Analyse, auf die hier nicht näher eingegangen werden soll) auf das höchste Gesetz der Beharrlichkeit der Kraft zurückführbar. Dieses Prinzip hat aber etwas Statisches und Träges an sich und läßt nicht den geringsten Schluß auf das Geheimnis des Lebens zu. Worin besteht das dynamische Prinzip der Wirklichkeit? Welches ist das Gesetz vom Werden und Vergehen aller Dinge? Es muß ein Gesetz der Entwicklung und Zersetzung sein, denn »die vollständige Geschichte eines jeden Gegenstandes muß dessen Auftauchen aus dem Unwahrnehmbaren und Verschwinden in das Unwahrnehmbare einschließen[33]«.

So gibt uns denn Spencer jenes berühmte Gesetz der Entwicklung, das den erstaunten europäischen Geist des Atems beraubte und zu dessen Erläuterung zehn Bände und vierzigjährige Arbeit nötig waren. »Die Entwicklung ist eine Integration der Materie, die von einem Aufwand an Bewegung begleitet wird; während ihres Verlaufes geht die Materie aus unbestimmter, zusammenhangloser Homogenität in bestimmte zusammenhangsvolle Heterogenität über, und die aufgewendete Bewegung erleidet eine gleichlaufende Umformung[34].« Was ist mit diesem Satze gemeint?

Das Entstehen der Planeten aus Urnebeln, die Bildung der Meere und Gebirge auf der Erde, die Umformung chemischer Elemente durch die Pflanzen und organischer Verbindungen durch den Menschen, die Entwicklung des Herzens im Embryo und das Verwachsen der Knochen nach der Geburt, die Zusammenfassung der Empfindungen und Erinnerungen in Erkenntnis und Denken und der Erkenntnisse in Wissenschaft und Philosophie, die Entwicklung der Familien zu Sippschaften, Stämmen, Städten, Staaten und zum »Weltbund«, sie alle sind Integrationen der Materie, Anhäufungen getrennter Teile zu Massen, Gruppen und Ganzheiten. Diese Integration bringt selbstverständlich eine geringere Beweglichkeit der Teile mit sich, wie ja auch die zunehmende Macht des Staates die Freiheit des einzelnen einschränkt. Gleichzeitig verleiht aber die Integration den Teilen gegenseitige Abhängigkeit, ein schützendes Geflecht von Beziehungen, das »Zusammenhang« setzt und das Leben des Ganzen fördert. Dieser Vorgang führt auch zu größerer Bestimmtheit der Formen und Funktionen; die Urnebel waren gestaltlos, verschwommen, und dennoch stammen aus ihnen die regelmäßigen, elliptischen Bahnen der Planeten, die scharfen Umrisse der Bergketten, die spezifische Form und Eigenart der Organismen und Organe, die Arbeitsteilung und Spezialisierung der Tätigkeiten in physiologischen Gebilden usw. Und die Teile dieses integrierenden Ganzen werden nicht bloß bestimmt, sondern auch verschieden, heterogen nach Natur und Funktion. Der Urnebel ist homogen, d. h. er besteht aus gleichen Teilchen; bald teilt er sich aber in gasförmige, flüssige und feste Stoffe; die Erde schimmert grün von Gras, weiß an den Bergesgipfeln und blau von den vielen Gewässern; das sich entfaltende Leben zeugt aus dem verhältnismäßig homogenen Protoplasma die verschiedenen Organe der Ernährung, Fortpflanzung, Bewegung und Empfindung; die Ursprache erfüllt ganze Erdteile mit immer mannigfaltiger werdenden Dialekten; eine einzige Wissenschaft zeugt hunderte, und die Volksdichtung der Nationen erblüht zu tausend Formen literarischer Kunst; die Individualität wächst, die Charaktere werden einzigartig, und Rassen und Völker entwickeln eine besondere Geistigkeit. Integration und Heterogenität, Anhäufung der Teile in immer größeren Ganzheiten und Differenzierung der Teile zu immer mannigfaltigeren Formen sind die Brennpunkte der Entwicklung. Was von Ungestaltetheit zu Integration und Einheit übergeht (z. B. Amerika in den Jahren 1600–1900) befindet sich in der Flut der Entwicklung; was von der Integration zur Auflösung, von Zusammengesetztheit zu Einfachheit zurückkehrt, ist von der Ebbe der Zersetzung (wie Europa zwischen 200 und 600 n. Chr.) ergriffen.

Noch nicht zufrieden mit diesem zusammenfassenden Gesetz strebt Spencer danach, zu beweisen, wie es mit unabänderlicher Notwendigkeit aus dem natürlichen Wirken mechanischer Kräfte folgt. Es gibt zunächst eine »Unbeständigkeit des Homogenen«, dem zufolge gleiche Teile nicht lange gleich bleiben können, weil sie den Einwirkungen äußerer Kräfte ungleichmäßig unterworfen sind. Nach außen gelegene Teile z. B. werden, wie Küstenstädte in einem Krieg, früher angegriffen, und die Verschiedenheit der Beschäftigung formt gleiche Menschen zu verschieden gearteten Verkörperungen von tausend Berufen. – Dann gibt es eine »Vervielfältigung der Wirkungen«; eine einzige Ursache kann zu einer unendlichen Mannigfaltigkeit der Wirkungen führen und zur Differenzierung der Welt beitragen – ein Wort an falscher Stelle, wie das Maria Antoinettes, das abgeänderte Telegramm von Ems oder ein Wind bei Salamis konnten zu unendlichen Konsequenzen für die Geschichte führen. – Daneben gibt es ein Gesetz der »Absonderung«, nach dem Teile eines verhältnismäßig homogenen Ganzen, nach verschiedenen Gegenden verschlagen, durch die Verschiedenheit ihrer Umwelt zu abweichenden Produkten geformt werden, wie z. B. aus den Engländern je nach Eigenart ihres Wohnortes Amerikaner, Kanadier oder Australier werden. Mit Hilfe dieser verschiedenen Mittel bauen die Naturkräfte die Mannigfaltigkeit der sich entwickelnden Welt.

Am Ende steht aber unausweichlich das »Gleichgewicht«. Jede Bewegung muß, da sie unter Widerstand verläuft, früher oder später aufhören; jede rhythmische Schwingung erleidet (falls sie nicht von außen verstärkt wird) einen Verlust an Schwingungszahl und -weite. Die Planeten kreisen in einer engeren Bahn als einst oder werden sich in einer solchen bewegen, die Sonne wird im Verlauf der Jahrhunderte weniger warm und hell scheinen, die Reibungen von Ebbe und Flut werden die Umdrehungen der Erde verlangsamen. Diese Kugel, die von unendlicher Bewegung vibriert und dröhnt und sich verschwenderisch in Millionen Formen wuchernd emporsteigenden Lebens ergeht, wird sich eines Tages langsamer in ihrer Bahn und ihren Teilen bewegen; das Blut wird kühler und langsamer in unseren ausgetrockneten Adern kreisen, wir werden nicht mehr eilen, sondern uns den Himmel, wie sterbende Völker, in Bildern der Ruhe statt des Lebens vorstellen – wir werden von dem Nirwana träumen. Allmählich, aber immer schneller wird aus dem Gleichgewicht Auflösung, das traurige Nachspiel der Entwicklung. Die Gesellschaft löst sich auf, es kommt zu Massenwanderungen, die Städte werden aufgesogen vom dunklen Hinterland bäuerischen Lebens; keine Regierung wird stark genug sein, die gelockerten Teile beisammenzuhalten, und selbst die Erinnerung an eine Gesellschaftsordnung schwindet. Und auch im Individuum wird die Integration der Zerspaltung weichen, und jene Ordnung, die Leben ist, wird in die verschwommene Unordnung übergehen, die den Tod bedeutet. Die Erde wird ein verworrenes Schauspiel des Verfalles bieten, ein trübes Drama unabänderlicher Erniedrigung der Energie; sie löst sich in Staub und Urnebel auf, aus denen sie entstand. Dann wird der Kreislauf von Entwicklung und Auflösung geschlossen sein. Ein neuer Kreislauf beginnt und wiederum ein neuer in unendlicher Wiederholung, aber sein Ausgang wird stets derselbe bleiben. *»Memento mori«* steht an die Stirne des Lebens geschrieben, und jede Geburt ist ein Vorspiel zu späterem Verfall und Tod.

Die *»Ersten Prinzipien«* sind ein großartiges Drama, das mit fast klassischer Gelassenheit das Werden und Vergehen, die Entwicklung und Auflösung der Planeten, des Lebens und des Menschen schildert; aber dieses Drama ist eine Tragödie, die passend mit den Worten Hamlets schließen müßte: »Der Rest ist Schweigen.« Ist es zu verwundern, daß Männer und Frauen, die sich von Hoffnung nährten, gegen diese Bilanz des Lebens revoltierten? Wir wissen, daß wir sterben müssen; da aber der Tod das Seinige ohnehin besorgt, ziehen wir es vor, uns mit dem Leben zu befassen. Spencer besaß einen fast Schopenhauerschen Sinn für die Nichtigkeit menschlichen Strebens. Am Ende seiner siegreichen Laufbahn sprach er die Überzeugung aus, daß das Leben nicht wert sei, gelebt zu werden. Er war von der Philosophenkrankheit angesteckt, in der man so weit in die Zukunft schaut, daß all die kleinen angenehmen Gestalten und Farben des Seins dicht an einem vorbeigleiten, ohne bemerkt zu werden.

Spencer wußte, daß die Menschen wenig Geschmack an einer Philosophie finden würden, deren letztes Wort nicht Gott und Unsterblichkeit, sondern Gleichgewicht und Auflösung war. Am Schluß des »Ersten Teiles« der *»Ersten Prinzipien«* verteidigte er daher sein Recht, die von ihm gesehenen dunklen Wahrheiten auszusprechen, mit ungewöhnlicher Beredtheit und mit einer Glut, die bei ihm sonst selten war.

Wer das auszusprechen zögert, was er für die höchste Wahrheit hält, aus Angst, die Zeit könnte für sie noch verfrüht sein, kann sich durch die Betrachtung seiner Tat von einem unpersönlichen Standpunkt aus beruhigen. Er muß bedenken, daß Meinungen eine Kraft sind, durch die der Charakter äußere Anordnungen sich anzupassen weiß, und daß seine Meinung mit Recht einen Teil dieser Kraft bildet – eine Krafteinheit, aus der, zusammen mit anderen Einheiten, sich jene allgemeine Kraft zusammensetzt, von der soziale Veränderungen bewirkt werden. Dann wird er begreifen, daß er seinen tiefsten Überzeugungen rechtmäßig Ausdruck verleihen darf, unbekümmert um ihre

Wirkungen. Nicht umsonst spürt er in sich Sympathien für diese und Abneigung gegen andere Prinzipien. Er ist mit all seinen Fähigkeiten, Bestrebungen und Anschauungen nichts Zufälliges, sondern ein Produkt der Zeit. Obwohl ein Abkömmling der Vergangenheit, ist er der Vater der Zukunft, und seine Gedanken sind wie seine eigenen Kinder, die er nicht unbesorgt sterben lassen darf. Wie jeder andere Mensch, darf auch er sich für eine der unzähligen Kräfte halten, durch die sich die »Unbekannte Ursache« kundtut; und erzeugt die »Unbekannte Ursache« gewisse Anschauungen in ihm, so darf er sich gerade deshalb zu ihnen bekennen und demgemäß handeln ... Der Weise wird daher den Glauben, der in ihm auftritt, nicht für zufällig halten. Er wird die höchste ihm bekannte Wahrheit ohne Angst aussprechen, denn er weiß, daß er – komme, was kommen mag – dadurch seine zugeteilte Rolle in der Welt gut spielt, falls es ihm gelingt, die von ihm verfolgte Änderung zu bewirken; falls nicht, so ebenfalls gut, obschon nicht ganz so gut.

IV. BIOLOGIE: DIE ENTWICKLUNG DES LEBENS

Der zweite und dritte Band der »Synthetischen Philosophie« erschien 1872 unter dem Titel *»Prinzipien der Biologie«*. Diese Bände wiesen die natürlichen Beschränktheiten des Philosophen auf, der das Gebiet des Spezialisten betritt, aber sie wogen die irrige Behandlung von Einzelheiten durch die erleuchtenden Verallgemeinerungen auf, die großen Gruppen biologischer Tatsachen eine neue Einheit und Verständlichkeit verliehen.

Spencer beginnt mit einer berühmten Definition: »Das Leben ist die dauernde Anpassung innerer Beziehungen an äußere Beziehungen[35].« Die Vollkommenheit des Lebens hängt von der Vollkommenheit dieser Anpassung ab, und das Leben hat seinen Höhepunkt erreicht, wenn diese Anpassung vollkommen ist. Diese Anpassung ist keine bloß passive Entsprechung; das Unterscheidende des Lebens besteht gerade darin, daß es, die Veränderungen äußerer Beziehungen vorwegnehmend, die inneren Beziehungen ihnen anpaßt, wie z. B. das Tier sich duckt, um einem Schlag zu entgehen, oder der Mensch Feuer anzündet, um seine Nahrung zu bereiten. Die Unzulänglichkeit der Definition liegt nicht nur in der Neigung, die vom Organismus auf die Umwelt ausgeübte gestaltende Aktivität zu vernachlässigen, sondern auch in der Unfähigkeit, die Natur jener überaus intelligenten Fähigkeit zu erklären, die dem Organismus seine prophetischen Anpassungen ermöglicht und ihm dadurch die Eigenart der Lebendigkeit verleiht. In einem Kapitel, das den späteren Auflagen beigefügt wurde, fühlte sich Spencer genötigt, »das dynamische Element im Leben« zu untersuchen, und mußte zugeben, daß seine Definition die Natur des Lebens doch nicht ganz eingefangen hatte. »Wir müssen gestehen, daß man das Leben nicht in physikalisch-chemische Begriffe fassen kann[36].« Spencer merkte nicht, wie vernichtend dieses Zugeständnis für die Einheit und Vollständigkeit seines Systems war.

Wie Spencer im Leben des Individuums Anpassung der inneren Beziehungen an äußere erblickt, so sieht er auch im Leben der Art eine bemerkenswerte Anpassung der Fruchtbarkeit an die Bedingungen der Umwelt. Die Zeugung entsteht ursprünglich aus der erneuten Anpassung der Nahrung aufnehmenden Oberfläche eines Organismus an die von ihr zu ernährende Körpermasse; das Wachstum der Amöbe z. B. führt zu einer viel schnelleren Ausdehnung der Körpermasse als der Oberfläche, durch die diese Masse ihre Nahrung erhalten muß. Teilung, Sprossung, Sporenbildung und geschlechtliche Fortpflanzung haben als Gemeinsames die Verringerung der Masse im Verhältnis zur Oberfläche und die Wiederherstellung des Ernährungsgleichgewichtes. Daher ist das Wachstum eines Organismus über eine bestimmte Grenze hinaus gefährlich, und im normalen Falle wird das Wachstum nach einiger Zeit von der Fortpflanzung abgelöst.

Im allgemeinen ist das Wachstum umgekehrt proportional dem Grad der Energieverausgabung, und der Grad der Fortpflanzung ebenfalls umgekehrt proportional dem Grad des Wachsens. »Es ist den Züchtern wohl bekannt, daß ein Stutenfüllen an der Erreichung seiner richtigen Größe gehindert wird, wenn man zuläßt, daß es ein Junges trägt . . . Die Umkehrung des Tatbestandes findet sich bei kastrierten Tieren wie Kapaunen und besonders Katzen, die oft größer werden als ihre unverstümmelten Genossen[37].« Je weiter die Entwicklung fortgeschritten ist, und je höher die Fähigkeiten des Individuums sind, um so mehr neigt der Grad der Fortpflanzung zum Rückgang. »Wo die Fähigkeit, den äußeren Gefahren zu widerstehen, wegen der niedrigen Organisationsstufe gering ist, muß große Fruchtbarkeit vorhanden sein, um ein Gegengewicht zur Sterblichkeit zu bilden, sonst müßte die Gattung aussterben. Wo dagegen höhere Begabung stärkere Selbsterhaltung ermöglicht, muß ein entsprechend niedrigerer Grad der Fruchtbarkeit vorhanden sein«, sonst könnte die Vermehrung den Vorrat an Nahrung übersteigen[38]. Folglich besteht ganz allgemein ein Gegensatz zwischen Individuation und Zeugung oder zwischen individueller Entwicklung und Fruchtbarkeit. Dieses Gesetz gilt regelmäßiger für Gattungen und Arten als für Individuen; je höher entwickelt die Art oder Gattung ist, um so niedriger wird ihre Geburtsziffer ausfallen. Annäherungsweise gilt das Gesetz aber auch für Individuen. Geistige Entwicklung z. B. scheint der Fruchtbarkeit feindlich zu sein. »Wo übermäßig starke Fruchtbarkeit sich zeigt, herrscht Langsamkeit des Geistes, und wo während des Bildungsganges außergewöhnlicher Aufwand an geistiger Tätigkeit getrieben wurde, folgt oft völlige Unfruchtbarkeit. Man kann daher von der Eigenart künftiger Entwicklung der Menschheit erwarten, daß sie mehr als jede andere einen Verfall der Zeugungskraft herbeiführen werde[39].« Die Philosophen sind berühmt dafür, daß sie sich der Elternschaft gern entziehen. Andererseits führt bei der Frau die Mutterschaft normalerweise eine Verringerung der geistigen Aktivität herbei[40], und vielleicht ist auch ihre Jugend deshalb kürzer, weil sie sich früher der Fortpflanzung aufopfert.

Trotz dieser annähernden Anpassung der Geburtsziffern an die Bedürfnisse der Arterhaltung ist die Anpassung niemals vollkommen, und Malthus hatte recht mit seinem allgemeinen Satz, daß die Bevölkerung dazu neige, die Mittel des Lebensunterhalts zu übersteigen. »Von Anfang an war dieser Druck der Bevölkerung die unmittelbare Ursache des Fortschritts. Er bewirkte die ursprüngliche Ausbreitung der Menschenart und zwang die Menschen, auf räuberische Gewohnheiten zu verzichten und Landwirtschaft zu treiben. Er führte zur Rodung der Erdoberfläche, nötigte die Menschen, in den sozialen Zustand einzutreten ... und entwickelte soziale Gefühle. Er war der Anreiz zu fortschrittlichen Verbesserungen der Herstellungsmethoden und hob Geschicklichkeit und Intelligenz der Menschen[41].« Er ist auch die Hauptursache im Kampf ums Dasein, durch den die Bestangepaßten eine Möglichkeit des Weiterlebens erhalten, und der das Niveau der Gattung hebt.

Ob die Entstehung der bestangepaßten Individuen in der Hauptsache auf spontane günstige Variationen oder auf die teilweise Vererbung der Charaktereigenschaften oder Fähigkeiten, die von aufeinanderfolgenden Generationen wiederholt erworben wurden, zurückgeht, ist eine Frage, zu der Spencer nicht dogmatisch Stellung nimmt. Er nahm Darwins Lehre bereitwillig an, fühlte aber, daß sie einige Tatsachen nicht erklären konnte, die zu einer veränderten Annahme Lamarckscher Ansichten zwangen. Er verteidigte Lamarck mit geistreicher Lebhaftigkeit gegen Weismann und wies auf gewisse Mängel der Darwinschen Lehren hin. Um jene Zeit vertrat Spencer fast als einziger den Lamarckschen Standpunkt, und es ist erwähnenswert, daß heute ehemalige Darwinisten zu den Neolamarckisten gehören, und daß der größte unter den modernen englischen Biologen die Anschauung der heutigen Gelehrten über die Abstammungsfrage dahingehend zusammenfaßt, daß die *spezielle* Entwicklungslehre Darwins (natürlich aber nicht seine allgemeine Theorie) aufgegeben werden müsse[42].

V. PSYCHOLOGIE: DIE ENTWICKLUNG DES GEISTES

Die beiden Bände über die *»Prinzipien der Psychologie«* (1873) sind die schwächsten Glieder in der Kette von Spencers Gedanken. Schon früher (1855) hatte er ein Werk über denselben Gegenstand veröffentlicht, und verteidigte damals mit jugendlichem Eifer die Sache des Materialismus und Determinismus; aber Alter und vieles Nachdenken milderten seine Stellungnahme und stopften das neue Werk voll mit vielen hundert Seiten sehr sorgfältiger, jedoch wenig einleuchtender Analysen. Noch mehr als anderswo ist Spencer hier reich an Theorien und arm an Beweisen. Er gibt eine Theorie von der Entstehung der Nerven aus dem Bindegewebe zwischen den Zellen, Theorien vom Ursprung der Instinkte durch Verknüpfung von Reflexen und Übermittlung erworbener Eigenschaften, und eine andere von der Herkunft geistiger Kategorien aus der Erfahrung der Gattung, eine Theorie des »umgestalteten Realismus[43]« und noch hundert andere Theorien, die alle eher die benebelnde Kraft der Metaphysik als die klärenden Tugenden einer sachlichen Psychologie besitzen. In diesen Bänden wird das realistische England verlassen und der Schritt »zurück zu Kant« gemacht.

Was sofort auffällt, ist, daß hier zum ersten Male in der Geschichte der Psychologie der Versuch unternommen wird, einen ausgesprochenen entwicklungstheoretischen Standpunkt, genetische Erklärungen, durchzuführen, der Versuch, die verwirrende Vielfältigkeit des Denkens bis in die einfachsten Tätigkeiten der Nerven und schließlich bis in die Bewegungen der Materie zurückzuverfolgen. Zwar ist es wahr, daß dieser Versuch mißlingt, aber wem ist denn jemals Ähnliches gelungen? Spencer stellte ein großzügiges Programm auf, nach dem die Vorgänge, durch die das Bewußtsein entwickelt wurde, enthüllt werden sollten, war aber dann gezwungen, das Bewußtsein überall vorauszusetzen, um seine Entwicklung erklären zu können[44]. Er besteht darauf, daß ein einziger Entwicklungsgang vom Urnebel bis zum Geiste geführt habe, gesteht aber zum Schluß, daß die Materie nur durch den Geist bekannt sei. Wohl die bedeutendsten Abschnitte dieser Bände sind jene, in denen die materialistische Philosophie aufgegeben wird:

Kann sich das Bewußtsein die Schwingungen eines Moleküls neben einer Nervenerschütterung vorstellen und beide als eins erkennen? Keine Anstrengung ermöglicht es uns, sie einander anzugleichen. Daß eine Empfindungseinheit nichts mit einer Bewegungseinheit gemein hat, wird besonders deutlich, wenn man die beiden einander gegenüberstellt. Und das unmittelbare Urteil des Bewußtseins, das auf diese Weise gefällt wird, kann analytisch gerechtfertigt werden, ... denn es ist nachweisbar, daß die Vorstellung von einem schwingenden Molekül aus vielen Empfindungseinheiten besteht. (Mit anderen Worten: unser Wissen um die Materie ist aus geistigen Einheiten – Empfindungen, Erinnerungsbildern und Vorstellungen aufgebaut.) ... Wären wir gezwungen, eine Wahl zu treffen zwischen der Umwandlung geistiger Phänomene in physikalische oder physikalischer in geistige, so schiene die letztere Wahl die annehmbarere der beiden[45].

Es gibt selbstverständlich dennoch eine Entwicklung des Geistes, eine Entfaltung der Reaktionsweisen vom Einfachen zum Zusammengesetzten und Komplexen, eine Reihe, die von den Reflexen über Tropismen und Instinkte durch Gedächtnis und Einbildungskraft zu Verstand und Vernunft führt. Des Lesers, der nach Lektüre dieser vierzehnhundert Seiten physiologischer und psychologischer Analysen noch am Leben ist, wird sich ein überwältigendes Bewußtsein von der Kontinuität des Lebens und des Geistes bemächtigen; wie durch die Zeitlupe wird er die Bildung der Nerven erblicken, die Entwicklung der Anpassungsreflexe und Instinkte und die Entwicklung des Bewußtseins und Denkens durch den Zusammenstoß entgegengesetzter Impulse. »Die Intelligenz hat weder unterschiedene Grade, noch ist sie aus wirklich unabhängigen Fähigkeiten aufgebaut, sondern ihre höchsten Äußerungen sind vielmehr Wirkungen einer Verwicklung, die in unmerklichen Schritten aus den einfachsten Elementen entstand[46].« Zwischen Instinkt und Vernunft gibt es keine Kluft; beide sind nur Anpassungen innerer Beziehungen an äußere Beziehungen, und es besteht nur insofern ein Unterschied des Grades zwischen ihnen, als die Beziehungen, auf die instinktiv reagiert wird, verhältnismäßig gleichförmig und einfach, die Objekte der Vernunft dagegen relativ neu und verwickelt sind. Die vernünftige Handlung ist einfach eine instinktive Reaktion, die andere, durch dieselbe Lage wachgerufene Instinkte überwindet; die »Überlegung« ist bloß der Todeskampf wetteifernder Impulse[47]. Im Grunde sind Vernunft und Instinkt, Geist und Leben dasselbe.

»Wille« ist eine abstrakte Bezeichnung für die Gesamtheit unserer aktiven Impulse, und das Wollen ist der natürliche Übergang einer ungehemmten Vorstellung in eine Handlung[48]. Die Vorstellung ist die erste Stufe der Handlung und die Handlung die letzte Stufe der Vorstellung. Ähnlich ist ein Gefühl die erste Stufe einer Instinkthandlung, und der Ausdruck des Gefühls das nützliche Vorspiel der vollendeten Reaktion; zorniges Zähnefletschen enthält einen deutlichen Hinweis auf das Zerreißen des Feindes, das der natürliche Höhepunkt solcher Anfänge zu sein pflegte[49]. Die »Formen des Denkens« wie die Anschauungen von Raum und Zeit oder die Begriffe von Quantität und Ursächlichkeit, die Kant für angeboren hielt, sind bloße instinktive Denkweisen; und da die Instinkte von der Gattung erworbene, dem Individuum aber angeborene Gewohnheiten sind, stellen jene Kategorien im Laufe der Entwicklung langsam erworbene geistige Gewohnheiten dar, die nun Teile unserer geistigen Erbschaft bilden[50]. All diese uralten Rätsel der Psychologie können durch die »Vererbung allmählich sich anhäufender Veränderungen« erklärt werden[51]. – Freilich wird gerade durch diese alles durchdringende Annahme der größte Teil von Spencers fleißigem Werk recht anfechtbar und vielleicht auch fruchtlos.

VI. SOZIOLOGIE: DIE ENTWICKLUNG DER GESELLSCHAFT

Das Urteil über Spencers Soziologie fällt ganz anders aus. Diese dicken Bände, deren Veröffentlichung sich über zwanzig Jahre erstreckte, sind sein Meisterwerk: sie befassen sich mit seinem Lieblingsgebiet und zeigen die besten Seiten seiner bestechenden Verallgemeinerungen und seiner Staatsphilosophie. Von seinem ersten Werk, der *»Sozialen Statik«*, bis zum letzten Band, den *»Prinzipien der Soziologie«*, zwischen denen fast ein halbes Jahrhundert liegt, richtete sich sein Interesse hauptsächlich auf Fragen der Nationalökonomie und Staatskunst; wie Platon beginnt und endet er sein Werk mit Abhandlungen über moralische und politische Gerechtigkeit. Kein anderer hat soviel für die Soziologie getan wie er, selbst Comte, ihr Begründer und der Erfinder ihres Namens, nicht.

In seinem volkstümlichen einleitenden Band, der *»Wissenschaft der Soziologie« (»The Study of Sociology«, 1873)* tritt Spencer mit großem Eifer für die Anerkennung und Entwicklung dieser neuen Wissenschaft ein. Falls in der Psychologie der Determinismus zu Recht besteht, muß es in den Erscheinungen des Gesellschaftslebens Regelmäßigkeiten von Ursache und Wirkung geben, und der gründliche Erforscher des Menschen und der Gesellschaft wird sich nicht mit einer bloß chronologischen Geschichte wie die von Livius begnügen oder mit einer biographischen Geschichte in der Art Carlyles, sondern wird in der Geschichte der Menschheit nach jenen allgemeinen Entwicklungslinien, kausalen Abfolgen und erklärenden Zusammenhängen suchen, die aus dem Gewühl der Tatsachen eine übersichtliche Landkarte der Wissenschaft machen. Was die Biographie für die Anthropologie, das ist Geschichte für die Soziologie[52]. Selbstverständlich gibt es noch tausend Schwierigkeiten, die von der Gesellschaftsforschung überwunden werden müssen, bevor sie den Namen einer Wissenschaft verdient[53]. Die junge Forschung reibt sich in einer Unzahl von Vorurteilen persönlicher, bildungsbedingter, theologischer, wirtschaftlicher, politischer, nationaler und religiöser Art auf und wird durch die voreilige Allwissenheit der Unwissenden in ihrer Entfaltung gehindert. »Man erzählt von einem Franzosen, der nach drei Wochen Aufenthalt in England ein Buch über dieses Land schreiben wollte. Nach drei Monaten fand er, daß er noch nicht ganz fertig sei, und nach drei Jahren gelangte er zu der Überzeugung, daß er nichts von dem Lande wisse[54].« Dieser Mann war reif, um mit dem Studium der Soziologie *anzufangen*. Die Menschen bereiten sich in lebenslanger Arbeit darauf vor, in Physik, Chemie oder Biologie zu Fachleuten zu werden, aber auf dem Gebiet sozialer und politischer Fragen ist jeder Kommis Fachmann, kennt die Lösungen und verlangt Gehör.

Spencers eigene Vorbereitungen waren in diesem Falle ein

Vorbild intellektueller Gewissenhaftigkeit. Er beschäftigte drei Sekretäre mit dem Sammeln von Material, und ließ durch sie die Tatsachen über häusliche, kirchliche, berufliche, politische und wirtschaftliche Einrichtungen aller bedeutenderen Völker in parallele Gruppen ordnen. Auf eigene Kosten veröffentlichte er diese Sammlung in acht großen Bänden, damit andere Forscher seine Folgerungen bestätigen oder abändern möchten, und da er die Veröffentlichung zu Lebzeiten nicht vollenden konnte, hinterließ er einen Teil seiner bescheidenen Ersparnisse zur Durchführung dieses Unternehmens. Nach sieben Jahren solcher Vorbereitungen erschien 1876 der erste Band der *»Soziologie«*, der letzte wurde erst 1896 beendet. Wenn bereits alle anderen Werke Spencers zu bloßen Objekten des Geschichtsforschers geworden sein werden, werden diese drei Bände immer noch jedem Gesellschaftsforscher reiche Ausbeute biete.

Dennoch ist der ursprüngliche Entwurf des Werkes typisch für Spencers Gewohnheit, sich in Verallgemeinerungen zu stürzen. Die Gesellschaft ist ein Organismus, glaubt er, der sehr ähnlich einem Individuum Organe der Ernährung, des Blutkreislaufes, des Ordnens und der Fortpflanzung[55] besitzt. Es ist freilich wahr, daß im Individuum das Bewußtsein zentralisiert ist, während in der Gesellschaft jeder Teil sein eigenes Bewußtsein und den eigenen Willen behält, aber die Zentralisierung der Regierung und der Macht neigt dazu, die Bedeutung dieser Unterscheidung aufzuheben. »Der gesellschaftliche Organismus ähnelt dem individuellen Organismus in folgenden Zügen: er wächst, während des Wachstums wird er verwickelter, bei Zunahme seiner Komplexität wird die wechselseitige Abhängigkeit seiner Teile erhöht, die Länge seines Lebens ist ungeheuer, verglichen mit dem Leben der ihn zusammensetzenden Teile, . . . und bei beiden besteht eine wachsende Integration, begleitet von wachsender Heterogenität[56].« So verwirklicht die Entfaltung der Gesellschaft zwanglos das Gesetz der Entwicklung. Die wachsende Größe der politischen Einheit von der Familie bis zum Staat und dem Bund, das Zunehmen der ökonomischen Einheit von der kleinen Hausindustrie bis zu Trusts und Kartellen, das Anwachsen der Bevölkerungseinheit vom Dorf zur Stadt und Großstadt zeigen sicherlich alle den Vorgang der Integration, während die Arbeitsteilung, die zunehmende Zahl der Berufe, die wachsende gegenseitige Abhängigkeit von Stadt und Land und die Völker untereinander die Entwicklung der Zusammenhänge und der Differenzierungen hinlänglich veranschaulichen.

Derselbe Grundsatz der Integration des Heterogenen kann von der Religion und Staatenbildung bis zur Wissenschaft und Kunst auf alle Gebiete der sozialen Erscheinungen angewandt werden. Religion ist zunächst die Verehrung einer Vielheit von Göttern und Geistern, die bei allen Völkern mehr oder weniger ähnlich sind, und die Entwicklung der Religion geht im Auftreten eines Gottesbegriffes vor, demgemäß ein zentraler und allmächtiger Gott alle anderen Götter sich unterwirft und ihnen in hierarchischer Ordnung besondere Rollen zuteilt. Die ersten Götter entsprangen wahrscheinlich Träumen und Gespenstergesichtern[57]. Mit dem Worte *»Geist«* bezeichnet man gleichmäßig Götter und Gespenster. Der primitive Glaube war der Meinung, daß der Geist (oder das »Gespenst«) den Körper beim Tode, im Schlaf oder im Trancezustand verlasse; selbst beim Niesen könnte seiner Meinung nach die Kraft der Ausatmung den Geist heraustreiben, so daß ein schützendes »Gott segne dich«, »Gesundheit!« oder etwas Entsprechendes mit diesem gefährlichen Abenteuer verknüpft wurde. Das Echo und Spiegelungen waren hörbare und sichtbare Zeichen des eigenen Gespenstes oder Doppelgängers, und so lehnt es der Basuto ab, einen Fluß entlanggehen, denn ein Krokodil könnte seinen Schatten ergreifen und verschlingen. Anfangs war Gott nur »ein ständig existierendes Gespenst[58]«. Von Menschen, die im irdischen Leben Macht besessen hatten, glaubte man, daß sie diese Macht auch in ihrer Gespenstererscheinung beibehalten würden. Bei den Tannesen bedeutet das Wort Gott ursprünglich einen toten Mann[59]. »Jehova« hieß »der Starke«, »der Krieger«, und war vielleicht ursprünglich eine lokale Größe, die man nach ihrem Tode als den »Gott der Heerscharen« verehrte. Solche gefährliche Gespenster mußten besänftigt werden; die Begräbnissitten gestalteten sich zu Verehrung, und alle Mittel, mit denen man irdischen Häuptlingen schmeichelte, wurden bei den Gebetszeremonien zur Versöhnung der Götter angewandt. Die kirchlichen Einnahmen haben ihren Ursprung in Gaben an Götter, wie die staatlichen Einkünfte ihre Urform in Geschenken an den Häuptling haben. Huldigung vor Königen wurde vor dem Altar Gottes zu Fußfall und Gebet. Die Ableitung Gottes vom toten König sieht man deutlich bei den Römern, die ihre Herrscher vor deren Tod zum Gott erhoben. Jede Religion scheint ihren Ursprung in solcher Ahnenverehrung zu haben. Ein Licht auf die Macht dieser Sitte wirft die Erzählung von dem Häuptling, der die Taufe ablehnte, weil ihn die Antwort auf seine Frage, ob er im Himmel seine ungetauften Ahnen wiedersehen würde, nicht befriedigte[60]. (Etwas von diesem Glauben zeigte sich in der Kühnheit der Japaner im Kriege von 1905. Der Gedanke, daß ihre Ahnen ihnen vom Himmel aus zusahen, erleichterte ihnen den Tod.)

Religion bildet wahrscheinlich den Mittelpunkt im Leben der Primitiven. Das Dasein dieser Menschen ist so unsicher und gedrückt, daß ihre Seele mehr in der Hoffnung auf kommende Dinge als in der Wirklichkeit des Gesehenen lebt. Bis zu einem gewissen Grade ist die übernatürliche Religion eine Begleiterscheinung militärischer Gesellschaftsformen; sobald Industrie die Stelle des Krieges einnimmt, wendet sich das Denken vom Tode dem Leben zu, und das Leben eilt aus den Bahnen ergebener Verehrung auf die offene Straße der Initiative und Freiheit. In der Tat ist die grundlegendste Veränderung in der Geschichte der westlichen Gesellschaften die allmähliche Ersetzung der militärischen Herrschaft durch die industrielle. Staatswissenschaftler pflegen die Gesellschaften nach ihrer Regierungsform in Monarchien, Aristokratien und Demokratien einzuteilen, das sind aber oberflächliche Unterscheidungen; der große Trennungsstrich liegt zwischen kriegerischen und industrialisierten Gesellschaften, zwischen

Nationen, die vom Krieg, und solchen, die von der Arbeit leben.

Den Mittelpunkt militaristischer Staaten bildet die Regierung, und solche Staaten sind fast immer monarchistisch. Sie fordern unter Zwang soldatische Zusammenarbeit, ermutigen die obrigkeitliche Religion, die einen Kriegsgott verehrt, entwickeln strenge Klassenunterschiede und Klassenmoral und unterstützen den angeborenen häuslichen Absolutismus des Mannes. Da die Sterblichkeitsziffer in kriegerischen Gesellschaften hoch ist, neigen sie zur Polygamie und räumen den Frauen nur eine niedrige Stellung ein. Die meisten Staaten waren anfangs kriegerisch, weil der Krieg die zentralisierende Macht stärkt und die Unterordnung aller Interessen unter die staatlichen fördert. Daher »ist die Geschichte kaum etwas mehr als der ›Newgate Kalender der Nationen‹«, eine Chronik von Räubereien, Verrat, Mord und nationalem Selbstmord. Kannibalentum ist der Schandfleck primitiver Gesellschaften, aber gewisse moderne Gesellschaften sind soziophag, d. h. gesellschaftsfressend und unterdrücken und verschlingen ganze Völker. Solange der Krieg nicht geächtet und überwunden ist, bleibt die Zivilisation ein zweifelhaftes Zwischenspiel zwischen Katastrophen; »die Möglichkeit eines höheren sozialen ... Zustandes hängt völlig vom Aufhören der Kriege ab[61]«.

Die Hoffnung, daß eine solche Vollendung eintreten werde, ist weniger auf eine geitige Wandlung des menschlichen Herzens gegründet (denn Menschen sind, was die Umgebung aus ihnen macht), als auf die Entwicklung gewerbetreibender Gesellschaften. Die Industrie fördert Demokratie und Frieden; sobald das Leben nicht mehr vom Kriege beherrscht wird, blühen tausend Wirtschaftszentren empor, und die Macht verteilt sich wohltätig auf eine große Anzahl von Mitgliedern der Gruppe. Da die Produktion nur dort gedeihen kann, wo der Unternehmergeist frei ist, bricht die industrialisierte Gesellschaft mit jenen Überlieferungen der Autorität, Hierarchie und Kaste, die im militärischen Staate sich ausbreiteten und unter deren Herrschaft dieser seine Blüte erreichte. Der Beruf des Soldaten wird nicht mehr hoch eingeschätzt, und der Patriotismus wird mehr Vaterlandsliebe als Haß gegen alle anderen Länder[62]. Friede im eigenen Lande wird das höchste Bedürfnis des Wohlstandes, und mit dem internationalen Kapital, das jede Grenze mit tausend Investierungen überschreitet, wird auch der internationale Friede zur Notwendigkeit. Sobald die Kriege gegen fremde Mächte verschwinden, nimmt auch die häusliche Brutalität ab, Monogamie tritt an Stelle der Polygamie, weil sich die Lebenshaltung des Mannes an die der Frau fast gänzlich anpaßt, die Stellung der Frau wird gehoben, und die »Emanzipation der Frauen« ist bald eine Selbstverständlichkeit[63]. Abergläubische Religionen weichen liberalen Glaubensbekenntnissen, deren Bestrebungen in der Verbesserung und Veredlung des menschlichen Lebens und Charakters auf Erden ihren Brennpunkt finden. Die Mechanismen der Technik zeigen dem Menschen die Mechanismen des Weltalls und lehren ihn den Begriff einer unveränderlichen Abfolge von Ursache und Wirkung, und exakte Erforschung der natürlichen Ursachen ersetzt die leichte Zuflucht zu übernatürlichen Erklärungen[64]. Die Geschichte beginnt die arbeitenden Menschen statt der kriegführenden Könige zu beachten; sie hört auf, bloßer Bericht über die Persönlichkeiten zu sein und wird zur Geschichte der großen Erfindungen und neuen Ideen. Die Macht der Regierung nimmt ab, während die Macht der produktiven Gruppen innerhalb des Staates steigt, es kommt zu einem Übergang »vom Zustand zum Vertrag«, von der Gleichheit der Unterordnung zur Freiheit der Unternehmung, von der zwangsweisen Zusammenarbeit zur freien Gemeinschaft. Der Kontrast zwischen dem kriegerischen und industriellen Typus der Gesellschaft zeigt sich an der »Umkehrung des Glaubens, daß die Individuen zum Wohle des Staates existieren, in den Glauben, daß der Staat zum Wohle der Individuen existiere[65]«.

Obwohl Spencer sehr lebhaft gegen den Aufstieg eines militaristischen Imperialismus in England Stellung nahm, wählte er doch sein Vaterland als annähernd vollkommenen Typus einer industriellen Gesellschaft und wies auf Frankreich und

Deutschland als auf Beispiele kriegerischer Staaten hin.

Von Zeit zu Zeit erinnern uns die Zeitungen an den Wettbewerb militärischer Entfaltung zwischen Deutschland und Frankreich. Bei beiden verausgabt der Staatskörper den größten Teil seiner Energien auf das Wachsenlassen von Zähnen und Klauen – wobei jede Zunahme auf der einen Seite eine Erhöhung auf der anderen veranlaßt . . . kürzlich verbreitete sich der französische Minister des Auswärtigen in bezug auf Tunis, Tongking, Kongo und Madagaskar über die Notwendigkeit, die zum Wettbewerb im politischen Piratentum mit anderen Nationen besteht, und vertrat die Ansicht, daß durch gewaltsame Eroberung der im Besitz niedriger Völkerschaften befindlichen Länder »Frankreich einen gewissen Teil der Gloire wiedererlangt hat, die ihm viele edle Unternehmen vergangener Jahrhunderte gesichert haben« . . . Hieraus ersieht man, weshalb in Frankreich wie in Deutschland der Plan einer sozialen Umbildung, nach dem jeder Bürger von der Gemeinde erhalten werden und für die Gemeinde arbeiten sollte, so großen Anhang gefunden hat, daß er eine gefährliche politische Körperschaft schuf – weshalb denn auch in Frankreich Saint-Simon, Fourier, Proudhon, Cabet, Louis Blanc und Pierre Leroux bald durch Wort und bald durch Tat eine kommunistische Form der Arbeit und des Lebens herbeizuführen suchten . . . Bestätigung durch den Kontrast finden wir in der Beobachtung, daß sich in England, wo der Umgang des Eigentumsrechtes der Menschen an anderen Menschen sowohl unter seiner militärischen als auch unter der bürgerlichen Verfassung geringer gewesen ist als in Frankreich oder in Deutschland, in Gefühl und Lehre weniger Fortschritt in der Richtung jenes Eigentumsrechtes an anderen gezeigt hat, das vom Sozialismus vorausgesetzt wird[66].

Wie aus dieser Stelle hervorgeht, glaubt Spencer, daß der Sozialismus ein Sprößling der militaristischen und feudalistischen Staatsform ist und keine natürliche Verwandtschaft mit der Industrie hat. Wie im Militarismus liegt im Sozialismus Entwicklung der Zentralisation, Ausdehnung der Regierungsbefugnisse, Verfall des Unternehmungsgeistes und Unterordnung des Individuums. »Mit Recht kann Fürst Bismarck seine Neigung für den Staatssozialismus zur Schau tragen[67].« – »Es ist das Gesetz jeder Organisation, daß sie, sobald sie sich vollendet, starr wird[68].« Der Sozialismus in der Industrie wäre dasselbe wie die verknöcherten Instinkte, mit denen die Tiere ausgerüstet sind; er würde eine Gemeinschaft menschlicher Ameisen und Bienen herbeiführen und eine Sklaverei entstehen lassen, die viel monotoner und trostloser wäre als der gegenwärtige Stand der Dinge.

Unter dem schiedsgerichtlichen Zwang, zu dem der Sozialismus notwendigerweise führen würde, . . . würden die Führer, die ihre persönlichen Interessen verfolgten, . . . nicht auf den vereinigten Widerstand aller Arbeiter stoßen, und ihre Macht würde, uneingeschränkt durch die heutige Einstellung, nicht anders als unter vereinbarten Bedingungen zu arbeiten, anwachsen, sich verzweigen und befestigen, bis sie unwiderstehlich geworden wäre . . . Wenden wir uns von der Leitung der Arbeiterschaft durch die Bürokratie dieser Bürokratie selbst zu und fragen, wie sie geleitet werde, so gibt es keine befriedigende Antwort . . . Unter solchen Umständen würde eine neue Aristokratie entstehen, für deren Erhaltung die Massen arbeiten müßten, und die nach ihrer Festigung eine viel größere Macht ausüben würde als irgendeine vergangene Aristokratie[69].

Die wirtschaftlichen Beziehungen sind so verschieden von den politischen und um so viel verwickelter, daß sie keine Regierung ohne eine versklavende Bürokratie völlig beherrschen könnte. Die staatliche Einmischung vernachlässigt stets einige Seiten der vielverschlungenen wirtschaftlichen Lage und führte bisher, wo immer sie versucht wurde, zu Mißerfolg. Man denke an die Lohngesetze im mittelalterlichen England und an die Preisbildungsgesetze im revolutionären Frankreich. Die wirtschaftlichen Beziehungen müssen der (wenn auch vielleicht unvollkommenen) automatischen Selbstregulierung von Angebot und Nachfrage überlassen werden. Was die Gesellschaft am meisten benötigt, wird sie teuer bezahlen; wird gewissen Leuten und für gewisse Tätigkeiten hoher Lohn gezahlt, so deshalb, weil ihre Leistungen besonders mühevoll oder gefahrvoll waren. Die Menschen, wie sie heute geschaffen sind, würden eine zwangsweise durchgeführte Gleichheit nicht dulden. Bis nicht die zwanglos sich ändernde Umwelt automatisch auch den menschlichen Charakter verändert, wird eine auf künstliche Änderung abzielende Gesetzgebung genau so müßig sein wie Astrologie[70].

Spencer wurde es geradezu übel bei dem Gedanken an eine Welt, die durch die Klasse der Lohnarbeiter regiert werden sollte. Soweit er die Arbeiterführer durch das ihnen nicht gerade freundlich gesinnte Medium der Londoner *»Times«* kannte, war er gewiß nicht für sie eingenommen[71]. Er wies darauf hin, daß Streikbewegungen unnütz sind, sofern nicht die meisten von ihnen ihren Zweck verfehlen, denn sollten nacheinander alle Arbeiter streiken und das Gewünschte erhalten, so würden die Preise vermutlich im Verhältnis zu den Löhnen steigen, und die Lage wäre dieselbe wie zuvor[72]. »Bald werden wir die Ungerechtigkeiten der arbeitgebenden Schichten durch Ungerechtigkeiten der arbeitnehmenden Klassen nachgeahmt sehen[73].«

Dennoch waren Spencers Folgerungen nicht stumpfsinnig konservativ. Er sah die Verwirrung und die Brutalität der Gesellschaftsordnung, in der er lebte, und vom tiefgefühlten Wunsche geleitet, schaute er sich nach einer besseren um. Schließlich schenkte er seine Sympathien der Genossenschaftsbewegung, in der er den Gipfel des Überganges von der bloßen Zuständlichkeit zum Vertrag erblickte (worin nach Sir Henry Maine das Wesen der Wirtschaftsgeschichte bestehen sollte). »Je höher die von der Gesellschaft erreichte Form ist, um so weniger zwangsmäßig wird die Regulierung der Arbeit. In ihr ist ein Gebilde gefunden, in dem der Zwang bis auf den geringsten, mit gemeinsamer Arbeit noch vereinbaren Grade herabgemindert wurde. Jedes Glied ist sein eigener Herr in bezug auf die von ihm verrichtete Arbeit und ist nur solchen Gesetzen unterworfen, die von der Mehrheit der Glieder geschaffen wurden und zur Aufrechterhaltung der Ordnung notwendig sind. Der Übergang von der zwangsweisen Zusammenarbeit des Militarismus zur freiwilligen Zusammenarbeit des Industrialismus wäre hiermit vollendet[74].« Er zweifelt daran, daß die Menschen bereits ehrlich und fähig genug seien, um ein so demokratisches System der Industrie erfolgreich auszubauen, rät aber mit voller Überzeugung zu einem Versuch. Eine Zukunft schwebt ihm vor, in der die Industrie nicht mehr von absoluten Machthabern geleitet wird, und die Menschen nicht mehr gezwungen werden, Schund zu produzieren. »Wie der Kontrast zwischen dem militärischen und industriellen Typus durch Umkehrung des Glaubens, daß das Individuum zum Wohle des Staates existiere, in den anderen Glauben, daß der Staat zum Wohle der Individuen vorhanden sei, angezeigt wird, so zeigt sich der Kontrast zwischen dem industriellen Typus und dem neuen der sich aus ihm voraussichtlich entwickeln wird, in der Umkehrung des Glaubens, daß das Leben zum Arbeiten da sei, in die Überzeugung daß die Arbeit für das Leben geschehe[75].«

VII. ETHIK: DIE ENTWICKLUNG DER SITTLICHKEIT

So wichtig erscheint Spencer das Problem des wirtschaftlichen Wiederaufbaus, daß er ihm auch den umfangreichsten Abschnitt seiner *»Prinzipien der Ethik«*, erschienen 1893 (»diesen letzten Teil meiner Aufgabe, ... zu dem ich alle anderen Teile als bloße Hilfsmittel ansehe[76]«) widmet. Spencer war als mit dem ganzen sittlichen Ernst der mittleren viktorianischen Zeit behafteter Mensch besonders lebhaft an der Aufgabe interessiert, zum Ersatz für die alten, mit dem überlieferten Glauben verknüpften Sittengesetze eine neue und natürliche Ethik zu finden. »Die angeblich übernatürlichen Sanktionen des sittlichen Verhaltens hinterlassen, falls man sie ablehnt, keine Lücke. Es gibt natürliche Sanktionen, die nicht weniger berechtigt sind und ein viel breiteres Gebiet decken[77].«

Die neue Sittlichkeit muß auf die Biologie aufgebaut werden. »Die Annahme der Lehre von der organischen Entwicklung bedingt gewisse ethische Begriffe[78].« Huxley lehrte in seinen Romanes-Vorträgen zu Oxford (1893), daß man die Biologie nicht zum sittlichen Führer erheben könne, und daß die an Zähnen und Klauen von Blut triefende Natur (wie Tennyson sie nannte) Brutalität und Schlauheit höher einschätze als Gerechtigkeit und Liebe. Spencer jedoch fühlte, daß Sittengesetze, die der Prüfung der natürlichen Zuchtwahl und des Kampfes ums Dasein nicht standhalten könnten, von vornherein zu Unfruchtbarkeit verurteilt waren und bloße Worte bleiben müßten. Das Verhalten sollte, wie alle anderen Dinge, gut oder böse genannt werden, je nachdem es den Zwecken des Lebens gut oder schlecht angepaßt ist; »das beste Verhalten ist jenes, das zur größten Länge, Breite und Vollständigkeit des Lebens führt[79]«. Oder, in Worten der

Entwicklungslehre: ein Verhalten ist sittlich, wenn es das Individuum oder die Gruppe trotz der Heterogenität der Zwecke einheitlicher und zusammenhangvoller macht. Sittlichkeit besteht, wie die Kunst, in Schöpfung von Einheit in der Vielheit; der höchste Menschentypus ist jener, der in sich die umfassendste Mannigfaltigkeit, Komplexität und Vollständigkeit des Lebens wirkungskräftig vereint.

Das ist eine notwendigerweise sehr unbestimmte Definition, denn nichts ist von Ort zu Ort und von Zeit zu Zeit wandelbarer als die besonderen Erfordernisse der Anpassung und folglich die besonderen Inhalte der Vorstellung »Gut«. Zwar ist es wahr, daß gewisse Formen des Verhaltens als gut (als in großen Zügen dem inhaltsreichsten Leben angepaßt) abgestempelt worden sind durch die Lustempfindung, die die natürliche Zuchtwahl mit diesen arterhaltenden und lebenssteigernden Tätigkeiten verknüpft hat. Obwohl die Verwikkeltheit des modernen Lebens die Zahl der Ausnahmen vervielfacht hat, zeigt die Lust doch biologisch nützliche und der Schmerz biologisch gefährliche Tätigkeiten an[80]. Dennoch finden wir innerhalb der weitgespannten Grenzen dieses Prinzips sehr verschiedene und einander offenbar höchst feindliche Begriffe des Guten. Es gibt kaum einen einzigen Punkt unserer westlichen Moral, den man nicht irgendwo für unmoralisch hielte; nicht nur Polygamie, sondern auch Selbstmord, Mord an eigenen Landsleuten oder an den eigenen Eltern finden bei irgendeinem Volke hochtrabende moralische Rechtfertigung.

Die Frauen der Fidschi-Häuptlinge halten es für ihre heilige Pflicht, sich nach dem Tode ihres Mannes erwürgen zu lassen. Eine Frau, die von Williams gerettet wurde, flüchtete nachts, schwamm über den Fluß, meldete sich bei ihren Leuten und bestand auf der Vollbringung des Opfers, dem sie sich zu entziehen in einem schwachen Augenblick widerwillig bereitfand, und Wilkes berichtet von einer andern, die ihren Retter »mit Beschimpfungen« überhäufte und auch später noch stets tödlichen Haß gegen ihn an den Tag legte[81]. Livingstone erzählt von den Makololo-Frauen an den Ufern des Zambesi, daß sie geradezu empört waren, als sie erfuhren, daß in England jeder Mann nur eine Frau habe – nur eine zu besitzen, galt bei ihnen für »unanständig«. Ähnlich berichtet auch Reade aus dem äquatorialen Afrika: »Heiratet ein Mann, und seine Frau ist der Meinung, daß er sich noch eine

Ehegenossin leisten kann, so quält sie ihn, er möchte noch einmal heiraten und nennt ihn einen schäbigen Kerl, falls er das ablehnt[82].«

Solche Tatsachen widersprechen freilich dem Glauben, daß es einen angeborenen moralischen Sinn gebe, der dem Menschen sage, was richtig und falsch sei. Aber die durchschnittliche Verknüpftheit von Lust und Schmerz mit dem guten und bösen Verhalten deutet doch auf ein gewisses Maß von Wahrheit in diesem Gedanken, und es ist sehr wohl möglich, daß gewisse von der Gattung erworbene Moralbegriffe durch Vererbung auf das Individuum übergehen[83]. Hier macht Spencer, um die Intuitionisten und Utilitaristen miteinander zu versöhnen, von seiner Lieblingsthese Gebrauch und zieht zur Erklärung wieder einmal die Vererbung erworbener Eigenschaften heran.

Jedenfalls steht soviel fest, daß sich der angeborene moralische Sinn, falls es ihn gibt, heute in Schwierigkeiten befindet, denn noch nie waren die sittlichen Begriffe so verworren. Es ist allgemein bekannt, daß die Prinzipien, nach denen wir in Wirklichkeit leben, fast durchgängig im Widerspruch stehen zu jenen, die wir in unseren Kirchen und Büchern predigen. Die Ethik, zu der sich Europa und Amerika bekennen, ist pazifistisches Christentum; die wirkliche Ethik dieser Weltteile besteht in den militaristischen Begriffen plündernder Germanen, von denen die herrschenden Schichten fast ganz Europas abstammen. Die Gepflogenheit des Duellierens im katholischen Frankreich und im protestantischen Deutschland ist ein hartnäckiges Überbleibsel ursprünglich germanischer Sitten[84]. Unsere Ethiker strengen sich an, für diese Widersprüche Entschuldigungen zu finden, genau wie Ethiker im späteren monogamistischen Griechenland und Indien sich alle Mühe geben mußten, um das Betragen der Götter zu erklären, deren Bilder in einer Zeit fast völliger Promiskuität entstanden[85].

Ob ein Land seine Bürger auf Grund christlicher oder germanischer Sittlichkeit erzieht, hängt davon ab, ob es von der Idee der Industrie oder des Krieges geleitet wird. Die kriegerische Gesellschaft betont gewisse Tugenden und duldet Dinge, die andere Leute Verbrechen nennen könnten. Angriffslust, Raub und Verrat werden von Völkern, die sich im Krieg an sie gewöhnt haben, nicht so einstimmig abgelehnt, wie von Völkern, die in Arbeit und Frieden den Wert der Ehrlichkeit und äußeren Sicherheit kennengelernt haben. Großmut und Menschlichkeit blühen reicher dort, wo der Krieg selten ist, und wo lange Perioden des Friedens den Menschen die Vorteile wechselseitiger Hilfe einschärfen[86]. Das patriotische Glied einer kriegerischen Gesellschaft wird Mut und Kraft für die höchsten männlichen Tugenden ansehen, im Gehorsam die höchste Tugend des Bürgers erblicken und im stillen Erdulden mehrfacher Mutterschaft die höchste Tugend der Frau[87]. Der Kaiser sah in Gott den Leiter der deutschen Armee und betonte die Anerkennung des Duells durch Besuch des Gottesdienstes[88]. Die nordamerikanischen Indianer »hielten den Gebrauch von Pfeil und Bogen, Kriegsaxt und Speer für die vornehmste Beschäftigung des Mannes . . . Sie erblickten in landwirtschaftlicher und mechanischer Arbeit etwas Erniedrigendes . . . Erst in letzter Zeit – erst seitdem die Wohlfahrt der Nation immmer mehr von den höheren Kräften der Produktion abhängt [und diese wiederum] von den höheren geistigen Fähigkeiten, haben sich auch nicht-militärische Berufe Achtung erworben[89].

Nun ist aber der Krieg weiter nichts als Massenkannibalismus, und es besteht kein Grund, ihn mit dem Kannibalismus nicht auf dieselbe Stufe zu stellen und ihn wie diesen unzweideutig zu verurteilen. »Gefühl und Idee der Gerechtigkeit können nicht schneller wachsen, als die äußeren Streitigkeiten der Staaten abnehmen und die innere harmonische Zusammenarbeit ihrer Bürger zunimmt[90].« Wie kann man diese Harmonie fördern? Wie wir gesehen haben, ist sie eher durch Freiheit als durch gesetzliche Verfügungen herbeizuführen. Die Formel der Gerechtigkeit müßte lauten: »Jedermann steht es frei, das zu tun, was er will, vorausgesetzt, daß er das gleiche Recht keines andern Menschen verletzt[91].« Diese Formel ist dem Krieg abgeneigt, welcher Autorität, Regiment und Gehorsam überbetont, und begünstigt das friedliche Gewerbe, denn sie sorgt für einen stark anspornenden Reiz und bietet dabei jedermann die absolut gleichen Möglichkeiten. Sie stimmt mit der christlichen Sittenlehre überein, denn sie hält jede Person für heilig und befreit sie von gewaltsamen Überfällen[92], und sie hat die Zustimmung des höchsten Richters – der natürlichen Zuchtwahl – denn sie eröffnet allen die Schätze der Erde unter gleichen Bedingungen und gestattet jedem Individuum, gemäß seiner Begabung und Leistung zu gedeihen.

Zunächst scheint diese Formel von einem unbarmherzigen Prinzip beseelt, und viele werden ihr das vermeintlich auf ganze Völker anwendbare Familienprinzip gegenüberstellen, nach dem der Einzelne nicht das seiner Begabung und Leistung, sondern seinem Bedürfnis Entsprechende erhalten soll. Aber eine von solchen Grundsätzen geleitete Gesellschaft würde bald von der Erde verschwinden.

> Im unreifen Alter müssen die erhaltenen Wohltaten umgekehrt proportional der eigenen Begabung sein. Innerhalb der Familie wird das meiste dort ausgeteilt, wo das wenigste verdient ist, sofern man den Lohn nach dem Wert beurteilt. Ist die Reife hingegen erreicht, so müssen die Wohltaten dem Wert entsprechend wechseln, wobei der Wert nach der Angepaßtheit an die Lebensbedingungen gemessen wird. Die schlecht Angepaßten müssen die bösen Folgen ihrer mangelhaften Anpassung erleiden, und die gut Angepaßten ziehen Vorteile aus ihrer Angepaßtheit. Diesen beiden Gesetzen muß sich eine Art unterwerfen, falls sie erhalten bleiben soll ... Würden unter den Jungen die Wohltaten den Leistungen entsprechend verteilt, so würde die Art bald verschwinden, und würden unter den Erwachsenen die Wohltaten der mangelhaften Leistungsfähigkeit entsprechend verteilt, so würde die Art wegen Verfalles in wenigen Generationen aufhören zu sein ... Die einzige Rechtfertigung der Analogie zwischen Eltern und Kindern und dem Staat und seinen Bürgern besteht in der Kindlichkeit der Leute, die an diese Analogie glauben[93].

Freiheit und Entwicklung ringen um die Priorität von Spencers Liebe[94], und die Freiheit gewinnt im Kampfe. Spencer meint, daß mit dem Schwinden der Kriege die Aufsicht des Staates über die Individuen jede Rechtfertigung verliert[95]. Im dauernden Friedenszustand würde der Staat in die von Jefferson aufgestellten Schranken verwiesen werden und nur zur Verhinderung von Verletzungen der für alle gleichen Freiheit tätig eingreifen. Diese Ausübung der Gerechtigkeit sollte kostenlos geschehen, damit die Missetäter darauf gefaßt sein müssen, daß die Armut der Opfer die Bestrafung der Übeltäter nicht verhindern wird, und alle Ausgaben des Staates sollten durch direkte Besteuerung gedeckt werden, damit nicht eine unmerkliche Besteuerung den Blick der Öffentlichkeit von der Verschwendung der Regierungen ablenken könnte[96]. Aber »jenseits der Pflege der Gerechtigkeit kann der Staat nichts unternehmen, ohne die Gerechtigkeit zu verletzen[97]«, denn er würde dann die niedrigen Individuen in Schutz nehmen vor der natürlichen Verteilung von Lohn und Begabung einerseits, Strafe und Unfähigkeit andererseits, von der das Leben und die Veredelung der ganzen Gemeinschaft abhängen.

Das Prinzip der Gerechtigkeit würde gemeinsamen Landbesitz erfordern, falls man den Boden und die Hebung der Bodenbeschaffenheit voneinander trennen könnte[98]. In seinem ersten Werke hatte Spencer für die Nationalisierung des Grundbesitzes Stellung genommen, um die wirtschaftlichen Möglichkeiten für alle gleich zu gestalten; später widerrief er aber seine Lehre (wodurch er den Abscheu Henry Georges herausforderte, der ihn den »erschrockenen Philosophen« nannte) mit der Begründung, daß das Land von der Familie nur dann sorgfältig bewirtschaftet werde, wenn es ihr gehöre, und wenn sie die Sicherheit habe, den Erfolg der in den Boden hineingesteckten Arbeit den eigenen Nachkommen hinterlassen zu können. Was das Privateigentum betrifft, so leitet es sich unmittelbar vom Gesetz der Gerechtigkeit her, denn jedermann sollte es gleichmäßig frei stehen, die Früchte seiner Arbeit zu behalten. Das Recht auf Erbschaft steht nicht so eindeutig fest, dennoch ist »Vermächtnisse zu machen im Eigentumsrecht eingeschlossen, da sonst der Besitz nicht unbeschränkt wäre[99]«. Der Handel sollte zwischen den Nationen genau so frei sein wie zwischen Individuen, und das Gesetz der Gerechtigkeit sollte keine bloß nach Völkern bestimmten Regeln enthalten, sondern die unverbrüchliche Maxime internationaler Beziehungen bilden.

Die wirklichen »Rechte des Menschen« sind also in großen Zügen das Recht auf Leben, Freiheit und Streben nach Glück unter gleichen Bedingungen mit allen andern Menschen. Neben diesen wirtschaftlichen Rechten sind die politischen Rechte unwesentliche Scheinwirklichkeiten. Wo das wirtschaftliche Leben nicht frei ist, führen Änderungen der Regierungsformen zu nichts, und eine Monarchie auf der *»laissez-faire«*-Grundlage ist immer noch viel besser als eine sozialistische Demokratie.

Da das Wählen bloß eine Methode ist, um ein Mittel zur Wahrung der Rechte zu schaffen, so bleibt die Frage bestehen, ob das allgemeine Wahlrecht das beste Mittel zur Wahrung der Rechte sei. Wir haben gesehen, daß es nicht wirkungsvoll genug die Erreichung dieses Zweckes sicherstellt . . . Die Erfahrung verdeutlicht, was schon ohne Erfahrung deutlich hätte sein sollen, daß bei einer allgemeinen Verteilung der Stimmen die größere Klasse unweigerlich auf Kosten der kleineren Vorteile ziehen wird . . . Offenbar muß die dem gewerbetreibenden Gesellschaftstypus mit vollkommen verwirklichter Gleichheit gemäße Staatsverfassung eine Verfassung sein, in der nicht Individuen, sondern Interessenkreise vertreten sind . . . Es ist möglich, daß der industrielle Typus, vielleicht durch die Entwicklung genossenschaftlicher Organisationen, die theoretisch, obschon augenblicklich noch nicht praktisch, den Unterschied zwischen Arbeitgeber und Arbeitnehmer aufheben, soziale Einrichtungen treffen könnte, unter denen widersprechende Klasseninteressen entweder nicht existieren werden oder eine so weitgehende Milderung erfahren, daß sie zu keinen ernsthaften Schwierigkeiten führen . . . Aber unter solchen Menschen, wie sie gegenwärtig existieren und auf lange Zeit hinaus existieren werden, kann der Besitz der sogenannten gleichen Rechte nicht eine Behauptung gleicher Rechte sichern, die diesen Namen verdienen würden[100].

Da politische Rechte eine Täuschung sind und nur wirtschaftliche Rechte wichtig sind, so lassen sich die Frauen irreführen, wenn sie soviel Zeit der Erreichung des Stimmrechtes opfern. Spencer fürchtet, daß der mütterliche Instinkt, den Hilflosen zu helfen, die Frauen zur Begünstigung eines altväterisch streng geregelten Staates führen könnte[101]. Über diesen Punkt herrscht in seinem Kopf etwas Verwirrung; er behauptet, daß politische Rechte von keiner Bedeutung seien, und behauptet gleichzeitig, es sei höchst wichtig, daß die Frauen sie nicht erhalten sollen; er lehnt den Krieg ab und will dann den Frauen das Wahlrecht strittig machen, weil sie nicht ihr Leben in Schlachten aufs Spiel setzen[102] – ein beschämendes Argument für einen Mann, den eine Frau unter Schmerzen gebar. Er fürchtet die Frauen, weil sie zu altruistisch sein könnten, und dabei gipfelt doch sein Werk in der Einsicht, daß Arbeit und Friede den Altruismus so weit entwickeln werden, daß sie ein Gegengewicht zum Egoismus bilden und auf diese Weise die unwillkürliche Ordnung eines philosophischen Anarchismus entfalten.

Der Konflikt zwischen Egoismus und Altruismus (diese Wendung und noch einiges vom Gedankengang übernimmt Spencer mehr oder weniger unbewußt von Comte) entsteht aus dem Konflikt des Individuums mit seiner Familie, seiner Gesellschaftsschicht und seiner Rasse. Vermutlich wird der Egoismus siegreich bleiben, aber vielleicht ist das sogar wünschenswert. Würde jedermann mehr an die Interessen anderer denken als an die eigenen, so würden wir ein Chaos aus Höflichkeit und Resignation erleben; und dabei ist doch wahrscheinlich »das Streben nach individuellem Glück innerhalb der Grenzen, die von den sozialen Umständen vorgezeichnet sind, die oberste Bedingung für die Erreichung des größten Allgemeinglückes[103]«. Was wir jedoch erwarten können, ist eine bedeutende Erweiterung des Kreises der Sympathiegefühle, eine große Entwicklung der altruistischen Neigungen. Schon jetzt werden die Opfer, die die Elternschaft mit sich bringt, bereitwillig dargebracht; »die Sehnsucht nach Kindern unter den Kinderlosen und gelegentliche Adoptionen zeigen, wie nötig diese altruistischen Betätigungen zur Erreichung eines gewissen egoistischen Befriedigungszustandes sind[104]«. Die Stärke des Patriotismus ist ein weiteres Beispiel für die leidenschaftliche Bevorzugung höherer Interessen vor den eigenen augenblicklichen Angelegenheiten. Jede Generation sozialer Gemeinschaft vertieft die Neigung zu gegenseitiger Hilfsbereitschaft[105]. »Unaufhörliche gesellschaftliche Disziplin wird die menschliche Natur so umformen, daß sympathetische Genüsse bis zum höchsten, für die Gesamtheit vorteilhaften Maße verfolgt werden[106].« Das Pflichtgefühl, das ein Nachklang von generationenlangem Zwang zu sozialem Benehmen ist, wird schwinden; altruistische Handlungen, die dank ihrer sozialen Nützlichkeit durch natürliche Zuchtwahl instinktiv geworden sind, werden, wie jede instinktive Handlung, ohne Zwang und mit dem Gefühl der Lust ausgeführt. Die natürliche Entwicklung der menschlichen Gesellschaft führt uns dem vollkommenen Staate ständig näher.

VIII. KRITIK

Der intelligente Leser wird im Laufe dieser kurzen Analyse[107] gewisse Schwierigkeiten der Beweisführung gemerkt haben, und vereinzelte Hinweise auf die mangelhaften Stellen werden ihm genügen. Negative Kritik ist stets etwas Unangenehmes und ist das ganz besonders angesichts großer Leistungen; es ist jedoch ein Teil unserer Aufgabe, nachzuweisen, was die Zeit mit Spencers Synthese angefangen hat.

1. Die »Ersten Prinzipien«

Das erste, worüber man stolpert, ist selbstverständlich das Unerkennbare. Wir können herzlich gern die wahrscheinlichen Beschränkungen der menschlichen Erkenntnis anerkennen, denn wir können das große Meer des Seins, in dem wir selbst bloß flüchtige Wellen sind, nicht ganz begreifen. Aber wir dürfen keine Dogmen über diesen Gegenstand aufstellen, da ja für die strenge Logik die Behauptung, daß etwas unerkennbar sei, bereits eine gewisse Erkenntnis des betreffenden Gegenstandes voraussetzt. In der Tat zeigt Spencer in seinen zehn Bänden »erstaunliche Kennntnis des Unerkennbaren[108]«. Die Vernunft durch Schlüsse beschränken wollen heißt, wie Hegel sagte, schwimmen ohne ins Wasser zu gehen. Und all diese haarspalterische Logik, die auf die »Unbegreiflichkeit« verschwendet wird – wie weit entfernt erscheint sie uns heute, wie sehr erinnnert sie uns an die Tage unserer ersten Semester, in denen das Leben Debattieren war! Und dann ist ja auch eine führerlose Maschine kaum verständlicher als eine »erste Ursache«, besonders wenn man unter diesem letzten Ausdruck die Gesamtsumme aller Ursachen und Kräfte versteht. Spencer, der in einer Welt der Maschinen lebte, hielt die mechanistische Weltanschauung für erwiesen, genau wie Darwin, der in einem Zeitalter rücksichtslosen individualistischen Wettbewerbes aufwuchs, nur für den Kampf ums Dasein einen Blick besaß.

Was soll man zu jener gewaltigen Definition der Entwicklung sagen? Erklärt sie etwas? »Zu sagen, ›anfangs war das Einfache, und dann hat sich aus ihm das Zusammengesetzte entwickelt‹, und so weiter, ist keine Naturerklärung[109].« Spencer, sagt Bergson, erklärt nicht, sondern setzt aus Stükken zusammen[110]; er geht, wie er schließlich selbst bemerkt, am lebendigen Element der Welt vorbei. Spencers Definition der Entwicklung hat seine Kritiker offenbar gereizt; das latinisierte Englisch ihrer Sprache ist besonders verblüffend bei einem Mann, der sich gegen das Studium des Lateins aussprach und jenen Stil für gut erklärte, zu dessen Verständnis die geringste Anstrengung nötig ist. Etwas muß man Spencer allerdings zugeben: er opfert die unmittelbare Klarheit zweifellos der Notwendigkeit, den Fluß alles Seins in eine kurze Darstellung zusammenzufassen. In Wirklichkeit liebt er aber seine Definition doch etwas zu sehr, er führt sie auf der Zunge wie einen kostbaren Bissen, und zerpflückt sie und setzt sie endlos wieder zusammen. Der schwache Punkt der Definition liegt in der vermeintlichen »Unbeständigkeit des Homogenen«. Ist ein aus gleichen Teilen zusammengesetztes Ganzes eher der Veränderung unterworfen als ein Ganzes aus ungleichen Teilen? Das Heterogene wäre vermutlich, da es zusammengesetzter ist, unbeständiger als das homogene Einfache. Ethnologie und Staatswissenschaft halten es für erwiesen, daß Heterogenität zu Unbeständigkeit führt, und daß die Verschmelzung von eingewanderten Gruppen zu einem einzigen nationalen Typus die Gesellschaft stärken würde. Tarde ist der Meinung, daß Zivilisation im Laufe generationenlanger gegenseitiger Nachahmung aus wachsender Ähnlichkeit zwischen den Gliedern einer Gruppe entsteht. Bei ihm wird die

Bewegung der Entwicklung als Fortschritt in der Richtung auf Gleichartigkeit aufgefaßt. Gotische Architektur ist sicherlich verwickelter als griechische, sie ist aber dennoch nicht notwendig eine höhere Stufe der künstlerischen Entwicklung. Spencer hat zu voreilig angenommen, daß das zeitliche Frühere seiner Struktur nach das einfachere sei; er unterschätzte die komplizierte Zusammensetzung des Protoplasmas und die Intelligenz der Primitiven[111]. Und schließlich erwähnt seine Definition gerade den Punkt nicht, der heute im Geist der meisten Menschen untrennbar mit der Idee der Entwicklung verknüpft ist: die natürliche Zuchtwahl. Vielleicht würde eine Beschreibung der Geschichte (obwohl sie ebenfalls unvollkommen sein müßte) als Kampf ums Dasein und Überleben der Bestangepaßten – der bestangepaßten Organismen, Gesellschaften, Sittenlehren, Sprachen, Ideen und philosophischen Systeme – erleuchtender sein als die Formel der Kohärenz und Inkohärenz, Homogenität und Heterogenität, Auflösung und Integration.

»Ich bin ein schlechter Beobachter der Menschheit im Konkreten«, sagt Spencer, »da ich zu sehr dazu neige, mich auf abstrakte Gebiete zu begeben[112].« Das ist eine gefährliche Offenheit. Freilich war Spencers Methode zu deduktiv und apriorisch und sehr verschieden von Bacons Ideal oder vom tatsächlichen Vorgehen des wissenschaftlichen Denkens. Er besaß, schreibt sein Sekretär, »eine unerschöpfliche Fähigkeit, für jede erdenkliche These a priori und a posteriori, induktiv und deduktiv stützende Beweisgründe zu entwikkeln[113]«, und die apriorischen Beweisgründe überwogen vermutlich dabei die andern. Spencer fing wie ein Wissenschaftler mit Beobachtungen an, er schritt wie ein Wissenschaftler zur Hypothesenbildung fort, dann aber wandte er sich, einem Wissenschaftler sehr unähnlich, nicht dem Experiment oder der unparteiischen Beobachtung zu, sondern der Auswahl und Anhäufung ihm günstiger Tatsachen. Er besaß überhaupt keinen Sinn für »negative Fälle«. Man vergleiche hingegen das Vorgehen Darwins, der, sobald er auf Tatsachen stieß, die seiner Theorie ungünstig waren, diese schleunigst aufzeichnete, da er wußte, daß sie etwas leichter dem Gedächtnis entschlüpfen als willkommene Tatsachen!

2. *Biologie und Psychologie*

In einer Anmerkung zu seinem Essay über den »Fortschritt« bekennt Spencer offen, daß seine Gedanken über Entwicklung auf Lamarcks Lehre von der Vererbung erworbener Eigenschaften zurückgehen und nicht eigentlich Darwins Anschauungen vorwegnehmen, dessen wesentlichste Idee in der Lehre von der natürlichen Zuchtwahl besteht. Er ist folglich eher ein Philosoph des Lamarckismus als des Darwinismus. Beim Erscheinen der *»Abstammung der Arten«* war er fast vierzig Jahre alt, und mit vierzig sind die Begriffe des Menschen unwandelbar verhärtet.

Abgesehen von kleineren Schwierigkeiten, wie die Unfähigkeit, sein aufklärungsreiches Prinzip (wonach die Fortpflanzung mit fortschreitender Entwicklung abnimmt) mit solchen Tatsachen zu versöhnen, wie z. B. die stärkere Fortpflanzung der zivilisierten Europäer im Vergleich zu unkultivierten Völkern, liegen die Hauptfehler seiner biologischen Theorie darin, daß er sich ganz auf Lamarck verläßt und außerstande ist, einen dynamischen Lebensbegriff zu finden. Wenn er zugibt, daß das Leben »nicht in physikalisch-chemische Begriffe faßbar ist[114]«, wird »dieses Zugeständnis seiner Entwicklungslehre, seiner Definition des Lebens und dem Zusammenhang der ›synthetischen Philosophie‹ verhängnisvoll[115]«. Er hätte das Geheimnis des Lebens eher in der Fähigkeit des Geistes, äußere Beziehungen den inneren anzupassen, suchen müssen, als in der fast passiven Anpassung des Organismus an die Umwelt. Auf Grund von Spencers Voraussetzung käme völlige Anpassung dem Tode gleich.

Die Bände über Psychologie enthalten mehr Formulierungen als Informationen. Was wir schon wußten, wird hier in eine fast barbarisch schwierige Terminologie gefaßt, die dort verdunkelt, wo sie aufklären sollte. Der Leser wird durch Formeln, Definitionen und zweifelhafte Zurückführungen psychologischer Tatsachen auf den Bau der Nerven so ermüdet, daß er das völlige Fehlen einer Erklärung des Ursprunges von Geist und Bewußtsein leicht übersehen kann. Zwar ist es wahr, daß Spencer die gähnende Kluft in seinem System durch die Behauptung zu überbrücken sucht, der Geist sei die subjektive Begleiterscheinung von Nervenprozessen, die sich irgendwie aus dem Urnebel entwickelt haben, aber weshalb es diese subjektive Begleitung als Zugabe zur Mechanik der Nerven gibt, das sagt er nicht. Und das freilich ist gerade der springende Punkt aller Psychologie.

3. *Soziologie und Ethik*

So großartig auch Spencers Soziologie ist, bieten doch ihre 2000 Seiten reichliche Gelegenheit zum Angriff. Sie ist durchsetzt von Spencers bekannter Annahme, daß Entwicklung und Fortschritt dasselbe seien, während es doch sehr wohl möglich ist, daß die Entwicklung den Insekten und Bakterien den endgültigen Sieg in ihrem unbarmherzigen Feldzug gegen den Menschen einräumen wird. Es ist nicht ganz überzeugend, daß der industrielle Staat friedlicher oder moralischer ist als der »kriegerische« Feudalismus, der ihm vorangegangen war. Athens aufreibendste Kriege wurden erst geführt, als seine feudalen Herrscher die Macht schon vor langer Zeit an das kaufmännische Bürgertum abgetreten hatten, und die modernen europäischen Staaten lassen sich munter in Kriege ein, ohne sich darüber Sorge zu machen, ob sie selbst industriell sind oder nicht; der wirtschaftliche Imperialismus kann genau so militaristisch sein wie landhungrige Herrscherdynastien. Der militaristischste moderne Staat war einer der beiden führenden industriellen Staaten der Welt. Ferner scheint die schnelle industrielle Entwicklung Deutschlands durch die staatliche Kontrolle über gewisse Mittel von Verkehr und Industrie eher unterstützt als gehemmt gewesen zu sein. Der Sozialismus ist offenkundig ein Produkt nicht des Militarismus, sondern des Industrialismus. Spencer schrieb um eine Zeit, als die verhältnismäßige Isolierung Englands dieses Land (in Europa) pazifistisch bleiben ließ, und als seine industrielle und kaufmännische Überlegenheit es zum festen Glauben an den Freihandel führte: er wäre erschüttert gewesen, hätte er lange genug gelebt, um das Verschwinden der Freihandelslehre in Verbindung mit dem Schwinden der kommerziellen und industriellen Vormachtstellung mit anzusehen, und hätte er erleben müssen, wie der Pazifismus verschwand, sobald Deutschlands Vordringen in Belgien die Isolierung Englands bedrohte. Und selbstverständlich übertrieb Spencer die Tugenden der industriellen Herrschaft und war fast blind für die brutale Ausbeutung, die in England geübt wurde, bevor der Staat eingriff, um sie zu mildern. Das einzige, was er »gegen Mitte unseres Jahrhunderts, insbesondere in England« sehen konnte, beschränkte sich auf »einen Grad der individuellen Freiheit, der höher war als je zuvor[116]«. Kein Wunder, daß Nietzsche mit Ekel auf den Industrialismus reagierte und seinerseits die militärischen Tugenden übertrieb[117].

Die Analogie des gesellschaftlichen Organismus hätte Spencer in den Staatssozialismus hineingetrieben, wenn seine Logik stärker gewesen wäre als seine Gefühle, denn der Staatssozialismus stellt die Integration des Heterogenen in viel höherem Grade dar als eine Gesellschaft auf der *»laissez-faire«*-Grundlage. Nach dem Maßstab seiner eigenen Lehre hätte Spencer Deutschland für den höchstentwickelten aller modernen Staaten erklären müssen. Er versuchte, dieser Schwierigkeit durch die Behauptung zu begegnen, daß die Heterogenität die Freiheit der Teile voraussetze und diese wiederum ein Minimum von obrigkeitlicher Einmischung fordere – das sind aber ganz andere Töne als jene, die wir in Verbindung mit der *»zusammenhangsvollen* Heterogenität« vernommen haben. Im menschlichen Körper lassen Integration und Entwicklung den einzelnen Teilen recht wenig Freiheit. Spencer erwidert, daß bei der Gesellschaft nur die Teile Bewußtsein besitzen, während im Körper Bewußtsein nur dem Ganzen zukommt. Aber das soziale Bewußtsein – das Bewußtsein der Interessen der Gruppe und der Vorgänge in ihr – ist in der Gesellschaft genau so zentralisiert wie das persönliche

Bewußtsein im Individuum; nur wenige unter uns haben einen »Sinn für den Staat«. Spencer trug dazu bei, uns vor einem militärischen Staatssozialismus zu retten, aber nur durch Aufopferung der eigenen Folgerichtigkeit und Logik.

Und dies nur durch individualistische Übertreibungen. Wir dürfen nicht vergessen, daß Spencer zwischen zwei Zeitaltern stand; daß sein politisches Denken in den Tagen des *»laissez-faire«* und unter dem Einfluß Adam Smiths geformt wurde, während seine späteren Jahre in eine Zeit fielen, in der England durch staatliche Kontrolle die Mißgriffe des industrialistischen Regimes zu verbessern suchte. Er wurde nie müde, seine Gründe gegen die Einmischung des Staates zu wiederholen; er wandte sich sowohl gegen die vom Staate finanzierte Erziehung als auch gegen den staatlichen Schutz der Bürger vor betrügerischen Finanzleuten[118]. Bei einer Gelgenheit verfocht er sogar, daß selbst die Führung der Kriege eine Privat- und nicht eine Staatsangelegenheit sein sollte[119]; er wünschte, wie Wells sagt, »die öffentliche Hilflosigkeit zur Würde der nationalen Staatsklugheit zu erheben«. Er trug seine Manuskripte selbst in die Druckerei, da er zu wenig Vertrauen zu staatlichen Einrichtungen hatte, um sie dem Postamt zu übergeben[120]. Als Mensch von ausgeprägter Individualität bestand er gereizt darauf, in Ruhe gelassen zu werden; und jeder neue Akt der Gesetzgebung erschien ihm als Verletzung seiner persönlichen Freiheit. Er konnte Benjamin Kidds Gedankengang nicht verstehen, wonach eine erweiterte Anwendung des Familienprinzips (daß die Schwachen von den Starken unterstützt werden sollen) unentbehrlich ist für Erhaltung der Einheit und Macht der Gruppe, da die natürliche Zuchtwahl sich im Klassen- und internationalen Wettbewerb immer mehr und mehr in den Gruppen und immer weniger in den Individuen auswirkt. Weshalb der Staat seine Bürger vor einer gesellschaftswidrigen physischen Macht schützen, ihnen dagegen seinen Schutz gegen eine gesellschaftwidrige wirtschaftliche Macht versagen sollte, ist eine Frage, die Spencer übersieht. Er verwarf die Analogie zwischen Regierung und Bürger mit Vater und Kind, weil er sie für kindisch hielt; die wirkliche Analogie, die hier besteht, ist aber die zwischen zwei Brüdern, die einander helfen. Spencers Staatsauffassung war darwinistischer als seine Biologie.

Aber genug von der Kritik. Wir wollen uns wieder dem Manne zuwenden und die Größe seines Werkes in ungetrübterem Lichte betrachten.

IX. SCHLUSS

Die *»Ersten Prinzipien«* erhoben Spencer in ganz kurzer Zeit zum berühmtesten Philosophen seiner Epoche. Das Buch wurde in fast alle europäischen Sprachen übersetzt, selbst ins Russische, mußte aber in diesem Lande die Verfolgung der Regierung erdulden und diese erst besiegen. Man erkannte allgemein in Spencer den philosophischen Vertreter des Zeitgeistes, und sein Einfluß erstreckte sich nicht nur auf das europäische Denken, sondern es gingen von ihm auch auf die realistische Bewegung in Literatur und Kunst starke Wirkungen aus. 1869 wurden die *»Ersten Prinzipien«* zu seinem Erstaunen in Oxford als Lehrbuch eingeführt[121]. Was noch erstaunlicher war: seine Bücher fingen nach 1870 an, Einkünfte abzuwerfen, die ihn finanziell sicherstellten. In einigen Fällen sandten ihm seine Verehrer größere Geschenke, die er stets zurückwies. Als Zar Alexander II. in London weilte und Lord Derby gegenüber den Wunsch äußerte, die bedeutenden Gelehrten Englands kennenzulernen, lud Derby unter anderen Spencer, Huxley und Tyndall ein; Spencer lehnte die Einladung ab, während die anderen sie annahmen. Er verkehrte nur mit einigen intimen Freunden. »Kein Mensch erreicht die Größe seines Werkes«, schrieb er. »Die besten Schöpfungen seiner geistigen Tätigkeit gehen in sein Werk ein, wo sie von der Masse schwächerer Schöpfungen, mit denen sie in seinen Alltagsgesprächen vermischt waren, getrennt werden[122].« Wenn jemand darauf bestand, ihn zu besuchen, verstopfte er seine Ohren und hörte gelassen dem Gespräche des Gastes zu.

Sonderbar genug, sein Ruhm verschwand genau so plötzlich, wie er entstanden war. Spencer überlebte den Höhepunkt seiner eigenen Geltung und mußte während seiner letzten Jahre betrübt merken, wie wenig seine Tiraden vermocht hatten, den Strom »väterlicher« Gesetzgebung aufzuhalten. Er verlor seine Volkstümlichkeit bei jeder Partei. Die wissenschaftlichen Spezialforscher, in deren Gebiet er sich hineingewagt hatte, taten ihn mit lauem Lob ab, indem sie seine Leistungen unbeachtet ließen und seine Irrtümer besonders betonten, und die Bischöfe aller Glaubensbekenntnisse vereinigten sich in seiner Verurteilung zu ewiger Strafe. Der Arbeiterpartei gefiel seine Verwerfung des Krieges, sie wandte sich aber erzürnt von ihm, als er seine Meinung über den Sozialismus und über die Gewerkschaftspolitik aussprach, während die Konservativen, denen seine Ansichten über den Sozialismus zusagten, ihn wegen seines Agnostizismus scheuten. »Ich bin konservativer als irgendein Tory und radikaler als jeder Radikale[123]«, sagte er nachdenklich. Er war unverbesserlich aufrichtig und beleidigte jede Gruppe, da er über alle Dinge offen sprach: nachdem er seine Sympathie für die von den Unternehmern ausgebeuteten Arbeiter ausgesprochen hatte, fügte er hinzu, daß die Arbeiter genau so herrschsüchtig wären, falls sich die Lage umkehren sollte, und nachdem er mitleidig über die Frauen als Opfer der Männer gesprochen hatte, ließ er es sich nicht nehmen, hinzuzufügen, daß auch die Männer so weit die Opfer der Frauen seien, wie das in der Macht der Frauen stehe. Das Alter traf ihn in Einsamkeit.

Mit fortschreitenden Jahren wurde seine Opposition immer milder, und er mäßigte seine Anschauungen. Er hatte sich stets über Englands Zierkönig lustig gemacht, jetzt aber bekannte er sich zu der Anschauung, daß es ebenso falsch sei, das Volk seines Königs zu berauben, als einem Kind seine Puppe zu nehmen[124]. Ähnlich hielt er es im Falle der Religion für sinnlos und lieblos, den herkömmlichen Glauben dort zu stören, wo er einen wohltätigen und ermutigenden Einfluß ausübte[125]. Er begriff allmählich, daß religiöser Glaube und politische Bewegungen auf Bedürfnisse und Triebe zurückgehen, die in einer für intellektuelle Angriffe unerreichbaren Tiefe liegen, und er fand sich damit ab, daß die Welt ihren Lauf beibehielt, ohne viel auf die dicken Bücher zu achten, mit denen er sie bewarf. Zurückblickend auf seine schwierige Laufbahn, hielt er sich für einen Narren, weil er literarischen Ruhm statt einfacherer Lebensgenüsse gesucht habe[126]. Als er 1903 starb, war er der Ansicht, daß sein Werk umsonst getan sei[127].

Heute wissen wir selbstverständlich, daß dem nicht so ist. Der Verfall seines Ruhmes bildet einen Teil der anglo-hegelschen Reaktion gegen den Positivismus; die Neubelebung des Liberalismus wird ihm wieder den Platz des größten englischen Philosophen seines Jahrhunderts zuweisen. Spencer verlieh der Philosophie eine neue Berührung mit den Dingen und führte sie zu einem Realismus, neben dem die deutsche Philosophie schwächlich blaß und ängstlich abstrakt erschien. Er faßte sein Zeitalter zusammen wie kein anderer Mensch, seit Dante ein Zeitalter zusammengefaßt hatte, und er ordnete das ungeheure Gebiet des Wissens so meisterlich, daß die Kritik geradezu beschämt vor seiner Leistung steht. Wir haben heute Höhen erreicht, die seine Arbeit und seine Anstrengungen für uns erobert haben; wir scheinen über ihm zu stehen, weil er uns auf seine Schultern hob. Eine kommende Zeit, die den Stachel seiner Opposition vergessen haben wird, wird ihm größere Gerechtigkeit entgegenbringen.

IX. FRIEDRICH NIETZSCHE

1. NIETZSCHES VORFAHREN

Nietzsche war Darwins Sohn und Bismarcks Bruder.

Hieran ändert nichts, daß er die englischen Evolutionisten und die deutschen Nationalisten verspottete: er besaß die Gewohnheit, alle Leute, von denen er etwas entlehnt hatte, herabzusetzen; auf diese Weise deckte er unbewußt seine Schulden.

Spencers philosophische Ethik war nicht gerade eine notwendige Folge aus der Entwicklungslehre. Ist das Leben Kampf ums Dasein, in dem die Bestausgestatteten am Leben bleiben, dann ist Kraft die höchste Tugend, und Schwäche das einzige Laster. »Gut« ist das, was am Leben bleibt, was im Kampfe gewinnt; »böse« ist, was zurückweicht und versagt. Nur die viktorianische Feigheit der englischen Darwinisten und die bourgeoise Biederkeit der französischen Positivisten und der deutschen Sozialisten konnte das Zwingende dieser Folgerung verdunkeln. Diese Männer waren zwar kühn genug, um die christliche Theologie abzulehnen, sie hatten aber nicht den Mut, in logischer Folgerichtigkeit die moralischen Ideale überhaupt, die Verehrung der Demut, der Güte und des Altruismus, die aus dieser Theologie erwachsen sind, zu verwerfen. Sie hörten auf, Anglikaner, Katholiken oder Lutheraner zu sein, blieben aber immer noch Christen. – Das behauptete wenigstens Friedrich Nietzsche:

> Hinter dem christlichen Ideale nicht zurückzubleiben, sondern es womöglich zu überbieten, war ein geheimer Sporn bei allen französischen Freidenkern, von Voltaire bis auf Auguste Comte: und letzterer hat mit seiner berühmten Moralformel *vivre pour autrui* in der Tat das Christentum überchristlicht. Auf deutschem Boden hat Schopenhauer, auf englischem John Stuart Mill der Lehre von den sympathetischen Affektionen und vom Nutzen anderer als dem Prinzip des Handelns die meiste Berühmtheit gegeben . . . Alle sozialistischen Systeme haben sich wie unwillkürlich auf den gemeinsamen Boden dieser Lehre gestellt . . .[1]

Darwin hat unbewußt das Werk der Enzyklopädisten vollendet; diese hatten die theologische Grundlage der modernen Sittlichkeit weggeräumt, die Moralität selbst aber unberührt und unversehrt, gleichsam als Wunder in der Luft schweben gelassen; ein kleiner Hauch von Biologie genügte, um diesen Rest von Betrug hinwegzufegen. Wer klar denken konnte, begriff bald, was bereits die größten Geister aller Zeiten wußten: daß wir in diesem »Leben« genannten Kampfe nicht Güte, sondern Kraft brauchen, nicht Demut, sondern Stolz, nicht Altruismus, sondern zähe Intelligenz; sie wußten, daß Gleichgewicht und Demokratie dem Wesen der Zuchtwahl zuwiderlaufen, daß nicht die Masse, sondern das Genie das Ziel der Entwicklung, und nicht »Gerechtigkeit«, sondern Macht Richter über alle Streitigkeiten und Schicksale ist. – So sah wenigstens Friedrich Nietzsche die Dinge.

Wäre all das wahr, so wäre Bismarck das großartigste und bedeutendste Phänomen der Welt. Er war ein Mensch, der das wirkliche Leben kannte und offen aussprach, daß es »zwischen den Nationen keinen Altruismus gibt«, und daß über Zeitprobleme nicht durch Abstimmung und schöne Reden, sondern durch Blut und Eisen zu entscheiden ist. Welch ein reinigender Wirbelwind war dieser Mann für das von Demokratie und »Idealen« zersetzte Europa! In wenigen kurzen Monaten zwang er dem dekadenten Österreich seine Führerschaft auf, in wenigen Monaten erniedrigte er Frankreich, das noch von der Napoleon-Legende trunken war, und hatte er nicht in derselben kurzen Zeit all die kleinen deutschen »Staaten«, all diese Duodezfürsten, Herrscher und Machthaber durch Gewalt zum Zusammenschluß in einem mächtigen Reich, das geradezu das Symbol dieser Machtmoral war, gezwungen? Die zunehmende militärische und industrielle Stoßkraft dieses neuen Deutschlands verlangte nach einer Stimme; die kriegerische Willkür bedurfte einer rechtfertigenden Philosophie. Durch Christlichkeit war sie nicht zu rechtfertigen, eher schon durch Darwinismus. Etwas Mut, und die Sache ließ sich machen.

Nietzsche besaß den nötigen Mut und wurde zu dieser Stimme.

II. JUGEND

Und dabei war Nietzsche doch Sohn eines Pastors; die Ahnenreihe seiner beiden Eltern besteht aus Geistlichen, und er selbst blieb bis ans Ende seines Lebens Prediger. Er griff das Christentum an, weil er so viel christliche Moralität in sich fühlte; seine Philosophie war der Versuch, durch wilden Widerspruch seine unwiderstehliche Neigung zu Sanftmut, Güte und Friedlichkeit zu hemmen und auszugleichen. War es nicht eine endgültige Verhöhnung dieses Versuches, daß ihn das brave Volk Genuas »il Santo«, den Heiligen, nannte? Seine Mutter war eine fromme und puritanisch gesinnte Frau, von jenem Schlag, unter dessen Obhut auch Kant aufgewachsen war, und Nietzsche blieb, abgesehen vielleicht von einem einzigen unheilvollen Seitentritt, bis an sein Ende keusch wie eine Statue, gläubig und puritanisch – daher sein Sturmlauf gegen Puritanismus und Frömmigkeit. Wie sich dieser unverbesserliche Heilige danach sehnte, ein Sünder zu sein!

Er wurde am 15. Oktober 1844 in Röcken geboren, der Tag war zufällig der Geburtstag des damaligen Königs Friedrich Wilhelm IV. Sein Vater, der Lehrer von mehreren Mitgliedern der königlichen Familie gewesen war, freute sich über diese patriotische Fügung des Schicksals und benannte den Knaben nach dem König. »Einen Vorteil hatte jedenfalls die Wahl dieses Tages: mein Geburtstag war meine ganze Kindheit hindurch ein Festtag[2].«

Der frühe Tod seines Vaters ließ ihn zum Opfer der frommen Frauen seiner Familienwelt werden, die ihn zu fast femininer Schwächlichkeit und Sensibilität verzärtelten. Ihm gefielen die bösen Buben der Nachbarschaft, die Vogelnester stahlen, Soldaten spielten, Obstgärten plünderten und logen, ganz und gar nicht. Seine Schulkameraden nannten ihn den »kleinen Pastor«, und einer schrieb von ihm, er sei »ein Jesus im Tempel«. Es bereitete ihm besondere Freude, allein und abgesondert die Bibel zu lesen oder anderen so gefühlvoll vorzulesen, daß sie in Tränen ausbrachen. Zutiefst war er aber von nervösem Stoizismus und Stolz erfüllt. Als seine Schulkameraden die Wahrheit der Erzählung von Mutius Scaevola bezweifelten, zündete er ein Häufchen Streichhölzer in der hohlen Hand an und ließ es dort liegen, bis es abgebrannt war[3]. Das war ein typischer Vorfall; während seines ganzen Lebens suchte er ständig nach physischen und geistigen Mitteln, um sich zu einer idealisierten Männlichkeit abzuhärten. »Was ich *nicht* bin, das ist mir Gott und Tugend[4]!«

Mit achtzehn Jahren verlor er den Glauben an den Gott seiner Väter und verbrachte den Rest seines Lebens mit dem Suchen nach einer neuen Gottheit; er glaubte, im Übermenschen eine gefunden zu haben. Er selbst erzählt zwar, dieser Umschwung sei ihm leicht gefallen, er neigte aber zu Selbstbetrug und ist ein unzuverlässiger Autobiograph. Nietzsche wurde zynisch wie jemand, der alles auf eine Karte gesetzt und verloren hat; Religion war der innerste Kern seines Lebens gewesen, das ihm jetzt leer und sinnlos schien. Unvermittelt stürzte er sich mit seinen studentischen Freunden zu Bonn und Leipzig in ein ausschweifend sinnliches Leben und überwand selbst den eigenen verfeinerten Geschmack, der ihm die männlichen Künste des Rauchens und Trinkens verboten hatte. Wein, Frauen und Tabak stießen ihn aber bald ab; er reagierte mit Spott und Hohn auf die ganze Biergemütlichkeit seiner Heimat und der Zeit: wer Bier trinkt und Pfeifen raucht, kann unmöglich klarer und gepflegter Gedanken fähig sein.

Um diese Zeit (1865) entdeckte Nietzsche Schopenhauers »Welt als Wille und Vorstellung«. »Hier sah ich einen Spiegel, in dem ich Welt, Leben und eigen Gemüt in entsetzlicher Großartigkeit erblickte[5].« Er nahm das Buch mit nach Hause und las es heißhungrig bis zur letzten Seite durch. Ihm schien, als spräche Schopenhauer persönlich zu ihm. Er fühlte die Überzeugtheit dieses Menschen und sah ihn leibhaftig vor sich stehen. Hier schrie jede Zeile »Entsagung, Verneinung, Resignation[6]«. Das Finstere in Schopenhauers Philosophie grub sich für immer Nietzsches Denken ein, und nicht nur als er noch im Geiste von »Schopenhauer als Erzieher« (der Titel eines seiner Essays) lebte, sondern selbst später, als er den

Pessimismus ablehnte, weil er in ihm eine Form der Dekadenz sah, blieb er im Grunde ein unglücklicher Mensch, dessen Nervensystem besonders zum Leiden geschaffen zu sein schien, und dessen überspitzte Anschauung von der Tragödie als Lebensfreude nur eine weitere Selbsttäuschung bedeutete. Nur Spinoza oder Goethe hätten ihn vor Schopenhauer retten können; obwohl er *»aequanimitas«* und *»amor fati«* predigte, hat er sie nie aus eigener Erfahrung gekannt, die Heiterkeit des Weisen und die Ruhe des ausgeglichenen Geistes hat er nie besessen.

Mit dreiundzwanzig Jahren wurde Nietzsche als Rekrut ausgehoben. Er wollte sich wegen seiner Kurzsichtigkeit und als einziger Sohn einer Witwe vom Militärdienst befreien lassen, das gelang ihm aber nicht; selbst Philosophen waren in den großen Tagen von Königgrätz und Sedan willkommen als Kanonenfutter. Ein Sturz vom Pferde brachte aber eine solche Muskelzerrung mit sich, daß der rekrutierende Feldwebel gezwungen war, seine Beute freizulassen. Nietzsche hat sich von dieser Verletzung niemals wieder ganz erholt. Seine militärischen Erfahrungen waren so spärlich, daß er die Armee mit fast denselben Illusionen über den Soldatenstand verließ, mit denen er in ihn eingetreten war. Da er nun persönlich von der Notwendigkeit des Auskostens befreit war, bewegte das in Befehlen und Gehorchen spartanisch harte Leben seine Einbildungskraft. Er verehrte den Soldaten, weil ihm seine Gesundheit nicht erlaubte, selbst einer zu sein.

Vom militärischen Leben ging er zu dessen Gegensatz, dem akademischen über; statt Krieger zu werden, wurde er Dr. phil. Mit fünfundzwanzig Jahren war er Professor der klassischen Philologie an der Universität Basel, von wo aus er in Sicherheit Bismarcks »Blut und Eisen« bewundern konnte. Beim Ergreifen dieses unheroischen, seßhaften Berufes war ihm sonderbar traurig zumute: auf der einen Seite wäre ihm eine praktische und bewegtere Tätigkeit, etwa die eines Arztes, lieber gewesen, auf der anderen fühlte er sich aber zur Musik hingezogen. So entwickelte er sich zu einem leidlichen Pianisten und komponierte einige Sonaten; »ohne Musik«, sagte er, »wäre mir das Leben ein Irrtum[7]«.

In Triebschen lebte um jene Zeit ein Riese der Musik, Richard Wagner, mit der Frau eines anderen Mannes. 1869 lud er Nietzsche ein, Weihnachten bei ihm zu verbringen. Nietzsche war begeisterter Verehrer der »Zukunftsmusik«, und Wagner wies Mitkämpfer, die seiner Sache etwas gelehrte und akademische Würde verleihen konnten, nicht von sich. Unter dem Einfluß des großen Musikers begann Nietzsche mit der Abfassung seines ersten Buches, das beim griechischen Drama anfangen, beim »Ring des Nibelungen« enden und der Welt Wagner als den modernen Aeschylus predigen sollte. Er zog sich in die Alpen zurück, um weit von der tobenden Menge in Frieden zu arbeiten; dort erreichte ihn 1870 die Nachricht, daß zwischen Deutschland und Frankreich der Krieg ausgebrochen war.

Er zögerte; der Geist Griechenlands und alle Musen der Dichtung, Philosophie und Musik hatten ihre segnende Hand auf ihn gelegt. Er konnte aber dem Rufe des Vaterlandes nicht widerstehen – auch hierin lag Poesie. »Der Staat, von schmählicher Geburt, für die meisten Menschen eine fortwährend fließende Quelle der Mühsal, in häufig wiederkehrenden Perioden die fressende Fackel des Menschengeschlechts – und dennoch ein Klang, bei dem wir uns vergessen, ein Schlachtruf, der zu zahllosen wahrhaft heroischen Tagen begeistert hat[8] ...« – Auf dem Wege zur Front sah er in Frankfurt eine Kavallerieabteilung pomphaft klirrend durch die Straßen reiten, und bei dieser Gelegenheit befiel ihn, wie er erzählt, die Vision oder Intuition, aus der sich seine gesamte Philosophie herausentwickelt hat. »Da fühlte ich zum ersten Male ..., daß der stärkste und höchste Wille zum Leben nicht in einem elenden Ringen ums Dasein zum Ausdruck kommt, sondern als Wille zum Kampf, als Wille zur Macht und Übermacht[9]!« Nietzsches geschwächte Sehkraft hinderte ihn am eigentlichen Militärdienst, er mußte sich mit der Tätigkeit des Sanitäters zufriedengeben; obwohl er viel Schreckliches gesehen hat, blieb ihm doch die unmittelbare Bekanntschaft mit jener Brutalität der Schlachtfelder erspart, die sich seine scheue Seele in späteren Jahren mit der ganzen Phantasiekraft der Unerfahrenheit idealisierend ausmalen sollte. Selbst für den Pflegerdienst war Nietzsche zu zart und empfindlich; der Anblick von Blut griff ihn an, er wurde krank, und man schickte den Zusammengebrochenen nach Hause. Von dieser Zeit an lebten in ihm die Nerven eines Shelley und der Trotz eines Carlyle; eine Mädchenseele unter dem Panzer des Kriegers.

III. NIETZSCHE UND WAGNER

Zu Anfang des Jahres 1872 veröffentlichte Nietzsche sein erstes und einzig vollendetes Werk, *»Die Geburt der Tragödie aus dem Geiste der Musik*[10]«.

Noch nie hatte ein Philosoph so lyrisch geschrieben. Er sprach von den beiden Göttern, denen die griechische Kunst huldigte: zuerst von Dionysos (oder Bacchus), dem Gott des Weines und der Ausgelassenheit, des aufsteigenden Lebens, der Tatenfreude, der ekstatischen Bewegtheit und Ergriffenheit, vom Gott des Instinktes, des Abenteuers, des unerschrockenen Leidens, des Liedes, der Musik, des Tanzes und der Tragödie; dann schrieb er von Apollon, dem Gott des Friedens, der Muße und Gemütsruhe, des ästhetischen Empfindens und intellektuellen Erwägens, der logischen Ordnung und philosophischen Gelassenheit, dem Gott der Malerei, Bildhauerkunst und erzählenden Dichtung. Die edelste griechische Kunst war eine Vereinigung dieser beiden Ideale – der ruhelosen männlichen Kraft des Dionysos und der stillen weiblichen Schönheit Apollons. Im Drama waren der Chor Dionysos' und die Dialoge Apollons Eingebung; der Chor unmittelbar aus den Prozessionen der als Satyrn eingekleideten Anhänger des Dionysos entstanden; der Dialog war spätere Zutat, die deutende Ergänzung des Gefühlserlebnisses.

Der tiefgründigste Zug des griechischen Dramas lag in der dionysischen Überwindung des Pessimismus durch die Kunst. Die Griechen waren nicht das heitere und optimistische Volk, dem wir in modernen Rhapsodien über sie begegnen; sie kannten den Stachel des Lebens und seine tragische Kürze nur zu genau. Als Midas Silen fragte, welches Schicksal für den Menschen das beste sei, antwortete dieser: »Bedauernswürdiges Geschlecht von Eintagsfliegen, Kinder des Zufalls und Schmerzes, warum zwingt ihr mich, das auszusprechen, was besser ungesagt bliebe? Das Beste von allem – nicht geboren sein, nichts sein, ist unerreichbar. Das Zweitbeste ist früh sterben.« Offenbar waren diese Leute nicht auf die Weisheit Schopenhauers oder der Inder angewiesen. Die Griechen überwanden aber ihre traurige Enttäuschtheit durch den Glanz ihrer Kunst: aus ihrem eigenen Leiden schufen sie die Form des Dramas und meinten, »daß nur als ein ästhetisches Phänomen«, nur als Gegenstand künstlerischer Betrachtung und Wiedergabe, »das Dasein und die Welt gerechtfertigt erscheint . . .[11]« Die wirkende Kraft der Kunst ist »das Erhabene als die künstlerische Bändigung des Entsetzlichen . . .[12]« Pessimismus ist ein Zeichen des Verfalls, Optimismus aber der Oberflächlichkeit; die Lebensform des starken Menschen, der Intensität und Weite der Erfahrungen sucht, selbst auf Kosten eigener Leiden, und sich freut, daß Kampf das Gesetz des Lebens bildet, ist »tragischer Optimismus«. Die Tragödie stellt einen Beweis für die Tatsache, daß die Griechen keine Pessimisten waren. Die Zeiten, in denen die Tragödien des Aeschylus und die vorsokratische Philosophie dieser Gemütsverfassung entsprangen, waren die Glanztage Griechenlands.

Sokrates – der »Typus des theoretischen Menschen[13]« – war ein Anzeichen dafür, daß sich das Gewebe des griechischen Charakters gelockert hatte und »daß die alte marathonische vierschrötige Tüchtigkeit an Leib und Seele immer mehr einer zweifelhaften Aufklärung, bei fortschreitender Verkümmerung der leiblichen und seelischen Kräfte, zum Opfer« fiel[14]. Kritische Philosophie trat an Stelle der philosophischen Dichtung der Vorsokratiker, Wissenschaft an Stelle der Kunst, Vernunft an Stelle des Instinktes und Dialektik an Stelle der Leibesübungen. Unter Sokrates' Einfluß wurde Platon vom Athleten zum Ästheten, vom Dramatiker zum Logiker, Feind der Leidenschaftlichkeit und Verbanner der Dichter, zum »vorchristlichen Christen« und Erkenntnistheoretiker. *»Gnothi seauton«* und *»meden agan*[15]«, die Worte, die am Delphischen Apollontempel in Stein gemeißelt standen, wurden von Sokrates und Platon in dem Sinne mißverstanden, daß Vernunft die einzige Tugend sei, und von Aristoteles zur entmännlichenden Lehre vom goldenen Mittelweg umgedeutet. In ihrer Jugend schaffen die Völker Mythos und Dichtung, bei ihrem Verfall Philosophie und Logik. In seiner Jugend erzeugte Griechenland Homer und Aeschylus, bei seinem Verfall Euripides, den Logiker, der sich dem Drama zuwandte, den Mythen und Symbole zerstörenden Rationalisten, den Sentimentalen, der den tragischen Optimismus des männlichen Zeitalters zersetzte, den Freund Sokrates', der an Stelle des dionysischen Chors eine Schar glänzender apollinischer Redner und Dialektiker auftreten ließ.

Kein Wunder, daß das Delphische Orakel Apollons Sokrates den weisesten aller Griechen und Euripides den weisesten nach ihm nannte, und »der sicher zugreifende Instinkt des Aristophanes hat gewiß das Rechte erfaßt, wenn er Sokrates [und] selbst die Tragödie des Euripides . . . in dem gleichen Gefühle des Hasses zusammenfaßte [und in ihnen] die Merkmale einer degenerierten Kultur witterte[16]«. Es ist freilich wahr, daß beide widerriefen; Euripides' letztes Stück, die *»Bacchantinnen«* ist ein Strecken der Waffen vor Dionysos und das Vorspiel zu seinem Selbstmord, und Sokrates griff im Gefängnis zur Musik des Dionysos, um seine Seele zu erleichtern. »Vielleicht – so mußte er sich fragen – ist das mir nicht Verständliche doch nicht auch sofort das Unverständige? Vielleicht gibt es ein Reich der Weisheit, aus dem der Logiker verbannt ist? Vielleicht ist die Kunst sogar ein notwendiges Korrelativum und Supplement der Wissenschaft[17]?« Es war aber zu spät, das Werk des Logikers und Rationalisten konnte nicht mehr ungeschehen gemacht werden, und das griechische Drama verfiel mitsamt dem griechischen Charakter. »Das Wunderbare war geschehen: als der Dichter widerrief, hatte bereits seine Tendenz gesiegt[18].« Dasselbe gilt vom Philosophen; mit ihnen fanden das Zeitalter der Heroen und die Kunst des Dionysos ihr Ende.

Könnte aber nicht vielleicht das Zeitalter des Dionysos wiederkehren? Hat nicht Kant ein für allemal die theoretische Vernunft und den theoretischen Menschen vernichtet? Und hat uns nicht Schopenhauer wieder die Tiefe der Instinkte und die Tragödie des Denkens gezeigt? Und ist schließlich Richard Wagner nicht ein zweiter Aeschylus, der Mythen und Symbole wiederherstellt und das Drama in dionysischer Ekstase wieder mit der Musik vereinigt? »Aus dem dionysischen Grunde des deutschen Geistes ist eine Macht emporgestiegen, die mit den Urbedingungen der sokratischen Kultur nichts gemein hat ... *die deutsche Musik,* die wir sie vornehmlich in ihrem mächtigen Sonnenlaufe von Bach zu Beethoven, von Beethoven zu Wagner zu verstehen haben[19].« Der deutsche Geist spiegelte zu lange die apollinische Kunst Italiens und Frankreichs wider, deshalb sollte das deutsche Volk begreifen, daß seine Instinkte gesünder sind als die jener dekadenten Kulturen; wie in der Religion, so sollte es auch in der Musik eine Reformation herbeiführen und Kunst und Leben wieder mit der ungebändigten Kraft Luthers erfüllen. Wer könnte sagen, ob nicht aus den Kriegsleiden des deutschen Volkes ein neues, heroisches Zeitalter aufersteht, und aus dem Geiste der Musik die Tragödie neu geboren wird?

1872 kehrte Nietzsche nach Basel zurück, körperlich immer noch geschwächt, aber von glühendem Ehrgeiz auf geistigem Gebiet erfüllt, und vom Widerwillen, sich durch die Kleinlichkeiten des Lehrbetriebes aufzehren zu lassen, geleitet. Er sah genügend Arbeit für fünfzig Jahre vor sich und fühlte, daß er mit seiner Zeit wirtschaftlich umgehen mußte. Um diese Zeit war er schon vom Krieg etwas enttäuscht und schrieb, der deutsche Staat treibe eine »Exstirpation des deutschen Geistes zugunsten des ›deutschen Reiches‹[20]«. Der Sieg von 1871 führte Deutschlands Seele zu einer gewissen plumpen Selbstüberhebung, die dem geistigen Wachstum hinderlicher ist als alles andere. Irgendein neckischer Charakterzug ließ Nietzsche an keinem Götzenbild vorübergehen; er beschloß, diese verdummende Selbstgefälligkeit seiner Mitbürger durch einen Angriff auf ihren meist geachteten Vertreter, auf David Friedrich Strauß, zu erschüttern. »Im Grunde hatte ich eine Maxime Stendhals praktiziert: er rät an, seinen Eintritt in die Gesellschaft mit einem Duell zu machen[21].«

In der zweiten seiner mit Recht so genannten *»Unzeitgemäßen Betrachtungen«*, in »Schopenhauer als Erzieher«, nahm er die chauvinistischen Universitäten aufs Korn. »Die Erfahrung belehrt uns . . ., daß, in Hinsicht auf die großen Philosophen von Natur, nichts ihrer Erzeugung und Fortpflanzung so im Wege steht als die schlechten Philosophen von Staats wegen[22].« Kein Staat würde es wagen, Männer wie Platon und Schopenhauer zu unterstützen, denn er hätte stets Angst vor ihnen. Er erneute seinen Angriff in der »Zukunft unserer Bildungsanstalten«, und im »Nutzen und Nachteil der Historie« spottete er über das Ertrinken des deutschen Geistes in den Einzelheiten antiquarischer Gelehrsamkeit. Schon in diesen Schriften fanden zwei der ihm eigentümlichen Gedanken ihren Ausdruck: erstens, daß Sittlichkeit sowohl als auch Theologie mit Hilfe entwicklungstheoretischer Begriffe neu aufgebaut werden müssen, und zweitens, daß die Aufgabe des Lebens nicht die Besserung der Mehrheit ist, die, in Individuen aufgelöst, die minderwertigsten Typen ergibt, sondern die Schaffung des Genies und die Entwicklung und Pflege solcher höherer Wesen[23].

Der temperamentvollste dieser Essays trug den Titel »Richard Wagner in Bayreuth«. Er verherrlicht Wagner als einen Siegfried, der »das Fürchten nicht gelernt hat[24]«, und als Begründer der einzigen großen Kunst, die groß war, weil sie zum ersten Male sämtliche Künste in einer großen ästhetischen Synthese verschmolz; er appellierte an ganz Deutschland, die großartige Bedeutsamkeit der kommenden Wagner-Festspiele zu begreifen, denn Bayreuth sei »die erste Weltumsegelung im Reiche der Kunst . . .[25]«. Hier spricht die Stimme jugendlicher Verehrung eines fast feminin verfeinerten Geistes, der in Wagner etwas von jener männlichen

Entschlossenheit und jenem Mut erblickte, die später in den Begriff des Übermenschen aufgenommen wurden. Der Verehrer war aber gleichzeitig auch Philosoph und erkannte in Wagner eine gewisse tyrannische Selbstsucht, die auf seine aristokratische Seele verletzend wirken mußte. Er fand Wagners Angriff auf die Franzosen im Jahre 1871 (Paris hatte den *»Tannhäuser«* ungnädig aufgenommen!) abscheulich und war erstaunt über den Neid, den Wagner gegen Brahms hegte. Das Hauptthema selbst dieses lobenden Essays barg in sich wenig gutes für Wagner: »Die Erde, die bisher zur Genüge orientalisiert worden ist, sehnt sich wieder nach der Hellenisierung ...[26]«, um diese Zeit wußte aber Nietzsche bereits, daß Wagner Halbjude war.

Und dazu kam, im Jahre 1876, Bayreuth selbst, und Abend für Abend die Wagnersche Oper ohne Streichungen und *»Wagnériennes«*, Könige, Prinzen, Fürstlichkeiten und die müßigen Reichen, die die mittellosen Verehrer herausdrängten. Plötzlich begriff Nietzsche, wieviel von Geyer[27] Wagner an sich hatte, wieviel der *»Ring des Nibelungen«* den theatralischen Effekten verdankte, von denen er erfüllt war, und wie sehr sich das *»Melos«*, das manche in der Musik vermissen, im Drama eingebürgert hat. Ihm schwebte das Bild eines Dramas vor, das von einer Symphonie »überdeckt« war, eine Form, die aus dem *»Lied«* hervorging. Aber der fremdartige Reiz der Oper zog Wagner unwiderstehlich in eine andere Richtung. Nietzsche konnte ihm hierin nicht folgen, denn er verabscheute das Dramatische und Opernhafte. »Es ist zu unsinnig, wenn ich bleibe«, schreibt er. »Mir graut vor jedem dieser langen Kunst-Abende ... ich habe es ganz satt[28].«

Und so flüchtete er, als Wagner überlegene Triumphe feierte, und die ganze Welt diesen mit Ehrungen überhäufte, ohne Wagner auch nur ein Wort zu sagen. Er flüchtete, bis zum Ermüden angeekelt von allem, was Feminismus und unbeherrschte Rhapsodie in jener Romantik, jenem idealistischen Lügen, jenem Erweichen des menschlichen Gewissens ist, die hier eine der tapfersten Seelen bezwungen haben. Und wen anders mußte er im entfernten Sorrent treffen als Wagner selbst, der sich von seinem Sieg ausruhen wollte und ganz erfüllt war von seiner neuen Oper »*Parsifal*«, an der er gerade arbeitete. Sie sollte eine Verherrlichung des Christentums, des Mitleidens und der unkörperlichen Liebe sein, und eine Welt schildern, die von einem »reinen Toren«, dem »Narren in Christo« erlöst wurde. Nietzsche zog schweigend ab und sprach auch später nie mehr mit Wagner. »Ich bin nicht imstande, irgendeine *Größe* anzuerkennen, welche nicht mit Redlichkeit gegen sich verbunden ist ..., entdecke ich so etwas, so gelten mir alle Leistungen nichts ...[29]« Er zog Siegfried, den Rebellen, Parsifal, dem Heiligen, vor und konnte Wagner nicht verzeihen, daß er im Christentum einen moralischen Wert und eine Schönheit erblickt hatte, die dessen theologische Mängel bei weitem überwogen. Im »*Fall Wagner*« schlägt er mit neurotischer Wut um sich: Wagner »schmeichelt jedem nihilistischen (buddhistischen) Instinkte und verkleidet ihn in Musik, er schmeichelt jeder Christlichkeit, jeder religiösen Ausdrucksform der *décadence*[30]«. Richard Wagner, der schwächliche und verzweifelte Romantiker, schreibt er, brach plötzlich vor dem Kreuz zusammen. Gab es denn keinen Deutschen mit Augen im Kopfe und etwas Mitleid im Herzen, um über dieses schreckliche Schauspiel in Klagen auszubrechen? Bin ich denn der einzige, der durch ihn leiden mußte? »Und doch war ich einer der korruptesten Wagnerianer ...[31]« – »Wohlan! Ich bin so gut wie Wagner das Kind dieser Zeit, will sagen ein *décadent*; nur daß ich das begriff, nur daß ich mich dagegen wehrte[32].«

Nietzsche war »apollinischer« als er selbst glaubte; ein Liebhaber des Subtilen, Zarten und Verfeinerten, nicht der wilden, dionysischen Kraft oder der zärtlichen Geschenke von Wein, Weib und Gesang. »Ihr Bruder mit seiner feinen und verschlossenen Art ist ein höchst unbequemer Kerl«, sagte Wagner zu Frau Förster-Nietzsche, »manchmal ist er ganz erschrocken über meine Witze – und dann treibe ich es noch toller als sonst[33].« – Nietzsche hatte vieles von Platon an sich, er fürchtete, daß die Kunst den Menschen die Härte vergessen lassen könnte[34]; da er selbst von empfindsamer Geistigkeit war, glaubte er, jedermann sei ihm ähnlich und der Gefahr, praktischem Christentum zu verfallen, ähnlich nahe. Es hatte für diesen zarten Professor noch nicht genug Kriege gegeben. Und doch wußte er in seinen stillen Stunden, daß Wagner ebenso recht hatte, wie er selbst, daß Parsifals Milde ebenso unentbehrlich ist wie Siegfrieds Kraft, und daß diese Gegensätze auf irgendeine kosmische Art und Weise zu fruchtbaren schöpferischen Einheiten verschmelzen. Er gedachte gern jener »in den Sternen geschriebenen« Freundschaft, die ihn stillschweigend an den Mann band, der die wertvollste und furchtbarste Begegnung seines Lebens gewesen war. Und als er in einem klaren Augenblick seiner geistesgestörten letzten Zeit ein Bild des längst verstorbenen Wagner vor sich aufsteigen sah, sagte er still: »Ihn habe ich sehr geliebt.«

IV. DAS LIED ZARATHUSTRAS

Seit dieser Zeit rettete sich Nietzsche aus der Kunst, die ihm nicht gegeben zu sein schien, in die Wissenschaft, deren apollinisch kühle Luft seine Seele von der dionysischen Glut und dem Aufruhr Triebschens und Bayreuths befreite, und flüchtete in die Philosophie, »denn die Philosophie eröffnet dem Menschen ein Asyl, wohin keine Tyrannei dringen kann ...[35]« Spinoza ähnlich trachtete er danach, seine Leidenschaften dadurch zu besänftigen, daß er sie untersuchte; uns fehlt, sagte er, eine »Chemie der Gefühle«. So wurde er denn in seinem nächsten Werk, in *»Menschliches – Allzu-Menschliches«* (1878–1880) zum Psychologen, analysierte mit der Rücksichtslosigkeit des Chirurgen die zartesten Gefühle und die am ängstlichsten gehegten Glaubenssätze, und widmete das Ganze kühn, trotz aller Reaktion, dem anrüchigen Voltaire. Er schickte das Buch an Wagner und erhielt dafür die Partitur des »Parsifal«. Nach diesem Tausch verkehrten die beiden nicht mehr miteinander.

Und dann brach Nietzsche 1879, am Höhepunkt seines

Lebens, körperlich und geistig zusammen und versank in einen Zustand, der sich wenig vom Tode unterschied. Mutig bereitete er sich auf den Tod vor: »Lisbeth«, sagte er zu seiner Schwester, »versprich mir, wenn ich sterben sollte, daß nur die Freunde um meinen Sarg stehen, kein neugieriges Volk; laß, wenn ich mich nicht mehr dagegen wehren kann, keinen Priester und niemand an meinem Sarge Unwahrheiten sagen, laß mich als einen redlichen Heiden ohne Lügen ins Grab legen[36].« Aber er wurde wieder gesund, und dieses heroische Begräbnis mußte verschoben werden. Aus seiner Krankheit erwuchs seine Liebe für Gesundheit und Sonne, für Leben, Lachen und Tanz und *Carmens* »Musik des Südens«; aus ihr entstand ein kräftigerer Wille, geboren aus dem Kampf mit dem Tode, ein »Ja-sagen«, das die Kostbarkeit des Lebens selbst in seiner Bitterkeit und in seinen Schmerzen fühlte; und aus ihr entstand auch vielleicht der traurige Versuch, sich zu Spinozas philosophisch heiterer Anerkennung der natürlichen Grenzen und des menschlichen Schicksals aufzuschwingen. »Meine Formel für die Größe am Menschen ist *amor fati* . . . Das Notwendige nicht bloß ertragen . . ., sondern es lieben[37].« Das ist freilich leichter gesagt als getan.

Die Titel seiner nächsten Werke – *»Morgenröte«* (1881) und *»Fröhliche Wissenschaft«* (1882) – spiegeln Dankbarkeit für seine Wiederherstellung; in ihnen herrscht eine mildere Sprache und ein gütigerer Ton als in den späteren Werken. Nun war ihm ein ganzes Jahr gegönnt, das nur ruhige Tage enthalten sollte, die er von der Pension seiner Professorenstellung lebend in bescheidenem Wohlstand zubringen konnte. Der stolze Philosoph ließ sich sogar zu menschlichen Schwächen erweichen und fand plötzlich, daß er sich verliebt hatte. Aber Lou Salomé erwiderte seine Liebe nicht, denn seine Augen waren zu stechend und tief, um Glück zu versprechen. Paul Rée war weniger gefährlich, er spielte neben Nietzsche als Musset die Rolle des Doktor Pagello. Nietzsche ergriff verzweifelt die Flucht und skizzierte im Gehen Aphorismen gegen die Frauen. In Wirklichkeit war er naiv, leicht begeistert, romantisch und zärtlich bis zur Einfalt; sein Kampf gegen die Zärtlichkeit war nur ein Versuch, die Tugend auszutreiben, die ihn zu einer bitteren Enttäuschung und einer unheilbaren Wunde geführt hatte.

Er konnte jetzt nirgends genügend Einsamkeit finden; »es ist schwer, mit Menschen zu leben, weil Schweigen so schwer ist[38].« Von Italien aus ging er nach den Alpenhöhen von Sils-Maria im Oberengadin – mit Liebe weder zu Mann noch zu Weib im Herzen, betend, daß der Mensch überwunden werde. Und dort, auf den einsamen Höhen, empfing er die Inspiration für sein größtes Werk.

> Hier saß ich, wartend, wartend, – doch auf Nichts,
> Jenseits von Gut und Böse, bald des Lichts
> Genießend, bald des Schattens, ganz nur Spiel,
> Ganz See, ganz Mittag, ganz Zeit ohne Ziel.
> Da plötzlich, Freundin! wurde Eins zu Zwei –
> – Und Zarathustra ging an mir vorbei . . .[39].

Nun stand seine Seele »überreich und schwer . . . da, ein Weinstock mit schwellenden Eutern[40]«. Er fand einen neuen Lehrer – Zoroaster: nun mußte er singen – unter der Glut seiner Begeisterung mündete Philosophie in Dichtung. Ich könnte »ein Lied singen – und *will* es singen: ob ich gleich allein im leeren Hause bin und es meinen eigenen Ohren singen muß[41]«. (Welche Einsamkeit spricht aus diesem Satz!) »Du großes Gestirn! Was wäre dein Glück, wenn du nicht die hättest, welchen du leuchtest! . . . Siehe! Ich bin meiner Weisheit überdrüssig, wie die Biene, die des Honigs zuviel gesammelt hat, ich bedarf der Hände, die sich ausstrecken[42].« So schrieb er sein *»Also sprach Zarathustra«* (1883), und das Werk »wurde genau in der heiligen Stunde fertig gemacht, in der Richard Wagner in Venedig starb[43] –«. Es war seine großartige Antwort auf den *Parsifal«*, aber der Schöpfer des *»Parsifal«* war tot.

Das Buch war sein Meisterwerk, und das wußte er. »Dieses Werk steht durchaus für sich«, schrieb er später. »Lassen wir die Dichter bei Seite: es ist vielleicht überhaupt nie etwas aus einem gleichen Überfluß von Kraft heraus getan worden . . . Man rechne den Geist und die Güte aller großen Seelen in eins: alle zusammen wären nicht im Stande, eine Rede Zarathustras hervorzubringen[44].« Eine kleine Übertreibung! Aber sicherlich ist es eins der großen Werke des neunzehnten Jahrhunderts. Und doch hatte Nietzsche erhebliche Schwierigkeiten zu überwinden, bis es gedruckt war. Das Erscheinen des ersten Teiles wurde verzögert, weil die Maschinen des Verlegers durch einen Druckauftrag für 500 000 Gesangbücher und später durch den Druck antisemitischer Broschüren belegt waren[45]; und den Druck des letzten Teiles lehnte der Verleger überhaupt ganz ab, da er ihn vom finanziellen Standpunkte aus für gänzlich wertlos hielt, so daß der Verfasser die Veröffentlichung selbst bezahlen mußte. Vierzig Exemplare des Buches wurden verkauft, sieben verschenkt; einer bestätigte den Empfang, niemand lobte es. Nie war ein Mensch so allein.

Zarathustra kommt mit dreißig Jahren vom Berg seiner Meditationen herab, um zum Volke zu reden, wie sein persisches Vorbild Zoroaster, aber die Menge kehrt ihm den Rükken, um einem Seiltänzer zuzusehen. Der Seiltänzer stürzt und stirbt. Zarathustra nimmt ihn auf die Schulter und trägt ihn fort, denn »du hast aus der Gefahr deinen Beruf gemacht ... nun gehst du an deinem Beruf zu Grunde: dafür will ich dich mit meinen Händen begraben[46].« – Mutig, unbekümmert, spöttisch, gewalttätig – so will uns die Weisheit: sie ist ein Weib und liebt immer nur einen Kriegsmann[47].«

Und man vergesse nicht, daß man nicht glauben darf. Zarathustra trifft, vom Berg gekommen, einen alten Einsiedler, der zu ihm von Gott spricht. »Als Zarathustra aber allein war, sprach er also zu seinem Herzen: ›Sollte es denn möglich sein! Dieser alte Heilige hat in seinem Walde noch nichts davon gehört, daß *Gott tot* ist!‹[48]« Aber Gott war selbstverständlich tot, alle Götter waren tot.

Mit den alten Göttern ging es ja lange schon zu Ende: – und wahrlich, ein gutes, fröhliches Götterende hatten sie!

Sie »dämmerten«[49] sich nicht zu Tode, – das lügt man wohl! Vielmehr: sie haben sich selber einmal zu Tode – *gelacht!*

Das geschah, als das gottloseste Wort von einem Gotte selber ausging, – das Wort: »Es ist ein Gott! Du sollst keinen anderen Gott haben neben mir!« – ein alter Grimmbart von Gott, ein eifersüchtiger, vergaß sich also: –

Und alle Götter lachten damals und wackelten auf ihren Stühlen und riefen: »Ist das nicht eben Göttlichkeit, daß es Götter, aber keinen Gott gibt?«

Wer Ohren hat, der höre. –

Also redete Zarathustra[50] . . .

Welch fröhlicher Atheismus! Besteht die Göttlichkeit nicht gerade darin, daß es *keine* Götter gibt? »Wenn es Götter gäbe, wie hielte ich's aus, kein Gott zu sein! *Also* gibt es keine Götter[51].« – »Wer ist gottloser denn ich, daß ich mich seiner Unterweisung freue[52]?« – »Ich beschwöre euch, meine Brüder, bleibt der Erde treu und glaubt denen nicht, welche euch von überirdischen Hoffnungen reden! Giftmischer sind es, ob sie es wissen oder nicht[53].« Mancher anfängliche Rebell kehrt schließlich zu diesem süßen Gift zurück, denn es ist ein notwendiges Betäubungsmittel des Lebens. Die »höheren Menschen« versammeln sich in der Höhle Zarathustras, um sich auf das Predigen seiner Lehre vorzubereiten. Zarathustra verläßt sie auf kurze Zeit und findet sie bei seiner Rückkehr, wie sie einem Esel Weihrauch spenden, der »die Welt erschaffen [hat] nach seinem Bilde, nämlich so dumm als möglich . . .[54]« Das ist nicht sehr erbaulich, aber unser Text sagt:

Und wer ein Schöpfer sein muß im Guten und Bösen; wahrlich, der muß ein Vernichter erst sein und Werte zerbrechen.

Also gehört das höchste Böse zur höchsten Güte: dise aber ist die schöpferische. –

Reden wir nur davon, ihr Weisesten, ob es gleich schlimm ist. Schweigen ist schlimmer; alle verschwiegenen Wahrheiten werden giftig.

Und mag doch alles zerbrechen, was an unseren Wahrheiten zerbrechen – kann! Manches Haus gibt es noch zu bauen! –

Also sprach Zarathustra[55].

Ist das unehrerbietig? Aber Zarathustra beklagt sich: »Niemand weiß mehr zu verehren[56]« und nennt sich selbst den »Frömmsten aller Gottlosen[57]«. Er sehnt sich nach dem Glauben und bedauert alle, »Die Ihr am großen Ekel leidet gleich mir, denen der alte Gott starb und noch kein neuer Gott in Wiegen und Windeln liegt . . .[58]« Und dann nennt er den Namen des neuen Gottes:

Tot sind alle Götter: nun wollen wir, daß der Übermensch lebe[59].

Ich lehre euch den Übermenschen. Der Mensch ist etwas, das überwunden werden soll. Was habt ihr getan, ihn zu überwinden[60]?

Was groß ist am Menschen, das ist, daß er eine Brücke und kein Zweck ist: was geliebt werden kann am Menschen, das ist, daß er ein *Übergang* und ein *Untergang* ist.

Ich liebe die, welche nicht zu leben wissen, es sei denn als Untergehende, denn es sind die Hinübergehenden.

Ich liebe die großen Verachtenden, weil sie die großen Verehrenden sind und Pfeile der Sehnsucht nach dem anderen Ufer.

Ich liebe die, welche nicht erst hinter den Sternen einen Grund suchen, unterzugehen und Opfer zu sein: sondern die sich der Erde opfern, daß die Erde einst des Übermenschen werde[61].

Es ist an der Zeit, daß der Mensch sich sein Ziel stecke, es ist an der Zeit, daß der Mensch den Keim seiner höchsten Hoffnung pflanze[62].

Aber sagt mir doch, meine Brüder: wenn der Menschheit das Ziel noch fehlt, fehlt da nicht auch – sie selber noch[63]?

Höher als die Liebe zum Nächsten steht die Liebe zum Fernsten und Künftigen . . .[64].

Nietzsche scheint vorausgesehen zu haben, daß jeder seiner Leser sich selbst für den Übermenschen halten wird, und versucht dem vorzubeugen durch das Geständnis, daß der Übermensch noch nicht geboren sei, und wir nur seine Vorläufer und sein Nährboden sein können. »Wollt nichts über euer Vermögen . . . Seid nicht tugendhaft über eure Kräfte! Und wollt nichts von euch wider die Wahrscheinlichkeit[65]!« Das Glück, das der Übermensch erfahren wird, ist nicht für uns bestimmt, unser Ziel ist Arbeit. »Was liegt am Glücke . . .! ich trachte lange nicht mehr nach Glücke, ich trachte nach meinem Werke[66].«

Nietzsche war nicht zufrieden damit, Gott nach seinem eigenen Bilde zu schaffen, er mußte sich selbst Unsterblichkeit sichern. Nach den Übermenschen kommt die ewige Wiederkehr. Alle Dinge kehren in allen Einzelheiten unzählige Male genau so wieder, wie sie dagewesen sind; selbst Nietzsche wird wiederkehren, und dieses Deutschland aus Blut und Eisen und Sack und Asche und die ganze Arbeit des menschlichen Geistes von der Unwissenheit bis zum »*Zarathustra*«. Das ist eine entsetzliche Lehre, die letzte und mutigste Form des Ja-Sagens und der Annahme des Lebens; und doch, wie könnte es anders sein? Die möglichen Kombinationen des Wirklichen sind begrenzt, und die Zeit unendlich. Eines Tages werden Materie und Leben unweigerlich wieder dieselbe Form annehmen, die sie einst besessen haben, und aus dieser schicksalsschweren Wiederholung muß die Geschichte abermals ihren vielverzweigten Weg bahnen. In eine solche Enge treibt uns der Determinismus. Kein Wunder, daß Zarathustra fürchtete, diese seine letzte Lehre auszusprechen, fürchtete, zitterte und zurückhielt, bis eine Stimme in ihm sprach: »Was liegt an dir, Zarathustra! Sprich dein Wort und zerbrich[67]!«

V. HELDENMORAL

Der *»Zarathustra«* wurde für Nietzsche ein Evangelium, zu dem all seine späteren Werke bloße Kommentare waren. Wenn Europa schon seine Dichtung nicht verstand, so würde es vielleicht wenigstens seine Prosa verstehen können. Nach dem Lied des Propheten die Logik des Philosophen; was aber, wenn der Philosoph selbst nicht an die Logik glauben sollte? Selbst dann bliebe sie ein Werkzeug der Klarheit, wenn nicht das Siegel der Wahrheit.

Nietzsche war nun noch verlassener als früher, denn sogar seinen Freunden kam der *»Zarathustra«* etwas sonderbar vor. Gelehrte, wie seine Basler Kollegen Overbeck und Burckhardt, die seine *»Geburt der Tragödie«* bewundert hatten, trauerten um den Verlust eines glänzenden Philologen und konnten sich nicht über die Geburt des Dichters freuen. Seine Schwester (die seine Anschauung, daß dem Philosophen eine Schwester vorzüglicher Ersatz für eine Frau sei, beinahe gerechtfertigt hätte) verließ ihn plötzlich, um einen jener Antisemiten zu heiraten, die Nietzsche so sehr verachtete, und ging nach Paraguay, um eine kommunistische Kolonie zu gründen. Sie forderte ihren blassen, kränklichen Bruder auf, sie im Interesse seiner Gesundheit zu begleiten, aber Nietzsche schätzte das Leben des Geistes höher ein als die Gesundheit des Körpers und wünschte dort zu bleiben, wo der Kampf tobte; Europa war für ihn unentbehrlich als »Kultur-Museum«[68]. Er lebte in Zeit und Raum unregelmäßig und versuchte nacheinander die Schweiz, Venedig, Genua, Nizza und Turin. Er schrieb gern inmitten der Tauben, die um die Löwen des heiligen Markus flattern, und nannte die Piazza San Marco sein schönstes »Arbeitszimmer«. Er mußte aber Hamlets Rat über das Fernbleiben vom Sonnenlicht, das seinen kranken Augen schädlich war, befolgen, und schloß sich in dunkle, kühle Dachstuben ein, wo er hinter herabgelassenen Vorhängen arbeitete. Seiner geschwächten Augen wegen schrieb er von dieser Zeit an keine Bücher mehr, sondern nur Aphorismen.

Er sammelte einige dieser Fragmente unter dem Titel *»Jenseits von Gut und Böse«* (1886) und *»Zur Genealogie der Moral«* (1887) und hoffte, daß diese Werke die alte Moral zerstörten und den Weg für die Moral des Übermenschen vorbereiten würden. Für kurze Zeit wurde er wieder zum Philologen, der seine neue Ethik mit Hilfe von Worterklärungen zu bekräftigen suchte, die nicht über alle Zweifel erhaben waren. Er bemerkt, daß die deutsche Sprache zwei Worte für das Schlechte besitzt, nämlich *»schlecht«* und *»böse«*. *»Schlecht«* wurde von den höheren auf die niedrigeren Klassen angewandt und bedeutete: landläufig, gewöhnlich, später erhielt es die Bedeutung: gemein, wertlos, schlecht. *»Böse«* wurde von den niedrigen auf die höheren Stände angewandt und bedeutete: ungewöhnlich, unregelmäßig, unberechenbar, gefährlich, verletzend, grausam; Napoleon war »böse«. Viele einfache Leute hatten Angst vor dem Ausnahmemenschen als einer zersetzenden Kraft; es gibt ein chinesisches Sprichwort, daß »der große Mann ein öffentliches Unglück sei«. Ähnlich hat auch das Wort »gut« zwei den Worten *»schlecht«* und *»böse«* entgegengesetzte Bedeutungen. Von der Aristokratie gebraucht bedeutete es: stark, kühn, mächtig, kriegerisch, gottähnlich (*»gut«* von *»Gott«*), vom Volke gebraucht aber: bekannt, friedlich, harmlos, gütig.

Hier hatte man zwei entgegengesetzte Bewertungen des menschlichen Handelns, zwei ethische Standpunkte und

Maßstäbe: eine Herrenmoral und eine Herdenmoral. Erstere wurde im klassischen Altertum, besonders bei den Römern, als das selbstverständliche anerkannt; selbst für den gemeinen Römer bedeutete Tugend *(virtus)*: Männlichkeit, Mut, Unternehmungslust, Heldenmütigkeit. Aber aus Asien, besonders von den Juden, kam zur Zeit ihrer politischen Unterwerfung jener andere Maßstab; Unterwerfung erzeugt Demut, und Hilflosigkeit den Altruismus, der bloß ein Hilferuf ist. Unter der Wirkung dieser Herdenmoral machte die Liebe zu Gefahr und Macht der Sicherheits- und Friedensliebe Platz; Kraft wurde durch Schlauheit ersetzt, offene Rache durch geheime, Strenge durch Mitleid, Unternehmungsgeist durch Nachahmung und der Stolz auf die Ehre durch die Peitsche des Gewissens. Ehre ist heidnisch, römisch, feudalistisch, aristokratisch; das Gewissen ist jüdisch, christlich, bürgerlich, demokratisch[69]. Nur die Beredsamkeit der Propheten von Amos bis Jesus konnte die Anschauungen einer unterworfenen Klasse zur fast allgemein anerkannten Ethik erheben; unter ihrer Wirkung wurden die Worte »Welt« und »Fleisch« gleichbedeutend mit dem Bösen, und Armut zum Prüfstein der Tugend[70].

Diese Wertungsart wurde von Jesus auf die Spitze getrieben: nach ihm war jeder Mensch von gleichem Wert und besaß die gleichen Rechte. Aus seiner Lehre stammen Demokratie, Utilitarismus und Sozialismus. Der Fortschritt wurde in Begriffen dieser plebejischen Philosophie, in Begriffen wachsender Gleichmachung und Vulgarisierung, in Begriffen der Dekadenz und des verfallenden Lebens definiert[71]. Das letzte Stadium dieses Verfalls ist die Übertreibung des Mitleidens und der Selbstaufopferung, die gefühlsselige Tröstung der Verbrecher, die Unfähigkeit, »auszuscheiden«. Sympathie ist gerechtfertigt, soweit sie aktiv ist, aber Mitleid ist ein lähmender geistiger Luxus, eine Verschwendung von Gefühlen an unwiderruflich Mißratene, Unwissende, Krüppel, Bösewichter, selbstverschuldete Kranke und unverbesserliche Verbrecher. Mitleid ist mit einer gewissen Taktlosigkeit und Aufdringlichkeit verbunden, »Krankenbesuche« sind ein Schwelgen in Überlegenheit angesichts der Hilflosigkeit des Nachbarn[72].

Hinter all dieser »Sittlichkeit« steckt ein geheimer Wille zur Macht. Die Liebe selbst ist nur ein Verlangen nach Besitz, Werben ist Kampf und Paarung ist Bemeisterung: Don José mordet Carmen nur, um zu verhindern, daß sie der *Besitz* eines anderen werde. »Sie glauben in ihr selbstlos zu sein, weil sie den Vorteil eines andren Wesens wollen oft wider ihren eigenen Vorteil, aber dafür wollen sie jenes andre Wesen *besitzen* ... L'amour est de tous les sentiments le plus égoïste, et, par conséquent, lorsqu'il est blessé, le moins généreux[73].« Selbst in der Wahrheitsliebe lebt der Wunsch, die Wahrheit zu besitzen, womöglich als erster, und sie noch keusch anzutreffen. Demut ist die Schutzfarbe des Willens zur Macht.

Gegen dieses leidenschaftliche Suchen nach Macht sind Vernunft und Sittlichkeit hilflos, sie sind nur Waffen in seinen Händen, Puppen, mit denen er spielt. Philosophische Systeme sind eine funkelnde Fata Morgana; was wir vor uns haben, ist nicht die langgesuchte Wahrheit, sondern die Spiegelung unserer eigenen Begierden. Die Philosophen »stellen sich sämtlich, als ob sie ihre eigentlichen Meinungen durch die Selbstentwicklung einer kalten, reinen, göttlich unbekümmerten Dialektik entdeckt und erreicht hätten ..., während im Grunde ein vorweggenommener Satz, ein Einfall, eine ›Eingebung‹, zumeist ein abstrakt gemachter und durchgesiebter Herzenswunsch, von ihnen mit hinterher gesuchten Gründen verteidigt wird ...[74]«

Diese unterirdischen Begierden, dieses Pulsieren des Willens zur Macht sind es, die unser Denken bestimmen. »Die allergrößte Menge der Bewegung hat gar nichts mit Bewußtsein zu tun: auch nicht mit Empfindung. Die Empfindungen und Gedanken sind etwas äußerst Geringes und Seltenes ...[75]« Die Tatsache, daß der Instinkt eine unmittelbare Funktion des Willens zur Macht ist, dient »... zum abermaligen Beweis dafür, daß der ›Instinkt‹ unter allen Arten von Intelligenz, welche bisher entdeckt wurden, die intelligenteste ist[76]«. In der Tat wurde die Rolle des Bewußtseins ganz widersinnig überschätzt. »Das *Bewußtsein*, in zweiter Rolle, fast indifferent, überflüssig, [ist] bestimmt vielleicht zu verschwinden und einem vollkommenen Automatismus Platz zu machen . . .[77]«

Bei starken Männern findet sich kaum der Versuch, ihre Begierden unter dem Deckmantel der Vernunft zu verstecken, ihre Begründung lautet einfach: »Ich will.« Der ungebrochenen Kraft der Herrenseele gilt Begierde als ihre eigene Rechtfertigung, und Gewissen, Mitleid oder Reue haben keinen Zutritt zu ihr. Aber der jüdisch-christlich-demokratische Standpunkt hat in der Neuzeit so überhand genommen, daß selbst die Starken sich ihrer Kraft und Gesundheit schämen und nach »Gründen« zu suchen beginnen. Die aristokratischen Tugenden und Wertungen sind am Aussterben. Europa ist von einem neuen Buddhismus bedroht, selbst Schopenhauer und Wagner wurden zu mitleiderfüllten Buddhisten. »Moral ist heute in Europa Herdentier-Moral[78].« Die Starken dürfen ihre Kraft nicht mehr ungehindert gebrauchen, sie müssen so weit wie möglich den Schwachen gleich werden; Güte ist, nichts zu tun, wozu unsere Kraft nicht ausreicht. Hat nicht Kant, jener »große Chinese aus Königsberg« gezeigt, daß man den Menschen nicht als Mittel gebrauchen darf? Die Folge ist, daß die Instinkte der Starken – das Jagen, Kämpfen, Erobern und Herrschen – wegen Mangel an Bewegungsfreiheit verdrängt werden und zu Selbstzerfleischung führen. Sie erzeugen Asketentum und ein »schlechtes Gewissen«. – »Alle Instinkte, welche sich nicht nach außen entladen, wenden sich nach innen – dies ist das, was ich die *Verinnerlichung* des Menschen nenne: damit wächst erst das an den Menschen heran, was man später eine ›Seele‹ nennt[79].«

Das Schema des Verfalls ist, daß die Tugenden der Herde die Führer anstecken und sie zur gemeinen Masse erniedrigen. »Man muß die Moralen zwingen, sich zu allererst vor der *Rangordung* zu beugen, man muß ihnen ihre Anmaßung ins Gewissen schieben, – bis sie endlich miteinander darüber ins Klare kommen, daß es *unmoralisch* ist zu sagen: ›was dem einen recht ist, ist dem anderen billig‹[80].« Verschiedene Aufgaben fordern verschiedene Eigenschaften, und die »bösen« Tugenden der Starken sind für die Gesellschaft genau so unentbehrlich wie die »guten« Tugenden der Schwachen. Härte, Gewalttätigkeit, Gefahr und Krieg sind ebenso wertvoll wie Wohlwollen und Friedlichkeit; große Männer treten nur zu Zeiten der Gefahr, der Gewaltakte und unerbittlicher Notwendigkeit auf. Das beste am Menschen ist seine Willenskraft, die Macht und Beharrlichkeit seiner Leidenschaften; der Leidenschaften entblößt, ist der Mensch weich wie Butter und zu Taten unfähig. Gier, Neid und selbst Haß sind im Prozeß des Kampfes und der Auswahl unentbehrliche Momente. Das Böse verhält sich zum Guten, wie die Variation zur Vererbung, wie Neuerung und Experiment zum Gewohnten; es gibt keine Entwicklung ohne eine beinah verbrecherische Vergewaltigung des Vorangegangenen und der »Ordnung«. Wäre das Böse nicht gut, so wäre es längst verschwunden. Wir müssen uns davor hüten, zu gut zu sein; »der Mensch muß besser und böser werden[81]«.

Für Nietzsche ist es ein Trost, soviel Grausamkeit und Böses in der Welt zu finden; es ist ihm ein sadistischer Genuß, sich den vollen Umfang der Grausamkeit vorzustellen, die, seiner Meinung nach, die größte Freude und das packendste Vergnügen des Menschen der Urzeit gewesen ist, und er glaubt, daß der Genuß, den uns die Tragödie oder beliebige andere sublime Dinge bereiten, bloß eine verfeinerte und stellvertretende Grausamkeit ist. »Der Mensch nämlich ist das grausamste Tier«, sagt Zarathustra. »Bei Trauerspielen, Stierkämpfen und Kreuzigungen ist es ihm bisher am wohlsten geworden auf Erden; und als er sich die Hölle erfand, siehe, da war das sein Himmel auf Erden[82].« Nun konnte er sich mit den Leiden in dem Gedanken befreunden, daß seine Unterdrücker im zukünftigen Leben ewige Strafe erwarte.

Die höchste Ethik ist biologisch, wir müssen die Dinge nach ihrem Lebenswerk beurteilen und brauchen eine physiologische »Umwertung aller Werte«. Der wirkliche Prüfstein eines Menschen, einer Gesellschaft oder einer Gattung ist Energie,

Fähigkeit, Macht. Wir können uns mit dem – sonst wegen seiner Zerstörung höherer Werte so verhaßten – neunzehnten Jahrhundert versöhnen, weil es das Physische so stark betonte. Die Seele ist die Funktion eines Organismus. Ein Tropfen Blut zu viel oder zu wenig im Hirn kann dem Menschen mehr Leid zufügen als Prometheus durch den Geier erdulden mußte. Verschiedene Nahrung führt zu verschiedenen Wirkungen: Reis bewirkt Buddhismus und die deutsche Metaphysik ist eine Wirkung des Bieres. Eine Philosophie ist folglich insofern wahr oder falsch, als sie der Ausdruck und die Betonung eines aufsteigenden bezw. absteigenden Lebens ist. Der Dekadente sagt: »das Leben ist nichts wert«; er müßte sagen: »*Ich* bin nichts wert.« Warum sollte auch ein Leben des Lebens wert sein, wenn man zugelassen hat, daß alle heroischen Werte in ihm verfallen und Demokratie – d. h. mangelnder Glaube an große Männer – unaufhörlich neue Völker zugrunde richtet?

Auf der anderen Seite gibt sich heute der Herdenmensch das Ansehen, als sei er die einzig erlaubte Art Mensch, und verherrlicht seine Eigenschaften, vermöge deren er zahm, verträglich und der Herde nützlich ist, als die eigentlich menschlichen Tugenden: also Gemeinsinn, Wohlwollen, Rücksicht, Fleiß, Mäßigkeit, Bescheidenheit, Nachsicht, Mitleiden. Für die Fälle aber, wo man der Führer und Leithammel nicht entraten zu können glaubt, macht man heute Versuche über Versuche, durch Zusammenaddieren kluger Herdenmenschen die Befehlshaber zu ersetzen: dieses Ursprungs sind zum Beispiel alle repräsentativen Verfassungen. Welche Wohltat, welche Erlösung von einem unerträglich werdenden Druck trotz alledem das Erscheinen eines unbedingt Befehlenden für diese Herdentier-Europäer ist, dafür gab die Wirkung, welche das Erscheinen Napoleons machte, das letzte große Zeugnis: – die Geschichte der Wirkung Napoleons ist beinahe die Geschichte des höheren Glücks, zu dem es dieses ganze Jahrhundert in seinen wertvollsten Menschen und Augenblicken gebracht hat[83].

VI. DER ÜBERMENSCH

Genau wie die Sittlichkeit nicht in Gütigkeit, sondern in Kraft besteht, sollte auch das Ziel menschlicher Bestrebungen nicht die Erhöhung aller, sondern die Entwicklung besserer und stärkerer Individuen sein. »Nicht ›Menschheit‹, sondern *Übermensch* ist das Ziel[84].« Das letzte, was ein vernünftiger Mensch unternehmen würde, wäre der Versuch, die Menschheit zu bessern: die Menschheit bessert sich nicht, sie existiert nicht einmal, denn sie ist eine Abstraktion; was es gibt, ist nur ein Ameisenhaufen von Individuen. Der Anblick des Ganzen ähnelt im Grunde einem riesigen Laboratorium, wo in jedem Zeitalter einige Versuche gelingen, während die meisten erfolglos bleiben, und das Ziel aller Experimente ist nicht die Glückseligkeit der Masse, sondern die Höherentwicklung des Typus. Eher sollte die Gesellschaft untergehen, als daß nicht ein höherer Typus in Erscheinung träte. Die Gesellschaft ist ein Mittel zur Erhöhung der Macht und der Persönlichkeit des Individuums, die Gruppe für sich genommen ist kein Ziel. »Aber wozu dann die Maschinen, wenn alle Einzelnen (das heißt die Menschheit) nur dazu nützen, sie zu unterhalten? Maschinen [oder soziale Organisationen], die sich selbst Zweck sind, ist das die *umana commedia*[85]?«

Anfangs redete Nietzsche, als hätte er die Produktion einer neuen Gattung erhofft[86], später aber stellte er sich unter seinem Übermenschen ein überlegenes Individuum vor, das mühevoll dem Sumpf der mittelmäßigen Masse entsteigt und sein Dasein eher planmäßiger Züchtung und sorgfältiger Ernährung verdankt, als den Zufällen der natürlichen Zuchtwahl. Denn der biologische Prozeß ist gegen einzigartige Individuen voreingenommen; die Natur geht grausam mit ihren besten Werken um, sie liebt und schätzt eher das Durchschnittliche und Mittelmäßige. In der Natur liegt eine dauernde Rückkehr zum Typus, zum Niveau der Masse – eine immer wiederkehrende Herrschaft der Mehrheit über die Besten[86]. Der Übermensch kann sich nur mit Hilfe menschlicher Auswahl, eugenischer Voraussicht und veredelnder Bildung am Leben erhalten.

Wie widersinnig ist es schließlich, höhere Individuen aus Liebe heiraten zu lassen – Helden mit Dienstmädchen und Genies mit Näherinnen! Schopenhauer hat sich geirrt, die Liebe ist nicht eugenisch; ist ein Mann verliebt, so sollte ihm nicht gestattet werden, Entscheidungen zu treffen, die sein ganzes Leben beeinflussen. Es ist dem Menschen nicht gegeben, zu lieben und gleichzeitig weise zu sein. Wir sollten die Gelübde der Liebenden für ungültig erklären und im Falle der Liebe eine Ehe gesetzlich verbieten. Die Besten sollten nur die Besten heiraten, und die Liebe soll dem Pöbel überlassen werden. Der Zweck der Ehe ist nicht bloß Zeugung, sondern sollte auch Entwicklung sein.

Du bist jung und wünschest dir ein Kind und Ehe. Aber ich frage dich: bist du ein Mensch, der ein Kind sich wünschen darf? – Bist du der Siegreiche, der Selbstbezwinger, der Gebieter der Sinne, der Herr deiner Tugenden? Also frage ich dich. – Oder redet aus deinem Wunsche das Tier und die Notdurft? Oder Vereinsamung? Oder Unfrieden mit dir? – Ich will, daß dein Sieg und deine Freiheit sich nach einem Kinde sehne. Lebendige Denkmale sollst du bauen deinem Siege und deiner Befreiung. – Über dich sollst du hinausbauen. Aber erst mußt du mir selbst gebaut sein, rechtwinklig an Leib und Seele. – Nicht nur fort sollst du dich pflanzen, sondern hinauf! Dazu helfe dir der Garten der Ehe! – einen höheren Leib sollst du schaffen, eine erste Bewegung, ein aus sich rollendes Rad – einen Schaffenden sollst du schaffen. – Ehe: so heiße ich den Willen zu zweien, das Eine zu schaffen, das mehr ist, als die es schufen. Ehrfurcht voreinander nenne ich Ehe als vor den Wollenden eines solchen Willens[88].

Ohne gute Geburt ist Adel unmöglich. »Geist allein nämlich adelt nicht; vielmehr bedarf er erst etwas, *das den Geist adelt.* – Wessen bedarf es denn dazu? des Geblüts . . . (Ich rede hier nicht vom Wörtchen ›von‹ und dem Gothaischen Kalender: Einschaltung für Esel)[89].« Gute Geburt und eugenische Züchtung vorausgesetzt, ist der nächste Faktor im Rezept des Übermenschen strenge Schulung, bei der Vollkommenheit als etwas Selbstverständliches erreicht wird und nicht einmal Lob erntet, wenig Bequemlichkeit und viel Verantwortung ausgeteilt wird, der Körper lautlos zu leiden lernt, und der Wille zu gehorchen und zu befehlen erzogen wird. Kein unsinniges Gerede über Freiheit – keine Schwächung des physischen und moralischen Rückgrats durch Duldung und »Freiheit«! Und doch eine Schule, in der man herzliches Lachen lernt; Philosophen sollten entsprechend ihrer Fähigkeit zu lachen bewertet werden, denn »wer auf den höchsten Berg steigt, der lacht über alle Trauer-Spiele und Trauer-Ernste[90]«. Und die Erziehung des Übermenschen wird kein Moralin enthalten; Askese des Willens, aber keine Verdammung des Fleisches. »Laßt vom Tanze nicht ab, ihr lieblichen Mädchen! Kein Spielverderber kam zu euch mit bösem Blick, kein Mädchenfeind ... Wie sollte ich, ihr Leichten, göttlichen Tänzen feind sein? Oder Mädchenfüßen mit schönen Knöcheln[91]?« Selbst der Übermensch kann an schönen Knöcheln Gefallen finden.

Ein so gezüchteter und geborener Mensch würde sich jenseits von Gut und Böse befinden, er würde nicht zögern, böse zu sein, falls es ein Ziel erfordert; er wäre eher furchtlos als gut. »Was ist gut? fragt ihr. Tapfer sein ist gut[92].« – »Was ist gut? – Alles, was das Gefühl der Macht, den Willen zur Macht, die Macht selbst im Menschen erhöht. Was ist schlecht? – Alles, was aus der Schwäche stammt[93].« Vielleicht wird das vorherrschende Merkmal des Übermenschen Liebe der Gefahr und des Kampfes sein, vorausgesetzt, daß diese einen Zweck haben. Er wird nicht in erster Linie Geborgenheit suchen, sondern die Glückseligkeit der großen Menge überlassen. Zarathustra liebt alle, die große Reisen machen und ungern ein Leben ohne Gefahr leben. Daher ist jeder Krieg gut, trotz der gemeinen Kleinlichkeit seiner Ursachen in modernen Zeiten; »der gute Krieg ist es, der jede Sache heiligt[94]«. Selbst die Revolution ist gut, zwar nicht an sich, denn nichts könnte mißlicher sein als die Herrschaft der Masse, sondern weil Zeiten des Kampfes die verborgene Größe der Individuen offenbaren, denen vorher kein Anreiz oder keine Gelegenheit zur Verfügung stand. Aus solchem Chaos entspringt der tanzende Stern, aus dem Aufruhr und der Widersinnigkeit der Französischen Revolution ein Napoleon, aus der Gewalttätigkeit und der Unordnung der Renaissance so starke Individualitäten in solcher Anzahl, wie sie Europa seither kaum gekannt hat und nicht mehr ertragen könnte.

Energie, Verstand und Stolz machen den Übermenschen aus. Sie müssen aber harmonieren, denn die Leidenschaften werden nur dann zur Macht, wenn sie durch ein großes Ziel ausgewählt und vereint wurden, das das Chaos der Begierden zur Kraft der Persönlichkeit verschmilzt. »Wehe dem Denker, der nicht der Gärtner, sondern nur der Boden seiner Gewächse ist[95]« Wer ist es, der seinen Trieben Folge leistet? Der Schwächling: ihm fehlt die Kraft des Verhinderns, er ist nicht stark genug, um nein zu sagen, sondern ist ein Mißklang, ein Dekadenter. Sich selbst zu disziplinieren – das ist das Höchste[96]. »Der Mensch, welcher nicht zur Masse gehören will, braucht nur aufzuhören, gegen sich bequem zu sein . . .[97]« Ein Ziel haben, dem zuliebe man gegen andere, vor allem aber sich selbst unerbittlich sein kann, ein Ziel, für das man fast alles tun würde, *nur keinen Freund verraten* – das ist der Adelsbrief des Vornehmen, das oberste Kennzeichen des Übermenschen.

Nur wenn wir einen solchen Menschen als Ziel und Belohnung unserer Mühe vor uns sehen, können wir das Leben lieben und es steigern. »Wir müssen ein Ziel haben, um dessentwillen wir uns alle einander liebhaben[98]!« Wir wollen groß sein oder Diener und Werkzeuge der Großen werden. Welch herrlicher Anblick war es, als sich Millionen von Europäern den Zwecken Bonapartes anboten und bereitwillig für ihn starben, mit seinem Namen auf den Lippen! Vielleicht können jene unter uns, die Verständnis haben, zu Propheten dessen werden, der wir selbst nicht sein können, und den Weg seines Kommens ebnen; wir, die wir von Ort und Zeit unabhängig sind, können, so sehr wir auch getrennt sein mögen, gemeinsam für dieses Ziel arbeiten. Zarathustra wird selbst im Leiden singen, wenn er nur die Stimme dieser verborgenen Helfer, dieser Liebenden des Übermenschen, hören kann. »Ihr Einsamen von heute, ihr Ausscheidenden, ihr sollt einst ein Volk sein: aus euch, die ihr euch selber auswähltet, soll ein auserwähltes Volk erwachsen: – und aus ihm der Übermensch[99].«

VII. DEKADENZ

Der Weg zum Übermenschen führt folglich durch die Aristokratie hindurch. Die Demokratie, diese Manie, Nasen abzuzählen, muß ausgemerzt werden, bevor es zu spät ist. Der erste Schritt in dieser Richtung ist die Zerstörung des Christentums, soweit die höheren Menschen in Frage kommen. Der Sieg Christi war der Beginn der Demokratie. »Der ›erste Christ‹ ... ist Rebell gegen alles Privilegierte aus unterstem Instinkte, – er lebt, er kämpft immer für gleiche Rechte[100]!« – in modernen Zeiten hätte man ihn nach Sibirien geschickt. Der Größte unter euch soll zu euerem Diener werden – das ist die Umkehrung aller politischen Weisheit, jedes gesunden Menschenverstandes; in der Tat wird man bei der Lektüre der Evangelien an die Atmosphäre eines russischen Romans erinnert, sie sind eine Art Plagiat von Dostojewski. Nur in den niedrigen Ständen konnten solche Begriffe Wurzeln fassen, und nur in einem Zeitalter, dessen Herrscher degeneriert waren und aufhörten, zu herrschen. »Als Nero und Caracalla oben saß, entstand die Paradoxie, ›der niedrigste Mensch ist mehr wert, als der da oben!‹[101]«

Wie die Eroberung Europas durch das Christentum das Ende der antiken Aristokratie bedeutete, so brachte die Überschwemmung Europas durch germanische Kriegsherren eine Erneuerung der männlichen Tugenden und legte den Grundstock der modernen Aristokratien. Solche Männer sind nicht mit »Moral« belastet: »sie genießen ... die Freiheit von allem sozialen Zwang ..., sie treten in die Unschuld des Raubtier-Gewissens zurück als frohlockende Ungeheuer, welche vielleicht von einer scheußlichen Abfolge von Mord, Niederbrennung, Schändung, Folterung mit einem Übermute und seelischem Gleichgewichte davongehen, wie als ob nur ein Studentenstreich vollbracht sei[102]«. Solche Männer stellten die herrschenden Klassen Deutschlands, Skandinaviens, Frankreichs, Englands, Italiens und Rußlands.

Ich gebrauchte das Wort »Staat«: es versteht sich von selbst, wer damit gemeint ist – irgendein Rudel blonder Raubtiere, eine Eroberer- und Herren-Klasse, welche, kriegerisch organisiert und mit der Kraft, zu organisieren, unbedenklich ihre furchtbaren Tatzen auf eine der Zahl nach vielleicht ungeheuer überlegene, aber noch gestaltlose, noch schweifende Bevölkerung legt. Dergestalt beginnt ja der »Staat« auf Erden: ich denke, jene Schwärmerei ist abgetan, welche ihn mit einem »Vertrage« beginnen ließ. Wer befehlen kann, wer von Natur »Herr« ist, wer gewalttätig in Werk und Gebärde auftritt – was hat der mit Verträgen zu schaffen[103]!

Diese prächtige Herrscherklasse wurde zersetzt, erstens durch die katholische Seligsprechung der weiblichen Tugenden, zweitens durch die puritanischen und plebejischen Ideale der Reformation und drittens durch Mischehen mit niedrigeren Ständen. Gerade als der Katholizismus zur aristokratischen und unmoralischen Renaissancekultur heranreifte, erdrückte ihn die Reformation durch eine Wiederherstellung der jüdischen Strenge und Feierlichkeit. »Versteht man endlich, *will* man verstehen, *was* die Renaissance war? Die *Umwertung der christlichen Werte*, der Versuch, mit allen Mitteln, mit allen Instinkten, mit allem Genie unternommen, die *Gegen*-Werte, die *vornehmen* Werte zum Siege zu bringen ... Ich sehe eine *Möglichkeit* vor mir von einem vollkommen überirdischen Zauber und Farbenreiz: ... *Cesare Borgia als Papst* ... Versteht man mich?[104]«

Protestantismus und Bier haben den deutschen Geist abgestumpft, hierzu kommt nun noch die Wagnersche Oper. Als Ergebnis ist »das jetzige Preußen ... eine der Kultur höchst gefährliche Macht«, »so daß schon die Nähe eines Deutschen meine Verdauung verzögert[105]«. »Denn wenn schon, wie Gibbon sagt, nichts als Zeit, aber viel Zeit dazu gehört, daß eine Welt untergeht, so gehört auch nichts als Zeit, aber noch viel mehr Zeit dazu, daß in Deutschland ... ein falscher Begriff zu Grunde geht[106].« Als Deutschland Napoleon besiegte, war das der Kultur ebenso schädlich wie Luther, als er die Kirche besiegte – von dieser Zeit an ließ es seinen Goethe, Schopenhauer und Beethoven beiseite und begann, seine »Patrioten« zu verehren. »›Deutschland, Deutschland über alles‹, ich fürchte, das war das Ende der deutschen Philosophie[107].« Und doch steckt in den Deutschen ein angeborener Ernst und eine Tiefe, die zu der Hoffnung berechtigt, daß sie Europa erlösen könnten. Die Deutschen besitzen mehr männliche Tugenden als die Franzosen oder Engländer, sie haben Ausdauer, Geduld und Fleiß – daher ihre Gelehrsamkeit, ihre Wissenschaft und ihre militärische Disziplin; es ist ein Genuß, zuzusehen, wie sich ganz Europa vor dem Gedanken einer deutschen Armee fürchtet. Könnte die deutsche Organisationsgabe mit den mächtigen Vorräten Rußlands an Material und Menschen Hand in Hand arbeiten, so würde das Zeitalter der großen Politik anbrechen. Wir brauchen »ein Ineinanderwachsen der deutschen und slawischen Rasse, – auch bedürfen wir der geschicktesten Geldmenschen, der Juden, unbedingt, um die Herrschaft auf der Erde zu haben ... Wir brauchen ein unbedingtes Zusammengehen mit Rußland[108]«. Es gab keine andere Wahl, es sei denn, sich einkreisen und erwürgen zu lassen.

Das Bedenkliche an Deutschland ist eine gewisse Schwerfälligkeit des Geistes, mit der es für die Zuverlässigkeit seines Charakters bezahlen muß; ihm fehlt die lange kulturelle Tradition, die die Franzosen zum verfeinertsten und geistreichsten Volke Europas werden ließ. »Ich glaube nur an französische Bildung und halte alles, was sich sonst in Europa ›Bildung‹ nennt, für Mißverständnis ...[109]« – »Man ist beim Lesen von Montaigne, La Rochefoucauld ..., Vauvenargues, Chamfort dem Altertum näher, als bei irgend welcher Gruppe von ... Autoren anderer Völker[110].« Voltaire ist ein »Grandseigneur des Geistes«, und Taine der »führende unter den lebenden Historikern«. Selbst spätere französische Schriftsteller wie Flaubert, Bourget, Anatole France usw. sind an Klarheit des Denkens und der Sprache anderen Europäern unendlich überlegen – welche Klarheit und wählerische Präzision haben diese Franzosen! Der europäische Adel des Geschmacks, des Gefühls und der Manieren ist ein Werk der Franzosen. Aber ein Werk des alten Frankreich des sechzehnten und siebzehnten Jahrhunderts; die Revolution zerstörte durch Vernichtung der Aristokratie den Träger und die Kinderstube der Kultur, und heute ist die französische Seele im Vergleich zu dem, was sie einst war, dünn und blaß. Trotzdem besitzt sie immer noch einige Qualitäten, in Frankreich werden »fast alle psychologischen und artistischen Fragen unvergleichlich feiner und gründlicher erwogen als in Deutschland«. – »In demselben Augenblick, wo Deutschland als Großmacht aufkommt, gewinnt Frankreich als *Kulturmacht* eine veränderte Wichtigkeit[111].«

Rußland ist die »blonde Bestie« Europas. Sein Volk ist ausgestattet ». . . mit jenem beherzten Fatalismus ohne Revolte, durch den z. B. heute noch die Russen in der Handhabung des Lebens gegen uns Westländer im Vorteil sind[112]«. Rußland besitzt eine starke Regierung ohne »parlamentarische Imbezillität«. In diesem Lande hat sich die Willenskraft angestaut und droht nun, sich einen Abfluß zu schaffen; es wäre nicht überraschend, Rußland eines Tages als Herrscher Europas anzutreffen. »Ein Denker, der die Zukunft Europas auf seinem Gewissen hat, wird, bei allen Entwürfen, welche er bei sich über diese Zukunft macht, mit den Juden rechnen wie mit den Russen, als den zunächst sichersten und wahrscheinlichsten Faktoren im großen Spiel und Kampf der Kräfte[113].« Alles in allem sind aber die Italiener die tüchtigsten und kräftigsten unter den heute lebenden Völkern; der Menschenstamm wächst, wie Alfieri stolz sagte, am stärksten in Italien. Selbst der niedrigste Italiener besitzt männliche Haltung und aristokratischen Stolz; »ein armer venezianischer Gondoliere ist immer noch eine bessere Figur als ein Berliner wirklicher Geheimrat, und zuletzt gar noch ein besserer Mann . . .[114]«

Am schlimmsten sind die Engländer; sie waren es, die die Franzosen durch demokratischen Wahn verdorben haben; Händler, Christen, Ochsen, Weiber, Engländer und andere Demokraten gehören zusammen. Englischer Utilitarismus und englisches Philistertum sind der Tiefpunkt der europäischen Kultur. Nur in einem Lande, wo Wettbewerb auf Leben und Tod herrscht, konnte man das Leben für einen Kampf ums bloße Dasein ansehen. Nur in einem Lande, wo sich Krämer und Reeder so vermehrten, daß sie die Aristokratie überwucherten, konnte die Demokratie erfunden werden; sie ist die sehr zweifelhafte Gabe, die England der heutigen Welt darbrachte. Wer wird Europa vor England und England vor der Demokratie retten?

Demokratie bedeutet Gehenlassen, sie bedeutet die Freiheit aller Teile eines Organismus, zu tun was ihnen beliebt; sie bedeutet Mangel an Zusammenhang und gegenseitiger Abhängigkeit und Erhebung der Freiheit und des Chaos auf den Thron. Demokratie ist Verehrung des Mittelmäßigen und Haß des Hervorragenden; sie macht große Männer unmöglich, denn wie könnten sich diese den Unwürdigkeiten und Unanständigkeiten der Wahl unterwerfen? Und welche Aussichten hätten sie denn? »Aber wer dem Volke verhaßt ist wie ein Wolf den Hunden: das ist der freie Geist, der Fessel-Feind, der Nicht-Anbeter . . .[115]« Wie könnte der Übermensch auf solchem Boden gedeihen? Und wie könnte ein Volk groß werden, dessen größte Männer nutzlos, ohne Ermutigung und vielleicht sogar unbekannt verkommen? Eine solche Gesellschaft büßt ihren Charakter ein, denn die Nachahmung ist horizontal statt vertikal – nicht der höhere Mensch, sondern der Durchschnittsmensch wird zum Ideal und Vorbild, jedermann ähnelt jedem anderen, selbst die Geschlechter nähern sich gegenseitig – Männer werden zu Weibern, und Weiber zu Männern[116].

Der Feminismus ist also eine natürliche Folgeerscheinung von Demokratie und Christentum. »Des Mannes ist hier wenig: darum vermännlichen sich ihre Weiber. Denn nur wer Mannes genug ist, wird im Weibe das Weib – *erlösen*[117].« Ibsen, »diese typische alte Jungfrau[118]«, hat die »emanzipierte« Frau erfunden. Wurde das Weib aus der Rippe des Mannes geschaffen? – »Wundersam ist die Armut meiner Rippen[119]«! sagt der Mann. Die Frau hat durch ihre »Emanzipation« Macht und Ansehen verloren; wo nehmen heutzutage Frauen die Stellung ein, die sie unter den Bourbonen genossen? Gleichheit von Mann und Weib ist unmöglich, weil zwischen ihnen ewiger Krieg herrscht; hier gibt es keinen Frieden ohne Sieg – Frieden stellt sich erst ein, wenn einer oder der andere als Meister anerkannt wird. Es ist gefährlich, einer Frau Gleichheit einzuräumen, denn sie wird sich damit nicht zufrieden geben, eher ist sie durch Unterordnung unter den Mann zu befriedigen, falls dieser ein echter Mann ist. Vor allem liegt ihre Vollendung und ihr Glück in der Mutterschaft. »Alles am Weibe ist ein Rätsel. Und alles am Weibe hat eine Lösung: sie heißt Schwangerschaft. Der Mann ist für das Weib ein Mittel: der Zweck ist immer das Kind. Aber was ist das Weib für den Mann?« Der echte Mann will »das Weib als das gefährlichste Spielzeug. – Der Mann soll zum Kriege erzogen werden, und das Weib zur Erholung des Kriegers: alles andre ist Torheit[120]«. Und dennoch »ist das vollkommene Weib ein höherer Typus des Menschen als der vollkommene Mann: auch etwas viel Selteneres[121]«, man kann gegen Frauen nicht zart genug sein.

Ein Teil der ehelichen Spannung ist darauf zurückzuführen, daß die Frau Erfüllung findet, während der Mann eingeengt und entleert wird. Wirbt ein Mann um eine Frau, so verspricht er, ihr die ganze Welt zu schenken, und wenn sie ihn geheiratet hat, so tut er es auch, denn er muß die Welt vergessen, sobald ein Kind da ist, und der Altruismus der Liebe wird zum Egoismus der Familie. Ehrlichkeit und Neuerungslust gehören zum Luxus des Ledigseins. Wo die höchste Form des philosophischen Denkens in Frage kommt, sind alle verheirateten Männer verdächtig. »Aber ebenso ungereimt erscheint es, wenn der, welcher die allgemeinste Erkenntnis und die Abschätzung des gesamten Daseins zu seiner Aufgabe erkoren hat, sich mit persönlichen Rücksichten auf eine Familie, auf Ernährung, Sicherung, Achtung von Weib und Kind belastet . . .[122]« So mancher Philosoph starb mit der Geburt seines Kindes. »Der Wind blies mir durchs Schlüsselloch und sagte ›Komm‹! Die Tür sprang mir listig auf und sagte ›Geh‹! – Aber ich lag angekettet an die Liebe zu meinen Kindern . . .[123]«

Mit dem Feminismus treten Sozialismus und Anarchismus auf, sie alle sind Kinder der Demokratie. Ist gleiche politische Macht gerecht, warum nicht auch gleiche wirtschaftliche Macht? Warum soll es überhaupt Führer geben? Es gibt Sozialisten, die das Zarathustra-Buch bewundern werden, ihre Bewunderung ist aber nicht erwünscht. »Es gibt solche, die predigen meine Lehre vom Leben: und zugleich sind sie Prediger der Gleichheit . . . mit diesen Predigern der Gleichheit will ich nicht vermischt und verwechselt sein. Denn so redet mir die Gerechtigkeit: ›die Menschen sind nicht gleich‹[124].« Wir wünschen nichts mit anderen gemeinsam zu besitzen. »Ihr Prediger der Gleichheit, der Tyrannen-Wahnsinn der Ohnmacht schreit also aus euch nach ›Gleichheit . . .‹[125]« Die Natur verabscheut Gleichheit, sie liebt Differenzierung der Individuen, Klassen und Arten. Der Sozialismus ist biologiefeindlich: der Entwicklungsprozeß setzt die Benutzung der niedrigeren Gattung, Art, Klasse oder auch des Individuums durch Höhere voraus. Alles Leben ist Ausbeuten und nährt sich im letzten Grunde von anderen Leben; große Fische fangen kleine Fische und fressen sie auf, das ist alles. Sozialismus ist Neid: das Volk will etwas, was wir haben[126]. Er ist aber eine leicht zu beherrschende Bewegung; um sie in Banden zu halten, ist weiter nichts nötig, als gelegentlich die Falltüre zwischen Herren und Sklaven zu öffnen und die Führer des Aufruhrs ins Paradies heraufkommen zu lassen. Nicht die Führer hat man zu fürchten, sondern jene, die noch tiefer stehen und glauben, daß sie sich durch eine Revolution von der Unterordnung befreien können, die eine natürliche Folge ihrer Unfähigkeit und Langsamkeit ist. Der Sklave ist aber nur dann edel, wenn er sich empört.

In jedem Falle ist der Sklave edler als sein moderner Herr, der Bourgeois. Es ist ein Zeichen für die Minderwertigkeit der Kultur des neunzehnten Jahrhunderts, daß der reiche Mann der Gegenstand von soviel Verehrung und Neid sein sollte, aber auch diese Geschäftsleute sind Sklaven, bloß mechanisch arbeitende Puppen, Opfer ihrer Geschäftigkeit; sie haben keine Zeit für neue Ideen, das Denken ist für sie tabu, und die Freuden des Geistes sind jenseits ihrer Fassungskraft. Daher ihr ruheloses und unaufhörliches Suchen nach »Glück«, ihre großen Häuser, die niemals ein Heim sind, ihr vulgär geschmackloser Luxus, ihre Gemäldegalerien aus »Originalen« (mit Preisangabe), ihre sinnlichen Freuden, die den Geist eher abstumpfen als erfrischen oder anregen. »Seht mir doch diese Überflüssigen! Reichtümer erwerben sie und werden ärmer damit . . .« Sie übernehmen alle Schranken der Aristokratie, ohne durch den Zutritt zum Königreich des Geistes dafür entschädigt zu sein. »Seht sie klettern, diese geschwinden Affen! Sie klettern über einander hinweg und zerren sich also in den Schlamm und die Tiefe . . . übel riechen sie mir alle zusammen, die Götzendiener[127].« Es ist zwecklos für solche Leute, Reichtum zu besitzen, denn sie können ihm nicht durch edle Verwendung, durch einsichtige Unterstützung der Wissenschaften und Künste Würde verleihen. »Nur wer Geist hat, sollte Besitz haben[128]«, andere halten den Besitz für einen Endzweck und verfolgen ihn immer rücksichtsloser: man braucht sich da bloß den augenblicklichen Wahn der Völker anzusehen, die vor allem so viel wie möglich produzieren wollen und so reich wie möglich sein möchten. Schließlich werden sie zu Raubtieren: »Sie lauern einander auf, sie lauern einander etwas ab, – das heißen sie ›gute Nachbarschaft‹ . . . Sie lesen sich die kleinsten Vorteile noch aus jedem Kehricht[129].« – »Im Grunde ist ja selbst jetzt noch alle Kaufmannsmoral nur die Verklügerung der Seeräubermoral: so billig als möglich kaufen . . . so teuer als möglich verkaufen . . .[130]« Und diese Leute verlangen nach einem *»laissez-faire«*, allein gelassen zu werden – gerade diese Leute, die vor allen unter Aufsicht und Kontrolle gestellt werden müßten. Vielleicht wäre selbst ein größeres Maß von Sozialismus, so gefährlich es auch sein mag, an dieser Stelle angebracht: ». . . man ziehe alle Zweige des Transports und Handels, welche der Anhäufung großer Vermögen günstig sind, also namentlich den Geldhandel, aus den Händen der Privaten und Privatgesellschaften – und betrachte ebenso die Zuviel- wie die Nichts-Besitzer als gemeingefährliche Wesen[131].«

Höher als der Bürger, aber tiefer als der Aristokrat steht der Soldat. Ein General, der seine Soldaten auf dem Schlachtfeld aufbraucht, wo ihnen das Vergnügen zuteil wird, von Ruhm berauscht zu sterben, ist viel edler als ein Arbeitgeber, der die Leute für seine Profitmaschine aussaugt; man beobachte bloß, mit welcher Erleichterung die Männer die Fabriken verlassen, um in den Krieg zu ziehen. Napoleon war kein Metzger, sondern ein Wohltäter, er verschaffte den Menschen einen Tod mit militärischen Ehren, statt sie in der Tretmühle der Wirtschaft sterben zu lassen; das Volk strömte unter seine Todesfahne, weil es die Gefahren der Schlacht der unerträglichen Monotonie vorzog, noch eine Million Kragenknöpfe zu fabrizieren. »Napoleon verdankt man's . . ., daß sich jetzt ein paar kriegerische Jahrhunderte aufeinander folgen dürfen . . . Ihm also wird man einmal es zurechnen dürfen, daß der Mann in Europa wieder Herr über den Kaufmann und Philister geworden ist[132].« Der Krieg ist eine ausgezeichnete Arznei für Völker, die schwach, bequem und verächtlich geworden sind; er erregt die Instinkte, die im Frieden verfaulen. Krieg und allgemeine Wehrpflicht sind die notwendigen Gegengifte der demokratischen Verweichlichung. »Eine Gesellschaft, die, endgültig und ihrem Instinkt nach, den Krieg und die Eroberung abweist, ist im Niedergang: sie ist reif für Demokratie und Krämerregierung[133].« Dennoch sind die Ursachen des modernen Krieges alles andere als vornehm, dynastische und religiöse Kriege waren etwas vornehmer als die Regelung geschäftlicher Differenzen mit Hilfe von Kanonen[134]. Innerhalb der nächsten fünfzig Jahre werden die Regierungen dieses modernen Babel, des demokratischen Europa, in einem gigantischen Krieg um die Märkte der Welt aufeinanderprallen, prophezeite Nietzsche. Vielleicht wird aber jener Irrsinn zur Vereinigung Europas führen, ein Ziel, für dessen Erreichung selbst ein Wirtschaftskrieg kein allzu hoher Preis wäre. Denn nur in einem vereinigten Europa kann sich jene höhere Aristokratie entwickeln, durch die Europa erlöst werden könnte.

Die Hauptaufgabe der Politik ist, den Geschäftsmann am Regieren zu verhindern. Denn solche Leute sind kurzsichtige und engherzige Politiker, und nicht weitsichtig und vielseitig wie der geborene und zum Staatsmann erzogene Aristokrat. Der edlere Mann besitzt ein himmlisches Vorrecht zu regieren, das Recht der überlegenen Begabung. Dem schlichten

Mann steht auch ein Platz zu, aber nicht auf dem Thron. Auf seinem richtigen Platze ist der einfache Mann glücklich, und seine Tugenden sind der Gesellschaft ebenso unentbehrlich wie die der Führer. »In seiner Art Sein hat jeder auch sein Vorrecht. Unterschätzen wir die Vorrechte der Mittelmäßigen nicht.« Fleiß, Sparsamkeit, Ordnungsliebe, Mäßigung, starke Überzeugtheit – durch solche Tugenden wird der mittelmäßige Mensch vollkommen, aber nur als Werkzeug vollkommen. »Eine hohe Kultur ist eine Pyramide: sie kann nur auf einem breiten Boden stehn, sie hat zu allererst eine stark und gesund konsolidierte Mittelmäßigkeit zur Voraussetzung[135].« Stets und überall werden einige Führer, andere Geführte sein; die Mehrzahl wird sich gezwungen sehen, unter der geistigen Führung höherer Menschen zu arbeiten, und wird dabei glücklich sein.

Aber, wo ich nur Lebendiges fand, da hörte ich auch die Rede vom Gehorsam. Alles Lebendige ist ein Gehorchendes. – Und dies ist das Zweite: Dem wird befohlen, der sich nicht selber gehorchen kann. So ist es des Lebendigen Art. Dies aber ist das Dritte, was ich hörte: daß Befehlen schwerer ist als Gehorchen. Und nicht nur, daß der Befehlende die Last aller gehorchenden trägt, und daß leicht ihn diese Last zerdrückt: – Ein Versuch und Wagnis erschien mir in allem Befehlen; und stets, wenn es befiehlt, wagt das Lebendige sich selber dran[136].

Nach Nietzsche würde die ideale Gesellschaft in folgende drei Klassen zerfallen: Produzierende (Landwirte, Proletarier und Geschäftsleute), Beamte (Soldaten und Beamte im engeren Sinne) und Herrschende. Letztere würden herrschen, aber nicht als Regierungsbeamte fungieren, da die eigentliche Regierungstätigkeit eine untergeordnete Aufgabe ist. Die Herrscher werden eher Philosophen-Staatsmänner als Amtsträger sein. Ihre Macht wird auf der Überwachung der Staatsgelder und der Armee beruhen, sie selbst aber werden eher wie Soldaten als wie Geldmänner leben. Sie werden Platonische Wächter sein; Platon hatte recht, Philosophen sind die höchsten Menschen. Sie werden in Zukunft nicht nur kultivierte, sondern auch mutige und starke Männer sein, Gelehrte und Generäle in einem. Sie werden durch gegenseitige Achtung und *»corps d'esprit«* vereint, durch Sittlichkeit[137],

Ideale, Gewohnheit, Erkenntlichkeit, noch mehr aber durch gegenseitige Überwachung, durch den Neid *inter pares* innerhalb strenger Grenzen gehalten. Andererseits werden sie aber in ihrem Benehmen zueinander geradezu erfinderisch rücksichtsvoll, selbstbeherrscht, taktvoll, stolz und freundschaftlich sein.

Wird diese Aristokratie eine Kaste mit erblicher Macht sein? In der Hauptsache wird man das bejahen müssen; es wird allerdings Gelegenheit geschaffen, zeitweise neues Blut einzulassen. Aber nichts kann eine Aristokratie mehr anstekken und schwächen als die Ehe mit reichen Gemeinen, wie das die Gepflogenheit der englischen Aristokratie ist; solche Mischehen haben die größte regierende Körperschaft der Welt, den aristokratischen römischen Senat, zugrunde gerichtet. Es gibt keinen »Zufall der Geburt«, jede Geburt ist ein Urteil der Natur über die Ehe, und der vollkommene Mensch tritt erst nach generationenlanger Auswahl und Vorbereitung auf. »Für das, was einer ist, haben seine Vorfahren die Kosten bezahlt[138].«

Klingt das allzu verletzend für unsere demokratischen langen Ohren? Aber jene Rassen, die diese Philosophie nicht ertragen können, sind dem Untergang geweiht, und jene, die in ihr den größten Segen erblicken, sind zu Herren der Welt bestimmt. Nur eine solche Aristokratie kann die Phantasie und den Mut besitzen, aus Europa eine Nation zu machen und dem dummen Nationalismus, dieser albernen »Vaterländerei« ein Ende zu bereiten. Wir wollen »gute Europäer« sein wie Napoleon, Goethe, Beethoven, Schopenhauer, Stendhal und Heine. Nur zu lange waren wir Bruchstücke, verstreute Teile dessen, was ein Ganzes hätte sein können. Wie könnte auch in dieser Atmosphäre nationalistischer Vorurteile und beschränkten Provinzlertums eine große Kultur erwachsen? Die Zeit kleinlicher Politik ist vorbei, man ist verpflichtet, große Politik zu treiben. Wann wird die neue Rasse auftreten, wann die neuen Führer? Wann wird Europa geboren?

Hörtet ihr noch nichts von meinen Kindern? . . . Sprecht mir doch von meinen Gärten, von meinen glückseligen Inseln, von meiner neuen schönen Art

... Hierzu bin ich reich, hierzu ward ich arm, was gab ich nicht hin – was gäbe ich nicht hin, daß ich eins hätte: diese Kinder, diese lebendige Pflanzung, diese Lebensbäume meines Willens und meiner höchsten Hoffnung[139]!

IX. KRITIK

Diese Weisheit ist ein schönes Gedicht und wohl eher Dichtung als Philosophie. Wir wissen, daß es hier manches Widersinnige gibt, und daß Nietzsche bei dem Versuch, sich selbst zu überzeugen und zu übertreffen, zu weit gegangen ist, wir sehen ihn aber bei jeder Zeile leiden und müssen ihn lieben, selbst wo wir ihm widersprechen möchten. Es gibt Zeiten, in denen wir der Sentimentalitäten und Täuschungen müde werden und mit Genuß den Stachel des Zweifels und der Verneinung empfinden; und dann ist uns Nietzsche ein Lebenselixier wie weite Räume und frische Lüfte nach langer Zeremonie in einer überfüllten Kirche. »Wer die Luft meiner Schriften zu atmen weiß, weiß, daß es eine Luft der Höhe ist, eine starke Luft. Man muß für sie geschaffen sein, sonst ist die Gefahr keine kleine, sich in ihr zu erkälten[140].« Niemand darf diese Säure mit Kindermilch verwechseln.

Und dann: welcher Stil! »Man wird einmal sagen, daß Heine und ich bei weitem die ersten Artisten der deutschen Sprache gewesen sind – in einer unausrechenbaren Entfernung von allem, was bloße Deutsche mit ihr gemacht haben[141].« Und es ist beinahe wahr. »Meine Sprache tanzt«, sagt Nietzsche, jeder Satz ist ein Pfeil; der Stil ist biegsam, lebendig, nervös – der Stil eines Fechters, zu schnell und glänzend für das normale Auge. Liest man aber Nietzsche wiederholt, so wird man gewahr, daß dieser Glanz zum Teil von Übertreibungen herrührt, von einer interessanten, aber auf die Dauer neurotischen Selbstsucht, von einer allzu leichten Umkehrung aller anerkannten Begriffe, von der Verspottung jeder Tugend, vom Lob jedes Lasters; wir entdecken, daß er uns so gern schockiert wie ein junges Semester, und kommen zum Ergebnis, daß es leicht ist, interessant zu sein, wenn man nicht für die Moral voreingenommen ist. Diese dogmatischen Behauptungen, uneingeschränkten Verallgemeinerungen, prophetischen Wiederholungen, diese Widersprüche – zu andern nicht mehr als zu sich selbst – enthüllen einen Geist, der sein Gleichgewicht verloren hat und dicht an der Grenze des Wahnsinns vorbeistreicht. Schließlich ermüdet dieser Glanz und erschöpft unsere Nerven wie Peitschenhiebe oder laute Pathetik in einem Gespräch. Es ist eine Art germanischer Prahlerei in diesem lebhaften Redestrom[142], nichts von der Zurückhaltung, die das oberste Prinzip der Kunst ist, nichts vom Gleichgewicht, der Harmonie und den gepflegten Auseinandersetzungen, die Nietzsche an den Franzosen so bewunderte. Dennoch ist dieser Stil gewaltig und überwältigt durch seine Leidenschaft und seine Wiederholungen. Nietzsche beweist nicht, er verkündet und offenbart; er gewinnt uns eher durch seine Phantasie als durch seine Logik und bietet uns nicht nur eine Philosophie, auch nicht nur eine Dichtung, sondern einen neuen Glauben, eine neue Hoffnung, eine neue Religion.

Sein Denken wie sein Stil zeigen ihn als Kind der Romantik. »Was verlangt ein Philosoph am ersten und letzten von sich?« fragt er. »Seine Zeit in sich zu überwinden, ›zeitlos‹ zu werden[143].« Das war aber ein Rat zur Vollendung, um den er selbst sich nur insofern kümmerte, als er ihn ständig überschritt; er war mit dem Geist seiner Zeit getauft, und zwar recht gründlich. Er begriff nicht, wie der Subjektivismus Kants – »die Welt ist meine Vorstellung«, so faßte sie Schopenhauer am ehrlichsten kurz zusammen – zu Fichtes »Absolutem Ich«, dieses zu Stirners einseitigem Individualismus, und dieser wiederum zum Immoralismus des Übermenschen geführt hatte[144]. Der Übermensch ist nicht einfach Schopenhauers »Genie«, Carlyles »Held« oder Wagners »Siegfried«, sondern erinnert ganz verdächtig an Schillers »Karl Moor« und Goethes »Götz«; Nietzsche übernahm vom jungen Goethe, dessen spätere olympische Ruhe er so neidvoll verhöhnte, mehr als das bloße Wort »Übermensch«. Seine Briefe sind voll von romantischem Gefühl und von Empfindsamkeit,

»ich leide« kehrt in ihnen ebenso häufig wieder wie »ich sterbe« bei Heine[145]. Er nennt sich »etwas wie eine mystische und beinahe mänadische Seele . . .[146]« und bezeichnet »Die Geburt der Tragödie« als Bekenntnisse eines Romantikers. Ich fürchte, schreibt er an Brandes, daß ich zu sehr Musiker bin, um kein Romantiker zu sein. »Der Autor hat den Mund zu halten, wenn sein Werk den Mund auftut[147]«, aber Nietzsche verbirgt sich selbst nie, sondern fällt auf jeder Seite in die erste Person. Die Betonung des Instinktes gegenüber dem Denken, des Individuums im Gegensatz zur Gesellschaft und des »Dionysischen« im Gegensatz zum »Apollinischen« (d. h. des romantischen im Gegensatz zum klassischen Typus) verrät seine Zeit ebenso eindeutig wie sein Geburts- und Todesdatum. Er war der Philosophie seiner Zeit das, was Wagner ihrer Musik – die Gipfelung der romantischen Bewegung, die Hochflut der Romantik; er befreite den »Willen« und das »Genie« Schopenhauers von jeder sozialen Rücksicht, wie Wagner die Leidenschaft befreite und erstarken ließ, die in der Sonate Pathétique und der Fünften und Neunten Symphonie an ihren klassischen Fesseln rüttelte. Er war der letzte große Ast an Rousseaus Stammbaum.

Wir wollen nun auf dem Weg, den wir mit Nietzsche machten, zurückgehen, und diesem, wenn auch noch so wirkungslos, die Einwände aufzählen, die uns so oft in die Versuchung gebracht haben, ihn zu unterbrechen. Er selbst war in seinen späteren Jahren weise genug, um zu sehen, einen wie großen Anteil die Widersinnigkeiten an der Originalität der *»Geburt der Tragödie«*[148] gehabt haben. Gelehrte, wie Wilamowitz-Moellendorff, machten das Werk durch ihre ironische Kritik in der Philologie unmöglich. Der Versuch, Wagner von Aeschylus abzuleiten, war Selbstaufopferung des jugendlichen Verehrers vor einem despotischen Gott. Wer hätte denn geglaubt, daß die Reformation »dionysisch«, d. h. wild, unmoralisch, weinliebend, bacchantisch gewesen sei, und die Renaissance ihr Gegenteil, d. h. ruhig, selbstbeherrscht, gemäßigt, »apollinisch«? Wer hätte denn vermutet, daß die sokratische Kultur eine »Kultur der Oper« sei[149]? Der

Angriff auf Sokrates war die Mißachtung eines Wagnerianers für logisches Denken; die Bewunderung für Dionysos entsprang der Anbetung des Handelns (daher auch die Apotheose Napoleons) und dem geheimen Neid des verschämten Junggesellen auf männliche Trinkfreudigkeit und Sexualität, zu denen sich der Seßhafte getrieben fühlte.

Vielleicht hatte Nietzsche recht, als er das vorsokratische Zeitalter für die friedlich-ruhige Zeit Griechenlands hielt, denn zweifellos hat der Peloponnesische Krieg die wirtschaftliche und politische Grundlage der Perikleischen Kultur untergraben. Es war aber dennoch reichlich widersinnig, an Sokrates nur die zerstörende Kritik zu sehen (als hätte Nietzsches eigene Tätigkeit in der Hauptsache nicht ebenfalls hierin bestanden) und nicht auch das Erlösungswerk für eine Gesellschaft, die weniger durch die Philosophie, als durch Krieg, Korruption und Unsittlichkeit zugrunde gerichtet wurde. Nur ein Meister der Paradoxie konnte die unklaren und dogmatischen Fragmente Heraklits höher einschätzen als die reife Weisheit und die hohe Kunst Platons. Nietzsche wandte sich gegen Platon, wie er sich gegen alle seine Gläubiger wandte – kein Mensch ist ein Held in den Augen seiner Schuldner. Was aber ist Nietzsches Philosophie anderes, als die Ethik des Thrasymachos und Kallikles und die Staatsphilosophie von Platons Sokrates? – Trotz aller Philologie ist Nietzsche nie ganz bis zum Geist der Griechen vorgedrungen und hat nie gelernt, daß Mäßigung und Selbsterkenntnis (wie sie die Delphischen Inschriften und die größeren Philosophen lehrten) das Feuer der Leidenschaft und der Begierde eindämmen müssen, ohne es auszulöschen[150]; daß Apollon Dionysos Grenzen setzen muß. Oft wurde Nietzsche als Heide bezeichnet: er war es aber nicht; weder griechischer Heide wie Perikles, noch auch deutscher Heide wie Goethe, denn ihm fehlten Gleichgewicht und Selbstbeherrschung, die diese Männer groß werden ließen. »Ich will den Menschen die Ruhe wieder geben, ohne welche keine Kultur werden und bestehen kann«, schreibt er[151], aber ach, wie kann man geben, was man selbst nicht hat?

Von allen Werken Nietzsches ist *»Zarathustra«* am sichersten vor der Kritik, teils weil es dunkel ist, teils weil seine unabstreitbaren Verdienste jedes Bemängeln kleinlich erscheinen lassen. Die Idee der ewigen Wiederkehr, obwohl sie beim »apollinischen« Spencer ebenso vorhanden ist wie beim »dionysischen« Nietzsche, erscheint als krankhafter Einfall, als schauerlicher Versuch, noch im letzten Augenblick den Glauben an die Unsterblichkeit wiederherzustellen. Jeder Kritiker kennt den Widerspruch zwischen dem kühn verkündeten Egoismus (Zarathustra nennt die Selbstsucht des Ich »heil und heilig« – zweifellos ein Nachklang Stirners) und dem Appellieren an Altruismus und Selbstaufopferung für die Vorbereitung und den Dienst am Übermenschen. Wer wird sich aber bei der Lektüre dieser Philosophie als Diener und nicht als Übermensch einordnen?

Was die ethischen Lehren von *»Jenseits von Gut und Böse«* und *»Zur Genealogie der Moral«* betrifft, so sind sie interessante Übertreibungen. Wir erkennen die Notwendigkeit an, die Menschen zu größerem Mut und zu gesteigerter Härte gegen sich selbst aufzufordern – fast alle ethischen Lehren haben das verlangt; es besteht aber keine dringende Not, die Menschen dazu anzuspornen, grausamer und »böser« zu werden[152] – denn wäre das nicht ein »opus supererogationis« – ein »überpflichtiges Werk«? Und man braucht sich auch darüber nicht sonderlich zu beklagen, daß die Sittlichkeit von den Schwachen zur Einengung der Starken benutzt werde, sie macht auf die Starken keinen besonders tiefen Eindruck, und diese gebrauchen die Moral ihrerseits ganz geschickt: die meisten Sittengesetze werden von oben und nicht von unten her verkündet, und die Menge hält sich für verpflichtet, nachahmend zu tadeln oder zu loben. Es ist auch gut, daß die Demut gelegentlich schlecht behandelt werde, denn »wir haben vom Gnadenflehen und von Bücklingen genug gehabt«, wie jener gute grauhaarige Dichter sagt, aber man kann am modernen Charakter keinen Überfluß dieser Eigenschaft beobachten. Nietzsche fehlte hier jener historische Sinn, den er als so sehr notwendig für die Philosophie pries, sonst hätte er eine Lehre von der Sanftheit und Demut des Herzens als notwendigen Gegenpol zu den wilden und kriegerischen Tugenden der Barbaren angesehen, die im ersten christlichen Jahrtausend gerade jene Kultur beinahe zerstörten, zu der Nietzsche stets Zuflucht nahm, um sich zu kräftigen und zu erholen. Sicherlich ist diese Überbetonung von Macht und Bewegung der Widerhall eines fiebernden und chaotischen Zeitalters. Der vermeintlich allgemeine »Wille zur Macht« deckt sich schwerlich mit der Ruhe des Inders, der Gelassenheit des Chinesen oder dem zufriedenen gleichmäßigen Leben des mittelalterlichen Bauern. Macht ist wohl der Abgott einiger unter uns, aber die meisten streben eher nach Sicherheit und Frieden.

Wie jeder Leser bemerkt haben wird, übersieht Nietzsche im allgemeinen die Stellung und den Wert der sozialen Instinkte; er glaubt, daß die egoistischen und individualistischen Triebe eine Bestärkung durch die Philosophie nötig haben! Man fragt sich, wo Nietzsche seine Augen hatte, als Europa in einer Reihe eigennütziger Kriege gerade jene kulturellen Gewohnheiten und Errungenschaften vergaß, die er so sehr schätzte, und die auf die ohnehin sehr zweifelhaften Bedingungen der Zusammenarbeit, gesellschaftlichen Solidarität und Selbstbeherrschung angewiesen sind. Die wesentlichste Aufgabe des Christentums war, das angeborene Barbarentum des Menschen durch Einpflanzung übertriebenen Ideals der Sanftmut zu mäßigen, und jeder Denker, der fürchtet, daß die Menschen aus ihrem Egoismus in ein Übermaß christlicher Tugend hineingetrieben worden seien, braucht sich nur umzusehen, um Trost und Beruhigung zu finden.

Durch Krankheit und Nervosität einsam geworden und in den Kampf gegen Trägheit und Mittelmäßigkeit hineingezwungen, wurde Nietzsche zu der Ansicht verleitet, alle großen Tugenden gehörten dem Einsamen. Auf Schopenhauers Lehre vom Untergang des Individuums in der Gattung antwortete er mit der Tendenz grenzenloser Befreiung des Individuums von sozialen Banden. Zurückgeworfen in seinem Suchen nach Liebe, wandte er sich gegen die Frau mit einer

Erbitterung, die eines Philosophen unwürdig und für einen Mann unnatürlich war. Da ihm Vaterschaft nie gegönnt war, und die Freundschaft verlorenging, hat er nie erfahren, daß die herrlichsten Momente des Lebens eher aus gegenseitiger Zuneigung und Kameradschaft als aus Beherrschung und Krieg entspringen. Er hat nicht lange genug und vielseitig genug gelebt, um seine Halbwahrheiten zu Weisheiten ausreifen zu lassen. Wäre es ihm gegeben gewesen, länger zu leben, so hätte er vielleicht das himmelschreiende Chaos seiner Anschauungen in eine harmonische Philosophie verwandelt. Seine Worte, die er auf Jesus münzte, haben größere Geltung für ihn selbst: »Er starb zu früh; er selber hätte seine Lehre widerrufen, wäre er bis zu [einem reiferen] Alter gekommen! Edel genug war er zum Widerrufen[153]!« Aber der Tod plante es anders.

In der Politik ist sein Blick vielleicht gesünder als in der Moral. Aristokratie ist die ideale Regierungsform, wer würde es auch bestreiten? »O, du gütiger Himmel! In jedem Volke ... gibt es einen Geeignetsten, Weisesten, Kühnsten, und es wäre wahrlich alles in Ordnung, wenn wir diesen herausfinden könnten und zum Herrscher über uns machen würden ... Durch welche Kunst ihn entdecken? Will uns der Himmel nicht mitleidig diese Kunst lehren? Denn wir brauchen ihn dringend[154]!« Wer sind aber die Besten? Treten die Besten nur in gewissen Familien auf, und brauchen wir folglich erbliche Aristokratie? Die hatten wir doch, und sie führte zu Cliquenwirtschaft, verantwortungslosem Klassenbewußtsein und Stillstand. Vielleicht wurde die Aristokratie durch Mischehen mit dem Mittelstand ebenso oft gerettet als zerstört, wie hätte sich sonst die englische Aristokratie am Leben erhalten können? Vielleicht führt auch Inzucht zu Degeneration? Offenbar haben diese verwickelten Probleme, gegen die Nietzsche so beherzt sein Ja und Nein schleuderte[155], viele Seiten. Die erbliche Aristokratie ist nicht für Weltverbrüderung, sondern vertritt eine engherzige nationalistische Politik, so kosmopolitisch sie auch in ihren Umgangsformen sein mag; würde sie den Nationalismus aufgeben, so entginge ihr eine Hauptquelle ihrer Macht – die Aufsicht über die auswärtigen Beziehungen. Und vielleicht wäre ein Weltstaat der Kultur weniger förderlich als Nietzsche glaubt. Große Massen bewegen sich langsam, und Deutschland hat wahrscheinlich für die Kultur mehr getan als es ein »bloß geographischer Ausdruck« war mit unabhängigen Höhen, die sich gegenseitig in der Unterstützung der Kunst überbieten wollten, als in seinen Tagen der Einheit, des Reiches und der Ausdehnungsbestrebung; nicht ein Kaiser war es, der Goethe unterstützt und Wagner gerettet hat.

Es ist eine verbreitete Täuschung, daß die großen Kulturperioden Zeiten der erblichen Aristokratie gewesen seien: im Gegenteil, die blühenden Zeitalter der Perikles, der Mediceer, Elisabeths und der Romantik zogen ihre Nahrung aus dem Wohlstand des aufsteigenden Bürgertums, und die schöpferische Arbeit in Literatur und Kunst wurde nicht von aristokratischen Familien geleistet, sondern von Sprößlingen des Mittelstandes – von Männern wie Sokrates, dem Sohn einer Hebamme, Voltaire, dem Sohn eines Anwalts, Shakespeare, dem Sohn eines Fleischers. Zeiten der Bewegung und des Wechsels sind es, die zu kulturellem Schaffen anregen, Zeiten, in denen eine neue und lebenskräftige Klasse zu Macht und Stolz emporsteigt. Ähnlich auch in der Politik: es wäre katastrophal, Genies ohne Stammbaum von der staatsmännischen Laufbahn auszuschließen; der richtigere Grundsatz ist doch gewiß, »freie Bahn dem Tüchtigen« zu sichern, denn Genies pflegen in sehr absonderlichen Umgebungen geboren zu werden. *All* die Besten sollen über uns regieren. Die Aristokratie ist nur dann gut, wenn sie eine offene Körperschaft bildet, deren Vorrecht auf die Macht nicht in der Geburt, sondern in der Begabung liegt – eine Aristokratie, die ununterbrochen aus einer Demokratie der allgemeinen gleichen Möglichkeiten aller ausgewählt wird.

Was bleibt nach diesen Abzügen (falls sie gemacht werden müssen)? Genug, um die Kritiker zu beunruhigen. Nietzsche wurde durch alle Leute widerlegt, die auf einen guten Ruf Anspruch erheben; dennoch bleibt er ein Meilenstein des modernen Denkens und ein Gipfel der deutschen Prosa. Zweifellos hat er sich mit jener Prophezeiung, daß die Welt in Zukunft die Geschichte in eine Zeit »vor Nietzsche« und »nach Nietzsche« einteilen würde, einer kleinen Übertreibung schuldig gemacht. Jedenfalls hat er aber eine fruchtbare Kritik von Einrichtungen und Meinungen angeregt, die jahrhundertelang unangetastet dagestanden haben. Es bleibt, daß er einen neuen Einblick in das Drama und in die Philosophie der Griechen eröffnete, als erster den Keim der romantischen Dekadenz in Wagners Musik nachwies und unsere menschliche Natur mit der eindringlichen Feinheit und vielleicht auch mit der heilsamen Wirkung eines Chirurgen sezierte. Er legte wie kein anderer moderner Denker einige Wurzeln der Sittlichkeit bloß[156], führte einen Wert ein, der vor ihm im Bereich der Ethik so gut wie unbekannt war, nämlich die »Aristokratie«[157], zwang zu einem ehrlichen Nachdenken über die ethischen Folgen des Darwinismus, schrieb das größte Prosa-Gedicht der Literatur seines Jahrhunderts und faßte vor allem den Menschen als etwas auf, das überwunden werden muß. Er redete mit Bitterkeit, aber auch mit einer unschätzbaren Aufrichtigkeit, und sein Gedanke drang wie reinigender Blitz und fegender Wind durch die Wolken und Spinngewebe des modernen Geistes. Die Luft der europäischen Philosophie ist heute klarer und frischer, weil einst ein Nietzsche schrieb[158].

X. FINALE

»Ich liebe den, der über sich selber hinaus schaffen will und so zugrunde geht–«, sagt Zarathustra[159].

Ohne Zweifel hat die Intensität seines Denkens Nietzsche vorzeitig aufgezehrt. Der Kampf gegen seine Zeit brachte seinen Geist aus dem Gleichgewicht, denn »es ist immer furchtbar, mit dem Moralsystem der eigenen Zeit im Kampfe zu stehen, es rächt sich stets, nach innen wie nach außen[160]«. Allmählich wurden Nietzsches Schriften immer erbitterter, er griff nicht nur Ideen an, sondern auch Personen wie Wagner,

Christus usw. »Der Zuwachs an Weisheit«, schrieb er, »läßt sich genau nach der Abnahme an Galle bemessen[161]«, aber er konnte die eigene Feder hiervon nicht überzeugen. Selbst sein Lachen wurde mit dem Verfall seines Geistes neurotisch; nichts könnte das ihn zersetzende Gift deutlicher zeigen als seine eigene Reflexion: »Vielleicht weiß ich am besten, warum der Mensch allein lacht: er allein leidet so tief, daß er das Lachen erfinden mußte[162].« Krankheit und fortschreitende Erblindung waren die physiologischen Zeichen seines Zusammenbruchs[163]. Allmählich stellte sich bei ihm paranoischer Größen- und Verfolgungswahn ein; er sandte eines seiner Werke an Taine und versicherte diesem, es sei das wunderbarste Buch, das jemals geschrieben wurde[164], und füllte sein letztes Werk (*»Ecce homo«*) mit jenem wahnsinnigen Selbstlob, das wir bereits kennengelernt haben. *Ecce homo!* – ach, wir sehen den Menschen nur zu deutlich!

Vielleicht hätte etwas mehr Anerkennung durch andere dieser kompensierenden Selbstüberhebung Nietzsches vorbeugen können und ihm zu einem gesünderen und vernünftigeren Standpunkt verholfen. Aber die Anerkennung kam zu spät. Taine sandte ihm ein großmütiges Wort des Lobes zu einer Zeit, als ihn alle anderen übersahen oder schmähten; Brandes teilte ihm mit, daß er an der Universität von Kopenhagen eine Vorlesung über Nietzsches »aristokratischen Radikalismus« halte; Strindberg schrieb, er sei dabei, Nietzschesche Gedanken dramatisch zu verarbeiten, das beste von allem war aber vielleicht doch ein Scheck über fünfzehnhundert Mark, den ihm ein anonymer Verehrer zusandte. Als sich diese Lichtblicke zeigten, war aber Nietzsche bereits an Leib und Seele fast völlig erblindet und hatte jede Hoffnung aufgegeben. »Ich bin selber noch nicht an der Zeit, einige werden posthum geboren[165].«

Der letzte Stoß kam im Januar 1889 zu Turin in Gestalt eines Schlaganfalles. Aufgeregt stolperte er in seine Dachstube hinauf und schleuderte einige irrsinnige Briefe in die Welt; vier Worte an Cosima Wagner: »Ariadne, ich liebe Dich«; einen längeren Brief an Brandes, unterzeichnet »Der

Gekreuzigte«, und an Burckhardt und Overbeck so phantastische Sendschreiben, daß letzterer ihm sofort zu Hilfe eilte. Er fand Nietzsche mit den Ellbogen das Klavier bearbeitend und in dionysischer Ekstase singend und schreiend.

Man brachte Nietzsche in eine Anstalt[166], aber bald erschien seine alte Mutter, um ihn für sich zu fordern und ihn in ihre eigene gütige Pflege zu nehmen. Welch ein Bild! – die fromme Frau hatte verletzt, aber geduldig den Schlag ertragen, den die Abkehr ihres Sohnes von allem, was ihr teuer war, für sie bedeutete, und nahm ihn nun, trotzdem noch liebend, wie eine zweite Schmerzensmutter, in ihre Arme. Sie starb 1897, und Nietzsche wurde zu seiner Schwester nach Weimar gebracht. Dort fertigte Kramer eine Porträt-Büste von ihm an, ein mitleiderregendes Ding, das den einst mächtigen Geist gebrochen, hilflos und resigniert zeigt. Dennoch war Nietzsche nicht ganz unglücklich, er hatte den Frieden und die Ruhe, die er als Gesunder niemals genoß, nun erreicht – die Natur war ihm gnädig, als sie ihn geisteskrank werden ließ. Er ertappte einmal seine Schwester, wie sie ihn betrachtend weinte, und konnte ihre Tränen nicht verstehen: »Warum weinst du, Lisbeth?« fragte er, »– wir sind doch glücklich[167]!« Einmal hörte er sie über Bücher sprechen und sein Gesicht hellte sich auf: »Ach«, sagte er, »auch ich habe einige gute Bücher geschrieben« – und damit war der helle Augenblick vorbei.

Er starb im Jahre 1900. Selten hat jemand einen so hohen Preis für sein Genie bezahlt.

ANMERKUNGEN

I. Platon

1 Politik, 1341.

2 Vergleiche auch Voltaires Bericht über die zwei Athener, die sich über Sokrates unterhalten: »Das ist der Atheist, der behauptet, es gäbe nur einen Gott.« *Philosophisches Wörterbuch*, Artikel: »Sokrates«.

3 Platon: *Protagoras*, 329.

4 In den *Wolken* (423 v. Chr.) machte sich Aristophanes über den »Denkladen« des Sokrates lustig, wo man die Kunst erlernen konnte, auch dann Recht zu behalten, wenn man nicht Recht hatte. Phidippides verprügelt seinen Vater mit der Begründung, daß dieser ihn geschlagen habe, und Schulden zurückgezahlt werden müssen. Die Satire scheint aber gut gemeint zu sein, denn wir finden Aristophanes häufig in Sokrates' Gesellschaft; beide stimmen in der Verachtung der Demokratie überein, und Platon empfahl Dionysius die Lektüre der *Wolken*. Da dieses Schauspiel vierundzwanzig Jahre vor Sokrates' Verurteilung zum erstenmal gespielt wurde, kann es nicht viel zum tragischen Abschluß dieses Philosophenlebens beigetragen haben.

5 *Phaidon*, Abschnitt 116–118. Die Zitate sind mit gelegentlichen Änderungen den Platon-Übersetzungen Schleiermachers und E. Apelts Platon-Ausgabe in der »Philosophischen Bibliothek« (Verlag F. Meiner, Leipzig) entnommen.

6 Zitiert bei Barker, *Greek Political Theory*, London 1918, S. 5.

7 *Protogoras*, 320.

8 *Pour qu'on lise Platon*, Paris 1905, S. 4.

9 Die wichtigsten Dialoge sind: *Die Apologie des Sokrates, Kriton, Phaidon, Das Gastmahl (Symposion), Phaidros, Gorgias, Parmenides und Politikos oder vom Staatsmann*. Die wichtigsten Abschnitte aus dem *Staat* sind 327–332, 336–377, 384–385, 392–426, 433–435, 441–476, 481–483, 512–520, 572–594 (die Zahlen sind keine Seitenzahlen, sondern bezeichnen die seitlich numerierten Abschnitte. Die beste Ausgabe stammt von E. Apelt (Philos. Bibl.); einzelne Bände der Schleiermacherschen Übersetzung sind auch in der Reclam-Ausgabe erschienen. Die Zitate sind, sofern nichts anderes vermerkt ist, aus dem *Staat*.

10 Nietzsche, *Also sprach Zarathustra.*
11 *Gorgias,* 491; vgl. auch Machiavellis Definition von »virtù« als Verstand plus Kraft.
12 Barker, S. 73.
13 *History of the Peloponnesian War,* V. 105.
14 Ähnlich sagt Daniel O'Connel: »Laßt mich die Lieder eines Volkes schreiben, dann mag seine Gesetze machen, wer will.«
15 Die nähere Begründung dieser Auffassung der Ideenlehre findet man bei D. G. Ritchie, *Plato,* Edinburgh 1902, besonders S. 49 und 85.
16 Faguet, S. 10.

II. ARISTOTELES

1 Grote, *Aristotle,* London 1872, S. 4; Zeller, *Die Philosophie der Griechen,* Leipzig 1879, Bd. II, Teil 2, S. 2 f.
2 Benn, *The Greek Philosophers,* London 1882, Bd. I, S. 283.
3 Bd. II, 2, S. 8 f.
4 Der Weg hieß »Peripatos«, daher der Name »peripatetische Schule«. Der Turnplatz gehörte zum Grundstück des Apollo Lyceus-Tempels; Apollo Lyceus war der Beschützer der Herden gegen den Wolf (lykos).
5 Hist. Nat. VIII, 16, zitiert bei Lewes, *Aristotle, a Chapter from the History of Science,* London 1864, S. 15.
6 Grant, *Aristotle,* Edinburgh 1877, S. 18.
7 Die Expedition berichtete, daß die Ursache der Überschwemmungen in der Schneeschmelze auf den Bergen Abessiniens liegt.
8 Zeller, *Die Philos. der Griechen,* Bd. II, 2, S. 250.
9 A. a. O. S. 407 f.
10 Die Werke sind nach ihrer Entstehungszeit, soweit diese bekannt, geordnet (vgl. Zeller, Bd. II, 2, S. 154 f.). Mit Ausnahme der Besprechung der »Metaphysik« folgt diese Darstellung der obigen Anordnung.
11 Vgl. Zeller, Bd. II, 2, Kap. 3 und Shule, *History of the Aristotelian Writings.*
12 Leser, die die Originale selbst kennenlernen wollen, finden in der *Meteorologie* ein interessantes Beispiel für Aristoteles' naturwissenschaftliche Arbeitsweise; aus der *Rhetorik* werden sie reiche praktische Belehrung empfangen und erreichen den

Höhepunkt des aristotelischen Schaffens in den Büchern I–II der *Ethik* und I–IV der *Politik*. Die zuverlässigsten Übersetzungen sind in der »Philosophischen Bibliothek« erschienen. Zellers *Aristoteles*, (Bd. II, 2, seiner Philosophie der Griechen) ist gründlich, aber trocken; die *Griechischen Denker* von Gomperz ist ein meisterhaftes, aber nicht leichtverständliches Werk. Eine gute Darstellung gibt E. Rolfes in seiner *Philosophie des Aristoteles*, Leipzig 1923.

13 *Geschichte des Volkes Israel*, Bd. V.

14 In bezug auf diesen Streit sagte Friedrich Schlegel, jedermann sei entweder als Platonist oder Aristoteliker geboren (vgl. Benn, I, 291).

15 Benn, I, 307.

16 *Inferno*, III, 51.

17 *Leben Jesu*, Kap. 28.

18 Vgl. Osborn, *From the Greeks to Darwin* und M. Arnold, *Empedokles on Etna*.

19 *Fortschritte der Gelehrsamkeit* (*Advancement of Learning*), Buch III, Kap. 4.

20 *Hist. Animalium* (Naturgeschichte), VIII.

21 *De Anima* (Von der Seele) II, 2.

22 *De partibus animalium* (Von den Teilen der Tiere), I, 7; II, 10.

23 Ebenda, IV, 5–6.

24 *De Anima*, II, 4.

25 *De part. an.*, IV, 10.

26 Gomperz, IV; Zeller, II, 2; Lewes 158, 165 usw.

27 *Hist. an.*, I, 6; II, 8.

28 Ebenda, VIII, 1.

29 *Politik*, I, 8.

30 *Hist. an.*, I, 6; II, 8.

31 *De generatione animalium* (V. d. Entstehung der Tiere), II, 12.

32 *De part. an.*, III, 4.

33 *Lewes*, 112.

34 Gomperz, IV.

35 Die Hälfte unserer Leser wird mit Befriedigung, die andere Hälfte mit Lächeln vernehmen, daß Aristoteles' Lieblingsbeispiele für Form und Materie »Mann« und »Frau« sind; der Mann ist das aktive, gestaltende Prinzip, das Weib der passive Stoff, der auf Gestaltung wartet. Weibliche Nachkommen entstehen dadurch, daß die Form den Stoff nicht meistern kann (*De. gen. an.*, I, 2).

36 Entelecheia – was sein Ziel oder seinen Zweck (telos) in sich (entos) hat (echo); einer jener großartigen aristotelischen Begriffe, die eine ganze Philosophie in sich enthalten.

37 *Ethik*, I, 10.

38 *Metaphysik*, IX, 7.

39 Ebenda, XII, 8.

40 Grant, 173.

41 *Metaphysik*, XII, 8; Ethik, X, 8.

42 *Ethik*, III, 7.

43 *De Anima*, II.

44 *De Anima*, II, 4; III, 5.

45 *Poetik*, I, 1447.

46 Aristoteles spricht nur an einer einzigen Stelle von der Einheit der Zeit und erwähnt die Einheit des Ortes überhaupt nicht; die »drei Einheiten«, die man ihm zuzuschreiben pflegt, sind daher spätere Erfindungen (Norwood, *Greek Tragedy*, S. 42, Anm.).

47 *Poetik*, VI, 1449.

48 *Ethik*, I, 5.

49 Das Wort »Vollkommenheit« ist die vermutlich richtigste Übersetzung des griechischen Wortes »arete«, das meist mit »Tugend« übersetzt wird. Der Leser wird eine falsche Deutung Platons und Aristoteles' vermeiden, wenn er überall, wo die Übersetzer »Tugend« schreiben, »Vollkommenheit«, »Fähigkeit« oder »Vermögen« einsetzt. Das »arete« der Griechen und das »virtus« der Römer bedeuten dasselbe; beide schließen eine männliche Art Vollkommenheit ein (»Ares«, Gott des Krieges; »vir«, der Mann). Das klassische Altertum stellte sich die Tugend männlich, das christliche Mittelalter stellte sie sich weiblich vor.

50 *Ethik*, I, 7; II, 5.

51 *Ethik*, II, 3.

52 Ebenda, I, 6.

53 »Die Eitelkeit des Antisthenes« (des Zynikers), sagte Platon, »lugt aus den Löchern seines Mäntelchens hervor.«

54 *Ethik*, II, 9.

55 Ebenda, II, 8.

56 *Die Geburt der Tragödie.*

57 Vgl. eine soziologische Fassung desselben Gedankens: »Werte sind niemals absolut, sondern nur relativ ... Gewisse Eigenschaften der menschlichen Natur hält man für weniger häufig als sie sein sollten; man bewertet sie deshalb hoch und ... för-

dert und pflegt sie. Infolge dieser Bewertung nennen wir sie eine Tugend; sollten aber dieselben Eigenschaften einst überreichlich vorkommen, so würden wir sie Laster nennen und Schritte zu ihrer Unterdrückung einleiten.« – Carver, *Essays in Social Justice*.

58 *Ethik*, VIII und IX.

59 Ebenda, X, 7.

60 *Ethik*, IV, 8.

61 *Politik*, II, 8.

62 *Politik*, II, 5.

63 *Politik*, II, 3.

64 *Politik*, II, 4.

65 *Politik*, II, 3.

66 *Politik*, II, 5.

67 *Politik*, II, 5. Man beachte, daß Konservative die menschliche Natur pessimistisch, Radikale aber optimistisch beurteilen; sie selbst wird freilich weder so schlecht, noch auch so gut sein, wie sie glauben, und ist wohl weniger »Natur« als ein Produkt aus früher Erziehung und Umgebung.

68 *Politik*, I, 10.

69 *Politik*, I, 5.

70 *Politik*, I, 2. »Sklave« ist vielleicht eine etwas zugespitzte Wiedergabe von »doulos«; das Wort enthält bloß die offene Anerkennung der brutalen Tatsache, die in unseren Tagen mit Gerede über Würde der Arbeit und Bruderschaft der Menschen versüßt wird. Im Phrasendrechseln übertreffen wir leicht die Antike.

71 *Politik*, I, 5.

72 *Politik*, I, 4.

73 *Politik*, III, 3; VII, 8.

74 *Politik*, III, 5.

75 *Politik*, I, 10. Diese Anschauung hat das mittelalterliche Verbot des Zinsnehmens beeinflußt.

76 *Politik*, I, 11. Aristoteles fügt hinzu, daß die Philosophen auch auf diesem Gebiet Erfolg haben könnten, wenn sie Lust hätten, zu ihm herabzusteigen. Er deutet stolz auf Thales hin, der, eine gute Ernte voraussehend, alle Ölpressen seiner Stadt aufkaufte, um sie zur Erntezeit zu gepfefferten Preisen weiterzugeben; wozu Aristoteles bemerkt, daß das allgemeine Geheimnis großer Reichtümer in der Erlangung einer Monopolstellung bestehe.

77 *De gen. animalium*, II, 3; *Hist. animalium*, VIII, 1; *Politik*, I, 5.

Vgl. auch Weininger und Merediths Ausspruch: »Die Frau wird das Letzte sein, was der Mann zivilisiert« (*Ordeal of Richard Feverel*, S. 1). Demgegenüber scheint es doch so zu sein, daß der Mann das Letzte ist, was die Frau zivilisieren kann, denn die großen zivilisierenden Kräfte sind die Familie und geordnetes Wirtschaftsleben, die beide Schöpfungen der Frau sind.

78 *Politik*, I, 13.

79 *Politik*, VII, 16. Offenkundig denkt Aristoteles nur an die Enthaltsamkeit der Frauen; die moralische Wirkung der aufgeschobenen Ehe auf den Mann scheint ihm keine Sorgen zu bereiten.

80 *Politik*, VII, 16.

81 *Politik*, VII, 4.

82 *Politik*, V, 9; VIII, 1.

83 *Politik*, II, 5; VI, 4.

84 *Politik*, III, 4; II, 5.

85 *Politik*, I, 2. »Oder«, fügt Nietzsche hinzu, der fast seine ganze Staatsphilosophie von Aristoteles übernommen hat, »man muß beides sein – das heißt, ein Philosoph«.

86 *Politik*, IV, 5; II, 9; V, 7; II, 11.

87 *Politik*, III, 13. Aristoteles dachte beim Schreiben dieser Zeilen vermutlich an Alexander oder an Philipp, genau wie Nietzsche unter dem Eindruck der glänzenden Laufbahn Napoleons und Bismarcks zu ähnlichen Folgerungen gelangt ist.

88 *Politik*, III, 11. Vgl. den modernen Grundsatz der »Berufsvertretung«.

89 *Politik*, II, 11.

90 *Politik*, III, 11, 15, 8.

91 *Politik*, III, 15. Tarde, Le Bon und andere Sozialpsychologen versichern gerade das Gegenteil; obwohl sie die Laster der Menge übertreiben, könnten sie doch aus dem Verhalten der Athener Nationalversammlung 430–330 v. Chr. zur Unterstützung ihrer Lehre bessere Gründe gewinnen als aus Aristoteles.

92 *Politik*, II, 9.

93 *Politik* IV, 10, 11.

94 »Wollt ihr, daß ich weine, so müßt ihr erst weinen« – sagt Horaz in seiner *Ars poetica* zu den Schauspielern und Dichtern.

95 *Göttl. Komödie*, Hölle, 4, 130.

96 Grote, 20.

97 Grote, 22; Zeller, II, 2, S. 40, Anm. 4.

III. BACON

1 Die Übersicht auf Seite 21 zeigt die ungefähren Hauptzüge der Entwicklung der europäischen und amerikanischen Philosophie.

2 Zitiert als Motto auf dem Titelblatt von Anatole Frances *Garten des Epikur.*

3 Prof. Shotwell nennt dieses Werk in seiner *Einleitung in die Geschichte der Geschichte* die »wunderbarste Schöpfung der antiken Literatur«.

4 Übersetzung nach einer Nachdichtung von Mallock: *Lucretius on Life and Death,* S. 15 f.

5 *De rer. nat.*, V, 830 f.

6 Vgl. »Epictetus. Was von ihm erhalten ist nach den Aufzeichnungen von Arrianus«. Herausg. von R. Mücke, Heidelberg 1926.

7 Zitiert b. Rolleston, *Enchiridion and Dissertations of Epictetus,* S. XXXVI.

8 *De rer. nat.*, II, 1170. Diese älteste Anschauung über den Verfall Roms deckt sich mit der modernsten; vgl. Simkhovitch, *Toward the Understanding of Jesus,* New York 1921.

9 Vgl. Robinson und Beard, *Outlines of European History,* Boston 1914, I, 443.

10 Bacon, *The Advancement of Learning,* Buch II, Kap. 10. Ein mittelalterlicher Stich mit der Beschriftung *»Non plus ultra«* (nicht weiter!) zeigt ein Schiff, das vor Gibraltar nach dem Mittelmeer umkehrt.

11 E. J. Payne, in *The Cambridge Modern History,* I, 65.

12 *Essays,* New York 1860, III, 342.

13 Vorrede zur *Interpretation of Nature.*

14 Zitiert bei Nichol, *Francis Bacon,* Edinburgh 1907, I, 37.

15 Viele hundert Bände sind über diese Seite von Bacons Laufbahn geschrieben worden. Gegen Bacon als den »weisesten und gemeinsten aller Menschen« (wie Pope ihn nannte) richtet sich ein Essay Macaulays und Abbots umfangreicheres Werk *Francis Bacon;* diese möchten auf ihn seine eigenen Worte anwenden: »Weisheit für den eigenen Gebrauch ist die Weisheit von Ratten, die das Haus bestimmt noch kurz vor dessen Zusammensturz verlassen« (Essay: »Über die Weisheit für den eigenen Gebrauch«). Für Bacon tritt Speddings *Life and Times of Francis Bacon* (Das Zeitalter und das Leben Francis Bacons) und die *Evenings with a Reviewer* desselben Verfassers (die eine aus-

führliche Auseinandersetzung mit Macaulay enthalten) ein. *In medio veritas.*

16 Der Verfasser hat es für zweckmäßiger gehalten, in diesem Abschnitt die ohnehin zusammengedrängten Gedanken Bacons nicht weiter zu verdichten, sondern die Weisheit dieses Philosophen lieber in dessen unnachahmlicher Sprache zu zitieren, statt auf vermutlich umständlichere Weise dieselben Gedanken weniger klar, schön und eindrucksvoll auszusprechen.

17 *Valerius Terminus, ad fin.*

18 »Über das Studieren.«

19 In der Widmung der »*Weisheit der Alten*«.

20 *De Augmentis*, VIII, 3.

21 Der Verfasser bevorzugt besonders die Essays 2, 7, 8, 11, 12, 16, 18, 20, 27, 29, 38, 39, 42, 46, 48, 50, 52, 54.

22 *Fortschr. d. Gelehrs.*, VII, 2. Einige Abschnitte dieses Werkes werden bereits hier herangezogen, um wiederholter Darstellung derselben Probleme, wie sie in den verschiedenen Werken auftauchen, vorzubeugen.

23 »Über die Natur im Menschen.«

24 »Über die Herrschaft der Gesundheit.«

25 *Fortschr. d. Gelehrs.*, XII, 2.

26 »Über Güte.«

27 *Fortschr. d. Gelehrs.*, VII, 1.

28 »Über Atheismus.«

29 Ebenda.

30 Brief an Lord Burghley aus dem Jahre 1606.

31 »Über Ehe und Junggesellenleben.« Man vergleiche dagegen das befriedigendere Wort Shakespeares, daß »Liebe jede Kraft verdoppelt«.

32 »Über Liebe.«

33 »Über Freunde und Anhänger«; »Über Freundschaft«.

34 »Über Eltern und Kinder.«

35 »Über Gewohnheit.«

36 »Über Verwirklichung.«

37 »Über die wahre Größe der Königreiche.«

38 »Über Aufruhr und verwandte Schwierigkeiten.«

39 Ebenda.

40 Zitiert bei Nichol, II, 149.

41 *Fortschr. d. Gelehrs.*, VI, 3.

42 Ebenda, I.

43 Ebenda.

44 Vorwort zur *Magna Instauratio.*

45 *Redargutio philosophiarum.*

46 Folgende Hauptwerke Bacons fallen unter diesen Sammeltitel:

I. *De interpretatione naturae proemium* (Einleitung in die Erklärung der Natur, 1603); *Redargutio philosophiarum* (Eine Kritik der Philosophien, 1609).

II. *The Advancement of Learning* (Fortschritte der Gelehrsamkeit, 1603–1605), lateinisch unter dem Titel *De augmentis scientiarum*, 1622.

III. *Cogitata et visa* (Gedachtes und Erlebtes, 1607); *Filum labyrinthi* (Faden des Labyrinthes, 1606); *Novum Organum* (Das neue Organon, 1608–1620).

IV. *Historia naturalis* (Naturgeschichte 1622); *Descriptio globi intellectualis* (Beschreibung der geistigen Weltkugel, 1612).

V. *Sylva sylvarum* (Wald der Wälder, 1624).

VI. *De principiis* (Über die Ursprünge, 1621).

VII. *The New Atlantis* (Das neue Atlantis, 1624).

Anmerkung: All die genannten Werke sind, mit Ausnahme von *The New Atlantis* und *The Advancement of Learning* lateinisch geschrieben; letzteres wurde von Bacon und seinen Assistenten ins Lateinische übersetzt, um für das Werk den großen europäischen Leserkreis zu sichern. Da Historiker stets die lateinischen Titel der Werke zitieren, sind auch in diesem Buch die Stellenangaben zur Bequemlichkeit des Lesers nach den lateinischen Titeln gemacht.

47 Vorwort zur *Magna instauratio.*

48 »Aufbau des Werkes.«

49 *Fortschr. d. Gelehrs.*, VI, 2.

50 Ebenda, VI, 3.

51 Ebenda, II, 1.

52 *De Aug.*, IV.

53 *Fortschr. d. Gelehrs.*, IV, 2.

54 Ebenda.

55 *Novum organum*, I, 60.

56 *De interpretatione naturae*, zit. bei Nichol, II, 118.

57 Entwickelt sind diese Gedanken in der *Ethik* Spinozas, im Anhang zum I. Buch.

58 *Fortschr. d. Gelehrs.*, VII, 3.

59 *De Aug.*, IX, zit. nach Nichol, II, 129.

60 *Fortschr. d. Gelehrs.*, I.

61 Ebenda, VIII, 2.
62 Vgl. Edward Carpenters herrliches Buch *Iolaüs*, eine *»Anthologie der Freundschaft«*,
63 *Fortschr. d. Gelehrs.*, VIII, 2.
64 *Essays:* »Über Verstellung« und »Über das Gespräch«.
65 *Fortschr. d. Gelehrs.*, VIII,2.
66 *Fortschr. d. Gelehrs.*, I, 81.
67 Ebenda, I.
68 Ebenda, VIII, 2.
69 Ebenda, I.
70 Zit. nach Nichol, II, 4.
71 *Nov. Org.*, I, 113.
72 Ebenda.
73 *Fortschr. d. Gelehrs.*, II, 1.
74 Ebenda, I.
75 Ebenda, II, 1.
76 Macaulay, a.a.O., S. 92.
77 *Fortschr. d. Gelehrs.*, V, 1.
78 *Valerius Terminus.*
79 *Nov. Org.*, I, 41.
80 Ebenda, I, 45.
81 Ebenda, I, 46.
82 Ebenda, I, 63.
83 Ebenda, I, 49.
84 Ebenda, I, 58.
85 Ebenda, I, 104.
86 Ebenda, I, 56.
87 Ebenda, I, 43.
88 Ebenda, I, 44.
89 *Fortschr. d. Gelehrs.*, V, 2.
90 *Nov. Org.*, I, 84.
91 Ebenda, I, 82.
92 Ebenda, II, 20.
93 Ebenda, II, 13, 17.
94 Ebenda, II, 2.
95 *Outline of History*, Kap. XXXV, Abschn. 6.
96 Abschn. 25.
97 *The New Atlantis*, Cambridge University Press, 1900, S. 20.
98 Ebenda, S. 22.
99 Ebenda, S. XXV.
100 Ebenda, S. 34.

101 Vgl. in *The New York Times* vom 2. Mai 1923 den Bericht des amerikanischen Kriegsministeriums über die Verwendung der Kriegsgase zu Heilzwecken.

102 *New Atlantis*, S. 24.

103 A.a.O., S. 471.

104 Zitiert von J. M. Robertson in seiner Einleitung zu den *Philosophischen Werken Francis Bacons*, S. 7.

105 *Fortschr. d. Gelehrs.*, IV, 2.

106 *Fil. Lab.*, gegen Ende.

107 Sonett XV.

108 Macaulay, S. 491.

109 Nichol, II, 235.

110 *Nov. Org.*, I, 129.

111 Essay »Über hohe Stellungen«.

112 *Francis Bacon*, Kap. I.

113 Ebenda, S. 13, Anm.

IV. SPINOZA

1 Gutzkow hat die Geschichte Uriel Acostas zu einem Drama verarbeitet, das in den Spielplänen der europäischen Bühnen immer noch vertreten ist.

2 Renan, *Marc Aurèle*, Paris, Calman Lévy, S. 65.

3 »Epistemologie« bedeutet, dem Wortsinn nach: die Logik (*logos*) der Vernunft (epi-steme), d. h. eine Lehre vom Ursprung, von der Natur und von der Geltung der Erkenntnis (Erkenntnistheorie).

4 Graetz, *History of the Jews*, New York 1919, Bd. V, S. 140.

5 Willis, *Benedict de Spinoza*, 1870, S. 35.

6 Diese Vermutung spricht Israel Abrahams aus in seinem Artikel »Juden« in der *Encyclopaedia Britannica.*

7 Spinoza brachte den Streit vor Gericht, gewann ihn und schenkte dann die Erbschaft seiner Schwester.

8 *Ethik*, Teil I, Anhang. Wir zitieren, mit Änderungen, nach den Ausgaben der »Philosophischen Bibliothek«, und zwar die *Ethik* nach der Übersetzung von O. Baensch, alle anderen Werke nach Übersetzungen von Kirchmann.

9 Zitiert bei Pollock, *Life and Philosophy of Spinoza*, London 1899, S. 393.

10 Brief 34.

11 Anatole France, in *M. Bergeret in Paris.*
12 Zitiert bei Pollock, S. 394.
13 Zitiert bei Willis, S. 72.
14 Brief 19.
15 Zitiert bei Pollock, S. 406.
16 Brief 73.
17 Brief 74.
18 Zitiert bei Willis, S. 67.
19 Brief 54.
20 *Theologisch-Politische Abhandlung,* Kap. 5.
21 Ebenda, Kap. 6.
22 Ebenda.
23 Ebenda.
24 Ebenda, Einleitung.
25 Ebenda, Kap. 5.
26 Ebenda, Kap. 4.
27 Brief 21.
28 Ebenda, Kap. 4.
29 *Über die Vervollkommnung des Verstandes,* Phil. Bibl., S. 7.
30 Ebenda.
31 Ebenda, S. 9.
32 Ebenda, S. 41. Vgl. auch Bacon, *Novum Organum,* II, 2: »Denn obwohl in der Natur nichts existiert außer individuellen Körpern, die gemäß besonderen Gesetzen eindeutige individuelle Wirkungen zeigen, so sind doch auf allen Gebieten der Gelehrsamkeit gerade diese Gesetze – ihre Erforschung, Entdeckung und Entfaltung – die Grundlage sowohl der Theorie als auch der Praxis«. In den Grundlehren stimmen alle Philosophen überein.
33 Teil II, Lehrsatz 11, Anmerkung.
34 Man lese z. B. Liebert, *Spinoza-Brevier,* 2. Aufl., Leipzig 1918; G. Mehlis, *Spinozas Leben und Lehre,* Freiburg 1923; O. Baensch, *Spinoza,* 2. Aufl., Leipzig 1923 u. a.
35 Vgl. Spencer, *First Principles,* Teil II, Kap. 1.
36 Brief 21.
37 Kap. 3.
38 *Ethik,* I, 17, Anmerkung.
39 Vgl. Höffding, *Geschichte der modernen Philosophie,* Bd. I.
40 Vgl. Martineau, *Study of Spinoza,* London 1822, S. 171.
41 Prof. Woodbridge.
42 *Theol.-pol. Abh.,* Kap. 3.

43 *Ethik*, Teil I, Anhang.
44 *Polit. Abh.*, Kap. II, 8.
45 *Ethik*, IV, Vorrede.
46 Santayana, in der Einleitung zur *Ethik*, Everyman ed., S. XX.
47 Brief 15.
48 *Ethik*, I, Anhang.
49 Brief 58.
50 Brief 60.
51 *Ethik*, I, 17, Anmerkung.
52 Santayana, a.a.O., S. X.
53 *Ethik*, II, 13, Anmerkung.
54 *Ethik*, II, 2 und Anmerkung.
55 II, 7.
56 Ebenda, Anmerkung.
57 V, 1.
58 II, 12, 13.
59 Zu Spinozas Vorwegnahme der Assoziationstheorie vgl. II, 18, Anmerkung.
60 II, 48, Anmerkung.
61 II, 49, Folgesatz.
62 IV, 18.
63 Spinoza kennt die Macht des »Unterbewußtseins«, wie sie sich im Somnambulismus zeigt (II, 2, Anmerkung) und bemerkt auch die Erscheinungen der Persönlichkeitsspaltung (IV, 39, Anmerkung).
64 III, 6, 7.
65 III, 57.
66 III, 2, Anmerkung.
67 II, 48.
68 I, Anhang.
69 Brief 58.
70 *Polit. Abh.* I, 4.
71 *Short Studies*, I, 308.
72 Vgl. Nietzsche: »Was ist Glück? – Das Gefühl davon, daß die Macht *wächst*, – daß ein Widerstand überwunden wird.« (*Antichrist*, 218.)
73 III, Anhang. Def. 3.
74 III, Definition 3.
75 IV, Definition 8.
76 III, 55. Folgesatz 2.
77 IV, 20.

78 *Theol. polit. Abh.*, Kap. 16.
79 IV, 18, Anmerkung.
80 Ebenda.
81 III, 55.
82 IV, 54.
83 III, Anhang, Definition 29.
84 Ebenda.
85 IV, Anhang, Definition 21.
86 IV, 46, Anmerkung.
87 IV, Anhang 11.
88 IV, 26.
89 III, 59, Anmerkung.
90 Um dasselbe in modernen Worten auszudrücken: die Reflexhandlung ist eine örtlich begrenzte Antwort auf einen örtlich begrenzten Reiz; die Instinkthandlung ist eine Teilantwort auf den Teil einer Gesamtlage; Vernunft enthält eine umfassende Antwort auf eine Gesamtlage.
91 IV, 44, Anmerkung.
92 IV, 60.
93 IV, 7, 14.
94 V, 3.
95 Man beachte die Ähnlichkeit zwischen den letzten beiden Zitaten und der psychoanalytischen Lehre, daß Begierde nur solange »Komplexe« sind, als wir nicht ihre genauen Ursachen kennen, und daß daher den ersten Schritt in der Behandlung der Versuch bildet, die Begierde und ihre Ursache zum Bewußtsein zu bringen, d. h. »adäquate Ideen« von ihnen zu bilden.
96 IV, 62.
97 Vgl. hierzu Prof. Dewey: »Ein Arzt oder Ingenieur ist in seinem Denken und Handeln in dem Maße frei, als er den Gegenstand kennt, mit dem er zu schaffen hat. Möglicherweise finden wir hier den Schlüssel zu aller Freiheit.« (*Human Nature and Conduct*, New York 1922, S. 303.)
98 IV, 18, Anmerkung; vgl. auch Whitman: »Ich will, bei Gott, nichts haben, dessen nicht alle unter denselben Bedingungen auch teilhaftig werden können.«
99 II, Schluß.
100 II, 44, Folgesatz 2.
101 Whitman.
102 § 500.
103 *Ecce homo*, S. 115. Das freilich hoffte Nietzsche eher, als daß er

es erreicht hätte.

104 *Hyperion*, II, 203.

105 *Ethik*, IV, 67.

106 *Über d. Vervollk. d. Verst.*

107 *Ethik*, V, 40, Anmerkung.

108 Zit. bei Pollock, S. 169, 145.

109 *Ethik*, V, 23.

110 V, 34, Anmerkung.

111 V, 21.

112 II, 49, Anmerkung.

113 *Ethik*, IV, 37, Anmerkung 2.

114 *Polit. Abh.*, Kap. 2.

115 Bismarck.

116 Vgl. *Ethik*, IV, 27, Anm. 1 und Anhang 27.

117 *Polit. Abh.*, Kap. 6, § 1.

118 *Ethik*, IV, Anhang 28.

119 *Polit. Abh.*, Kap. 5, § 2.

120 *Ethik*, III, 22, Anmerkung.

121 Ebenda, 27, Anmerkung 1.

122 III, Anhang, 27.

123 *Theol.-pol. Abh.*, Kap. 20.

124 Ebenda.

125 Ebenda.

126 *Polit. Abh.*, Kap. 10, § 5.

127 *Theol.-pol. Abh.*, Vorwort.

128 *Polit. Abh.*, Kap. 8, § 49.

129 *Theol.-polit. Abh.*, Kap. 17.

130 *Polit. Abh.*, Kap. 6, § 4.

131 *Polit. Abh.*, Kap. 7, § 29.

132 *Theol.-polit. Abh.*, Kap. 20.

133 *Polit. Abh.*, Kap. 7.

134 »Das bebaute Land und der ganze Grund und Boden, womöglich auch die Häuser, sollen öffentliches Eigentum sein und dem Inhaber der Staatsgewalt gehören, der sie um einen jährlichen Zins den Bürgern . . . vermietet; sonst ist in Friedenszeiten jedermann frei von allen Abgaben.« (*Polit. Abh.*, Kap. 6, § 12.)

135 *Theol.-polit. Abh.*, Kap. 13.

136 Ebenda, Kap. 17.

137 *Ethik*, IV, 58, Anmerkung.

138 *Polit. Abh.*, Kap. 8, § 12.

139 Pollock, a.a.O., S. 79.

140 Vgl. den Schriftwechsel beider, herausgegeben v. R. Petsch, Leipzig 1910.

141 Vgl. Brandes, *Hauptströmungen der Literatur des neunzehnten Jahrhunderts*, Berlin 1924, Bd. III, Teil 2; Brandes, *Goethe*, Berlin 1922, S. 257 f.

142 »Spy« bedeutet im Englischen Spion und »nose« Nase.

143 Zitiert in der »Everyman Edition« der *Ethik*, Einleitung, S. XXII, Anm.

V. VOLTAIRE

1 Zit. bei Tallentyre: *Life of Voltaire*, 3. Aufl., S. 145.

2 Zit. bei Brandes: *Hauptströmungen*, Bd. II, S. 89.

3 Zit. bei Tallentyre, S. 32.

4 J. M. Robertson: *Voltaire*. London 1922, S. 67.

5 Taine: *Ancien Régime*.

6 Zit. nach Sainte-Beuve.

7 Zit. bei Tallentyre, S. 93.

8 Morley: *Voltaire*. London 1878, S. 14.

9 Voltaire-Gedenkrede.

10 Zit. in der Einleitung der englischen Ausgabe von Voltaires Erzählungen (*Romances*. New York 1889, S. VI, IX).

11 Zit. bei Tallentyre, S. 526.

12 Bertaut: *Napoleon in His Own Words*. Chicago 1916, S. 63.

13 Zit. bei Tallentyre, S. 101.

14 Carlyle hielt den Namen für eine künstliche Wortbildung aus den Buchstaben *A-r-o-u-e-t l. j.* (le jeune, der Jüngere). Der Name soll aber in der Familie von Voltaires Mutter vorgekommen sein.

15 Zit. bei Robertson, S. 67.

16 *Briefe über die Engländer*, XIII; zit. nach Morley, S. 52.

17 Diderot erhielt für seinen *Brief über die Blinden* sechs Monate Gefängnis; Buffon wurde 1751 zur öffentlichen Widerrufung seiner Anschauungen über das Alter der Erde gezwungen; wegen seiner kritischen Forschungen über den Ursprung der königlichen Macht in Frankreich wanderte Fréret in die Bastille. Bis zum Jahre 1788 ließ man Bücher öffentlich durch den Scharfrichter verbrennen, und nach der Restauration im Jahre 1815 wurde diese Gepflogenheit wieder aufgenommen. 1757 bedrohte eine Verordnung mit Todesstrafe die Schriftsteller, die »die Religion

angreifen«, d. h. es wagen sollten, an den Dogmen der herkömmlichen Religion zu zweifeln. Vgl. Robertson, S. 73, 84, 105, 107; Pellissier: *Voltaire Philosophe*, Paris 1908, S. 92; Buckle: *History of Civilization*, New York 1913, Bd. I, S. 529 f.

18 Zit. nach Sainte-Beuve.

19 Vgl. Tallentyre, S. 207. Voltaire sagt: »Gott erschuf die Frau, um das männliche Geschlecht zu zähmen« (*L'Ingénu*); wogegen Meredith meint: »Die Frau ist das Letzte, was der Mann zivilisieren wird« (*Ordeal of Richard Feverel*, S. 1). Die Soziologen würden Voltaire zustimmen. Der Mann ist das am spätesten gezähmte Haustier der Frau.

20 »Lachen und zum Lachen bringen.«

21 »Es ist erquickend, manchmal lustig zu sein.«

22 Brief an Friedrich den Großen, Juli 1737

23 Vgl. *Auserlesene Werke*, Leipzig 1840, Bd. I, S. 170. Vgl. auch Bernard Shaws *Back to Methuselah*. Eines der berühmtesten Bonmots von Shaw hat sein Vorbild in Voltaires *Memnon der Philosoph*, der sagt: »Ach, mir wird ganz bange, daß unser kleiner, aus Wasser und Erde bestehender Ball das Irrenhaus jener [tausend Millionen von] Welten ist, von denen zu sprechen Ihr mir die Ehre erweist.« – Bd. I, S. 145.

24 Bd. I, S. 186.

25 Bd. I, S. 11.

26 Zit. nach Sainte-Beuve.

27 Zit. nach Sainte-Beuve.

28 Nachdichtung von Gerhard Büchner.

29 Zit. nach Sainte-Beuve.

30 Vgl. Brandes, *Hauptströmungen*, I, 14.

31 Zit. nach Tallentyre, S. 226, 230.

32 Zit. nach Sainte-Beuve.

33 Zit. bei Morley, S. 146.

34 Tallentyre, S. 291.

35 Vgl. Robertson, S. 23; Morley, S. 215; Tallentyre: *Voltaire in His Letters*, New York 1919, S. 222.

36 Zit. bei Pellissier, S. 213.

37 *Essai sur les mœurs*, Einleitung.

38 Zit. bei Morley, S. 220.

39 So nennt Matthew Arnold die Geschichte.

40 Brandes: *Voltaire*.

41 Zit. bei Morley, S. 275.

42 *Voltaire in His Letters*, S. 40–41.
43 Zit. bei Buckle, *Hist. of Civ.*, I, S. 580.
44 Werke I, S. 161.
45 Morley, S. 239.
46 Zit. bei Tallentyre, S. 349.
47 Vgl. Morley, S. 335.
48 Zit. nach Sainte-Beuve.
49 Nachdichtung von Gerhard Büchner.
50 Tallentyre, S. 231.
51 Einleitung zur Modern Library-Ausgabe von *Candide*.
52 Werke, II, S. 10.
53 Werke, II, S. 14.
54 Werke, II, S. 91.
55 Taine: *Ancien Régime*.
56 Robertson, S. 87.
57 Vgl. Artikel »Philosophe« im *Dictionnaire philosophique*. Oeuvres éd. Moland. Paris 1879.
58 Zit. bei Pellissier, S. 11, Anmerkung.
59 Zit. bei Robertson, S. 122.
60 *Philos. Wörterbuch*, Artikel »Ignorance«.
61 Oeuvres, Bd. XXI. S. 219 f.
62 »Was weiß ich?«
63 Zit. bei Pellissier, S. 28, Anmerkung.
64 Zit. nach *Voltaire's Prose*, ed. Cohn und Woodward, Boston 1918, S. 54.
65 Zit. bei Pellissier, S. 29–30.
66 Briefwechsel, 11. November 1765.
67 Tallentyre, S. 319; von einigen angezweifelt.
68 *Essai sur les mœurs*.
69 Ebenda.
70 Robertson, S. 112.
71 Zit. bei Sainte-Beuve.
72 Vgl. Pellissier, S. 101.
73 Voltaire selbst war etwas antisemitisch eingestellt, in der Hauptsache wohl wegen seiner nicht gerade rühmlichen Beziehungen zu Geldleuten.
74 *Essai sur les mœurs*, Teil II, Kap. 9; zit. nach Morley.
75 Vgl. »*Der Weise und der Atheist*«, Kap. 9 und 10.
76 Zit. nach *Voltaire in His Letters*, S. 81.
77 *Philos. Wörterbuch*, Artikel »Providençe« (Vorsehung).
78 Briefwechsel, Brief vom 26. Februar 1767.

79 »*Der unwissende Philosoph*«.
80 *Philos. Wörterbuch*, Artikel »Ame« (Seele).
81 Zit. bei Morley, Ausg. 1886, S. 286.
82 *Philos. Wörterbuch*, Artikel »Résurrection« (Auferstehung).
83 Zit. bei Pellissier, S. 169.
84 *Philos. Wörterbuch*, Artikel »Religion«.
85 Zit. bei Pellissier, S. 172.
86 Briefwechsel, Brief vom 11. September 1738.
87 Brief vom 18. September 1763.
88 Zit. bei Pellissier, S. 237, Anmerkung und S. 236.
89 Zit. bei Pellissier, S. 23, und bei Morley, S. 86.
90 *Philos. Wörterbuch*, Artikel »Propriété« (Besitz).
91 *Philos. Wörterbuch*, Artikel »Patrie« (Vaterland).
92 Brief vom 20. Juni 1777.
93 Vgl. Pellissier, S. 222.
94 »*Der unwissende Philosoph.*«
95 *Philos. Wörterbuch*, Artikel »Guerre« (Krieg).
96 Brief vom 1. April 1766.
97 Zit. nach *Voltaire's Prose*, S. 15.
98 *Philos. Wörterbuch*, Artikel »Egalité« (Gleichheit).
99 *Philos. Wörterbuch*, Artikel »Gouvernement« (Regierung).
100 Vgl. Pellissier, S. 283.
101 Zit. nach Sainte-Beuve.
102 Brief vom 2. April 1764.
103 Brief vom 30. August 1755.
104 Brief, März 1765.
105 Zit. nach Sainte-Beuve.
106 *Voltaire in His Letters*, S. 65.
107 Brief vom 25. August 1766.
108 Sainte-Beuve.
109 Robertson, S. 71.
110 Ebenda, zit., S. 67.
111 Zit. nach Tallentyre, S. 497.
112 Zit. nach Tallentyre, S. 535.
113 Ebenda, S. 538.
114 Morley, S. 262.
115 Vgl. Tallentyre, S. 525.
116 Ebenda, S. 545.

VI. KANT

1 *Der Wille zur Macht*, Bd. II, Teil I.

2 *Kritik der Kantischen Philosophie.*

3 *Kritik der reinen Vernunft, Einleitung.* Im folgenden wird nach der Kant-Ausgabe der »Philosophischen Bibliothek« zitiert.

4 Zitiert nach Royce, *The Spirit of Modern Philosophy*, Boston 1892, S. 98.

5 Die Lehre, daß alles Handeln durch Streben nach Lust motiviert ist.

6 Vgl. *Konfessionen*, Bd. II, Buch X.

7 *Krit. der Kant. Philosophie.*

8 Vgl. Paulsen, *Immanuel Kant*, Stuttgart 1898, S. 82.

9 Zit. nach Paulsen, S. 56.

10 *Anthropologie*, Philos. Bibl., S. 283, Anmerkung.

11 Dieser Ansicht ist Wallace: *Kant*, Philadelphia 1882, S. 115.

12 Heine, *Zur Geschichte der Religion und Philosophie in Deutschland.*

13 Vgl. die Einleitung zu Kants *Critique of Practical Reason*, London 1909, S. XIII.

14 *Gedanken zur wahren Schätzung der lebendigen Kräfte*, Vorrede.

15 Ein Wort über die Bücher, die man lesen soll. Kant selbst wird dem Anfänger kaum verständlich sein, denn seine Gedanken sind hinter einer bizarren und schwierigen Terminologie verschanzt (daher auch die geringe Zahl der Zitate in diesem Kapitel). Leicht verständliche Einführungen in die kantische Philosophie sind: Vorländer, *Immanuel Kant*, Leipzig 1924, 2 Bde.; Kronenberg, *Kant*, München 1922. Sehr brauchbar ist Paulsens *Immanuel Kant* (in Frommans Klassiker der Philosophie). Geistvoll, jedoch vielfach vom Gegenstande abschweifend ist Chamberlains *Immanuel Kant*, 2 Bde. 1905. Eine gute Kritik Kants enthält Schopenhauers *Kritik der Kantischen Philosophie* im Anhang zum I. Band der *Welt als Wille und Vorstellung;* aber *caveat emptor.*

16 *Kritik der reinen Vernunft*, S. 9.

17 *Kritik der reinen Vernunft*, S. 8.

18 *Kritik der reinen Vernunft*, S. 38.

19 *Kritik der reinen Vernunft*, S. 43.

20 An dieser Stelle tritt der »radikale Empirismus« in die Debatte ein und behauptet gegen Hume wie Kant, daß uns die Erfahrung

sowohl Beziehungen und Abfolgereihen als auch Empfindungen und Geschehen liefert.

21 *Kritik der reinen Vernunft*, S. 55.

22 *Kritik der reinen Vernunft*, S. 83.

23 Auch John Stuart Mill war, trotz seiner englischen Neigung zum Realismus, gezwungen, die Materie schließlich als eine bloße »permanente Wahrnehmungsmöglichkeit« zu definieren.

24 *Kritik der Kant. Philos.*

25 *Kritik der reinen Vernunft*, S. 296

26 Vgl. Wallace, S. 82.

27 Heine, *Geschichte der Religion und Philosophie in Deutschland.*

28 *Kritik der prakt. Vernunft*, S. 23.

29 »Morgens fasse ich gute Vorsätze, und abends begehe ich Dummheiten.«

30 *Grundlegung zur Metaphysik der Sitten*, S. 54.

31 *Grundlegung zur Metaphysik der Sitten*, S. 21 f.

32 *Kritik der prakt. Vernunft*, S. 166.

33 *Die Metaphysik der Sitten*, Vorrede zu Teil II.

34 *Grundlegung zur Metaphysik der Sitten*, S. 54.

35 *Kritik der prakt. Vernunft*, S 158 f.

36 Vgl. *Kritik der Urteilskraft*, § 29.

37 Zitiert bei Chamberlain, *Immanuel Kant*, S. 765, nach Erdmann, *Reflexionen*, I, 213.

38 Paulsen, S. 361.

39 Vgl. *Encyclopedia Britannica*, Artikel »Frederick William II«.

40 Zitiert nach Paulsen, S. 49.

41 Nach dem Bericht von Stägemann an Varnhagen von Ense; s. dessen *Tagebücher*, XI, 187.

42 *Idee zu einer allgemeinen Geschichte in weltbürgerlicher Absicht*. S. 9–10.

43 *Idee zu einer Geschichte*, S. 12.

44 *Idee zu einer Geschichte*, S. 16.

45 *Vom Verhältnis der Theorie zur Praxis im Völkerrecht.* Phil. Bibl. Bd. 47, S. 107.

46 *Zum ewigen Frieden*, S. 117.

47 *Idee zu einer Geschichte*, S. 17.

48 *Zum ewigen Frieden*, S. 119.

49 *Zum ewigen Frieden*, S. 136.

50 *Zum ewigen Frieden*, S. 138.

51 *Zum ewigen Frieden*, S. 126.

52 *Zum ewigen Frieden*, S. 127–128.

53 Vgl. Paulsen, S. 336.
54 Die unverwüstliche Lebenskraft der kantischen Erkenntnislehre zeigt sich in ihrer restlosen Anerkennung durch solche nüchtern sachliche Wissenschaftler wie z. B. der verstorbene Charles P. Steinmetz: »All unsere sinnlichen Wahrnehmungen sind durch die Anschauung vom Raum und Zeit beschränkt und an diese Anschauung geknüpft. Kant, der größte und kritischste aller Philosophen leugnet, daß Raum und Zeit Produkte der Erfahrung seien; er zeigt vielmehr, daß sie Kategorien sind – Begriffe, in die unser Geist die sinnlichen Wahrnehmungen hüllt. Die moderne Physik ist in der Relativitätstheorie zu derselben Überzeugung gelangt, nach der es keinen absoluten Raum und keine absolute Zeit geben soll; Raum und Zeit existieren nur insofern, als sie von Dingen oder Geschehen ausgefüllt sind, d. h. sie sind Formen der Wahrnehmung.« Vortrag in der Unitarian Church, Schenectady, 1923.
55 Vgl. *Kritik der Kant. Philosophie.*
56 Vgl. *Kritik der prakt. Vernunft*, S. 81.
57 Vgl. Dewey, *German Philosophy and Politics.*
58 Paul Rée, *Philosophie.* Berlin 1903, § 50, S. 262.
59 Paulsen, S. 314.
60 *Kritik d. Kant. Philos.*
61 *Über Relig. u. Philos. in Deutschland.*
62 Brief an Moses Mendelssohn vom 8. April 1766.
63 K. L. Reinhold, *Briefe über die Kantische Philosophie.* Hrsg. von Raymund Schmidt, Reclam, S. 93.
64 Helvetius, *De l' Esprit.* Discours I, chap. 4.
65 *Krit. d. Kant. Philos.* Die biographischen Angaben sind dem Buche von Caird: *Hegel* (Blackwood Philosophical Classics) entnommen.
66 *Vorlesungen üb. d. Gesch. d. Philosophie,* I. Bd. Hegels Werke, Berlin 1833, 13. Bd., S. 171.
67 Hegel an Zellmann, 23. Januar 1807.
68 *K. L. v. Knebels literarischer Nachlaß,* Leipzig 1835, Bd. II, S. 446.
69 Wie zu erwarten war, bezweifeln strenge Kritiker die Wahrheit dieser Anekdote.
70 Hegel an Voß, Jena 1805.
71 *Philos. d. Geschichte,* Berlin 1833, S. 13. Vgl. auch Philos. Bibliothek, Bd. 171 a, S. 4.
72 *Die Vernunft i. d. Geschichte.* Philos. Bibl., Bd. 171 a, S. 63.

73 *Philos. d. Gesch.* S. 34; Philos. Bibl. Bd. 171 a, S. 71.
74 *Philos. d. Gesch.*, S. 38; Philos. Bibl., S. 76.
75 Paulsen, S. 378.

VII. SCHOPENHAUER

1 14 Pfund.
2 Zitiert nach Froude, *Life and Letters of Thomas Carlyle*, I, S. 52.
3 *Die Welt als Wille und Vorstellung*, Bd. II, Kap. 41.
4 Zitiert nach Kuno Fischer, *Geschichte der neueren Philosophie*, 2. Aufl., Bd. IX, S. 34 f.
5 Vgl. Wallace, *Life of Schopenhauer*, London, ohne Jahreszahl, S. 59.
6 *Die Welt als Wille und Vorstellung* (weiter unten zitiert als W. W.), Bd. II, Kap. 3.
7 *Parerga*, II. »Über Lärm und Geräusch.«
8 Nietzsche, *Unzeitgemäße Betrachtungen*, 406.
9 Vgl. Wallace, Artikel »Schopenhauer« in der *Encyclopaedia Britannica*.
10 Schopenhauer besteht darauf (wohl kaum mit zureichendem Grunde und fast im Stil eines Kaufmanns), daß dieses Buch gelesen werden müsse, damit man *Die Welt als Wille und Vorstellung* verstehen könne. Der Leser kann sich dennoch mit dem Wissen zufrieden geben, daß das »Prinzip des zureichenden Grundes« in folgenden vier Formen des »Gesetzes von Ursache und Wirkung« besteht: 1. Logische Determination, z. B. das Bestimmtsein einer Folge durch ihre Prämissen. 2. Physikalische Determination, bestehend in der Bestimmung der Wirkung durch ihre Ursache. 3. Mathematische Determination, z. B. die Bestimmung eines räumlichen Gebildes durch mathematische und mechanische Gesetze. 4. Moralische Determination, wie sie sich in der Bestimmung des Verhaltens durch den Charakter zeigt.
11 *Parerga*, Aphorismen zur Lebensweisheit. (Von dem, was einer vorstellt.)
12 Ebenda.
13 Ebenda.
14 Vgl. Wallace, S. 171.
15 Es gibt ein Beispiel für seinen Humor, das man besser im Schatten einer Anmerkung verbirgt. Er berichtet über den Schauspie-

ler Unzelmann, der dafür berühmt war, daß er seine Rolle durch eigene Bemerkungen zu ergänzen pflegte, und schreibt: »Nachdem auf dem Berliner Theater alles Improvisieren streng untersagt worden war, hatte er zu Pferde auf der Bühne zu erscheinen, wobei, als er gerade auf dem Proscenio war, das Pferd Mist fallen ließ, wodurch das Publikum schon zum Lachen bewogen wurde, jedoch sehr viel mehr, als Unzelmann zum Pferde sagte: ›Was machst denn du? weißt du nicht, daß uns das Improvisieren verboten ist?‹« – W. W. II, Kap. 8.

16 *W. W.*, Vorrede zur 2. Auflage.

17 »Zuerst leben, dann philosophieren.«

18 *W. W.*, Vorrede zur 2. Auflage.

19 Ebenda.

20 Ebenda.

21 Ebenda.

22 *W. W.*, Vorrede zur 1. Auflage.

23 *Parerga*, I. Über Universitätsphilosophie.

24 *Kritik der Kantischen Philosophie.*

25 *W. W.*, Vorrede zur 1. Auflage.

26 Ebenda. Das empfiehlt sich in der Tat. Viele haben sogar eine dritte Lektüre fruchtbar gefunden. Ein großes Werk ist wie eine große Symphonie, die man oft hören muß, bevor man sie verstehen kann.

27 *W. W.*, I, § 49.

28 *Parerga*, Aphorismen zur Lebensweisheit.

29 Statt Bücher über Schopenhauer zu empfehlen, ist es richtiger, den Leser an die Werke des Philosophen zu verweisen, denn die beiden Bände des Hauptwerkes sind leicht zu lesen (mit Ausnahme von Buch I in jedem Bande) und voll von Stoff; daneben sind die Essays der *Parerga* und *Paralipomena* ebenfalls wertvoll und genußreich. Zur Biographie Schopenhauers lese man: Ed. Grisebach, *Schopenhauer, Geschichte seines Lebens*, 1897, und W. von Gwinner, *Schopenhauers Leben*, 3. Aufl. 1910. – Im vorliegenden Buche schien es wünschenswert, die umfangreichen Werke Schopenhauers nicht durch Neuformulierung seiner Gedanken zu kürzen, sondern durch Auswahl und geeignete Anordnung wichtiger Stellen aus seinen Werken, die den Vorzug haben, daß sie die Gedanken des Philosophen in seiner eigenen, glänzenden Sprache ausdrücken. Der Leser genießt hierdurch den Vorzug, Schopenhauer, wenn auch nur kurz, aus erster Hand kennenzulernen.

30 *W. W.*, I, § 7.
31 Gedacht ist an Vogt, Büchner, Moleschott, Feuerbach u. a.
32 *W. W.*, I, § 24.
33 *W. W.*, II, Kap. 23.
34 *W. W.*, I, § 17.
35 »Erste Lüge« oder »erster Fehler«.
36 *W. W.*, II, Kap. 18.
37 *W. W.*, II, Kap. 14.
38 *W. W.*, II, Kap. 19, 3.
39 Eine Quelle Freuds.
40 *W. W.*, II, Kap. 19.
41 *W. W.*, II, Kap. 19, 5.
42 *W. W.*, II, Kap. 19, 6.
43 *W. W.*, II, Kap. 7.
44 *W. W.*, II, Kap. 28.
45 *W. W.*, II, Kap. 15.
46 *W. W.*, II, Kap. 19, 8.
47 Ebenda.
48 Vgl. *W. W.*, II, Kap. 20.
49 Vgl. *W. W.*, II, Kap. 20. Das ist die lamarckistische Anschauung vom Wachstum und von der Entwicklung, nach der Begierde und Tätigkeit die Organismen aufbauen und die Organe erzeugen sollen.
50 Vgl. *W. W.*, I, § 18. Eine Quelle der James-Langeschen Theorie der Gefühle?
51 *W. W.*, I, § 18. Vgl. auch § 19–20.
52 *W. W.*, I, § 20.
53 *W. W.*, II, Kap. 20.
54 *W. W.*, I, § 20.
55 Vgl. *W. W.*, II, Kap. 19, 4. Gibt es aber wirklich keine Sättigung oder Befriedigung der Begierden? Bei schwerer Ermüdung oder Krankheit schwindet sogar der Wille zum Leben.
56 *W. W.*, II, Kap. 19.
57 *W. W.*, II, Kap. 19, 2.
58 *Parerga*, I, Paränesen, Kap. V, 20.
59 *W. W.*, II, Kap. 15.
60 Vgl. *W. W.*, I, § 22.
61 Vgl. *W. W.*, I, § 21.
62 *W. W.*, I, § 23.
63 *W. W.*, II, Kap. 15; vgl. Kap. 19, 3.
64 *W. W.*, I, § 28.

65 Vgl. *W. W.*, I, § 6.
66 *W. W.*, I, § 26.
67 *W. W.*, I, § 60.
68 Ebenda.
69 *W. W.*, II, Kap. 42. Eine Quelle für Freuds Theorie des Witzes und des Unbewußten.
70 *W. W.*, II, Kap. 42. Wie alle, die unter ihrer Geschlechtlichkeit zu leiden haben, übertreibt Schopenhauer die Rolle des Geschlechtstriebes; bei normalen Erwachsenen nimmt die elterliche Beziehung vermutlich einen wichtigeren Platz ein als die geschlechtliche.
71 Eine Quelle Weiningers.
72 *W. W.*, II, Kap. 44.
73 Vgl. *W. W.*, II, Kap. 44.
74 *W. W.*, II, Kap. 44.
75 Ebenda.
76 *W. W.*, II, Kap. 42.
77 *W. W.*, I, § 29.
78 *W. W.*, II, Kap. 42.
79 *W. W.*, II, Kap. 41.
80 *W. W.*, I, § 28.
81 *W. W.*, I, § 54.
82 Ebenda.
83 *W. W.*, II, Kap. 38. »Dasselbe, aber anders.«
84 *W. W.*, II, Kap. 38.
85 *W. W.*, II, Kap. 41. Vgl. auch Wallace, S. 97 und Nietzsches »ewige Wiederkehr«.
86 *Parerga*, Aphorismen zur Lebensweisheit, Einleitung.
87 *W. W.*, I, § 24.
88 *W. W.*, I, § 23.
89 *W. W.*, I, § 38.
90 *W. W.*, II, Kap. 44.
91 *W. W.*, I, § 28.
92 *W. W.*, I, § 57.
93 *W. W.*, I, § 58.
94 Ebenda.
95 *Parerga*, Aphorismen zur Lebensweisheit, Kap. V.
96 Ebenda.
97 *W. W.*, I, § 57.
98 Ebenda.
99 Ebenda.

100 *W. W.*, I, § 56.
101 *W. W.*, I, § 27.
102 *W. W.*, II, Kap. 28.
103 *W. W.*, I, § 27. »Der Mensch ist für den Menschen ein Wolf.«
104 *W. W.*, I, § 59.
105 *W. W.*, I, § 58.
106 Ebenda.
107 *W. W.*, II, Kap. 46.
108 Ebenda.
109 *W. W.*, I, § 59.
110 Von Leibniz.
111 *W. W.*, II, Kap. 46.
112 Ebenda.
113 *Parerga*, Aphorismen zur Lebensweisheit, VI.
114 *W. W.*, II, Kap. 41.
115 *W. W.*, I, § 57.
116 *W. W.*, I, § 16.
117 Vgl. *W. W.*, I, § 36.
118 *W. W.*, II, Kap. 32. Eine Quelle Freuds.
119 *W. W.*, I, § 69.
120 *Parerga*, Aphorismen zur Lebensweisheit, Kap. III.
121 Ebenda, Kap. I.
122 Ebenda, Kap. II.
123 Vgl. ebenda, Kap. II. »Schwer ist es, in der Muße auch Ruhe zu finden.«
124 Vgl. ebenda.
125 *W. W.*, I, § 39.
126 *W. W.*, II, Kap. 19, 6.
127 *W. W.*, I, § 16.
128 *W. W.*, II, Kap. 19, 4.
129 *W. W.*, I, § 55.
130 Vgl. *Parerga*, Aphorismen zur Lebensweisheit (Paränesen und Maximen).
131 »Willst du dir alle Dinge unterwerfen, so unterwirf dich der Vernunft« (Seneca).
132 Saugkraft eines luftleeren Raumes.
133 *W. W.*, II, Kap. 7.
134 Vgl. *Parerga*, »Über Lesen und Bücher«.
135 *Parerga*, Aphorismen zur Lebensweisheit (Paränesen und Maximen).
136 *W. W.*, Vorrede zur 2. Auflage.

137 Vgl. *Parerga*, Aphorismen zur Lebensweisheit, Kap. IV.
138 *Parerga*, Aphorismen zur Lebensweisheit, Kap. II.
139 Ebenda, Kap. I.
140 Vgl. ebenda, Kap. IV.
141 *W. W.*, I, § 38. Nach der Sage hat Ixion versucht, Juno von Jupiter zu erobern und wurde zur Strafe an ein ewig sich drehendes Rad gefesselt.
142 *W. W.*, II, Kap. 31.
143 Ebenda.
144 Ebenda.
145 *W. W.*, I, § 36.
146 *W. W.*, I, § 51.
147 *Parerga*, Aphorismen zur Lebensweisheit, Kap. II. Eine »apologia pro vita sua«.
148 *W. W.*, I, § 52.
149 *Parerga*, Aphorismen zur Lebensweisheit, Kap. II.
150 *W. W.*, I, § 36. Quelle Lombrosos, der die Liste der Beispiele durch Schopenhauer ergänzt.
151 *W. W.*, II, Kap. 15.
152 *W. W.*, II, Kap. 22. Die Philosophieprofessoren könnten sich rächen, indem sie darauf hinweisen, daß wir von Natur eher Jäger als Landwirte sind, und daß der Ackerbau kein natürlicher Instinkt, sondern eine menschliche Erfindung ist.
153 *W. W.*, I, § 45.
154 Die Größe der Charakterzeichnung wächst ähnlich in der Literatur und auf anderen Gebieten im Verhältnis zum allgemeinen Typischen, das von den klar gezeichneten Individuen repräsentiert wird; Beispiele sind Faust und Gretchen, Don Quixote und Sancho Pansa.
155 *W. W.*, II, Kap. 31.
156 *W. W.*, I, § 38.
157 Ebenda.
158 *W. W.*, I, § 34. Vgl. Goethe: »Man weicht der Welt nicht sicherer aus als durch die Kunst.« (Jubiläums-Ausgabe, Bd. XXI, S. 191. *Wahlverwandtschaften.*)
159 »Mit philosophischer Klarheit hat aber erst Schopenhauer die Stellung der Musik zu den anderen schönen Künsten erkannt ...« Rich. Wagner, *Beethoven*, Leipzig 1870, S. 5.
160 *W. W.*, I, § 52.
161 Hanslick widerspricht dieser Ansicht (*The Beautiful in Musik*, London 1891, S. 23) und behauptet, daß die Musik streng ge-

nommen unmittelbar nur auf die Einbildungskraft wirkte. Ganz streng genommen wirkt sie freilich nur auf die Sinne unmittelbar.

162 *W. W.*, II, Kap. 17.

163 *Parerga*, »Über Religion«.

164 *W. W.*, II, Kap. 17.

165 *W. W.*, I, § 70.

166 *W. W.*, II, Kap. 17.

167 *W. W.*, I, § 68.

168 *W. W.*, I, § 66.

169 *W. W.*, I, § 63.

170 *W. W.*, Vorrede zur 1. Auflage. Vielleicht bewahrheitet das Anwachsen der Theosophie und verwandter religiöser Bewegungen diese Prophezeiung.

171 *Parerga*, Aphorismen zur Lebensweisheit, Kap. V.

172 *W. W.*, I, § 48.

173 *W. W.*, I, § 71.

174 *W. W.*, II, Kap. 44.

175 *W. W.*, I, § 60.

176 *Parerga*, »Über die Weiber«, § 365.

177 *W. W.*, II, Kap. 44.

178 »Über die Weiber«, § 369.

179 Vgl. *W. W.*, II, Kap. 37.

180 »Über die Weiber«, § 370.

181 Ebenda.

182 *Parerga*, II, § 131.

183 »Über die Weiber«, § 366.

184 Ebenda, § 371. Hier klingt Schopenhauers Unzufriedenheit mit der Verschwendung seiner Mutter nach.

185 Vgl. ebenda.

186 Ein Wort Carlyles.

187 Man vergleiche hiermit die Abgestumpftheit und Mutlosigkeit des heutigen Europa (1924) und beachte die Volkstümlichkeit solcher Bücher wie Spenglers *Untergang des Abendlandes*.

188 *W. W.*, I, § 60.

189 *Parerga*, Aphorismen zur Lebensweisheit. (Paränesen und Maximen, Nr. 34.)

190 Ebenda, Nr. 42.

191 Vgl. ebenda.

192 Vgl. Babbitt, *Rousseau and Romanticism*, S. 208.

193 Schopenhauer selbst betont, wie nachteilig auf uns der Mangel

an geordneter Beschäftigung wirkt. »Sich zu mühen und mit dem Widerstande zu kämpfen ist dem Menschen Bedürfnis, wie dem Maulwurf das Graben. Der Stillstand, den die Allgenügsamkeit eines bleibenden Genusses herbeiführte, wäre ihm unerträglich. Hindernisse überwinden ist der Vollgenuß seines Daseins ...« (*Parerga*, Aphorismen zur Lebensweisheit, Paränesen und Maximen.) Man möchte gern Näheres darüber wissen, wie der reife Schopenhauer die glänzende Philosophie seiner Jugend beurteilt hat.

194 Anatole France (die letzte Inkarnation Voltaires) widmete eines seiner Meisterwerke, die »Menschliche Tragödie«, der Aufgabe, zu zeigen, »daß der Genuß des Verstehens ein trauriger Genuß ist«, und dennoch würden »jene, die von ihm gekostet, ihn nicht für all die frivolen Belustigungen und leeren Hoffnungen der gemeinen Herde eintauschen.« Vgl. *Der Garten Eden.*

195 Vgl. Finot, *The Science of Happiness*, New York 1914, S. 70.

196 Man vergleiche wiederum Schopenhauer selbst: »Aber gerade dieses Nicht-seine-Sache-suchen, welches überall der Stempel der Größe ist, gibt auch der leidenschaftlichen Liebe den Anstrich des Erhabenen ...« (*W. W.*, II, Kap. 44.)

197 »Über die Weiber«, § 365.

198 Vgl. Schopenhauer: »Die größten intellektuellen Fähigkeiten finden sich nur bei heftigem, leidenschaftlichem Willen.« (*W. W.*, II, Kap. 19.)

VIII. SPENCER

1 Spencer, *Autobiography*. New York 1904, Bd. I, S. 51. Die zitierten Stellen sind hier nach dem englischen Original übersetzt. Von Spencers Werken existieren ältere deutsche Übersetzungen. Seine Hauptwerke erschienen unter dem Titel: »System der synthetischen Philosophie«. 10 Bände. Stuttgart 1875–1903. Über Spencer vergleiche man Otto Gaupp, *H. Spencer*, Stuttgart 1900 und Karl Schwarze, *H. Spencer*, Leipzig 1909.

2 *Autobiography*, S. 53.

3 Ebenda, S. 61.

4 Ebenda, S. VII.

5 Ebenda, S. 300.

6 Vgl. Anhang zu Royce, *Herbert Spencer.*

7 *Autobiography* I, S. 438.
8 Ebenda, S. 289, 291.
9 Vgl. die Äußerungen Colliers bei Royce, *Spencer*, S. 210 f.
10 Ebenda.
11 *Autobiography*, S. 401.
12 Ebenda, S. 228.
13 Ebenda, S. 464.
14 Ebenda, I, S. 457–462; II, S. 44.
15 Ebenda, S. 415, 516.
16 Ebenda, I, S. 533.
17 Ebenda, II, S. 465.
18 Tyndall sagte von ihm einmal, er wäre ein viel besserer Mensch gewesen, wenn er ab und zu von Herzen geflucht hätte. Vgl. Elliott, *Herbert Spencer*, S. 61.
19 Zit. nach Royce, S. 188.
20 *Autobiography*, II, 511.
21 Ebenda, I, 467.
22 Ebenda, II, 4.
23 Ebenda, II, 67.
24 Ebenda, I, 279.
25 Zit. nach J. A. Thomson, *Herbert Spencer*, S. 71.
26 *Autobiography*, II, 156.
27 *First Principles* (Erste Prinzipien). New York 1910, S. 56.
28 Ebenda, S. 107–108. Diese Stelle folgt unbewußt Kant und nimmt in aller Kürze Bergsons Lehre vorweg.
29 Ebenda, S. 83.
30 *Autobiography*, II, 16.
31 *First Principles*, S. 103.
32 Ebenda, S. 119.
33 Ebenda, S. 253.
34 Ebenda, S. 367.
35 *Principles of Biology* (Prinzipien der Biologie). New York 1910, I, S. 99.
36 Ebenda, I, 120.
37 Ebenda, II, 459.
38 Ebenda, II, 421.
39 Ebenda, II, 530.
40 *Autobiography*, I, 62.
41 *Principles of Biology*, II, 536.
42 Vgl. hierzu den Vortrag Sir William Batesons vor der »American Association for the Advancement of Science« (Toronto, 28. De-

zember 1921), abgedruckt in *Science*, 20. Januar 1922.

43 Spencer meint mit dieser Lehre, daß obwohl vielleicht die Gegenstände der Erfahrung durch die Wahrnehmung umgestaltet werden und ganz anders erscheinen als sie sind, sie doch ein Sein besitzen, das nicht völlig von ihrem Wahrgenommenwerden abhängt. Vgl. *The Principles of Psychology*, II, 494.

44 *Autobiography*, II, 549.

45 *Principles of Psychology*. New York 1910, I, 158–159.

46 Ebenda, I, 388.

47 Ebenda, I, 453–455.

48 Ebenda, I, 496–497.

49 Ebenda, I, 482 f.; II, 540 f.

50 Ebenda, I, 466.

51 Ebenda, I, 491.

52 *The Study of Sociology* (Wissenschaft der Soziologie). New York 1910, S. 52.

53 *The Principles of Ethics* (Prinzipien der Ethik). New York 1910, I, 464. Hätten Spencers Kritiker diese Stelle gelesen, so hätten sie ihn nicht beschuldigt, die Soziologie überschätzt zu haben.

54 *Study of Sociology*, S. 9.

55 Man vergleiche auch die Knospung mit der Kolonienbildung und die geschlechtliche Fortpflanzung mit den Mischehen zwischen Angehörigen verschiedener Rassen.

56 *Autobiography*, II, 56.

57 *Principles of Sociology*, I, 286.

58 Ebenda, I, 296.

59 Ebenda, I, 303.

60 Vgl. Ebenda, I, 284, 422 und *Encyclopaedia Britannica*, Artikel »Ancestorworship« (Ahnenkult).

61 Ebenda, II, 663.

62 Ebenda, II, 634–635.

63 Ebenda, I, 681.

64 Ebenda, II, 599.

65 Ebenda, I, 575.

66 Ebenda, III, 596–599.

67 *Social Statics* (Soziale Statik), S. 329.

68 *Principles of Sociology*, I, 571.

69 Ebenda, III, 588. Eine ähnliche Gefahr besteht heute in Rußland.

70 Vgl. *The Man vs. the State* (Der Mensch im Gegensatz zum Staate).

71 *Principles of Sociology*, III, 589.
72 Ebenda, III, 545.
73 *Autobiography* II, 433.
74 *Principles of Sociology*, III, 572.
75 Ebenda, I, 575.
76 *Principles of Ethics*, I, S. XIII.
77 Ebenda, I, 7.
78 Ebenda, I, 25.
79 Ebenda, I, 22, 26; II, 3.
80 Ebenda, I, 98.
81 Ebenda, I, 469.
82 Ebenda, I, 327.
83 Ebenda, I, 471.
84 Ebenda, I, 323.
85 Ebenda, I, 458.
86 Ebenda, I, 391 f.
87 Vgl. hierzu Nietzsche.
88 Ebenda, I, 318.
89 Ebenda, I, 423–424.
90 Ebenda, I, 377.
91 Ebenda, II, 46.
92 Ebenda, I, 257.
93 Ebenda, II, 4, 217.
94 Vgl. Elliott, *Herbert Spencer*, S. 81.
95 *Principles of Ethics*, I, 148, 420.
96 Ebenda, II, 200.
97 Ebenda, II, 222.
98 Ebenda, II, 81.
99 Ebenda, II, 120.
100 Ebenda, II, 192–193.
101 Ebenda, II, 196–197.
102 Ebenda, II, 166.
103 Ebenda, I, 196, 190.
104 Ebenda, I, 242–243.
105 Ebenda, I, 466.
106 Ebenda, I, 250.
107 Diese Analyse ist selbstverständlich unvollständig. »Der Mangel an Platz verbietet« (der Verfasser mußte oft über diesen Deckmantel der Faulheit lächeln, ist aber gezwungen, dieselbe Wendung zu gebrauchen) eine Besprechung der *Education* (Erziehung), der *Essays* und umfangreicher Abschnitte der

Principles of Sociology. Spencers erzieherischen Lehren hat man nur zuviel Gehör geschenkt, so daß man heute den von ihm sieggreich vertretenen Anspruch der Wissenschaft auf Vorrecht gegenüber der Literatur und Kunst etwas einschränken müßte. Von seinen Essays sind die besten die über Stil, das Lachen und Musik. Hugh Elliotts *Herbert Spencer* ist eine hervorragende Darstellung.

108 Vgl. Bowne, *Kant and Spencer*, S. 253.

109 Ritchie, *Darwin and Hegel*, S. 60.

110 *Schöpferische Entwicklung*, I.

111 Vgl. Boas, *The Mind of Primitive Man* (Der Geist des primitiven Menschen).

112 *Autobiography*, II, 461.

113 Zit. nach Royce, a.a.O., S. 194.

114 *Principles of Biology*, I, 120.

115 J. A. Thomson, *Herbert Spencer*, S. 109.

116 *Principles of Sociology*, III, 607. Vgl. auch *The Study of Sociology*, S. 335: »Die Erfahrung zeigt, daß höhere Löhne gewöhnlich zu kostspieligerer Lebensführung oder zu ausschweifenderem Trinken führen.«

117 Vgl. *Die fröhliche Wissenschaft*. Abschnitt 40.

118 *Autobiography*, II, 5.

119 Ebenda, I, 239.

120 Colliers Bericht, zitiert nach Royce, S. 221.

121 *Autobiography*, II, 242.

122 Ebenda, I, 423.

123 Ebenda, II, 431.

124 Vgl. Elliott, S. 66.

125 *Autobiography*, II, 547.

126 Ebenda, II, 534.

127 Vgl. Thomson, a.a.O., S. 51.

IX. NIETZSCHE

1 *Morgenröte*, 132.

2 *Ecce homo*, S. 14.

3 Vgl. Mencken, *The Philosophy of Friedrich Nietzsche*, Boston 1913, S. 10.

4 *Also sprach Zarathustra*, S. 137. Als Einführung in Nietzsches Gedanken liest man wohl am besten zunächst *Jenseits von Gut*

und Böse. Der *Zarathustra* ist schwer verständlich; sein letzter Teil erreicht eine hohe Stufe der Vollendung. Sachlich enthält das meiste der *Wille zur Macht*. Die vollständigste Biographie Nietzsches stammt von Frau Elisabeth Förster-Nietzsche. Die Werke Nietzsches werden hier nach der Großoktav-Ausgabe zitiert.

5 Zit. nach Förster-Nietzsche, *Das Leben Friedrich Nietzsches*, Leipzig 1895, Bd. I, S. 232.

6 Ebenda.

7 Brief Nietzsches an Brandes vom 27. März 1888.

8 *Werke*, Bd. IX (Nachlaß), S. 156.

9 Zit. nach Förster-Nietzsche, *Der junge Nietzsche*, Leipzig 1912, S. 268.

10 Der Keim des späteren Bruches mit Wagner war andeutungshaft schon um diese Zeit vorhanden, wie man aus einem Aufsatz Wagners über die Entwicklung der Musik aus dem Drama ersehen kann.

11 *Die Geburt der Tragödie*, S. 168.

12 Ebenda, S. 56.

13 Ebenda, S. 104.

14 Ebenda, S. 93.

15 »Erkenne dich selbst« und »nichts übertreiben«, d. h. alles mit Maß.

16 *Geburt der Tragödie*, S. 120–121.

17 Ebenda, S. 102.

18 Ebenda, S. 86.

19 Ebenda, S. 138.

20 *Unzeitgemäße Betrachtungen*, S. 180.

21 *Ecce homo*, S. 71.

22 *Unzeitgemäße Betrachtungen*, S. 476. (»Schopenhauer als Erzieher«, 8.)

23 Vgl. ebenda, Abschnitt 6.

24 *Unzeitgemäße Betrachtungen*, S. 511.

25 Ebenda, S. 500.

26 Ebenda, S. 516.

27 Nietzsche hielt Ludwig Geyer, einen jüdischen Schauspieler, für Wagners Vater.

28 Brief an die Schwester vom 5. August 1876.

29 *Werke*, Bd. XI (Nachlaß), S. 379 bis 380.

30 *Der Fall Wagner*, S. 41.

31 Ebenda, S. 10.

32 Ebenda, S. 1.
33 Vgl. Ellis, *Affirmations*, London 1898, S. 27.
34 Vgl. hierzu *Zarathustra*, S. 308 bis 314 und 431 f., die sich auf Wagner beziehen.
35 *Unzeitgemäße Betrachtungen*, S. 406.
36 Zit. nach E. Förster-Nietzsche, *Der einsame Nietzsche*, Leipzig 1914, S. 93.
37 *Ecce homo*, S. 48.
38 *Zarathustra*, S. 129.
39 *Fröhliche Wissenschaft*, S. 359 (Anhang).
40 *Zarathustra*, S. 325.
41 Ebenda, S. 228.
42 Ebenda, S. 9.
43 *Ecce homo*, S. 86.
44 Ebenda, S. 94.
45 Vgl. Halévy, *Nietzsche*, S. 261.
46 *Zarathustra*, S. 23.
47 Ebenda, S. 57.
48 Ebenda, S. 12.
49 Ein Hieb, der sich gegen Wagners *Götterdämmerung* richtet.
50 *Zarathustra*, S. 268.
51 Ebenda, S. 123 f.
52 Ebenda, S. 250.
53 Ebenda, S. 13.
54 Ebenda, S. 454.
55 Ebenda, S. 169.
56 Ebenda, S. 356.
57 Ebenda, S. 380.
58 Ebenda, S. 432.
59 Ebenda, S. 115.
60 Ebenda, S. 13.
61 Ebenda, S. 16.
62 Ebenda, S. 19.
63 Ebenda, S. 87.
64 Ebenda, S. 88.
65 Ebenda, S. 421–424.
66 Ebenda, S. 343.
67 Ebenda, S. 216.
68 Vgl. Figgis, *The Will to Freedom*, New York 1917, S. 249.
69 Vgl. Taine, *Die französische Revolution*.
70 Vgl. *Jenseits von Gut und Böse*, S. 126 f.

71 Vgl. Ebenda, S. 129–132.

72 Vgl. *Morgenröte*, S. 221.

73 *Der Fall Wagner*, S. 10. Nietzsche zitiert hier Benjamin Constant: »Die Liebe ist von allen Gefühlen das egoistischste und folglich, wenn sie verletzt wird, das am wenigsten großmütige.« Derselbe Nietzsche kann aber von der Liebe auch feinfühliger sprechen: »Woher die plötzlichen Leidenschaften eines Mannes für ein Weib entstehen, die tiefen, innerlichen? Aus Sinnlichkeit allein am wenigsten: aber wenn der Mann Schwäche, Hilfsbedürftigkeit und zugleich Übermut in einem Wesen zusammen findet, so geht etwas in ihm vor, wie wenn die Seele überwallen wollte: er ist im selben Augenblick gerührt und beleidigt. Auf diesem Punkte entspringt die Quelle der großen Liebe.« (*Menschliches, Allzumenschliches*, S. 144.) Und er zitiert aus dem Französischen das keuscheste Wort, das ihm jemals zu Gehör gekommen ist: »Dans le véritable amour c'est l'âme qui enveloppe le corps« – in der wahren Liebe ist es die Seele, die den Körper umschlungen hält.

74 *Jenseits von Gut und Böse*, S. 13.

75 *Wille zur Macht*, 3. und 4. Buch, S. 139.

76 *Jenseits von Gut und Böse*, S. 172.

77 *Wille zur Macht*, S. 35.

78 *Jenseits von Gut und Böse*, S. 135.

79 *Zur Genealogie der Moral*, S. 379 f. In *Jenseits von Gut und Böse* und in der *Morgenröte* wird man manchen Hauptpunkt der psychoanalytischen Lehren Adlers und Freuds (z. B. Traumdeutung, den »nervösen Charakter«, »Überkompensationen« usw.) wiederfinden. *Der Wille zur Macht* und *Jenseits von Gut und Böse* enthalten auch eine ziemlich vollständige Vorwegnahme der »pragmatistischen« Philosophie.

80 *Jenseits von Gut und Böse*, S. 174 f.

81 *Zarathustra*, S. 420.

82 Ebenda, S. 318; vgl. auch *Jenseits von Gut und Böse*, S. 355.

83 *Jenseits von Gut und Böse*, S. 130 f.

84 *Wille zur Macht*, II, S. 360.

85 *Menschliches, Allzumenschliches*, S. 383.

86 *Zarathustra*, S. 113.

87 *Wille zur Macht*, II, S. 148 f.

88 *Zarathustra*, 102 f.

89 *Wille zur Macht*, II, S. 329.

90 *Zarathustra*, S. 57.

91 Ebenda, S. 156.
92 Ebenda, S. 67.
93 *Antichrist*, S. 218.
94 *Zarathustra*, S. 67.
95 *Morgenröte*, S. 277.
96 Vgl. *Götzendämmerung*, S. 114 f.; *Wille zur Macht*, II, S. 209 f.
97 *Unzeitgemäße Betrachtungen*, S. 388.
98 *Werke*, Bd. XII (Nachlaß), S. 362.
99 *Zarathustra*, S. 114.
100 *Antichrist*, S. 280.
101 *Wille zur Macht*, II, S. 293.
102 *Zur Genealogie der Moral*, S. 321 bis 322.
103 Ebenda, S. 383.
104 *Antichrist*, S. 310 f.
105 *Briefe*, Bd. I, S. 105, und *Ecce homo*, S. 37.
106 *Unzeitgemäße Betrachtungen*, S. 373 f.
107 *Götzendämmerung*, S. 109.
108 *Werke*, Bd. XIII (Nachlaß), S. 352–353.
109 *Ecce homo*, S. 34.
110 *Menschliches, Allzumenschliches*, Bd. II, S. 310.
111 *Götzendämmerung*, S. 112.
112 *Genealogie der Moral*, S. 378.
113 *Jenseits von Gut und Böse*, 219 f.
114 *Werke*, Bd. XIII, S. 345.
115 *Zarathustra*, S. 149.
116 Vgl. *Wille zur Macht*, I, 487 f. und II, 195 f.
117 *Zarathustra*, S. 248.
118 *Ecce homo*, S. 59.
119 *Zarathustra*, 176.
120 Ebenda, S. 96.
121 *Menschliches, Allzumenschliches*, I, S. 301.
122 Zit. nach Förster-Nietzsche, *Der einsame Nietzsche*, S. 430.
123 *Zarathustra*, S. 237.
124 Ebenda, S. 146.
125 Ebenda, S. 145.
126 Vgl. *Jenseits von Gut und Böse*, 237 f.; *Wille zur Macht*, II, S. 197; *Morgenröte*, S. 342 f. Nietzsche prophezeite eine Revolution, neben der die Pariser »Commune« als bloße kleine Verdauungsstörung erscheinen würde. Als er seine von aristokratischem Geist beseelten Worte schrieb, lebte er von jährlich kaum

viertausend Mark, von denen den größten Teil die Veröffentlichung seiner Werke verschlang.

127 *Zarathustra*, 71 f.

128 *Menschliches, Allzumenschliches*, II, S. 152.

129 *Zarathustra*, 306.

130 *Menschliches, Allzumenschliches*, II, S. 207.

131 Ebenda, II, S. 348; vgl. *Unzeitgemäße Betrachtungen*, S. 533 f.

132 *Die fröhliche Wissenschaft*, S. 313.

133 *Wille zur Macht*, II, S. 179.

134 Vgl. *Fröhliche Wissenschaft*, S. 77 f.; *Jenseits von Gut und Böse*, 129 f.; *Menschliches, Allzumenschliches*, II, S. 295 f.

135 *Antichrist*, S. 303.

136 *Zarathustra*, S. 166 f.

137 Man fragt sich, wann dieser arme Verbannte den Boden der Sittlichkeit betreten hat?

138 *Wille zur Macht*, II, S. 345; vgl. II, 329, 337 ff.; *Jenseits von Gut und Böse*, 250 f.

139 *Zarathustra*, S. 412.

140 *Ecce homo*, S. 2.

141 Ebenda, S. 35. Nietzsche hielt sich für einen Polen.

142 Vgl. Figgis, *The Will to Freedom*, S. 230, 56.

143 *Der Fall Wagner*, S. 1.

144 Vgl. Santayana, *Egotism in German Philosophy*.

145 Vgl. Halévy, *Nietzsche*, S. 231.

146 *Geburt der Tragödie*, S. 5.

147 *Menschliches, Allzumenschliches*, II, 76.

148 Vgl. *Geburt der Tragödie*, Vorwort.

149 *Geburt der Tragödie*, S. 130.

150 Vgl. Santayana, *Egotism*, S. 141.

151 *Werke*, Bd. XI, 125.

152 Vgl. Nordau, *Degeneration*. Die Stelle enthält einen recht erregten Angriff gegen Nietzsches vermeintlich sadistische Phantasie.

153 *Zarathustra*, S. 107.

154 Carlyle, *Past and Present*.

155 In meiner Jugend, sagt Nietzsche an einer Stelle, habe ich mein Ja und Nein gegen die Welt geschleudert, nun muß ich in meinem Alter dafür büßen.

156 Obwohl freilich die wesentlichsten Punkte von Nietzsches Ethik bei Platon, Machiavelli, Hobbes, La Rochefoucauld und selbst im *Père Goriot* Balzacs bereits anzutreffen sind.

157 Eine Feststellung Simmels.

158 Man braucht für Leser, die mit den Schriften Arzibaschews, Strindbergs, Przybyszewskis, Hauptmanns, Dehmels, Hamsuns und d'Annunzios bekannt sind, nicht erst auf den umfassenden Einfluß Nietzsches auf die moderne Literatur hinweisen.

159 *Zarathustra*, S. 94.

160 Ellis, *Affirmations*, S. 39.

161 *Menschliches, Allzumenschliches*, II, S. 371.

162 *Wille zur Macht*, I, S. 206.

163 Vgl. hierzu die Abhandlung über Nietzsche in Goulds *Biographical Clinic.*

164 Vgl. Figgis, a.a.O., S. 43.

165 *Ecce homo*, S. 49.

166 »Der richtige Mann am richtigen Ort«, sagt der brutale Nordau.

167 E. Förster-Nietzsche, *Das Leben F. Nietzsches*, II, 2, S. 929.

REGISTER

Sachbuch

Als Band mit der Bestellnummer 63050 erschien:

»Griechischer Sommer« ist mehr als ein Reisebuch, es ist eine Identifikation mit einem Land, einem Volk, einer 4000jährigen Geschichte. Die Originalität von Lacarrière liegt im wörtlichen Sinne in seiner Gangart: er ist zu Fuß unterwegs, und wir durchwandern mit ihm Griechenland bis in seine geheimsten Winkel.

»Das einzig vergleichbare Buch ist Henry Millers »Koloß von Maroussi«.

Nouvel Observateur

BASTEI LÜBBE